# POUR LA PLUS GRANDE GLOIRE DE DIEU

## Du même auteur

*Aux mêmes éditions*

Siam
roman, 1982

La Dérive des continents
roman, 1984

Je t'aime, je te tue
coll. « Point-Virgule », 1985

Comédie obscène d'une nuit d'été parisienne
sotie, 1986

L'Appât
coll. « L'Epreuve des faits », 1990

*Chez d'autres éditeurs*

Le Souverain poncif
roman, Balland, 1987

Outremer
roman, Grasset, 1989
Le Livre de poche, 1991

*MORGAN SPORTÈS*

# POUR LA PLUS GRANDE GLOIRE DE DIEU

roman

*ÉDITIONS DU SEUIL*
*27, rue Jacob, Paris VI^e^*

ISBN 2-02-019667-0

*S'il était aussi facile de commander aux âmes qu'aux langues, il n'y aurait aucun souverain qui ne régnât en sécurité...*

(Spinoza, *Traité théologico-politique,* 1670.)

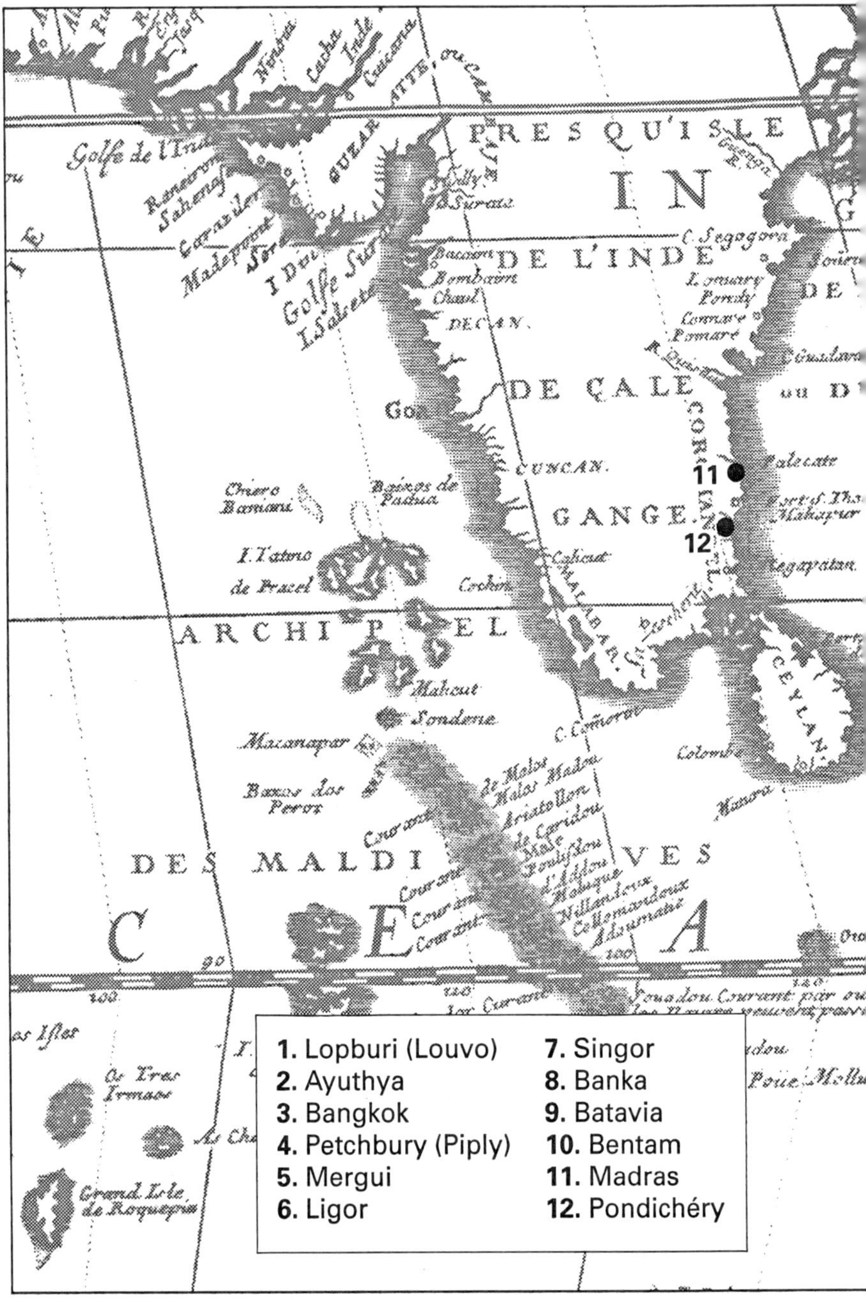
PRESQU'ISLE
IN
DE L'INDE
DE ÇALE
GANGE
ARCHIPEL
DES MALDIVES
C
E
A
Golfe de l'Inde
Bombaim
DECAN
Goa
CUNCAN
Cochin
MALABAR
CEYLAN
Colombo
Palecate
Negapatan
Mahout
Sondene
Macanapar
Bazos dos Peros
Baixos de Padua
I. Tatmo de Prazel
Grand Isle de Roquepiz
Os Tres Irmaos
11
12
1. Lopburi (Louvo)
2. Ayuthya
3. Bangkok
4. Petchbury (Piply)
5. Mergui
6. Ligor
7. Singor
8. Banka
9. Batavia
10. Bentam
11. Madras
12. Pondichéry

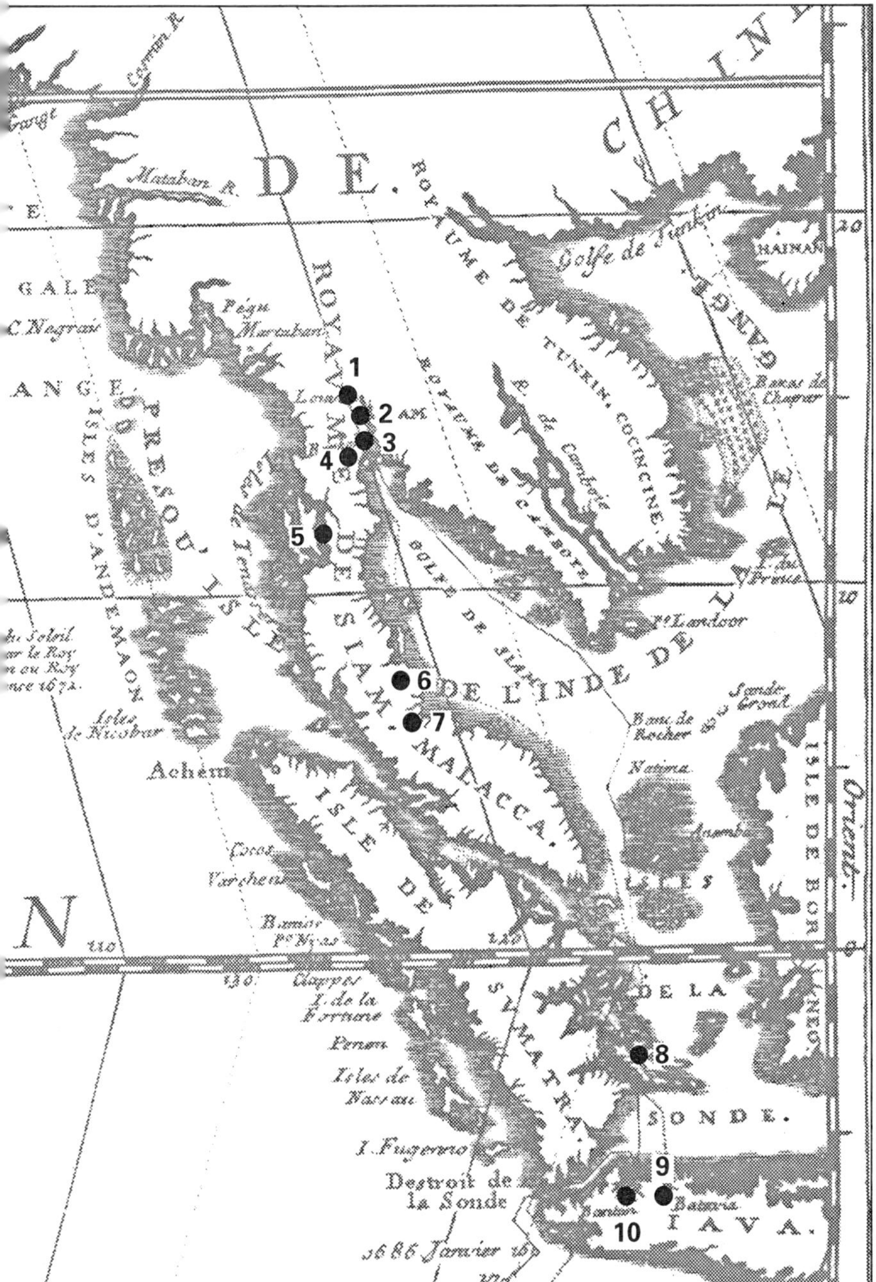
CHINE
DE.
ROYAUME DE TUNKIN, COCHINCHINE
Golfe de Tunkin
HAINAN
GANGE
Banc de Chapeau
ROYAUME DE SIAM
ROYAUME DE CAMBOIE
Camboia
GOLFE DE SIAM
Mataban R.
Pegu
Martaban
C. Nagrais
ISLES D'ANDEMAON
PRESQU' ISLE
Isles de Nicobar
Achem
DE L'INDE DE LA
P.te Landoor
Sonde Grand
Banc de Rocher
Natuna
Anamba
ISLES
MALACCA.
ISLE DE SUMATRA.
ISLE DE BORNEO
Orient.
Cocos
Varchens
Bamar
P.te Nyas
Clappes
I. de la Fortune
Penon
Isles de Nassau
I. Fugenno
Destroit de la Sonde
DE LA SONDE.
IAVA.
Bantam
Batavia
1686 Janvier
110
130
20
10
0
1
2
3
4
5
6
7
8
9
10

*Les Siamois se sont donné le nom de Thaïs, c'est-à-dire « libres »... et ainsi ils se flattent de porter le nom de « Francs » que prirent nos ancêtres quand ils voulurent délivrer les Gaules de la domination romaine...*

(Simon de la Loubère,
*Du Royaume de Siam,* 1691.)

Ce long mémoire, narrant avec vivacité et précision l'étonnante et tragique expédition des troupes de Louis XIV à Siam en 1687, est resté jusqu'ici inédit.

Il bouleverse tout ce qui a pu s'écrire à ce jour sur la question.

C'est que les historiens, à mon opinion, se sont laissés pour le moins influencer par les textes imprimés à l'époque, et particulièrement par les témoignages des pères jésuites, fort prolixes quant à cette affaire.

Or ne s'éditaient, « en ces temps obscurs », que ce que le pouvoir absolu et sa censure permettaient qu'on éditât : chose inconnue de nos démocraties où il est de notoriété publique que la censure, tout de bon, n'existe pas...

Se fier, aussi, à ces textes mis sous presse « avec privilège du roi », et bénédiction de la Sainte Compagnie de Jésus, relève de la niaiserie.

Le sujet pourtant est d'importance : le Siam, c'est-à-dire la Thaïlande d'aujourd'hui, faillit alors tomber dans la zone d'influence française. N'y eût-il pas échappé, sans doute eût-il partagé postérieurement le destin tragique de ses voisins : Cambodge, Laos, Viêt-nam. Heureux Siamois... Puissent-ils se tirer des griffes de l'ère Mac-Donald/Coca-Cola/Tourisme de masse, etc. avec autant d'adresse qu'ils ont su faire la nique au christianisme botté, aux colonialismes français, anglais, hollandais, et au stalinisme... C'est un vœu pieux au demeurant... L' « universalisme » marchand n'a que trop prouvé sa supériorité sur les... « universalismes » chrétien ou marxiste-léniniste.

C'est un pur, un miraculeux hasard qui m'a fait tomber sur ce mémoire, ou plutôt qui l'a fait tomber sur moi : sur mon crâne précisément, du haut d'une étagère, un jour que je fouinais dans les Archives des Missions étrangères, rue du Bac, à Paris.

A première vue rien de... percutant dans cet énorme cahier 32/25 centimètres relié de cuir cramoisi avec incrustations dorées. Il s'agissait d'une hagiographie de saint Denis. Mais au verso de chacun de ses feuillets je découvris un autre texte, rédigé à l'encre violette, d'une écriture nerveuse, petite, quasi illisible. C'est ce texte que nous publions. Hélas le papier du manuscrit est quelque peu endommagé. Je me suis aussi autorisé (quand une phrase ou un mot ont pu en être détruits par la critique rongeuse des vers et du temps) à faire quelques « raccords » de ma propre plume : en prenant garde cependant de ne rien altérer du sens. Cela, néanmoins, pourra expliquer peut-être ici ou là certaines disparités de style, et des anachronismes même, que le bienveillant lecteur voudra me pardonner. Je joins à ce texte, à chaque fois qu'il fait référence à d'autres témoignages de l'époque, un appareil de notes qui les signale.

Elihu Yale, PHD

*Yale University, mai 1992*

# Acte I

*Aujourd'hui en France Dieu et César n'ont plus que le même intérêt.*

*(Second Voyage du père Tachard (...) au royaume de Siam,* 1689.*)*

Amsterdam, 8 juillet 1712

Tous ont menti, tous mentiront. Moi seul — pour des raisons qu'il est politique à présent de taire : *obsequium amicos, veritas odium parit* — je vous dirai, sans voile aucun, sans circonlocutions, la vérité une et unique sur les événements tragiques et honteux à la mémoire de la France qui se précipitèrent dès lors que notre vaisseau, l'*Oiseau,* 600 tonneaux, 46 canons, fut en vue des rives marécageuses de Siam : ce jeudi 26 septembre 1687 que Dieu fit — ou 2231 de l'ère bouddhiste, année du lièvre. Dieu puisse effacer ce jour et ceux qui lui succéderont.

Le soir commençait déjà à tomber, quoiqu'il ne fût pas six heures : jours et nuits sont égaux sous ces latitudes torrides. Un déluge d'eaux chaudes, épaisses, non point une pluie mais une masse visqueuse, à peine liquide, croulait sur nous d'un ciel bas, noir d'ébène, dévoré de fluorescences électriques violâtres. Un ciel qui vous courbe les épaules, un ciel qui vous rend humble comme les coups de trique de la puissance divine et de son tonnerre.

Les voiles claquaient, craquait la coque. Mâtures et haubans n'étaient que tremblements et l'étendard de France fleurdelisé pendait en poupe comme une vieille chemise oubliée là sous l'averse par un mousse négligent. La côte n'était point lointaine — quelques lieues — mais c'était à peine si on en distinguait une ombre : ligne gris-vert happée par la noirceur du ciel et la pulpe bleu sombre des flots. Ainsi c'était là, Siam. Le pilote l'assurait. A travers les tentures de brume qui, de temps à autre, sous nos yeux s'écartaient, on devinait l'embouchure énorme d'un fleuve charriant des eaux brunies de nuit : le Mae-Nam Chao-Phraya...

A bord de l'*Oiseau,* 310 personnes : matelots, soldats, officiers; la plupart, après sept mois de traversée de Brest jusqu'à Siam, via Le Cap et Batavia, sont dans le dernier délabrement physique. Dans l'entrepont, accrochés aux poutres, se balancent, par dizaines, des hamacs où l'on voit, recroquevillées, ces formes hâves, mal blotties dans leur maigre paletot, visages émaciés, égarés, suppliants, yeux hagards mangés de mort. Çà et là, s'arrachant dans le clair-obscur au drapé sombre d'une couverture, la tache blanche d'une main, d'un pied squelettique : antre pestilentiel où se mêlent remugles d'excréments, pisse et sang, imbibant la toile des hamacs; diarrhée des dysentériques, vomissures des scorbutiques. Air épais, confiné, toutes écoutilles closes. Murmures, râles et sanglots. Pour beaucoup l'aventure à Siam finit ainsi, avant même que de commencer. Mains glacées pressant des scapulaires, bouches froides soudées aux médailles de la Vierge et des saints.

Spectre en soutane, un jésuite barbu passe au milieu des moribonds, récitant sans cesse la prière aux agonisants : *Et lux perpetua luceat eis...*

L'*Oiseau,* vaisseau de quatrième rang, fait partie d'une escadre de cinq bâtiments. Trois d'entre eux, pour des raisons tactiques — qui s'expliqueront par après — ont été laissés en arrière dans le détroit de Banka (Sumatra) : le *Gaillard,* 600 tonneaux ; le *Dromadaire* et la *Loire,* flûtes de 500 et 550 tonneaux; le quatrième, la *Normande,* frégate de 300 tonneaux, a été perdue de vue à hauteur du cap de Bonne-Espérance. Il ne parviendra au but qu'après un mois et demi de dérives. Au départ de Brest l'escadre comportait 1 610 personnes, dont 636 soldats. Mal endurcis à la mer, 144 d'entre eux périront pendant le voyage.

Ces navires transportent des trésors : miroirs de cristal garnis d'or et de pierreries, horloges, montres, tables de marbre, armures, tapis de la Savonnerie, brocarts, mappemondes, couronne à fleurons d'or enrichie de diamants, de rubis et d'émeraudes, et (la pièce la plus belle) un globe céleste *sur lequel sont gravées des constellations et des étoiles dans leur situation respective de longitude et de latitude, ce globe contenant un mouvement d'horlogerie qui le fait tourner comme un firmament...* autant de cadeaux destinés au roi de Siam. Et d'autre part des mousquets, des fers de pique, des pertuisanes, 2000 boulets, 2000 grenades, 20 milliers de poudre à canon, 5 milliers de poudre à mousquet, et des bombes, et des mortiers derniers nés de nos manufactures (au cas où... les présents n'étant pas assez efficaces, les armes eussent à faire entendre leur voix persuasive !).

Ainsi était constituée la seconde ambassade envoyée à Siam par Louis l'Infâme, Louis le Grand Turc turbanisé, Louis le Bâtard (rejeton sans doute d'un quelconque larbin, mais point du bon Louis XIII, Dieu le tienne à sa droite), Louis l'enjésuité, ridicule marionnette manipulée par son âme damnée de confesseur, grand paillard devant l'Éternel, le père de la Chaise, dite percée ; Louis le révocateur de l'Édit de Nantes, Louis le barbare, l'Antéchrist, la Bête de l'Apocalypse qui vola, viola, massacra les protestants, musela cartésiens, sociniens, libertins, jansénistes, étouffant les meilleurs fils de France. Louis qui asservit Arts, Science, Justice, Église, Commerce, Université, Lettres... qui académisa l'intelligence, contraignant au larbinage ou à l'exil tout ce qu'il y a d'esprit en France ; Louis qui, par pure gloriole, mit l'Europe à feu et à sang ; Louis, quatorzième du nom, Dieu lui réserve en enfer ses supplices, *in saecula saeculorum, amen !*

Que le lecteur me pardonne. Il m'arrivera parfois de me laisser entraîner par des bouffées de colère. J'ai à cette déraison des raisons que je tais. Cependant, pour ce qui est des faits, mon récit sera de la plus impeccable objectivité. Je le veux pur comme un diamant. Pas un bouton ne manquera à l'uniforme de mes bombardiers ou de mes gardes-marine, pas une parole prononcée, pas un dialogue évoqué, pas un paysage décrit ne seront le fruit de mon imagination. Car je fus présent à tout ce qui arriva lors de cette très fameuse et tragique aventure à Siam. Bien sûr, parce que je n'ai pas don d'ubiquité, il m'a fallu me fier aussi aux témoignages écrits et oraux de certains protagonistes. Mais sachez que ce sont témoignages de première main, pour la plupart, et que j'ai vérifiés, contre-vérifiés, les confrontant les uns aux autres pour en éliminer toute erreur, toute contradiction... tout mensonge. Car *tous mentent,* quand ils vous jureront croix de bois croix de fer le contraire.

Qui suis-je moi-même ? Il m'arrivera d'apparaître dans ce récit, mais sans qu'aucun signe ne vienne rattacher l'acteur ainsi évoqué à celui qui l'évoque. Tel César je parlerai de moi à la troisième personne, celle de l'Absent, de l'Esprit Saint. Anonyme, je me cache à l'ombre des mots que sur ce parchemin trace ma plume. D'aucuns, perspicaces, me reconnaîtront peut-être...

Cette seconde ambassade — quelque peu surarmée pour une ambassade — avait mission de se transformer en expédition militaire si elle n'arrivait pas à ses fins, c'est dire : se faire céder par le roi de Siam le fort de Bangkok, véritable verrou tenant l'entrée du fleuve Chao-Phraya, et le port de Mergui, sur la côte ouest du pays et le golfe de Bengale, voie d'accès idéale au richissime commerce de l'Inde.

Les ambassadeurs étaient deux. A cet égard, disons dès maintenant, ce qui prendra tout son sens plus tard, qu'ils n'avaient titre que d'*Envoyés extraordinaires*... Je les ai fort pratiqués avant, pendant, et après le voyage, car nous nous revîmes souvent par la suite afin, si l'on peut dire, de tirer la morale de cette désastreuse affaire (jusqu'au jour où la tyrannie louis-quatorzienne m'obligea de m'exiler en Amsterdam... Mais cela est une autre histoire).

Je m'en vais tous deux vous les croquer tels que je les surpris le soir de notre arrivée en vue de Siam, accoudés côte à côte à la rambarde du gaillard d'avant de l'*Oiseau,* malgré la pluie croulant sur eux à torrents et, pourrais-je dire, à cause peut-être de cette pluie. C'était en effet comme s'ils eussent joui à se faire doucher — car ils n'avaient aucune raison de se trouver là plutôt que dans leur cabine —, comme s'ils eussent savouré l'humiliation à eux réservée par une nature trop exubérante, surprenante, incontrôlable : les tropiques. Il y avait dans leur attitude une espèce de désir de macération, de punition, mais vécu sur le mode ironique, car ils semblaient en tirer je ne sais quelle satisfaction goguenarde, faite de dérision de soi. Ils arboraient chacun un chapeau à large bord qui, sous l'averse, dégoulinait de flotte et, lamentablement, laissait pendre sur le côté ses plumes détrempées : pathétiques panaches en déroute. C'était « trop » ce déluge, ce torrent d'eau tiède, ça n'était pas raisonnable, pas rationnel même. « Pays barbare ! » Sous leur épaisse perruque bouclée, ils dégouttaient autant de pluie d'ailleurs que de sueur. La nuit tombée était chaude, poisseuse : puante. On eût dit que la tornade, agissant à la façon d'un révélateur chimique, avait arraché au bois des mâts, des ponts, à la chair des hommes, à la toile des voiles, leur essence distillée, purifiée, et l'avait renvoyée, jamais aussi substantielle et forte, à la gueule sinon aux narines offusquées du voyageur. Monsieur de la Loubère, de son tarin qu'il avait fort et long, reniflait avec une emphase théâtrale empreinte de dédain amusé :

— Ce navire pue, ne vous en semble, mon cher Céberet ? Avec cette cataracte qui nous tombe du haut des nues et qui vous a si bien des airs de déluge, ne dirait-on pas que nous serions sur l'Arche laquelle, vu la ménagerie à son bord embarquée, ne devait pas sentir la rose. Mais la Bible ne s'étend pas là-dessus. Il est vrai qu'elle n'a pas le réalisme de la littérature du sieur Scarron... »

— Ce navire pue en effet, répondit monsieur de Céberet, à ce point que je n'en sens plus mon odeur, ce qui est un comble car, depuis Le Cap, c'est-à-dire deux mois de marinade marine, je n'ai point fait le moindre brin de toilette. Je m'en vois plus confit dans ma crasse que foie d'oie en sa graisse. Mais, Dieu soit béni, le ciel compatissant nous dépêche force clystères et lavements.

Et, levant ses deux mains vers la nue, il tendit sous l'ondée sa face inondée. Juste devant lui, au loin, la ligne verte des forêts de Siam avait fini de sombrer dans la nuit où ciel et terre s'immatérialisaient.

A peine si l'on distinguait, là-bas, la clarté d'un feu, d'un autre feu, qui s'éteignaient, se rallumaient, apparaissant et disparaissant parfois au plus profond des ténèbres de la mer, parfois jusqu'au plus haut de la voûte céleste, sans qu'on sût très bien si c'était le vaisseau où le monde tout entier qui tanguait : étoiles filantes suscitées par les démons, moins pour perdre pilotes et marins, que pour égarer la raison arrogante de l'homme. Monsieur de la Loubère, telle une figure de proue dégoulinante d'embruns, raidissait d'autant plus l'échine sous l'averse qu'au fond de lui grandissait un sentiment de défaite et comme d'effondrement : oh certes — et cela en avait fait sourire plus d'un à la cour — il s'était battu pour l'avoir, cette ambassade, il avait fait des pieds et des mains, sollicitant ses amis. Il avait même mis à la tâche la très hautaine et précieuse Mlle de Scudéry dont il était allé jusqu'à vanter les illisibles romans. Il avait fait des heures d'antichambre à Versailles, avec les courtisans. Il n'y avait pas déshonneur à cela puisqu'il s'agissait d'obtenir les faveurs de Sa Majesté, mais la couleuvre fut autrement difficile à avaler quand il fallut entreprendre son éminence grise le père de la Chaise, confesseur du roi, et faire le pied de grue dans ses bureaux...

Mais maintenant qu'il touchait au but, maintenant qu'à travers le rideau de brume et de pluie il avait pu apercevoir, avant que ne tombât la nuit, cette barre verte à l'horizon : Siam, et l'énormité du delta du fleuve de boue se déversant dans la mer par une échancrure ouverte au cœur de la jungle, cette expédition qu'il avait si longtemps rêvée, dont il avait tellement tenu à prendre la tête, lui apparaissait désormais dérisoire et vaine ou, pour prendre un terme plus pertinent, « inappropriée », comme inappropriées étaient ces dentelles à ses poignets, ce justaucorps de drap où il étouffait, cette perruque que, étiquette oblige, il ne pouvait ôter, et les plumes de son chapeau flagellées par les pluies de mousson.

En pénétrant cet autre versant du monde — l'Asie — les signes s'étaient inversés ; valeurs et proportions renversées ; et leur navire même, malgré ses six cents tonneaux, lui paraissait soudain faible, fragile, face à l'énormité du Siam qu'il avait vu, là-bas, avant la tombée du jour, s'allonger sur les flots avec la masse dense et hostile de sa végétation... Et c'était pourtant ce royaume qu'il faudrait soumettre ! Combien étaient-ils en tout avec les soldats des autres vaisseaux ? Quelques centaines d'hommes : sept cents ! A Versailles le chiffre paraissait d'importance. Ici cela devenait dérisoire... Bien sûr le général Desfarges, chef militaire de l'expédition, assurait que cela suffisait. Mais à écouter ce grand tas de graisse de Matamore, il vous eût conquis la Chine et le Japon avec trois mousquetaires... Qu'était-ce, Siam ? Il avait lu les études et récits des pères Tachard, Gervaise et du géographe de l'Isle. Mais tout cela était bien vague. Précises par contre étaient les consignes qu'il avait reçues : messieurs de Seignelay, secrétaire d'État à la Marine, et de Croissy, ministre des Affaires étrangères (respectivement fils et frère du défunt Colbert) lui avaient enjoint de n'accepter « aucun tempérament », c'est-à-dire pas la plus petite objection, quant au fait que les troupes françaises dussent s'installer aux deux points stratégiques du royaume : Bangkok et Mergui. En cas de refus, ordre était donné d'attaquer Bangkok et de s'en rendre maître « à force ouverte ».

Cette exigence tout au long de ce fastidieux, cet éprouvant voyage, et à mesure que s'en était approché le terme, lui avait parue de plus en plus exorbitante, insensée : inacceptable par les Siamois. « Autant demander à un souverain les clefs de son royaume pour pouvoir l'y tenir enfermé comme en prison », songeait-il. Et cependant l'heure de vérité avait sonné. Siam était là, face à eux, dissimulé derrière les grandes tentures théâtrales de la nuit. Ils étaient pour l'instant dans l'ombre, dans les coulisses. Demain le soleil se lèverait. Il faudrait entrer en scène. Pour improviser : quelle farce ? quelle tragédie ? Ils étaient comme des acteurs qui ne connussent rien ni du texte ni de l'action à interpréter...

Oh, certes, à Versailles ou à Paris, tout avait paru si simple : le

Roi de Siam — jésuites et missionnaires pour une fois d'accord l'affirmaient — était désireux de recevoir le baptême, et, si tel était le cas, ne serait-ce pas tout son peuple bientôt qui se rangerait sous l'étendard de la Vraie Foi?... (N'attendait-on pas d'ailleurs ce même miracle de l'Angleterre hérétique qui venait de voir monter sur son trône un Stuart catholique, Jacques II, lequel, en alliance avec les jésuites et soutenu par Louis XIV, comptait bien convertir son royaume?) L'idolâtrie succomberait à Siam comme l'hérésie huguenote avait été éradiquée de France par le feu, le fer et la foi! Et Siam n'était qu'une première étape. La France ferait main basse sur cette région du monde jusque-là dominée par les Anglais de Madras, mais surtout les Hollandais qui, avec le Cap, Batavia et Malacca entre autres, verrouillaient la route des Indes en ses points stratégiques. Et ne serait-ce pas la meilleure façon d'écraser l'arrogante Hollande — cette nation de boutiquiers parpaillots contre laquelle Sa Majesté sans cesse guerroya — que de la priver des énormes richesses qu'elle extirpait d'Orient?... Du Siam nous rayonnerions sur toute l'Asie. Nos missionnaires, nos commerçants, nos soldats peut-être ouvriraient les portes de Chine et du Japon Siam serait la plaque tournante où afflueraient laques, porcelaines, épices, thé de Shanghai, de Nagasaki, étoffes du Bengale. Autant de produits précieux que nous n'aurions plus à acheter, sinon à mendier, aux « marchands de harengs » d'Amsterdam ou d'Utrecht.

A Versailles, donc, tout paraissait aisé...

A bord de l'*Oiseau* tout se mettait à glisser, à tanguer. Aucune certitude ne demeurait stable. Théories, *idées claires et distinctes* naufrageaient dans un univers imprévu, imprévisible : où l'humidité de l'air rendait moites les pensées mêmes, les amollissait, les atiédissait; où âmes et corps se délitaient... De l'entrepont — entre le fracas régulier des vagues s'écrasant contre la coque et le rugissement intermittent des coups de vent — remontait spasmodiquement le râle des malades et des mourants. Chant de damnés s'arrachant au chœur de la mer. Et la nuit, la nuit intense, construisait son mur noir et liquide face à la proue de l'*Oiseau*. Siam n'était que ténèbres.

De sa main gantée de soie blanche M. de la Loubère, avec un geste empreint d'un fatalisme amusé (« Ah si madame de la Fayette me voyait jouer ce personnage! ») appuya sur le large bord de son chapeau. Une cascade de pluie s'en déversa, comme d'une gouttière brisée : « *Que d'eau, que d'eau, ô Neptune, sois plus avare de ton tonneau* », rimailla-t-il à l'oreille de Céberet. La Loubère taquinait parfois la Muse. Il avait commis plusieurs volumes de quatrains et épigrammes dédiés à d'innombrables et cruelles Phylis, Philamintes et Iris qui avaient *percé* son *cœur saignant* brûlé de *mille feux* avec les *flèches inexorables* de leurs *yeux inhumains,* enfin tout le fatras rhétorique propre à nos littératures muselées par la censure et puérilisées... De l'eau, monsieur de la Loubère en avait dans le cou, dans la culotte et plein ses énormes bottes où ses pieds baignaient comme dans une paire de bassines. « Joyeux, Joyeux, mes bottes », s'égosillait-il, appelant son valet. Point de Joyeux. Il oublia ses bottes. Et la pluie... S'appuyant à la rambarde du vaisseau, il murmura encore : « Le roi de Siam n'acceptera pas de nous céder Bangkok. » Cette certitude ne s'était jamais affirmée à lui avec autant de force qu'en ce moment justement où s'érodaient ses forces assaillies aussi bien par les éléments qui, sur son bateau, s'étaient acharnés depuis des mois, pluie, vent, canicule, tempête, que par d'autres puissances, plus obscures, morales sans doute, inhérentes à ce monde mystérieux où ils s'apprêtaient à pénétrer, comme par effraction et qui, devant eux, dressait ses palissades d'ombre : Siam.

Mais peut-être aussi n'avait-il que la fièvre... Et puis il y avait eu ces rumeurs, au comptoir hollandais de Batavia où ils avaient fait escale vingt jours auparavant : une tentative de révolution aurait eu lieu à Siam. Les Hollandais auraient aidé le roi à la mater, s'attirant ainsi les grâces de celui-ci — aux dépens des Français qui seraient désormais *personæ non gratæ* dans le royaume. Nous accueillerait-on à coups de canon ?... Mais fallait-il se fier à ces bruits sans doute répandus par les hérétiques pour nous inquiéter et discréditer ?...

La boutade du défunt Molière ne cessait de hanter l'esprit de monsieur de la Loubère : « Que diable allait-il faire dans cette maudite galère ? » Il était embarqué. Il avait choisi cette aventure. Il n'était point homme à lâcher prise, quand le monde se mettrait à chavirer pour un immense, un métaphysique, un obscur naufrage : *hautain, opiniâtre, ferme dans son sentiment et incapable de se plier à ceux d'autrui,* c'est le jugement que porterait sur lui mon ami monsieur Deslandes, de la Compagnie des Indes orientales, jugement auquel je souscris tout à fait. La Loubère avait du tempérament, peut-être un peu trop pour un diplomate. Né à Toulouse, il avait le sang chaud des méridionaux et l'« honneur » à fleur de peau, comme tous les anoblis de fraîche date qui sentent encore leur roture. Sa famille appartenait à la magistrature. Et ses quarante-cinq ans bien sonnés ne lui avaient pas donné plus de sagesse et de sang-froid. C'est qu'il se faisait une très haute idée de lui-même, aussi haute que ses ambitions, qu'il avait pourtant petites à vrai dire : il aspirait à l'Académie française, ce cénacle de rats. Il y accéderait d'ailleurs... Plus tard, grâce en partie à ce voyage à Siam dont il tirerait une étude d'anthropologie qui ferait date.

« Joyeux, Joyeux », appela-t-il encore. Telle une comète couperosée, la gueule turgescente du valet surgit derrière un énorme tas de cordages. S'appuyant le dos à la rambarde du navire, l'Envoyé extraordinaire tendit sa botte droite au domestique qui, l'arrachant d'un coup, la vida de son contenu de flotte sur le pont inondé, pour la renfiler sur le pied de son maître et s'occuper de l'autre botte. « Ce sont bottes de Danaïdes, mon cher Céberet, quand l'une se vide l'autre s'emplit. »

Stoïque sous la pluie, les yeux tournés vers l'invisible Siam, Céberet se sentait de moins en moins d'humeur à plaisanter. « S'ils ne nous cèdent pas Bangkok, nous nous en emparerons par la force », dit-il.

Claude Céberet du Boullay, quarante ans, était l'antithèse physique et morale de la Loubère. Petit, trapu, assez peu lettré mais *fin, délié, ayant l'esprit de conciliation et se servant de voies douces pour parvenir à ses buts,* comme l'écrit encore mon ami Deslandes, c'était un des douze directeurs de la Compagnie des Indes orientales où il était actionnaire pour 58 000 livres, qui ne sont pas rien. Commerçant, et fort content de l'être (son fils de seize ans d'ailleurs était du voyage, qu'il voulait former au métier), il regardait avec sympathie, mais non sans une certaine commisération curieuse, et quelque agacement parfois, ce pétulant, ce piaffant la Loubère, si emporté, si verbeux — qui passait d'un moment à l'autre de l'enthousiasme à la dépression —, si « bel esprit » enfin, si « talon rouge » pour tout dire, qui n'avait d'écus que ce que la faveur, si incertaine, du Prince, voulait bien lui accorder, et ne l'en regardait pas moins, lui le riche Céberet, avec un je ne sais quel dédain de Grand Seigneur lorgnant un boutiquier. Au demeurant, à quelques anicroches près, le climat était au beau fixe entre les deux hommes, car la mission de l'un n'empiétait point sur celle de l'autre : à Céberet la mise au point d'un traité de commerce avec Siam ; à la Loubère les questions politiques et religieuses. Leur entente cordiale, à dédain moucheté, s'exprimait assez bien dans ce ton de plaisanterie auquel — malgré les affres du voyage qu'ils tentaient ainsi de conjurer — ils s'adonnaient, contre vents, marées : et canicule.

— Prendre Bangkok par la force ! Mais quelle force ? s'exclama monsieur de la Loubère. Avez-vous vu l'état de nos troupes ? C'est pour les Champs-Élysées, pas pour les champs de bataille qu'elles sont mûres. Et encore, nous avons sur l'*Oiseau* les plus valides. Attendons de voir dans quel état nous parviendront celles du *Gaillard,* de la *Loire* et du *Dromadaire.* Ne parlons pas de la *Normande* qui sans doute aura sombré au large du Cap... avec une bonne partie de nos provisions de poudre. Quelle belle armée ! Vous me direz, s'il faut en croire les récits de voyageurs, les Siamois ne seraient pas de fiers guerriers. Mais je doute que pour autant ils se laissent lier pieds et poings. Surtout si les Hollandais leur donnent un coup de main.

Monsieur de Céberet n'eut pas le temps de répondre qu'une voix nouvelle soudain, une voix horripilante par sa fausse douceur, s'éleva (« Tout ira bien, Vos Excellences. Nous débarquerons sans problème. Nous aurons Bangkok ! »). Sans qu'aucun bruit, pas un frôlement de semelle sur le pont, n'eût annoncé la moindre approche, la nuit venait d'engendrer à leur côté, magiquement pour ainsi dire, la forme fantomatique d'un jésuite en longue soutane noire : sa figure, encadrée d'une épaisse barbe sombre, avait surgi de l'ombre comme d'une coulisse de théâtre et c'était tout dégoulinant encore de ténèbres qu'il débarquait là, devant les Envoyés extraordinaires, sur le pont de l'*Oiseau* battu de pluie où une lampe à pétrole, accrochée aux cordages, balançait par intermittence sa vacillante lueur.

— Nous n'aurons pas à tirer un coup de mousquet, ajouta-t-il sur un ton mielleux d'autant plus exaspérant qu'il laissait deviner, par en dessous, une sourde arrogance qui, à chaque instant, à certaine inflexion, venait crever, comme un écueil, la surface mensongère des mots.

L'homme était petit mais trapu, puissant, musculeux, rugueux, taillé tout d'un bloc et tavelé comme un vieux matelot quoiqu'il n'eût que la trentaine. Ses épaules, qu'il tenait toujours voûtées, tel un mythique Atlas, semblaient moins soutenir le poids du firmament, ou la croix de son sacerdoce, qu'un mystérieux et invisible ballot tout plein d'insondables secrets, réels ou imaginaires, attitude théâtrale qui lui donnait toujours, quand bien même il ne vous demandait à table qu'un verre d'eau ou un peu de sel, des airs de conjuré cherchant à vous embaucher pour quelque sombre complot.

— Mais d'où sortez-vous ainsi, révérend Tachard, demanda monsieur de la Loubère. N'est-ce point de l'entrepont où croupit Tulippe, votre cher hérétique ? Comment va son âme ?

La voix du jésuite devint plus grave, plus lente :

— Aussi mal que son corps. Tout à l'article de la mort qu'il soit, ce parpaillot ne reviendra pas sur un seul article de sa foi.

— Vous lui aurez fait l'article pourtant, répliqua la Loubère, et vous y avez du talent. Fussiez-vous marchand de saucisses à la Halle, vous seriez riche comme Crésus.

— Je préfère être pauvre comme Jésus, repartit le jésuite mortifié.

Pendant tout le voyage, celui-ci s'était dépensé auprès de l'équipage, confessant valides et moribonds, distribuant à l'envi l'extrême-onction, amenant à résipiscence les libertins et convertissant force réformés embarqués incognito. Messes et prières étaient de rigueur à bord et quiconque voulait s'y soustraire, pour ce qui était du moins des soldats et matelots, risquait les fers sinon le fouet. Fumer, jouer aux cartes ou aux dés était interdit — la masturbation, « péché contre soi », coûtait six coups de corde à nœuds — et l'œil de Tachard, omniprésent, des cales jusqu'au pont, débusquait sans cesse les contrevenants. C'était la plaie de l'équipage et les marins se passaient le mot quand ils voyaient s'approcher en silence son ombre : cartes, dés, pipes, alcool aussitôt disparaissaient sous les tas de cordages et les grabats. Son activité favorite cependant, c'était de « déterrer », comme il aimait à le dire, les hérétiques (« je les flaire, j'ai le nez, comme épagneul à la chasse »). Il en avait découvert une bonne dizaine qu'il avait remis sur « le droit chemin ». Un seul lui avait résisté : Tulippe.

— Vous l'aurez, vous l'aurez, poursuivit monsieur de la Loubère, la Grâce de Dieu est sur vous.

L'Envoyé extraordinaire connaissait mal le révérend Tachard. Tout juste l'avait-il croisé trois ou quatre fois dans le cabinet de monsieur de Seignelay et de Lagny, directeur du commerce. Le prêtre, par ailleurs — pour des raisons qui s'expliqueront plus tard —, n'était monté à bord de l'*Oiseau* qu'à hauteur du détroit de Banka, non loin de Batavia, c'est-à-dire une dizaine de jours auparavant, ayant voyagé jusque-là sur le *Gaillard*. Mais ces brèves rencontres et cette courte traversée avaient suffi pour inspirer à monsieur de la Loubère une puissante répulsion à l'égard de ce personnage (ce « charlatan », écrirait de lui mon ami Deslandes), répulsion morale et physique tout autant. Était-ce caprice, fantasmagorie ? Ce dégoût n'était-il dû qu'à l'hygiène douteuse du jésuite qui portait le plus souvent dans sa barbe les restes de son dernier repas, au point qu'on pouvait en déterminer, *post festum,* la composition, du hors-d'œuvre jusqu'au dessert, boisson comprise ? Ou à ses petites lèvres rouges, humides, lippues, susurreuses, qu'il pinçait souvent en leur donnant on ne sait quelle expression d'arrogance qu'il arrivait cependant à « adoucir » d'un sourire mielleux, ou fielleux, on ne pouvait jurer : des lèvres qui vous avaient parfois l'aspect obscène d'un émonctoire immonde !

— Qu'est-ce qui vous rend si optimiste soudain ? demanda au jésuite monsieur de Céberet. Pourquoi êtes-vous si sûr que nous débarquerons sans problème ?

— Monsieur Constance y veillera, dit précipitamment le prêtre. J'ai confiance en monsieur Constance. Monsieur Constance est un homme puissant. Lorsque je quittai Siam il y a deux ans, monsieur Constance me promit qu'il préparerait le terrain pour que notre expédition se déroule dans... les meilleures conditions. Monsieur Constance est homme d'honneur, Monsieur Constance est homme de parole, monsieur Constance...

Tel un horripilant refrain ce mot « Constance » revenait à tout propos dans la bouche du jésuite, qu'il s'adressât aux Envoyés ou aux marins, aux soldats ou aux officiers, entre matines et vêpres, entre vêpres et complies, qu'il parlât de la pluie, du beau temps, « Constance » — référence et panacée universelles — entrechoquait ses triomphales syllabes, « once », « ance », comme une paire de cymbales au son desquelles les yeux du père s'écarquillaient, ses lèvres vibraient, telles d'un amant prononçant le nom de sa maîtresse, ou d'un croyant celui de Dieu, et sa face aux traits durs, épais, encadrée d'un collier de poils drus, noirs, s'illuminait : à la semblance d'un Christ d'icône.

— Monsieur Constance est un saint homme !

« Monsieur Constance », alias maître Kance, alias Constance Falcon ou Phaulkon, sinon Opra Witchayen, selon que c'étaient des Anglais, des Français ou des Siamois qui le désignaient, de son vrai nom Constantin Hyerakis, car il était grec de nation (Dieu maudisse cette engeance), était un aventurier qui avait réussi à occuper quelque chose comme le poste de Premier ministre à Siam : le père Tachard l'avait brièvement connu lors de la première ambassade française dans le pays, celle de monsieur de Chaumont et de l'abbé de Choisy, en 1685, en compagnie desquels il avait voyagé. Quoique sa véritable destination fût alors la Chine, où il devait s'employer à la cour de Pékin, le jésuite s'était si bien entendu avec le ministre grec — *mutuum muli scabunt* — qu'il avait été prié par celui-ci d'interrompre son périple et de retourner en France pour y accompagner trois ambassadeurs siamois...

A la vérité — et monsieur de la Loubère l'avait très vite compris — ces ambassadeurs aux noms et titres à rallonge : Opra Wisuthra Sunthon, dit Kosapan ; Oluang Kalaya Rajamaïtri et Ocun Sri Wisang Waja n'étaient là que pour la représentation, pour le « parterre ». Dans les coulisses, Tachard, chargé par « monsieur Constance » d'une mission secrète auprès du père de la Chaise, du secrétaire d'État à la Marine et du roi, négocierait avec ceux-ci : négociations restées des plus confidentielles et quasi sans trace écrite, qui aboutiraient à l'envoi à Siam de cette seconde ambassade française où le jésuite devait tenir le rôle mal défini (ce qui agaçait fort la Loubère qui n'aimait pas qu'on empiétât sur ses plates-bandes) d'intermédiaire entre les Envoyés extraordinaires et « le Grec ».

— Monsieur Constance c'est... c'est... poursuivait le prêtre qui, s'ébrouant sous la pluie, joignait ses deux mains contre son cœur... C'est... un esprit... euh... un... ange du Seigneur !

— Tout beau, tout beau, mon père, ironisa la Loubère, redescendez « sur terre », si je puis dire : car l'expression est mal venue à bord d'un bateau... C'est de l'idolâtrie que vous lui vouez à cet homme ! Attention, ça sent le soufre. Quel drôle d'apôtre des gentils vous nous faites là !

— Il est notre chance à tous, vous dis-je, notre bonne nouvelle. Ne plaisantez pas avec de si saintes choses. C'est lui — lui seul ! — qui a ouvert au vrai Dieu le cœur du roi de Siam. Sans lui — et, certes, à cet égard (sa voix devint métallique, ironique, cruelle), il ne fallait pas compter sur ces pauvres, ces ignorants, ces ridicules pères des Missions étrangères qui croupissent dans ce pays depuis vingt ans sans avoir converti même un singe ou un crocodile — sans lui notre expédition n'aurait aucune chance... Il en est l'âme... euh... des signes indéniables qui crèveraient les yeux même d'un aveugle viennent nous dire que... que... la Providence l'a touché !

A ces mots les Envoyés extraordinaires éclatèrent de rire : le religieux n'y allait pas avec le dos de l'encensoir. Ils ne connaissaient pas encore cet oiseau de « monsieur Constance » mais ils étaient décidément de plus en plus curieux de voir son plumage et d'entendre son ramage, comme dirait monsieur de la Fontaine.

Depuis son retour en France en effet, Tachard — et ses collègues jésuites patronnés par le père de la Chaise — avaient lancé à la Cour une véritable campagne de propagande en faveur du Premier ministre de Siam qu'ils comparaient à un nouveau saint François-Xavier s'apprêtant à ouvrir l'Asie au christianisme : « Comment un étranger, un Grec qui pis est, disaient-ils, eût-il pu se hisser jusqu'au plus prestigieux poste du gouvernement de Siam si la Grâce divine n'était sur lui ? » Ils n'avaient pas hésité à faire imprimer dans des almanachs et gazettes des gravures fort édifiantes représentant ce saint homme vêtu d'une robe de bure, quelque part sur une plage des tropiques, entouré de cocotiers, palmiers, éléphants, et enseignant les évangiles, une croix à la main, à un troupeau de jeunes négrillons admiratifs agenouillés à ses pieds : le graveur, naïvement, prêtant au peuple siamois la morphologie des Africains. Tachard avait écrit aussi un récit de voyage qui — chose rare en nos temps d'étouffement de toute pensée — avait obtenu l'immédiat privilège du roi pour son impression et diffusion, et où il s'était ingénié à présenter Siam comme un Eldorado peuplé d'idoles en or massif de plusieurs dizaines de mètres de haut ; le roi de Siam comme une brebis égarée en quête de la Vraie Foi ; et son ministre comme un saint et martyr : enfin tout ce qui pouvait flatter l'esprit de croisade de Sa Majesté par ailleurs soucieuse d'emplir les caisses de l'État (vidées par la guerre et le luxe de la cour) et celles de la Compagnie des Indes toujours au bord de la faillite.

— Raillez, raillez, Vos Excellences, s'exclama le jésuite devant le rire des Envoyés. Vous ne savez pas qui est monsieur Constance. Moi j'ai sondé ses reins et son cœur... Ah, si vous voyiez ses mains, ses mains quand il parle, comme elles s'agitent, comme elles tremblent, comme elles dansent, et ses yeux, ses yeux surtout !

Le père était blême d'émotion. De sa face lactescente toute ombre s'était retirée, ne subsistant que dans ses deux orbites caves — comme l'eau d'une marée descendante retenue par les anfractuosités d'un roc —, ce qui lui donnait l'allure cauchemardesque d'un de ces crânes de Vanités que nos peintres ont accoutumé de représenter, *memento mori,* à côté des restes de quelque plantureux repas ou des appas de femelles accortes.

Il se tut longtemps, comme un qui cherche en lui des forces pour se ressaisir, reprendre en main les rênes de son être en débâcle, ce à quoi, étonnamment, il réussit assez vite, balançant soudain, d'un ton cassant, impératif même :

— Je vous prie, messeigneurs, quand vous rencontrerez monsieur Constance, de lui parler, euh... à cœur ouvert. Et surtout de rentrer au fourreau l'acier de votre ironie. Elle est de mise peut-être à Versailles, ou dans les ruelles de nos précieuses, mais point sous ces tropiques abandonnés de Dieu.

Cette espèce de diktat stupéfia à ce point monsieur de Céberet qu'il en resta muet. Mais la verve de la Loubère s'en déchaîna :

– Rengainez votre catéchisme, mon révérend père, et nous rengainerons nos lazzis. Nous connaissons nos devoirs. Il suffit !

La Loubère suffoquait. Les bondes de sa patience sautaient. Qui était ce vil jésuite, ce fils d'apothicaire d'on ne sait quel bled des Charentes, ce paysan barbouillé de latin, ce gueux encalotté qui voulait lui tenir tête à lui, un la Loubère, et qui depuis vingt jours qu'il était monté sur l'*Oiseau* essayait de tout régir à bord, mettant son nez de fouine dans les cuisines, la sainte-barbe, l'entrepont, et jusque dans l'âme même de ses hommes et officiers, qu'il obligeait deux fois la semaine à confesse, s'ingéniant par ailleurs à leur poser toutes sortes de questions des plus indiscrètes, sur leur famille, leur fortune, leurs ambitions, comme s'il eût voulu connaître un peu mieux leurs mécanismes secrets, leurs ficelles, mais dans quelle intention : de pouvoir les manipuler un jour ? (n'avait-il pas tenté de sonder aussi son valet Joyeux et son secrétaire Terrasson ?). Qui était-il ?... Ah, n'eût-il porté soutane, il vous l'eût souffleté sur-le-champ et livré au bâton de ses larbins ! Mais d'où ce prêtre du diable tirait-il tant d'assurance, tant de suffisance, tant d'arrogance ? De ses protections ? Du père de la Chaise dont il avait sans cesse le nom à la bouche ? Et avec le confesseur du roi n'était-ce pas la Compagnie de Jésus tout entière qu'il avait derrière lui, cette Compagnie qui poussait ses tentacules d'un bout à l'autre du monde, de l'Amérique à l'Asie, de l'Europe à l'Afrique, qui trafiquait l'or, les épices, qui s'était assujetti le Paraguay, qui avait ses mines, ses plantations, ses esclaves...

A moins que Tachard fût fou ?... Le voyage, la chaleur avaient fait tourner la tête à plus d'un et la Loubère lui-même, parfois, se sentait doucement glisser, dériver, vers des continents de son âme enfouis, obscurs, inconnus, effrayants même, et qu'il ne s'était jamais soupçonnés. Avec monsieur de Céberet, il s'était posé parfois la question : en voyant le prêtre se lancer de plus en plus souvent dans d'insensées vaticinations ou prendre avec eux, depuis quelques jours, on ne sait quelles mines de conspirateur, d'éminence grise, quand il commençait à laisser entendre, moins par des mots que par des soupirs, des regards en coin, des clignements d'yeux, et une certaine façon de caresser sa barbe crasseuse, sans compter ces toussotements et autres frémissements de narines quasi canins, que son rôle, dans l'ambassade, serait plus important que celui de vulgaire « intermédiaire », qu'il avait « bien du pain sur la planche », mais qu'il n'en pouvait « dire plus » étant « tenu au secret », ces propos sibyllins se truffant régulièrement des noms magiques de « Constance » et du « père de la Chaise » qui en fussent les clefs : petit jeu digne des tréteaux de la farce, qui irritait au plus haut point les Envoyés extraordinaires, lesquels n'en pouvaient mais. Et Céberet de conclure : « Il a un grain. »

Chaque éclair déchirait le ciel noir de bleuissements électriques qui flagellaient la masse basse des nuages arcboutés au-dessus du vaisseau comme une énorme voûte granitique ou la panse d'un bœuf céleste. La pluie croulait par paquets flasques et tièdes sur le pont. De Siam on ne distinguait plus rien. Pas même un feu.

— Soyez sans crainte, dit le père aux Envoyés. JE débarquerai demain... JE ferai en sorte que les troupes et nos malades puissent très bientôt descendre à terre. JE...

— « JE », « JE », « JE » ! s'exclama monsieur de la Loubère. Si vous débarquez demain, révérend père Tachard, c'est parce que JE vous y autorise. Mais JE puis bien revenir sur ma décision aussi !

— Je débarquerai demain, répéta le jésuite sans daigner prêter aucune attention aux paroles de l'Envoyé. J'irai trouver le seigneur Constance... Je verrai ce qu'il en est de ces rumeurs de « troubles » à Siam, et je saurai le préparer aux exigences extravagantes de la cour de France : qu'il nous cède Bangkok et Mergui. Jamais, dans les conversations secrètes que nous eûmes tous deux à Siam, il ne m'avait suggéré même le nom de ces villes. C'était le port de Singor (Songkhla), au sud du pays, qu'il nous proposait. Bangkok, c'est un trop gros morceau, je l'ai dit. Je l'ai répété avant de me ranger à l'avis général... Mais nos ministres ont voulu se fier aux conseils de l'abbé de Lionne et de ses pères des Missions étrangères qui depuis des décennies qu'ils sont à Siam n'y ont rien réalisé de bon, et dont monsieur Constance a soupé ! Plaise à Dieu que Sa Majesté ne regrette pas amèrement de ne m'avoir écouté... et que tout se passe bien.

Le père Tachard appréhendait — et avec quelle angoisse, qui le taraudait depuis le début du voyage — le moment où l'on annoncerait au ministre les exigences de sa Majesté : Bangkok, Mergui ! C'était comme si une puissance étrangère se fût avisée de demander Brest, Port-Louis ou Marseille à la France et eût imaginé facilement l'obtenir... Cela... Cela risquait de flanquer complètement par terre le plan : qu'ils avaient mis au point, lui et « monsieur Constance », leur « plan secret », leur *grand dessein !...* Mais que pourrait y comprendre un pantin emplumé, un courtisan, un poétereau comme la Loubère auquel d'ailleurs, cette brave dupe, on n'avait jamais confié que les aspects disons « officiels », les plus dicibles, les moins compromettants, de la négociation : ce pitre, ce diplomate d'apparat, ce...

— Révérend père Tachard, explosa l'Envoyé, j'ai de plus en plus de mal à vous entendre. Qui est l'ambassadeur, sur ce vaisseau, moi ou vous ? Vous ne débarquerez demain et vous ne verrez monsieur Constance que s'il me plaît et que je vous l'ordonne.

A la stupéfaction des Envoyés extraordinaires, le prêtre éclata de rire.

— Je débarquerai demain, Vos Excellences. Et c'est vous-même qui m'en prierez, je vous l'assure. Mais j'ai assez perdu de temps. Le service de Dieu m'appelle. Je m'en vas retrouver Tulippe, ce parpaillot du diable. Il ne crèvera pas qu'il n'ait craché avant son hérésie. J'ai quelque saint vomitif de derrière les fagots dont il me donnera des nouvelles.

Le jésuite disparut aussi soudainement, aussi magiquement, qu'il était apparu. On eût dit que sous lui s'était ouverte une trappe de théâtre. Sans doute avait-il sauté dans quelque écoutille.

Passer du pont à l'entrepont de l'*Oiseau,* c'était comme franchir le fleuve des Enfers, descendre du séjour des vivants à celui des morts : relents de sueur, de déjections, d'urine. Pêle-mêle, luttant les uns contre le sommeil qu'ils craignaient le dernier, s'y abandonnant les autres avec l'avidité gourmande de la fatigue, moribonds et valides, balancés par le roulis, dans leurs hamacs, oscillaient sur tribord, sur bâbord, bercés par la mer, bercés par la mort. L'ombre voûtée du père Tachard, que silhouettait dans le clair-obscur la flamme fragile du briquet qu'il tenait en main, enjamba là un amas de corps au sol, contourna des hamacs. Il cherchait « son homme » : cette forme immobile à bâbord, ce gisant, allongé contre un affût de canon et mal drapé par une mauvaise couverture de drap bleu rapiécée d'ocre et de rouge d'où saillaient deux pieds nus, blancs, squelettiques. Le jésuite s'agenouilla devant la forme qu'il éclaira de son briquet, arrachant à la nuit les traits émaciés, sculptés déjà à la faux de la camarde, d'un individu assoupi dont le crâne, demi-chauve, couleur d'ivoire, d'où pendait la filasse de quelques longs cheveux sales, brillait comme une boule de billard stoppée là, pour jamais peut-être, dans sa course : aux rives inconnues de Siam.

La bouche du moribond laissa filer entre ses gencives noirâtres un souffle rauque, irrégulier. Le père Tachard déplia son ombre découpée par la flamme du briquet au-dessus de sa proie, comme pour jalousement la couver, l'étouffer :

— Tulippe, assez pioncé, il ne reste que quelques grains à s'écouler au sablier de ta vie de jean-foutre. Songe à ton salut !

Le prêtre secoua à l'épaule ce cadavre encore vif. Les paupières jaunes et parcheminées de Tulippe s'ouvrirent sur deux larges yeux blanchâtres comme délavés d'avoir trop longtemps contemplé la mer, ses marées. Ainsi ce diable de jésuite revenait à la charge !

— Es-tu de la race des hommes ou des taons, jésuite ? lança-t-il.

Il se mit vaille que vaille sur un coude, essayant d'aller puiser jusqu'au fond de la nuit de son âme ce qui pouvait s'y trouver encore de force, sinon de rage, pour tenir tête à ce « missionnaire de Satan » qui depuis vingt jours déjà qu'à bord de l'*Oiseau* il était monté, n'avait cessé de l'assaillir, tentant de lui extorquer sa conversion, soit par le charme, soit par la menace. Il lui avait proposé même de l'argent. Il fallait reprendre le combat : à ses côtés il avait sa rapière de mousquetaire, bien inutile en l'occurrence, car c'était avec des mots qu'en ce duel on s'affrontait, ces mêmes mots, ces mêmes répliques que, depuis trois semaines, rituellement, ils échangeaient comme des coups d'épée à l'exercice...

Tulippe referma un instant ses yeux sur le souvenir de sa maison de France, brûlée par les dragons de Louis l'Infâme et leurs aumôniers jésuites. Sa famille tout entière avait été déportée vers la prison de Lyon, celle-là même où l'on obligeait les huguenots incarcérés à porter les défroques purulentes des morts de l'hôpital, afin qu'ils crevassent. Et sa famille creva.

— Combien tu en veux de mon âme, papiste ? lança-t-il. En France vous les achetez aux réformés pour six sols. J'en demande cent écus. Transigeons : cinquante maintenant et je t'en cède la moitié. Tu auras l'autre quand je débarquerai, si Dieu et le scorbut veulent bien que je débarque.

Le jésuite flanqua la flamme du briquet sous le menton du mousquetaire qui sursauta.

— Réformé, on ne plaisante pas aux portes du néant. *Ne relinquas me domine Deus meus...* Je n'ai plus de temps à te consacrer. Je m'en vas dîner chez le capitaine. Mais je préviendrai le chirurgien qu'il te retaille les gencives. Elles sont pourries, les as-tu vues ? Ton sourire, c'est déjà le sourire de l'Enfer.

Tulippe brandit son poing vers l'ombre du prêtre :

— Le défunt Molière emporte ton Esculape tortionnaire, je suis bien assez malade pour crever sans l'aide d'un médecin.

— Amen ! conclut le prêtre.

Son ombre s'en alla se confondre aux ombres de l'entrepont, par là-bas, devers une écoutille.

*A quoi bon*
*Tant de raison*
*Dans le bel âge,*
*A quoi bon*
*Tant de raison*
*Hors de saison ?*
*Qui craint le danger*
*De s'engager*
*Est sans courage.*
*Tout rit aux amants*
*Les jeux charmants*
*Sont leur partage...*

Les bras croisés devant la porte de sa cabine qu'il venait de rejoindre, le père Tachard écoutait la voix enfantine, accompagnée d'un violon, qui lui parvenait à travers la paroi de bois :

*Tôt, tôt, tôt*
*Soyons contents*
*Il vient un temps*
*Qu'on est trop sage...*

« Ah, ah, il joue, il chante ! murmura par-devers soi le prêtre, et qui pis est des mièvreries de Quinault et Lully ! Ah, ah, le petit sacripant, il chante ! Je m'en vais le faire danser maintenant ! »

Remontant, telle une péripatéticienne appâtant le chaland, le pan de sa soutane trempée de pluie sur sa cuisse poilue et rose, le jésuite s'en alla cueillir, cachée au revers du vêtement, à côté d'une bourse rebondie, une clef attachée à un passant cousu dans la doublure.

« Le petit sacripant, il joue au lieu de faire ses mathématiques. »

La main tremblante de rage il glissa la clef à l'intérieur de la serrure, poussant brusquement la porte...

Dans l'embrasure s'encadre soudain, se fige, comme sous le pinceau d'un maître, le tableau d'un adolescent pâle, vêtu d'une chemise blanche, d'un haut-de-chausse noir, dont le visage, aux lèvres petites, rouges, gourmandes, et aux joues blanches pétries dans une savoureuse pâte d'amande, se couche sur le bois vernissé d'un violon.

Au fracas de la porte qui s'ouvre cette paisible « scène de genre » soudain se défait. Le gamin saute de sa chaise, se dressant comme un diable et sa face cernée de cheveux noirs, coupés à la page, se braque vers le curé, tout empourprée.

— Père, père, ça n'était que pour me délasser. Tenez, j'ai fait la moitié de vos opérations !

Violon et archet s'en vont choir sur un lit tout proche, et les mains blanches, potelées, du musicien palpitent déjà au milieu de feuilles éparses sur une table voisine où, dans le halo doré d'une lampe, s'empilent quelques vieux in-folio de cuir roux, usés, cornés.

— La moitié, sacripant ? Je t'avais dit que tu ne sortirais de cette chambre que tu ne les aies finies toutes !

L'énorme patte rose, toute barbelée de poils noirs, du religieux accrocha au lobe l'oreille grassouillette du gamin qui piailla comme un cochonnet qu'on égorge.

— J'en ai maté d'autres, mon petit André Cardinal, j'en ai maté d'autres ! Si tu touches à ce violon encore, c'est du fouet que je vais te jouer. Je connais quelques menuets de cet instrument qui risquent de te faire rougir les fesses. Lully ! Lully ! C'est les équations de monsieur Descartes (point sa philosophie du diable, certes !) que je veux te faire entrer dans la tête, *asinus !*

Et vlan, il lui décoche une claque (« Et de une pour monsieur Descartes ! »). Et vlan, une autre claque (« Et de deux pour monsieur Pascal »). Et vlan, une troisième claque (« Celle-là pour Leibniz... »).

— Désormais je mettrai ton violon sous clef. Je ne te le rendrai qu'à terre, quand tu entreras au service du ministre Constance. S'il veut de toi, gredin. Tu pourras alors jouer tous les airs que tu veux, au violon et à la flûte s'il t'en dit, ou s'il lui en dit. Mais il faudra être soumis, mon enfant. Monsieur Constance n'aime pas les fortes têtes.

En larmes, les joues toutes rosies par la rossée, l'enfant gémit :

— Je suis à vos ordres, père, je ferai tout ce que vous voudrez, je...

— En attendant ôte-moi ma soutane. Me voici baptisé de pluie jusqu'aux os.

Le gamin commença, un à un, à dégrafer les innombrables boutons de l'habit du père.

— Monsieur Constance a mieux que les claques et le fouet, sacripan, pour mater les morveux de ta trempe. J'en connais plus d'un qui, pour moins que cela, pourrissent encore dans ses cachots.

A bord de l'*Oiseau,* entre autres soldats et marins, se trouvaient force peintres, sculpteurs, ingénieurs, jardiniers, miroitiers, artisans de toutes sortes destinés au service du roi de Siam ou de « monsieur Constance » qui désirait faire de Lopburi (seconde ville du pays après Ayuthya la capitale) un « vrai petit Versailles ». Il avait aussi « commandé » au père Tachard quelques musiciens, comme le jeune Launay, flûtiste, le sieur Richard, organiste, le sieur Jean Blanc, castrat, et le petit André Cardinal, écolier du Lycée Louis-le-Grand, se vouant à la prêtrise, et qu'on destinait ici à jouer dans la chorale de l'église Notre-Dame-de-Lorette (Lopburi) dont on avait commencé la construction lors du premier séjour de Tachard dans le royaume. André Cardinal deviendrait un musicien célèbre, plus tard, en France, sous le nom de Destouches. En quelque sorte, au même titre que les tapis, bijoux, globes terrestres et autres miroirs, le petit André Cardinal faisait partie des innombrables « cadeaux » envoyés à Siam par la diplomatie française.

Le père Tachard bientôt, sous les mains empressées du jeune garçon qui le déshabillait, se retrouva en caleçon long : l'étoffe en était d'un blanc écru, tout violacé et jauni à l'entrejambe par de vastes et peu saintes auréoles de crasse et de sueur.

— Monsieur Constance en a maté d'autres, répéta-t-il.

— Mais expliquez-nous, père Tachard, qui est ce « Monsieur Constance ». Comment un Grec, le diable emporte cette nation de filous, est-il devenu Premier ministre de Siam ?

Au haut bout de la table, c'était le capitaine de l'*Oiseau,* monsieur Duquesne-Guitton, neveu du grand Duquesne, qui venait de lancer cette question dans le brouhaha des rires, des lazzis, des interjections colériques et amusées qui fusaient de la bouche des convives assemblés, tandis que d'un coin à l'autre de l'étroite salle à manger (plus étouffante qu'une étuve quoique les fenêtres en fussent grandes ouvertes sur la mer et la nuit : tiède, sombre, où Siam au loin s'était englouti) allait et venait un ballet de matelots rugueux, tavelés, déguisés pour l'occasion en domestiques à livrée rouge et perruque blanche qui emportaient là des aiguières, des plats d'argent chargés de mets ; plus loin des carafons de vin or ou rubis. La couche de poudre de riz recouvrant la gueule carrée du capitaine parvenait mal à cacher son teint tanné par le soleil et les embruns, d'autant que, sous son imposante perruque noire et bouclée, il transpirait fort, ce qui emportait son maquillage strié de dizaines de ruisselets de sueur s'en allant se perdre dans la dentelle de son jabot.

Monsieur Duquesne était flanqué à sa gauche de monsieur Céberet, vêtu d'un strict habit noir à rabat blanc et d'une perruque brune ; à sa droite de monsieur de la Loubère en justeaucorps de satin crème brodé d'or, et perruque blonde. Côté tribord de la table s'alignaient les jésuites : robe marron ou soutane noire, certains tête nue, certains arborant calotte. Parmi eux le père Tachard, provincial de l'ordre, et supérieur général; les pères Richaud, d'Espagnac, Dolu, Duchat (destiné à devenir supérieur de la ville de Lopburi) et le Royer (pour la ville d'Ayuthya). Ce dernier était un homme d'une quarantaine d'années, au front haut, dégagé, au nez droit. Des fossettes faillaient ses joues et la commissure de ses lèvres, figeant sa face comme dans une ineffable expression d'ironie qui le faisait ressembler assez au père de la Chaise dont il était d'ailleurs, au même titre que Tachard, l'homme de confiance. Ces pères appartenaient au groupe des douze jésuites que les ambassadeurs siamois étaient venus demander au roi de France afin qu'ils enseignassent à leur monarque l'astronomie et les mathématiques. C'était du moins la mission officielle de ces ecclésiastiques, leur « couverture » dirent certains...

Au bas bout de la table et comme en retrait stratégique par rapport à ces messieurs de la Compagnie de Jésus, s'étaient regroupés les pères des Missions étrangères, dont l'abbé Verniaud. Le climat était... à couteaux, sinon à crucifix tirés, entre les deux ordres rivaux, mais sans que rien n'en parût trop évidemment, car on ne voyait et n'entendait des deux côtés que courbettes et doucereux salamalecs. C'était à qui céderait à l'autre le passage, lui offrirait le siège le plus rembourré, le plus confortable, lui sacrifierait le plus gras ou le plus dodu morceau de poulet, sinon le devancerait quand il s'agissait de donner des soins aux malades, la concurrence étant telle d'ailleurs, entre ces bons pères, qu'ils semblaient presque regretter qu'il n'y eût pas, sur le vaisseau, plus de moribonds qui leur permissent de mieux mettre en acte leur insatiable soif de charité.

A bâbord, face aux religieux, et plus exubérants dans leur maintien, bourdonnait un essaim de jeunes officiers, âgés de vingt ans pour la plupart, fils des meilleures familles de France pour beaucoup, et sans le sou pour tous... Exemple flagrant des conséquences criminelles de la politique de Louis l'Ignoble et de ses larbins les Colbert qui s'acharnèrent à ruiner et avilir tout ce qui a nom et blason dans le royaume, pour favoriser la plèbe des commerçants, des intendants, et consacrer crapuleusement le règne de Vile Bourgeoisie. La bourse de ces jolis messieurs emperruqués, enrubannés et parfumés était vide, mais leur cœur débordait d'ardeur, d'ambition et d'espérance, persuadés qu'ils étaient, comme le dernier des soudards de l'escadre d'ailleurs, que Siam leur apporterait sinon la gloire, du moins la fortune. Sans doute aussi, pour les engager à tenter l'aventure, s'était-« *on* » attaché à le leur faire miroiter. Parmi eux se trouvaient monsieur du Laric, capitaine des bombardiers ; Saint Vandrille ; Saint-Cry ; le Mazurier (protégé de la Loubère) ; Fretteville (protégé de Céberet) ; Sainte-Marie ; Delas et quelques autres. Leur chef, le lieutenant du Bruant des Carrières (second du général Desfarges, qui voyagait sur le *Gaillard*) avait *acquis une réputation dans le métier des armes.* Le teint tanné, les traits taillés à la serpe, c'était un homme d'énergie, mais cultivé aussi et *délicat.* Froid, plutôt cassant, *il n'était pas aimé des officiers par la peine qu'il y avait à ménager son amitié. Il demandait la soumission dans ses subalternes et beaucoup de déférence.* C'est ce qu'écrirait de lui plus tard, dans ses mémoires, monsieur François Martin, chef du comptoir de la Compagnie des Indes à Pondichéry.

Le vin aidant, c'était un joyeux composé de rires et de dentelles, de bons mots et de sarcasmes, que cette compagnie. On y trouvait encore un ingénieur, Monsieur Vollant des Verquains (qui publierait plus tard, en 1691, un intéressant récit sur cette désastreuse expédition) et qui était alors chargé de diriger, à son débarquement, les travaux de fortification de Bangkok où devaient s'installer les troupes : travaux que le chevalier de Forbin, officier resté à Siam deux ans auparavant, était supposé avoir commencés. Ces messieurs maniaient couteaux et fourchettes avec autant d'ardeur qu'à la guerre leur rapière, les jésuites d'ailleurs (les missionnaires avaient plus de retenue) n'étant pas de reste. La table, il faut dire, recouverte d'une nappe immaculée, au drapé épais, amidonné, n'invitait pas au jeûne, toute tangante qu'elle fût : des carafes de vins divers, blancs, rouges, madère, cahors, bergerac, bordeaux, y trônaient (entourées à la base de boudins de tissu emplis de sable pour qu'elles ne versassent point) au milieu de plats d'argent et d'étain arborant sur des lits, il est vrai, de vulgaires lentilles (les légumes frais ayant peu cours à bord), ici des rôtis de bœuf, là des ragoûts de dinde, de porc, de veau, ou encore plusieurs cochons de lait farcis de marrons et de chair à saucisse. On eût dit — telle était l'abondance des mets — que pour honorer ses hôtes et peut-être pour fêter leur arrivée aux rives de Siam, le capitaine eût ordonné d'abattre tous les animaux de son bord : Tachard, trop occupé à confesser un cuissot de chapon et la bouche trop pleine encore de cette profane hostie, se fit ravir la parole par monsieur de la Loubère.

— Je me suis laissé dire, lança l'Envoyé extraordinaire sur un ton insinuant et moqueur, que le père de ce... Grec, le sieur Constance comme vous l'appelez...

— *Monsieur* Constance, coupa le jésuite qui cracha de rage son morceau de volaille.

— Que le père de *votre* monsieur Constance, poursuivit l'Envoyé, serait un vulgaire gargotier...

— Mensonge, exulta Tachard brandissant, crucifix vengeur, le cuissot de chapon qu'il avait en main au-dessus de sa tonsure, mensonge ! Qui aura abusé Votre Excellence ? Où Votre Excellence aura-t-elle ramassé ce vil ragot, dans la bouche de quel officier libertin, de quel soudard de sac et de corde ? Monsieur Constance est de la plus noble extraction et s'il est ce qu'il est à Siam (le ton du père tout à coup se calma), c'est que la Providence Divine l'a voulu (il courba les épaules). Que Votre Excellence pardonne ma colère si je l'ai offensée ; comme monsieur Constance, je n'en doute pas, eût pardonné l'insulte que vous venez en ma présence de lui faire, s'il l'eût entendue. Car monsieur Constance est un saint homme...

— Père Tachard, glissa onctueusement le capitaine Duquesne avant d'éclater d'un rire sonore, cela vous nous l'avez raconté déjà, et vous l'avez écrit, l'antienne nous est connue et, sang dieu ! ça ne valait pas que vous crachassiez ainsi ce savoureux morceau de chapon. Savez-vous qu'avec quelques-uns de ses congénères je l'achetai poussin aux Hollandais du Cap qui, tout hérétiques qu'ils soient, s'y connaissent fort bien en volaille, et que tout au long du voyage mon cuisinier, dont vous pouvez, messieurs, apprécier le génie (n'est-il pas le Racine des fourneaux, sinon le Lully des poêles à frire ?) l'a généreusement nourri de riz et de maïs afin que, dodu à point, il finît son voyage en vos assiettes ? Certes la gourmandise est péché, père Tachard, mais seulement véniel. C'en est un mortel que de cracher sur pareil don du ciel.

— Dieu bénisse, capitaine, ce chapon que Noé même sur son arche, si bien achalandée pourtant, vous eût envié. Mais vous le défendez avec tant d'ardeur que je puis bien l'abandonner quelques instants et voler au secours de monsieur Constance pour le protéger des médisances. Son origine est aussi connue que celle de notre volaille. Son père était un prince vénitien de l'île de Céphalonie, toute proche de la patrie d'Ulysse, Ithaque...

— Oui da, Votre Révérence, dit dans un sourire monsieur de Céberet, cela aussi vous le racontâtes. Mais d'autres assurent qu'il ne fut longtemps qu'un vulgaire matelot chez les rosbeefs. Je veux dire qu'il briqua les ponts de nos concurrents de la East India Company !

La Loubère et tous les officiers éclatèrent d'un rire sonore... Et le vin coula derechef, déliant les langues. Au point que certains en oubliaient presque la présence symbolique de Sa Majesté Très Chrétienne — ce rat ! — dont le portrait encadré d'or était pendu à un clou, au mur bâbord de la salle à manger. Ce tableau, destiné au roi de Siam (qui, disait-on, vouait une admiration sans bornes à Louis XIV) était la fort mauvaise imitation d'une toile du peintre officiel Le Brun, telle que des artisans en peignaient quasi en série, pour que s'en adornassent toutes les administrations de France, de Navarre et des comptoirs d'outre-mer : Louis l'Infâme y figurait déguisé rien moins qu'en Hercule, un casque grec à plumet rouge sur la tête, un glaive lumineux à la main, écrasant, de son pied droit chaussé d'une spartiate d'or, le ventre couvert d'écailles verdâtres d'une hydre moribonde : laquelle, vomissant dans un dernier râle sa langue écarlate, incarnait, nul n'en eût douté, l'Hérésie et l'Idolâtrie vaincues, et pour qu'on s'en convainquît tout à fait, une légende latine affirmait : *Religioni sub Ludovico Magno Triumphanti...* Ce roi de carnaval semblait présider en secret, comme caché au fond d'une loge à l'opéra, à ces agapes tonitruantes qu'il dominait de son regard hautain, majestueux, tel que de rigueur dans l'iconologie de ce règne de servitude. Mais, tout relégué qu'il fût dans son coin, il n'en arrivait pas moins que, de temps à autre, ses yeux croisent ceux de l'un ou l'autre convive, ce qui avait la vertu immédiate, malgré les vapeurs de l'alcool, de jeter sur ceux-ci « un froid », les rappelant à plus de prudence dans leurs propos, car tous ne savaient que trop que dans cette aventure à Siam qui demanderait d'eux, selon leur rôle, prêtre, diplomate, soldat, générosité, ruse, ou courage, et exigerait peut-être leur sang, ce qui comptait n'était pas tant ce qu'ils feraient ou penseraient effectivement, que ce qu'« on » en rapporterait par après à la cour, et dont dépendrait leur carrière. Et ce « on »-là c'était, certes, les officiers, qui rédigeraient leurs réglementaires procès-verbaux ; les inévitables espions dont, à coup sûr, à ce moment même, à leur table, il se trouvait au moins un spécimen ; mais chacun d'eux plus encore, car les propos qu'ils ne pourraient s'empêcher de tenir les uns sur les autres, seraient fatalement répétés — donc déformés, faussés, exagérés — jusqu'à ce qu'ils s'en aillent rouler, à la manière d'une grossissante boule de neige, aux pieds du trône.

Le père Tachard essuya sur les pans de sa soutane le jus du chapon auquel il avait donné l'absolution, quelques osselets seuls en ornant désormais, funèbrement, son assiette. Il promena d'en dessous ses épais sourcils un regard sombre, inquisiteur, sur messieurs Delas, Saint-Vandrille et particulièrement le Mazurier (le petit protégé de la Loubère), trio de « libertins », disait-il, auquel il offrirait un « chien de sa chienne » dès qu'ils auraient débarqué à terre : ces « jeunes écervelés », forts qu'ils se sentaient sans doute de leurs hautes protections, avaient passé le voyage à jouer, boire, fumer, blasphémer, sans compter les horreurs auxquelles ils se seraient livrés avec des « vilaines » à l'escale du Cap. A bord du *Gaillard,* puis à bord de l'*Oiseau,* le jésuite avait, en quelque sorte, passé en revue les troupes, sondant l'un et l'autre des cadets, officiers et soldats. Il avait « fait le tri », séparé « le bon grain de l'ivraie », dressant dans sa mémoire la liste de ceux qui pourraient être utiles à la réalisation de ce qu'il appelait le Grand Dessein, et les autres, les brebis galeuses, qu'il faudrait écarter... Il porta ensuite, tel un saint Pierre soupesant les âmes à l'entrée du Paradis, son regard sur ces deux badauds d'Envoyés extraordinaires, pour le planter bientôt, comme des banderilles, dans les yeux du père Verniaud des Missions étrangères, lançant à son intention :

— Monsieur Constance a nombre d'ennemis, à Siam, à Versailles... et ne parlons pas de Rome !

Les missionnaires (plus que les jésuites français très compromis avec Louis XIV) étaient des « soldats du pape », Sa Sainteté Innocent XI, qui avait eu maille à partir souvent avec le roi de

France. Le propos de Tachard était facile aussi à interpréter. Mais le père Verniaud baissa la tête, ayant reçu consigne expresse de son supérieur l'abbé de Lionne, qui voyageait sur le *Gaillard,* de ne pas répondre aux multiples et croissantes provocations des jésuites. Il se plongea, comme en méditation, et pour conserver son sang-froid, dans la contemplation de son assiette — fabriquée sans doute en Chine sur commande de la Compagnie des Indes — : un Louis XIV et une dame, en grands habits de cour, s'y promenaient dans un décor de fleurs de chrysanthème. Étrangement leurs yeux étaient bridés et leurs pommettes saillantes, comme si en eux, sous le pinceau de l'artisan asiatique qui les avait peints, s'étaient mariés, métissés Orient et Occident...

Le missionnaire ne pouvait si bien contempler l'ornementation de son assiette que parce qu'elle était vide : hormis quelques haricots bouillis épars... Non qu'il jeunât, mais ses intestins étaient éreintés par quinze ans d'Asie et ses concomitants parasites. Il avait payé de sa personne, de sa santé, comme tous ceux de son ordre, et c'était aussi avec quelque aigreur qu'ils avaient vu les jésuites français, nouveaux venus à Siam, leur griller tout récemment la politesse, s'y attachant la personne du roi, de son ministre monsieur Constance, et mettant dans leurs intérêts Sa Majesté Très Chrétienne.

Tachard, que le silence du missionnaire Verniaud — « silence de vaincu ! » — mettait dans un état de jubilation extrême qui, de rose, avait rendu sa bouille rubiconde au milieu du cadre hirsute de sa jupitérienne barbe noire, saisit de sa patte poilue de bûcheron le pied fin, fragile et élégant d'un verre de cristal empli à ras bord de vin rubis et lança à la cantonade, avec ce ton de vieux rude matelot qu'il avait sans doute acquis à voyager d'un bout à l'autre du monde, comme aumônier de marine, et qu'il avait beaucoup de mal à dissimuler, surtout l'alcool aidant :

— Un verre de vin avise bien son homme, particulièrement ce bergerac qui a si bien tenu le voyage. C'est là vin solide, trapu, rude aux gosiers certes, mais qui défie le roulis et l'air vicié des cales. Ainsi en est-il de monsieur Constance qui triomphera des miasmes de la calomnie. Messieurs, je vous invite à boire à la santé de Constance Phaulkon, Premier ministre de Siam, ami de la France et protecteur de notre chrétienté aux Indes !

Oubliant pour quelque temps leurs rancunes, leurs soupçons, leurs incertitudes, officiers, religieux — et les Envoyés extraordinaires même, aussi agacés fussent-ils par la phraséologie de Tachard et plus encore par ses sous-entendus — consentirent, l'ivresse aidant, à enterrer ou du moins à noyer un instant leurs différends dans le vin, levant un toast à l'énigmatique, l'imprévisible Constantin Hyerakis :

— A monsieur Constance.

Le missionnaire Verniaud lui-même leva son verre, mais empli d'eau, toujours à cause de ses intestins malades.

— A notre Seigneur Constance Phaulkon et à son apôtre le révérend Tachard. Dieu les bénisse, badina l'officier Saint-Vandrille qui, sous ses airs de jeune fille au teint blanc, tranchant nettement avec le noir d'ébène de sa moustache et de sa perruque, était une des plus mauvaises langues et des plus fines lames du royaume.

Sa boutade balancée, il décocha au jésuite une œillade assassine. Et le tout beau, tout blond Delas d'enchaîner, en pourfendant lui aussi Tachard des yeux :

— Et à sa sainte épouse la dame Constance, qui serait fort gironde dit-on, du moins autant qu'une Asiate peut l'être. On la dit japonaise...

— Elle aura donc un nez fort plat, lança en ricanant le Mazurier. Leur nourrice le leur écraserait d'un coup de pouce à la naissance, à ce que j'ai lu. Aux Indes on trouve ça plus joli...

— Beauté en deçà des Pyrénées, laideur au-delà, renchérit le sieur Delas.

Le Mazurier leva son verre et ajouta :

— Je bois au petit bout de nez de dame Constance, laquelle ne fût peut-être pas femme de ministre s'il eût été plus long. Et qui sait si la face de Siam n'en serait pas changée ?

Le père le Royer, auquel le vin n'avait pas encore fait perdre son sang-froid et qui connaissait bien « ses hommes » (ces trois-là s'en allaient à Siam sur ordre de Sa Majesté qui n'avait pas voulu les condamner à mort pour cause de duel meurtrier, comptant qu'ils se refissent outre-mer une bonne conduite), le père le Royer donc chercha à calmer cette passe d'armes, déviant le cours de la conversation :

— Je ne connais pour ainsi dire rien de Siam, ni de son ministre, lança-t-il. Mais vous avez bien écrit, père Tachard, dans votre récit de voyage, que monsieur Constance avait travaillé jadis comme mousse dans la marine anglaise ? Ce qui ne fait qu'ajouter à son mérite, et met mieux en évidence l'action de la divine Providence, puisque, homme de rien, *homme sans qualités,* il a su attirer la faveur d'un roi et s'emparer du poste le plus envié de Siam.

— Certes, rétorqua Tachard (qui défia des yeux le trio de jeunes officiers, mais rengaina pour un temps — patience !— sa rage), la noble famille de monsieur Constance a été ruinée, ce pourquoi il s'engagea dans la marine. Aussi ne s'est-il pas donné seulement la peine de naître... comme d'autres qui, protégés de mille fées dès le berceau, ce qui ne leur épargna pas plus tard quelques courtisanes reptations, ont pu se faire une place au soleil...

Et, à ces mots, le fils d'apothicaire Tachard qui, péniblement, avait escaladé les échelons hiérarchiques de son ordre jusqu'au grade de provincial, défia du regard monsieur de la Loubère lequel, tout autant que monsieur de Céberet, se demandait jusqu'où irait le jésuite dans son insensée arrogance.

— De plus, messieurs les Envoyés extraordinaires, dois-je vous rappeler que Sa Majesté a accordé à monsieur Constance les titres de comte et l'ordre de Saint-Michel, dont vous devez lui remettre les brevets ? Aussi serait-il bon que, dès ce jour, et afin que plus tard aucun faux pas ne soit commis, nous commencions à parler de lui dans les termes les plus respectueux. Tout comme de madame son épouse qui est la descendante d'une famille de samouraïs jadis convertie au christianisme par saint François-Xavier, que Dieu le bénisse en son paradis ! Ses grands-parents durent fuir le Japon livré aux persécutions du Shogun Ieyasu qui vouait aux chrétiens une telle haine qu'il en fit crucifier par milliers...

— Regardez, mais regardez donc ce qui nous arrive, dit en riant le capitaine Duquesne qui cherchait à détendre l'atmosphère, voyez donc ce que nous apportent nos laquais !

Ceux-ci venaient de déposer au centre de la table d'énormes coupes de cristal où s'épanouissaient laitues et batavias du vert le plus rafraîchissant.

— Les terres du potager que mon coq a installé sur la dunette arrière ont été complètement balayées par ces pluies, expliqua le capitaine. Ce fut une Saint-Barthélemy de tomates, de carottes et navets. Ces batavias sont les seules, mais les plus belles, rescapées du désastre. Dieu a choisi ces saintes innocentes pour qu'elles ornassent notre table.

— Beaucoup d'appelées mais peu d'élues, s'exclama le père Tachard.

Un cri soudain remonta de l'entrepont : râle d'animal égorgé qui figea les gestes des convives pétrifiés, gela dans leur bouche toute parole.

— Je reconnais l'organe de Tulippe, dit bientôt le père Tachard, rompant le silence. Je lui envoyai tout à l'heure le chirurgien afin qu'il lui rabotât un peu les gencives. Il les a pourries de scorbut. Eût-il accepté de communier à notre mode et reconnu la *présence réelle* du Christ en l'Eucharistie, ce parpaillot du diable serait en bonne santé. L'hostie mieux que le vinaigre désinfecte la gueule. Nos Esculapes de la marine devraient s'en aviser. Nous aurions moins de malades à bord.

— Laissez-moi penser plutôt, contesta le capitaine, que légumes, viandes fraîches et fruits, mieux que l'Eucharistie, Dieu me pardonne, ont le pouvoir de venir à bout de ce mal : ils dissolvent les sangs que trop de salaisons et les sels volatiles qui s'échappent de la mer ont tendance à coaguler : au point qu'on a vu chez certains malades, le sang s'arrêtant de circuler, leur chair devenir comme une cire molle où l'on peut imprimer ses doigts...

Un nouveau hurlement s'arracha à la nuit.

Dans l'entrepont le chirurgien, un sieur Petit, venait d'abandonner Tulippe à son destin, après avoir tranché au scalpel les excroissances de chair de ses gencives, désinfectant les plaies au vinaigre. Indifférents au sort du malade qui râlait dans son coin, matelots et soldats prenaient leur repas. C'était, à la lueur faible et tremblante des lampes, une étrange réunion d'ombres assemblées, par groupes de cinq ou six, marins sur bâbord, bombardiers, gardes marines et mousquetaires sur tribord, autour de marmites fumantes où flottaient, dans un jus clair, quelques haricots et de rares morceaux de lard. Les couleurs rouge, bleu, blanc des uniformes et des haillons rapiécés des hommes d'équipage étaient estompées par l'opacité de la nuit (comme par la suie ces tableaux d'église trop longtemps exposés à la fumée des poêles) de sorte que, sur l'écran des ténèbres, ces teintes se fondaient dans une espèce de camaïeu où c'était à peine si elles se différenciaient : une tache vaguement écarlate, ou bleu, ou carmin, frémissait dans le halo d'or d'une lampe pour aussitôt s'effacer, comme happée, engloutie, digérée par l'obscurité. C'était la manche d'une casaque, le fragment d'un bonnet de laine de marin, l'esquisse du col d'un pourpoint qu'un mouvement brusque avait brièvement exposés et aussitôt ravis à la source lumineuse... Les hommes claquaient la langue, buvaient un vin aigre à même un pichet d'argile luisant et puisaient, entre deux râles, rots et pets retentissants, à chaque fois suivis d'éclats de rire approbateurs, leur soupe trop claire dans la marmite, en s'aidant de longues louches de bois. Et tout ça mastiquait, grognait, devisait, insensible aux soupirs de Tulippe. Quand il geignait parfois un peu trop, un chœur de voix jaillies de l'ombre balançait à la cantonade :

— Cette carne calviniste a la peau dure. Si Tachard s'y est cassé les dents, la mort y brisera sa faux !

— C'est la lie de la France que nous avons embarquée sur nos vaisseaux, lança à la tablée le père Tachard. Où diable ont donc été recrutés ces soudards ? Dans les bouges de Brest ? Les tavernes de Quimper ? Les bas-fonds de Port-Louis ? Joueurs, bretteurs, blasphémateurs, fornicateurs. J'ai étudié votre cheptel, monsieur du Bruant. Il n'y en a pas un qui sauve l'autre : tel condamné pour vol, tel pour viol ! Assassins même ! Hérétiques, libertins, sodomites ! il n'y a pas jusqu'à nos cadets et nos officiers (il mitrailla des yeux le trio Delas/le Mazurier/Saint-Vandrille) qui n'aient leur comptant de brebis galeuses ! Pendards, va-nu-pieds, gibiers de potence, hommes de sac et de corde, voilà de brillants ambassadeurs, messieurs les Envoyés extraordinaires.

Pris à partie, la Loubère rétorqua aussitôt :

— Le général Desfarges en a vu d'autres. Il saura tenir en bride cet attelage de diables qui feront aux Indes leur salut.

— Je n'en pense pas moins, dit le père Tachard, qu'on eût dû trier ces hommes sur le volet. Soyez sûrs que dès notre descente à terre les Siamois — mais aussi les Hollandais et les Anglais — vont nous épier, nous étudier. Nous n'avons pas le droit à l'erreur. Nous n'en avons commis que trop déjà. J'augure mal des trois ambassadeurs siamois que nous ramenons dans leur pays. J'ai tenté de les sonder pendant les six mois que j'ai voyagé avec eux sur le *Gaillard* de Brest jusqu'au détroit de Banka, mais je n'ai rien pu en tirer, pas le moindre avis fiable quant à ce qu'ils pensaient de leur séjour en France, sinon les salamalecs et politesses d'usage où ils sont fort habiles et qu'ils vous servent toujours ornés de leur éternel sourire dont on ne sait jamais s'il est de sympathie ou de mépris. Et allez savoir aussi comment ils considèrent nos exigences vis-à-vis de Bangkok et Mergui... J'ai lieu de supposer cependant que le chef de l'ambassade, ce Kosapan — homme de quelque intelligence et des plus rusés — nous est au fond de l'âme tout à fait hostile.

C'est cette attitude « inquiétante » de l'ambassadeur siamois qui, plusieurs semaines auparavant, avait inspiré à Tachard un « stratagème » dont il fit part, à l'escale du comptoir hollandais de Batavia, aux Envoyés extraordinaires et à l'amiral Vaudricourt, commandant l'escadre : lui, Tachard, passerait du *Gaillard*, où il avait navigué jusque-là, sur l'*Oiseau* et, à bord de ce vaisseau qui se séparerait du reste de la flotte, il prendrait les devants afin d'arriver le premier à Siam :

— Si les ambassadeurs siamois nous précèdent dans leur pays et qu'ils y trouvent une situation politique défavorable aux Français, ils diront mille maux de nous, expliqua-t-il. En revanche, si c'est moi qui les devance et si je parviens à mettre monsieur Constance dans nos sentiments, ils appuieront, serviles comme ils sont, tout ce que je lui aurai dit.

Le « plan » de Tachard fut adopté.

Après le dangereux passage formé par l'île de Banka et Sumatra, la *Loire*, le *Dromadaire*, le *Gaillard* et l'*Oiseau* jetèrent l'ancre devant une crique de sable blanc hérissée de palmiers innombrables. Les Envoyés montèrent brièvement sur le *Gaillard* pour expliquer aux ambassadeurs siamois — qui ne furent pas dupes — que l'*Oiseau*, avec à son bord Tachard, allait les précéder à Siam afin de débarquer « ces malheureux soldats malades » et de « tout préparer » pour que d'aussi « insignes diplomates » venant de « la plus grande cour du monde » fussent accueillis dans leur pays avec les honneurs adéquats : c'est-à-dire les plus somptueux.

C'est ainsi que, le dix septembre 1687, un mercredi que Dieu fit, l'*Oiseau* se détacha de l'escadre.

Les ambassadeurs siamois, restés sur le *Gaillard* « la rage au cœur », avaient cependant obtenu qu'un des leurs, certain Ocun Surin, mandarin de grade inférieur, partît avec Tachard porter des lettres au ministre Constance et à leur roi.

Le vin coulait à flots à la table du capitaine Duquesne et, quoique du haut de son cadre Louis l'Immonde jetât un regard inquisiteur et méprisant sur les convives assemblés, ceux-ci, oubliant toute prudence, laissaient libre cours à leur langue et à leurs humeurs :

— J'irai trouver monsieur Constance, dit Tachard. Il saura prévenir l'esprit du roi de Siam contre ce Kosapan et ses acolytes. Il faut couper à cet individu l'herbe sous les pieds, désamorcer à l'avance toutes les critiques qu'il est susceptible de proférer contre nous. C'est une partie fort difficile qu'il me faudra jouer, mais nos positions ne sont pas si mauvaises et je me flatte de « faire mat » ce fâcheux. Je débarquerai dès demain, je...

— Si *je* veux bien que vous débarquiez, car *je* puis revenir encore sur cette décision qui ne dépend que de *moi,* explosa monsieur de la Loubère qui enrageait du ton impératif du jésuite, lequel, ivre de présomption, parlait de plus en plus comme s'il était le chef réel de l'ambassade.

« Qui commande ici ? poursuivit l'Envoyé extraordinaire, rouge autant de rage que de chaleur, sous sa perruque blonde... J'aimerais, Votre Révérence, que vous vous occupassiez un peu moins de politique et un peu plus de ce qui est le domaine de votre profession : que vous rendissiez à Dieu, je veux dire, ce qui est à Dieu, et à César ce qui lui appartient. Me mêlé-je de dire la messe ?

— Votre Excellence, rétorqua du tac au tac le jésuite, sur un ton menaçant et en détachant bien chacun de ses mots, c'est un avantage des personnes de *ma* profession de servir Dieu en servant leur roi et d'être sûres de ne pouvoir rendre de plus agréable service à leur roi que par ceux mêmes qu'elles rendent à Dieu. Vous... n'êtes pas sans savoir en effet qu'avec Sa Majesté Très Chrétienne on n'est pas embarrassé de rendre à César ce qui appartient à César, et à Dieu ce qui appartient à Dieu, puisqu'aujourd'hui en France Dieu et César n'ont plus que le même intérêt !

L'impérative dialectique du jésuite jeta un froid. Un malaise : où la crainte n'était pas absente. Les bouches, un long moment, restèrent closes, au point qu'on n'entendait plus que le grincement des membrures de bois du vaisseau pris en étau par les vagues noires qui sur bâbord et tribord le harcelaient.

— Ce n'est ni le lieu ni l'heure de parler de tout ça, lança monsieur de Céberet, qui, seul sans doute à n'avoir pas trop sacrifié à Bacchus, appréciait mal de voir qu'on exposât ainsi devant des personnes qui n'avaient rien à en savoir, ces jeunes officiers entre autres, certains aspects secrets de la négociation.

Il leva son verre : « Buvons plutôt », dit-il. Et l'on but, et l'on but, et l'on but encore, au point que Siam, son roi, son ministre, ses intrigues, ses menaces, s'effacèrent de l'esprit des convives. Et l'on vida tant et tant de coupes encore qu'on en oublia jusqu'au souvenir même de Louis-le-Répugnant qui, là-bas, encroûté sur sa toile, s'ankylosait dans la-pose-auguste-d'Hercule-terrassant-l'Hydre, et qu'on entonna même une chanson de feu Scarron, poète et libertin (dont il était interdit de prononcer même le nom à Versailles depuis que sa veuve, la Maintenon, cette vieille ripopée de cinquante-trois ans, était devenue la favorite de Sa Majesté, et peut-être même sa femme : d'aucuns disent en effet qu'ils se seraient secrètement mariés sous les auspices du jésuite de la Chaise).

« *Que béni soit le jus d'octobre* », beugla le capitaine des bombardiers du Laric. « *Ce jus qui rougit tant les nez* », poursuivit Saint-Vandrille. « *Malheur sur les morigénés* », enchaîna le Mazurier. Et, tous en chœur (sauf les missionnaires qui battirent retraite devant tant de blasphèmes et s'en allèrent se coucher) :

*Malheur sur les peuples bigots*
*Honni soit qui ne les méprise*
*Pire que la gent circoncise*
*Et pire mille fois que Goths et Wisigoths !*

Fin soûl, monsieur du Laric s'écroula sous la table en s'exclamant :

— Bordel de Dieu que la tempête est rude, le pont en chavire qu'on n'y tient pas debout, bordel de foutre Dieu !

— Point de blasphèmes, messieurs, quand le ciel nous régale de pareils dons, dit, entre deux vins, le père jésuite le Royer qui leva, comme un calice à l'offertoire, un verre rempli à ras bord.

Son visage s'était strié d'un réseau arborescent de veinules cramoisies, ses joues étaient pourpres, ses lèvres humides, ses yeux brillants. On eût dit (et messieurs Saint-Vandrille et Delas le notèrent en s'entrenvoyant des coups de coude complices) que sous un masque de plâtre hâve, un autre visage, de vivante chair lui, tout rosi, tout voluptueux, tout lubrique même, se mettait à apparaître : Janus *bifrons* dont l'alcool révélait la face secrète.

Saint-Vandrille répondit au prélat par quelques vers de Boileau :

— *Si Bourdaloue un peu sévère / Nous dit* « *craignez la volupté* » */ Escobar... / L'autorise pour la santé...*

— Je pense, enchaîna le père le Royer piqué au jeu et rendu d'humeur casuiste par le bon vin, que de nos deux frères jésuites Escobar est meilleur médecin que le sobre Bourdaloue... Boire le vin du Seigneur en effet — mais modérément — n'est point péché s'il nous sert à nous délivrer de nos humeurs noires lesquelles, rentrées, s'aigriraient, nous induisant, qui sait, à une crise de foie, sinon à des péchés pires que l'intempérance. Ne vaut-il pas mieux verser le vin que le sang ? *Ergo :* buvons !

Les jésuites avaient-ils déjà commencé ainsi la vaste entreprise de séduction de nos troupes nécessaire à leur *Grand Dessein?* Le père le Royer leva son verre :

— Buvons !

Et tous les convives en chœur :

— Buvons !

Saint-Vandrille donna un nouveau coup de coude dans le ventre de Delas et lança au prêtre :

— Mais, Votre Révérence, si je me fie à vos subtils raisonnements, n'en est-il pas du vin comme du beau sexe ? On dit les Siamoises jolies — à leur nez trop court près — et je doute que nos hommes, après un si long voyage, résistent longtemps à ces sirènes.

— Il est une échelle des péchés, coupa le père le Royer. Il en est de grands et de petits. Je ne dis pas, *nego,* qu'il faille en commettre de petits — et, en toute relativité, on peut juger que la *fornicatio,* surtout avec une Siamoise, du moins, *distinguo,* une Siamoise non chrétienne, est un petit péché — mais qu'il vaut mieux en commettre, *concedo,* de petits si cela nous évite d'en commettre de grands. C'est l'intention qu'on y met qui compte. Ainsi le péché de la *copulatio* avec une prostituée se trouve effacé du fait qu'on ne s'y livre que pour éviter de séduire, par exemple, la femme de son ami, *adulterium...* Belle et sainte est notre mission à Siam. Elle nous autorisera quelques « omissions ». La fin sanctifie les moyens. Elle ennoblira nos fautes. Croyez-en l'apôtre des gentils : *Là où le péché abonde, la grâce surabonde !*

A leurs pieds, vautré sous la table comme un énorme dogue repu, le sieur du Laric, capitaine des bombardiers, croyait vomir jusqu'à son âme sans que personne n'y prêtât attention, quoique dans une joyeuse inconscience ils pataugeassent tous dans ses rejets puants.

« Suis-je tombé si bas que j'eusse atterri dans une planète qui ne fût peuplée que de pieds », se demandait-il, tout entouré qu'il était, cerné, de bottes, de brodequins, d'escarpins anonymes qui, de temps à autre venaient cogner contre son visage ou son postérieur. Si le dessous de la table n'était habité, à un du Laric près, que par des pieds, il semblait qu'au-dessus ne régnassent plus que des *nez* tant l'alcool les avait rougis et allongés, au point que derrière chaque pif visages et personnes même semblaient disparaître. Soudain, comme autant d'aiguilles de boussole attirées par le nord magnétique, les nez se braquèrent d'un seul mouvement vers le centre de la table où, au milieu de leurs faisceaux entrecroisés, venaient tout juste de se poser quelques bouteilles de champagne. Et le nectar coula à flots sous le regard plein de dépit de Louis l'Abject, prisonnier dans sa toile et son cadre, là-bas, comme mis au coin sur le mur bâbord du navire, et balancé par le roulis.

Siam avait disparu des esprits : et Sa Majesté.

La fenêtre, grande ouverte sur la mer et la nuit obscure, ressemblait elle aussi à un tableau : un plan sans profondeur, un carré noir découpé dans la matière des ténèbres et qui vacillait sur la surface tangante des choses.

Longtemps, longtemps plus tard, dans un couloir étroit et obscur quelque part du côté du gaillard d'arrière, on vit zigzaguer l'ombre du père Tachard, ivre comme un moine, se cognant d'un mur à l'autre, en quête de son introuvable chambre : où il avait enfermé à double tour le jeune André Cardinal. « Ah, ah, murmurait-il par-devers soi, ce petit sacripant, ce petit mouton mutin, on va voir ce qu'on va voir, ce petit poisson poissard, s'il n'a pas terminé ses devoirs, ce petit salopiaud de morveux vicelard, on va boire ce qu'on va boire. »

*Je me figure toujours que la nature est un grand spectacle qui ressemble à celui de l'opéra.*
(Fontenelle, *Entretien sur la pluralité des mondes,* 1686.)

Six années plus tard, le 25 août 1693 précisément, jour de sa très solennelle réception à l'Académie française, sous les lambris du palais du Louvre, monsieur de la Loubère, plus empesé et faraud que jamais, raconterait, devant un parterre de vieilles barbes immortelles, où l'on trouverait entre autres l'abbé de Choisy, monsieur Bossuet et Jean Racine, hagiographe du roi (et par ailleurs auteur de quelques tragédies), comment, naguère, dans une éblouissante aube des tropiques qu'on eût crue moins jaillie des eaux ocre des mers du sud que d'une toile de Rubens, Siam, en plein jour, s'était présenté à lui, au loin : ne s'en distinguait au début, à travers une fine gaze de brumes bleutées vite dissipées, qu'une barre fauve striée de figements violets, laquelle, avec l'éclat croissant de la lumière, se décomposerait en efflorescences d'un vert sombre et uniforme qui se diversifierait ensuite en multiples nuances, avant que ne s'y dessinassent lignes, figures : et des feuillages bientôt.

Siam était là.

Dans sa lunette que, de temps à autre, il passait à monsieur de Céberet accoudé à ses côtés à la rambarde du gaillard d'avant de l'*Oiseau,* monsieur de la Loubère voyait se dresser, sur la mer cuivrée d'où ils semblaient surgir, les fragments luxuriants d'une muraille de jungle énorme qui barrait tout l'horizon, comme une ligne infinie de fortifications marquant une frontière : les limites impraticables où commençait un monde à eux complètement inconnu. Et c'était le désir de se confronter à ce mystère, la veille à peine entraperçu derrière les tentures de la nuit tombante refermées sur le rivage, qui les avait arrachés aux aurores à leur hamac, malgré le copieux mal de crâne dû à leur récente cuite. Là était Siam : qu'il leur faudrait, d'une façon ou d'une autre, conquérir, par la religion, le commerce, les armes peut-être, quand ils n'en savaient rien : pas même nommer un des innombrables arbres qui, extirpés et isolés du fouillis inextricable de la forêt par l'objectif de la longue-vue, s'égrenaient un à un devant leurs yeux, à la façon de quelconques spécimens livrés à l'observation d'un microscope. Et ce n'était pas que monsieur de la Loubère du moins — qui s'était longtemps préparé à ce voyage dont il comptait tirer son futur-fameux-ouvrage-d'anthropologie — manquât d'érudition, mais c'est qu'en vain dans les botaniques d'Aristote et de Dioscoride, qu'il avait consultées, ou le tout récent *Methodus plantarum nova* de John Ray, on eût pu chercher le croquis, la description, la nomenclature d'un seul, ou à peu près, de ces végétaux. Cette forêt et ces arbres étaient vierges : de mots même qui les désignassent. Le langage criait grâce face à la profusion des choses.

A peine l'Envoyé extraordinaire était-il susceptible de poser un nom sur ces palmes élégantes jaillissant là-bas, d'un tronc gris et élancé, et que le vent de mer échevelait : c'était des « cocos » ou « cocotiers » qu'ils avaient vus déjà dans les détroits de Banka et de la Sonde ; plus loin, ces longues feuilles nervurées et convolutées d'un vert vif, vernissé, comme laqué : c'étaient les « bananiers » dont ils avaient goûté les fruits sucrés, fleurant le rhum, à l'escale de Batavia. Mais là s'arrêtait son neuf savoir, à ces quelques arbres : hiéroglyphes à peine familiers qu'il parvenait à arracher à l'exubérance, au foisonnement, à la verdoyance de cette barrière de jungle qui s'élevait devant eux, immense, mystérieuse, comme un texte rédigé entre ciel et terre, dans une langue aux signes inconnus : intraduisible.

« Lasciate ogni esperienza voi che entrate », glissa-t-il amusé dans l'oreille de Céberet, répétant en le déformant, face aux portes de Siam, l'avertissement inscrit à l'entrée de l'Enfer de Dante : vous qui entrez ici laissez toute « expérience ». Car ne s'agissait-il pas d'abord, et avant tout, d'oublier *(se défaire de toutes les opinions qu'on a reçues auparavant en sa créance),* de faire table rase des sciences, des vocabulaires inadaptés, pour approcher de sa seule claire raison ce monde nouveau : cette page, sinon cette plage blanche.

Monsieur de Céberet demanderait si, là-bas, sur la côte, ce « bouquet d'arbres » ça n'était pas des pins ou quelque chose de similaire. Une voix soudain, derrière eux, répondrait : « Que non pas, Vos Excellences. » C'était celle du père Tachard qui, sur le pont de ce navire, comme sur les planches d'une espèce de théâtre, semblait avoir fini par incarner le personnage de quelque traître de comédie, de Judas ou de Ganelon, omniprésent des cales aux cuisines, et surgissant, sans crier gare, au milieu des conversations des uns et des autres, comme pour tenter de surprendre leurs secrets.

— Ce sont des tamarins, poursuivit-il, qui donnent un fruit aigre dont, à Siam, on fait des confitures et que d'aucuns utilisent en médecine comme... euh... que vos Excellences me permettent... comme laxatif.

Le prêtre avait un bonnet noir à pompon, triangulaire, posé quelque peu de travers et en arrière sur son crâne énorme aux cheveux courts. Sa bouille barbue était toute turgescente encore des agapes de la veille et c'était sans trop de mal que, baissant la tête, il fuyait les yeux des Envoyés car ceux-ci, de leur côté, fuyaient tout autant les yeux du jésuite, chacun éprouvant sans doute quelque honte de s'être laissé surprendre à s'enivrer.

— Passâtes-vous, mon père, une bonne nuit ? demanda comme par politesse monsieur de la Loubère.

— Fort bonne, dit le jésuite, Dieu soit béni.

— Ce jeune novice, ce musicien, c'est Cardinal n'est-ce point qu'il s'appelle, poursuivit l'Envoyé, ne dérangea donc point votre sommeil ? Je me suis laissé dire que vous le teniez enfermé dans votre chambre, que vous le priviez même souvent de nourriture, pour le « punir », mon Dieu de quoi ? Sans doute dort-il à même le sol, puisque vous n'avez qu'un lit ?

— Il dort dans un hamac, dit sèchement le père. Et si je punis ce sacripant, c'est que je m'occupe aussi de son éducation. Je ne tiens pas à ce que monsieur Constance, à qui il est destiné, en soit mécontent...

— Certes, certes, je ne doute pas que vous le dressiez bien, assena la Loubère, soulignant ses paroles d'un énigmatique sourire... Mais aidez-nous donc, mon père, à nous retrouver dans cette jungle, là-bas, vous qui connaissez Siam. Le diable si je suis capable de mettre un nom sur un seul de ces arbres !

Tout imbu de sa brève expérience du pays — où il n'avait jamais passé que trois mois —, le jésuite enfla présomptueusement ses joues, creusant ses reins et dressant la tête, un peu dans l'attitude du pigeon qui roucoule, ou du paon qui fait la roue, et montra « là-bas, sur la droite, cet arbre » : les Portugais de Siam l'appelaient quelque chose comme « manglier », qu'il ne fallait pas confondre, « tenez, là-bas » avec ce « manguier » qui donne le meilleur fruit du monde sans doute, la « mamuang » ou « mangue » dont infortunément ça n'était plus la saison qui ne reprendrait qu'au mois d'avril... Il y avait encore ces acacias à fleurs jaunes, et ces « flamboyants » qui devaient leur nom aux splendides fleurs écarlates incendiant leurs branches. Mais aussi désireux fût-il de faire parade de son maigre savoir et d'en écraser « cet emplumé de la Loubère » qui se piquait de science, le révérend père Tachard fut vite pris de court devant l'énormité, la profusion baroque de cette masse dense de lianes, de branches, de troncs, de racines, de fruits, de fleurs, de frondaisons qui, de loin, leur faisait « signe », les interpellant dans un idiome inconnu ; et d'où se mettrait à sourdre bientôt (comme si avec le jour naissant s'y éveillait, secrète et obscure : la vie) une infinité de sons, de bruits étouffés d'abord, qui s'amplifieraient dans un vaste crescendo : criquettements, croassements, grognements, hululements, bourdonnements, chuintements, feulements, rugissements (« sans doute un tigre », dirait le jésuite qui, doctement, expliquerait qu'à Siam ces fauves, contrairement à ceux qu'on pouvait voir à la ménagerie de Vincennes, n'avaient pas le pelage semé de taches mais strié de rayures noires « du plus bel effet » !). Multiples étaient les cris qui, dans un assourdissant chorus, s'élevaient de la forêt, et si étranges, si divers, que les marins même et les missionnaires les plus habitués à ce versant du monde n'eussent pu, à quelques aboiements et beuglements près, les rattacher à aucune espèce animale répertoriée. Une faune richissime et chimérique hantait le sanctuaire secret de ces jungles. L'abbé de Choisy, devant Sa Majesté, avait affirmé avoir vu des poissons énormes, gluants, à visage de femme ou de sorcière plutôt... On parlait encore d'unicornes, ou licornes, dont en vain les Européens avaient tenté de se saisir, cavales noires arborant au front une épée torsadée et qui, à toute approche, semblaient, comme par magie, se volatiliser ; on évoquait aussi ces singes noirs, énormes, d'une étonnante virilité, auxquels des dévergondées de l'espèce humaine s'aventuraient à se livrer pour des ébats atroces au terme desquels plus d'une se faisait dévorer ; ces éléphants blancs, immaculés, que les Siamois respectaient tant que, s'ils en tenaient un captif, ils le nourrissaient dans de la vaisselle d'or et se relayaient tout le jour pour le rafraîchir avec de grands éventails ; ces poissons géants, munis de jambes, qui grimpaient au sommet des arbres et happaient les oiseaux de leur longue langue semblable à celle des lézards ; ces vaches marines ; ces crocodiles ; sans compter ce mille-pattes bicéphale dont les têtes, chacune à une des extrémités du corps, se « passaient le flambeau », la première dormant pendant six mois, tandis que la seconde faisait son travail de tête, et inversement... « Infinie, incompréhensible, conclut Tachard, est l'œuvre de Dieu. Mais son mystère partout vient nous dire qu'il *est.* »

Avec l'aube, qui les réunissait tous trois dans sa luminescence cuivrée, une sorte de grâce apaisante s'appesantissait sur messieurs de la Loubère, de Céberet et sur le père Tachard qui regardaient ensemble, religieusement, naître sur ce monde nouveau un nouveau matin du monde.

Il était sept heures, ce 27 septembre 1687.

Face à l'étrave de l'*Oiseau* s'écartelaient les flots boueux, torrentueux, du Mae-Nam Chao-Phraya dont la vaste embouchure s'ouvrait devant eux en delta : coulée d'eaux rougeoyantes, tourbillonnantes, charriant depuis leur source lointaine — inconnue des cartographes — des masses de feuillage à la dérive, troncs, branches, racines, chapelets de débris innombrables et indescriptibles arrachés aux rives par le cours puissant du fleuve qui s'avançait dans la mer, profondément, s'y enfonçait, tel un coin, avant qu'assailli, happé, sucé, battu, baratté par les vagues, il s'y anéantît.

Aussi large fût-il, le Mae-Nam Chao-Phraya n'était pas navigable à un vaisseau du tonnage de l'*Oiseau :* ses fonds, à l'embouchure, étaient ensablés et seules les embarcations plus légères, conduites par des pilotes expérimentés, pouvaient s'y aventurer... Ce banc sous-marin, que les Européens s'habituèrent d'appeler « la barre », constituait une sorte de verrou, de porte secrète dressée entre les étrangers et Siam :

Un filtre.

Le ciel était d'argent ébloui, chauffé à blanc par un soleil cru, mal visible derrière un tissu de fins nuages. C'était à peine si un accroc d'azur le blessait, comme si les pluies diluviennes de la mousson qui, à l'aube, avaient cessé, l'eussent pour jamais lavé de toute couleur. La chaleur s'intensifiait : rendant l'air humide plus épais, plus matériel, semblable à celui gras et poisseux d'une cuisine où vingt fourneaux brûlassent de concert. Les Envoyés, pour parer à l'insolation, avaient coiffé, par-dessus leur perruque, un somptueux tricorne empanaché de plumes multicolores, sous lequel ils suaient le mieux du monde, cuisant, rôtissant, rissolant dans leurs épais habits de drap, tels des coquelets au four engoncés dans une carapace de pâte. Ils observaient la mer, la côte au loin... Dans l'échancrure aux eaux or et ocre ouverte au cœur de la jungle par la faille du fleuve, ils verraient glisser bientôt, élégante et lente, l'ombre noire d'une embarcation jamais jusqu'à ce jour rencontrée : ses voiles, brunes, nervurées, rappelaient par leur forme l'aile membraneuse de la chauve-souris : volatile fantomatique planant sur les flots micacés de soleil, proue braquée vers le cœur de Siam :

« Une jonque. »

D'où venait-elle ? de Chine, chargée de thé ? du Japon dont les épées d'acier sont si appréciées à Siam ? de Manille l'hispanique, où transitent l'or et l'argent du Mexique ? Monsieur de la Loubère suivit longtemps, dans sa lunette, la course légère de la jonque que les vents du sud inclinaient sur bâbord jusqu'à ce que les deux ailes noires de sa voilure disparussent à la bifurcation du fleuve... Quelques goélettes au loin s'apprêtaient à gagner le large. Il en reconnut les pavillons : bandes bleu, blanc et rouge, horizontales, c'était un Hollandais ; rayures rouges et blanches avec au coin gauche supérieur le drapeau anglais : un navire de l'East India Company. Il laissa couler son regard sur le rivage, repérant, à demi cachées par des bouquets d'arbres chamarrés de fleurs écarlates, des maisons de bois acajou, perchées au-dessus des flots sur des espèces de pieux (« des pilotis », expliquerait Tachard). Des formes humaines se mouvaient sur une sorte de véranda, torse nu : chair jaune d'or sous le soleil, flancs drapés dans des pagnes bleus et violets, semés de taches multicolores. Par instants on voyait ces formes se jeter dans les flots, remonter sur la véranda, puis replonger et replonger encore :

Des Siamois.

Étaient-ce là hommes ou poissons qu'ils passaient ainsi leur temps dans l'eau ? demandait monsieur de la Loubère. « Entre les deux sans doute », répondait Tachard qui expliquait que les Siamois aimaient à ce point l'eau qu'il n'y avait pas de jour qu'ils ne se lavassent. L'Envoyé était intrigué par un objet qui, entre les arbres, ne cessait de scintiller. C'était une construction bizarre, comme une espèce d'entonnoir renversé, un cône dont la pointe peinte d'or partait en flèche vers le ciel, bien au-dessus du faîte de la forêt : la chose était là, devant lui, une, nue, inconnue. Sans nom : *innommable.* Se penchant vers le père Tachard auquel il tendit sa lunette, monsieur de la Loubère demanda ce qu'il en était de « cette bâtisse dorée, là-bas » qui rutilait sous le soleil. « C'est un *chedi* », rétorqua le jésuite qui ajouta : « Ainsi au premier regard que vous portâtes sur Siam — et sans doute est-ce la volonté de Dieu — faut-il que vous confrontiez vos yeux à cela même qui est le but de notre expédition, son but à abattre : l'*idolâtrie*. Ces *chedi* sont, comment dirais-je, des flèches, mieux, des pyramides que les *gentils* construisent sur le lieu même où ils enterrent les cendres de leurs saints ou de leurs princes qu'ils pensent ainsi honorer. Ce sont les doigts que la Barbarie dresse vers le ciel comme un défi. Nous les détruirons ! »

Non loin du *chedi* d'or monsieur de la Loubère aperçut une tache rouge : un toit aux tuiles luisantes. Non point un toit, mais une superposition de toits : quatre toits au moins, encastrés les uns au-dessus des autres, le plus bas étant le plus grand, le plus haut le plus petit, et posés sur un bâtiment aux murs immaculés que dissimulait presque entièrement la végétation. « Et voilà, dit le père Tachard, une de leurs églises ou pagodes. Ce pays qui compte moins de deux millions d'habitants doit disposer d'une dizaine de milliers de ces lieux saints qui abritent bien chacun une vingtaine d'idoles, certaines d'or massif représentant leur Dieu : Somona Codom, alias Phra Put (le Bouddha)... Ces malheureux y croient avec aveuglement — notre apostolat n'en sera que plus difficile aussi. Mais la foi qui déplace les montagnes saura bien défricher cette jungle épaisse, image même, dirait monsieur Malebranche, de l'âme livrée aux désordres du péché. »

L'état de grâce qui, dans la lumière pacifiante de l'aube semblait avoir, quelques miraculeux moments, réuni dans une même et sainte communion ces trois hommes si différents, si opposés, fut rompu soudain par Tachard, avec la brusquerie qui lui était propre : maintenant, dit-il, il lui faudrait débarquer, sur-le-champ, et accomplir *sa* mission.

— Débarquer ? s'exclama la Loubère qu'on arrachait ainsi, soudain, à sa contemplation, débarquer ?

Et, peu à peu, il redescendait sur le pont de l'*Oiseau,* sur ces planches, ces tréteaux où il devrait donner la réplique encore à l'intraitable Tachard.

« Débarquer ?... ; mais il me semblait, mon père, que je vous avais dit qu'il ne dépendait que de mes ordres que vous débarquassiez.

— Je débarquerai. A cet égard je voudrais montrer à Vos

Excellences quelque pli confidentiel dont je n'ai pu, jusqu'à ce jour, vous faire part, ayant à ce sujet des consignes.

Il s'en alla fouiner de sa main, sous un pan de sa soutane où il pêcha une lettre cachetée à la cire rouge portant le sceau, un sceau volant, du secrétaire d'État à la marine et que, l'œil aux aguets, rieur sous ses épais sourcils, il tendit aux Envoyés extraordinaires. Mais de telle façon, toute calculée d'ailleurs, on n'en pouvait douter, que ni monsieur de la Loubère, ni de Céberet, ne sussent si c'était à l'un ou à l'autre que le jésuite la destinait, dans l'intention de créer entre eux quelque querelle de préséance... Conciliant, Céberet pria son collègue de lui faire « l'honneur et la grâce » de bien vouloir la lire avant lui. La Loubère, ne se le faisant pas dire deux fois, saisit la missive, la décacheta et ne l'eut pas achevée que son visage, d'un coup, s'empourpra, se crispa en une grimace suintante de ressentiment. « Fort bon », murmura-t-il ; il esquissa une pirouette qui fit valser les plumes écarlates de son chapeau, « suivez-moi nous allons éclaircir ça », et, brandissant ce « ça »-là, cette lettre, grande ouverte, au-dessus de sa tête, l'agitant comme un drapeau blanc, un drapeau de défaite, d'irrémédiable déconfiture, il commença de traverser à grands pas sonores de proue en poupe, le navire, flanqué du jésuite et de Céberet lequel était pour le moins ahuri, tout autant que prêtres, matelots, soldats — et les chats même enrôlés à bord pour donner la chasse aux rats — qui les regardèrent passer, sinon filer devant eux, comme des souris furieuses. Ils s'en allèrent s'engouffrer devers la dunette arrière, dans la cabine de l'ambassadeur qui en ferma à double tour la porte aussitôt qu'entrés. La pièce était relativement vaste : une table où s'empilaient les premiers feuillets de son fameux-futur-ouvrage : *Du Royaume de Siam* (il avait commencé une récapitulation de tout ce qui s'était écrit sur ce pays) ; une multitude de livres reliés plein cuir sur les étagères (où l'on trouvait entre autres, ce qui lui avait valu les critiques de Tachard, l'*Entretien sur la pluralité des mondes* du « libertin » Fontenelle) ; un énorme globe terrestre, posé au sol, sur un pied ; et, clouée au mur (à côté d'un portrait de Mlle de Tourville, ravissante inspiratrice de la Loubère), une carte de Siam qui étendait sa forme longiligne de la principauté indépendante de Chiemaï, ou Chiengmaï, au nord, jusqu'au royaume tributaire de Pattani, au sud. La Loubère n'eut pas plutôt invité ses hôtes à s'asseoir (sur des fauteuils au tissu rose armorié d'angelots-dodus-sortis-tout-droit-de-*L'Astrée*-ou-du-*Grand-Cyrus*-dardant-leurs-flèches-vers-des-naïades-potelées-s'ébattant-dans-une-fontaine) qu'il remit *la* lettre à Céberet : « Regardez-moi ça, regardez-moi ça ! » Et Céberet eut bien vite regardé « ça », ce sur quoi il regarda tout étonné le père Tachard qui, assis, jambes et bras croisés, la mine esjouie au milieu du cadre de sa barbe noire, savourait de tout son être (que la plus extrême, la plus enivrante, la plus roborative jubilation enflait comme le vent d'aquilon la craquante voilure d'un vaisseau) ce moment, ce moment que depuis tant de temps qu'il endurait la morgue de « l'emplumé la Loubère » il avait attendu, rongeant son frein, ravalant sa bave, son venin, qu'il pouvait enfin recracher : « Eh bien, Vos Excellences, ne débarquerai-je point ? » demanda-t-il d'une voix d'autant plus insultante qu'elle s'affichait, comble d'orgueil, faussement douce et chrétiennement soumise. « Vous débarquerez, vous débarquerez », souffla la Loubère, vaincu.

Ainsi c'était « ça ». Tout, tout d'un coup devenait clair, le rideau se levait !... Car « ça », cette lettre affirmait, en termes implicites certes, que leur ambassade n'avait qu'un chef, qu'un cerveau : Tachard ! Elle contenait entre autres ces quelques phrases qui resteraient gravées, dans l'esprit de la Loubère, à l'acide du ressentiment : « *Le père Tachard,* écrivait Seignelay au ministre de Siam, *vous expliquera* ce *que Sa Majesté désire de vous...* » Et encore : « *Je me remets à* ce *que ledit père Tachard vous expliquera, à quoi vous pouvez donner entière créance*[1]... » Ah, ah ! Quoi de plus obscur que ce « *ce* », mais quoi de plus clair aussi ? Que signifiait ce « *ce* », ce maudit « *ce* », sinon que Tachard aurait à négocier sur nombre de choses toutes *secrètes* et totalement ignorées des Envoyés extraordinaires ? Ainsi monsieur de la Loubère avait-il voyagé pendant sept mois, affrontant la tempête, la canicule, l'ennui, la maladie, pour s'en aller jouer à l'autre bout du monde le personnage d'un sot ; d'un pantin !

La Loubère bouillonnait de rage : « *on* » s'était moqué de lui à Versailles, « *on* » l'avait bercé d'illusions, de promesses, de flatteries captieuses, afin qu'aveuglé de présomption il s'embarquât, pour, en dernière instance, au terme même du voyage et alors que les côtes de Siam surgissaient à l'horizon, le poignarder dans le dos : avec cette lettre que le jésuite lui jetait au visage comme un crachat. Ah, ah, il ne s'étonnait plus maintenant qu'il l'eût si facilement décrochée, cette ambassade. Personne d'autre n'en eût voulu !... « *On* » l'avait roulé, bonimenté, et ce « *on* »-là c'étaient Seignelay,

1. Lettre de Seignelay, Archives nationales, Paris, CI 27 (32).

de la Chaise... et le roi même. « *On* » l'avait recruté, comme on recrute à coups de brocs de vin et de rêves de fortune ces pauvres rustres matelots dans une quelconque taverne des bas-fonds de Lorient et Saint-Malo.

Et maintenant il était en rade : face à Siam.

Ahuri, muet, envahi sans doute déjà par cette fièvre qui le persécuterait pendant toute son ambassade, monsieur de la Loubère, demi-délirant, ruminait son amertume, son ressentiment, ses fantasmes. Le père Tachard, d'un doigt mutin, s'amusait, lui, à faire tourner sur son axe l'énorme globe terrestre posé à côté de son fauteuil, dans la cabine de l'Envoyé extraordinaire. Il glissa son index sur le Japon, fermé à l'Occident, et d'où les jésuites avaient été chassés jadis pour complot contre l'empereur ; sur le Paraguay, aux antipodes, où ils avaient établi un État ; sur l'Angleterre où le confesseur du roi, comme en France, appartenait à leur ordre : partout où la sacrée Compagnie avait glissé ses tentacules et partout aussi, Malacca, Bentam, Batavia, Le Cap, Ceylan où l'ennemi hérétique hollandais, démembrant l'empire portugais décadent sur lequel de toutes parts désormais « se couchait le soleil », avait étendu son ombre...

— J'ai bien d'autres lettres encore, gloussa le jésuite, mais, mais (à ce mot « mais » ses narines frémirent)... mais je ne puis vous en communiquer le contenu, il s'y trouve en effet certaines informations secrètes concernant... le père de la Chaise.

Il se régalait, le Tachard, il les « piquotait », nos Envoyés extraordinaires. Ne les tenait-il pas ? N'avait-il pas en main tous les atouts ?

— Votre révérence, dit la Loubère reprenant son sang-froid, je m'étonne de l'étendue des pouvoirs qui vous sont conférés.

— Moi de même, affirma Céberet.

— Mais vous fûtes avec moi, dans le bureau de monsieur de Lagny, à Paris, quand il me donna toutes ces lettres. Ne deviez-vous pas vous douter aussi que je devais avoir quelque rôle d'importance dans cette ambassade ?

— Important au point qu'entre vos mains repose l'essentiel de la négociation ! explosa la Loubère.

— Je n'ai d'autre désir, en descendant le premier à terre, que d'inspirer à monsieur Constance et à son roi de bons desseins à votre égard et...

— Il faut avouer, mon père, coupa Céberet, que vos procédés sont bizarres. Vous eussiez pu en agir autrement et nous faire connaître vos instructions et l'étendue de votre mission avec un peu moins, dirais-je... de rudesse, sinon d'arrogance. Ne serait-il pas temps, par ailleurs, que vous nous fassiez quelques ménagements de confidence à ce sujet...

— Pas question, aboya le père, quittant son ton doucereux. Les instructions sont impératives : je débarquerai !... Quant à ce que j'aurai à dire au ministre Constance, j'en ai discuté fort longuement avec monsieur de Seignelay et... Sa Majesté même. Je n'ai pas à vous en faire part, non plus que je n'ai à recevoir de vous *aucun ordre !*

— Aucun ordre, aucun ordre ? clama monsieur de la Loubère (il agita rageusement une petite clochette de bronze posée sur la table). Aucun ordre ? Je m'en vais, moi, vous en donner, du « aucun ordre » !

Accourut bientôt son secrétaire et écuyer Terrasson, un tout jeune tout pâle petit bonhomme qui avait longtemps navigué avec l'amiral d'Estrées qui l'employait à son service, et qui avait été « prêté » à la Loubère, pour la durée de cette ambassade. A peine Terrasson fut-il assis, plume en main, devant une écritoire, l'Envoyé extraordinaire lui dicta les *Instructions* (qui seraient ensuite recopiées à plusieurs exemplaires) qu'il donnait avant son débarquement « audit père Tachard » et auxquelles celui-ci avait « scrupuleusement à se conformer ». Le point essentiel en étant que le jésuite devait « impérativement exiger » que les villes de Mergui et Bangkok soient remises aux Français qui y installeraient au plus tôt leurs troupes afin de « protéger » le roi de Siam contre toute entreprise de ses « ennemis » (comprendre les Hollandais) : la cession de Bangkok et Mergui était *une exigence non négociable.*

Retrouvant fort diplomatiquement son sang-froid, le père Tachard fit tout pour que ces *instructions* fussent rédigées de façon plus nuancée car, à vrai dire, les Siamois n'avaient jamais offert que la ville de Singor aux Français...

— J'aimerais, Vos Excellences, que vous compreniez que toutes vos prudences et vos industries sont inutiles avec monsieur Constance. Monsieur Constance est une personne d'honneur avec laquelle il faut parler... euh... *à cœur ouvert !*

— A cœur ouvert, mon père ? s'exclama Céberet. Plaisantez-vous ? Iriez-vous jusqu'à lui dire que nous sommes prêts à intervenir militairement ?

Il y eut, entre les Envoyés, un échange de regards entendus, comme une soudaine transmission de pensées. Ce jésuite était louche.

Tachard, silencieux, se leva de son fauteuil, joignit ses mains sur sa poitrine et dit, les lèvres tremblantes, les yeux écarquillés au milieu d'un visage révulsé, tout rayonnant d'amour, semblable un peu à celui du Christ transfiguré d'une image pieuse :

— Vos Excellences ne connaissent pas monsieur Constance. Mais Vos Excellences apprendront à connaître monsieur Constance, à... l'aimer. Monsieur Constance c'est... c'est... *mon ami, mon ami !*

Quelques quarts d'heure plus tard monsieur de la Loubère, accoudé à la place qui lui était devenue habituelle, à la rambarde du gaillard d'avant de l'*Oiseau,* regardait à la longue-vue une lourde et grosse chaloupe qui, à force de rames, s'éloignait lentement, péniblement sur les eaux glauques du golfe de Siam, se dirigeant vers l'embouchure du Mae-Nam Chao-Phraya. A son bord se trouvaient le père Tachard, son secrétaire, Morisset, le jésuite d'Espagnac, qui avait été choisi parce qu'il parlait parfaitement portugais, langue diplomatique aux Indes ; Ocun Surin, le mandarin porteur des lettres des ambassadeurs siamois, le sieur le Mazurier (« un espion de la Loubère » songeait Tachard) ; et le lieutenant du Bruant qui avait mission de rencontrer Forbin (lequel, si tout allait bien à Siam, devait se trouver à Bangkok en tant que gouverneur) et d'étudier les forteresses de cette ville afin de déterminer la meilleure façon, en cas de besoin, de les attaquer « à force ouverte ». Malgré la chaleur, du Bruant avait passé sa cuirasse dans laquelle il se sentait comme un homard à la cuisson. Tachard, pour sa part, avait fait une totale toilette, ce à quoi il était peu habitué : il s'était revêtu d'une soutane neuve et chaussé d'étranges brodequins pourvus d'énormes talons qui ne l'empêchèrent cependant pas de dévaler, avec l'habileté d'un singe ou d'un vieux loup de mer, la vacillante échelle de corde descendant jusqu'à la chaloupe. Il avait emporté avec lui une mallette d'acier cachetée à la cire sur laquelle, pendant que les matelots la transportaient, il avait jeté un regard inquiet et jaloux.

— Ne vous en faites pas, Votre Excellence, avait-il lancé à monsieur de la Loubère avant de sauter dans la barque, ayez confiance en monsieur Constance ; monsieur Constance...

Le grondement de la houle étouffa sa voix.

Et cette barque, bientôt, au loin, ne serait plus qu'une tache sombre, aux contours indécis, dans la réverbération tremblante du soleil qui plantait ses rayons incandescents sur la mer fumante : plaque d'acier chauffée à blanc, toute côtelée de vagues.

La Loubère posa sa longue-vue sur la rambarde : on s'était moqué de lui !... Mais ne s'était-on pas moqué aussi de Sa Majesté Très Chrétienne, profitant de sa maladie, sa faiblesse ?... On venait en effet d'opérer Louis XIV, âgé de quarante-neuf ans, d'une fistule à l'anus, fistule qui, pendant des mois, avait été au cœur de toutes les conversations, en Europe, et particulièrement dans l'hérétique Hollande où le postérieur royal devint la cible favorite des pamphlétaires, qui ne lui épargnèrent aucune flèche, même les plus graveleuses, chacun espérant que Louis l'Infâme allait crever, libérant le monde de sa tyrannie.

Il ne creva pas.

Mais Sa Majesté, qui longtemps ne put s'asseoir, était des plus abruties, et c'était en cette période, si pénible, que, harcelée par les jésuites (et la jésuitesse Maintenon), elle avait dû décider de cette seconde ambassade à Siam. L'avait-on manipulée afin que de ses deniers elle finançât cette expédition où il était loin d'être sûr que la France eût quelque intérêt ?...

Monsieur de la Loubère avait repris sa lorgnette. Il la braqua à nouveau sur cette minuscule tache noire au loin : la chaloupe de Tachard qui, engagée dans l'embouchure du Mae-Nam Chao-Phraya semblait lutter contre le courant contraire, dérivant sur bâbord, sur tribord, incapable de plus avancer : comme si, de toute la puissance déchaînée des eaux torrentueuses de son fleuve, Siam voulût à jamais nous rejeter, nous recracher, nous vomir.

*Quelques-uns achèvent de se corrompre par de longs voyages.*

(La Bruyère, *Caractères,* 1688.)

On attendrait.

Le temps, à bord de l'*Oiseau,* comme le corps, l'esprit, l'âme des hommes, paraissait s'être amolli, oxydé, suri. C'était comme si, sur cet autre versant du monde — les Indes — il avait changé de nature, comme si l'eau des clepsydres, le sable des sabliers ne se fussent pas écoulés ici au même rythme qu'à Paris. Ou qu'avec le mouvement d'horlogerie des magnifiques globes célestes destinés au roi de Siam, et que les tempêtes du Cap, comme bien d'autres cadeaux, avaient brisés, ça n'était pas seulement la course de leurs planètes d'argent et de pierreries tournant sur des orbites de bronze autour d'un soleil d'or, qui s'était arrêtée, mais la gravitation même de l'univers tout entier qu'ils symbolisaient.

A bord, les soldats s'entraînaient aux armes ; les matelots briquaient les ponts ; les cuistots pêchaient : d'étranges poissons multicolores, inconnus ; le jeune André Cardinal, libéré de son cerbère Tachard, jouait jusqu'à plus soif du Lully. La Loubère rêvassait, griffonnait quelques notes pour son futur fameux ouvrage d'anthropologie-qui-lui-vaudrait-l'Académie, ou songeait à la harangue qu'il prononcerait à l'audience du roi de Siam... du moins si tout se passait bien : si la guerre était évitée.

Plusieurs fois par jour les Envoyés se retrouvaient à leur place habituelle, sur le gaillard d'avant de l'*Oiseau,* scrutant à la longue-vue le rivage de Siam au loin, et les bateaux, nombreux, qui allaient et venaient, montant ou redescendant l'artère ocre et boueuse du Mae-Nam Chao-Phraya ; sampans, jonques, goélettes...

Le mardi 30 septembre 1687 que Dieu fit, ils aperçurent, sortant du delta du fleuve, une lourde chaloupe. Une heure plus tard un homme, fort empressé semblait-il, grimpait l'échelle de corde de l'*Oiseau,* si on peut appeler ça un homme... Car, à peine eut-il arboré son visage au-dessus du pavois, telle une tête de diable surgissant de sa boîte, messieurs de la Loubère et Céberet, venus l'accueillir, eurent à sa vue un mouvement horrifié de recul : ce n'était pas une tête que cette tête, c'était quelque chose comme une sorte d'éponge de chair hérissée de protubérances écarlates, cuite de gerçures fauves et comme ganguée de croûtes noirâtres séchées s'écaillant sur une peau boursouflée, rôtie, gaufrée, gondolée, plus semblable au carton-pâte d'un vieux masque éreinté par trop de carnavals qu'à de l'humaine viande. Surgissait au milieu de cet amas de chairs meurtries un nez net, roide, droit, fin, impeccable, avec à sa base deux beaux yeux verts auxquels (malgré ce crâne aux cheveux ras dépourvu de la réglementaire perruque, malgré ces habits fripés et ces bottes crottées) les Envoyés finirent par reconnaître le lieutenant du Bruant des Carrières soi-même, le très digne, très cassant, très méprisant, très sarcastique du Bruant, qui se tenait maintenant debout devant eux, l'échine droite, les reins creusés, la dextre posée sur le pommeau de son épée, moins à la semblance d'un fier soldat de Louis le Grand que de quelque comédien de second ordre interprétant, sur des tréteaux ambulants, au milieu d'une place de village, le rôle de Matamore... Était-ce donc cela, songeait monsieur de la Loubère, ce qu'on appelait « mal de Siam », dont tous les Européens des Indes seraient atteints, et qui vous détruit en moins d'un an un homme, à force de fièvres, de diarrhées, de vomissements et autres flux de sang ? Mais se pouvait-il qu'en si peu de jours il eût un si effroyable effet ? Ou peut-être était-ce le choléra ? On parlait aussi de lèpre dans ce pays ? Ou...

Le sieur du Bruant ne laissa pas aux envoyés le temps d'exprimer leur surprise que, se penchant en avant, il esquissa de sa main droite, comme si elle eût tenu un imaginaire, un invisible chapeau, une élégante révérence, qui, dans ce contexte, relevait d'une théâtralité ironique au possible.

— Monsieur, euh... bafouilla la Loubère, je m'en vais vous faire quérir céans un médecin, le sieur Petit...

Il héla un matelot.

— Point de médecin, Votre Excellence, s'exclama du Bruant, Vous me voyez dans la meilleure santé, si vous voulez bien en croire ma mine. Certes, sans doute la trouvez-vous étrange, mais sachez qu'elle est de mode à Siam, et qu'il n'est d'Européen en ce royaume qui n'en ait une semblable, car c'est tous les jours bal masqué ici, et vous ne poserez vous-même pied à terre que vous ne vous en trouviez aussitôt, et comme par magie, affublé. Et ne me demandez pas pourquoi ! Je ne vous répondrai que je n'aie auparavant sustenté mon estomac : j'ai faim, messieurs. Ventre affamé n'a pas d'oreilles, dit-on. Le mien n'a pas de bouche non plus, sinon pour manger ! Et si je puis consentir ici à vous dire quelque chose sur ce pays, c'est qu'on ne s'y nourrit que de riz, de riz, de riz, assaisonné de sauce de cafard pourri ou quelque chose d'approchant ! N'eussé-je emporté avec moi quelques provisions et une ou deux bonnes bouteilles, je serais mort aujourd'hui d'inanition. Allons, allons Vos Excellences : à table !

« Leurs Excellences », toutes empressées qu'elles fussent de harceler le lieutenant de questions sur la situation politique à Siam, et sur le père Tachard, qui ne donnait pas signe de vie, sentirent bien qu'elles n'obtiendraient rien de lui, ni par ordre ni par diplomatie, qu'il n'ait d'abord empli son ventre, et vidé sa rage : une rage qu'il semblait avoir trop longtemps gardée sur l'estomac, et qui trouvait soudain à se déverser dans un feu d'artifice de sarcasmes. L'homme, flanqué des Envoyés, s'en alla à grands pas vers les cuisines et ordonna au coq, quoiqu'il fût quinze heures et qu'on eût éteint déjà les fourneaux, de se mettre en quatre pour lui rôtir au plus tôt une poularde, et lui servir auparavant quelque bonne bouteille du meilleur bordeaux, un fromage de Hollande — « Allez trouver du fromage dans ce foutu pays de Siam ! » — et quelques solides morceaux d'une quelconque charcuterie — « Allez trouver des saucisses dans ce foutu pays de Siam » —, ce qu'on lui procura *illico presto*. Il mangea, mastiqua résolument, semblant y éprouver une jouissance sacrée. La Loubère et Céberet épiaient des yeux chacune de ses mastications, supputant le moment où il serait rassasié, et rassasierait enfin leur curiosité angoissée. Il but un, deux, trois coups. La poularde bientôt lui fut apportée, qu'il attaqua de taille et d'estoc, la liquidant en moins de temps que, fine lame, il n'eût mis à massacrer en duel un médiocre adversaire. S'excusant fort élégamment auparavant auprès des envoyés, il rota ; « *Bismillah* », dit-il (comme les prisonniers barbaresques qu'il avait faits, au siège d'Alger, avec d'Estrées et Forbin) et se tourna, tout souriant vers ses interlocuteurs, si tant est qu'un sourire pût encore se lire sur sa face boursouflée.

Monsieur de la Loubère se risqua à esquisser l'ombre du soupçon d'une très prudente question : qu'était-il donc arrivé à monsieur du Bruant ? Il paraissait tout... « changé » — physiquement certes, mais moralement tout autant ? Était-ce Siam qui voulait ça ? le climat ? Une mouche l'avait-elle piqué ?... Du Bruant éclata de rire, mais d'un rire nerveux, qui avait quelque chose de maladif.

— Quelle mouche me piqua ? lança-t-il. Vous ne croiriez pas si bien dire, messeigneurs, quelle mouche me piqua !

— Vous voici fort laconique... et énigmatique... avança monsieur de Céberet. Si vous saviez avec quelle impatience, et quelle angoisse nous avons attendu votre retour, vous auriez la charité de nous épargner ces... préliminaires, dirais-je, et nous éclaireriez sur-le-champ.

Du Bruant avala une rasade et, prenant soudain un air très sombre, il dit d'un ton cassant :

— Sachez, messieurs, qu'à peine nous arrivâmes à Siam et commençâmes de remonter le fleuve, nous fûmes sauvagement attaqués.

— Attaqués ? s'exclama la Loubère.

Et, dans la tête de l'Envoyé soudain jaillirent une multitude d'idées, de visions, qui se bousculèrent, se chevauchèrent, s'entremêlèrent : le drapeau hollandais flottait sur Siam ; le comptoir français était en flammes ; il faudrait débarquer, faire le coup de feu ; se battre contre des milliers d'ennemis.

« Et, et, bredouilla-t-il... Que sont devenus les pères Tachard, d'Espagnac et monsieur le Mazurier ? »

Du Bruant se leva, levant son verre au plafond, dans un geste quasi religieux, et déclama d'une voix glaciale :

— Le combat fut rude... Combien d'actions, combien d'exploits célèbres, sont demeurés sans gloire au milieu des ténèbres où chacun, seul témoin des grands coups qu'il donnait, ne pouvait discerner où le sort inclinait, j'allais de tous côtés encourager les nôtres, faire avancer les uns et soutenir les autres...

Un instant suspendus aux lèvres marquetées de croûtes noirâtres de l'officier, les Envoyés se ressaisirent soudain, se rendant compte qu'on les avait moqués, que le sieur du Bruant leur débitait rien moins que la tirade du Cid de feu Monsieur Corneille. Avait-il perdu la raison ? Le soleil de Siam, auquel ils étaient tous si peu habitués, lui aurait-il fait tourner la tête ? Pensait-il vraiment que c'était l'heure de plaisanter ?

— Non, non, je ne plaisante pas, messieurs, rétorqua fermement du Bruant. Nous fûmes tout de bon attaqués ! Et par un ennemi innombrable qui de toutes parts nous fondait dessus, au point que c'était bien peu que deux mains, pour pouvoir se défendre. Imaginez des milliers de vampires sanguinaires se ruant d'un coup sur vous, car c'est cela qui nous arriva, des milliers de petits vampires ailés, armés de dards, et dont sans cesse nous fûmes harcelés, pendant toute la nuit que nous naviguâmes jusqu'à Bangkok, car ces bestioles immondes n'attaquent qu'à la tombée du jour : comme ces dieux du Mexique, dit-on, qui exigent des sacrifices humains au crépuscule ! On appelle ces vampires des maringouins, ou mosquites, ou mostiques. Et ce sont ces horribles maringouins-là, messeigneurs, qui m'ont mis dans l'état où vous voyez votre serviteur ! Et qui vous y mettront ! Car nul moyen de se défendre contre pareilles bestioles. Elles s'infiltrent partout, se glissent dans vos chausses, sous votre chemise et votre perruque, elles se faufilent par tous les interstices des maisons, sous les portes, par les trous de serrure, au point que les Européens de Siam ne dorment que protégés par de grands filets aux mailles microscopiques dont ils entourent leur lit, qu'ils appellent « caye » ou « mostiquaire »... Le plus atteint d'entre nous fut le pauvre blond, rose, tendre père d'Espagnac qui — contrairement à l'avisé Tachard, lequel a l'expérience du pays — ne portait pas de caleçon sous sa soutane, sans doute pour se *les* tenir au frais, si bien qu'on devine où nos maringouins s'en sont allés le maringouiniser ! Il en souffrit tant le bougre que, pour échapper à leurs luxurieuses morsures, il se dressa soudain dans notre barque vacillante et, criant, avec son bon accent toulousain fleurant l'ail et la lavande, « Bondiou ! », il s'en alla valser dans le fleuve dont le courant est si violent que, n'eussé-je plongé à sa suite (ce qui me valut de perdre ma perruque, mon chapeau et ma cuirasse que je réussis à dégrafer avant qu'elle me fît couler), et ne l'eussé-je rattrapé par les poils de sa tonsure pour le tirer jusqu'à une proche rive, c'en fût fait de lui ! Et Dieu voulut que ce n'en fût pas fait de nous deux, car je n'appris que le lendemain que tigres et crocodiles aiment à hanter ce fleuve et ses abords, les uns et les autres se réservant les malheureux qui, soit en sautant à l'eau, soit en se réfugiant à terre, croient échapper aux autres et aux uns. De sorte que c'était une espèce de Charybde et de Scylla, une insoluble aporie, que cette situation où moi et le bon père nous trouvions, jusqu'à ce que notre barque nous vînt repêcher !

— Vous me rassurez, soupira monsieur de la Loubère... Car tout de bon, à vous entendre, j'ai cru que les Hollandais avaient taillé en pièces vos compagnons ; et, à vous voir, que vous aviez contracté je ne sais quelle lèpre... Mais si vous avez égaré, en l'aventure, votre perruque, je constate que vous n'avez rien perdu de votre esprit...

Du Bruant caressa de sa main ses joues boursouflées :

— Cela désenfle et cicatrise au bout de deux ou trois jours, m'a-t-on promis, du moins jusqu'à la prochaine offensive des maringouins ! A votre santé, messieurs.

Il leva son verre et ajouta :

— Du moins ne resterez-vous dans cet enfer de Siam que pour quelques semaines, le temps de régler vos traités et de saluer le roi ! Priez pour nous autres, malheureux soldats, qui croupirons là des années, dans la seule compagnie des tigres, des crocodiles et des maringouins.

Les envoyés levèrent leur verre et burent à-la-santé-des-malheureux-qui-croupiraient-là-des-années-en-compagnie-des-tigres-des-crocodiles-et-maringouins...

Monsieur de Céberet laissa, un instant, s'approfondir un silence ému, plein de commisération, puis, toussotant, il esquissa une question :

— Et... euh... aux maringouins près... Quelle est... euh... la situation dans le royaume ?

— J'ai là, pour vous, un mot du *bon père* Tachard, dit du Bruant. Nous nous sommes séparés à Bangkok, lui pour rejoindre la capitale Ayuthya, où se trouverait le sieur Constance, moi pour venir vous rendre compte de ma mission.

Il leur tendit la lettre, fort brève, sur laquelle les Envoyés jetèrent un œil rapide :

— Il nous dit que « tout va bien », commenta Céberet, que « tout se présente le mieux du monde pour notre entreprise »... Mais qu'est-ce que cette « révolution » à quoi il fait allusion ? Et ces Anglais massacrés à Mergui ?

— Le gouverneur de Bangkok, un certain da Silva, portugais de nation, nous a brièvement parlé de ça, et un missionnaire installé là-bas, le père Martineau...

— Da Silva ? Le chevalier de Forbin n'est donc pas gouverneur de Bangkok ? s'étonna Céberet.

— Forbin a quitté, sinon fui Siam, il y a six mois à peine, répondit du Bruant. A ce que raconte le gouverneur, le sieur Constance a jugé que Forbin s'était comporté « lâchement » lors de cette révolution justement, dont vous me parlez. Ce qui m'a fait beaucoup rire, connaissant bien cette tête brûlée de Forbin qui ferait reculer de trouille les balles et les boulets même qui s'aventureraient à avoir l'outrecuidance de venir dans sa direction... J'ai vu l'homme à l'œuvre au siège d'Alger, et en d'autres rencontres, sur quoi je ne m'étendrai pas : je veux dire des duels.

— Pourquoi Forbin aurait-il fui alors, et où ?

— Il est en Inde, à Pondichéry. Le père Martineau prétend qu'entre lui et monsieur Constance le torchon brûlait, mais je n'ai pas trop de détails là-dessus.

— Et cette révolution ? Et ces Anglais massacrés ?

— Allez comprendre ce qui se trame en ce diable de pays ! Tout ce que je puis vous dire, c'est qu'il y a une dizaine de mois, je ne sais trop quel peuple vivant à Siam, qui s'appelle je ne sais trop comment, les « macaques-quelque-chose » ou « Macassars » peut-être, s'est révolté contre le roi... de terribles guerriers paraît-il... et que monsieur Constance, à la tête de ses troupes, est parvenu à les exterminer. Le chevalier de Forbin n'aurait pas été alors à la hauteur... Pour les Anglais de Mergui, je n'y comprends pas grand-chose non plus. Ça s'est passé il y a deux mois, à la mi-juillet tout juste. C'étaient des sujets britanniques donc, plusieurs centaines, avec femmes et enfants, mais indépendants du roi Jacques II et de l'East India Company. Ils avaient « rompu les ponts », je veux dire, avec leur patrie. Des interlopes ! Ils faisaient du commerce pour le sieur Constance et le roi de Siam. Et ce sont les Siamois qui les ont égorgés... Pourquoi ? Dieu le sait ! Monsieur Constance aurait nommé maintenant comme gouverneur de Mergui un de ses fidèles, tout jeune homme de vingt ans, français de nation : Monsieur de Beauregard, resté dans le pays après l'ambassade Chaumont.

— Et le père Tachard ose dire dans sa lettre que « tout est bien », s'exclama monsieur de la Loubère.

— Sans doute ce bon père songe-t-il, expliqua du Bruant, que plus la situation est mauvaise à Siam, plus monsieur Constance aura besoin des Français et cédera donc à nos exigences. On dit en effet que les Hollandais lui ont proposé leurs services, et l'envoi de troupes et de navires de guerre, ce qui ne l'enchante pas, ni le roi de Siam, car ils craignent que les « marchands de harengs » ne mettent la main sur Bangkok, et sur tout le pays même !

Les trois hommes eurent alors une discussion fort détaillée au sujet des fortifications de Bangkok, que du Bruant avait justement pour mission d'aller étudier. Il s'agissait, expliqua-t-il, de deux forteresses presque vis-à-vis, sur chacune des rives du fleuve Chao-

Phraya qui, à cette hauteur, mesure deux cents mètres de large à peu près. « Je crois que ces forts feraient plutôt sourire monsieur Vauban... Ils sont en brique — la pierre étant rarissime dans le pays ! — et ne tiendraient pas le coup longtemps devant nos mortiers... Mais encore faudrait-il apporter nos mortiers jusque-là ! Nos bateaux, à mon avis, mais je ne suis pas expert (interrogez là-dessus monsieur Duquesne), sont trop gros pour remonter jusqu'à Bangkok ! Même les flûtes comme le *Dromadaire* ou la *Loire*. La *Normande* peut-être, mais nous n'avons plus de nouvelles de la *Normande*... Sur la rive occidentale du fleuve se trouve la ville de Bangkok. C'est en fait une bourgade de quelques milliers d'habitants, constituée de paillotes construites autour de trois ou quatre rues, et enceinte d'un mauvais mur. Le fort qui la défend est assez ancien et menace ruine. Sur la rive orientale, le fort, là, est plus récent, mais sa construction n'est pas achevée. Et loin de l'être. En fait, seuls les murs, côté fleuve, sont bâtis. De l'autre côté, la place s'ouvre sur les terres. C'est en quelque sorte un terrain vague où viennent paître les vaches. Au demeurant, ces forts sont défendus par une centaine d'assez bons canons, en bronze toutefois. Un navire de petite taille et mal armé qui voudrait s'aventurer là avec de mauvaises intentions serait pris entre deux feux et réduit en miettes. Une chaîne d'ailleurs, tendue entre les deux forts, peut bloquer le passage, en cas de besoin...

— Combien d'hommes à l'intérieur ? demanda Céberet.

— Je n'ai pu y pénétrer, dit du Bruant, cela m'a été interdit impérativement. Mais on peut compter pour chacun d'eux plusieurs centaines de soldats : 400 ou 500 au moins ! A quoi s'ajoutent les ouvriers travaillant aux fortifications... En ce qui concerne le fort oriental, il faudrait bien mille hommes pour le défendre efficacement. La plupart de ces soldats sont portugais, siamois et métis... Assez bien armés.

— Si je tire les conclusions de ce que vous me dites, lança Céberet, il me semble que, sans navire d'un gabarit voulu, nous ne pouvons attaquer ces forteresses, à moins de nous faire exterminer. Et quand bien même nous arriverions à les prendre, vu leur état de ruine ou d'inachèvement, il nous serait impossible de les défendre, d'autant que nos hommes sont peu nombreux et, qui pis est, malades pour beaucoup !

— Je n'irai pas jusqu'à des conclusions si extrêmes, dit du Bruant. La chose doit être mieux étudiée. J'aimerais avoir là-dessus l'avis d'un ingénieur. Et du général Desfarges... Mais le bon père

Tachard m'a semblé très optimiste, il pense que tout se réglera sans que soit tiré un seul coup de mousquet !

Monsieur de la Loubère qu'irritait fort l'expression « bon père » accolée au nom de Tachard, toute nouvelle dans la bouche du lieutenant qui jusque-là ne portait guère dans son cœur le jésuite (avait-il déjà été séduit, acheté, retourné ?), monsieur de la Loubère donc s'exclama :

— L'avis du général Desfarges, en effet, nous sera des plus précieux. Il ne saurait tarder d'arriver, avec l'escadre. Nous n'avons plus qu'à attendre.

On attendit.

*Les passions (...) sont du nombre des perceptions que l'étroite alliance qui est entre l'âme et le corps rend confuses.*
(Descartes, *Traité des passions de l'âme,* 1649).

Avant que « tout » se « décidât » une multitude de personnages, les plus divers, les plus surprenants parfois, viendraient défiler sur la scène tangante et surchauffée de l'*Oiseau,* chacun comme à l'opéra, débitant son morceau de bravoure devant les Envoyés extraordinaires, avant de s'en retourner, à force de voile ou de rame, là-bas derrière les décors dressés de la jungle, au loin, d'où ils semblaient être sortis, comme autant d'acteurs surgis de secrètes et obscures coulisses. Le 1er octobre 1687 que Dieu fit, un lundi, se présenta à bord sans doute le plus baroque, le plus époustouflant de ces visiteurs. C'était le *Saint-Louis,* frégate de la Compagnie des Indes, qui nous l'avait apporté. Au début on n'avait vu du bonhomme, du haut du pont, et étant donné la perspective, que l'incroyable panache qui s'agitait au-dessus de sa tête alors que, difficultueusement, il escaladait la vacillante échelle de corde. C'était plus un plumeau à poussière, d'ailleurs, qu'un panache. Roses, jaunes, bleues, vertes, ses plumes semblaient avoir été arrachées au croupion des plus rarissimes oiseaux des Indes. Le panache, bientôt, franchit le plan horizontal déterminé par les rambardes du pont, suivi par les immenses bords d'un somptueux chapeau de feutre blanc, lequel était posé sur une bouille énorme, grasse (aux joues tombantes, écarlates, semblables aux flageolants fanons d'un chapon) et plantée d'un nez tout aussi rubicond, veinulé, vermiculé, bosselé de rotondités dues moins aux baisers mordants des maringouins, qu'aux effets de trop fréquentes embrassades avec les cruches à vin. L'homme bientôt — pourvu d'une énorme bedaine qui le déséquilibra — manqua s'allonger de tout son long en sautant sur le pont, ce que le prévenant Céberet empêcha, le saisissant au gras du bras, son nez, en cette rencontre, s'écrasant contre le pourpoint de l'inconnu, ce qui lui valut de humer d'un coup l'étonnante pestilence qui s'en dégageait, étrange mélange de relents de crasse, d'ammoniaque et de vieille sueur, mal dissimulés par l'épouvantable fragrance d'un parfum à la violette. « Merci, oh merci », bafouilla l'homme. Si on pouvait appeler ça un homme. Car l'habit de ce volatile exotique était à l'avenant de son plumet : la perruque était rousse, flamboyante ; le haut-de-chausse jaune canari, brodé d'arabesques or, écarlates et argent et « de la meilleure qualité » jugea aussitôt l'œil expert de Céberet qui reconnut par ailleurs dans le matériau du pourpoint rouge vif, travaillé de fils noirs et argent, la plus somptueuse toile peinte de Surate ; les bas étaient roses (superbe soie de Nagasaki) ; quant au collet (vaste et fort amidonné) sur quoi reposait la tête du bonhomme comme sur un plateau celle d'un veau, c'était de la meilleure dentelle de Hollande. « Messieurs, messieurs, Vos Excellences », bafouilla-t-il, à peine eut-il repris un équilibre instable sur ses courtes pattes, perchées sur de hauts talons, ce qui lui donnait l'air d'un bizarroïde échassier. Il plia en avant une jambe, ôta son chapeau auquel il fit décrire dans l'air épais, humide, chauffé à blanc, la magistrale parabole d'un salut, et se présenta : « Euh... Véret... Chef du comptoir français de la Compagnie des Indes à Siam... euh... votre serviteur. » Plaquant son bras droit sur sa poitrine, il inclina sa tête et son buste. La Loubère et Céberet échangèrent un regard amusé : si le bonhomme puait, ses vêtements étaient flambant neufs, et l'on sentait bien qu'il les avait tout récemment fait tailler pour (occasion insigne entre toutes) accueillir les Très Extraordinaires Envoyés de sa Très Chrétienne Majesté. Manifestement, il avait acheté, sans souci aucun d'harmonie, ce qu'il avait pu trouver à Siam de plus cher en fait d'étoffes et de parements. Et c'était un peu à la façon de ces étranges poissons que les matelots, de leur fil à pêche magique, arrachaient au ventre du golfe du Siam, qu'il avait surgi sur le pont, tel un monstre marin. On eût dit que ce spécimen d'homme occidental, plongé dans le « milieu » asiatique, en avait été contaminé, qu'il en avait mué, s'imprégnant de couleurs étranges, nouvelles, comme le caméléon s'assimile au décor qui l'entoure. « Ici, songea la Loubère, le Bourgeois gentilhomme serait heureux. » Le froid a pour qualité de comprimer, de contracter, rigidifier, amidonner, corseter l'homme européen ; la chaleur tropicale le fait fondre d'un coup, s'écrouler, se diluer telle une motte de beurre, dans une vaste, liquide débâcle, un à-vau-l'eau de l'âme, une totale déroute métaphysique. Déroute qui inquiétait fort, au plus secret de lui, l'Envoyé extraordinaire, car il la sentait germer dans son cœur aussi cette puissance de faillite, cette force de défaillance, et il en était atterré. Se métamorphoserait-il lui-même en quelque chose comme un Véret, après plusieurs mois de Siam ? La Loubère banda ses muscles et ses nerfs dans la chair et la graisse mollissante de son corps et lança sur le ton le plus théâtral et guindé qu'il put à l'étrange volatile qui s'était posé devant lui :

— Monsieur Véret, savez-vous que nous avons entendu à votre sujet, à Versailles, les choses les plus agréables ?

— Et les plus élogieuses, poursuivit en souriant monsieur de Céberet qui prit le relais, particulièrement de la part de mes confrères, les directeurs de la Compagnie des Indes.

— Messieurs... euh... pardon... messeigneurs... euh... Vos Majestés... balbutia confusément Véret, abasourdi, enivré, à demi assommé par de si soudains compliments.

A vrai dire, complices en l'occasion, les Envoyés extraordinaires s'amusaient, car tout négatifs étaient les jugements portés par Versailles sur ledit Véret qui, depuis deux ans qu'il croupissait à Siam, n'avait réussi aucune affaire de conséquence et accablait les directeurs de la Compagnie d'innombrables mémoires où il rendait responsable de ses échecs commerciaux le sieur Constance Phaulkon, accusé de toutes les turpitudes et traîtrises. On comptait fortement aussi remplacer le bonhomme par le sieur Deslandes, qui se trouvait alors au comptoir de Pondichéry.

— Nous avons bien des choses à nous raconter, n'est-ce pas, monsieur Véret ? dit Céberet. J'ai étudié quelques-uns de vos rapports... Que diriez-vous si nous allions en discuter devant une bonne carafe de bordeaux ?

— Dans ma cabine, ajouta la Loubère.

— J'ai là... euh... dit Véret, qui n'acheva pas sa phrase.

On fit quelques politesses à monsieur Beaumont, capitaine du *Saint-Louis,* qui avait accompagné Véret et l'on s'en alla avec celui-ci seul (car « des choses confidentielles » avaient à se dire) s'asseoir sur les fauteuils couverts de soie-rose-brodée-de-petits-cupidons-dardant-leurs-flèches-sur-de-grassouillettes-naïades... dans la chambre de la Loubère, et devant « une bonne bouteille ».

— J'ai là, euh... répéta Véret qui, avalant une vaste gorgée de vin, ravala encore sa phrase... Quel nectar ! euh... cela vous donne le mal du pays euh, le *kitung* comme ils disent ici, oui, euh, car je parle quelques mots de siamois euh... Après vingt-quatre mois de madère, chiraz et autres vins de Perse qui vous percent l'estomac, aigres qu'ils sont de mal tenir le voyage... quel délice, ce vin !

— Il n'y a donc point de vin de France à Siam ? demanda monsieur de la Loubère.

— Il y en a, il y en a, mais je, euh, vous expliquerai cela tantôt... J'ai là... répéta-t-il encore (il sortit de son pourpoint une lettre cachetée), j'ai là... une missive du père Tachard qui passa me voir hier, à mon comptoir d'Ayuthya avant de s'en aller plus au nord, vers la seconde capitale Lopburi, car c'est à Lopburi qu'en ce moment se trouvent monsieur Constance et le roi... Le roi chasse l'éléphant et...

Les Envoyés lurent la courte lettre : tout se présentait pour le mieux, expliquait encore une fois le jésuite, très optimiste, ajoutant qu'il y avait eu quelques « petits troubles » à Siam, qu'ils étaient « réglés », mais qu'en raison de ces troubles il faudrait peut-être renoncer à demander le port de Mergui, et se contenter de celui de Jongcelang (appelé Phuket par certains), qui se trouve lui aussi sur la mer d'Andaman, face à l'Inde.

— Que veut dire tout cela ? demanda la Loubère à Véret. Que diable s'est-il passé à Mergui ?

— Messeigneurs, messeigneurs, euh, Vos Excellences, laissez-moi, euh, le temps de... prendre le temps de remettre dans l'ordre le char euh de mes idées avant les bœufs de ma charrue, non, euh... Savez-vous, ce pays, cette chaleur, cela vous embrouille la tête entre les épaules et...

Il remit d'aplomb sa perruque rouge, sortit de son pourpoint un mouchoir mauve bordé de dentelle rose dont il épongea son front où s'arborifiaient en vaste estuaire d'innombrables ruisselets de sueur. Puis penchant un peu la tête en avant, il scruta des yeux, « par en dessous », d'un regard rapide, vif, comme s'il eût voulu les déshabiller, les deux Envoyés : regard noir, plein d'animale ruse, de roublardise renarde et d'inquisitrice méfiance, que ces messieurs aussitôt repérèrent, se demandant soudain si ce gros oiseau exotique était aussi ridicule qu'il le paraissait. Il donnait l'impression de « tourner autour du pot » et, devant les questions dont on l'assaillait sur « la situation à Siam », sembla se réfugier dans une attitude fuyante, répondant « à côté », se lançant dans d'infinies digressions, jouant enfin les parfaits imbéciles, à moins tout de bon que le mal de Siam l'eût frappé, et qu'il eût la fièvre ?

— Euh, votre épouse, j'imagine, pardon euh, madame votre épouse, dit-il, désignant d'un gros doigt aux ongles endeuillés de crasse le portrait de Mlle de Tourville, muse du sieur de la Loubère, accroché au mur de la chambre : toute blanche, fraîche, blonde et rayonnante, comme inaccessible à la chaleur d'étuve régnant dans la pièce...

Ne s'attirant, pour toute réponse, qu'un méprisant silence de la part de l'Envoyé (qui ne se fût pas certes abaissé à parler du si tendre objet de ses poésies à pareil porc), Véret, le porc en question donc, poursuivit en bafouillant :

— C'est que moi, euh, aussi, messieurs, Vos Excellences, j'ai pris femme savez-vous, en ce maudit pays de Siam, euh, ce n'est certes qu'une Siamoise, mais de la plus noble, la plus honorable famille de mandarins, et savez-vous, euh, elle m'a donné tout récemment un adorable petit bichon de fifille, oui, deux mois elle a mon bichon de fifille, que nous avons appelée « Noy ». « Noy », en siamois, euh, cela veut dire « petite », on aime ici, ainsi, à se donner de petits noms et...

— C'est fort intéressant, ce que vous nous dites là, lança sèchement monsieur de Céberet, traquant dans les orbites de Véret un regard de rat effaré... Mais parlez-nous donc de Siam.

Le sieur Véret avala d'un coup un nouveau verre de bordeaux, faisant claquer sa langue de délectation et portant au plafond ses yeux, comme pour gagner encore un peu, un tout petit peu de temps. Le bougre à vrai dire cherchait à deviner si les Envoyés s'étaient déjà « fait une idée », s'ils avaient, en quelque sorte, « choisi leur camp », s'ils étaient sujets ou non à devenir favorables au sieur Constance qu'il haïssait. Le père Tachard, qui était passé voir Véret au comptoir d'Ayuthya, semblait détester la Loubère et Céberet. Ce qui était bon signe *a priori*...

Véret avala un nouveau verre.

— Oui, oui, il y a du vin de France à Siam, dit-il, répondant à retardement à la première question de la Loubère. Et de la bonne bière anglaise aussi. Mais il faut compter avec le... sieur Constance !

— Le sieur Constance ? interrogea d'une voix douce Céberet, qui sentait bien qu'il fallait laisser à Véret le temps d'« accoucher » (il donna à la Loubère, assis à ses côtés, un coup de genou indicatif).

« Je suppose, poursuivit-il, que ce « sieur Constance » dont vous parlez est monsieur Constance Phaulkon, Premier ministre de Siam (il avait insufflé dans ce « monsieur » un rien d'emphase ironique, comme pour « tendre la perche » à Véret...).

— Ce... ce.. sieur Constance, dit celui-ci.

Et l'on sentait bien que dans ce ce « sieur »-là, dans les « s » sifflants de ce « sieur » tentait de se libérer une haine trop longtemps accumulée, aigrie, ruminée, que le chef du comptoir français d'Ayuthya semblait enfin avoir l'espoir d'assouvir, avec l'arrivée des Envoyés extraordinaires de Louis XIV. Enfin, enfin il allait damer le pion, écraser, piétiner ce... ce... sieur Constance ! Et Véret soudain, avec cette brusque témérité dont seuls sont capables les lâches, se jeta à l'eau :

— D'abord ce... ce Constance n'est pas plus Premier ministre que je suis pape ! Il y a bien des mandarins bien plus puissants que lui à Siam. C'est une sorte disons... d'éminence grise, et quelque chose aussi comme un ministre du Commerce. Il est puissant certes, mais pas autant qu'il l'a fait accroire à messieurs de Chaumont et Choisy... et au père Tachard qui est sa dupe ! C'est...

— C'est ? demanda Céberet.

— C'est un fourbe ! Le plus grand fourbe de toutes les Indes qui, question fourbes, sont pourtant excellemment fournies, croyez-en un homme qui a beaucoup traîné sa culotte sous ces latitudes ! C'est un fourbe qui a empaumé tout le monde, le roi de Siam — mais ça durera ce que ça durera — et les Français ! Car ce pays n'est pas riche autant qu'il a voulu nous en persuader. Ah, ah. Il va falloir que je vous les montre les « énormes idoles d'or » qu'il a fait voir à Son Excellence de Chaumont : des briques ! Du bois doré ! Quant aux pierres précieuses qui pousseraient ici comme du riz, à ce qu'en disent les jésuites, mon œil, ah ah (et il tira de son gros index sur sa paupière inférieure droite), mon œil ! Il n'y en a pas plus à Siam que d'étoiles en plein jour. C'est la plus grande gueuserie du monde que ce pays. On n'y trouve rien, que des noix de coco (« Qu'entend-il par noix-de-coco ? » songea la Loubère qui ignorait encore ce que c'était). Parlez-moi des soi-disant trésors du roi de Siam ! Je me suis fait ouvrir, moi, les magasins secrets de son palais de Lopburi en graissant la patte des gardiens. Il n'y a rien là-dedans que de pauvres ballots poussiéreux. Et c'est pourtant le roi qui, à force de presser le citron de ses malheureux sujets corvéables à merci, détient toutes les richesses : peuple, bonzes, mandarins sont des gueux, des gueux ! Je vous le dis : les ducs et pairs de ce royaume sont plus mal lotis que les plus pauvres de nos paysans, ah ah ! Que ne nous a-t-on pas promis ? Que n'a-t-on pas promis à monsieur de Chaumont ? Le monopole sur la production et l'exploitation du poivre par exemple ? Eh bien... J'ai demandé, moi, à les voir, les poivriers de Siam, j'ai relancé à ce sujet le sieur Constance, pendant des mois, mais il ne m'a jamais emmené les visiter, les champs de poivriers ! Alors je suis monté à Lopburi, j'ai exigé d'être reçu par le roi. Le sieur Constance m'a fait chasser du palais, comme un chien, oui, ouah, ouah (et Véret se mit à aboyer à la face de Céberet et la Loubère, les deux mains sous son menton, mimant un chien qui fait le beau). Il m'a menacé même de la prison. A cet égard, il faut prendre ce chacal à la lettre. Il a bien fait fiche en tôle déjà une cinquantaine d'Européens, sans compter les centaines de Siamois torturés et jetés aux tigres sur ses ordres ! Ah ah, tenez, le sieur John... John... John je-ne-sais-quoi, un Anglais, ils ont des noms à coucher dehors ces *goddam* de rosbeefs, eh bien le John en question a été fouetté au rotin parce que le pauvre diable n'avait pas appelé ce chacal de Constance « Son Excellence », parce que ce chacal-là a décidé un jour, l'an dernier, qu'on ne l'appellerait plus qu' « Excellence » : ce Grec, ce rejeton de gargotier, ce fils de pute ! Excellence ! Il lui a pris la lubie aussi, mais ça n'a duré qu'un temps, qu'on traitât le roi de Siam d' « Empereur » ! Ah, ah ! Le roi des gueux ! Ne parlons pas non plus de notre compatriote le sieur du Rouen qui n'avait pas voulu lui vendre une cargaison de bois au prix fixé par lui ! On l'a mis à la cangue, oui, la cangue au cou, un Français la cangue au cou ! exposé sur les places publiques, en plein soleil, sous les quolibets de ces chiens de Siamois, quatre mois ! Avec à la clef une amende de mille écus ! Parce que, depuis qu'il a la faveur du roi, ce Constance régit ici tout le commerce, rien ne se vend ni ne s'achète sans son autorisation et, pour toute marchandise, il doit être le premier servi, et au tarif de son choix, ce pourquoi...

Véret lampa un nouveau verre de bordeaux, le savoura longuement, prenant ainsi le temps d'essayer de remettre en place son cerveau enfiévré :

— Ce pourquoi à Siam, et pour répondre enfin à votre question, on ne peut se procurer de bon vin de France, car il en monopolise l'achat, et vous le revend au détail au quintuple du prix. Celui qu'il ne boit pas du moins, car le gaillard est amateur ! Et c'est comme ça pour tout. Le fourbe, il s'en met plein les poches. Mais cet imbécile ne se rend pas compte qu'en égorgeant sa vache à lait il est en train de tuer la poule aux œufs d'or. Il ne voit pas plus loin que son pif de Grec, qu'il a fort long il est vrai, comme tous les Grecs ! Car il a brisé le commerce de Siam ! Autrefois plus d'une centaine de vaisseaux hauturiers venaient ici trafiquer chaque année. On n'en compte même plus dix aujourd'hui. Depuis cinq ans les étrangers fuient ce royaume. Et c'est ça qui a déclenché la révolution des Macassars !

— Qu'est-ce que cette révolution et ces Macassars, demanda Céberet, on nous en a vaguement parlé mais...

— Les Macassars sont un peuple des Célèbes, vaincu par les Hollandais. Nombre d'entre eux sont venus se réfugier à Siam, un bon millier, avec leur prince. Ils sont musulmans, comme bien d'autres peuples établis ici, Turcs, Malais, Persans. Les musulmans faisaient d'énormes bénéfices à Siam, avant que le sieur Constance n'y étrangle le commerce. Ils ont voulu, par le biais des Macassars, renverser le roi actuel et mettre un de ses frères sur le trône. Ce frère aujourd'hui est à l'ombre, et les Macassars ont été exterminés ! Grâce à nous d'ailleurs, grâce à nous autres Français, qui avons pris les armes pour le chacal Constance, qui nous a récompensés comme on sait : en nous roulant, nous volant, nous bafouant, ah, ah, comme il a récompensé le chevalier de Forbin qui affronta mille fois la mort pour lui !

— Parlez-nous de Forbin ! dirent les Envoyés d'une même voix.

Mais les yeux de Véret, tout brillants de rage jusque-là, s'étaient éteints soudain. Il les dirigea de nouveau vers le portrait de la rayonnante Mlle de Tourville.

— Moi aussi... euh... Je vous l'ai dit... J'ai une épouse et, euh, une fifille, un tout petit bichon de petite fifille, euh, si mignonne, toute moitié siamoise qu'elle soit, et si maligne, aussi maligne qu'un petit singe... Les singes, comme vous le savez (et Véret prit alors, croisant les jambes, un ton doctoral) sont dans le règne animal ce qu'on peut trouver de plus intelligent. Je dirais même que si le lion ne l'était, le singe serait le roi des animaux. Appelons-le, si vous voulez, le prince consort des animaux. Ou, si vous voulez, le duc des animaux... ou... euh... Mais je m'embrouille encore ! Ce pays, vous savez, vous trouble les idées. Vous y prenez des fièvres malignes (il s'épongea le front avec son mouchoir mauve, soufflant, râlant, haletant comme un phoque)... Ah, oui, donc, les singes, eh bien, savez-vous, à Siam il existe mille anecdotes sur ces bêtes, ah, ah tenez, celle-ci, ah ah (il se tapa sur les cuisses et rapprocha sa chaise de celle des Envoyés qui, muets, stupéfaits, le regardaient). Je m'en vais vous en raconter une, et une bonne ! Elle concerne le roi, le roi régnant actuellement, un répugnant tyran soit dit en passant... Eh bien, il avait un de ses ministres, un « oya »... « Oya » c'est le plus haut titre à Siam, quelque chose comme

« duc », après il y a les « Opra », les barons peut-être, et puis les « Oluang », les « Ocun », les « Omeung », les « Ocpan » et, tout en bas les esclaves, « That », et le peuple qui est tout comme les esclaves ! Eh bien, donc, ce « duc », ou « Oya », comme vous voudrez, qui était ministre, agaçait fort le roi, et il l'agaçait tant qu'il décida de lui faire une terrible, une cruelle farce, car ils sont très farceurs, sous leur air constipé et glacial, les Siamois, mais ils vous ont un sens de la plaisanterie à vous geler les sangs, comme vous verrez par cette histoire. Euh, donc, imaginez que le roi décida d'envoyer à son ministre un singe, un énorme singe, avec ordre impératif de le conserver à son domicile en pleine liberté, sans chaînes, et de l'y traiter le mieux du monde. Alors, vous imaginez le tableau, le bazar, le souk, chez l' « Oya », ou « duc » si vous voulez, le singe qui grimpe sur les meubles, qui renverse les porcelaines de Chine, qui... l' « Oya », ou « duc », vu les ordres à lui donnés (et à Siam on ne plaisante pas avec les ordres du roi sinon, hop, on vous jette aux tigres !), eh bien, donc, le « duc », ou « Oya » si vous voulez, voilà-t-il pas que pour tourner les ordres du roi, il s'en va vivre chez son frère. Le roi aussi sec envoie le singe chez le frère où, comme de bien entendu, toutes les porcelaines y passent, patatras ! Alors l' « Oya », ou « duc » si vous voulez, au bout du rouleau, il s'en va se jeter aux pieds du roi, se traîner à ses pieds, à quatre pattes, comme c'est la mode ici, au palais du moins où personne ne se tient jamais debout, ah ah (au point que les Portugais en secret appellent le roi de Siam le roi des crocodiles, ah ah, Vos Excellences comprennent l'astuce, ah ah, parce que tous ses sujets marchent à quatre pattes comme des crocodiles !)... Le roi l'a fort mal reçu son crocodile de « duc » ou d'« Oya », il lui a dit : « Ce singe te dérange, tu veux que je t'en débarrasse. Eh bien sache que tu m'importunes beaucoup plus que ce singe ne te dérange ! » Aussitôt ses gardes, on les appelle les « bras peints », parce qu'ils ont les bras tatoués de bleu, de drôles de zigotos, fort cruels, ses gardes donc se saisissent de l'« Oya », ou du « duc » et hop : aux tigres !

— Certes, certes, voilà qui est fort intéressant, dit monsieur de la Loubère, en ce qui concerne du moins les si peu chrétiennes mœurs de Siam (et il se promit de recopier l'anecdote, du moins si elle était authentique, car il n'était pas de ces badauds qui, partout où ils voyagent, récoltent, sans les vérifier, les histoires les plus saugrenues sous prétexte qu'elles sont amusantes. Son propos à lui était scien-ti-fique !). Mais nous voilà fort loin de nos moutons, avec ces singes et ces tigres ! revenons donc au sieur Constance... Donc, ce ne serait qu'un...

— Un fourbe, qui rampe devant son roi, mais devant qui tout le monde rampe, et sans doute le père Tachard rampe-t-il pour lui aussi, car le sieur Constance sait vous asservir les hommes, les entortiller, il est orfèvre en la matière, c'est un horloger de l'âme, ce démon, ce mécréant, capable des plus noires trahisons. Regardez ce qu'il a fait au chevalier de Forbin, et à ses amis anglais de Mergui (ses pirates d'amis !).

— Qu'entendez-vous par là ? demanda monsieur de Céberet qui, tout comme la Loubère, et malgré la puanteur que dégageait Véret, rapprocha sa chaise de la chaise de celui-ci, au point qu'au terme de ces manœuvres leurs genoux à tous trois avaient fini par se toucher et qu'ils se parlaient pour ainsi dire à l'oreille.

Véret, d'ailleurs, avait baissé de plusieurs octaves l'intensité de sa voix.

— Ici, à Siam, dit-il, on ne peut se fier à personne !

— Même sur ce bateau ? demanda la Loubère.

— Partout, je vous dis. Tout est « espion » ici.

Écarquillant ses yeux et les faisant tourbillonner comme deux grosses billes dans ses orbites, il lança, sans que les Envoyés sussent très bien s'il délirait ou si c'était manière de plaisanterie :

— Même les animaux, ici, espionnent, les cafards, les maringouins, les mouches (il regarda autour de lui et fit le geste d'en attraper une, dans l'air). Qui sait si les choses même, aussi, je dis bien... les choses... (il regarda, fasciné, la table basse, toute proche, le carafon de vin sur la table basse)... n'espionnent pas ? Je me suis demandé un jour si un fauteuil, un beau fauteuil à oreilles que m'avait offert monsieur Constance du temps que nous nous entendions bien, eh bien, si ce fauteuil ne m'épiait pas. Il avait une façon pas naturelle de me regarder, ce fauteuil... Vous ne savez pas dans quel enfer vous venez d'entrer, messeigneurs. Ah, pourquoi la France n'a-t-elle pas plutôt choisi de s'installer à Bornéo. Bornéo est riche. Et j'y connais un rajah. Peut-être pourrions-nous envisager ensemble quelque projet pour Bornéo. Songez à Bornéo, Vos Excellences...

— Point de château en Bornéo, monsieur, dit Céberet qui avec douceur, et un doigté quasi médical, essayait d'arracher Véret à ses digressions. Parlez-nous de Siam, du chevalier de Forbin et des Anglais de Mergui.

— Eh bien donc commençons par le commencement ou si,

euh, vous voulez débutons par le début... Avant tout le monde le chevalier de Forbin, venu ici avec l'ambassade Chaumont, s'est rendu compte que le sieur Constance était un charlatan, que Siam n'était point riche et que la France n'avait rien à y faire. Constance, dans sa stratégie personnelle, voulait attirer les Français, peut-être pour contrebalancer le pouvoir des Hollandais qui, c'est du moins ce dont il persuada le roi de Siam, menaçaient son royaume... Il a incité aussi ce prince à demander à l'ambassadeur Chaumont que Forbin reste dans le pays : pour former les soldats siamois, soi-disant ! Mais en fait parce qu'on craignait qu'avec son franc-parler de militaire Forbin ne donne à Sa Majesté Très Chrétienne la vision toute personnelle qu'il avait de Siam, et ne la dissuade d'y rien entreprendre... Dès que Chaumont s'en fut allé, Constance, de multiples manières, a essayé de se débarrasser — se débarrasser physiquement, je dis bien — du Chevalier. Il a même tenté de le faire empoisonner : c'est le chien de Forbin qui a crevé. Méfiant, il lui donnait tous ses plats à goûter. A cet égard, méfiez-vous aussi, messieurs, on a le poison et les drogues faciles à Siam ! Forbin a préféré prendre la clef des champs. Et s'en aller s'installer à Pondichéry en attendant votre arrivée. Constance, sinon, aurait fini par lui faire la peau ! Comme il a fait la peau de ses amis anglais à Mergui... Mais là-dessus je ne puis rien dire. Personne n'a pu se rendre là-bas, depuis le massacre. Les routes sont barrées par les sbires du roi. Quant aux témoins de l'affaire (ceux qui n'ont pas fui ou n'ont pas été liquidés) vous ne tirerez pas un mot de leur bouche tellement ils sont terrifiés...

Quoiqu'ils fussent encore bel et bien à bord de l'*Oiseau,* messieurs de Céberet et la Loubère avaient l'impression de commencer déjà à « débarquer », à mettre, du moins, pied, et pour la première fois, sur un sol bien concret, bien solide, après avoir pendant des mois, à Versailles puis tout au long du voyage, pataugé dans les mots, les mots, les mots, des uns et des autres, chacun donnant sa version arrangée des choses, sans que rien de la chose elle-même transparût. Comme l'écueil crève la surface de la mer, les paroles de Véret déchiraient soudain l'espèce d'écran qu'avaient dressé devant leurs yeux les discours hagiographiques de Tachard et autres jésuites, et des missionnaires même.

— C'est que les missionnaires, dit Véret, comme les jésuites qui veulent prendre leur place, désirent qu'une présence française, commerciale et militaire, soutienne ici leurs efforts ; la mission de Siam est moribonde... ah, ah... Dites-moi un peu ce qu'ils ont converti, nos bons pères, depuis vingt ans qu'ils sont dans ce pays ? Rien, rien. Leurs rares néophytes sont cochinchinois, une poignée de Pégouans et quelques métis, rejetons de Portugais, mais pour ce qui est des Siamois, rien, zéro, double zéro. Le roi verrait d'un mauvais œil qu'on endoctrine ses brebis, et il est lui-même à mille lieues de jamais penser à embrasser notre foi ! Propagande, propagande ! Ah, ah, si vous saviez quels Siamois ils ont jamais convertis, les missionnaires. Voulez-vous que je vous dise quels Siamois ils ont jamais convertis ? Les nourrissons moribonds qu'ils baptisent avant de leur donner l'extrême-onction. Voilà les Siamois qu'ils convertissent, ah ah ! Ils écument le pays, à pied, à cheval, en pirogue, en quête de bébés mourants et hop, dès qu'ils en dénichent un, eau bénite, baptême, extrême-onction. Ils disent aux parents que c'est un « remède miracle ». Parfois ça marche d'ailleurs : le gosse guérit ! A ce titre qu'à Siam l'eau bénite est considérée comme un médicament : on en donne même aux buffles et aux éléphants ! Certains prêtres d'ailleurs en feraient commerce, mais ce sont de mauvaises langues qui le disent. Et voici, messieurs, comment nos bons pères enflent les statistiques de conversion qu'ils envoient à Rome. Tous ces bébés morts bons chrétiens font peut-être des anges en Paradis, mais ça ne remplit guère les bancs de la pauvre église de la mission, toujours vides. Allez y voir !

— Je... je... le savais... je le sentais (bafouilla la Loubère dans un flot de postillons rageurs) que ce... ce... Constance était un charlatan et Tachard sa dupe, sinon son complice, je, je...

— Tutt tutt, souffla Céberet, ne nous emballons point...

Il n'en dit pas plus, mais c'était avec pas mal d'inquiétude qu'il voyait ainsi le fougueux la Loubère se ruer sans réflexion ni vérification, sur tout ce qui pouvait alimenter et renforcer ses *a priori* au sujet du sieur Constance.

— Mais pourquoi donc Constance tenait-il tant à faire venir les Français à Siam ? demanda calmement Céberet.

— Le sieur Constance, rétorqua Véret, a beaucoup plus besoin de nous que nous de lui : de notre argent, de l'argent de Sa Majesté, des soldats de Sa Majesté, des canons de Sa Majesté. Il est en danger, aux abois : à cet égard vous le tenez, soyez fermes sur vos exigences !... Les Anglais veulent sa peau, les Hollandais veulent sa peau, les Portugais veulent sa peau, les Maures veulent sa peau, les mandarins veulent sa peau, les bonzes veulent sa peau. Seul le roi de Siam le protège, et le roi est malade ! Le sieur Constance est sur le fil du rasoir. Il est tous les jours à la veille de perdre la vie, son bien, sa femme, ses enfants, et il faut tôt ou tard que ça lui arrive s'il ne trouve une protection.

*C'est une fine philosophie que de discerner les esprits et les humeurs des hommes. Il est aussi nécessaire de les étudier que d'étudier les livres.*
(Traduction de *L'Homme de Cour,*
de Gracián, par La Houssaie, 1684.)

Véret passa la nuit dans la cabine de monsieur de Céberet et, après lui avoir montré ses livres de compte, s'en retourna à Siam le lendemain, jeudi 2 octobre, non sans avoir auparavant démoli un peu plus encore le portrait de monsieur Constance, ce « païen », « paillard », « sodomite », « maquereau »... « Ah ah, on le dit bon catholique. Mais savez-vous qu'il ne s'est que tout récemment converti ; qu'avant il était anglican, quand il travaillait pour les Anglais ; qu'avant il fut orthodoxe ; et que demain si sa politique le nécessite, il se fera mahométan !... »

Environ ce temps-là une barque, conduite par des matelots portugais, vint apporter à bord, de la part du gouverneur de Bangkok, force vivres et rafraîchissements, particulièrement des fruits du pays, qui furent bien accueillis par l'équipage et les soldats. Monsieur de la Loubère s'en fit servir quelques-uns, de chaque espèce, à la table de sa cabine. Il y goûta, de très bon appétit, autant qu'il les étudia d'ailleurs, interrogeant à leur propos le père Verniaud, missionnaire, et demandant à monsieur de Boin, dessinateur, de lui en faire quelques croquis, entiers et en coupe, afin qu'il pût en illustrer plus tard son fameux ouvrage d'anthropologie.

Le matin du 4 octobre que Dieu fit, alors que, torse nu, sans perruque et plume en main, la Loubère s'efforçait de rédiger la description minutieuse d'un *saparot,* dit ananas, qu'il avait posé devant lui, sur sa table, coupé longitudinalement, on vint frapper à sa porte pour lui annoncer qu'un nouveau produit de Siam, et non des moindres, était arrivé à bord : des *homo sapiens*. Plus précisément deux mandarins envoyés par le roi de Siam.

On prépara à la hâte, sur les conseils du missionnaire Verniaud, qui connaissait l'étiquette du pays, une cérémonie. Deux fauteuils tapissés de soie-rose-ornée-de-Cupidons-décochant-leurs-flèches-sur-de-grassouillettes-naïades furent installés au fond de la cabine de monsieur de la Loubère, sur une sorte d'estrade, un peu en hauteur donc, à la manière de trônes, et l'on disposa en dessous d'épais tapis afin que les Siamois s'y assissent. Monsieur de Céberet, en habit sombre, et la Loubère, vêtu de soie crème, tous deux un chapeau à plume sur la tête, y prirent place, leurs mains, entourées de dentelle, dignement posées sur les accoudoirs, tandis qu'à leurs pieds, le postérieur à même le sol, se tenait le père Verniaud qui servirait d'interprète. Les *homo siamensis* ne tardèrent pas à s'encadrer dans l'embrasure étroite de la porte. L'un, âgé de la cinquantaine, avait la tête rase, à la manière, dit-on, des prêtres du pays, et portait une robe jaune safran striée de bandes noires ; l'autre, la quarantaine, une robe bleue. Ces robes, pannes, ou pagnes, sont une pièce de tissu entourant les hanches et dont un pan, passé par-derrière entre les jambes, est ramené sur le devant du corps et noué à la taille, juste sous le ventre. Ils avaient, enfilée sur le buste, une sorte de vaste chemise en mousseline, très échancrée et que, bizarrement, ils laissaient flotter par-dessus la ceinture. Les jambes glabres étaient nues. Avant de franchir le seuil de la porte ils se débarrassèrent de leurs babouches dorées, à la turque, et plaçant les deux mains jointes devant le nez, ils s'inclinèrent. Le plus jeune avait des cheveux noirs, brillants, très épais, coupés court, mais d'une étrange façon : comme si on eût posé sur sa tête un bol et taillé ce qui dépassait. Sans dire mot ils s'assirent au sol, les jambes croisées, à la manière de leur idole, Somona Codom, dit le Bouddha, dont monsieur de la Loubère avait vu des croquis illustrant les livres des pères Tachard et Gervaise. Les mandarins attendirent, silencieux, leur visage toujours légèrement incliné : les pommettes étaient saillantes, la peau cuivrée, « mêlée de rouge et de brun » et, çà et là, semée de taches de petite vérole. Comme on l'avait pu remarquer déjà chez les trois ambassadeurs siamois envoyés en France, leurs cils étaient quasi inexistants, ce qui donnait à leurs yeux, étroitement fendus, un air inexpressif, du moins mal traduisible, mal interprétable. « Il en est des visages comme des langages, songea la Loubère, il faut en connaître le lexique. » Comme les Envoyés n'avaient pas encore ouvert la bouche, et que les mandarins ne semblaient pas vouloir le faire (il est contraire à leurs usages de parler le premier quand on est reçu quelque part), un silence lourd, épais, que scandait seul le heurt des vagues contre la coque, s'appesantit dans l'étroite pièce surchauffée. Monsieur de la Loubère était un rien intimidé.

C'était son premier réel contact avec Siam.

Les trois coups venaient d'être frappés.

Le rideau se levait.

Émù donc il s'enquit, par le biais de l'interprète, et avec des formules fort enjolivées, de la santé de Sa Gracieuse Majesté le roi de Siam, pour laquelle Sa Majesté Très Chrétienne, le roi de France, avait conçu la plus grande affection, ce sur quoi, le vieux mandarin au crâne rasé (qui semblait au demeurant d'une grande puissance physique, ses bras nus, tatoués d'outremer, se cordelant de muscles impressionnants) lui renvoya la balle, avec une habileté rhétorique éprouvée, lui disant d'un ton bas mais ferme que Sa Majesté le roi de Siam, son Maître et Seigneur, se portait le mieux du monde, et s'inquiétait lui-même de la santé du grand roi de France son bon ami ; à quoi monsieur de la Loubère, fort enjoué, et se délectant de trouver un partenaire aussi exquis, parlant à vrai dire, quoiqu'en siamois, la même langue, celle, fumeuse, de la diplomatie, lui répondit que Sa Majesté le roi de France avait eu quelques ennuis de santé, mais qu'elle s'était fort bien rétablie. Le vieux mandarin s'enquit alors de la santé de Leurs Excellences, lesquelles Excellences le rassurèrent : puis il s'enquit du temps qu'avait duré le voyage ; puis il s'enquit… Enfin il noya les Envoyés sous une profusion de questions et discours décousus, nébuleux, anodins semblait-il, un peu à la manière d'un cormoran traçant dans le ciel, au-dessus de la mer, de vastes cercles se rétrécissant imperceptiblement, jusqu'à l'instant où l'oiseau pique du bec pour saisir sa proie : le mandarin d'un ton toujours aussi léger et vague, laissa entendre qu'« *on* », un « *on* » indéterminé, avait été surpris à Siam d'avoir vu débarquer le père Ta Cha (Tachard) mais point les trois ambassadeurs Opra Wisuthra Sunthon (alias Kosapan) ; Oluang Kalaya Rajamaïtri et Ocun Sri Wisang Waja, et qu'on s'inquiétait de la santé de ceux-ci… Ce sur quoi, usant d'un diplomatique mensonge, monsieur de la Loubère expliqua que, sujets à quelques avaries, les « autres navires de l'escadre » avaient été retardés, les ambassadeurs se trouvant à bord de l'un d'eux. Le « cormoran » reprit ses cercles dans le ciel, se perdant en vastes circonlocutions aériennes, avant de s'enquérir du jour où l'on supposait que les ambassadeurs siamois débarqueraient : ce sur quoi on lui répondit que c'était incessamment sous peu. Un laquais apporta du thé, que les mandarins, avec des gestes fort lents, mesurés, précieux, presque de danseuses, s'occupèrent à boire, tenant la tasse en relevant le petit doigt (lequel était armé d'un ongle très long : l'usage en étant de se gratter l'auricule). Autre détail, des plus intéressants d'un point de vue anthropologique, et que la Loubère ne nota qu'assez tard, les mandarins étant à contrejour : ils avaient les dents noires, noires comme des pièces d'échec taillées dans l'ébène, la coutume, à Siam, étant de se les laquer (« Afin qu'elles ne ressemblassent point, dit le père Verniaud — explication qui vaut ce qu'elle vaut — aux crocs des fauves »). La face de l'*homo siamensis* le plus âgé restait impassible, comme si elle fût de métal. Ses yeux, en revanche, se promenaient sur les murs de la pièce, rencontrant bientôt ceux, bleu de saphir, de la blanche, blonde, rayonnante Mlle de Tourville *(femina gallica)* qui, au milieu de son cadre doré, comme accoudée à l'embrasure d'une fenêtre, semblait les observer. Les joues de cette « jeune barbare » étaient roses. Un grain de beauté noir était posé à la commissure droite de sa bouche ourlée à la façon d'un pétale d'orchidée et son cou dodu et fossetté était frais « comme-la-chair-d'un-navet-à-sa-brisure » : métaphore propre à la poésie siamoise, à quoi eût répugné monsieur de la Loubère pour qui, si un teint était blanc ou frais, ça ne pouvait être qu'à la façon d'un « lys », ou à la rigueur du « lilas ».

Monsieur de Céberet fit demander par l'interprète si le mandarin trouvait la jeune femme jolie et s'il y avait des Européennes à Siam. Ce sur quoi, souriant énigmatiquement, l'intéressé répondit qu'il s'y trouvait certes quelques femmes de commerçants anglais et hollandais, mais qu'il n'en avait jamais vu d'aussi belle et que si jamais l'original était importé à Siam on en donnerait jusqu'à la valeur de deux éléphants. Messieurs les Envoyés sourirent. Messieurs les mandarins sourirent. On ne savait trop si l'on souriait de la même chose. Mais, du moins, l'on souriait. On but encore du thé, on s'assura mutuellement de l'éternelle amitié de la France et du Siam et nos mandarins prirent congé : « Non-qu'ils n'eussent-prolongé-à-l'infini-cette-délicieuse-conversation-mais-que-le-roi-leur-maître-était-si-empressé-d'en-connaître-le-contenu-qu'ils-devaient-se-dépêcher-de-s'en-aller-lui-en-faire-part. » Au moment de quitter la pièce, à reculons, le visage tourné vers les Envoyés et les mains jointes devant le nez, ils se ravisèrent et demandèrent, comme par caprice, de « faire un tour dans le bateau », ce qu'on leur accorda aussitôt, chargeant le sieur Saint-Vandrille de les guider, lequel nota que, pendant cette visite ils n'avaient pas eu leurs yeux dans leurs poches (si l'on peut dire, les pagnes n'ayant pas de poches) et qu'ils s'étaient surtout intéressés au nombre de soldats à bord, au nombre de canons et à leur qualité...

D'aucuns affirmeraient plus tard que le plus vieux des mandarins n'était autre que Opra Pitratcha, grand général des éléphants, celui-là même qui, de triste mémoire, bouterait les Français hors de Siam : juste quelques mois après leur débarquement.

*L'homme croit souvent se conduire lorsqu'il est conduit ; et pendant que par son esprit il tend à un but, son cœur l'entraîne insensiblement à un autre.*
(La Rochefoucauld, *Maximes,* 1678.)

Le lendemain, 5 octobre 1687 — un nouveau dimanche que Dieu fit — les Envoyés étaient à table à déjeuner, dévorant, en compagnie de monsieur du Bruant, dont le visage maringouinisé avait désenflé, et de quelques officiers, divers canards rôtis, fort gras, et autres cochons petits et maigres, tout noirs, délicieux, qu'on avait apportés à bord deux jours auparavant (présents du sieur Phaulkon) et que le coq avait égorgés et cuisinés le mieux du monde. Il était la demie de midi : on entendait la pluie torrentielle qui flagellait le pont du navire (elle s'était remise à tomber à l'aube). Quand surgit soudain dans la pièce, sans avoir été annoncé, le père Tachard soi-même dont la chaloupe venait tout juste d'arriver, en plein orage. Il était flanqué du père d'Espagnac et de le Mazurier, tous trois bien maringouinisés aussi, mais particulièrement d'Espagnac dont les yeux étaient tout enflés.

— Vos Excellences, s'exclama le supérieur des Jésuites. J'ai là, j'ai là ce que nous attendions tous !

Et, tel un Jupiter sa foudre, il brandit au-dessus de sa bouille à la barbe encore emperlée de pluie une lettre cachetée de cire rouge.

— Tout est là, clama-t-il, rayonnant d'une sainte joie. J'ai vu monsieur Constance qui nous accorde tout !

C'est trois jours auparavant, le jeudi 2 octobre, à l'aube, que le père Tachard, remontant en chaloupe le fleuve Chao-Phraya sur plus de 200 kilomètres, avec le mandarin Ocun Surin, le Mazurier et d'Espagnac, avaient vu arriver à leur rencontre, à mi-distance entre

Ayuthya et Lopburi, la jonque royale de Constantin Phaulkon. Le Grec avait été prévenu de l'arrivée des Français par une lettre de Tachard, envoyée le 27 septembre de la Tabanque, un poste de douane situé à l'embouchure de la rivière. Les fonctionnaires siamois les avaient retenus là pour « formalités » pendant une longue demi-journée. C'était une pirogue expresse, à vingt rameurs, spécialement destinée au transport des messages officiels, qui avait porté la lettre de Tachard au ministre, avec les plis que les ambassadeurs siamois avaient confiés à Ocun Surin. Le contenu de ces plis devait être des plus négatifs, car l'accueil du ministre fut glacial.

Il était là.

*Lui,* Constance, *son ami,* au fond de la vaste cabine de la jonque installée en salon, où, certes, tant sa personnalité rayonnait, on ne voyait que *lui, lui seul :* assis sous un dais, et sur une espèce de trône placé au haut d'une estrade et aux pieds duquel se tenaient prosternés, sur les genoux et les coudes, front contre terre (position qu'imita aussitôt Ocun Surin), une dizaine de Siamois. Il était... oui... oui... comment autrement le qualifier : *royal!* Avec sa somptueuse veste de brocart ornée de dentelles (de si jolies dentelles !) au cou et aux poignets ; mais avec cette tête surtout, oh cette tête, qu'on ne pouvait dire belle certes (il avait le nez épais, busqué, le teint sombre tirant sur l'olivâtre, moite de sueur, et les cheveux ras, épais, noirs, crépus) mais elle était, cette tête, c'est cela : *radieuse,* comme d'un saint d'icône ! Une idole ! Et, certes, ce qu'en écrirait plus tard le père Marcel le Blanc — un des douze jésuites venus à Siam avec Tachard — n'est point à la hauteur de son objet : *Constantin Phaulkon,* dit-il, *était d'une taille médiocre, plein de feu, ayant quelque chose de sombre et de peu heureux dans l'air du visage.* Combien Tachard ne fut-il pas furieux en lisant ces lignes sacrilèges : c'était crime de lèse-Constance ! Parce que ce que n'avait pas su voir ce brave bougre naïf et épais de le Blanc, c'était ce qui, oui, *transfigurait* le physique, certes assez ingrat, du Grec : *ses yeux !* Ses yeux si noirs, si vifs, toujours mobiles dans leurs orbites, et qui savaient saisir tout au vol : le moindre détail, la moindre expression de votre visage, quand il vous parlait, expression qu'aussitôt il analysait, disséquait, lisant dans votre cœur comme si votre poitrine, pour lui, et malgré vous, se fût ouverte ! Et, sous ce regard, le père Tachard se sentait tout déshabillé, mis à nu, corps et âme, et quasi sans défense, perdant tout esprit critique, comme un petit enfant, un rose nourrisson : vidé de lui-même aussi, à la façon d'une poupée, d'un pantin désarticulé qui n'attendait que *lui,* Constance, *son* Constance, pour que vie lui soit rendue : sang, chaleur, lumière, pensée ! Même les pires ennemis du Grec, même ce vil Deslandes, dont Tachard lirait plus tard le récit, avaient été forcés de reconnaître ses qualités : *Il avait l'air haut et les manières nobles mais méprisantes. Son esprit était étendu et capable de grandes choses. Il n'oubliait rien de ce qu'il avait à faire et le faisait promptement. Sa libéralité n'avait point de bornes, surtout dans les occasions où il voulait paraître et briller.* N'est-ce pas là le portrait même de Thémistocle, tel que le trace Thucydide ? Ah, ah, brave Tachard, c'est qu'il y croyait à son idole Constance, ou, du moins, il se persuadait d'y croire, il s'obligeait à y croire, parce qu'il était utile et politique aussi qu'il y crût. Ah, ah, allez savoir !

Le révérend père se sentait, oui, intimidé, comme un enfant. Et d'autant que l'appareil qui entourait le ministre (une cinquantaine de bras-peints et mercenaires anglais montaient la garde autour de la jonque accostée) attestait que le sieur Constance avait « pris du galon ». Un huissier avertit les Français d'ailleurs, avant qu'ils entrassent dans l'embarcation, que le ministre grec avait été élevé au rang de « Oya » de première classe, par son roi, et qu'il exigeait que dorénavant on l'appelât « Excellence ». En pénétrant dans la jonque, le jésuite avait ôté ses énormes brodequins, comme le veut la coutume du pays, mais, étrangement, au lieu de les laisser sur le seuil, il les avait mis sous son bras, avec le petit coffre d'acier qui, depuis l'*Oiseau,* ne l'avait jamais quitté. Il s'en alla s'asseoir, avec le père d'Espagnac, qui s'était déchaussé aussi, et le Mazurier, lequel avait refusé d'ôter ses énormes bottes crottées (ce qui lui valut un regard méprisant du ministre), aux pieds du trône de celui-ci, sur un épais tapis persan. Après les avoir soupesés quelque temps du regard, en silence, le Grec leur souhaita, un peu sèchement, la bienvenue : en langue portugaise, ce qui témoignait de sa mauvaise humeur car naguère par amitié, et tendresse aussi — tendresse pour *son ami* Tachard — il avait toujours l'obligeance, comme entrée en matière, de balbutier quelques mots de français, langue qu'il connaissait mal, quoiqu'il en parlât couramment une bonne dizaine, d'Europe et d'Asie... Tachard posa devant lui ses deux énormes brodequins et le coffret en acier, puis, après s'être raclé la gorge comme le violoniste, avant le lever de rideau, essaie son instrument, il dit d'une voix douce et soumise :

— Votre Excellence ne devinera jamais quelle joie, quelle bouleversante joie, quelle sanctifiante joie, c'est pour moi de la revoir — enfin ! — après une si longue, si douloureuse séparation, plus de vingt-deux mois, oh je les ai comptés !... Et d'autant que je vous retrouve au meilleur de vous-même... Des bruits inquiétants avaient couru sur... votre royaume... au Cap, à Batavia, et j'avoue que mon inquiétude n'a fait que croître quand, à mon débarquement à Siam, j'interrogeai à ce sujet, et sur la santé du roi, plusieurs mandarins, qui ne voulurent rien m'en dire !

Le visage du Grec se dérida un peu :

— Mon révérend père, dit-il, du haut de son trône, je vous croyais mieux au fait des usages de Siam où il est interdit de poser, directement du moins, des questions sur la situation politique, sur le roi et sur rien qui se passe dans son palais. Vouliez-vous savoir si quelque chose m'était arrivé, ou à Sa Majesté mon Maître et Seigneur ? Que ne vous êtes-vous lancé d'abord, avec votre interlocuteur mandarin, dans une conversation, disons, sur la chasse aux éléphants, à partir de laquelle vous auriez dérivé sur le roi et moi-même, demandant si nous avions fait beaucoup de prises... Les Siamois ont leur rhétorique, leur casuistique : comme vous, jésuites !

Il éclata d'un rire sonore, se tapant très familièrement de la main sur la cuisse, qu'il avait bien galbée, mais assez grasse. Âgé de quarante ans, il commençait à être menacé par une esquisse d'embonpoint.

— Mais, mon père, nous avons des choses fort graves à nous dire... de façon plus privée.

Il se dressa sur ses jambes, descendit de l'estrade pour rejoindre les Français qu'il pria de se lever. Le père Tachard, servant d'interprète à le Mazurier, qui ne parlait pas portugais, annonça au sieur Constance que ledit Mazurier avait une lettre des Envoyés extraordinaires, messieurs de la Loubère et Céberet du Boullay, à lui remettre. Sans regarder le Mazurier, Constance prit la lettre que celui-ci lui tendait, puis saisit, dans un geste apparemment fraternel, mais ferme aussi, le jésuite au gras du bras, lui soufflant à l'oreille avec un zeste de gouaille :

— Mon vieux, j'ai à te causer !

La pression des doigts du Grec fit assez entendre au jésuite que « ça sentait le roussi ».

— Que ces messieurs s'installent ici et se reposent, mes servantes vont s'occuper d'eux, dit-il, à l'adresse de le Mazurier et d'Espagnac.

Tachard souffla à l'oreille du Grec :

— Laissez venir le religieux. Le père d'Espagnac est jésuite. Je n'ai aucun secret pour lui !

— Eh bien, suivez-nous donc, mon père, dit-il à l'adresse de d'Espagnac.

Il claqua ses mains. On entendit un frôlement de pieds nus : arrivèrent deux toutes jeunes poupées siamoises, les hanches drapées dans un pagne et un vague foulard flottant sur la poitrine qui laissait apparaître, à chaque mouvement, sur la droite ou sur la gauche, le fragment d'un petit sein blanc que nos rougissants jésuites ne surent que trop voir. Elles s'approchèrent prestement, joignant leurs mains devant leur front pour saluer. Elles n'avaient pour toute chevelure qu'une touffe noire hérissée sur le dessus du crâne, tout le reste étant rasé.

— Ces demoiselles s'occuperont de monsieur ! dit Constance en désignant le Mazurier.

« Enfin débarrassé de ce pot de colle », songea Tachard qui se doutait fort que le Mazurier était un homme de la Loubère, chargé de l'espionner.

Le Grec prit familièrement les jésuites par les épaules. Tachard ramassa son coffre et ses brodequins, et ils sortirent de la jonque pour s'embarquer dans un bateau similaire, mais plus petit, qui lui était amarré : à l'intérieur ils trouvèrent un semblable salon où était placée une table basse, laquée de noir, autour de laquelle ils s'assirent, sur de petits bancs.

Une servante aux seins complètement nus, cette fois, vint apporter du thé et se retira aussitôt. Le Grec regarda longuement Tachard et la bouille rose et blonde, fort maringouinisée, de d'Espagnac, mais sans dire mot.

— J'ai là, commença Tachard, montrant la cassette d'acier posée devant lui, sur le tapis, à côté de ses brodequins, bien des choses qui vous agréeront et...

— Tachard, coupa le Grec, je ne vais pas y aller par quatre chemins, tu... (Il hésita, regarda d'Espagnac et poursuivit en disant)... vous m'apportez, me dites-vous, des choses qui m'agréeront. Mais sachez que j'en ai apprises qui me désagréent fort. Particulièrement dans le rapport que me fait parvenir l'ambassadeur Kosapan. Et où est-il, ce diable de Kosapan ? Pourquoi n'est-il pas avec toi... euh... vous ?

— Nous l'avons... *retardé,* dit Tachard.

— Retardé ? Qu'entendez-vous par là ?

— Ce monsieur Kosapan, que le diable l'emporte, a eu à la cour de France un comportement absolument négatif, malgré le superbe accueil qui lui a été fait. Je le sens profondément braqué contre les Français et j'ai craint que s'il débarquait trop tôt il ne puisse mettre son roi dans des sentiments qui, dirais-je, ne nous seraient guère favorables : d'autant que la situation politique ici, à ce que l'on m'en a dit, serait... troublée... On m'a parlé d'une révolte des Macassars... d'Anglais massacrés à Mergui... et des Hollandais qui auraient regagné bien de l'influence...

— Ragots que tout cela, mon père, rêverie, billevesées ! s'exclama Phaulkon, agitant ses mains longues, un peu grassouillettes, devant son visage cuivré, comme un couple de pigeons effrayés, prenant leur envol, billevesées, petites plaisanteries : à quoi j'ai mis un terme ! (Et, par une soudaine métamorphose, ses mains-pigeons se transmuèrent en deux couperets qui, violemment, s'abattirent sur la table, faisant tressaillir tasses et théières dont se renversa le contenu.)

— Ces « petits problèmes », poursuivit le Grec d'un ton irrité, ont été réglés, et définitivement. Et je réglerai celui que nous pose le sieur Kosapan... quitte à lui régler son compte. Il ne parlera pas au roi que je ne l'aie avant sondé à ma guise. Et dressé ! Mais, très cher Tachard, j'ai plutôt lieu de partager ses inquiétudes. Que me raconte-t-il en effet dans sa lettre ? Qu'on dit pis que pendre de moi à la Cour de Versailles ?

— C'est une cabale montée par les missionnaires, expliqua Tachard, et particulièrement par l'abbé de Lionne qu'on a envoyé de Siam en France pour me contrecarrer. Mais j'ai tout verrouillé. Ce monsieur a beaucoup aboyé, mais point trop mordu.

— On ne doit sans doute alors qu'à vos soins, mon père, l'énormité, la délirante folie que m'annonce Kosapan dans sa lettre ? Ai-je bien lu, mon père, dois-je en croire mes yeux, mon père (et ce disant Phaulkon se tapa emphatiquement le front de sa main droite) ? Sont-ce bien sept cents soldats armés jusqu'aux dents qui se dirigent en ce moment vers Siam ? Est-ce cela, mon père, qui était prévu dans *notre plan ?* Ne vous rendez-vous pas compte que vous me mettez ainsi la tête sous le couteau ! Sept cents soldats ! Comment, dites-moi un peu comment je vais annoncer ça au Conseil du roi mon maître devant un tapis de mandarins jaloux de ma puissance et de ma faveur qui ne rêvent que de me faire jeter aux tigres à mon premier faux pas : sept cents soldats français nous débarquent sur la tête ! Sept cents ! Sept cents ! On va m'accuser de traîtrise, de vendre le Siam aux étrangers ! Sept cents soldats !

Tu me perds, Tachard, t'entends, stupide jésuite, tu me perds!

Tout frais sorti de son séminaire, ça n'était pas sans effroi que le père d'Espagnac voyait son supérieur Tachard — un provincial de l'ordre, un homme qu'il admirait, qu'il idolâtrait presque — se faire secouer les puces aussi violemment et vulgairement. Tachard, muet, rentrait sa tête dans ses épaules, laissant passer la bourrasque.

— Vous autres Français (poursuivait Phaulkon hors de lui, tapant du poing, du pied, et postillonnant) vous cassez tout. Vous foutez en l'air mon plan, bordel de Dieu, avec vos gros sabots, vos soudards. Sept cents soudards! Quand je vous demandais soixante-dix hommes, rien de plus, soixante-dix personnes de qualité, intelligentes et assez cultivées pour jouer le jeu que je voulais leur faire jouer... Ne m'avez-vous point compris? Je l'ai écrit en toutes lettres au père de la Chaise et au roi de France.

Et certes, les termes de cette lettre secrète — et si secrète que Constance, de peur que les Siamois ne mettent la main dessus, ne l'avait remise à Tachard, deux ans auparavant, qu'au moment où ce père montait dans son bateau en partance pour la France — les termes de cette lettre où leur plan était exposé, du moins ses aspects les plus avouables, Tachard ne les connaissait que trop. Combien de fois ne les avait-il pas lus et relus, dits et répétés à monsieur de Seignelay et au roi de France lui-même :

*Il faut faire venir* (à Siam) *soixante-dix personnes fort intelligentes dans le maniement des affaires (...) et qu'un chacun ait un capital pour subsister par soi-même et entrer au service du roi de Siam sans aucun intérêt, ce qui servira de moyen assuré pour fermer la bouche à tous ceux qui voudront traverser leur avancement. Et si le père général voulait envoyer plusieurs pères de la Compagnie qui fissent partie de ce nombre, IL EST NÉCESSAIRE QU'ILS SOIENT HABILLÉS EN LAÏQUES... Je me charge de leur procurer les avantages les plus notables qui soient au royaume de Siam comme de les faire gouverneurs de provinces, villes, forteresses, de leur faire donner le commandement des armées de terre et de mer, de les introduire dans le palais et le gouvernement des affaires; même de faire tomber sur eux les principales charges de la maison du roi (...)*[1].

Le plan était simple et clair : Son Excellence Constance comptait mettre en place aux postes clefs du royaume des hommes à lui, des hommes sûrs, intelligents, fidèles, obéissants (et c'est pourquoi il

1. Mémoire de Phaulkon pour le père Tachard, décembre 1685.

préférait avoir affaire à des jésuites « incognito », « en civil ») et installer quelques troupes et commerçants à Singor, tout au sud du pays, assez loin, donc, de la capitale pour ne pas inquiéter les mandarins et la famille royale. Telle était la première étape du plan... Les rois de Siam se sont accoutumés, depuis des générations, à donner à des étrangers (ce furent d'abord des Japonais, puis des Maures) des fonctions importantes dans leur administration, méfiants qu'ils sont (comme Louis l'Infâme qui substitua de serviles bourgeois à la noblesse insoumise) de toute aristocratie, de tous princes qui fussent assez puissants pour menacer leur trône (les despotes ne s'entourent que d'eunuques !). Une fois ses « hommes en place » (qui se constitueraient une nombreuse clientèle), le sieur Constance pourrait alors, progressivement, se saisir de toutes les ficelles du pouvoir, d'autant que le roi était malade et, ah, ah, pourquoi ne le rendrait-on pas plus malade encore ! Non pas que « le Grec » voulût régner (quoique beaucoup le pensèrent, sans jamais le dire, comme l'abbé de Choisy qui ne l'écrivit que longtemps plus tard dans ses mémoires) mais il avait dans sa manche un joker : un homme de paille, fils adoptif du roi, à qui il offrirait la couronne, dépossédant ainsi les héritiers légitimes qui, à Siam, sont les frères du roi : lesquels haïssaient Phaulkon. Tel était le *grand dessein,* le plan du ministre Constance, à quoi Tachard avait prêté main-forte, rêvant d'être l'éminence grise, le père Joseph de ce Richelieu des Indes qui, avec le « génie » qu'il avait, soumettrait bientôt toute cette partie du monde à son pouvoir, et à celui du vrai Dieu : c'est-à-dire à la compagnie de Jésus, *ad majorem Dei gloriam !* Et ce rêve-là, ce plan, c'étaient les pères des Missions étrangères et, à leur tête, l'abbé de Lionne, qui l'avaient fichu par terre : en insistant sur l'envoi immédiat d'un fort contingent de troupes... Et quelle serait la réaction de Phaulkon quand on lui apprendrait que les Français exigeaient Bangkok et Mergui !

— De tout cela sont responsables les missionnaires, souffla Tachard.

— A cet égard, répondit Phaulkon, j'ai, moi, une bonne nouvelle à vous annoncer : le roi n'en veut plus, de vos missionnaires, il n'en reçoit plus aucun dans son palais, excepté le père Paumard qui est son médecin, et il compte les expulser du royaume pour vous mettre vous, jésuites, à leur place.

Tachard, en douce, serra la main du père d'Espagnac. Enfin ils allaient abattre la Mission. Malgré bien des angoisses, son cœur sautait de joie.

— Mais tout cela, poursuivit Constance, c'est pour plus tard. Le problème qui se pose à moi, maintenant, c'est : où bon dieu vais-je foutre vos sept cents foutus soldats ! A Singor ?

Tachard se mordit les lèvres. L'orage ne faisait que commencer. Il fallait, avant de passer aux choses sérieuses et douloureuses, « amuser » un peu le ministre, flatter sa vanité, car ce fils de gargotier avait de l'orgueil pour cent et c'était en le flattant que les jésuites lui avaient fait « tourner la tête » pour le mieux manipuler. On allait vendre à ce Grec de la verroterie, comme à un nègre d'Afrique !

Tachard ouvrit le coffret d'acier posé à ses pieds :

— Sa Majesté Très Chrétienne, dit-il, a pour vous la plus grande et la plus royale amitié, et j'en veux pour preuve les multiples présents qu'elles vous faits, et que vous découvrirez dès lors qu'auront débarqué nos troupes ce qui, à Dieu plaise, ne saurait trop tarder. J'ai apporté ici cependant quelques petites choses (il déposa sur la table deux lettres). Ce sont les doubles de brevets, l'un pour le très prestigieux ordre de Saint-Michel, que messieurs les Envoyés extraordinaires, la Loubère et Céberet, vous remettront bientôt, l'autre pour le titre de comte qui vous est accordé, avec une terre afférente rapportant trois mille livres de rente (« Comte, lui, Hyerakis, il était comte désormais, et titulaire de l'Ordre de Saint-Michel ! »). Par ailleurs, il y a cette petite babiole : cadeau personnel du roi de France.

Le jésuite posa, à côté des brevets, sur la table, un portrait miniature représentant Louis l'Infâme déguisé en Alexandre le Grand, un bouclier au bras et tout encadré de diamants. Phaulkon se saisit du portrait, le regarda dans tous les sens. Au dos était gravé un faucon, son oiseau fétiche (le mot grec Hyerakis signifie faucon), tenant dans ses serres un parchemin où était inscrite une devise : *Sois fidèle !* Le « message » de Sa Majesté Louis l'Infâme était clair aussi ! Ah, ah ! Le ministre soupesa le portrait, examina la qualité des diamants : médiocre, ils étaient pleins de pailles ! Pas un joaillier de la rue des Maures, à Ayuthya, n'en voudrait, même à bas prix. Le prenait-on pour un sauvage ? « Il » aurait pu faire un effort ! Constantin Phaulkon n'en regarda pas moins ce « Il »-là, figurant sur le portrait, avec un secret orgueil : le plus grand roi d'Europe, du monde même, lui offrait des cadeaux, à lui Phaulkon, et traitait avec lui d'égal à égal. Et n'avait-il pas reçu déjà des lettres du roi d'Angleterre et du shah de Perse !... Les lèvres de Louis l'Infâme, dont il scrutait le visage, étaient cassées de dédain, et son regard imbu d'une souveraine morgue. Phaulkon le fixa, les yeux dans les yeux, le défia du regard : quelques centimètres à peine le séparaient du roi Soleil. Mais c'était aussi par-delà tant de mers, de continents, que, d'un bout à l'autre du globe, les deux hommes s'affrontaient. Il faudrait « jouer serré » car lui, Constance, désormais, était le dos au mur, pris entre le marteau et l'enclume, là, entre la France et le Siam, entre les souverains de ces deux royaumes qu'il faudrait servir tous deux... et dont il faudrait se servir. L'épingle n'allait pas être si facile à tirer du jeu. Il n'y avait que la ruse, la souplesse, qui pussent lui permettre de « gagner ». Il avait plus d'un tour dans son sac ! Non, il n'était pas encore perdu. Malgré ces « foutus sept cents soudards ». De ce mal, il fallait faire un bien : un atout !

— J'ai là encore, dit Tachard, ouvrant à nouveau son coffre, comme un brocanteur sur une place de village, un autre petit quelque chose pour madame votre épouse (il tira un superbe châle noir en soie), mais c'est un avant-goût du reste : une douzaine de robes l'attendent, de celles qu'elle avait vues sur une gravure que lui avait offerte l'abbé de Choisy... Et puis, pour ce qui est de nos affaires...

Le jésuite ramassa au sol un de ses énormes brodequins. Il en saisit le talon que, d'un coup sec, le faisant comme coulisser, il ôta du corps de la chaussure. Il l'agita alors en l'air. Le talon était creux et on entendait de petits objets s'entrechoquer à l'intérieur. Soudain tel un cornet à dés, il le renversa sur la table : où vinrent rouler une dizaine de diamants.

— C'est un acompte, dit Tachard, sur la vente des marchandises que vous m'avez confiées il y a deux ans... Mais, évidemment, vous pouvez réinvestir.

Le Grec regarda les diamants (cette fois la qualité était bonne !) puis, le sourire aux lèvres, il demanda à voir le talon du brodequin. Une cavité, tapissée de tissu, y était ménagée. Il éclata de rire.

— La cachette est astucieuse ! Je comprends désormais, mon révérend, pourquoi vous autres jésuites pouvez crier sur les toits que vous foulez à vos pieds toutes les richesses du monde.

Tachard reprit le talon, le réimbriqua dans sa chaussure avant de répondre :

— Tous les chemins mènent à Rome, Votre Excellence. Et Dieu veut, que, pour sa plus grande gloire, nous empruntions parfois d'étranges raccourcis...

Le rire du ministre devint incoercible. Il se laissa choir en arrière, sur le tapis, s'y roulant comme un jeune tigre.

— Ah, ah... Mon vieux Tachard, Tachouille, Tachounet, je te retrouve bien. Bon Dieu, ce que vous autres jésuites êtes de bonne compagnie! On s'amuse mieux avec vous qu'avec ces pauvres missionnaires. Ah, ah, si vous voyiez la tête de l'évêque monseigneur Laneau, il jaunit, il se racornit chaque jour davantage. Le mal de Siam le ronge. Ça n'est plus un homme que ce pauvre clérigot, c'est une momie. Je lui en ai fait voir, et de toutes les couleurs depuis que vous nous quittâtes... Mais je vous raconterai ça plus tard.

— J'ai aussi pour vous, dit Tachard, quelques jeunes musiciens...

— Quel âge?

— Seize ans.

— Blonds ou bruns?...

... Bientôt le jésuite sentirait que Phaulkon était « à point », détendu à souhait, enjoué. Il fallait maintenant mettre le doigt où le bât blessait : Bangkok, Mergui! Il alla piocher à nouveau dans son coffre d'acier, en sortit une lettre officielle et plusieurs mémoires, qu'il posa sur la table, la lettre sur le dessus.

— Qu'est-ce que c'est? demanda le ministre.

Il jeta un œil sur la première lettre.

« C'est en français. Vous savez bien que je ne lis pas le français, mon père.

— Le père d'Espagnac, qui parle un bien meilleur portugais que moi, se fera le plaisir de...

Le Grec regarda les deux jésuites : le croyaient-ils aussi sot que le chevalier de Chaumont à qui il avait servi d'interprète auprès du roi de Siam, et qu'il pût, lui, Constance, se fier à un traducteur dont il ne fût pas absolument sûr? Il sonna quelques coups avec une clochette posée sur la table. Une jeune Siamoise surgit aussitôt, demi nue, ce qui, automatiquement, fit baisser le nez à nos jésuites. Phaulkon lui dit quelques mots dans sa langue. Elle sortit... et quelques minutes plus tard ferait irruption dans le salon une espèce d'énorme poule piaillante et battant des ailes : « Père Tachard, *Deo gratias,* père Tachard » caquetait l'énorme poule. C'était un dominicain en robe blanche, la gueule toute rose, le front cerné d'une couronne de cheveux longs gris d'argent s'agitant dans l'air autour d'une vaste calvitie. Il faisait tourbillonner comme de fols élytres ses bras aux amples manches. « Tachard, mon Tachard, vous voici de retour », bafouilla le dominicain en portugais. Il s'abattit plutôt qu'il ne s'assit à côté du jésuite, le serrant dans l'encorbellement immense de ses bras, le pressant contre sa poitrine : « *Quam magnificata sunt opera tua Domine! nimis profunde factae sunt cogitationes tuae* » (qu'elles sont grandes tes œuvres Seigneur! Combien profonds sont tes desseins). Et Tachard de répondre : « *Vir insipiens non cognoscit : et stultus non intelligit haec* » (l'homme stupide ne le sait pas et le sot ne s'en rend pas compte). Et ce furent des embrassades et des cris de joie et des compliments où se mêlaient le portugais, le latin, le français, le siamois. A quoi, d'un ton tranchant, Constantin Phaulkon mit soudain terme :

— Martyrio, cesse tes pitreries ! Traduis-moi ça vite fait !

Ce Senhor Martyrio, ou Pierre Martyr (fameux entre tous à Siam) était portugais de nation, commissaire du Saint-Office et supérieur des Jacobites. Phaulkon (après quels subtils travaux de sape psychologiques ?) l'avait réduit au rang de vulgaire secrétaire, sinon d'homme à tout faire. C'était un art chez ce ministre (Dieu le maudisse !) que de transformer tous ceux qui l'approchaient en ridicules pantins. Pedro Martyr en était l'exemple caricatural. Anglais, Français, Espagnols, l'appelaient les premiers Falstaff, les seconds Scapin, les troisièmes Sancho Pança, tous s'accordant sur le terme plus général de « bouffon » pour le qualifier. Ledit bouffon traduisit à haute voix la missive qui n'était autre que cette lettre de créance adressée par Seignelay à Phaulkon, qui avait tellement indigné la Loubère quand Tachard lui en avait donné connaissance.

— Si je comprends bien ce que me raconte monsieur de Seignelay, conclut le Grec, le seul véritable ambassadeur, c'est vous, Tachard. Me voici fort honoré que Sa Majesté, le Roi de France, fasse de l'homme que je lui ai dépêché pour notre « secrète négociation » son propre représentant auprès de moi... Mais à ce titre, à quoi servent les deux autres Envoyés ?... Monsieur de Céberet vous m'avez dit, et la Lou...

— Bère ! la Loubère !... Une vieille folle de précieuse emplumée toute bouffie de vanité ! dit Tachard, mais qui pourrait commettre bien des sottises et gêner nos plans si vous ne la « prenez pas en main », comme vous en avez l'art. Il ne serait pas mauvais de battre froid ce la Loubère afin de le remettre un peu à sa vraie place !

— Nous le « piquoterons » en temps voulu, dit en ricanant Constance.

— Méfiez-vous cependant. Notre homme a ses chaleurs. Il est capable des plus catastrophiques colères !

— Ça sera d'autant plus amusant... Et l'autre, ce Céberet ?

— C'est un personnage raisonnable, un peu borné et avec qui il y a possibilité de s'entendre. Si l'on plante un coin du moins entre lui et la Loubère. Il serait sage en effet de les diviser...

Cependant, battant de temps à autre de ses grands élytres blancs, le père Pedro Martyr commença à traduire à voix haute et chevrotante un autre document, comptant une dizaine de pages, posé sur la table : il s'agissait des instructions des Envoyés à Tachard.

— Euh... euh... marmonna le père Martyr (il se gratta la gorge puis commença de déclamer l'exergue :) ... euh... *La glorieuse réputation du roi de Siam qui n'est bornée d'aucune mer ayant prévenu Notre Majesté et Seigneur de toute l'estime et de toute l'affection...* euh... *dues à son auguste personne, ces justes sentiments de Sa Majesté se sont redoublés...*

— Pedro, ho, Pedro, bourricot, ho, hurla Constance, faut-il te donner le bâton pour ralentir ton trot ? Lis-moi ça en silence, et tu me le résumeras tout à l'heure... Et toi, Tachard, cesse de tourner autour du pot. Je sens fort bien que tu me caches quelque chose, alors balance la sauce s'il te plaît, en quelques mots, je te fais confiance... Que contient ce tas de fadaises que me roucoulent tes Envoyés extraordinaires ? D'ailleurs pourquoi diable n'ont-ils pas titre d'ambassadeurs ?

Cette fois le jésuite était au pied du mur. Il allait falloir, comme disait le Grec, cracher la sauce, coûte que coûte, et cela pouvait lui coûter cher car — et il ne l'avait guère crié sur les toits de Versailles — cet homme était capable de tout, et du pire...

— Eh bien... euh... en dehors des compliments faits à Votre Grâce... euh... pardon... à Votre Excellence, et fort bien tournés car monsieur de la Loubère, qui se pique de littérature, a une très bonne plume... euh... quoiqu'il ne soit, comme vous l'avez relevé, qu'Envoyé et non ambassadeur, ce que je vous conseille de lui faire sentir, et assez sèchement, car il a tendance à se croire tout droit sorti de la cuisse de Sa Majesté Très Chrétienne.

— Au fait, Tachard !

— Eh bien, voilà... Sa Majesté ne veut pas de Singor !

— Pas de Singor ? Et où diantre comptez-vous installer vos sept cents soudards ? Dans le palais du roi ? Dans son sérail peut-être ?

— Euh...

— Euh ! répéta le ministre en ricanant. Accouche, Tachouille !

Le jésuite courba l'échine et banda ses muscles, comme un animal prêt à bondir.

— La France... dit-il.

Mais à peine eut-il commencé sa phrase, qu'il sentit tout son corps se ramollir, et les mots se vider dans sa bouche, sonner creux. Il essaya de rassembler les morceaux brisés de sa volonté, de recoller tout ça vaille que vaille...

— La France, répéta-t-il, d'une voix chevrotante, la France exige, je dis bien exige (et, trahissant les Envoyés, il ajouta :) exige à ce point qu'en cas de refus nos troupes ont ordre d'employer la force, que les forteresses des villes de Bangkok et Mergui lui soient sans délai accordées, en toute propriété, et sans aucune condition.

Phaulkon blêmit. Son front soudain se couvrit d'un vernis de sueur. Il cogna du poing sur la table :

— *Fucking bastards, stupid fucking bastards, goddam !* s'exclama-t-il, retrouvant comme chaque fois dans ses pires moments de colère, non point sa langue maternelle, le grec, mais celle qui l'était quasiment devenue : l'anglais ; ou le *pidgin* des matelots et forbans, qu'il avait pratiqué pendant toute son enfance et son âge mûr sur les ponts des navires de l'East India Company. *Shit !* Merde, comme vous dites en français ! Bangkok ! Vais-je vous demander Brest, moi ? Foutu Dieu, je suis foutu ! Dès qu'ils apprendront ces exigences, les mandarins, les bonzes vont m'accuser de traîtrise. Ils vont me couler auprès du roi ! Je suis bon pour les tigres.

Il baissa la tête, soupira. Puis sans rien dire se leva, et sortit du salon de la galère : quelques instants, les jésuites virent sa silhouette sombre, courte, un peu empâtée, se détourer sur le rectangle luminescent que découpait l'embrasure de la porte ouvrant sur l'extérieur. Ils s'entreregardèrent, effrayés.

— Je l'avais dit, je l'avais dit, que la demande de Bangkok était exorbitante, souffla Tachard. Mais c'est ce sot de Lionne qu'on a écouté...

— Le ministre Phaulkon, dit d'Espagnac, me semble dans une position fort difficile à Siam et bien moins avantageuse qu'on ne nous l'a fait accroire.

— Taisez-vous, d'Espagnac, Son Excellence Constantin Phaulkon est l'homme le plus puissant de Siam, mettez-vous ça dans la tête et apprenez-le par cœur. Et que je n'entende rien, sortant de votre bouche, et en particulier en présence des Envoyés, qui diffère de cette version des faits.

Quelques minutes à peine s'étaient écoulées, que la silhouette du ministre se redessinait déjà, dans l'embrasure de la porte de la galère. Il s'assit aux côtés des jésuites et dit, d'un ton calme et hautain :

— Je vois, aux exigences de Sa Majesté Très Chrétienne, qu'on n'a pas confiance en moi à la Cour de France... si l'on prend tant de précautions, allant jusqu'à exiger ces forteresses ! Ce que m'a écrit l'ambassadeur Kosapan se vérifie donc : on m'a sali à Versailles ! Mais au demeurant — et j'en prends à témoin les plaies saignantes du Christ — je n'écouterai que mon devoir. Rien d'autre que les exigences du Ciel, et le souci du salut de mon âme, ne m'a poussé à rechercher en France l'amitié de Sa Majesté Très Chrétienne, et son alliance. Veuillez bien le croire. Aussi, malgré les énormes exigences qui sont les vôtres, et qui témoignent de tant de défiance à mon égard, je saurai faire accepter au roi mon maître ce que les Envoyés extraordinaires ont *fait signifier* des désirs de Sa Majesté Très Chrétienne !

« Ce *fait signifier*-là promet », songea Tachard.

Le ministre se leva : il lui fallait partir maintenant, se rendre au conseil du roi pour exposer tout cela. Mais il retrouverait les pères dès le lendemain à San Paolo, l'église des jésuites à Ayuthya et il leur remettrait une lettre officielle par laquelle il s'engagerait à satisfaire les désirs des Français... Il y aurait bien sûr des « conditions » que le père Tachard, Constance Phaulkon comptait absolument là-dessus, se chargerait de faire accepter, coûte que coûte, à ces deux « emplumés » d'Envoyés.

C'est cette lettre que Tachard, revenu à bord de l'*Oiseau*, avait tendue, tout jubilant, tout triomphant, à la Loubère et à Céberet.

— Ah si vous saviez, s'était exclamé Tachard, avec quelle joie *Son Excellence* Constance...

— *Son Excellence ?* vous l'appelez *Son Excellence ?* s'étonna la Loubère, qui n'avait pas encore jeté un œil à la lettre qu'il tenait en main.

— Vos Excellences, dit le jésuite. Son Excellence Phaulkon, qui vient d'être promu par son roi au rang de Oya de premier ordre, exige que désormais on lui donne de l' « Excellence », ce qu'il vous donnera aussi...

— Ah ah (la Loubère éclata rageusement de rire), à la bonne heure.

— Ce qu'il vous donnera aussi quoique...

— Quoique ? Y a-t-il un quoique ? dit la Loubère de plus en plus interloqué...

— Quoique, ajouta Tachard malicieusement, il regrette que vous n'ayez titre que d'Envoyés extraordinaires et non d'ambassadeurs, ce qu'il ne trouve pas des plus honorables pour son roi...

Vert, la Loubère plongea le nez dans la lettre, tandis que Tachard se lançait dans une vaste tirade expliquant avec combien de plaisir « Son Excellence » Constance avait reçu les amitiés de Leurs Excellences les Envoyés de Sa Majesté Très Chrétienne : « J'ai trouvé ce ministre si sage, poursuivit-il, et si zélé pour la gloire de Dieu, si dévoué au service du roi de France, si attentif aux intérêts du souverain son maître, que je puis par avance affirmer à Vos Excellences que la Providence vous a choisies pour que s'établisse à Siam une sainte religion... »

Pendant que le jésuite débitait cet hymne, la Loubère, qui de plus en plus vert, venait d'achever la lecture de la lettre du Grec, tendit celle-ci, d'une main tremblante (« Tenez, dites-moi si je rêve ? »), à Céberet qui, à son tour, se mit à verdir. Que cette lettre (rédigée en portugais et non en français : premier affront) fût adressée à Tachard, simple intermédiaire, et non aux Envoyés du roi de France (second affront) les avait dès l'abord quelque peu troublés, trouble qui trouva à se confirmer dans les propos du ministre donnant à entendre très clairement qu'il regardait la Loubère et Céberet *comme des personnes que le roi* (Louis XIV) *avait revêtues d'un caractère apparent, pour jouer les personnages que le révérend père ne pouvait faire en public à cause de son caractère religieux*[1].

Mais là n'était pas le plus grave. Ça n'était même que peccadilles en regard de ce qui suivait. Le ministre grec en effet, qui se plaignait qu'on eût « changé ses plans » en exigeant Bangkok et Mergui à la place de Singor, affirmait qu'il n'en obtiendrait pas moins le consentement de son royal maître, à une condition cependant : que les troupes françaises et leur général, monsieur Desfarges, prêtassent serment « qu'elles se conformeraient aux ordres de Sa Majesté Roi de Siam ET de son ministre, et de personne d'autre ».

— Ce monsieur Constance se moque-t-il ? s'exclama la Loubère. Pour qui prend-il les soldats français ? Pour des mercenaires ? Vous ne ferez jamais avaler ça au général Desfarges !

C'est sur ces entrefaites justement qu'on vint tambouriner à la porte de l'Envoyé : « Les nôtres, les nôtres » criait la voix d'un

1. Céberet, journal manuscrit du Voyage de Siam.

matelot, aussitôt suivie d'un chœur de voix plus lointain : « Les nôtres. » Et la voix derrière la porte reprit : « Les nôtres, l'escadre arrive. »

La Loubère, Céberet et Tachard se précipitèrent sur le pont, vers la dunette. Nombre de matelots y étaient assemblés continuant de crier « les nôtres, les nôtres » en montrant du doigt à l'horizon trois ombres grises : trois vaisseaux qui sur une mer lisse comme une plaque de verre vert, avançaient, mais infiniment lentement : tout vent étant tombé.

A la longue-vue, les Envoyés reconnurent la masse imposante du *Gaillard* suivi par les deux flûtes, la *Loire* et le *Dromadaire*. Mais point de *Normande* encore !

— Nous sommes en force maintenant, murmura Céberet à l'oreille de la Loubère. Après tout, Tachard n'a-t-il pas obtenu ce que nous désirions ? Phaulkon s'engage par écrit à « satisfaire nos demandes ». Il nous cède donc Bangkok et Mergui. Installons-y nos troupes... et nos canons. On avisera ensuite !

— Mais ce serment qu'il exige ?

— Qu'est-ce qu'un serment ? Des mots ! L'important est d'occuper la place de Bangkok. De nous y fortifier. De ce poste stratégique nous pourrons ensuite exercer des pressions.

Une demi-heure plus tard Tachard avait sauté dans une chaloupe : il voulait, expliqua-t-il, rejoindre au plus tôt le *Gaillard* qui n'était pas près d'arriver à notre hauteur, vu le peu de vent. « Il faut, ajouta-t-il, que je parle au général Desfarges et que... je prenne la température des ambassadeurs siamois. On ne peut les laisser débarquer avant que les négociations soient conclues. Ils pourraient tout mettre par terre encore. La situation est... chatouilleuse. »

Au loin l'énorme silhouette du *Gaillard* semblait perchée sur la ligne d'horizon, entre ciel et mer, tel un gros corbeau sur le faîte d'un toit.

*Je ne puis me tenir de faire une remarque fort nécessaire pour bien entendre les relations des pays éloignés, c'est que les mots de « bon », de « beau », de « magnifique », de « grand », de « mauvais », de « laid », de « simple », de « petit », équivoques d'eux-mêmes, ne se doivent entendre que par rapport au goût de l'auteur de la relation.*

(Simon de la Loubère,
*Du Royaume de Siam,* 1691.)

Le neuvième jour de la lune onzième de l'année Pi Tho Sapsoc, année du lièvre de l'ère 2231 — que les *farangs* ou Européens, appellent 6 octobre 1687 — l'ambassadeur Opra Wisuthra Sunthon, dit Kosapan, accoudé à la lisse en bois du vaisseau le *Gaillard,* avec les deux autres ambassadeurs Oluang Kalaya Rajamaïtri et Ocun Sri Wisang Waja, voyait lentement paraître à l'horizon les côtes de son pays : *mueng thai,* terre des Thaïs, que les Européens, à l'imitation des Pégouans, appellent Siam.

Il était midi.

Après vingt-deux mois d'absence, ça n'était pas sans une intense émotion qu'il revoyait la barre de jungle verte du rivage et l'échancrure d'eaux ocre qu'y ouvrait le fleuve Chao-Phraya à l'embouchure duquel était ancré l'*Oiseau* qui, toutes voiles ferlées, attendait là depuis une semaine.

Ça n'était pas non plus sans crainte.

Trois ans auparavant deux Siamois, déjà, avaient été envoyés à la Cour de France avec un père des Missions étrangères, le sieur Bénigne Vachet. Mal leur en avait pris : ils n'avaient pas plu. « On », c'est-à-dire les missionnaires, avait jugé qu'ils ne s'étaient pas bien comportés. C'était il est vrai des mandarins de basse extraction, gens sans éducation, plus propres à labourer les rizières qu'aux délicates tâches de la diplomatie. Le roi de Siam les châtia dès leur retour. L'un fut jeté aux tigres ; l'autre fouetté au rotin.

Kosapan, lui, n'était pas de cette race d'hommes proches du buffle quant à l'épaisseur du crâne, non plus que ses deux compagnons. Divers mémoires, rédigés par nos informateurs et agents secrets à Siam, le présentent comme un individu d'un « grand flegme », fin, rusé et « très dissimulé ». Qualité assez partagée dans ces nations, particulièrement chez les gens de la haute classe dont la situation sociale et la vie même ne tiennent qu'à la faveur et au caprice du prince qui, du jour au lendemain, peut vous élever au rang le plus prestigieux et vous précipiter bientôt au plus bas de l'échelle...

De Kosapan et des deux autres ambassadeurs on a une série de portraits, fort réalistes et ressemblants, à mon humble avis, que tira d'eux le graveur Jean-Baptiste Nolin quand ils séjournèrent à Paris. Kosapan était un homme d'une taille assez élevée, du moins pour un Asiatique, de teint foncé, qui se fonçait davantage encore quand il était en proie à une émotion : seul signe d'ailleurs qui permettait chez lui de discerner un sentiment car, au demeurant, son visage restait de glace, clos, comme un masque de cuivre. Ses gestes étaient mesurés, élégants. Il portait une moustache fine, les cheveux très courts. Son nez, comme celui de ses compagnons, était rond et petit. Il devait avoir dans les quarante ans. Vêtu, en France, à moitié à l'européenne (du moins en hiver) il remit ses habits siamois dès que le vaisseau fut revenu en zone tropicale. Le deuxième ambassadeur, Oluang Kalaya Rajamaïtri serait souvent nommé par les chroniqueurs français le deuxième-ambassadeur-qui-alla-à-la-France ou le-vieil-ambassadeur. Il avait la soixantaine, les cheveux blancs. C'était un homme d'expérience que le roi de Siam avait choisi pour cette mission parce qu'il s'était rendu déjà à la Cour de l'empereur de Chine Kang-Hi et qu'il était donc susceptible de faire des comparaisons et de juger si le palais de Versailles, dont les Français de Siam et le sieur Phaulkon ne cessaient de vanter le luxe, pouvait rivaliser avec celui de Pékin. Le deuxième ambassadeur, ainsi que le troisième (qui était fort jeune, joli garçon, et avait séjourné, quant à lui, à la cour du Grand Moghol, en Inde) eurent peu l'occasion de « *faire briller leur esprit car n'étant pas premier ambassadeur ils n'avaient guère parlé* », comme l'écrirait le plumitif Donneau de Vizé dans un torchon de papier officiel financé par Louis l'Infâme : *Le Mercure galant.* Il est vrai que Kosapan tenait bien en bride les gens de sa suite, leur moindre faute pouvant lui coûter la tête à son retour au pays puisqu'il avait la totale responsabilité de la mission. Il n'y eut pour ainsi dire que lui qui parla en France, du moins de façon officielle. On évoqua beaucoup son « sang-froid », son « sens de la repartie » et, comme le dirait l'abbé de Lionne dans son discours d'adieu prononcé à Paris au séminaire des Missions étrangères, son « égalité d'âme » et ce « fond de politesse qui le rendait capable de rentrer si aisément dans les manières de chaque nation ». L'homme en effet ne manquait pas d'esprit, c'est ce qui, d'ailleurs, en 1685, avait déterminé l'abbé de Choisy à conseiller à Phaulkon de le nommer comme premier ambassadeur de Siam en France... Phaulkon s'était fait prier avant d'accepter : ce Kosapan ne lui revenait pas, il était l'intime de gens douteux, dont le général Pitratcha...

Face à Siam, donc, Kosapan avait peur. Quelle situation allait-il trouver dans son pays après une si longue absence? Comment seraient maintenant disposées les pièces, sur l'échiquier politique? Quoi qu'il fût advenu à la cour de Siam, sa position à lui était pour le moins « exposée ». Ne descendrait-il à terre que pour avoir la tête tranchée, sans même qu'on lui donnât le temps d'embrasser ses vingt femmes et quarante enfants?... Il n'avait pas été dupe, en effet, du feu d'artifice de louanges officielles dont on l'avait abasourdi en France. Derrière tout cela, il l'avait bien senti, « ON » cachait force ressentiment à son sujet. Et ce « ON »-là, c'étaient les missionnaires, et l'abbé de Lionne qui l'avait accompagné pour l'aller et le retour; les jésuites, et particulièrement les pères Tachard et de la Chaise dont il avait l'impression d'avoir contrarié bien des desseins...

Mais c'était d'Opra Witchayen Constance Phaulkon qu'il redoutait le plus la colère; et de Sa Majesté de Siam son maître et seigneur, dont il ne pouvait évaluer encore jusqu'à quel point elle était dupe du ministre grec... Et si Phaulkon avait perdu son pouvoir, si Sa Majesté était morte ou avait été renversée, ne passerait-il pas, lui, Kosapan, pour un traître, un complice des « barbares » français?

Le but — du moins le but officiel — de son ambassade avait été de porter à Louis XIV un message d'amitié du roi de Siam en vue d'initier entre les deux pays une « *solide et durable alliance* » : concrètement cela se résumait à proposer au monarque *farang* et aux responsables de la Compagnie des Indes d'installer un comptoir dans le port de Singor, au sud de Siam, où se pourraient établir des commerçants et quelques soldats, manière d'intimider la Hollande qui était en passe d'accaparer toute cette région du monde et s'ingéniait à attiser partout des divisions et révolutions. Par ailleurs Kosapan devait prier le révérend de la Chaise d'envoyer auprès du roi de Siam (auquel les Jésuites, qui lui avaient fait observer une éclipse, inoculèrent le virus de l'astronomie) une douzaine de pères versés dans cette science, qui s'installeraient à Lopburi où l'on devrait construire un observatoire et une église. Les ambassadeurs siamois avaient aussi pour tâche d'acheter un nombre incalculable de produits de France dont *4302 pièces de vaisselle en cristal : 1257 ornements de cristal pour éléphants mâles ; 722 ornements de cristal pour éléphants femelles ; 408 ornements de cristal pour éléphants des deux sexes ; 532 miroirs destinés au palais d'Ayuthya ; 212 miroirs destinés au palais de Lopburi ; 3560 bibelots de verre représentant notamment des fruits, sans compter force étoffes, tapis, horloges,* etc.

Kosapan avait l'impression d'avoir le mieux du monde rempli sa mission, dans le cadre, du moins, bien délimité, où on la lui avait présentée au départ. Mais, mais, mais... Si forte qu'ait été sa surprise à la découverte de l'étrange et « grand royaume de France », si enchanteur l'accueil qu'on lui fit, il n'avait pas pu, d'abord confusément, puis de plus en plus précisément, au cours des jours, des semaines, des mois, ne pas se rendre compte qu'il y avait quelque chose qui « clochait », « anguille sous roche » comme disent les *farangset,* dont il avait un peu appris la langue (sans trop le montrer, ce qui lui permettait de surprendre leurs secrets), autrement dit que dans son dos, tandis qu'on le traînait de bal en festin, une intrigue était en train de se tramer, avec ou sans l'assentiment du roi son maître ; sur ordre à coup sûr de Phaulkon ; et par l'intermédiaire, très certainement, de Tachard...

Tout cela, il ne le comprit vraiment et n'en eut la preuve que quatre mois après son arrivée à Brest. Mais ces premiers quatre mois, à quelques détails près dus à ses obligations, avaient été un enchantement : « Ah, France, France ! » s'exclamait-il sans cesse. La France était le paradis, la demeure d'Indra et des trente-trois dieux ; les Français, des anges ; et les Françaises... elles lui faisaient toutes penser à la magicienne sarrasine « Ha Mi » (Armide) de l'opéra de monsieur « Lou Li » (Lully) auquel il avait assisté peu avant de quitter le continent européen, laquelle, pour ce qu'en avait dit l'interprète pendant la représentation, tenait prisonnier par ses charmes, dans son palais enchanté de Damas, son ennemi et amant le croisé « Ré No » (Renaud)... « Ah, France ! On peut aimer aussi la main qui vous menace. Et, pour qu'elle ne vous égorge point, la trancher ! quand on ne voudrait que la baiser. »

C'est le 18 juin 1686 que le vaisseau l'*Oiseau*, en provenance de Siam, était arrivé dans la rade de Brest avec, à son bord, les trois ambassadeurs siamois, huit mandarins, vingt domestiques, secrétaires, interprètes et, par ailleurs, les missionnaires de Lionne, Vachet et leur rival Tachard, ambassadeur officieux du ministre Phaulkon auprès du père de la Chaise et du roi de France. A peine monsieur Descluzeau, grand intendant du port de Brest, fut-il averti de l'arrivée du navire, il se fit porter à son bord afin de mettre au point, pour le lendemain, une somptueuse cérémonie de débarquement. Tachard, lui, n'attendit pas ces tralalas. Il sauta dans une chaloupe, puis dans une chaise de poste, pour rendre compte au plus tôt au père de la Chaise et à monsieur de Seignelay de son « plan » et de celui du ministre Phaulkon. De Lionne le suivit de près.

Le 19 juin à l'aube tous les vaisseaux du port, toutes les maisons riveraines furent hérissés d'étendards et d'oriflammes innombrables, blancs, à fleurs de lys d'or. Les bateaux, la forteresse saluèrent de plus de six cents coups de canon et des milliers de soldats en grand uniforme, rangés tout au long des quais et des jetées, firent partir leurs mousqueterie. Une galère où ramaient deux cents huguenots, libertins, sodomites, turcs et autres criminels viendrait chercher les ambassadeurs de Siam. On y avait dressé un arc de triomphe fleuri afin qu'ils s'installassent à son ombre, juste au-dessus de la chiourme. Kosapan portait religieusement sur ses genoux, dans une fort belle boîte d'or très ouvragée, la lettre de son roi (elle-même gravée sur des feuilles d'or) destinée à Louis l'Infâme. Cette lettre matérialisait la personne même du roi de Siam et il devait, selon la loi de sa nation, lui témoigner le même respect qu'à celui-ci. Cependant et quoiqu'il eût, donc, et pour ainsi dire, son « roi » sur les genoux, il n'avait d'yeux que pour l'extraordinaire spectacle qui l'entourait : une cinquantaine d'énormes navires à l'ancre dans la rade ; d'immenses jetées ; et, sur celles-ci, et sur les quais où ils aborderaient bientôt, des milliers d'ouvriers, de crocheteurs, de portefaix, de matelots qui allaient, venaient en tous sens. Une fourmilière. Jamais il n'avait vu pareille fébrilité, pareille agitation, pareille industrie, reflets d'une bien impressionnante, et inquiétante, puissance : que semblait résumer à elle seule d'ailleurs l'immense forteresse de pierres grises fermant le port et dont les centaines de canons, sans discontinuer, crachaient le feu en son honneur.

L'ambassadeur était chanceux. Il découvrait la France en plein été : une splendide journée. Et la foule aussi se pressait en masse aux débarcadères : Bretons et Bretonnes à chapeau noir et coiffe blanche, pour voir les très extraordinaires envoyés de Siam. En quelques heures toute la ville, toute la région furent au courant de leur arrivée. Et bientôt la France entière : leurs faits et gestes étant rapportés dans les gazettes, commentés de place en place, de village en village, déformés, transmués, grandis, enjolivés, mythifiés, au point qu'on ne parla plus bientôt que de mandarins, mandarines et mandarinades ; on les représenterait, sous forme de gravures, la plupart du temps fantaisistes, dans les almanachs ; ils deviendraient le thème d'innombrables ballets, piécettes de théâtre et farces ; on se déguiserait à leur manière ; et leur étrange chapeau blanc, pointu, semblable un peu à une mitre, qu'ils ne portaient que lors des cérémonies, se vendrait à des milliers d'exemplaires en tissu, en carton, pour les bals masqués.

La France s'était mise à l'heure de Siam.

La France du moins qui ne fuyait pas sur les routes les dragons de Louis l'Infâme et qui ne croupissait pas dans ses geôles ou ses galères.

Louis l'Infâme était malade d'une fièvre quarte due à cette fistule à l'anus dont Dieu l'affligea afin qu'il souffrît pour ses péchés. Il ne pouvait encore recevoir les ambassadeurs de Siam. Aussi leur fit-on faire d'incroyables détours, avant leur « entrée officielle » à Paris et Versailles. Ils furent à Nantes, à Ancenis, à Blois, à Chambord, à Orléans, à Fontainebleau, à Melun, à Vincennes et à Berny enfin, situé à quelques lieues de la capitale. Partout c'étaient échevins, prélats, officiers, et des essaims piailleurs de jolies dames, dans leurs plus beaux atours, qui s'empressaient autour d'eux, les harcelaient de questions, souvent oiseuses, que devait leur traduire le brave père Va Si (Vachet), des Missions étrangères, qui les suivit pendant ce périple. Lequel Vachet fut très agréablement surpris de les voir le mieux du monde s'adapter à nos manières, ce qui le changeait fort des deux précédents envoyés siamois qu'il avait dû cornaquer, ces ânes, lors de leur visite en France en 1684 : des bêtes, des rustres qui ne cessaient de se plaindre et faisaient mine d'être dégoûtés de tout. Kosapan, en revanche, était parfait. Il n'y eut cependant qu'une seule mauvaise habitude dont on ne sut les débarrasser, lui et ses collègues : ils se lavaient tous les jours! insistant pour qu'on leur apportât force seaux d'eau dans leur chambre et, quand l'occasion s'en présentait et comme l'été fut chaud, se baignant dans la Seine ou la Loire, ce qui provoquait autour d'eux, quoiqu'ils fussent fort pudiquement drapés dans leur pagne, des attroupements de bourgeois et paysans stupéfaits par des coutumes si barbares.

Chaque soir les ambassadeurs, leurs scribes et leurs interprètes (certains François Pinheiro et Antoine Pinto, métis siamo-portugais qui parlaient chacun leurs deux langues d'origine plus le latin et le français, élèves qu'ils étaient des missionnaires), chaque soir donc ce monde-là, après souper, se réunissait pour noter tout, absolument tout ce qu'ils avaient vu dans la journée : la forme, la taille des maisons, les meubles dont elles étaient fournies, la forme de ces meubles, etc. Le roi de Siam avait exigé en effet qu'on lui fît un rapport complet de ce voyage et si détaillé qu'à sa lecture il pût imaginer la France comme ses envoyés l'avaient vue. Ce monarque était très curieux des civilisations étrangères : sa première passion avait été la Chine, sa seconde le monde persan ; ce fut ensuite la France de Louis l'Infâme... pour son malheur ! Zélés au plus haut point, les ambassadeurs poussèrent le scrupule jusqu'à noter le nombre d'arbres plantés dans le parc des châteaux où ils étaient logés, la hauteur de ceux-ci, leur circonférence, s'enquérant par ailleurs de leurs noms. Ils poussèrent même le scrupule jusqu'à exiger de leurs valets qu'ils mesurassent, au centimètre près, la taille de certains magnifiques chevaux qu'on leur avait montrés : hauteur, largeur, à l'encolure, à la croupe. On ne sait pas s'ils poussèrent cette application jusqu'à prendre les mensurations des diverses courtisanes que monsieur Torf, gentilhomme de la cour qui leur servait de guide, ne dut pas manquer de leur fournir après qu'ils eurent enduré, pendant sept mois de voyage, une si longue abstinence. A titre de « curiosité anthropologique » citons ici un extrait, fort fastidieux (le lecteur nous en pardonne), du journal de Kosapan consacré à la description, pathologiquement minutieuse, d'un des lits où il passa la nuit :

*Dans ma chambre il y a un lit à colonnades. Ces colonnades ont trois mètres de haut. Un dais et des rideaux de satin rouge couvrent et entourent ce lit. Le satin, à sa bordure, est brodé de fils d'or formant des arabesques. Derrière ce premier rideau s'en trouve un second, en étoffe transparente et froncée, brodée de fils d'or et d'argent. Le lit est constitué de quatre matelas posés les uns au-dessus des autres, sur quoi reposent des coussins et des couvertures brodés de fils or, argent, verts et rouges... Le plafond est orné de peintures ressemblant à celles des céramiques de Chine et, sur les murs, sont accrochées, à un mètre et demi au-dessus du sol, de grandes glaces ovales d'une largeur de un mètre et dix centimètres, lesquelles sont entourées d'un cadre de cuivre très finement ouvragé. En face du lit est suspendu un portrait du roi de France et de monsieur Sing Lé* (Seignelay) *le grand ministre, ainsi que deux tableaux représentant des fleurs et des fruits. Et puis, dans la pièce, il y a trois chaises dont le siège est couvert de velours vert et le dossier de satin rouge brodé de fil or et argent... De chaque côté du lit se trouvent deux marchepieds couverts de tapis. Le bois du lit est sculpté et incrusté d'ivoire. On compte aussi deux chandeliers de bois sculpté et incrusté d'ivoire. Ensuite il y a une cheminée dont la hotte monte jusqu'au plafond qui sert à se chauffer en hiver. Cette cheminée est sculptée et couverte d'or (...). La fenêtre a des rideaux blancs, avec un cordon pour les tirer (...).*

Suit un inventaire de la chambre du deuxième, puis du troisième ambassadeur. Et ainsi de suite, chaque chambre de chaque ambassadeur dans chaque ville traversée serait laborieusement décrite. Comme on voit le sieur Kosapan n'avait guère la fibre poétique. Mais il semble que la nation siamoise tout entière en était privée, à ce qu'en dit du moins le littérateur persan Ibn Muhamad Ibrahim, qui fut ambassadeur à Siam en 1686, et raconte, entre autres anecdotes piquantes, qu'un poète de sa nation qui s'était exilé à la cour d'Ayuthya, récita devant l'actuel roi un texte où il comparait la lune à un grand éléphant argenté marchant dans l'infini cosmos. Il fut brutalement interrompu par le monarque qui l'accusa d'être (insulte insigne à Siam !) un « menteur », car quoi de plus inadmissiblement faux que de dire que la lune est un éléphant ? Ce sur quoi le Persan fut fouetté au rotin. Mais foin de poètes et de poésie. Revenons à *la lettre :* celle, je veux dire, du roi de Siam qui fut la préoccupation quotidienne essentielle et quasi obsessionnelle de Son Excellence Kosapan jusqu'au moment de sublime délivrance où il la remettrait entre les mains de l'antéchrist Louis le Quatorzième. Cette lettre faillit être la cause d'ailleurs d'un grave incident diplomatique à Vincennes, dans une auberge (la maison Piçote, une très bonne table, entre nous, où ils furent logés, le château étant en réfection). On avait placé dans une chambre du troisième étage, fort agréable, le troisième ambassadeur, qui en fut des plus satisfaits et s'apprêtait à s'y reposer quand, demandant à monsieur Torf où le premier ambassadeur passerait la nuit, et apprenant que c'était au deuxième étage, juste en dessous, il blêmit soudain, se mit à trembler de tous ses membres, et s'enfuit en dévalant quatre par quatre les escaliers et criant qu'il ne voulait pas, qu'il ne pouvait pas loger au troisième étage, lui, le troisième ambassadeur, si le premier ambassadeur logeait au deuxième, non seulement parce que le premier ambassadeur lui était hiérarchiquement supérieur et ne pouvait donc loger à un étage inférieur, mais parce que celui-ci étant porteur de *la lettre* du roi, c'était au-dessus donc de la personne même de son roi, qu'elle matérialisait, qu'il se trouvait placé, crime de lèse-majesté des plus épouvantables qui, s'il était jamais connu à Siam — et d'aucuns, à coup sûr s'empresseraient de le faire connaître : car chacun est l'espion de chacun dans ce type de nation — lui vaudrait d'être jeté sans procès aux tigres après, cependant, quelques tortures des plus raffinées inspirées de la cour de Pékin, comme ces bambous que l'on plante sous les ongles, et autres entailles tracées dans le cuir chevelu au rasoir... A Siam on remédiait à ce genre d'inconvénient en interdisant à quiconque, sauf au monarque, d'avoir une maison de plus d'un étage. Son Excellence Kosapan avait aussi le scrupuleux souci que tous les honneurs fussent rendus à *la lettre.* Il ne s'endormait, le soir, qu'il ne l'eût placée bien au-dessus de sa couche, sur une estrade, et comme l'énorme et fort lourd palanquin doré sur quoi, en principe, elle devait être transportée partout était trop encombrant et qu'on avait choisi de le faire parvenir par voie fluviale à Versailles, pour la cérémonie d'audience, le premier ambassadeur s'arrangea pour que dans tous les carrosses où il voyagerait une étagère fût confectionnée juste au-dessus de sa tête, où *la lettre* serait précieusement rangée. Au château de Berny, où les Siamois demeureraient tout le mois d'août, *la lettre* fut disposée dans les greniers, de sorte que seuls les pigeons de l'Ile-de-France et autres chats de gouttière eurent le privilège de marcher au-dessus de Sa Majesté de Siam...

Et cependant l'audience de Sa Majesté très peu chrétienne, qui eût dû avoir lieu le 14 août, était sans cesse retardée, parce que Louis le Fistulard avait, officiellement du moins, la fièvre. Mais j'ai quelque idée aussi que c'était parce que le fameux *plan* que le père Tachard avait exposé sous toutes ses coutures au roi, au père de la Chaise, à monsieur de Seignelay, secrétaire d'État à la Marine, et de Croissy, ministre des Affaires étrangères, ne convainquait pas tout à fait, le sieur de Lionne apportant contre celui-ci de puissants arguments... Au demeurant la maladie plus ou moins diplomatique du Roi Soleil n'empêchait pas que le plus radieux soleil brillât sur son royaume. Le château de Berny, où recevait Son Excellence Kosapan, devint, cet été-là, le rendez-vous de tout ce que Paris et Versailles comptait de beau linge. Duchesses, comtesses, marquises, acteurs, actrices, littérateurs, poètes, hagiographes, prélats, jésuites et missionnaires, évêques et cardinaux, tous voulaient voir quelle tête pouvait bien avoir un Siamois, et d'autant plus qu'on prêtait à ceux-ci beaucoup d'esprit. Je fus de ces joyeuses bandes qui, le plus souvent masquées et déguisées, parfois en pierrots, parfois en arlequins et souvent même... en mandarins siamois, s'en allaient, à dix, vingt carrosses bondés des plus jolies dames, des messieurs les plus titrés, pique-niquer dans les parcs de Berny, à l'ombre des marronniers, pendant que les violonistes jouaient de joyeux airs de Lully — musicien officiel — et qu'on interprétait des chansons de Quinault et Campistron : nos meilleurs poètes. Monsieur de la Loubère — qui se démenait fort, déjà, pour obtenir la prochaine ambassade à Siam, m'accompagna souvent lors de ces fêtes, ainsi que mon ami La Fontaine, si vieux pourtant, si perclus et frappé déjà de bigoterie ; Charles Perrault (chien couchant bien connu pour son *Ode aux nouveaux convertis* louant les persécutions contre les parpaillots) ; Nicolas Boileau (cire-bottes de Seignelay) ; sans compter le triste Jean de La Bruyère lequel, lors du premier somptueux déjeuner où les ambassadeurs me firent l'honneur de me recevoir, nous tint, à moi et à monsieur de la Loubère, une espèce de blabla philosophique inspiré vaguement de Montaigne, où il s'essaya à nous expliquer que si jamais on nous apprenait que les ambassadeurs siamois venaient dans notre pays, comme nous le faisions dans le leur, avec la secrète intention de convertir notre roi, de détruire nos cathédrales et de remplacer les statues de nos saints par leurs « idoles », nous les chasserions à coups de pied à l'arrière-train, ce que, de leur côté, ils étaient loin de faire... « Voilà bien la preuve, concluait-il, que le Vrai Dieu est le nôtre car c'est *la force de sa vérité* qui, au fond de leurs ténèbres, éclaire ces misérables barbares et leur donne tant de tolérance et de bienveillance à l'égard de nos prêtres. »

Quel imbécile, ce La Bruyère. Encore un qui finirait à l'Académie.

Son Excellence Kosapan était un homme de la plus grande courtoisie, s'exprimant de façon posée, ne prenant jamais la parole quand quelqu'un d'autre l'avait, fort étonné qu'il était, ce dont il fit confidence au père Vachet, de voir ces Français sans cesse s'interrompre et parler en même temps. Il s'était accoutumé à notre nourriture et plus encore à notre vin, qu'il buvait sec, sans jamais perdre son sang-froid cependant... Lorsqu'il était avec ces dames, qui ne cessaient de le taquiner sur les vingt épouses qu'on disait qu'il avait, étant « fort curieuses » de savoir « comment il parvenait à les satisfaire toutes », Son Excellence Kosapan, imitant en quelque sorte le geste de Pâris confronté aux trois Grâces, aimait à offrir à celle qui lui plaisait davantage le plus beau fruit de sa table, qu'il prenait soin auparavant d'élégamment peler avec son couteau... A madame de Seignelay (très blonde et magnifique épouse du ministre) qui le somma narquoisement de lui dire lesquelles il préférait des Siamoises ou des Françaises, il rétorqua (avec une politesse tout asiatique) que, sans conteste, les Françaises étaient les plus belles et qu'elle était, parmi les Françaises, la plus belle qu'il ait jamais vue, et qu'elle serait même la plus belle femme qu'on vît au monde si elle décidait de s'habiller un jour à la façon des Siamoises. Madame de Seignelay, passant par l'entremise de l'interprète Vachet, demanda comment donc étaient vêtues les dames siamoises. Le brave missionnaire se fit longtemps tirer l'oreille avant d'accepter de traduire que « les dames siamoises sont toujours à moitié nues ». On rit fort. Et particulièrement à voir rougir madame de Seignelay, qui l'avait bien cherché. L'anecdote fit le tour de Paris, et amusa beaucoup le roi à qui on la rapporta.

On vit parfois passer dans ces fêtes l'ombre des pères Tachard et le Royer (qui ne connaissaient pas encore la Loubère) et celle du père de la Chaise qui entreprit à plusieurs reprises Son Excellence Kosapan sur les problèmes religieux. Le confesseur du roi était assez mince, de taille médiocre, légèrement voûté, le nez serré (pas trop grand, mais un peu aquilin), le teint frais, haut en couleur, marquant une grande santé. Sa bouche, trop fendue, laissait voir des dents peu propres. « Pourquoi diable ces *Farangset* ne se les laquent-ils point », se demandait Kosapan que ces dames plaisantaient sur la couleur noir d'ébène des siennes, « du moins ne verrait-on pas qu'elles sont jaunâtres et cariées ». Au demeurant, l'ambassadeur de Siam était fort impressionné par le confesseur du roi. C'était, disait-on, une puissance occulte, un homme à qui Louis XIV confiait ses plus intimes secrets ! Pourtant il ne payait guère de mine, cet homme, avec sa soutane râpée : les jésuites se faisant un devoir de chrétienne humilité de n'en changer que tous les deux ans. De la Chaise, il est vrai, ne s'interdisait pas pour autant d'avoir une dizaine de laquais, un carrosse, quatre chevaux, les meilleurs de Paris, et nombre de secrètes maîtresses. Il était cependant très pointilleux sur la vertu — la vertu des autres ! — et promettait tous les feux de l'enfer au pauvre dévot qui, à confesse, lui avouait avoir mangé l'ombre d'un morceau de jambon un jour maigre. C'est que ce chien de jésuite se croyait tout permis. Humble avec les puissants, il était d'une incroyable arrogance avec quiconque avait besoin de ses services. Et il n'y en avait pas peu. Les mardis et vendredi, ses jours d'audience, de cent à deux cents soupirants, parmi lesquels force messieurs et dames de qualité — comme le sieur la Loubère par exemple — se pressaient dans sa salle d'attente, ne quittant pas des yeux sa porte et ne l'entendant s'ouvrir qu'ils ne s'imaginassent en voir sortir, celui-ci « une ambassade à Siam », tel autre le revenu de quelque riche abbaye, car de la Chaise, Dieu le maudisse, avait l'oreille du roi et l'exorbitant privilège d'accorder, entre autres, les bénéfices ecclésiastiques. A chaque demande il savait paraître attentif.

Parfait Tartuffe : qu'il inspira d'ailleurs jadis à feu Molière.

Devant les questions multipliées du père concernant « la future conversion du roi de Siam », Kosapan, désignant dans le parc de Berny un vaste parterre de fleurs émaillé des plus riches et brillantes couleurs, expliqua avec la plus subtile rhétorique que le Dieu tout-puissant, créateur des cieux et de la terre, aimait au plus haut point la diversité, qu'on en avait pour preuve la multiplicité de ces fleurs aux teintes innombrables ; de ces arbres, grands, petits, plus ou moins feuillus ; de ces oiseaux aux chants, aux plumages variés ; que ce Dieu avait créé tant de différentes religions parce qu'il avait voulu que les hommes l'adorassent différemment. Ainsi, le roi de Siam, avec sa foi, ne l'adorait pas moins que les chrétiens avec la leur. « Ne dites-vous pas : tous les chemins mènent à Rome ? »

Ce discours, on s'en doute, satisfit fort peu le père de la Chaise qui n'avait pas tant œuvré à la révocation de l'Édit de Nantes pour se faire donner une leçon de tolérance par un idolâtre. Mais il n'en appréciait pas moins, en fin connaisseur, sa subtile dialectique.

Longtemps plus tard, bien après la tragédie de Siam, l'abbé Artus de Lionne affirmerait n'avoir participé en rien aux négociations qui, dans l'ombre, se tramèrent à Versailles. A l'époque, affirmerait-il, les missionnaires (accusés d'être plus fidèles à Rome qu'à la France) avaient été complètement mis sur la touche par les jésuites et leurs calomnies.

Pourtant, de Lionne ne peut si facilement se « laver les mains ». Il a assisté en effet, en tant qu'interprète, sinon conseiller, aux rencontres de la plus haute importance qui eurent lieu entre Seignelay et Kosapan. Mais nous y reviendrons.

Tout ecclésiastique qu'il fût, Artus de Lionne avait la prestance, la morgue et l'autorité d'un grand seigneur. Il appartenait à une illustre famille, et son père, feu Hughes de Lionne, a été sans doute le plus grand ministre de Louis XIV. Jeune (trente-deux ans), l'abbé avait un visage d'un bel ovale, pâle, à la peau fort lisse et comme miraculeusement épargnée par la morsure du soleil et des maringouins de Siam. Nez long, droit, une immense barbe brune et soyeuse, des lèvres très ourlées, fraîches, écarlates, un air de hauteur, mais à la fois de ferme douceur. Grand élégant, il portait superbement la robe blanche des missionnaires, et ce camail gris sombre qu'un coup de vent, ou un geste trop brusque, retournaient parfois, révélant une somptueuse doublure de satin cramoisi. Sur sa poitrine, une énorme croix d'or...

Au départ sa vocation avait été hésitante. Il crut un instant s'engager dans la carrière des armes, devint chevalier de Malte avant d'entrer dans les Missions. Il était à Siam déjà depuis 1681, c'est-à-dire depuis cinq ans, et en parlait assez bien la langue. L'homme, aussi, était d'une intelligence raffinée. Il fréquentait les plus grands esprits de son temps (Malebranche), les plus bornés (Bossuet) et entretenait avec eux une correspondance... C'était, en quelque sorte, l'antiportrait de Tachard, roturier sorti du rang qu'il considérait comme un esprit désordonné, *brouillon,* refusant seigneurialement de le rencontrer, quoique monsieur de Seignelay désirât fort qu'ils confrontassent leurs idées. A ce que j'en sais, Artus de Lionne ne mâcha pas ses mots quand il fut reçu par le secrétaire d'État à la Marine, dans l'hôtel des Colbert (ces chiens) à Versailles. Je situe cette rencontre à la fin juillet 1686. Le bureau du marquis de Seignelay était élégant. Les meubles luxueux quoique à mon goût un peu « voyants », je veux dire un brin « nouveau riche », étaient une illustration de tout ce que notre commerce pouvait se procurer d'un bout à l'autre du monde.

Monsieur de Seignelay ne manquait pas, lui non plus, de cette élégance voyante, propre à ces bourgeois parvenus qu'a raffinés, après une ou deux générations, la politesse de la cour. Il était beau, avec ces cheveux sombres, ces sourcils épais, charbonneux, ces yeux plissés toujours par un soupçon d'ironie, cette bouche lippue, voluptueuse, tel enfin que l'a représenté Marc Nattier, portraitiste de quelque talent, quoiqu'il appartînt à l'Académie royale de peinture. Sous ses grands airs de politesse Seignelay avait le parler vert des vendeuses de la Halle, particulièrement quand il piquait des colères, ce qui n'était pas rare. *Dans ses premiers feux, il rimait richement avec Dieu,* écrit de lui, si élégamment, son et mon ami l'écrivain Robert Challe. Autrement dit les « vertudieu », « sacredieu » ou « foutredieu » explosaient souvent dans sa jolie bouche aimée des dames.

L'entretien — qui se passa sous les auspices d'un inévitable portrait (par Mignard) de Louis l'Infâme, encuirassé, un bâton de maréchal en main — fut courtois, mais très franc. Ce qui n'est guère étonnant vu la personnalité des interlocuteurs. Seignelay avait été mis au courant du « plan », du « Grand Dessein » de Tachard. Il voulait avoir l'avis de De Lionne :

— Je n'ai quitté Siam pour la France, dit celui-ci d'un ton hautain, qu'à la demande expresse de mon évêque, monseigneur Laneau. J'ai peu de goût en effet pour les intrigues politiques, mon unique souci n'étant que de Dieu (il se signa). Au demeurant, le sort de la chrétienté étant en jeu aux Indes, et en particulier à Siam, je ne puis pas ne pas vous dire, monsieur le ministre, qu'une politique française qui s'appuierait sur la seule confiance, aveugle chez certains, qu'on a mise dans le sieur Constance, est vouée à l'échec. C'est un homme sur qui on ne peut faire aucun fonds, un aventurier qui mise aujourd'hui sur les Français, parce qu'il en a besoin, et se mettra demain tout aussi bien du côté des Hollandais ou des Perses... D'ailleurs, les Siamois éprouvent à son égard une croissante méfiance, et il ne semble plus tenir son pouvoir que de la seule, et fragile, faveur de son roi. L'homme est orgueilleux, arrogant, dominateur, rusé et vantard. Un Grec pour tout dire !

La conclusion de De Lionne était logique :

« Le sieur Constance est une planche pourrie sur laquelle on ne peut s'appuyer. Il faut donc avoir à Siam un lieu sûr et proche de la capitale, une citadelle où, en cas de danger, Français et chrétiens puissent se réfugier et à partir de laquelle on pourra faire pression sur le ministre Phaulkon et son roi ! A cet égard, quel lieu plus propice stratégiquement que Bangkok ! Bangkok, c'est *la clef du royaume.* Si nous la tenons il nous sera permis de bloquer à volonté tout le commerce extérieur de Siam ! Installez là une bonne forteresse, bâtie à la Vauban, et par ailleurs de solides chaînes pour barrer le fleuve si on le désire, et plus un navire, sans notre aval, ne circulera entre Ayuthya, la capitale, qui est plus au nord, et la mer.

Seignelay toussota, sourit de façon un peu gênée et, croisant et décroisant ses jambes, sur le canapé où il était assis avec l'abbé, jeta un œil inquiet vers le grand paravent japonais qui se trouvait au fond de la pièce. Derrière, on venait d'entendre un grognement d'ours...

— Vous savez fort bien, monsieur l'abbé, dit le secrétaire d'État, que l'avis des jésuites à ce sujet... je veux dire Bangkok... n'est pas le même que le vôtre.

Monsieur de Seignelay n'aimait pas les jésuites, ni leur supérieur, le père de la Chaise (à ce que m'en a dit Robert Challe) mais, au demeurant, ceux-ci étant si puissants en France et tellement écoutés du roi, il fallait bien « faire avec », d'autant qu'il avait ordre de mettre un terme aux rivalités entre ces pères et ceux des Missions étrangères.

— Je connais la théorie des jésuites, dit l'abbé.

Son attention fut attirée par un nouveau grognement, derrière le paravent ; mais elle en fut aussitôt déviée par le spectacle des dessins qui en ornaient les panneaux : y étaient justement représentés, vêtus de soutanes noir corbeau, et l'air assez sinistre, trois ou quatre jésuites débarquant de galions aux côtés de soldats portugais. L'artiste japonais avait donné un air vraiment patibulaire à ces bons pères. De Lionne n'ignorait pas pourquoi. Il savait assez où avaient mené les manigances de la Compagnie de Jésus dans l'empire du soleil levant. Ces bons pères n'avaient lésiné sur aucun moyen pour y établir leur pouvoir. Soudoyant princes et samouraïs, dressant les seigneurs les uns contre les autres, intéressant au commerce occidental les seuls gouverneurs des ports qui acceptaient de se convertir avec tous leurs administrés. On racontait même qu'ils avaient poussé le ridicule jusqu'à confectionner des statues du Bouddha, vides à l'intérieur, où l'un d'entre eux s'installait et pouvait ainsi parler aux idolâtres, venus se prosterner devant, pour les convaincre de renoncer à leurs fausses créances et d'adorer le Christ. Ces méthodes avaient mené au massacre des chrétiens du Japon et à leur totale expulsion. Voulait-on faire la même chose à Siam ?

— Nos méthodes, dit de Lionne, ne sont pas celles des jésuites (on entendit un nouveau grognement, bien plus fort cette fois, derrière le paravent)... Quant au père Tachard, il est dupe de Constance Phaulkon.

— Vous m'en pardonnerez, lança d'un ton gêné Seignelay, mais il fallait en finir avec ces querelles... et que vos différends fussent mis sur la table. Vous ne vouliez pas rencontrer le père Tachard, aussi...

Il se tut un instant, puis dit d'une voix forte :

— Mon révérend, venez vous joindre à nous.

La bouille barbue de Tachard, toute rubescente de rage, surgit de derrière le paravent. Les yeux brillants, la tête enfoncée entre ses larges épaules, il se précipita vers les deux hommes, tel un taureau qui charge et, les saluant à peine, vint s'asseoir sur un fauteuil couvert de mazulipatan, juste en face du canapé.

Il y eut de part et d'autre, côté missionnaire et jésuite, je veux dire, force toussotements, force échanges de regards assassins qu'on tentait d'adoucir de quelque sourire sucré tandis que, tout pâle, effrayé qu'il était que sa ruse tournât au pugilat, Seignelay tenait à peu près le rôle du témoin avant... le duel.

De Lionne fulminait : Quelle farce ! Quelle farce grotesque ! Il avait dit à son évêque qu'il ne voulait pas se salir dans des intrigues. Et dans l'intrigue, il y était, et jusqu'au cou. Et il lui faudrait s'affronter à un Tachard, s'abaisser à lui parler !

— Ainsi je serais la dupe de monsieur Constance ? dit le jésuite d'un ton qu'il essaya de rendre le plus humble et soumis possible, ce qui s'associait mal avec le contenu explosif de ses propos. Monsieur l'abbé, j'ai vu ce que... je puis appeler vos « manœuvres » à Siam : comment vous avez poussé le chevalier de Chaumont à demander Bangkok à monsieur Constance. Et quand, devant les arguments irrésistibles qu'a apportés ce sage ministre, le chevalier a cédé et s'est résolu à accepter Singor, j'ai bien vu, oui, de mes yeux vu, monsieur l'abbé... vous avez marché sur le pied de monsieur de Chaumont pour, en dernière minute, le faire revenir sur son acceptation. L'abbé de Choisy en fut témoin. La scène se passait dans le cabinet du ministre, à Ayuthya. Tenez, je la vois encore. Je vois vos gestes, vos vêtements même, oui, oui, vous portiez une aube blanche et une calotte de satin noir, je me souviens très bien, c'était, oui, du satin et... (Tachard, pris d'une étrange émotion, balbutiait)... noir !

— Votre attention pour ma personne et ma vêture me touche profondément, mon bon père, ironisa de Lionne, et je suis fort aise par ailleurs que vous reconnaissiez, devant monsieur de Seignelay, avoir été partisan du refus de Bangkok !

— Oui, s'exclama Tachard qui, reprenant aussitôt les rênes de son esprit enfiévré, baissa la tête et le ton... Car (Dieu pardonne à mon emportement) vous ne devez pas, vous ne pouvez pas réclamer Bangkok. Monsieur Constance, qui est fin politique, m'a assez donné à entendre que cela déplairait aux mandarins siamois, aux princes, et pourrait déclencher contre nous une révolution ! Comment alors nos troupes, même nombreuses, même bien armées, même retranchées dans un bon fort, pourraient-elles résister à des milliers d'assaillants ?

De Lionne prit un air pincé et, se détournant du jésuite, princièrement, comme s'il jugeait qu'il n'était pas même la peine d'échanger avec lui le moindre argument, regarda dans les yeux monsieur de Seignelay, lui expliquant que ce « brave père Tachard », aveuglé par son zèle, mais ne connaissant rien de Siam, disait des absurdités. Que, certes, le roi de Siam avait quelques troupes d'élite (encore fallait-il préciser ce qu'on entendait par « élite »), six cents hommes de sa garde prétorienne, qu'on appelle « bras-peints », une cinquantaine de mousquetaires de sa cavalerie maure et tartare, des mercenaires, et des canonniers mongols, mais ces hommes-là étaient fort peu aguerris et assez mal armés. Quant au reste des troupes de Siam, ça n'était que de misérables paysans n'ayant pour se défendre que de mauvaises lances en roseau, taillées en pointe à une extrémité, des sarbacanes, des arbalètes (oui, des arbalètes !) et des boucliers de rotin ! Ces braves gens n'ont aucune discipline, ils vont à la guerre parce qu'on les y force, comme on les force six mois de l'année à participer, sans les payer, à d'harassants travaux publics... Croyez-vous que cela fasse de bons soldats, et que ces gens-là aient la moindre idée d'une patrie ou d'un roi pour lesquels il faut être capable, en cas de besoin, de sacrifier sa vie ? Non, et laissez-moi vous dire que si nous, Français, délivrons ce peuple de son esclavage, il se précipitera en masse vers nos églises : car si les conversions, à Siam, sont jusqu'à ce jour peu nombreuses, c'est que ces gens asservis, terrorisés par leur despote, n'osent rien entendre de ce que nous leur disons de la vraie foi.

Pendant tout ce discours Tachard, les mains jointes sur la poitrine, la tête basse, comme pour se recueillir, regardait par en dessous, rageusement, à travers les poils fournis, barbelés, de ses épais sourcils, le visage pâle, fin, aristocratique de l'abbé de Lionne. Ce de Lionne qui voulait, oui, « faire la peau » de

Phaulkon, parce que Phaulkon était un fils de rien, comme lui, Tachard, et qu'il ne devait qu'à son seul génie ce qu'il était !

En vérité, par-delà les querelles de personnes, il s'agissait, plus profondément, entre jésuites et missionnaires, de divergences tactiques : les missionnaires étaient des coureurs de fond ; tels les apôtres qui subvertirent l'Empire romain, ils travaillaient « sur le terrain », avec le petit peuple, au « ras des rizières ». C'était « par en bas » qu'ils désiraient prendre le pouvoir, s'y consacrant depuis vingt ans qu'ils vivaient, qu'ils croupissaient plutôt dans ce pays, dévorés par la dysenterie et autres fièvres. Travail de fourmi, travail de longue haleine.

Les jésuites, eux, brûlaient les étapes, prenaient tous les raccourcis possibles. Et s'ils visaient le même but que les missionnaires, le triomphe de Christ en Asie, ils empruntaient d'autres voies. C'était « par le haut » qu'ils voulaient se saisir du pouvoir. Depuis quelques années à peine qu'ils avaient commencé à s'insinuer à Siam, ils avaient réussi déjà à convertir le Premier ministre Phaulkon, passé de l'anglicanisme au catholicisme ; et celui-ci — qui prétendait convertir un jour le roi — avait placé plusieurs de ses hommes, tous catholiques, et beaucoup de Français, messieurs Billy, Beauregard, Rivals entre autres, à des postes importants de l'administration du pays. Maintenant, si on lui envoyait les soixante-dix jésuites déguisés qu'il réclamait, c'était de tout l'appareil d'État qu'il allait s'emparer : et c'est alors qu'on pourrait entreprendre la totale conversion du royaume, sinon sa colonisation. Phaulkon était « un homme providentiel ». C'était la providence qui l'avait élevé à ce poste si éminent à Siam.

— Il ne faut pas laisser passer cette chance, clamait Tachard.

Il alla jusqu'à se mettre à genoux sur le tapis persan de Seignelay, posant sa main, sa main tremblante, sur la cuisse, bien galbée, gainée de soie bleue, de celui-ci.

« Non, ne laissez pas passer cette chance. Ce Phaulkon est un saint, un nouveau François Xavier.

Et Tachard serrait de son énorme poigne le gras de la cuisse du ministre, se mettant à la secouer, fiévreusement, passionnément.

« Il faut faire confiance à monsieur Phaulkon, Dieu l'a choisi... D'ailleurs (et le ton de Tachard se fit soudain froid, pragmatique)... d'ailleurs comment nous trahirait-il ? Il est prêt à placer cent mille écus ici en France, dans la Compagnie des Indes. Y a-t-il meilleure garantie de sa fidélité ? Cent mille écus !

Croisant d'un geste un peu brusque ses jambes, pour se débarrasser de la sainte étreinte du révérend, monsieur de Seignelay le prit, d'une main ferme, par le bras et, tout en lui murmurant de douces paroles à la louange de son « zèle religieux si précieux », il l'aida à reposer sa croupe sur un fauteuil.

— Mon bon père, vous savez combien votre ferveur et vos arguments ont su toucher le roi, ses ministres et madame de Maintenon. Je m'en vais rapporter le contenu de nos conversations à Sa Majesté, qui décidera de tout.

L'entretien était terminé.

Au conseil du roi serait évoqué à nouveau le désir de Phaulkon d'avoir à sa disposition ces soixante-dix jésuites déguisés. Mais, malgré l'insistance du supérieur de la Chaise, on n'y consentit point, ne voulant sans doute pas donner la part trop belle à la trop gourmande Compagnie de Jésus. Cependant, du plan de Tachard, on garda l'essentiel : on misait sur Phaulkon, on lui faisait confiance; tout en empruntant au plan des missionnaires un élément capital : on exigerait du roi de Siam une « solide place forte » où les chrétiens pourraient se réfugier si les choses venaient à mal tourner, et cette place forte, c'était Bangkok. Pour qu'elle fût vraiment solide, il fallait aussi qu'on y envoyât des ingénieurs, pour l'améliorer, et des soldats, un bon millier, pour la garder. Bien plus : « on » voulait le consentement de Kosapan. Tachard, qui tenait à sa « conquête de Siam », dut bien accepter cette version, quelque peu bouleversée, de son « plan »; mais il ne cessa de répéter qu'on n'avait nul besoin d'aucun accord de ce Kosapan car ce n'était qu'un homme de paille, que le seul authentique — quoique occulte — ambassadeur du roi de Siam et de Phaulkon, c'était lui, Tachard... Sa Majesté, cependant, n'en démordit point. Elle voulut obtenir de Kosapan son engagement écrit que le roi de Siam céderait la citadelle. Seignelay se promit aussi de rencontrer ce mandarin au plus tôt. Dès qu'il aurait été reçu, du moins, en audience solennelle, par le roi, ce qui ne devait plus tarder, la santé de Louis l'Infâme étant rétablie.

Le jour de l'audience fut fixé le 1er septembre que Dieu fit. On vint chercher Kosapan et sa suite à l'hôtel des Ambassadeurs, rue de Tournon, où ils logeaient depuis quelques jours. Il fallut un cortège d'une vingtaine de carrosses pour emporter tout ce beau monde à travers les incroyables embouteillages des rues de Paris. Il fallut aussi bien des coups de plat d'épée, de la part des mousquetaires à cheval faisant l'escorte, pour dégager la route de la multitude de badauds, artisans, marchands, bourgeoises, filles de joie, qui tentaient d'entrapercevoir au passage les très extraordinaires ambassadeurs de Siam.

Leur carrosse arriva après quelques heures dans l'immense avenue bordée de marronniers qui conduit tout droit à l'entrée du palais de Versailles : ce pompeux tas de pierre que cimente la sueur et le sang de la France asservie...

Dans la première et plus grande cour du château, c'était plus d'un millier de soldats qui attendaient, rangés de part et d'autre du portail d'entrée, sur cinq files parallèles, à droite les suisses, à gauche les gardes françaises, tous en justaucorps rouge brodé d'argent, un chapeau de feutre noir à plume blanche sur la tête, bas blancs, haut de chausse blanc et souliers noirs vernis à boucle d'or. En tête de chaque rang un enseigne brandissait un immense étendard blanc fleurdelysé. L'effet était superbe et impressionna beaucoup nos ambassadeurs dont les carrosses traversèrent, au trot, la première cour, jusqu'à la seconde où les attendait une dense foule de courtisans tenus à l'écart par une double haie de mousquetaires à casaque bleue et bottes noires.

On demanda aux ambassadeurs de Siam, qu'on fit descendre de leur véhicule, s'ils désiraient déjeuner, en attendant qu'on leur annonçât l'heure précise de l'audience. Ils dirent que non. Mais insistèrent, à la surprise de tous, pour qu'on leur apportât des seaux d'eau car ces messieurs, c'était une manie, voulaient à nouveau se laver. Quand on leur apprit que Louis l'Immonde avait posé son derrière fistuleux sur son trône, et qu'il les attendait, les Siamois mirent leur bonnet pointu et, précédés par monsieur de Blainville, grand maître des cérémonies, qui ouvrait la marche avec monsieur Torf, leur guide et mentor, et monsieur de Bonneuil, ils sortirent dans la cour au centre de laquelle on avait amené l'énorme palanquin doré où Son Excellence Kosapan posa *la lettre* de son roi, enfermée dans une boîte d'or. Le palanquin fut porté par douze suisses, choisis parmi les plus costauds. Au milieu d'une double haie de gardes de la prévôté, en justaucorps blanc, messieurs les ambassadeurs de Siam traversèrent donc, derrière le palanquin, et flanqués de monsieur de la Feuillade et l'abbé de Lionne, la seconde cour du château, du sud vers le nord, pénétrant bientôt dans l'aile opposée où les attendait une des plus extraordinaires embuscades métaphysico-politico-artistiques qui furent et seront jamais tendues à aucun diplomate dans l'histoire passée et à venir des relations internationales. Que le lecteur veuille bien se mettre dans la peau de ces trois Asiatiques qui, tels les rois mages, nous arrivaient de l'autre bout du monde, et soudain se trouvèrent précipités dans un somptueux et immense vestibule aux murs marquetés de toutes parts d'énormes plaques de marbre vert, blanc, brun, roux, murs qui, à leur entrée, furent secoués par un épouvantable fracas de trompettes où soufflaient une centaine de soldats emplumés les attendant là, comme la nuit l'assassin au coin d'un bois, au pied d'un escalier à double rampe, véritable peloton d'exécution qui les cribla de notes meurtrières (ils jouaient du Lully, oui, encore, à croire qu'il n'y avait pas d'autre musicien en France que ce larbin de Lully, même pour composer des airs militaires). Au centre de la double rampe d'escalier, au niveau du palier inférieur, se trouvait une belle fontaine jaillissante, ornée de deux tritons de bronze, au-dessus de laquelle trônait un buste énorme, en marbre, de... Louis le Répugnant (évidemment !) qui regarda dédaigneusement nos trois Siamois, lesquels, humbles, soumis, terrorisés, se dirigèrent vers lui tandis qu'aux murs sud et nord, accoudés à d'étranges fausses fenêtres à balustre, les observaient des spécimens des races du monde entier (Indiens emplumés, Arabes à turban, Nègres, Chinois, Européens dans leurs costumes nationaux), tous peints en trompe-l'œil : ils semblaient avoir été figurés là comme pour attester que l'humanité au grand complet avait les yeux tournés vers ces visiteurs insignes qui s'en allaient se jeter humblement aux pieds du trône du Fistulard. Ce vestibule diabolique où étaient représentées par ailleurs des scènes des très extraordinaires victoires de Sa Majesté, était l'œuvre avant tout du peintre-larbin Le Brun et, accessoirement, de van der Meulen. Il s'agissait, fameux dans le monde, de l'*escalier des ambassadeurs* par où tout diplomate allant à l'audience de Louis XIV devait passer : espèce de défilé des Thermopyles, de gorge de Roncevaux, piège, chausse-trape, coupe-gorge taillé dans le marbre, la pierre, le stuc, où se concrétisait le très extraordinaire système de propagande de l'absolutisme royal. Abasourdis et comme écrasés par la retentissante fanfare qui continuait de faire vibrer les murs, et les carreaux de l'immense verrière du plafond, les Siamois défilèrent devant le buste de marbre hautain de Louis la Crapule et montèrent les escaliers au sommet desquels, le palanquin doré porté par les suants suisses les ayant rejoints, Kosapan prit *la lettre* qu'il confia au troisième ambassadeur. Et puis, en fanfare toujours, et au milieu d'une double haie de gardes du corps tous très grands, en casaque bleue, on traversa les appartements du roi au bout desquels on fut reçu par un nabot malingre, bossu, à justaucorps doré, le maréchal de Luxembourg, un grand guerrier paraissait-il... Et l'on se retrouva bientôt à l'extrémité nord de la galerie des Glaces.

Là ce fut, si l'on peut dire, le « clou » de l'embuscade. La mise à mort. Imagine donc ô lecteur ces trois rois mages débarqués de Siam soudain jetés, emprisonnés dans ce guet-apens d'innombrables miroirs, où se démultipliaient les reflets de mille cinq cents courtisans enrubannés de bleu, de rose, de vert, emperruqués, tout pomponnés, fleurant sueur et parfum et observant dans un silence lourd de sourds murmures l'entrée de nos mandarins à chapeau pointu. C'étaient les foules romaines lorgnant l'accorte jeune chrétienne nue qu'on va livrer au fauve, lequel fauve, à l'autre bout de la galerie, n'était autre que Louis l'Abject qui, recouvert de pierreries valant-un-bon-milliard-de-livres-arrachées-au-peuple-opprimé attendait, assis (fort douloureusement du fait de sa bien méritée fistule) sur son trône, en haut d'une estrade à neuf marches tapissées de brocarts d'or, et flanqué de ses frère, cousins, fils, petits-fils, légitimes ou bâtards : le dauphin (bossu) ; le duc du Maine (pied bot) ; le duc de Bourbon ; le comte de Toulouse ; Monsieur, son frère (un bedonnant sodomite harnaché de colliers, boucles d'oreilles, et perché sur d'énormes talons, car il était tout petit), et autres dégénérés de la famille royale.

Kosapan, comme prévu dans le protocole, se prosterna au sol avec ses deux co-ambassadeurs et les six mandarins qui le suivaient, tandis que se tenait debout, à leurs côtés, de Lionne, la Feuillade, Torf, Bonneuil, et qu'au plafond, représenté à trois ou quatre exemplaires par le pinceau servile de Le Brun, Louis la Canaille, en cuirasse grecque d'Alexandre le Grand, lançait sur eux un regard en piqué... Sur les bas côtés cependant, le sous-mandarin la Loubère, placé — et fort mal placé — au troisième rang des courtisans, à l'entrée de la galerie des Glaces, donc très loin du roi, essayait, mais en vain, d'y voir quelque chose ; le père Tachard, lui, le répugnant Tachard (à qui on venait de le présenter), se trouvait au second rang, au milieu de la galerie ; seuls les ducs et comtes occupaient le premier rang, les plus titrés étant les plus rapprochés du roi. Les écrivains, eux, pour ceux, fort rares, qui avaient été invités (La Bruyère, Racine, Boileau, La Fontaine, tous quinquagénaires et plus ou moins gâteux) étaient exilés aux plus mauvaises places. Son Excellence Kosapan, alors que trompettes et tambours entamaient une nouvelle marche triomphante, dont furent secoués dangereusement lustres et miroirs, s'avança jusqu'au centre de la galerie, se prosterna encore (tête baissée, son bonnet pointu braqué vers Louis l'Infâme tandis que le bonnet pointu du mandarin placé derrière lui semblait s'enfoncer dans son postérieur), avant de se diriger jusqu'aux pieds du trône où, avec tous les mandarins, il s'agenouilla, puis, joignant les mains et, les élevant très haut vers le Fistulard, il porta son front contre terre... Une gravure de l'almanach de 1687 immortalise cette scène telle que je viens de vous la décrire, et l'on peut se la procurer encore aujourd'hui chez Nicolas Langlois, rue Saint-Jacques, à Paris, à l'enseigne de la Victoire. Kosapan, à genoux, commença sa harangue. L'abbé de Lionne la traduirait par après. C'était un discours plein de compliments creux où affleuraient cependant quelques-unes des inquiétudes du Siamois : au moment, en particulier, où il évoqua *le nombre et la beauté des troupes* de Louis l'Infâme (c'était en effet la puissance de nos forces armées qui l'avait le plus impressionné) ajoutant qu'une si *grande sagesse, chez un monarque, ne se rencontre pas toujours avec un si grand pouvoir* (et toc, comprenne qui pourra). Sa harangue récitée, Kosapan prit des mains du troisième ambassadeur qui la portait *la lettre* de son roi et, escaladant à quatre pattes les neuf marches de l'estrade, s'en alla la délivrer dans les mains mêmes de Louis l'Immonde. Pendant cette escalade il eut l'impression de flairer quelque mauvaise odeur dont il n'était pas sûr qu'elle émanât des pieds du roi ou, tout à côté, du petit gros chaussé de brodequins à hauts talons, son frère dit Monsieur. Le roi daigna alors poser quelques questions à Kosapan sur la santé du monarque de Siam son bon ami, auxquelles Kosapan répondrait par des formules toutes faites avant de se prosterner à nouveau, trois fois, puis de se retirer en traversant, avec les autres mandarins, toute la galerie des Glaces, mais à reculons, sans perdre une fois de vue Louis la Charogne assis, là-bas, toujours plus loin, sur son trône. Jusqu'à ce qu'il eût disparu tout à fait à leurs yeux, quand ils bifurquèrent dans une salle perpendiculaire.

L'épreuve la plus terrible était passée. *La lettre* avait été remise sans incident. Ouf ! Kosapan avait quelque chance de n'être pas jeté aux tigres à son retour. Mais dès que ces formalités eurent été enterrées, on passa aux *choses sérieuses :* la rencontre avec monsieur « Sing Lé », qui devait parler commerce et politique. Cependant pour mettre nos Siamois « en condition » on les entraîna avant, après et entre les divers entretiens qu'ils eurent avec ce ministre dans un véritable tourbillon de bals, de fêtes, de messes, de cérémonies, d'excursions, de feux d'artifice visant sans doute à les distraire, les enivrer, les déstabiliser peut-être aussi, et surtout à leur démontrer : *primo* l'excellence de la religion chrétienne, et *secundo* la suprématie de notre économie et de notre armée, histoire de leur faire comprendre qu'ils ne trouveraient pas de meilleur allié en Europe que Louis l'Infâme. On les fit assister à d'incessants défilés militaires, cavalerie, infanterie, à des démonstrations d'artillerie : tirs des derniers modèles de canons et mortiers qui mirent bas en cinq minutes un énorme bâtiment de brique, ce qui suggéra à Kosapan que « même le fort de Bangkok ne résisterait pas longtemps à pareil arsenal ». Et pour mieux prouver l'« indéniable supériorité de nos armes » sur celles de toutes les puissances d'Europe, dont les marchands de harengs hollandais, on emmena, dans l'hiver commençant, nos trois Siamois à travers les territoires des Flandres récemment conquis. On visita Lille, Roubaix, Tourcoing, Bailleul, Valenciennes, Denain, Cambrai, Saint-Omer, Dunkerque, Calais, et dans chacune de ces villes où Kosapan et sa suite étaient reçus par les autorités, échevins, prélats, et force belles dames dans leurs plus beaux atours, on se rendait d'une part dans l'église (où l'on avait immanquablement droit à un sermon appelant ces « pauvres idolâtres à sortir de leurs ténèbres ») et, d'autre part, dans la place forte où l'on passait en revue les troupes, et où l'on essayait de faire entendre à ce Kosapan (ainsi en avait agi monsieur le Prince, fils du Grand Condé) qu'il serait bon qu'un contingent « de nos meilleurs soldats » s'en allât s'installer à Siam et si possible « dans un bonne citadelle ». « Certes, certes », répondait Kosapan qui commençait vaguement à comprendre que les Français n'avaient pas l'intention de se contenter d'un simple comptoir commercial dans son pays... Et comme, à toutes ces insinuations et propositions il se gardait bien de dire jamais un non ferme, mais restait le plus ambigu qu'il pût, curés et militaires se persuadaient facilement qu'il entrait dans leurs vues. Mais ce dont ils ne se doutaient pas, c'est qu'à vouloir si bien prouver, on avait trop prouvé : Kosapan avait peur, terriblement peur. A Dunkerque où Vauban avait bâti, en granit gris, ce qu'on peut imaginer de plus monstrueux en fait de forteresse, l'ambassadeur de Siam avait été si impressionné qu'il pria ses valets de mesurer, mètre en main, l'épaisseur des murs, afin qu'il pût, avec précision, en rendre compte à son roi. Si les Français construisent un fort de ce gabarit dans notre pays, comment pourrions-nous jamais les en déloger ? songea-t-il, avec des lances ? des mousquets ? des arbalètes ? des canons de bronze ? L'alliance avec la France était une épée à double tranchant.

Et désormais plus rien ne sut distraire Kosapan, ni les blondes et si diaphanes *puying Farangset* (alias courtisanes) à qui Son Excellence avait appris à se laver les dents, parce qu'elles avaient souvent une haleine de vieil éléphant ; ni les spectacles féeriques et quelque peu abrutissants, certes, de l'opéra, du théâtre (on leur fit voir *L'Avare, Le Bourgeois gentilhomme,* de feu Molière ; *Bajazet,* du vieux Racine, toutes pièces très anciennes, mais plus rien de neuf ou d'original ne se créait en cette fin de siècle gâtifiante, si ce n'est *Armide* de Lully, ou *Acis et Galatée* de Lully encore ! Notons aussi cet incroyable monument de chrétienne emphase, écrit par un de ces tâcherons de l'alexandrin, prêtre attaché au service de propagande de la Compagnie de Jésus, le père Jacques de Baune : *Clovis,* qu'on joua au collège Louis-le-Grand).

Kosapan, donc — sur qui s'exerçaient de plus en plus de pressions —, avait peur, vraiment peur. Et c'est sur ces entrefaites (l'hiver désormais était là, si froid, si triste, et Sa Majesté avait offert à chacun des ambassadeurs une paire de costumes doublés d'hermine avec une toque et un manchon de fourrure) et c'est, donc, sur ces entrefaites (sur le château de Versailles et sur les jardins du château de Versailles, et sur les statues des jardins du château de Versailles, la neige, la neige que nos ambassadeurs découvraient pour la première fois, avait déposé ses blancs flocons, sur les Jupiter de marbre brandissant leur foudre, sur les Neptune de bronze à trident, sur les naïades de pierre grise qui tremblaient de froid dans l'eau gelée des bassins, sur les Castor, sur les Pollux, sur les Diane, sur les Vénus : bizarre le nombre de dieux que pouvaient avoir ces chrétiens qui prétendaient n'en avoir qu'un), c'est sur ces entrefaites donc (Son Excellence Kosapan était presque toujours grippée et se sentait si misérable soudain, si faible), qu'aurait lieu ce rendez-vous, sinon cet affrontement capital, avec monsieur Sing Lé, qui allait décider si oui ou non se ferait cette nouvelle expédition française à Siam à la tête de laquelle on envisageait de nommer comme homme de paille un certain Simon de la Loubère... Nos ambassadeurs siamois, depuis quelque temps, habitaient à Clagny, tout près de Versailles, chez madame de Montespan, ancienne « petite femme » du « grand roi de France » supplantée par une vieille moule quinquagénaire : la Maintenon. Dieu la rôtisse.

Je n'ai pas assisté aux divers entretiens « ultra-secrets » entre Kosapan et Seignelay, mais j'ai obtenu quelques confidences de l'interprète, Antoine Pinto (ce métis siamo-portugais dont j'ai déjà parlé). Par ailleurs les « minutes » de ces conversations, rédigées en langue siamoise, ont été prises, et j'ai pu — à prix d'or — me les procurer, de sorte que je suis en mesure ici, très fidèlement, de reconstituer tout ce qui s'est dit [1].

Le lundi du onzième mois du premier décours de la Lune, en l'an 2231 de l'ère bouddhiste, année du lièvre, soit le 7 octobre 1686 que Dieu (le vrai, celui des chrétiens) fit, monsieur Sing Lé donc, flanqué de sa femme et de l'abbé de Lionne, s'en était allé à Clagny où, à la porte même du château, il fut courtoisement reçu par Son Excellence Kosapan qui l'emmena jusque dans un salon où des musiciens jouaient des airs légers. Il y avait force belles dames, la princesse d'Estenoy, mesdames de Grignan, de Beauvilliers, de Mortemar, et la duchesse de Chevreuse. On but du thé et l'on picora dragées, fruits secs et confiture. Après quelques politesses d'usage, Seignelay laissa entendre à Kosapan que, certes, il aurait bien aimé deviser avec lui longtemps sur toutes sortes de sujets, car il était ravi par sa conversation, mais ils avaient bien des choses, fort importantes, à se dire, qui demandaient qu'on se retrouvât un peu plus en privé. Kosapan donna congé à son beau monde, et même à ses deux co-ambassadeurs. Seuls resteraient dans la pièce le ministre, Kosapan et comme traducteurs, de Lionne et Antoine Pinto.

On s'assit sur sièges et canapés. « Hum », Seignelay toussota, croisa et décroisa ses jambes (ce que Kosapan trouva quelque peu incorrect, car à plusieurs reprises le ministre avait dirigé vers lui ses pieds, chose insultante à Siam), Seignelay donc toussota à nouveau et, « hum », fit savoir que ce qu'il allait dire, « hum », il l'allait dire sur ordre de Sa Majesté le roi de France qui lui, « hum », avait ordonné de le, « hum », dire, c'est-à-dire, finit-il par dire, que ledit roi son maître, « hum », songeait avec le plus grand plaisir à établir « une solide amitié » avec le roi de Siam, mais que ça n'était pas seulement dans l'intention que ses sujets, et la Compagnie des Indes, pussent faire du commerce, car il voulait que cette « solide amitié » fût aussi une « amitié durable » ; qu'il ne cherchait donc

1. Archives nationales, $C_1$ 23 (58 à 73).

pas à faire un établissement pour deux ou trois ans seulement, mais pour bien plus longtemps, ce qui serait tout à l'avantage du roi de Siam, car le roi de France s'engagerait à le défendre contre quelque ennemi qu'il eût et qui le menaçât (en particulier la Hollande !) ; Sa Majesté de France était donc désireuse d' « envoyer au royaume de Siam un grand nombre de gens de mérite, officiers et artisans, lesquels s'attacheraient à former les Siamois et leur enseigneraient la discipline. Mais, mais, mais (et certes ce « mais »-là Kosapan l'attendait depuis longtemps déjà), mais, poursuivit Seignelay, « la proposition que vous nous faites de nous offrir Singor pour cet établissement français ne nous convient pas, car nombre de personnes dignes de foi nous ont fait savoir que cette ville est ruinée, qu'elle n'a pas de port valable et que, pour la remettre en état, il faudrait faire de trop grandes dépenses. Aussi, aussi (... et Kosapan serrait les dents car, bien qu'il ne sût pas trop encore où le ministre voulait en venir, il sentait bien qu'on allait « y » venir), aussi... aussi... Sa Majesté le roi de France m'a prié de vous demander deux choses (à ces mots monsieur de Seignelay montra son pouce droit)... Premièrement : le roi de Siam vous a-t-il donné le pouvoir de négocier pour la cession à la France d'un autre lieu que Singor ? Deuxièmement (et à son pouce dressé Seignelay ajouta son index) : si la Compagnie des Indes trouve à Siam un autre lieu plus propre à son établissement, peut-on tenir pour certain que le roi de Siam le lui accordera, car nous avons besoin, à cet égard, d'un engagement ferme, et ne pouvons envoyer sans cela nos gens à l'autre bout du monde » ?

Son Excellence Kosapan n'eut pas un cil ni un sourcil qui tremblât. Il se tut pendant quelques longues secondes, scruta le visage de Sing Lé, puis de De Lionne (dans quel piège voulait-on le faire tomber ?) puis, d'une voix basse et douce il dit qu'il n'était pas de son ressort de promettre aux Français aucun autre lieu que Singor pour qu'ils s'y établissent car il n'avait pas d'ordre de son roi à ce sujet, qu'au reste Singor était un endroit fort convenable, pour le commerce du moins (mais quoi d'autre que du commerce voulaient-ils y faire ? songea-t-il) car naguère nombre de Chinois y étaient installés et y faisaient de bonnes affaires. On tourna ainsi de longs quarts d'heure autour du pot, Kosapan ne cessant de s'esquiver, avec beaucoup d'art d'ailleurs, jusqu'au moment où Seignelay, écarlate (« ces Français n'ont pas les nerfs solides »), explosa : « Bangkok, c'est à Bangkok que la Compagnie des Indes désire s'installer. Le roi de Siam accepterait-il de céder Bangkok ? »

Kosapan blêmit. Ainsi c'était donc ça. Il l'avait senti, oui, dès le début, mais il n'avait pas voulu vraiment y croire ! Bangkok : la clef du royaume ! Ça n'était pas que du commerce que les Français voulaient faire à Siam... Le général Pitratcha le lui avait insinué d'ailleurs, avant son départ... Et Phaulkon ne pouvait pas ne pas être complice des Français : c'était un traître, il trompait le roi de Siam !

— Je ne puis m'engager sur Bangkok, dit Kosapan, n'ayant aucun ordre de mon roi.

— Nous ne pouvons attendre, dit Seignelay, que vous preniez l'avis de votre roi. L'aller et le retour en bateau dureraient trois ans à tout le moins, et pendant ce temps, ne l'oubliez pas, les ennemis de Siam, et je pense particulièrement à la Hollande, pourraient être avertis de nos projets et lancer contre votre pays une expédition. La chose est d'importance, songez-y.

Le premier entretien s'acheva sur ces mots.

Dans les jours qui suivirent, de Lionne d'un côté, et Tachard de l'autre, prirent à partie Kosapan, quotidiennement, essayant d'obtenir de lui son accord pour Bangkok, parfois par des caresses, parfois par des menaces. Tachard lui dit vertement que si « par sa faute » les Français n'allaient pas s'installer à Siam, comme l'espérait son roi, celui-ci en serait fort fâché et l'ambassadeur le paierait de sa tête.

Ces menaces étaient fondées. La mission de Kosapan était de ramener les Français, mais pour un établissement commercial à Singor. Si les Français ne venaient pas du tout, le roi de Siam en ferait retomber la responsabilité sur sa tête à lui, Kosapan (et il entendait rugir les tigres). Il fallait qu'il trouvât une solution médiane, qui ne le compromît pas trop... On parvint — après bien des efforts et lors d'une nouvelle rencontre avec Seignelay — à extirper de sa bouche une phrase sublimement sibylline où il disait, entre mille autres circonlocutions, qu'il ne doutait pas qu'en voyant les Français arriver son roi fût le plus satisfait du monde et que, sans aucun doute, il leur accorderait un lieu qu'il jugerait propre à ce qu'ils fissent un établissement « solide et durable ».

On n'en obtint pas plus.

— Le roi mon maître, conclut alors Seignelay, se fondant sur vos paroles, enverra donc des gens pour faire un établissement à Siam, cependant il n'en enverra pas un grand nombre (et là Kosapan ne demandait pas mieux) parce qu'il ne connaît pas encore le lieu qu'on lui accordera. Mais quand on en aura connaissance, pour lors on pourra en envoyer beaucoup.

Son Excellence Kosapan à nouveau un peu inquiet demanda des précisions :

— Combien de gens le roi de France enverra-t-il cette fois-ci ?

— Le roi pourra envoyer trois vaisseaux, dit évasivement Seignelay. Outre qu'il enverra des gens pour l'établissement commercial, il enverra des officiers de l'armée de terrre, de mer, des ingénieurs spécialistes en matière de fortifications. Le roi de Siam les emploiera à ce qu'il jugera bon.

— Je suis persuadé, dit onctueusement Kosapan, que cet envoi fera un plaisir très sensible à mon maître.

Il y eut encore bien des fêtes, bien des bals — et d'autant plus que le roi venait d'être opéré, avec succès, de sa fistule, et qu'on célébrait son rétablissement. Monsieur, son frère, donna à Saint-Cloud une des plus somptueuses soirées qu'on vît jamais... Mais... mais... le charme était rompu. Quelque chose, dans le cœur de Kosapan, s'était brisé. Le rideau de théâtre, derrière lequel il avait entendu tant d'incompréhensibles chuchotements, s'était levé, tout d'un coup : le complot révélait ses coulisses ; la fête, son horreur ; et sans doute n'avait-il jamais trouvé meilleure illustration de son séjour en France que cet opéra de monsieur Lully, *Armide,* qu'il avait vu avant son départ : oui, il était le croisé Ré No qu'avait enchanté la sorcière sarrasine. Mais Ré No, à l'appel de son devoir, avait « brisé les charmes », vaincu les philtres de la magicienne et il s'était réveillé de ce trop beau rêve, tout couvert encore de fleurs, de baisers, de parfums : « *Ciel, quelle honte/De paraître dans l'indigne état où je suis/... Vains ornements d'une indigne mollesse/ Ne m'offrez plus vos frivoles attraits.* » Et comme le palais enchanté d'Armide finissait par s'écrouler, dans un effroyable fracas de fanfares, de feux d'artifice, au milieu des fumigènes et de ballets de diables tourbillonnant de toutes parts et s'envolant à travers les airs tirés par câbles et poulies, ainsi s'était effondrée autour de l'ambassadeur siamois l'énorme mise en scène où les Français avaient voulu le prendre. « Ah France. »

Bientôt les ambassadeurs seraient reçus par Louis l'Infâme pour l'audience de congé. Bientôt les ambassadeurs retrouveraient Brest, ses Bretons à chapeau noir, ses Bretonnes à coiffe blanche.

C'était la fin février 1687. A l'Académie française un chien de garde lirait un vaste poème, *Le Siècle de Louis le Grand,* qui déclencherait une terrible querelle dans la basse-cour de nos écrivassiers : c'était (encore !) le chien couchant Charles Perrault qui affirmait en ronflants alexandrins que les siècles de Périclès ou d'Auguste n'étaient que de la bibine à côté de celui du Fistuleux, et que, face à Quinault, Campistron, Voiture, les Eschyle, Sophocle et autres Cicéron n'avaient plus qu'à aller se rhabiller : Anciens et Modernes, c'est ainsi qu'on appelait les partisans de la « tradition » et du « progrès », s'entredéchireraient à coups de plume. Tandis que, dans les geôles de l'Infâme, on déchirait les chairs des libres penseurs et parpaillots, persécutés, torturés, exilés. Ainsi pour régner absolument, les princes occupent-ils leur valetaille intellectuelle.

Il faisait assez doux à Brest. Kosapan, Ocun Sri Wisang Waja et Oluang Kalaya Rajamaïtri se promenaient au milieu de la foule des matelots, des portefaix, des prostituées, allant et venant sur les quais du port. Dans la rade quatre énormes bateaux, de 400 à 500 tonneaux, et une frégate de 300 tonneaux, portant chacun de 50 à 100 canons, se trouvaient au mouillage, à les attendre, avec, claquant en poupe, cette splendide oriflamme blanche timbrée de fleurs de lys or : le *Gaillard,* l'*Oiseau,* le *Dromadaire,* la *Loire,* la *Normande.*

Cinq navires ! Non point trois comme l'avait dit monsieur de Seignelay. Et comme ne l'avait pas dit monsieur de Seignelay, c'étaient près de sept cents soldats qui s'apprêtaient à embarquer. Ils étaient là, en rangs impeccables, superbes dans leurs casaques bleues pour les uns, rouges pour les autres, plume au vent, épée au côté, tandis que s'agitait devant eux une espèce de géant à justeaucorps noir, plume rouge et bottes immenses, qui beuglait de gargantuesques engueulades : le général Desfarges soi-même, que flanquait son second du Bruant. Derrière ce millier d'hommes alignés, se trouvaient des canons à profusion, des mortiers (ces terribles mortiers que Kosapan avait vus à l'œuvre), des chariots chargés de boulets et de tonneaux de poudre.

Kosapan, le pied droit sur une bitte d'amarrage, le bras accoudé sur son genou et le menton posé sur sa main, regardait, comme fasciné, fasciné par la peur qui, à l'intérieur de lui ne cessait de grandir, ce déploiement de force énorme. Les soldats, bientôt, se mettraient à défiler devant lui (jamais il n'avait vu pareille discipline) et à descendre dans les grandes chaloupes en bas du quai. On les emmènerait jusqu'aux vaisseaux ; et puis ce seraient les chariots de poudre, les chariots de boulets, les canons, les mortiers qui s'ébranleraient.

Soudain Kosapan entendit dans son dos une voix, une voix qu'il ne connaissait que trop, une voix mielleuse qui l'irritait au plus haut point, mais qui commençait aussi à l'effrayer, une voix qui lui dit, dans un mauvais siamois ridiculement prononcé : *Phra racha khong than di djaï khon Farangset ma mueng thai* (Votre roi sera heureux que les Français s'installent au Siam). C'était l'ombre ensoutanée de Tachard qui avait surgi derrière lui.

« Nous sommes trahis, et moi je suis l'otage, le prisonnier des Français », songea Kosapan. Que se passerait-il à leur arrivée à Siam ? Le laisseraient-ils débarquer ? A quelles conditions ? Il fallait qu'il cache son jeu, à tout prix, qu'il fasse croire aux Français qu'il « marchait avec eux ». Sinon ils n'hésiteraient pas, oui, à lui faire la peau avant la fin du voyage.

C'est le premier mars 1687 que l'escadre mettrait à la voile. Aux dires d'un témoin, le révérend Tachard était monté à bord du *Gaillard,* à la tête de ses jésuites, *fier comme un amiral*[1] menant ses troupes au plus catastrophique naufrage.

1. Bénigne Vachet, *Histoire de Constance Falcon favori du roi de Siam,* Archives des Missions étrangères, vol. 868.

*Tout sens devint douteux, tout mot eut deux visages...*

(Boileau, *Sur l'équivoque,* 1703.)

Longtemps plus tard, dans son journal de bord, plus d'une fois remanié afin que tous les événements qu'il y raconte se présentassent à son avantage, monsieur de Céberet écrirait que l'ambassadeur Kosapan descendit à terre dès son arrivée en vue des côtes de Siam, ou du moins le lendemain, soit le 7 octobre. Tachard quant à lui affirme que ce fut le 9 octobre « lorsque tout fut conclu ». Mensonges, mensonges ! Car ni le 7 ni le 9 rien n'était conclu, et l'on n'avait pas intérêt à ce que les ambassadeurs de Siam débarquassent et missent leur grain de sel, sinon de poudre à canon, au milieu des difficiles négociations qui se déroulaient alors. On se méfiait d'eux.

En fait, après les avoir « retardés » à Banka, on allait les retenir encore, dans la rade de Siam, à bord du *Gaillard,* pendant plus d'une semaine. Et c'est cette « agréable nouvelle » qu'aussi diplomatiquement que possible, le jésuite (qui avait quitté, en chaloupe, l'*Oiseau* le 6 octobre, vers les seize heures), venait annoncer à Kosapan quand, à la tombée de la nuit, il atteignit le *Gaillard.* « Les préparatifs pour la cérémonie du débarquement n'étaient pas encore mis au point », avait-il prétexté. Le premier-ambassadeur-qui-alla-à-la-France encaissa le coup sans broncher. En souriant même, de son inébranlable sourire. Mais c'était comme si on lui eût craché à la face : et cet affront il n'était pas près de l'oublier. Dès le lendemain à l'aube, le bourdonnant Tachard avait sauté à nouveau dans sa chaloupe, pour rejoindre l'*Oiseau* « sa mission accomplie ». Les Envoyés lui donnèrent la formule du *serment* qu'ils avaient passé de longues heures à rédiger. C'était ce serment de fidélité des troupes françaises au roi de Siam *et* à son ministre, que le Grec avait exigé, serment sans quoi Bangkok ne serait pas cédé à Louis XIV, ni aucun traité signé. Les Envoyés en avaient tarabiscoté le style de façon à laisser entendre que le général Desfarges ne prendrait pas les ordres de Sa Majesté de Siam *et* du ministre, mais de sa Majesté de Siam *par le canal* du ministre : étant-bien-entendu-que-ces-ordres-ne-devraient-pas-aller-à-l'encontre-des-ordres-de-Sa-Majesté-de-France. Enfin il fallait que ce serment fût le plus vaseux possible afin que « en temps voulu » et « si nécessaire » les Français pussent lui faire dire ce qu'ils désiraient. Hop, ce document en main, le diligent Tachard sauta à nouveau dans sa chaloupe. Cap sur l'embouchure du Mae-Nam Chao-Phraya.

Il fut suivi bientôt par cinq chaloupes chargées de matelots et soldats malades : car « par chrétienne charité » Phaulkon, « ce saint homme », avait accepté qu'avant signature du traité on fît descendre à terre ces malheureux. Et c'était spectacle pitoyable au plus haut point que de voir, sur les quatre vaisseaux, cette cinquantaine de pauvres hères (140 soldats déjà étaient morts sur les 700) les joues mangées de barbe, les gencives noires, turgescentes, édentées, dévorées de scorbut, tout tremblants de fièvre, les hardes maculées de déjections, qu'on traînait le long des ponts et descendait à l'aide de filins et poulies dans les tangantes chaloupes mises à la mer : carne pourrissante à quoi la vie ne s'agrippait plus qu'à peine et dont l'âme, si tant est que ces rustres-là aient une âme, s'échappait déjà. Le parpaillot Tulippe dont la santé s'était améliorée avait été mis aux fers. Il avait fini pourtant par signer son « acte d'abjuration » : sous la menace de passer en conseil de guerre pour « blasphème et récidive de blasphème ». La condamnation qu'il risquait, c'était rien moins que d'avoir la langue brûlée, ce dont on crève dans quatre-vingt-dix pour cent des cas. « Ma vie vaut bien une messe », songea-t-il. Bientôt, à genoux sur le pont de l'*Oiseau* devant l'ensemble de l'équipage et des religieux, il prononcerait à voix haute le serment par quoi il renonçait à jamais aux fausses créances de la « religion prétendument réformée ».

On attendit.

Que Tachard revînt avec le texte du traité. Cependant les hommes valides s'entraînaient aux armes et la Loubère prenait « toutes les dispositions nécessaires » à une possible attaque de Bangkok. Il envoya des espions et un ingénieur, Vollant des Verquains, « jeter un œil » sur les forteresses. Il eut une conférence, sur le *Gaillard,* avec le général Desfarges et l'amiral de Vaudricourt, qui confirma que les vents étant contraires et les fonds insuffisants nos vaisseaux, en cette saison du moins, ne pourraient remonter le fleuve.

Dix jours après son départ, Tachard serait de retour sur l'*Oiseau* en compagnie de cinq mandarins et d'un ingénieur, le sieur de la Mare, resté à Siam en 1685 lors de l'ambassade Chaumont. Agitant un parchemin cacheté au-dessus de sa tonsure, le jésuite lança à la Loubère : « J'ai le traité. » On installa les mandarins dans une belle salle à manger où on les régala de toutes sortes de bonnes choses et les Envoyés extraordinaires s'enfermèrent dans la cabine de la Loubère en compagnie de Tachard. On reposa son cul sur les cupidons-et-naïades-en-soie-rose des fauteuils et le révérend père aussitôt assura « Leurs Excellences » que tout était « pour le mieux ». Il leur montra d'abord une lettre de créance portant le paraphe de Phaulkon, qui donnait au jésuite le pouvoir de signer *au nom du roi de Siam* le traité en question : dont il posa par ailleurs devant lui, sur la table, une copie.

Céberet et la Loubère s'entre-regardèrent stupéfaits. Ce jésuite les étonnerait toujours. Ne voilà-t-il pas que le souverain d'une puissance étrangère lui faisait toute confiance, et quelle confiance : il l'employait en quelque sorte comme un de ses propres ministres, un de ses propres diplomates, dans une affaire combien délicate ! Mais pour qui donc travaillait Tachard ? Pour la France ou pour le Siam ? Ou...

— Voyons donc ce traité, dit la Loubère qui commença de lire le parchemin que lui avait confié Tachard.

Le texte était rédigé en version bilingue, française et portugaise, en regard l'une de l'autre. Il contenait dix articles, dont un « article secret », que l'Envoyé parcourut rapidement.

— Bien, bien ! dit-il.

Céberet lut à son tour le traité, et lança aussi, comme en écho :

— Bien, bien !

— Bien, bien, répétèrent-ils en chœur.

— Voilà donc, dit Tachard, tous nos problèmes résolus. Ce traité est parfait, pouvait-on s'attendre à mieux ?

— Certes, dit la Loubère. Et soyez assuré que nous en avons pour vous la plus immense reconnaissance. Vous avez démontré, pendant ces négociations, la plus extraordinaire habileté politique.

Tachard enfla sa poitrine, releva son menton, dans l'attitude un peu du pigeon qui roucoule. Ses yeux brillaient, sa bouille rose rayonnait. Enfin, ces emplumés finissaient par reconnaître sa valeur.

— Vous ne verrez pas d'inconvénient, poursuivit la Loubère, à ce que je discute un moment en... privé avec monsieur de Céberet, afin qu'en toute tranquillité d'esprit nous délibérions sur un aussi grand sujet ?

Tachard, jubilant de sainte joie, s'exclama « comment donc ! ». Il se leva et, avant de quitter la pièce, glissa :

— Si Vos Excellences pouvaient être assez rapides... Son Excellence Constance m'attend dans un bateau, à l'embouchure du fleuve. Il est si impatient de voir se conclure ces négociations chères à son cœur...

— Comptez, mon révérend, sur notre diligence, dit onctueusement Céberet...

Le père sortit. Et la Loubère s'exclama aussitôt.

— Foutre Dieu, mais qu'est-ce donc que ce jésuite cache sous la peau de sa soutane ? Qu'est-ce qu'il manigance ? Peut-on encore en douter : c'est un *traître !*

Le traité, tel que l'avaient mitonné Phaulkon et Tachard, puait le piège à plein nez, le guet-apens, le coupe-gorge ! Ce qu'il accordait d'un côté, il le reprenait de l'autre. Ainsi donnait-on Mergui et Bangkok aux Français, mais il était notifié que des soldats siamois seraient présents dans ces places : la confiance régnait ! On pourrait fortifier lesdites places, mais aucuns travaux ne seraient entrepris sans que les plans en aient été présentés auparavant au roi et qu'ils les ait agréés : autrement dit il pouvait sous un prétexte ou un autre en retarder *ad vitam aeternam* l'exécution ! Par ailleurs, le gouverneur de Mergui, soit du Bruant, ne serait pas aux ordres du général Desfarges, mais directement à ceux du roi et de son ministre ; et tous les autres articles à l'avenant ! Sans compter une multitude de parenthèses où il était notifié qu'en telle ou telle circonstance, en cas d'incertitude sur une décision à prendre, le chef de nos troupes s'en devait remettre *entièrement* et *absolument* aux avis de Tachard et de ses collègues. L'armée française au service de la Compagnie de Jésus, c'était le comble[1] !

— Est-il seulement possible de discuter à partir d'un pareil torchon ? s'exclama la Loubère.

1. Pour le texte du traité, voir Archives nationales, C 1 23 (192).

— Sommes-nous en position de discuter? rétorqua Céberet, glacial.

— Que voulez-vous dire?

— Avons-nous le choix de refuser?

— Attaquons!

— D'abord, dit Céberet, nos instructions ne nous autorisent à attaquer que si, très clairement, on nous refuse le fort de Bangkok. Or on ne nous le refuse pas. On nous le cède... à quelques conditions il est vrai.

— Et quelles conditions! Inacceptables. C'est un traquenard qu'on nous tend.

— Inacceptables, mais que nous devrons bien accepter. J'y ai réfléchi : si nous refusons ces conditions, quelle solutions nous reste-t-il? Retourner en France? Comment le roi nous accueillera-t-il, lui qui a investi tant d'argent dans cette affaire? Par ailleurs nous manquons d'eau, de vivres et nos hommes, si malades déjà, seront incapables de supporter le voyage de retour. Ce serait une hécatombe. Alors, attaquer? Vu l'état de nos troupes, c'est chimérique...

— Eh bien, dit la Loubère, consultons donc l'homme de l'art.

L'homme de l'art en question, c'était Desfarges. On l'envoya quérir. Il se trouvait en effet à bord de l'*Oiseau* depuis quelques jours, comme les principaux responsables de l'ambassade, dont l'abbé de Lionne. Sur l'*Oiseau* avaient été transférés aussi, comme un sac de pommes de terre qu'on déplace sans leur demander leur avis, les trois ambassadeurs siamois qui, remisés dans leur coin, verts de rage, mais ne pipant mot, observaient le manège des prêtres, diplomates et officiers français tourbillonnant autour d'eux sur les espèces de tréteaux que constituait le pont du navire.

Quand l'énorme tas de muscles et d'os où s'incarnait le général Desfarges fut entré dans la cabine des Envoyés, le volume de celle-ci parut soudain et comme par magie diminuer de moitié. Debout et d'autant qu'il était coiffé d'un feutre à plumes écarlates, il ne pouvait tenir sans baisser la tête, ce sur quoi on s'empressa de l'inviter à s'asseoir — sur les naïades et cupidons roses des fauteuils de la Loubère. Le plan horizontal, cette fois, fut envahi à la moitié par le compas béant des énormes cuisses de l'officier. Ajoutez à cela des épaules taillées dans le granit, un buste de buffle à l'étroit dans un pourpoint noir galonné d'or, d'argent et enrubanné de vermillon. Il portait quasi en permanence, comme s'il fût toujours sur le point de faire le coup de feu, un hausse-col d'acier damasquiné qui pesait sur son buste et une énorme flamberge, lourde, raclant le sol, point une flamberge de cérémonie, non, ni une rapière de comédien : le cuir de sa poignée était noirci, patiné d'avoir été manié pendant plus de trente ans de bons et loyaux services. Il s'était battu contre les Hollandais, les Espagnols, partout où Louis la Crapule l'avait appelé. Il était assez vieux en effet, et sous son épaisse perruque noire et bouclée, ses cheveux étaient gris. Comme l'attestait d'ailleurs la couleur de sa moustache qu'il s'était toujours refusé à teindre. Une moustache copieuse, hérissée, qui lui cachait complètement la lèvre inférieure et envahissait ses trous de nez. Les yeux étaient d'un bleu lessivé, la bouille rouge, le pif imposant, strié d'un réseau de veinules écarlates attestant son goût pour la bouteille. Les dents de devant à moitié pourries, ce qu'il avait du mal à cacher car il avait des façons d'éclater de rire qui lui écartelaient pour ainsi dire la mâchoire. Le regard était rusé. Mais de la ruse naïve du cul-terreux qui vous refile un œuf en moins sur la douzaine, et accepte sans vérifier votre fausse monnaie. Le corps était massif; l'esprit ne l'était pas moins. Ses écoles furent les bivouacs; ses salons, les salles de garde. L'homme par ailleurs n'était pas désintéressé. Quoiqu'il eût, dans ses Instructions, interdiction formelle de se livrer à aucun commerce, il n'était *pas parti aux Indes,* comme l'écrirait joliment mon ami Deslandes, *seulement pour changer d'air.* A ce titre il avait emmené avec lui ses trois fils, l'abbé, le chevalier et le marquis Desfarges, comptant bien faire leur fortune à Siam. Car il en était revenu, de la gloire militaire, n'ayant acquis jamais sur les champs de bataille que médailles et blessures. Mais d'or point. Or l'or est tout : en cette *Fin de siècle* où tout ce qui nous fut le plus sacré s'écroule. Avec son château de Gascogne à demi en ruine, c'était l'idéal des seigneurs qui, pour Desfarges, se cassait la gueule. Évidemment, comme l'écrirait François Martin de la Compagnie des Indes, peut-être eût-il fallu, à la tête de nos troupes, *un esprit plus étendu (...) pour ce gouvernement politique où l'on devait se ménager avec les étrangers et tenir les Français dans l'ordre.* Mais Desfarges était un protégé de Monsieur, frère du roi sous qui il avait servi à la bataille de Cassel. On lui avait accordé pour cette expédition quatre mille écus d'équipage et une rente de quinze mille livres : qu'il n'avait cependant pas encore touchée.

Desfarges était furieux contre les Envoyés extraordinaires et particulièrement contre la Loubère, « ce poétereau ». Il s'était senti mis « sur la touche » depuis le début des négociations. Il avait en effet la prétention d'y avoir un rôle : que lui accordaient d'ailleurs ses Instructions, car rien de ce qui touchait au domaine militaire et stratégique ne se pouvait entreprendre sans son accord. Eh bien ça n'avait pas empêché ces messieurs, avec le père Tachard, de décider par exemple, à Banka, et sans le consulter, de laisser en arrière les ambassadeurs siamois. Et puis ce la Loubère, qui n'avait jamais dû entendre tirer le canon qu'à blanc, lors des cérémonies officielles, vous avait des façons de regarder de haut le reste des mortels : et lui, Desfarges, en particulier, lui, Desfarges, qui avait le corps couturé de cicatrices : qu'il n'hésitait pas à montrer d'ailleurs, ouvrant sa chemise, dans les moments d'exaltation et, dans les moments d'ivresse, allant jusqu'à baisser sa culotte : car une mine, à Valenciennes, lui avait sauté aux fesses, manquant le laisser châtré et cul-de-jatte. « Foutredieu, se répétait-il sans cesse, ce la Loubère me les brise ! » Et puis l'Envoyé extraordinaire n'avait pas pu s'empêcher non plus, à Versailles, ou aux escales du Cap et de Batavia, de lui faire la démonstration de ce qu'il supposait être sa « supériorité intellectuelle ». Ces divisions, pour sûr, Tachard en fit son miel : excitant autant qu'il pouvait contre le diplomate le militaire dont il essayait de faire sinon son jouet, du moins son allié.

Il y avait réussi : pour moitié au moins. L'autre moitié n'allait pas tarder à tomber dans son escarcelle quand la Loubère annonça à Desfarges les conditions exigées par Phaulkon en échange de Bangkok.

— Messieurs, Vos Excellences, clama le général, pourquoi ne pas m'en avoir parlé plus tôt. Mon bateau est arrivé en vue de Siam le six octobre, nous sommes le seize, et vous deviez bien avoir eu bruit de tout ça avant ce jour d'hui, que je sache. Il est hors de question, m'entendez-vous, que je prête aucun serment à ce monsieur Phaulkon. Il est hors de question encore qu'aucune troupe siamoise stationne à Bangkok, quand je m'y serai installé ; il est hors de question qu'à Mergui le lieutenant du Bruant prenne des ordres de personne d'autre que de moi !

Et de « hors de question » en « hors de question ! » le ton de Desfarges montait et, bientôt, emporté par sa verve il se leva, se cognant violemment la tête au plafond, mais n'en restant pas moins debout, la nuque pliée, telle une fabuleuse cariatide, un Atlas supportant sur ses épaules non point le poids de l'univers, mais celui des troupes dont il avait la responsabilité, avec cette idée en tête que si cette expédition tournait à la catastrophe, il allait très rapidement se retrouver en France, exilé dans quelque mauvaise place forte aux frontières dans les frimas des Flandres... Pouah! Comme le ton de Desfarges montait la Loubère, qui s'était levé à son tour, se mit à parler, en même temps que le général et de plus en plus fort, disant que les Français n'avaient pas d'autre choix que d'accepter les conditions certes inacceptables de Phaulkon car, et monsieur de Céberet en était d'accord, ils ne pouvaient rebrousser chemin ni, décemment, envisager d'utiliser la violence...

— Et pourquoi donc ne peut-on pas envisager l'emploi de la force? s'exclamerait le général, empostillonnant le visage de la Loubère.

Monsieur de la Loubère manquait-il de courage? Monsieur de la Loubère aurait-il peur que parlât la poudre et brillassent les épées? Et, ce disant, l'officier porta son énorme patte droite sur la poignée de sa rapière; imité aussitôt par la Loubère qui faillit tirer, de sa longue main blanche, ce qui lui tenait lieu d'épée, mais ressemblait plus à quelque sabre de bois, quelque arme d'apparat, quand le sens du ridicule, dont il n'était pas dépourvu tout à fait, du moins en dehors des états de colère, lui fit soudain suspendre son geste.

— Je sais moi aussi, s'exclama le futur académicien, abandonner la plume pour l'épée... Mais je vous le demande très sérieusement, envisagez-vous qu'il soit possible d'attaquer?

Desfarges écarta ses bras en croix, bombant sa poitrine et l'offrant quasi comme aux balles de l'ennemi.

— Monsieur l'Envoyé, je n'ai pas passé ma vie, moi, à me battre avec les mots et les alexandrins, mais sur les champs de bataille, et pour la plus grande gloire de mon roi! J'ai versé déjà mon comptant de sang, et sachez que, s'il le faut, je suis prêt à *mourir* (et prononçant ce mot « mourir » il fit hululer le « ou » et rouler le « r », comme autant de fifres et de tambours), à *mourir* sous les murs de Bangkok!

— Et croyez-vous, monsieur, que nous ne soyons pas tous prêts à sacrifier notre vie? postillonna la Loubère hors de lui.

Crachant, piaillant, suant aux pieds de la masse de carne gigantesque du général, la Loubère ressemblait à un roquet enragé lancé à l'assaut d'un rhinocéros (il venait d'ailleurs tout juste d'apprendre l'existence de cet animal, dans une étude du père Gervaise qui assurait qu'il s'en trouvait à Siam). Et, sans doute, les deux hommes qui ne cessaient de s'envoyer au visage les mots « prêt à mourir » et « sous les murs de Bangkok » eussent-ils fini par en venir aux mains si monsieur Claude de Céberet que les si peu diplomatiques colères dont était capable la Loubère surprenaient toujours, et inquiétaient fort, murmura d'une voix conciliante :

— Messieurs, messieurs, s'agit-il de se battre vraiment ? Et vous, mon général, songez-vous à ce que vous dites ? Nul ne doute que vous soyez « prêt à mourir » et même, si vous le voulez « sous les murs de Bangkok » (entendant ces mots, Desfarges posa sa main droite sur son cœur). Mais quelles terribles conséquences pourraient être celles d'un assaut, y avez-vous bien réfléchi ? Avez-vous bien réfléchi à quel risque vous exposez les missionnaires et tous les chrétiens de Siam qui pourront être massacrés en représailles, pendant les combats ? Par ailleurs pouvez-vous nous assurer, et nous en assurer *par écrit,* car il faut que vous en preniez officiellement la responsabilité, que vous êtes en mesure de vous emparer de Bangkok et, quand vous aurez saisi cette place, de vous y maintenir assez longtemps pour que vous parviennent de France les prochains renforts prévus pour dans un an ? Songez que nous n'avons plus de vivres. Que nos provisions de poudre ne sont pas si grandes et que la santé de nos hommes est déficiente !

On se rassit. On discuta de longs quarts d'heure, de longues heures pendant lesquelles on reparla encore de « mourir » et de « sous les murs de Bangkok », tandis que de temps à autre un des mandarins siamois arrivés avec Tachard venait voir « où ça en était » et si on était décidé enfin à signer ce traité, ce que ces Siamois n'eussent jamais osé faire, commenta la Loubère, « si ce Tachard ne les y poussait, pour nous harceler, pour nous faire perdre la tête, pour... ». Car Tachard s'impatientait. Sur le pont de l'*Oiseau* il marchait, marchait sans cesse, de bâbord vers tribord et de tribord vers bâbord ; pendant que l'abbé de Lionne (furieux de n'être pas admis comme conseil dans ces négociations) marchait, lui, de tribord vers bâbord et de bâbord vers tribord, lançant de temps à autres des regards assassins vers le jésuite, qui le lui rendait bien.

Et cependant à la proue du navire les ambassadeurs siamois, le dos tourné vers le rivage de leur chère patrie, qu'on leur interdisait de rejoindre (mais ils sentaient que ça n'allait plus tarder), observaient le manège de ces *Farangset* qui ne cessaient, tels des frelons, de bourdonner, de partir dans tous les sens, embarquant, débarquant, allant d'un vaisseau sur l'autre en chaloupe, et des vaisseaux vers la terre ferme : que diable manigançaient-ils ? Nos Siamois étaient en quelque sorte « prisonniers » ou disons

« otages », mais, cependant, on devait conserver vis-à-vis d'eux toutes les apparences du respect. On ne put aussi empêcher, quoiqu'on l'appréhendât fort, qu'un des mandarins, venus avec Tachard, n'allât leur parler. Il avait le crâne rasé, le corps sec, nerveux, extrêmement bien bâti. Ses bras, noués de muscles, étaient tatoués et il portait une robe jaune safranée qui ressemblait à celle des bonzes de Siam, à quelques rayures près, de couleur noire. L'homme semblait bien connaître Kosapan qui fut, à sa vue, envahi d'une émotion soudaine. Le premier ambassadeur joignit ses mains devant son front, en guise de salut, imité presque aussitôt, avec tout juste une ou deux secondes de retard (ce qui marquait une supériorité hiérarchique) par l'homme au crâne rasé. Lequel, continuant de signifier sa supériorité hiérarchique, parla le premier, mais à peine eut-il esquissé quelques questions toutes formelles, sur la santé de Kosapan, la longueur du voyage, etc., celui-ci, avec quelque brusquerie (ce qui dénotait qu'il s'était laissé influencer par les manières des barbares français) murmura sur un ton précipité :

— Général Pitratcha, nous sommes trahis, il faut assembler au plus tôt vos troupes. Il y a près d'un millier d'hommes et des armes terrifiantes à bord de ces bateaux. Les Français veulent Bangkok !

Le général Pitratcha (ce même mandarin qui, selon certaines sources, avait rendu une première visite dix jours auparavant sur l'*Oiseau,* aux Envoyés extraordinaires) se contenta de sourire. Il pria Kosapan de s'accouder à ses côtés, à la rambarde de bois du navire. Ils regardaient de loin le rideau de jungle du rivage, les chaloupes, les sampans qui montaient et redescendaient le Mae-Nam Chao-Phraya...

— Je n'ai pas été inactif durant votre longue absence, dit le général Pitratcha à voix basse. Vous pourrez prochainement vous en rendre compte. Au demeurant de tout ce que vous me dites nous aurons lieu, plus tard, de parler à loisir... *Le riz est chaud, attendons qu'il refroidisse !* Et pour l'instant, contentons-nous de faire le meilleur accueil à nos hôtes français... Suivons de près les manœuvres de ces messieurs Phaulkhon et Tachard et tentons de conseiller notre roi...

C'est ainsi que, bien des années après le *drame,* un mémoire secret [1] envoyé de Siam en France par un de nos agents raconterait les retrouvailles de Kosapan et du général Pitratcha, chef du département des Éléphants.

1. *Mémoire venu du Siam,* Archives nationales, C 1 25 (129-133).

Les Envoyés extraordinaires, au terme de force discussions, parvinrent à convaincre Desfarges qu'il n'était pas absolument nécessaire qu'il « mourût sous les murailles de Bangkok » (ce à quoi il semblait tenir) et acceptèrent finalement de signer, en présence de Tachard qui cosigna « au nom du roi de Siam », les dix articles du traité. Ils les avaient vaguement modifiés de façon à les rendre presque incompréhensibles. « Ils ne seront jamais assez ridicules », avait dit la Loubère à Céberet. Car leur secret dessein, qu'ils ne confièrent pas à Tachard pour sûr, qu'ils considéraient désormais sinon comme un « traître » du moins comme un irresponsable, c'était de rejeter ce traité dès qu'ils se seraient installés en force à Bangkok : avec canons et mortiers. Ils seraient alors en position de « faire danser » ce monsieur Phaulkon. Il n'y eut qu'une chose qu'ils ne consentirent pas à accepter même « sur le papier » : que du Bruant, à Mergui, fût directement aux ordres de Phaulkon. Tout ordre à tout Français devait nécessairement passer par le général Desfarges. Phaulkon dès le lendemain ferait vertement savoir à Tachard qu'il était mécontent qu'il eût cédé sur ce point.

C'est le lendemain en effet que le jésuite descendit à terre : flanqué d'un jeune officier de vingt-deux ans, l'enseigne Fretteville, un de ses « préférés » car il le trouvait « docile, sage et bien intentionné ». C'est le lendemain aussi qu'en grande cérémonie, avec trompettes et force coups de canons, débarquèrent — enfin ! — les trois ambassadeurs siamois. Le traité était signé. Ils ne pourraient plus être nuisibles. Le 18 octobre, une trentaine de chaloupes emmèneraient au rivage les troupes françaises, leur général en tête. Les Envoyés resteraient à bord. On les avait priés de « patienter encore un peu », afin qu'on « préparât leur réception avec tous les honneurs » (ça y est, on était en train de leur tenir le même discours qu'aux ambassadeurs siamois !). La Loubère demanda à Desfarges de lui laisser ses dix « splendides *bombardiers* » : il s'agissait de soldats d'élite, attachés au maniement des mortiers et divers canons ultra-modernes emportés dans les vaisseaux « au cas où » : il eût fallu attaquer Bangkok. Ces soldats, commandés par le capitaine du Laric, avaient un somptueux uniforme rouge à parements d'or, et une fière mine. La Loubère songeait que cela aurait un « bel effet » dans sa suite et « aiderait à soutenir son *caractère* d'ambassadeur » car les peuples d'Orient « aiment la magnificence » et il fallait leur en mettre « plein la vue ». Mais Desfarges, que ce plumitif de la

Loubère avait plus que sérieusement agacé, ne fut pas mécontent de lui montrer son autorité, en les lui refusant catégoriquement, prétextant que lui aussi, « chef de l'expédition militaire », avait besoin que son « *caractère* fût soutenu ». Il en voulait faire son escorte personnelle. N'eût Céberet été présent, ils se fussent à nouveau crêpé le chignon... ou la perruque du moins.

Accoudés à la rambarde de l'*Oiseau,* les deux Envoyés extraordinaires verraient, quelques quarts d'heure plus tard, non sans émotion et bien des craintes, l'ensemble des soldats français s'éloigner sur les lourdes chaloupes : ne tomberaient-ils pas dans un piège ?

L'embouchure du Mae-Nam Chao-Phraya les goba tous : comme la gueule énorme d'un tigre.

# Acte II

*Je sais aussi qu'il est impossible d'extirper de l'âme du vulgaire la superstition.*
(Spinoza, *Traité théologico-politique,* 1670.)

Lorsque, bien des années plus tard, dans sa demeure de la rue Saint-Louis-au-Marais, monsieur de la Loubère rassemblerait ses notes pour commencer la rédaction de son fameux ouvrage *Du Royaume de Siam* (qui lui vaudrait l'Académie, pouah !), il trouverait un plaisir plein de nostalgie à revivre, en l'écrivant, cette matinée du 19 octobre 1686 que Dieu fit, où il débarqua de l'*Oiseau.* C'était le lendemain même du départ de Desfarges et des troupes. Ils étaient donc restés près de vingt-quatre jours en rade face à cette barre verte de jungle à l'horizon : Siam.

Et Siam se rapprochait à mesure qu'à force d'avirons la lourde chaloupe de l'Envoyé avançait. C'était l'aube. La mer, le ciel, les forêts se vernissaient de lumière rosée... et pourtant l'air était déjà tiède et moite. Des jonques bleutées, au loin, croisaient dans l'embouchure d'or rouge du Mae-Nam Chao-Phraya. A bord de la chaloupe se trouvaient Céberet ; l'abbé de Lionne des Missions étrangères ; le père Marcel le Blanc (un des douze jésuites de l'équipe Tachard, qui avait voyagé sur le *Gaillard*) ; deux officiers de marine destinés à former les Siamois : les sieurs Sainte-Marie et Suhart ; Terrasson, secrétaire de la Loubère ; ainsi que deux mandarins qui étaient venus les chercher : un certain Mungchion, entre autres, qui avait visité l'*Oiseau* vingt jours auparavant. C'était le chef des pages de la Cour. Comme le sieur Torf en France l'avait fait pour Kosapan, il était chargé de suivre partout les Envoyés, de satisfaire sinon précéder leurs désirs. C'était en quelque sorte leur major, ou majordome. Peut-être devait-il aussi les espionner ? Il était petit, face plate, nez court, la peau sombre semée de trous de petite vérole, maladie fort courante à Siam. L'œil était vif, plein de malice sinon d'intelligence. Il ne connaissait qu'une dizaine de mots d'une dizaine de langues, mais, en les mélangeant les uns aux autres, en les accompagnant de force gestes et grimaces (chose peu accoutumée à Siam où l'impassibilité est une condition première de la politesse), il arrivait si bien à se faire comprendre qu'on eût parié qu'avec le peu de vocabulaire qu'il avait, il vous eût fort bien fait l'exégèse du *Traité théologico-politique* de feu l'athée Spinoza. En tout cas il sut *nous* dire (j'étais moi-même à bord de cette chaloupe, qui précédait quatre autres chaloupes chargées d'officiers, gardes-marines et domestiques) que nous étions attendus à l'embouchure du fleuve.

On distinguait sur celui-ci, au loin, dans l'éblouissement du soleil qui ne tarda pas à « frapper », une multitude de petites taches sombres sautillant sur les eaux ocre suppurant de la jungle. On comptait bien une trentaine ou une quarantaine de ces taches qui, venant à notre rencontre, se métamorphosèrent bientôt, une à une, quand elles furent assez proches, en animaux bizarres, en monstres plutôt : dragons, poissons, oiseaux infernaux dont les écailles rutilaient somptueusement. C'étaient, qui surgissaient dans notre champ de vision, les figures de proue dorées d'une flotte de galères. Et ces gueules effrayantes, se balançant au gré des vagues en scintillant, semblaient agitées par quelque magique, quelque mystérieuse vie d'autant que, de part et d'autre, comme les ailes d'un monstre marin ou aérien, leurs multiples rames s'élevaient et replongeaient dans un même mouvement.

Cette illusion qu'on eût affaire à des créatures marines était accrue d'ailleurs par les étranges gémissements qui jaillissaient des embarcations : rauques, criailleurs, éraillés. C'étaient, comme bientôt on put s'en rendre compte, les pagayeurs qui, rangés deux par deux le long de ces longues et étroites « pirogues » (alias *balons*) dont les plus grandes atteignaient plus de vingt mètres, entonnaient des « airs barbares » (disait Céberet), chantant et ramant au rythme des coups de bambou que debout, à la poupe, un chef de chiourme donnait sur une sorte de tambour. Tous ces hommes étaient torse nu, nuque rase, et leurs bras étaient couverts entièrement de tatouages bleus. Les galères entourèrent bientôt complètement les chaloupes des Envoyés. Elles étaient peintes de laque rouge et dorée. Leur proue était ornée de guirlandes de fleurs multicolores. En leur centre, sur une sorte d'estrade surmontée soit d'un parasol soit d'un dais rouge et or, se tenaient immobiles un ou deux mandarins vêtus de mousseline blanche et de l'étrange chapeau pointu qu'on avait vu à Kosapan lors de l'audience que lui donna Louis XIV. Le spectacle, certes, était somptueux et valait bien la réception qu'on avait faite aux Siamois à Brest.

— Ces galères, souffla la Loubère, seraient du plus bel effet pour une fête nautique, sur la grande pièce d'eau de Versailles.

— Certes, répondit Céberet, mais je suggère que la musique fût plutôt de monsieur Lully.

Avec une grimace, il désigna une galère qui s'approchait d'eux où une dizaine de Siamois jouaient, sur des instruments bizarres, tenant de la vielle, du xylophone et du hautbois, une « symphonie » fort discordante qui nous eût déchiré les oreilles si elles ne l'avaient été déjà par les chants sauvages des galériens. Mungchion, se penchant (avec bien de la familiarité) vers monsieur de la Loubère, sut lui dire, dans un *pidgin* anglo-portugo-français, que les ambassadeurs Chaumont et Choisy n'avaient pas eu droit, eux, à cette « symphonie ». C'était une « surprise » qu'on avait réservée tout spécialement aux nouveaux Envoyés de Sa Majesté Très Chrétienne pour mieux les honorer.

La Loubère, quoiqu'il se masquât d'une indifférence affectée, n'était pas peu fier. Il jubilait même, il trépignait ! Car il était aussi de sa responsabilité que l'étiquette fût parfaitement respectée, et mieux que respectée. Chaque honneur qui lui était rendu était un signe, publiquement manifesté, de l'estime où l'on tenait la France aux Indes. Le moindre petit extra, même insignifiant, par rapport au protocole, ou le plus petit accroc à celui-ci, pouvaient être interprétés politiquement et nous faire envier, ou mépriser, par les autres nations résidant dans le pays. Il fallait aussi se tenir sur ses gardes, avoir l'œil, et ne rien laisser passer : car ces foutus Hollandais surtout trouveraient là une trop belle occasion de nous tourner en ridicule. Le ministre Seignelay avait donné à la Loubère une Relation écrite par le précédent ambassadeur Chaumont, où étaient notifiés tous les détails du cérémonial qui lui avait été réservé. Chaumont s'était battu pied à pied avec Phaulkon, au cours de négociations serrées, pour obtenir certains avantages. Car si, bien évidemment, il n'était pas question que les Envoyés du plus puissant roi de la terre, Louis la Fistule, se prosternassent à quatre pattes lors de leur audience, devant le roi de Siam, il n'était pas indifférent non plus qu'ils lui parlassent soit debout, soit assis, soit coiffés, soit décoiffés, ou qu'on les accueillît à l'embouchure du fleuve ou seulement dans la capitale...

Lors de l'audience que lui avait accordée le roi de Siam,

Chaumont avait remporté une « victoire diplomatique énorme » qui ne lui avait pas valu peu de succès à son retour à Versailles : le roi de Siam accueille les ambassadeurs accoudé à une fenêtre percée au fond d'un salon de réception. Cette fenêtre est assez haute : si bien que pour lui remettre la lettre de Louis le Fistulard, dont il était porteur, Chaumont eût dû se mettre sur la pointe des pieds et *hausser* le bras, ce à quoi il se refusa, jugeant que c'était indigne de son *caractère*. Le roi de Siam, souriant, se résigna alors à se pencher : scène triomphale que Jean-Baptiste Nolin immortaliserait dans une gravure qui serait reproduite dans toutes les gazettes de France et de Navarre.

Pour ce qui était du protocole, donc, Chaumont avait fait tout le travail ! Il n'était point la peine de revenir là-dessus. La Loubère ne devait exiger d'honneurs que ceux qu'avait reçus son prédécesseur. Mais il ne désespérait pas d'en avoir en sus, ne serait-ce que pour sa gloriole personnelle et afin qu'il pût s'en vanter à Versailles, lors de son retour. A cet égard, la Loubère avait bien fait la leçon à Tachard, qui devait régler avec le « Grec » les problèmes d'étiquette. Sur ce point du moins, le jésuite semblait avoir correctement fait son travail : puisque, avec la « symphonie », ils avaient déjà un « petit supplément ». A Terrasson son secrétaire qui, en permanence, malgré le tangage de la galère, tenait sur ses genoux un encrier, une plume d'oie et du papier, l'Envoyé lança : « Ah, ah ! Notez-moi bien ça : *Les Envoyés extraordinaires dès leur arrivée à l'embouchure du fleuve ont eu droit à une* « *symphonie nautique* » *dont ne fut pas honoré monsieur de Chaumont...* Ah ah, il va en verdir de rage, le Chaumont, il va en verdir ! »

Leur chaloupe remonta, non sans difficulté, le puissant courant, longeant la berge orientale du fleuve, toute hérissée d'arbres énormes qui jaillissaient des eaux mêmes qui avaient débordé sur les terres. Ils s'arrêtèrent quelques demi-heures à la « Tabanque », ou douane, une vulgaire baraque de bois sur pilotis, où on leur préparerait leur « passeport », alias *tara*. Ils eurent l'occasion de se restaurer de ce riz assaisonné de « poisson pourri », dont avait parlé du Bruant, repas qu'on honora à peine, à l'exception des fruits, que tout le monde trouva délicieux. Les Français changèrent ensuite d'embarcation. Ils montèrent au centre d'une galère à vingt rameurs, s'installant à même une estrade couverte d'un tapis et surmontée d'un dais en brocart d'or. Auparavant était venu les saluer Oluang Kalaya Rajamaïtri, le-second-ambassadeur-qui-alla-à-la-France.

Étroite, effilée, armée d'une double rangée de pagayeurs aux épaules brunes, monstrueusement musclées, et toutes laquées de sueur, la galère des Envoyés fila sur le fleuve comme une flèche, malgré le courant contraire qui charriait dans ses tourbillons d'indescriptibles amas de branches, de feuillages, et autres débris arrachés aux rives. C'était une chose étonnante que de voir ces hommes pagayer. Pas un instant leur rythme ne s'alentissait, au point qu'ils se métamorphosèrent bientôt, aux yeux de l'Envoyé, en espèces d'automates, d'hommes-machines, dont il fallait bien supposer cependant qu'ils eussent une âme puisque nous nous promettions de la sauver en détruisant à Siam l'idolâtrie ! Pendant des lieues et des lieues, tout au long du Mae-Nam Chao-Phraya, ce fut cette même double muraille de jungle s'érigeant sur les rives *en continuel espalier de verdure.* Le fleuve se rétrécissant, on put bientôt mieux en observer la faune et la flore : dans les épaisses frondaisons, d'énormes et innombrables fleurs blanches, immaculées, semblaient exploser. On les trouva vraiment « du plus bel effet », et d'un effet d'autant plus beau qu'au moment où la galère s'avançait à leur niveau, elles ouvraient leur corolle, épanouissaient leurs pétales et soudain... s'*envolaient* dans un frémissement de plumes. C'était, perchés dans les arbres, une multitude d'oiseaux, du blanc le plus pur et qui, à mesure que nous les approchions, nous donnaient le spectacle somptueux et sans cesse renouvelé de leur envol. Malgré l'accablante chaleur, qui les tenait tous écrasés, terrassés, les Français ne laissaient pas d'être enchantés par le spectacle étrange de cette nature toute nouvelle qu'ils découvraient. Mais le plus ébloui d'entre nous était sans doute le père Marcel le Blanc, un Champenois de trente-quatre ans, fort rose, fort roux, fort poupon et qui, quoiqu'il fût déjà dans la très sainte Compagnie depuis dix-sept ans, n'y avait pas trop asséché, à force de casuistique et autres exercices spirituels, une âme qu'il avait fraîche encore, semblait-il du moins, et enfantine. A toute nouveauté que Siam présentait, il faisait de gros yeux ronds comme un écolier qu'on eût amené pour la première fois voir des animaux exotiques à la ménagerie de Vincennes. « Ces oiseaux blancs partant en flèche vers le ciel, s'exclamait-il, ne faisaient-ils point songer aux Colombes du Saint Esprit ? Et n'était-ce point là comme le symbole secret de la Bonne Parole que nous venions porter aux Gentils ? » Partout le bon père croyait discerner, décrypter, traduire des « signes » tacites de la « Divine Providence » (ce qui faisait sourire le néo-cartésien la Loubère). Comment... mais comment n'avions-nous pas deviné, lorsqu'on nous avait offert à la « Tabanque » ces superbes *saparot* alias « ananas » (dont le goinfre le Blanc s'était empifré, les trouvant absolument délicieux) que s'ils avaient à leur sommet cette étrange touffe de feuilles courtes et pointues qui ressemblait tant à une couronne, c'était que Dieu, le jour qu'il créa le monde — et les ananas donc — avait voulu désigner ainsi « le roi des fruits », car il n'en avait certes jamais, lui le Blanc, goûté de meilleurs et ne pouvait supposer que Dieu eût des goûts différents des siens ?

Devant de si subtils arguments la Loubère « rendit les armes ». D'ailleurs ne faisait-il pas trop chaud pour argumenter ? Sous sa perruque et son justaucorps, il sombrait : dans sa propre sueur. Descartes eût-il pu jamais écrire à Siam son *Discours de la méthode ?* songea-t-il. Tous les concepts ici semblaient fondre comme motte de beurre au soleil. C'était à se demander même si la notion ultime d'*étendue* (ô la dernière auberge !) ne se liquéfierait point, le réel s'engloutissant dans une sorte de cauchemar caniculaire.

— Je pense, donc je sue ! bougonna-t-il entre ses lèvres.

Le seul spectacle que le vicieux le Blanc n'arriva pas à faire entrer dans sa grille théologique, ce fut celui, vraiment désopilant, que sans cesse nous donnaient les singes nous poursuivant, tout au long du voyage, en sautant de branche en branche, à nos trousses, de liane en liane, certains portant accrochés à leur ventre leur petit, et tous poussant d'inénarrables ricanements. A leur égard, le jésuite eut même une réflexion fort profane : « On dirait, dit-il, qu'ils sont venus ici pour nous donner la comédie. » Et chacun alors se mit à comparer tel ou tel macaque à l'un ou l'autre des plus fameux acteurs du Théâtre-Français.

On navigua des heures et des heures. Le soleil passerait son zénith. Et bientôt commencerait à descendre vers l'horizon, là-bas, en aval du fleuve : quand soudain retentit, dans l'immense et obscure cathédrale de la jungle, un cri : un cri rauque, affreux, qui fit s'enfuir comme par magie babouins et macaques, un cri effarant, comme un immense déchirement du ciel et de la terre. Confusément, les uns mirent la main à la poignée de leur épée, les autres à l'ivoire de leur crucifix. « Sainte Marie mère de Dieu, murmura le Blanc, qu'est-ce encore que Siam nous réserve ? » Le majordome Mungchion s'exclama alors : « *sua, sua* » ce qu'il traduisit, en anglais, ne connaissant pas le mot français, par *tiger*. On n'eût pas eu droit à quelques explications sur les us et coutumes des *sua* ou

« tigres » fort nombreux à Siam, et particulièrement le soir sur les bords du fleuve, que... la *tragédie* commença :

L'Envoyé, depuis quelques instants, avait remarqué que l'espèce d'impeccable machine, constituée par l'ensemble des pagayeurs qui depuis plusieurs heures déjà ramaient, toujours au même rythme, commençait de se détraquer. Lâchant d'une main sa pagaie, l'un d'entre eux, brusquement, s'envoya une terrible baffe sur la cuisse ; puis un autre ; puis un autre ; puis un autre encore ! Ils se giflaient qui la nuque, qui l'omoplate ; qui le ventre ; qui la poitrine ; mais, miraculeusement, sans cesser de ramer de telle ou telle de leur main, ni que la vitesse de l'embarcation ralentît le moins du monde. Et bientôt ce furent tous les galériens qui, entre deux coups de pagaie, se balançaient de retentissantes torgnoles partout sur le corps. Monsieur de la Loubère crut voir là quelque rite barbare, propre aux Siamois, et s'apprêtait déjà, malgré l'obscurité grandissante, à dicter ses impressions anthropologiques à Terrasson, quand celui-ci à son tour, renversant plume et encrier, se décocha une mornifle en pleine poire. Éberlué, la Loubère chercha du regard les autres voyageurs : juste à ses côtés le Blanc venait de s'envoyer de ses deux mains sur les deux joues deux terrifiques taloches qui firent voler dans le fleuve sa calotte. Beignes, baffes, giroflées pleuvaient de partout, c'était une tornade, un ouragan de claques. Sainte-Marie, Céberet, le Blanc, Mungchion, Terrasson et les autres, tous, telle une assemblée de flagellants, s'autogiflaient, sans distinction de race, de nation, de classe ou de profession, galériens, officiers, curés, mandarins unanimes dans la même macération. Cela retentissait comme une incroyable salve d'applaudissements. On se fût cru presque à l'opéra, juste avant le baisser de rideau. Tournant partout autour de lui des regards incrédules de girouette effarée, monsieur de la Loubère pensa devenir fou : il vacillait aux bords d'obscurs précipices. Quand soudain le plus terrifique soufflet dont on ouït jamais parler, lui vint remettre en place les idées. Un soufflet que lui-même se donna à lui-même, en pleine face, et sur le nez : qui en saigna du coup : *quelque chose,* quelque chose venait, oui, là, au bout du pif, de le mordre, ou le piquer. Et *quelque chose* encore le piqua sur l'oreille droite cette fois, puis, oui, là, au genou, à travers la soie de son bas, puis à la main, cette même main qui venait de s'abattre sur son genou molesté !

« *Young* », cria Mungchion en riant.

Le soleil se couchait.

Les *Maringouins* attaquaient.

...Le combat dura plus d'une heure. Le temps que le soleil disparût ; que l'ardeur des assaillants décrût ; et que le visage de nos Français — à l'exception de celui de l'abbé de Lionne que Dieu, dans Sa Miséricorde, semblait protéger de ce genre d'affront — eût acquis l'apparence de quelque rubescente courge tropicale. Monsieur de la Loubère avait un petit miroir où, régulièrement, le sortant d'une de ses basques en toute discrétion, il jetait un coup d'œil de côté : un désastre ! Son pif tenait de l'aubergine pour la forme, et de la tomate quant à la couleur. L'Envoyé avait une apparence toute semblable à ces portraits du peintre Arcimboldo qui s'est étrangement ingénié à composer des visages en représentant chaque partie de ceux-ci par un fruit ou une quelconque légumineuse. Au demeurant, et quoique son narcissisme fût fort « piqué », notre anthropologue d'Envoyé n'en étudia pas moins un de ces maringouins qu'il avait réussi, sans trop l'abîmer, à écraser sur une de ses mains. Nul doute qu'il s'agissait d'insectes de la famille des *cousins* de France, à cette exception près qu'ils étaient bien plus gros. Avec la loupe, qui ne le quittait jamais, il pouvait observer l'animal comme en plein jour, car on venait tout juste d'embraser, tout au long de l'embarcation, une dizaine de torches qui produisaient une lumière étonnante : le spectacle de ces galères dorées, illuminées par des flambeaux et qui, dans l'obscurité si épaisse, s'avançaient en silence, était d'une si féerique beauté que l'Envoyé en oublia très vite son maringouin lointain cousin du *cousin* de France.

D'ailleurs de nouvelles... surprises nous attendaient. Au loin, en amont du fleuve plongé dans les ténèbres, on distinguait quelques étranges microscopiques lumières blanches, comme des étincelles qui dansaient sur la surface lisse des eaux. On en vit d'abord cinq ou six, puis dix, puis vingt puis trente et bientôt, au terme d'une prodigieuse progression géométrique, ce furent des centaines, des milliers, des millions de ces étincelles qui, démultipliées d'ailleurs par le miroir du fleuve où elles se reflétaient, se mirent à virevolter devant, derrière nous, au-dessus de nous : partout. On eût dit d'un ballet de ludions. C'était une infinie, une miraculeuse éruption de scintillantes étoiles jaillissant du fleuve, une magique floculation d'astres retombant des cieux. Des milliers de ces minuscules lampions, tout au long des berges, s'accrochaient aux branches, en mouvantes guirlandes, en tourbillonnants serpentins, transformant les arbres riverains en lustres de cristal. C'était si beau, si miraculeux que pris d'une soudaine inspiration poétique le père le Blanc s'exclama, joignant les mains : « On dirait que le firmament est descendu sur la terre. » L'abbé de Lionne qui connaissait bien le pays ne semblait pas participer à notre émerveillement : il était tout préoccupé par la situation politique qu'il allait trouver à Siam. Il finit cependant par nous expliquer que cet étrange phénomène lumineux auquel nous assistions était dû à une multitude de petites mouches qui, en battant des ailes, déclenchent dans la nuit cet étincellement. L'explication, toute tristement rationnelle, bien qu'elle vînt d'un ecclésiastique, n'intéressa pas Marcel le Blanc, qui voulut voir là une nouvelle manifestation de la Divine Providence : n'était-ce pas merveilleux qu'à ces barbares siamois qui ne connaîtront jamais le luxe des illuminations de Versailles, la nature offrît ainsi, et gratis, un spectacle tout aussi envoûtant et beau, et d'autant plus beau qu'aucun artifice n'y préside ?

Et il fallut à tout prix — l'injonction du père était très autoritaire — que les Français s'agenouillassent, malgré les dangereuses oscillations de la galère, et récitassent à la gloire de Dieu, et à la face des mandarins idolâtres, un retentissant Notre Père.

C'est dans cette posture pour le moins cocasse que nous arrivâmes à hauteur d'un bâtiment fort haut, blanc, qui s'érigeait sur la rive occidentale du fleuve : son toit était pointu et ses murs ornés de colombages, ce qui, au milieu de cette jungle, vous avait un air assez étrange, sinon « déplacé ». Dans le carré d'or des nombreuses fenêtres illuminées, on voyait passer et repasser des silhouettes : femmes à coiffe blanche, portant semblait-il des pintes de bière, hommes vêtus de noir. Un criaillement de violon s'élevait dans la nuit. Il y avait fête. Un drapeau tricolore, à bandes horizontales, rouge, blanc et bleu, pendait sur la façade : l'étendard de la Hollande.

« C'est le comptoir de ces hérétiques, dit glacialement entre ses dents, avec un arrière-fond de rage, l'abbé de Lionne. Un de leurs comptoirs du moins, et le moindre, car ils en ont deux autres, bien plus beaux, à Ayuthya et Lopburi. Leurs affaires sont bonnes... bien meilleures que les nôtres. Cependant, croyez-vous qu'ils auraient construit un seul temple, pour célébrer leur culte mensonger ? Que non ! Ils n'ont d'autre Dieu à vrai dire que l'argent, et ne leur convient que ce qui leur est utile. Les catholiques ont trois églises à Siam ; les protestants se contentent de prier dans leurs magasins entre les ballots de poivre et les caisses de fromage. »

Une sorte de terrasse s'avançait jusqu'au fleuve, à partir du comptoir hollandais, s'achevant au bord de l'eau par une balustrade. Deux silhouettes, l'une énorme, colossale même, et la seconde très élancée, y étaient accoudées : deux hommes en habit et chapeau noir qui regardaient passer devant eux les galères françaises. Ils dressèrent vers nous leurs grosses pintes emplies de bière sans doute, et crièrent : « *Proost, mein heiren !* » (Santé, messieurs !). Et l'un des deux ajouta, dans le plus pur français : « Les crocodiles vous bouffent, foutus papistes ! » Le tout souligné de retentissants éclats de rire.

— Le gros, dit de Lionne, il n'y a pas moyen de se tromper, car dans toutes les Indes on ne trouve pas tonneau de pareil gabarit, c'est le sieur Johan Keyts, patron du comptoir hollandais de Siam. Quant à l'autre, le diable l'emporte. S'il parle si bien français c'est qu'il l'est : il a nom Daniel Brouchebourde. C'est un hérétique natif de Sedan. Notre nation et l'Église n'ont pas ici pire ennemi. Il n'est de jour où il ne s'ingénie à salir le nom de Sa Majesté Très Chrétienne et il est d'autant plus dangereux qu'il a l'oreille de la famille royale, étant chirurgien à la Cour. Nous aurons tôt ou tard sérieusement affaire à lui.

Nous poursuivîmes notre route en amont. Les murs blancs du comptoir disparurent bientôt derrière nous, cachés par les hautes palissades d'ombre des jungles riveraines. Après une trentaine de kilomètres la forêt s'éclaircit, laissant place à l'étendue infinie du damier des rizières inondées dont les innombrables parcelles quadrangulaires, cernées, comme du plomb d'un vitrail, par les lignes noires des diguettes, scintillaient, miroirs liquides, sous la clarté des astres. Nous approchâmes une bâtisse blanche, surmontée de trois toits de tuiles superposés, encastrés l'un dans l'autre, et d'où s'élançait une flèche d'or :

Une pagode.

Par l'une ou l'autre de ses fenêtres ou de ses portes illuminées du dedans, on pouvait entrevoir, selon les perspectives successives que déterminait le déplacement de la galère, ici le fragment de quelque chose qui ressemblait à un pied, mais un pied énorme, un pied qu'on pouvait supposer avoir au moins deux mètres de long ; plus loin c'était la rotule gigantesque d'un genou qu'on attraperait au vol ; plus haut l'arrondi d'une épaule immense ; plus haut la courbe d'un nez, autant de parcelles entraperçues d'une statue colossale qui, dressée à l'intérieur du temple, se morcelait à notre vue en multiples pièces de puzzle à travers les embrasures des diverses ouvertures : la Loubère n'avait pas eu de mal cependant, réunissant en imagination ces fragments, en s'aidant du souvenir des gravures qu'il avait vues dans les ouvrages des pères Gervaise et Tachard, à reconstituer l'image de Somona Codom, alias Gautama (le Bouddha, ou ce même Çakia contre lequel au Japon saint François-Xavier, que Dieu le bénisse, brisa tant de lances, mais en vain !). Voilà donc une de ces idoles dont on s'était persuadé en France qu'elles étaient d'or.

On fit halte au lieu-dit « Prapadeng », dans une vaste maison de bambous sur pilotis, spécialement aménagée pour les Envoyés. Ceux-ci, ne voulant pas se « risquer » à un nouveau repas siamois, ordonnèrent un dîner à leurs cuisiniers qui, avec une quarantaine de sommeliers, majordomes, huissiers, pâtissiers, valets de chambre et autres domestiques, les suivaient dans d'autres galères chargées par ailleurs d'une vingtaine de malles pleines de vêtements d'apparat, de vaisselle, de vivres (sans oublier les sièges tendus-de-soie-rose-ornée-de-cupidons-dardant-leurs-flèches-sur-de-croupes-naïades, dont M. de la Loubère semblait ne pas pouvoir se séparer). Bien entendu on avait emporté aussi force fûts du meilleur bordeaux.

On but copieusement et, sur les deux heures du matin du lundi 20 octobre que Dieu fit, nos bateaux reprirent leur route vers Bangkok. On y était presque arrivé quand on vit soudain foncer à notre rencontre, comme jaillie de l'ombre, et tout illuminée de flambeaux, une galère du roi de Siam déployant ses rames comme d'immenses ailes d'or. A l'avant, un Européen à feutre emplumé de rouge tenait sa gueule empourprée quasi posée contre celle, dorée, du dragon de la figure de proue. C'était le major Beauchamp, homme de confiance, sinon homme lige, du général Desfarges.

Nous eûmes bientôt accosté la rive et Beauchamp sauta à notre bord. Il titubait. Manifestement il était ivre.

— Messieurs, euh, Vos excellentes Excellences et... Majestés, euh... (bafouilla-t-il s'adressant aux Envoyés et esquissant, de son galurin emplumé, devant l'estrade où nous étions assis, un salut qui faillit faire basculer à la flotte l'embarcation), Vos Excellences, euh, que... (et, écartant les jambes, il parvint à retrouver son équilibre)... euh, que diantre venez-vous foutre ici ?

— Fou... quoi ? s'exclama la Loubère indigné.

Et, se tournant vers Céberet, il ajouta :

« Ouïtes-vous ce que j'ouïs ?

— Oui, je l'ouïs, dit Céberet.

— Vous avez dit « Fou... » quoi ? demanda la Loubère à Beauchamp.

— C'est que, euh, répondit celui-ci, la langue me boucha dans la fourche, euh, me fourcha dans la...

— Il semble, poursuivit l'Envoyé sarcastique, que l'accueil de nos troupes fut fort bon à Bangkok.

— Fort bon, assura Beauchamp, et fort...

— Fort arrosé ! conclut Céberet.

Les Envoyés mitraillèrent des yeux la gueule carrée et burinée du vieux major (il avait la cinquantaine). Dans la flamboyance des torches, sa peau criblée de petite vérole se marquait de taches d'ombre multiples : on eût dit plus une passoire qu'une humaine face. L'homme suait sous sa perruque noire bouclée. Ses yeux écarlates, injectés de vin, s'écarquillaient, et son épaisse moustache grise n'était plus qu'un étendard en débandade. Il vacillait tant sur ses jambes qu'on le fit asseoir.

— Je... je m'en venais, euh, vous ordonner, euh, sur ordre de Son Excellence Constantin Phaulkon, Premier ministre de Siam qui m'a ordonné... de vous... euh... ordonner... de vous en retourner sur-le-champ, il a bien dit sur-le-champ, là d'où vous venez, je ne sais trop quel bled, *Prapadeng* je crois... Allez retenir leurs foutus noms de bleds à ces foutus Siamois...

Les deux Envoyés s'entreregardèrent stupéfaits.

— Des ordres de qui ? Des ordres à qui ? Qu'entendons-nous, major, devons-nous en croire nos oreilles ? Êtes-vous donc aux ordres de monsieur Constance, non à ceux du général Desfarges ?

— Euh, je voulais dire, euh, sur les ordres de monsieur Constance à moi transmis par le général Desfarges, euh, au nom du roi de Siam, c'est, euh, cela, je crois la formule qu'on m'a dite.

— Ce que vous nous dites là, major, nous nous en éclaircirons tantôt, à Bangkok, auprès de qui de droit. Pourquoi devrions-nous rebrousser chemin ?

— C'est que, euh, il est impossible que vous entriez cette nuit à Bangkok.

— Impossible ?

— Son Excellence, euh, Constance, a dit qu'on ne pourrait dignement vous y recevoir. La cérémonie n'étant point prête. Il est par ailleurs interdit à Siam de faire tonner le canon la nuit. Et comment vous recevoir dignement sans vous saluer du canon ?

— Que veut dire cette comédie, nous avons assez navigué comme cela. Veut-on nous livrer encore aux dards des maringouins ? dit Céberet.

— Ou aux dents des tigres ! ajouta de Lionne. Tout cela est bien louche...

Un nouveau dragon d'or illuminé de flambeaux surgit bientôt des ténèbres, flanqué cette fois, figure de proue parallèle, barbue et rubiconde, par la bouille de Tachard, lequel, sa galère s'étant rangée contre la nôtre, vint nous saluer, accompagné du jeune officier de Fretteville. On n'eut pas de peine à reconnaître, à la mine fort framboisée de ces deux-là, et à leur haleine puant la vinasse, qu'ils avaient participé aussi aux agapes. Phaulkon avait fêté nos troupes !

— Vos Excellences, dit Tachard, s'asseyant à côté des Envoyés, mais que faites-vous là ? Ne reçûtes-vous donc point à Prapadeng le message de Son Excellence Phaulkon qui vous envoya en même temps plusieurs galères avec des matelas pour que vous couchassiez là-bas ?

— Nous n'avons vu mon père, dit glacialement la Loubère, ni messager, ni matelas, ni drap, même pas l'ombre d'un oreiller.

— Sans doute le messager vous aura-t-il croisé sans vous voir.

— Mon père, êtes-vous dans les vignes du Seigneur ? Pensez-vous que notre convoi, avec ses trente galères illuminées, pût ne pas se remarquer sur ce fleuve et qu'on nous pût manquer ? Que veut dire cette plaisanterie, et pourquoi ne coucherions-nous pas ce soir à Bangkok ? Que nous cache-t-on ?

— Que voudriez-vous qu'on vous cachât, monsieur l'Envoyé, dit Tachard. Rien, certes ! Mais les lois de ce royaume sont strictes. On ne peut vous recevoir cette nuit à Bangkok avec les honneurs ! Peut-être... euh... pourriez-vous dormir dans la galère ?

— Dans la galère ! Mais décidément mon père, on nous veut du mal. Quand ça n'est pas aux tigres, c'est aux crocodiles qu'on nous livre !

— Et aux maringouins, renchérit Céberet qui venait de s'envoyer une claque sur la joue, il semble que ces diablesses de bestioles soient à nouveau en appétit ! Je vous propose une chose, mon père : puisque nous ne pouvons être ce soir accueillis à Bangkok officiellement, pourquoi n'y passerions-nous pas la nuit incognito ? Nous en partirions demain matin avant l'aube, rejoindrions les galères et pourrions ensuite faire notre entrée avec tambours, trompettes et salut du canon !

— Certes, certes, dit Tachard, cela pourrait, euh, être une

solution. Je m'en vais aller en parler à Son Excellence Phaulkon. Attendez-moi ici, Bangkok est tout à côté...

Et déjà Fretteville et le jésuite avaient sauté dans leur galère qui fila comme une flèche dans les ténèbres, là-bas :

Vers Bangkok.

Quelques moments plus tard, comme quoi la place forte ne devait pas être éloignée, Tachard fut de retour.

— Voilà, euh, dit-il, les ordres de Son Excellence Phaulkon. Vos Excellences passeront la nuit dans la forteresse de l'ouest, la plus ancienne, où se trouve le palais du gouverneur. Vous y dormirez incognito, donc. C'est une demeure fort simple, bien indigne de vous... mais, à la guerre comme à la guerre ! Et demain matin, fort discrètement, vous rejoindrez le cortège des galères, qui restera ici, et vous ferez votre entrée officielle au son du canon.

« Tout cela est bien mystérieux », songea la Loubère.

Les Envoyés et Tachard passèrent dans la galère du jésuite, se séparant des autres Français qui, eux, dormiraient dans leurs embarcations, « avec les crocodiles », et ils remontèrent le fleuve. Les cocotiers, le long des berges, brandissaient leurs palmes obscures, échevelées. Dans la nuit, rythmés par le bruit des pagaies frappant les flots, s'élevaient le chant des criquets, les voix de basse des crapauds buffles et, de temps à autre, comme des cymbales, des rugissements moins pacifiques. Bientôt, se découpant sur le ciel bleu d'encre se dressèrent à droite, côté de l'orient, les murailles blanches, immaculées, du premier fort : elles avaient tout juste sept ou huit mètres de haut et leurs créneaux étaient de forme ogivale (celle, apprendrait plus tard la Loubère, du bouton de lotus refermé) : entre les créneaux, une vingtaine de canons braquaient leur gueule noire : droit sur le fleuve. A chaque angle de la muraille s'érigeait un bastion arrondi où flottait la bannière écarlate de Siam. L'obscurité permettait mal de se rendre compte de l'état de ce fort. Céberet et la Loubère remarquèrent des silhouettes, armées de lance et mousquet, montant la garde derrière chaque créneau. Ils ne furent pas peu surpris bientôt quand ils arrivèrent à hauteur du fort, de constater que ces silhouettes étaient coiffées les unes de turbans blancs, les autres de casques dorés qui n'avaient guère à voir avec l'uniforme de nos troupes. Quant aux cris que jetèrent lesdites sentinelles, ils étaient loin de ressembler en quoi que ce soit à la belle langue de feu monsieur Corneille que feu monsieur Vaugelas sut si bien soumettre à d'impeccables (ridicules, ah ah!) règles.

— Mais qu'est-ce que?... dit la Loubère.

— Qu'est-ce que?... dit Céberet.

Tachard rentrait sa tête entre ses épaules, comme une tortue se blottit dans sa carapace.

— Ces sentinelles ne sont pas des nôtres, clama la Loubère, qu'est-ce que ça veut dire? N'a-t-on pas remis les forteresses au général Desfarges?

— Que si, que si, dit Tachard. Sans doute aucun!

— Pourquoi donc ne sont-ce pas nos hommes qui montent la garde? dit Céberet, d'une voix très calme mais toute vibrante d'une sourde angoisse.

— C'est que... nos hommes étant si fatigués, dit Tachard, Son Excellence Phaulkon a songé qu'il valait mieux pour eux qu'ils prissent un peu de repos et...

Le fleuve à cette hauteur mesurait à peu près deux cents mètres de large. On n'eut pas plus tôt dépassé le fort de l'est, qu'on aperçut, à l'ouest, une nouvelle forteresse aux murs blancs : il s'agissait d'une bâtisse octogonale de huit mètres de haut, crénelée, défendue par des canons, et ceinturée à sa base par un muret haut de deux mètres, circulaire, armé lui-même d'une batterie d'une vingtaine d'autres canons. Cette fois ce furent des hommes vêtus de pourpoints et chapeaux noirs qui interpellèrent la galère... mais en langue portugaise!

Les Envoyés s'entreregardèrent, stupéfaits : sous les gros yeux écarquillés de Tachard, tout veinulés d'écarlate par le pinard.

La galère dépassa le fort, longeant un petit muret de brique, complètement écroulé, qui était supposé protéger la « ville » (ou ce qu'on appelait la « ville ») de Bangkok. En fait, à ce qu'on pouvait en voir dans l'ombre, elle n'était constituée que par quelques centaines de cases et de baraques sur pilotis. Où l'on ne semblait pas dormir : la plupart des fenêtres, malgré la nuit avancée, étaient éclairées, on entendait des sons de violons, des cris, des rires. La Loubère crut ouïr un « foutudieu ».

— N'est-ce pas « foutudieu » que je viens d'entendre?

— Il me semble fort que c'est « foutudieu », répondit Céberet.

— Et il me semble aussi que nos hommes ne sont pas exactement en train de se « reposer », ajouta la Loubère.

Une des baraques sur pilotis semblait en effet fort peuplée de Français. Cela hurlait là-dedans, il devait s'y presser au moins une centaine de personnes : hommes et femmes, car des piaillements femelles aigus déchiraient la nuit. La galère continua sa route, longeant les murailles croulantes de Bangkok. Soudain on entendit une salve d'une dizaine de foutredieu, sacrebleu, putènes et mordiou, prononcés avec divers accents : angevin, gascon, breton, auvergnat, basque, enfin toutes les provinces de France et de Navarre semblaient représentées. D'un petit bois dont la galère s'approchait parvinrent comme des bruits de piétinements : on eût dit qu'un troupeau de biches effarées courait là. D'ailleurs on en vit, toutes blanches, toutes nues, surgir, des biches : des naïades plutôt, de fines naïades asiates, aux corps blêmes sous la pâleur de la lune, le crâne quasi rasé, et un tout petit triangle noir au bas du ventre. Elles se jetèrent dans le fleuve, à une dizaine, poussant des cris d'effroi. Derrière elles les « mordiou » et « boundiou » retentirent plus fort. Et ce furent d'énormes satyres barbus et poilus, mais nus eux aussi, qui se précipitèrent à leur tour dans le fleuve, poursuivant ces « biches ». Dans un éclair la Loubère crut reconnaître les capitaines Dacieu, du Laric, le soldat et nouveau converti Tulippe, le bombardier Anthoine et quelques autres.

— Je vois, père Tachard, comment nos hommes se reposent. Et que les amitiés franco-siamoises se nouent solidement. Je ne m'étonne plus qu'on ne tînt pas tellement à ce que nous vinssions cette nuit à Bangkok... Mais nous éclaircirons cela demain.

La galère accosta un débarcadère en bambou.

On conduisit en catimini les Envoyés dans une haute maison en bois de teck : trop fatigués pour prêter attention au décor, ils s'écroulèrent chacun dans sa chambre sur un vaste lit entouré d'un *caye,* alias moustiquaire.

« On éclaircira tout ça demain », répéta une dernière fois la Loubère avant de s'endormir.

*Les fous et les sottes gens ne voient que par leurs humeurs.*

(La Rochefoucauld, *Maximes,* 1665.)

Le lendemain matin, lundi 20 octobre 1687 que Dieu fit, tout se passa comme prévu. Les Envoyés avaient rejoint leur galère, très discrètement, à quelques centaines de mètres en aval de Bangkok, et ils étaient revenus dans cette ville en grande pompe, suivis et flanqués par une soixantaine d'autres embarcations toutes très belles. Les oriflammes de France et de Siam flottaient sur les citadelles, trompettes et tambours battaient. Et les canons tireraient plusieurs centaines de salves. Le ciel était bas, sombre, chargé d'électricité. C'était comme une énorme voûte de marbre noir arcboutée au-dessus des forteresses blanches. Les Envoyés accostèrent au débarcadère de bois de la forteresse de l'orient qui cette fois — Dieu soit loué ! — était gardée, sur ses bastions et courtines, par des mousquetaires à casaque bleue et feutre gris tout ce qu'il y a de plus français. Par contre, la double haie formée sur le débarcadère était constituée de Siamois : d'étonnants individus, au torse nu herculéen, aux bras tatoués de bleu, vêtus d'un court pagne rouge autour des reins, pieds nus, et un sabre en main, posé contre la poitrine. Et des gueules : ... les plus patibulaires du monde. Que le comité d'accueil fût siamois, dans une forteresse qui devait être cédée « en toute propriété » à la France, inquiéta quelque peu les Envoyés. Qui n'en descendirent pas moins à terre. Au bout de la double haie, en superbe habit noir et feutre à plumes blanches, s'avançait à grands pas martiaux le général Desfarges. Il était suivi par l'ombre double de ses fils, l'un blond, l'autre brun, mais, question gabarit, tout aussi colossaux que le papa. Derrière venaient les dix « bombardiers », dans leur clinquant justeaucorps écarlate galonné d'or, ceux-là mêmes qui avaient créé un violent différend entre la

Loubère et le chef de l'expédition militaire, qui, chacun, en voulait faire son « escorte ». Au pied de la muraille une vingtaine de tambours et trompettes balançaient une effarante fanfare : de quoi faire crouler le ciel déjà menaçant. Desfarges et les Envoyés se rencontrèrent au milieu de la double haie des *bras-peints* siamois : de part et d'autre on ôta son chapeau et, dans une suite de somptueux moulinets, on le fit tourbillonner en l'air en manière de salut : de sorte que, ébouriffant leurs plumes multicolores, ces galurins volants, passant et repassant les uns au-dessus des autres évoquaient quelque combat de coqs s'étripant au-dessus du sol : vertigineuses acrobaties aériennes au terme desquelles ces messieurs s'étant recoiffés et après quelques compliments d'usage, on se regarda droit dans les yeux. Ce furent surtout les Envoyés qui plantèrent la double dague de leurs regards dans les gros yeux bleuâtres fort vitreux du général, fort rougeâtres aussi. Tout autant que les yeux d'ailleurs de ses fils, le chevalier Desfarges, le blond, et le marquis du même nom, le brun. La nuit, manifestement, avait été arrosée. Et pas seulement arrosée. Car monsieur de la Loubère ne put pas ne pas percevoir, avec on ne sait quelle jalousie cachée, sur la gueule du général, tout autant que de ses fils et des dix bombardiers qu'ils passèrent bientôt en revue, ce-je-ne-sais-quoi-qu'il-n'eût-su-dire qui lui disait cependant, et avec la plus claire évidence (peut-être était-ce la disparition de cette petite ride d'amertume au coin des lèvres qui frappait comme un secret stigmate l'ensemble des troupes et des équipages avant qu'ils ne débarquassent) ce-je-ne-sais-quoi donc qui lui disait trop bien que ces foutus lascars-là, après sept mois d'infinie abstinence, avaient tous, tous, tous *fait l'amour !*

Tous sauf lui : la Loubère !

— L'accueil fut bon semble-t-il ? dit l'Envoyé sarcastiquement.

— Euh... Votre Excellence, je dirais même qu'il fut enchanteur, rétorqua Desfarges le visage tout injecté d'une écarlate jubilation.

Longtemps plus tard, dans son journal de voyage, monsieur de Céberet écrirait que, dès le premier jour, il avait trouvé le général Desfarges *tout charmé par l'accueil et la bonne chère* que lui avait faits le sieur Constance.

— Et notre « Grec », poursuivit la Loubère, assez hautain, quel type d'homme est-ce donc ?

Le général frappa sa poitrine de son poing (un poing dans lequel il tenait serré une badine en bambou ornée d'or et incrustée de pierreries, manifestement un « petit cadeau » qu'on venait tout juste de lui faire, produit de l'artisanat de Siam) et lança plein d'enthousiasme :

— C'est un gentilhomme vraiment que cet homme, et qui ferait fort belle figure, même à Versailles, à côté des plus grands de nos Princes ! Je m'y connais, croyez-m'en !

Au groupe formé par les Envoyés et le général étaient venus s'agréger le major Mungchion et Son Excellence Kosapan (lequel, derrière son sourire de rigueur, faisait fort grise mine : non plus que le second ambassadeur, il n'avait pu encore voir son roi, Phaulkon l'ayant obligé à rester à Bangkok pour accueillir les Envoyés français : seul le troisième-ambassadeur-qui-alla-à-la-France avait été autorisé à monter à la Cour pour lire au roi leur journal de voyage).

Vinrent encore saluer les Envoyés, l'ingénieur Vollant des Verquains et le capitaine Dacieu (à qui malignement la Loubère avait demandé si l'eau de la rivière n'était pas trop froide).

Ils entrèrent dans la forteresse par une haute porte en ogive. Dans la cour intérieure étaient rangées, en carrés impeccables, les douze compagnies, chacune dressant au-devant d'elle un étendard fleurdelysé. Le spectacle de ces sept cents hommes, mousquet en main, était impressionnant (ces cinq cents hommes plutôt car, en sus des cent quarante morts pendant le voyage, on en comptait plus de cinquante alités). Leur mine était superbe : du moins quand on n'allait pas y voir de trop près. Car ils avaient presque tous le teint d'un verdâtre avancé, les joues creusées par le scorbut et le pif généreusement maringouinisé. Ce que ne purent pas ne pas remarquer les Envoyés quoique, pour faire illusion, et à la manière un peu d'une savante marchande de la halle qui pose ses plus beaux fruits sur le devant de son étalage, le général eût mis aux premiers rangs les soldats en meilleure santé. Il était préférable aussi de ne pas regarder leurs pieds, à nos soudards. Ils s'enlisaient quasi de dix ou quinze centimètres dans la vase. Une vase vermillon, adipeuse où les Envoyés, pour s'approcher de nos hommes, durent patauger à leur tour. Ça n'était pas une cour que la cour du fort de Bangkok, c'était un véritable marécage !

Mais là n'était pas le plus inquiétant. Ce qui fit frémir tout de bon messieurs de la Loubère et Céberet, c'étaient, rangées derrière nos troupes, d'autres troupes. Au moins quatre cents soldats : Portugais à pourpoint noir et cape rouge ; Siamois torse nu ; Maures enturbannés de soie blanche ou verte ; tous en superbe santé, eux, et tenant en main d'effarants cimeterres les uns, ou les autres de terrifiques épées de spadassins. Clou du spectacle : le décor. A l'infini derrière cette armée, s'étendaient des rizières et encore des rizières et encore des rizières. Pas un mur, un muret, l'esquisse d'une courtine, l'ombre d'un bastion, le reflet d'une échauguette, ne venaient refermer le fort de Bangkok, du côté des terres : la place était béante, grande ouverte, jambes écartées, offerte à qui voudrait la prendre, comme une gueuse. La brèche était large de plus de deux cents mètres !... La Loubère eut le vertige : certes, on lui avait dit tout ça, que le fort n'était pas achevé, qu'il s'y trouverait des troupes étrangères, mais de le voir, *in situ, in vivo,* de toucher du doigt cette plaie... béante, cela lui faisait prendre soudain conscience (il y a si loin des mots aux choses) de l'immensité du péril où nous nous trouvions, et de combien était hasardeuse cette *Aventure à Siam.* Dans les rizières passaient de gros buffles gris qui regardaient la Loubère les regarder, avec de gros yeux de paisibles buffles gris.

— Mais ça n'est pas un fort que ce fort, s'exclama-t-il la gorge serrée, c'est... c'est... une prairie, un pâturage !

— Et vous n'avez encore rien vu, dit à voix basse, à l'oreille de l'Envoyé, le grassouillet Vollant des Verquains qui s'était faufilé jusqu'à lui.

— Nous mettrons tout cela en état de défense, dit d'une voix assurée autant que sonore le général Desfarges. Son Excellence Constance m'a promis de me fournir au plus tôt mille cinq cents ouvriers.

— Et si, mon général, dit sentencieusement Céberet, il venait à l'idée des Hollandais de nous attaquer aujourd'hui ?

— Il n'y a rien à craindre de ce côté-là, Son Excellence Constance, qui est un homme bien informé, m'en a assuré. Au demeurant moi-même et mes hommes sommes prêts à nous faire égorger jusqu'aux derniers pour le service et la plus grande gloire de Sa Majesté, je vous le garantis. Mourrrrrrir pour nous n'est pas un vain mot ! !

Et faisant rouler comme des tambours le « r » de tous ses « mourir », Desfarges entonna son grand « air » : à cette différence près que ça n'était plus « sous » mais « dans » les murs de Bangkok, qu'il s'agissait désormais de sacrifier sa vie pour Louis le Fistulard. Ce qui ne rassurait pas pour cela les Envoyés. D'autant que trottinant d'un côté ou de l'autre, derrière la Loubère ou Céberet, l'ingénieur Vollant ne cessait de leur seriner son leitmotiv :

— Vous n'avez encore rien vu.

Se pouvait-il qu'ils eussent à constater quelque chose de pire encore ? Après avoir défilé devant les troupes ils s'avancèrent, pataugeant et repataugeant dans la boue, jusqu'à une enfilade d'espèces de cases en bambou sur pilotis, surmontées de toits en palmes de cocotier. C'était ce que pompeusement on avait baptisé « l'hôpital » : par les portes béantes, au passage, on apercevait ici la forme blême d'une jambe décharnée ; là le fragment d'une cage thoracique aux côtes saillantes ; plus loin le visage d'un malheureux aux yeux si caves qu'il ressemblait à sa propre tête de mort.

— Nos hommes crèvent comme des mouches ! Il en meurt un par jour au bas mot ! souffla Desfarges.

Un peu plus loin, aux pieds d'un grand bâtiment de brique aux murs blancs, s'alignaient trois longues baraques en planches, et à toit de palmes encore. Non sans quelque surprise monsieur de Céberet apprit qu'il s'agissait des « magasins » : pour les vivres et la poudre.

— Mais, mon général, s'exclama Céberet excédé, vos vivres là-dedans vont pourrir ! Et, quoique je ne sois pas expert en la chose militaire, j'augure mal de l'effet du moindre bombardement sur des réserves de munitions aussi mal protégées !

Desfarges s'empourpra (décidément ces deux oiseaux commençaient à lui courir sur le haricot !). Arrachant sa botte droite qui, à cet instant précis, avait eu la malencontreuse idée de s'enfoncer jusqu'au genou dans un trou à vase, il gueula :

— Mais qu'attendez-vous de moi, messieurs, des miracles ? Je n'en ai pas le don. Vous peut-être ? Je fais avec ! Avec ce qu'on me donne ! Croyez-vous que je n'eusse pas préféré qu'on m'offrît une belle forteresse construite par monsieur Vauban, selon toutes les règles de l'art militaire ? Je me contente de ce que j'ai !

Pataugeant péniblement dans la boue, ils finirent pour arriver à un bastion de brique s'érigeant, côté nord, à l'extrémité du mur de la forteresse longeant le fleuve. Un essaim d'ouvriers siamois, suants et empoussiérés, un bandeau de tissu noué autour du front, s'occupaient à dresser là, assez mollement au demeurant, des échafaudages en bambou, destinés apparemment à poursuivre la construction du mur d'enceinte.

— Ce qui est curieux dans ce royaume, dit Vollant sur le ton de l'expert, c'est que les gens construisent leurs bâtiments « en dur » sans fondations ou presque. Ce qui est d'un effet désastreux. Particulièrement quand (il enfonça, à titre d'exemple, sa botte dans la gadoue) on a affaire à un sol de ce type ! Les murs de Bangkok sont dressés sur un marécage ! Et l'ingénieur, si on peut appeler ça un ingénieur, à qui le sieur Constance en a confié la construction, imite les méthodes siamoises : c'est un certain de la Mare, français de nation, que notre Grec semble fort chérir. J'imagine que cet « ingénieur » a décroché sa patente d'ingénieur dans quelque boulangerie ou pâtisserie où il aura fait son apprentissage... On m'a dit qu'à Siam n'importe qui se pare des titres et diplômes qui lui chantent.

Vollant des Verquains montrait justement aux Envoyés le mur du fort s'érigeant près de la rivière. D'énormes failles le fendaient du sommet jusqu'à la base.

— Je ne donne pas un an avant qu'il ne s'écroule, dit-il. Et pourtant il a été élevé il y a moins de quatre ans.

— Et si on le bombarde ? s'enquit Céberet.

— Il tombera comme un château de cartes ! D'ailleurs a-t-on vu jamais un fort construit en brique : quelle rigolade ! Cela donnerait des boutons à Vauban. Mais il n'y a pas de pierre de taille à Siam !

— Certes, certes, clamait pendant ce temps le général (qui n'avait pas droit aux messes basses de Vollant : les deux hommes s'entendaient mal). Certes, tout n'est pas parfait dans ce fort. Mais Son Excellence Constance a promis que...

Par les degrés d'un étroit escalier, le général, Verquains et les Envoyés grimpèrent sur le chemin de ronde de la muraille longeant le fleuve. En face d'eux, sur l'autre rive, le « fort de l'ouest » semblait dans un plus piètre état encore. Il était construit à la pointe d'une sorte de vaste île marécageuse où s'étendait la « ville » de Bangkok que ceinturait un mur délabré. Cette « ville » était constituée de quatre cents baraques en bois à pilotis, séparées par une dizaine de rues de boue rouge bordées d'une végétation luxuriante. Une multitude d'embarcations étaient amarrées le long des berges du fleuve : une frégate hollandaise, des jonques, des pirogues et galères par milliers, chargées de pyramides de fruits et de légumes multicolores qu'achetait et vendait un peuple de marchands et de paysans, torse et tête nus, hommes comme femmes. Des enfants piailleurs, dans le plus simple appareil, ne semblaient avoir d'autre occupation que de plonger dans les eaux vaseuses du fleuve du pont des sampans.

Sur ces entrefaites, un « Vos Excellences, Vos Excellences ! », crié par une voix mielleuse, doucereuse, mais fort sonore, retentit aux oreilles des Envoyés. Cet appel venait d'être lancé par une espèce de corbeau à barbe noire qui, suivi par deux autres corbeaux non barbus, escaladait l'escalier de la muraille : le père Tachard flanqué des pères de Bèze et Saint-Martin, deux jésuites de son « équipe » qui avaient voyagé sur le *Gaillard.*

— Vos Excellences, répéta Tachard fiévreusement, ah, Vos Excellences, si vous saviez, si vous saviez! *Benedic, anima mea, Dominum!*

Arrivé en haut des escaliers, le jésuite montra, d'un geste exalté, le bâtiment de brique, au centre de la cour du fort.

— « Il » est là, là, là! *Dum clamarem ad Dominum, exaudivit vocem meam!*

L'index du prêtre, à l'ongle endeuillé de crasse, indiquait une fenêtre au deuxième étage.

— « Il » est là, « Il » vous regarde depuis une heure déjà! Ah, si vous saviez avec quel plaisir « Il » a assisté à votre arrivée, avec quel enthousiasme « Il » a admiré nos troupes, « ces si fiers soldats », a-t-il dit. Si vous saviez quelle sainte joie « Il » éprouve à accueillir les Français à Bangkok (et le jésuite joignit les mains sur la poitrine)... « Il » en pleurait messieurs, oui, Vos Excellences, je l'ai vu, de mes yeux vu, pleurer. J'étais à ses côtés, tantôt, à la fenêtre.

Et les joues de Tachard elles-mêmes étaient toutes dégoulinantes de larmes qui creusaient leur sillon dans la poussière ocre panant sa face.

— Mais de « qui » parlez-vous donc? demanda agacé la Loubère, lequel, au demeurant, vu le ton fervent du jésuite, se doutait bien de « qui » il s'agissait.

— Mais de « Lui ». De son Excellence Constantin Phaulkon. Dieu est avec nous, messieurs. Il nous a dépêché cet homme pour que par son moyen nous ouvrions le cœur des idolâtres à la Sainte Parole!

— Ouvrez donc le cœur de ceux-là à la lumière divine, et vite si possible, très cher père, dit Céberet, ironique, en montrant le détachement de bras-peints toujours alignés dans la cour du fort. Ces lascars ne m'inspirent guère confiance!

Tachard courba l'échine, comme pour ramasser ses forces, et joignant ses mains sur son front, il clama :

— Vos Excellences, si vous saviez combien puissante est déjà l'amitié qui lie nos hommes et ces malheureux païens. Il n'a suffi que de quelques heures, d'une nuit, pour qu'entre eux et nos soldats se crée la plus profonde, la plus riche, la plus prometteuse sympathie.

Céberet et la Loubère éclatèrent de rire :

— Certes, dit Céberet, nous avons eu hier, à la nuit, un bref aperçu des « liens » qui ont pu se créer entre nos Français et les Siamois... et les Siamoises du moins ! Je vous rappellerai que Sa Majesté a exigé des troupes la plus impeccable discipline et une conduite moralement... rigoureuse !

Tachard blêmit. Un silence gêné s'appesantit.

Bientôt interrompu par le major Beauchamp qui grimpait quatre à quatre, de ses bottes ganguées d'une épaisse croûte de boue rouge, les escaliers.

— J'ai ordre, lança-t-il au général et à Tachard, de venir vous chercher. Son Excellence Constantin Phaulkon désire vous voir au plus tôt.

La Loubère, discrètement, se pencha vers Céberet :

— En croyez-vous vos oreilles, ce Grec donne des ordres au général ?

Après un bref sec salut le jésuite, Beauchamp et Desfarges (héros de Cassel et Valenciennes !) dévalèrent l'escalier et trottèrent dans la glèbe de la cour vers son excellente Excellence le Premier ministre de Siam.

Depuis quelques quarts d'heure la voûte du ciel déjà bas, s'était abaissée plus encore. C'était comme le couvercle de fonte noire d'une énorme marmite pesant de tout son poids sur les murs blancs de la forteresse, sur les jungles si vertes de Siam, sur la gadoue écarlate de la vaste cour où taches bleues, noires, rouges, grises, les uniformes de nos troupes, et des mercenaires du roi de Siam, impeccablement alignés toujours, formaient des dessins géométriques.

Quelque peu dégrisés, désespérés même, les Envoyés descendaient les escaliers de la muraille quand l'air humide fut traversé soudain par le vif frissonnement d'une onde électrique suivi aussitôt par le tonnerre et le claquement des éclairs. On eût dit qu'on frappait, à furieux coups de hache, sur les voussures du ciel : lequel tout à coup croula en trombes d'eaux tièdes : masses liquides, paquets énormes de flotte... Comme si un océan suspendu eût tout à trac versé du haut des nues. Et ce fut un spectacle peu banal que celui de nos hommes, cinq cents qu'ils étaient, toujours au garde-à-vous, semblant s'enliser, s'enfoncer dans le sol, marmoréenne armée de statues dont les feutres aux larges bords se muèrent soudain en vasques de débordantes fontaines...

Quelques dizaines de minutes plus tard, étant repassés de l'autre côté du fleuve, dans le « palais » du gouverneur qui leur était réservé, les Envoyés extraordinaires eurent tout loisir de se sécher : et d'échanger leurs inquiétudes. Le fort de Bangkok était une passoire, et qui pis est une passoire en ruine ; nos hommes étaient dans un désastreux état de santé ; ces quatre cents Siamois et mercenaires, occupant la place, constituaient une menace permanente pour les Français ; le général Desfarges et Tachard semblaient « tout charmés » sinon « subjugués » par « le Grec » qui se comportait quasi comme le véritable chef du corps expéditionnaire de Sa Majesté Très Chrétienne. Il fallait mettre de l'ordre dans tout ça !

Sur la véranda du « palais » (en fait une grande baraque, en très beau bois de teck il est vrai) les Envoyés avaient fait dresser, pour le déjeuner, une vaste table autour de laquelle on avait disposé une dizaine de sièges tapissés-de-soie-rose-ornée-de-cupidons-grassouillets... où vinrent s'installer : l'œil vif, plein d'intelligence, cheveux courts, profil taillé à la serpe, le père de Bèze (trente ans, homme de confiance du père de la Chaise, à qui plus tard il destinerait un récit de la tragédie de Siam) ; le révérend Martineau, des Missions étrangères, résidant à Bangkok, un vieil homme chenu ; Mungchion, le majordome ; quelques officiers de marine et, plus emplumé et multicolore que jamais, le sieur Véret, chef, à Siam, de la Compagnie des Indes, dont les Envoyés remarquèrent, non sans quelque surprise dégoûtée, qu'il arborait le même costume que la première fois qu'ils le virent, à quelques garnitures et décorations près, qui avaient changé : ces médailles rougeâtres (des taches de sauce sans doute) sur le devant du justaucorps ; ces auréoles roussâtres au-dessous des bras ; et ces galons de crasse noire au col et au bas des manches. Pour couronner le tout : il puait.

Les cuisiniers des Envoyés, très actifs depuis l'aube, s'étaient fait livrer force poulardes et cochonnets qu'ils avaient apprêtés le mieux du monde. Étrangement, avaient-ils expliqué à la Loubère, on leur avait donné ces animaux vivants...

— ... C'est que (expliquerait à table le vieux missionnaire Martineau) ces hypocrites d'idolâtres siamois affectent pour des raisons prétendument religieuses de ne rien vouloir tuer : même une fourmi ! Aussi confient-ils aux musulmans, aux Chinois ou aux chrétiens le soin d'abattre les animaux : qu'ils dévorent au demeurant de fort bon appétit, se lavant les mains de ces « meurtres » dont ils ne sont pas moins les commanditaires. Ils s'imaginent en effet qu'en égorgeant le moindre lapereau ils se hasarderaient à détruire un de leurs proches parents qui, à sa mort, s'y fût peut-être réincarné !... Ah, ah, quelle stupidité, quelle crédulité. Cependant ces tartuffes s'autorisent quelques libertés. Ainsi pratiquent-ils la pêche, arguant, fort spécieusement, qu'ils ne tuent pas le poisson puisque celui-ci, sorti de l'eau, « meurt tout seul », ah, ah !

– C'est que nos bouddhistes sont jésuites sur les bords, dit dans un éclat de rire le sieur Véret... Si le père de Bèze me pardonne. Comment ne transigeraient-ils pas avec leur morale, si certains d'entre eux prétendent que les choux-fleurs même, et les carottes et les navets... les bananes aussi, les ananas, les... sont des êtres vivants, et ont une âme donc. Cela réduit considérablement le nombre de vivres consommables : aux cailloux près, et encore !...

Les convives, ne prenant pas garde au risque qu'ils encouraient de dévorer ainsi leur grand-mère, firent honneur aux multiples rôtis qui leur furent servis. Le tout arrosé de force flacons de bordeaux. Le repas se prolongea tard dans l'après-midi.

Les Envoyés n'en étaient pas pour autant inactifs. Des messagers à eux, ou plutôt des espions, ne cessaient de faire des aller-retour entre la rive ouest du fleuve, où ils se trouvaient, et la forteresse est, où Tachard, Desfarges, Phaulkon et nombre d'officiers bâfraient gaillardement. Sans cesse Terrasson, Joyeux et autres domestiques venaient parler à voix basse à la Loubère ou Céberet, qui leur prêtaient l'oreille entre deux coups de fourchette. C'est que les Envoyés étaient très curieux de savoir ce que tramait le « Grec ». Manifestement il avait essayé de retarder leur arrivée à Bangkok. Par ailleurs il les avait grossièrement snobés. Pourquoi n'était-il pas venu les saluer ? Question de protocole, leur avait-on dit. Il ne pouvait les voir, selon les lois du pays, avant qu'ils se fussent rendus à l'audience du roi. Mais la Relation de Chaumont attestait que ledit Chaumont avait rencontré le Premier ministre *avant* l'audience.

Ils en étaient au fromage (un hollande ramené de l'*Oiseau,* quelque peu avancé, et tout en sueur), quand Joyeux, le laquais de la Loubère, vint annoncer aux Envoyés une nouvelle des plus mortifiantes : de l' « autre côté » (on s'était mis à prononcer cette expression avec une nuance de mépris, comme s'il se fût agi d'un

« camp ennemi »), de l' « autre côté » donc, le général Desfarges, tout enivré par le bon vin de Perse et les louanges du Grec, avait proposé à celui-ci, dans un moment d'enthousiasme, que les dix bombardiers et le sieur du Laric leur capitaine, lui fissent « une belle escorte » pour l'accompagner à Ayuthya où le ministre devait se rendre le soir même.

— Là c'est le comble, tonna la Loubère, ce foutu Desfarges me refuse cette escorte : à moi, l'Envoyé de Sa Majesté Très Chrétienne, et il l'accorde au ministre de Siam : un étranger !

L'Envoyé enrageait. Il était si rouge, qu'on crut qu'il allait exploser et son pied droit trépignait si nerveusement qu'il communiquait au plancher un épouvantable tremblement.

— Vous êtes sûr de ce que vous avancez, Joyeux ? demanda Céberet.

— Sûr que j'en suis sûr, clama Joyeux. Le bon Dieu me mange la langue si je mens.

Véret éclata de rire :

— *Ça commence, ça commence !* s'exclama-t-il, en tortillant ses grosses fesses sur les cupidons-roses de sa chaise.

— Qu'entendez-vous par là ? demanda Céberet.

— Tutt, tutt, sifflota Véret qui se tortilla davantage...

Et, mettant ses grosses lèvres suintantes de jus de viande, en cul de poule, il répéta : « Tutt, tutt. »

— Monsieur Véret, jeta la Loubère glacialement, vous vous oubliez. Ou vous nous oubliez, du moins. Est-il nécessaire de vous rappeler que vous n'êtes pas ici au fond d'une taverne, mais à la table des Envoyés du roi ? Vos manières et vos propos sont pour le moins déplacés...

Mais Véret, comprenant de plus en plus combien les Envoyés étaient perdus à Siam, et avaient besoin de ses services et informations, fit la coquette, et l'impudente. Il était leurs yeux, leurs oreilles !

— « Déplacés », « déplacés »... Tutt, tutt, messieurs, « déplacés ». Mais nous sommes tous, messieurs Vos Excellences, « déplacés ». Tout est « déplacé » à Siam, je veux dire que rien n'y est à sa place, parce qu'il ne s'y trouve de place pour rien. C'est un porte-à-faux : Siam ! Les choses y dérapent, dérivent, dévient, rancissent... Peut-être notre général commence-t-il à... déraper ? Car ce Phaulkon est roué, roué comme trois renards, des renards grecs je veux dire ! Il sait vous trouver dans chaque bonhomme la faille et quand il l'a trouvée, hop, il rentre dedans, ah ah, comme on met sa main sous la jupe d'une marionnette, et ensuite, ah ah, il vous fait de qui il veut ce qu'il veut !

— Son Excellence Constance est un gentilhomme, protesta de Bèze sèchement. Le père Tachard le connaît fort bien (ricanement de Véret). Quant à moi j'ai parlé assez longuement avec lui, et je ne fus pas peu surpris qu'un homme qui n'a presque pas étudié soit si vif, si étendu d'esprit, et si sensible. Il a les manières les plus honnêtes. Je ne doute pas aussi que s'il avait su que le général vous eût refusé ces bombardiers pour escorte, il ne les eût pas lui-même acceptés.

— Tutt, tutt, susurra Véret en ricanant.

— Si Vos Excellences le permettent, poursuivit de Bèze en se levant, et après avoir essuyé ses lèvres fines avec sa serviette, je m'en vais de ce pas voir le père Tachard pour tuer dans l'œuf ce malentendu malheureux.

De Bèze sortit.

Et sortirent à ses trousses Joyeux et Terrasson, envoyés « de l'autre côté » en mission de « renseignement », par la Loubère.

— Tutt, tutt ! répéta Véret, en se resservant de fromage pour la quatrième fois. Tutt, tutt, ça commence, je dirai même mieux : ça recommence !

— Qu'est-ce donc qui recommence ?, explosa la Loubère dont les joues s'empourprèrent au point de rivaliser avec l'écarlate de son pif maringouinisé.

— Comme avec le chevalier de Chaumont !... acheva Véret.

Et il ajouta, après un bref silence théâtral :

— Il y a une histoire de macaque que je ne vous ai pas racontée... (Il se tut, comme pour se faire prier de continuer et comme on ne l'en priait pas, il n'en continua pas moins :) Savez-vous ce que le roi de Siam dit de ses sujets ?... Qu'ils sont du naturel des singes qui tremblent tant qu'on les tient au bout de leur chaîne et qui ne reconnaissent plus de maître dès que l'attache est lâchée, ah ah !... C'est qu'il faut savoir qu'à Siam on dresse les singes, et on les tient en laisse, pour leur faire cueillir dans les arbres les noix de coco... Eh bien, si vous m'autorisez une comparaison quelque peu, euh, animale disons, je me permettrai, Vos Excellences, de vous dire que ce chien de Grec, que Dieu le damne, est en train de vouloir vous traiter comme le roi de Siam dit qu'il faut traiter les singes... et ses sujets ! Il ne vous a pas encore passé la laisse au col, mais ça pourrait venir. On m'a rapporté qu'il aurait confié à monsieur du Bruant (parce que ce Grec tout rusé qu'il soit a pour défaut de ne pas savoir tenir sa langue !) qu'il allait vous mener « par le bout du nez » comme le chevalier de Chaumont. Car — il ne s'en sera pas vanté à Versailles notre Chaumont ! — le Grec lui en a fait baver, ici, c'est moi qui vous le dis !

Mortifiés, muets, pétrifiés, la fourchette et le couteau en main, dressés en l'air, les Envoyés regardaient Véret, ne sachant trop s'ils devaient continuer d'écouter ses propos, fort instructifs, et ses « Tutt, tutt » obscènes, ou carrément le faire rosser et jeter dehors par leurs laquais.

Ils n'eurent pas le temps de prendre une décision à cet égard que le jeune soldat la Pierre (un de leurs espions) vint leur rapporter de nouvelles informations qui ne confirmèrent que trop les étonnants propos de Véret : Le père Tachard, de son propre chef — c'est-à-dire sans en référer au général Desfarges — avait fait nommer, avec l'approbation du « Grec », des officiers français de son choix à la tête des troupes siamoises. Et avec des appointements (qui n'avaient pas encore été versés, il est vrai) absolument pharamineux : de quatre à dix mille livres ! Le sieur de Fretteville avait été élevé au grade de colonellissime des troupes siamoises : à vingt-deux ans, et simple enseigne qu'il était dans l'armée française ! L'ancien gouverneur de la Place, da Silva, restait à la tête des troupes portugaises. Et un certain d'Alvimar, par ailleurs, qui n'avait pas eu l'heur d'être au goût du Grec, sans doute parce qu'il était de trop haute naissance, avait été débouté du poste de major de Bangkok, qu'il devait avoir, et qu'on avait accordé à Beauchamp.

Ces « messieurs » (« messieurs » dans l'esprit des Envoyés, c'était le couple infernal Tachard-Phaulkon) étaient en train de réorganiser nos troupes selon leurs sympathies. Et Desfarges avalait ça !

— Tutt, tutt ! sifflait Véret. Ça recommence et, dirais-je... Ça continue !

Céberet lui coupa la parole.

— Tout cela me déplaît fort... J'aimerais, Véret, et ce sont les ordres de Sa Majesté, que vous fassiez livrer au plus tôt, dans la forteresse de Bangkok, pour dix-huit mois de riz... afin qu'elle soit capable de supporter un long siège. Si tant est qu'on puisse soutenir un siège quelconque dans pareille passoire !

Véret frétilla de la croupe sur son cupidon-rose, et lança un nouveau « Tutt, tutt » qu'il modula en « Tireliri, tirelira » avant de dire, sur un ton narquois :

— Du riz, vous voulez livrer du riz à Bangkok ? A la bonne

heure ? Car vous craignez qu'on attaque la place ? Mais entre nous, qui craignez-vous qui la puisse attaquer ? Sinon le sieur Phaulkon soi-même, quand il sera fatigué de ses hôtes français trop encombrants, et voudra les éjecter... Comme d'aucuns disent qu'il fit avec ses hôtes anglais de Mergui : tous égorgés !... Or on n'a rien dans ce pays, je vous l'ai expliqué déjà, qu'on ne l'obtienne de ce foutu Grec, qui commande tout, voit tout, sait tout. Et trouvez-vous logique que celui-là même dont vous craignez qu'il vous puisse assiéger, soit assez sot pour vous livrer des provisions de riz qui donneraient plus d'autonomie et de sécurité à nos troupes ? Pourquoi ne pas lui demander aussi de la poudre et des canons ?

— Dont nous avons besoin aussi. La moitié des munitions ont été gâtées pendant le voyage !

— Du riz, de la poudre, et pourquoi pas la lune ! clama Véret dans un geyser de postillons. Messieurs j'ai écrit en France et à Pondichéry aux directeurs de la Compagnie des Indes, qui ne semblent pas avoir voulu m'écouter... parce qu'on m'a calomnié ! Ce Grec est un fourbe, un dangereux fourbe ! Il ne vous donnera du riz ou de la poudre qu'au compte-gouttes, ou « au bol » si vous voulez ! Il vous fera mariner, lanterner, des semaines, des mois. Je connais ses méthodes ! Ce qu'il veut, c'est vous tenir à la gorge, vous rendre *dépendants* ! Que les Français, comme des petits chiens dociles, viennent lui manger dans la main ! Il veut nous mettre *à sa merci* !

— Eh bien, monsieur Véret, dit calmement Céberet, nous biaiserons... Vous achèterez à Ayuthya une cargaison de riz, en prétendant que c'est pour l'exportation. Vous la chargerez sur le *Saint-Louis* et la nuit, en passant par Bangkok, vous la déchargerez en secret.

— Rien n'est secret à Siam !... Mais la chose est astucieuse. Et je suis à vos ordres... Tutt, tutt !

Pendant des heures et des heures, entre les deux forts, de l'est et de l'ouest, ce fut un incessant va-et-vient de pirogues, de messagers : domestiques, soldats, officiers, jésuites, missionnaires. On rapportait aux Envoyés toutes sortes d'informations, plus ou moins vraies, plus ou moins fausses, des vraies fausses, et des fausses vraies, car allez savoir si tel fait, confié à un domestique-espion, n'était pas confié à escient, sur ordre de Phaulkon ou Tachard, afin d'induire en erreur les Envoyés, de les embrouiller, les troubler !

Ainsi apprit-on — mais ces nouvelles semblaient authentiques, car confirmées par recoupements — que la veille au soir s'était passée une des plus épouvantables orgies qu'on vît jamais de mémoire de marin ou de soudard. Toutes nos troupes avaient roulé sous la table. Les « maisons de vilaines » de Bangkok n'avaient pas désempli. Des matelots et militaires complètement ivres (dont des officiers) surprenant des Siamoises fort dénudées, comme c'est leur mode, sur le bord de la rivière, s'étaient crus autorisés à les violer. Etc., etc.

Sur ces entrefaites, de Bèze était revenu au fort de l'ouest : il annonça aux Envoyés que — avec bien des regrets certes — Son Excellence Constance avait renoncé, vu la colère de monsieur de la Loubère, à l'escorte des dix bombardiers que lui avait proposée le général Desfarges. Mais cette « bonne nouvelle » ne fut pas plus tôt arrivée qu'on en apprit une des plus outrageantes ! le révérend Tachard s'apprêtait à quitter Bangkok pour Ayuthya avec Phaulkon, sans avoir la courtoisie de venir prendre congé des Envoyés ! La mesure était comble !

— Je ne puis le croire, dit encore de Bèze qui, à nouveau, courut plein de zèle aux trousses de Tachard, qu'il rattrapa par un pan de sa soutane, au moment où il montait dans la galère du ministre, et emmena trouver les Envoyés...

Ce fut un Tachard tout souriant, tout miel, tout soumis, tout voûté, tout rosissant dans le cadre de sa barbe noire, que la Loubère et Céberet virent débarquer à petits pas sur la véranda où ils étaient toujours installés.

— Vos Excellences, dit le jésuite, comment avez-vous pu croire un instant que j'eusse pu quitter Bangkok sans me faire le plaisir de vous venir saluer auparavant ! Ça n'est là qu'un malentendu. Le voici réparé... Mais au demeurant pourquoi nous assombrir l'esprit de ces petits problèmes, puisque tout, par ailleurs, se passe si bien : auriez-vous envisagé, quand vous étiez à bord de l'*Oiseau,* meilleur déroulement de nos affaires ?

La Loubère, sous le regard inquiet de Céberet, explosa :

— Comment... Comment mon père osez-vous dire cela... quand... quand on se permet... sans en avertir ni le général... ni nous-mêmes, nous, Envoyés de Sa Majesté, de nommer des officiers français à la tête des troupes siamoises et avec des appointements du roi de Siam ? Nos officiers sont-ils des mercenaires ? Que...

Tachard se mit à trembler de tous ses membres. Il se tenait debout, aux côtés de De Bèze (qui, comme pour le calmer, lui avait saisi la main droite) et face aux Envoyés assis sur leurs cupidons-roses respectifs.

— Comment ?... Comment messieurs, dit le jésuite devenu livide, pouvez-vous me reprocher ce... ce coup d'État... ce coup de génie politique ! Vous appréhendiez de voir des soldats siamois dans Bangkok. Eh bien moi, moi qui me tue à vous servir, j'obtiens qu'ils passent sous le commandement d'officiers français qui les tiendront donc en bride, et pourront mieux les surveiller, les dresser. Et vous vous en plaignez ? Et vous me le reprochez ?

— La moindre des choses, clama la Loubère (qui répondit à côté de l'argument du jésuite), la moindre des corrections eût été que vous nous avertissiez de tout cela, avant de décider de rien. De toute façon nous n'accepterons pas que ces Siamois restent à Bangkok !

— C'est au général Desfarges que vous devriez faire part de ces plaintes. Quant à moi, si je ne vous ai rien dit à ce sujet, c'est que Son Excellence Phaulkon ne m'a pas prié de le faire !

— Mon révérend, lança Céberet, décochant en toute douceur sa flèche, n'êtes-vous donc plus un homme du roi de France ? N'êtes-vous pas porteur d'une lettre de créance du ministre Seignelay ? Avez-vous besoin d'un ordre de monsieur Phaulkon pour nous communiquer une affaire où notre roi est intéressé ?

De Bèze, serrant Tachard au bras, sembla vouloir ainsi l'empêcher de se ruer sur les Envoyés et de les mordre. Le supérieur des jésuites était passé du blême au rouge. Il explosa :

— Messieurs, les Instructions du général Desfarges portent qu'il doit donner aux troupes siamoises des officiers français. Par ailleurs, dois-je vous rappeler que le traité que vous avez signé sur l'*Oiseau* le porte aussi ?

— Que nous avons signé contraints et forcés, et sur lequel nous comptons bien revenir, clama la Loubère, livrant ainsi, emporté par la colère, ses secrets desseins. Et je vous prierai désormais mon révérend (à ces mots la Loubère se leva), je vous prierai de ne plus rien faire que vous n'en ayez auparavant reçu l'ordre de moi !

— Je n'ai pas d'ordre à recevoir de vous, hurla Tachard. J'ai mes propres Instructions !

— J'ai mes Instructions aussi ! clama la Loubère.

Les deux hommes, debout, s'affrontaient, comme deux boucs

furieux ; ils étaient si proches l'un de l'autre qu'ils s'entre-inondaient des salves de leurs postillons. Dans un geste insensé, surgi d'on ne sait quelles dimensions obscures de l'humaine conscience, la Loubère, mécaniquement, saisit le prêtre par un petit bouton noir de sa soutane, à hauteur de la poitrine, et se mit à tirer dessus, comme pour l'arracher.

— Pas d'ordre à recevoir de moi ? hurlait-il ce faisant.

— Je n'ai que faire de vos ordres, je vous le dis tout net, cracha Tachard. D'ailleurs la commission de Sa Majesté est désormais finie pour moi ! Je ne suis plus à son service ! Ma mission consistait à obtenir que les troupes françaises s'installent à Bangkok. Elles y sont.

Le bouton noir de la soutane de Tachard, sur lequel s'acharnait la Loubère, avait pris, aux yeux de celui-ci, l'aspect hallucinatoire d'un petit cafard, un cancrelat, un pou qu'il eût voulu broyer entre ses doigts : une punaise, pouah ! Et bientôt, à force de tirer dessus, il l'arracha.

Quand il l'eut soudain, entre son pouce et son index, sa fièvre, sa colère tombèrent. Il se sentit tout stupide, tout égaré : sous les regards ahuris de De Bèze et Céberet.

— Euh... pardonnez-moi ! dit la Loubère, confus. Je m'en vais appeler, euh... un domestique, pour qu'il vous le recouse (et il appela :) Joyeux, Joyeux !

Mais Tachard *ayant fait selon sa coutume réflexion sur ce qu'il avait dit rentra dans des adoucissements* (écrirait Céberet dans son journal). Il reprit des mains de la Loubère le petit bouton, l'éleva un bref instant au-dessus de son front, comme on brandit l'hostie, à l'Office, puis, d'un geste brusque, le rentra sous un des pans obscurs de sa soutane.

— Vos Excellences, dit-il, pardonnez à mon emportement. Et n'y voyez que l'effet de mon zèle à vous servir et à servir la cause de Sa Majesté Très Chrétienne... Vraiment, je suis au désespoir d'avoir donné à Vos Seigneuries du chagrin et je proteste que je ne songe qu'à vous rendre de très humbles services et à le faire de la manière que je croirai vous être la plus agréable...

A plusieurs reprises, pendant cette explication qui dura plus d'une heure, des domestiques et pères jésuites vinrent presser Tachard de partir « sur ordre » du seigneur Constance lequel devait se dépêcher car il lui fallait être le lendemain au Conseil du Roi, à Ayuthya. Mais tout harcelé qu'il fût par ces émissaires, le révérend n'en discontinuait pas de broder, autour des Envoyés, une toile d'araignée d'excuses et de soumissions, où ne cessaient de fuser les « Vos Excellences », les « Messeigneurs », les « Vos Seigneuries » et autres « Votre Grâce », le tout agrémenté de doucereux roulements d'yeux, d'épaules, et d'incessantes courbettes. Enfin, il fit une dernière salutation et s'éloignait déjà... quand brusquement, il se retourna et lança, comme s'il se fût agi d'une chose insignifiante :

— Ah, j'avais omis de vous dire... Le roi de Siam est si ami de la France et de nos soldats, qu'il serait vraiment le plus malheureux du monde si on en condamnait aucun à mort sans qu'il en soit averti auparavant...

Et hop, sans attendre l'effet de ses paroles, Tachard, suivi de son escouade de jésuites, s'envola dans une volte de sa soutane noire.

Ce qu'il venait d'annoncer là, tout « innocemment » — et qui laissa les Envoyés pantois, pétrifiés — c'était que le roi de Siam semblait vouloir revenir sur un article essentiel du traité, accordant au général Desfarges le droit de rendre justice, indépendamment de tout autre pouvoir, sur ses propres troupes.

La nasse se refermait.

Quel jeu jouait Tachard? Quel intérêt avait-il à créer des difficultés aux Envoyés?

— Tutt, tutt! sifflota Véret qui avait assisté à toute la scène, assis dans un coin, le derrière sur son cupidon-rose, Tutt, tutt! je m'en vais moi éclaircir votre lanterne avec mes vessies, si vous me permettez l'expression! le trois ou le quatre octobre, lors de son premier débarquement, et juste après avoir rencontré *son* Constance, son Dieu Constance, le père Tachard s'en est venu me trouver à mon comptoir d'Ayuthya, ah, ah!... Mais il faut vous représenter la scène un peu. Moi je dormais, il était très tard. Il a insisté pour qu'on me réveillât. Il est venu lui-même me secouer dans mon hamac, faisant un tel boucan qu'il a réveillé Noy, vous savez, Noy, c'est ma fifille et... Ah! Mais si vous aviez vu le Tachard, ça n'était pas un Tachard, non c'était, comment dirais-je, comme une sublimation de Tachard, un Corps glorieux de Tachard, tant la joie, la Sainte Joie d'avoir pu revoir *son* Phaulkon l'avait, oui, transmué, transfiguré. C'était un Tachard jubilant, un Tachard bavant, un Tachard aux yeux écarquillés, un Tachard postillonnant, un Tachard si bouleversé — ce *fin politique* hi, hi! — qu'il m'a raconté à moi, oui, à moi, quoiqu'il sût que je n'étais pas tout à fait de son « bord », ayant quelques comptes à régler avec le Grec, tout ce qu'il avait dans son débordant gros petit cœur de Tachard. Savez-vous quels furent ses premiers mots? Les premiers mots que, penché sur mon hamac (il avait quasi posé son nez sur mon nez!), il m'a crachés dessus? Les voici ses mots : « Enfin, malgré le pape, malgré les cardinaux, malgré tout, la Mission est à bas, le roi est avec nous, on va éjecter les clérigots! » Bien sûr, messieurs les Envoyés, il faut que je vous traduise ça : les « clérigots » dans la langue des jésuites et de Phaulkon, cela désigne les pères des Missions étrangères : « abattre les clérigots » c'est son obsession à Tachard, et c'est par ça : « abattre les clérigots », que le Grec Constance le tient, notre Tachard, et le fait courir! Et savez-vous ce qu'il m'a appris par ailleurs, ce même soir, le Tachard : qu'il ne resterait pas ici comme prévu. Qu'il s'en retournerait avec vous en Europe, parce qu'il doit être nommé Envoyé extraordinaire du roi de Siam auprès de Sa Majesté Très Chrétienne et de Sa Sainteté le pape! Lui, un jésuite, un Français, va devenir un émissaire, un diplomate du roi de Siam! Et pourquoi va-t-il à Rome, sinon pour casser du sucre sur les missionnaires, et tenter de leur substituer à Siam les jésuites? Les Indes, pour nos bons pères, sont un gâteau très juteux. La Compagnie de Jésus ne tient pas à partager.

Quelques minutes plus tard, dans un tintamarre d'entrechoquements d'éperons, une demi-douzaine d'officiers emplumés de rouge, de blanc, de vert, une vraie basse-cour, avec à leur tête monsieur Desfarges (mais un Desfarges, mon Dieu, fort gêné et, malgré ses grandes bottes, dans ses tout petits souliers) vinrent visiter les Envoyés. Le général montra à la Loubère des parchemins :

— Euh, voici, dit-il. Ce sont des lettres patentes que, euh, juste avant de quitter Bangkok, Son Excellence Phaulkon m'a fait remettre par le père Tachard. L'inconvénient c'est que... euh... ces lettres patentes sont écrites, euh, en portugais que je ne comprends pas très...

La Loubère qui connaissait assez bien l'espagnol pour entendre le portugais, examina aussitôt ces papiers.

— Que veulent dire ces lettres? demanda Desfarges.

— En trois mots, monsieur, que vous et vos hommes êtes soumis à la justice du roi de Siam et de son séide Phaulkon... qui vous feront couper le col s'il leur en prend la fantaisie...

— Hi, hi, ricana Véret dans son coin, *ça continue!* Ne l'avais-je point dit?... Mais rassurez-vous : en matière de condamnations à mort, il y a le choix. Vous pourriez être aussi, mon général, rôti tout vif, ou bien jeté aux tigres, ou sous les pattes des éléphants sauvages afin qu'ils vous écrabouillent !

Le général ramassa les lettres, qu'il froissa dans son énorme dextre gantée de cuir noir et, se levant, il saisit la poignée de son épée de même que tous les officiers qui, comme un seul homme, s'étaient mis debout avec lui. Il clama :

– Avant de me jeter aux tigres, monsieur Véret, il faudrait d'abord qu'on se saisisse de moi ! Ah, ah ! D'autres s'y sont cassé les dents !

Et après quelques belles salutations, tous les officiers, dans un vaste tourbillon de plumets multicolores, s'en retournèrent vers la forteresse de l'est : leur forteresse-passoire ; leur forteresse-pataugeoire ; leur forteresse peuplée d'espions, de maringouins, et de patients vautours.

*Qu'est-ce qu'un homme ? Vais-je dire un animal raisonnable ?*

(Descartes : *Méditations métaphysiques,* 1647.)

Ce soir-là monsieur Simon de la Loubère eut du mal à s'endormir. Pourtant les maringouins avaient été tout à fait raisonnables. Mais ça n'était plus les maringouins qui le dérangeaient... La Loubère gisait, nu, sur son lit. Il avait renoncé à sa chemise de nuit, tant il faisait chaud, mais n'en avait pas moins coiffé (ultime symbole de pudeur peut-être, ultime fil le rattachant encore à l'univers occidental, à la France) son bonnet de nuit blanc à pompon. Immobile, il se regardait les pieds, des pieds annelés de bagues bleuâtres de crasse (il se les était pourtant lavés la semaine passée !). Un bougeoir, posé à côté de son lit, projetait aux quatre coins du mur les ombres virevoltantes des phalènes. Au-dessus du bougeoir, il avait accroché le portrait de mademoiselle de Tourville dont, non plus que des chaises-à-cupidon-rose, il ne pouvait se séparer. Penchée comme à une fenêtre, dans l'embrasure de son cadre, mademoiselle de Tourville le regardait, à travers la gaze de la moustiquaire. Elle souriait : ironique. Il la regardait. Il souriait : jaune. Sept mois, sept mois (à part cette gueuse que lui avait fournie Van Stelen, le gouverneur hollandais du Cap), pendant sept mois il n'avait plus respiré l'ombre du parfum du jupon d'une femme ! Ça n'était pas les maringouins, donc, qui l'empêchaient de dormir ! Du moins le maringouin qui le persécutait au bas du ventre, il n'était pas question qu'il l'écrasât d'une « tape ». Bien sûr : il pouvait « pécher contre soi » (comme disent les jésuites). Mais était-ce de son âge encore (il avait quarante-cinq ans !) de « pécher contre soi » comme un jeune séminariste tourmenté ? Il n'était pas question cependant qu'il se livrât à Siam — comme ce pauvre Desfarges qu'on manipulait ! — à un quelconque libertinage.

Ça se saurait à Versailles. On le lui reprocherait. Que n'inventerait-on pas de toute façon ! Lors de la première ambassade, en 1686, le Grec avait voulu offrir « une esclave » au chevalier de Chaumont : qui l'avait envoyé sur les roses. Chaumont était un calotin, un puritain. Pas pires dévots que les parpaillots convertis ! Une de ses premières démarches auprès du roi de Siam, inspirée il est vrai par l'évêque, monseigneur Laneau, fut d'exiger qu'on brûlât les « maisons de vilaines » de Bangkok. On en brûla une, pour lui faire plaisir, qu'on reconstruisit juste à côté. Il avait même fait exposer un de ses matelots, qui s'était enivré, sur une place publique, avec deux bouteilles de vin suspendues aux oreilles ! Mais cela, Chaumont avait pu se le permettre parce qu'il n'était venu à Siam que pour une brève ambassade. Il n'avait pas eu à installer dans le pays sept cents soldats ! Comment tenir en bride sept cents diables qui, pendant sept mois, n'ont pas tâté l'ombre d'une catin !... Lui, du moins, la Loubère, devait *donner l'exemple !* Tenir bon : au bord de cette frontière obscure de l'âme, frontière insondée, frontière hallucinante, où la chair humaine et l'esprit s'articulent si mystérieusement : territoire des passions, royaume de toutes les déraisons...

Il était deux heures du matin. La Loubère se tournait, se retournait. Il finit par s'asseoir sur le bord de son lit, passa une robe de chambre de satin de Chine noire, ouvragée d'or, « petit cadeau » personnel de Kosapan à son arrivée à Bangkok. L'étoffe était douce, molle. Et vous caressait les jambes de ses pans flottants de façon... luxurieuse ! Il se leva, fit quelques pas dans la pièce... la porte ouvrait sur une nuit noire, tiède, humide. Remontaient vers lui les effluves de la terre trempée par la mousson finissante, et les sons et frissons du grand orchestre des nuits de Siam : criquets, crapauds, froissements du vent glissant dans la jungle, chuchotements sourds : la vaste respiration de la Nature. Une nature luxuriante, débordante, incontrôlable, inassimilable ; une nature qui eût nécessité au bas mot une escouade de trois cents Le Nôtre et autres maîtres jardiniers pour qu'un peu d'ordre fût mis là-dedans : hop, une allée gravillonnée au centre, des haies de buis bien taillées sur le côté, avec au bout une fontaine flanquée d'un Jupiter ou d'une Junon, et on n'en parle plus !

... Il sortit. S'accouda à la rambarde de la véranda sur quoi ouvrait la chambre. Vers lui, énorme coulée d'argent sombre, descendait la masse liquide du Mae-Nam Chao-Phraya serpentant à travers l'immense plaine centrale de Siam, tout échiquetée par les innombrables parcelles miroitantes des rizières. Parfois, profitant d'une brève déchirure dans le ventre des nuages, un rayon de lune semait une poignée d'écailles lumineuses sur les eaux du fleuve. Sous son bonnet blanc, les cheveux quelque peu graisseux de la Loubère dégoulinaient sur ses épaules. Soudain, dans son dos, il entendit une sorte de râle animal. Cela venait de la chambre de Claude de Céberet, voisine de la sienne. « Il sera malade, songea la Loubère. Il était fiévreux hier. Nous sommes tous fiévreux. Ce climat ne réussit pas aux Français. On y fond, on s'y dilue, corps et âme, on s'y noie... » Le front de monsieur de la Loubère, en permanence, était moite, luisant, et c'était en vain qu'il se poudrait sans cesse ! Un autre râle s'éleva dans la nuit. « Peut-être devrais-je aller le trouver, songea la Loubère, il semble vraiment souffrant. » Mais bientôt, sur la trame musicale de la symphonie des nuits de Siam, aux râles de Céberet se vinrent marier des petits criaillements cristallins : des criaillements femelles ! La Loubère en eut le souffle coupé. « Qu'est-ce que cela voulait dire ?... Mais non, son fils, le petit Claude, qui n'a pas seize ans, loge aussi dans sa chambre... A moins que ? » Quatre ou cinq gloussements femelles horripilants, entrelardés de halètements mâles, retentirent à nouveau. Il n'y avait pas à se tromper, cela venait tout droit de chez Céberet. Ainsi il avait mordu à l'hameçon, lui aussi ! « Il aura envoyé son fils coucher ailleurs !... Il... il... a osé ! » La Loubère serra les poings. Ne devrait-il pas aller frapper à sa porte pour lui laver la tête, et le rappeler à ses devoirs ? Ce Phaulkon essayait d'amollir les Français, de les séduire en leur glissant, entre autres, des gueuses dans les pattes ! Mais la Loubère devait mettre le holà à tout ça, non, il se le jurait bien : « Siam ne sera pas Capoue ! »

Comme, furieux, il retournait vers sa chambre, il entendit dans son dos, sur le parquet lisse de la véranda, le glissement de pieds nus. Il se retourna. Un spectre pâle, lactescent, se dressait devant lui : une jeune indigène, une fleur rouge — provocatrice ! — piquée sur l'oreille gauche, et les cheveux, qu'elle avait longs, contrairement aux coutumes locales, noués à l'espagnole, en lourd chignon sur la nuque. Elle portait, autour des reins, un sarong noir brodé d'argent et autour des seins une de ces écharpes de soie scintillante dont les élégantes de Siam rejettent en arrière sur l'épaule gauche un pan flottant, l'épaule droite restant nue. De sorte que le ventre — un petit ventre blanc et rond, en l'occurrence — était découvert, faisant écho à la tache de chair pâle du visage : dont les traits, dans le clair-obscur, étaient mal discernables. Mais l'orbite noire du nombril de l'inconnue et ses deux yeux se tenaient braqués sur l'Envoyé comme la gueule de trois mousquets menaçants ! Elle saluait « à la siamoise », les mains jointes sur son visage légèrement incliné. Elle murmura quelques mots incompréhensibles, où le terme portugais « senhor » (monsieur) revint à plusieurs reprises. C'était une étrange musique, disharmonique, que ces « syllabes barbares » s'entrechoquant, sur des tons différents, dans sa bouche : on eût dit des sequins d'argent qu'on eût agités dans une bourse : mais quelle bourse, quelle bouche. Quelles lèvres, si fines, mais néanmoins charnues et épanouies. Sans doute « cette garce » s'enquérait-elle de ce dont le « senhor » pouvait avoir besoin. Comme si à cette heure de la nuit un « senhor » pût avoir besoin d'autre chose que de ce dont justement il avait besoin, lui, la Loubère, mais qu'il n'avait pas le droit, non, de satisfaire ! Cette « garce », il en mettrait sa main à couper, était une émissaire du roi, ou du Grec, un agent, une espionne : mais non, ah ah, elle ne le maringouiniserait pas ! La Loubère sortit les quelques mots de Siamois qu'il avait appris sur l'*Oiseau,* avec le missionnaire Verniaud : « *Radri Sawat* » (bonne nuit). Et d'un coup, il tourna le dos (ayant tout juste eu le temps d'entrapercevoir, brillant sur la poitrine de « la garce » : une chrétienne croix d'or !). Il s'en alla, à grands pas, se jeter de rage sur son oreiller.

Le lendemain 21 octobre que Dieu fit, monsieur de la Loubère s'était éveillé à l'aube. Joyeux le vint habiller et peigner. L'Envoyé mit sur sa tête sa perruque blonde, se lava les mains dans une bassine, s'aspergea d'un peu d'eau de Cologne et, sa toilette ainsi achevée, s'en alla s'accouder à la rambarde de la véranda. En contrebas le fleuve, la ville de Bangkok avec ses baraques en planches, et la muraille en ruine la ceinturant, se gouachaient d'une lumière de cuivre rose. On entendait glapir quelques chiens et chanter les coqs. Les rues boueuses étaient vides, à peine quelques ombres violettes, furtives, s'y glissaient, hommes, femmes, portant sur l'épaule une longue perche aux deux extrémités de laquelle pendaient d'oscillants ballots : marchandises qu'on transportait vers les jonques à quai, sur le fleuve. Il semblait que les couleurs si vives de Siam, le vert cru de ses végétaux, le rouge de sa terre, le gris d'argent luminescent de son ciel fussent recouverts, à cette heure du jour, d'un fin vernis rose et bleuté, où elles se confondaient dans une sorte de camaïeu. Une tache orangée cependant, au bout d'une rue de la ville, s'alluma comme une flamme. Puis derrière elle, plus petite, une autre flamme orangée, puis une autre encore, et ainsi de suite, selon la perspective, de plus en plus petites. « *Phra, Phra* », lança derrière la Loubère la voix de Mungchion, le major siamois. Il était flanqué de Son Excellence Kosapan et de l'interprète François Pinheiro. Du mot *Phra* il désignait, dans son pidgin, les flammes orangées qui à la queue-leu-leu s'avançaient dans la direction de la maison du gouverneur : c'était une dizaine de bonzes, alias *talapoins,* au crâne rasé, portant leur pagne jaune et, contre leur ventre, une sorte d'énorme « bol » noir. Ils venaient mendier, auprès de la population, leur pitance de la journée. Une des raisons du peu de succès de la Vraie Foi, avait-on expliqué à monsieur de la Loubère, c'était que nos missionnaires, assez amis de la bouteille, de la bonne chère, sinon de la chair tout court, avaient du mal à vivre aussi simplement que les bonzes. Quand il eût fallu donner l'exemple. Les bonzes ne vivaient, en théorie, que d'aumône, ne faisaient qu'un repas par jour, qu'ils allaient quêter à l'aube. Ils ne devaient sortir de leur temple qu'au moment où, la lumière étant assez forte, ils pouvaient commencer à deviner la couleur de leurs veines à leurs poignets : ainsi verraient-ils assez pour prendre garde, quand ils marcheraient dans la rue, de ne pas écraser même le plus humble insecte. « Tartuffes ! Ah, ah ! »

Après que les bonzes eurent disparu, d'autres silhouettes firent leur entrée, marchant elles aussi à la queue-leu-leu : des Siamois, en haillons, quasi squelettiques. Ils étaient reliés l'un à l'autre par une lourde chaîne accrochée à l'une de leurs chevilles, et leur col était pris dans un pesant carcan de bois. Eux aussi mendiaient leur pitance. A Siam l'État a la sagesse de ne point nourrir ses hors-la-loi. Dans le silence de l'aube on n'entendit plus que le cliquètement des chaînes.

Monsieur de Céberet — *sans perruque* — drapé dans une robe de chambre de satin, et avec je ne sais quel horripilant « petit air content de soi » sur le visage, vint s'accouder auprès de Simon de la Loubère, sur la rambarde de la véranda. La Loubère lui envoya en coin un regard investigateur. Non, ça n'était pas encore le moment, il lui ferait la leçon un autre jour : au sujet de ses... fredaines !

Quelques heures plus tard les Envoyés s'embarquèrent sur une galère à trente rameurs pour Ayuthya. L'abbé de Lionne s'y était rendu directement la veille, étant pressé d'y rejoindre son Évêque monseigneur Laneau. Les Envoyés ne se rendirent pas exactement à Ayuthya, mais tout juste à quelque cinq ou six kilomètres au-dessous, en un lieu que les Européens appelaient, comme le poste de douane à l'embouchure du fleuve, la Tabanque. Ils y demeureraient dix jours, attendant que le roi de Siam les reçût en audience, car ils n'avaient pas autorisation, avant celle-ci, de se rendre dans la capitale : ainsi le voulaient les lois du pays. C'est le 23 octobre que Dieu fit, en pleine nuit, que leur galère arriva à cette « Tabanque » : c'était un ensemble de maisons, fort belles, en bois précieux sculpté aux formes d'animaux mythiques, qui s'érigeait sur des pilotis, au bord du fleuve, derrière un grand débarcadère en bambou. Un vaste espace de terre rase, taillé dans la jungle qui de toutes parts proliférait, avait été ménagé autour de la Tabanque. Dans cet espace herbu, on avait disposé, en arc de cercle, le long de la lisière de la jungle, d'énormes jarres de bronze, placées sur des trépieds, et d'où s'élevait un formidable brasier. A côté, montaient la garde des bras-peints portant lance ou mousquet. C'était, expliquerait Mungchion aux Envoyés quand ils débarqueraient, pour leur « faire honneur » qu'on avait allumé ces foyers. Plus certainement, et toute considération « honorifique » mise à part, c'était pour éloigner les fauves pullulant dans le coin.

L'endroit, au demeurant, était fort agréable. Et moins peuplé de maringouins que Bangkok. Les Envoyés y avaient des chambres meublées « à la chinoise », ornées des plus belles porcelaines, bleu et vert « Céladon », du nom du héros de *L'Astrée.* Étoffes indiennes, tapis de Perse, paravents japonais et siamois du meilleur goût : si ce n'était, cachées dans le coin droit de l'un d'entre eux, certaines scènes qui induisirent monsieur de la Loubère à des pensées auxquelles justement il ne voulait pas... penser : telle jeune princesse, demi nue la garce, qui se faisait laver dans une piscine par des esclaves femelles pas plus habillées ! Ou, sortant d'une fenêtre, deux couples de pieds dont, à partir de leur position respective — les uns, orteils tournés vers le bas se trouvant placés au-dessus des autres, orteils tournés vers le haut — on pouvait fort bien déduire à quel peu chrétien déduit se livraient leurs propriétaires. « Ces Siamois sont des paillards. Certains mandarins auraient plus de trente femmes et concubines ! » Sans doute était-ce « le Grec » qui, machiavéliquement, avait fait placer ces paravents dans la chambre de l'Envoyé pour le corrompre ! La Loubère, pudiquement, posa un châle de soie sur le paravent : cachant ce malsain dessin qu'il ne voulait plus voir.

Chaque midi et chaque soir, dans la Tabanque, soit sur la véranda, soit dans la salle à manger, les Envoyés tiendraient « table ouverte » : avec trente couverts. Au début, pas une des chaises-tapissées-de-soie-rose-ornée-de-cupidons-dodus... ne fut inoccupée : Français et Siamois, prêtres et laïques venaient sans cesse les visiter. Dans la vaste suite des Envoyés se trouvaient l'inévitable et zélé Mungchion, une demi-douzaine de jolies petites domestiques ramenées de Bangkok et... l'« espionne » qui était remontée avec eux : sur ordre de qui, sinon du Grec ! Scandaleusement belle, malgré son nez court et ses oreilles petites comme pétris dans la porcelaine de Chine. Elle lui tournait autour, à la Loubère, mais elle ne l'aurait pas !... Il prit sur son compte quelques renseignements auprès de Mungchion. Elle appartenait à un groupe d'une vingtaine de jeunes filles élevées sous la houlette des jésuites portugais et de la femme de Constance laquelle, jouant à la Maintenon — cette vieille raclure ! — avait fondé une école, une sorte de copie conforme de Saint-Cyr, où elle avait rassemblé toutes les bâtardes, fruits des amours éphémères des Européens de passage et des dames indigènes. L'« espionne » s'appelait Clara, fille d'une Chinoise et d'un père qui pouvait être aussi bien russe, danois, hollandais, français ou autre, car tous les forbans d'Occident défilent à Siam.

Les principaux rôles de la comédie qui se livra sur les vastes tréteaux de la Tabanque furent tenus essentiellement par les jésuites. Pendant près de deux semaines ils ne cessèrent d'y débarquer, seuls, par deux, ou en solide escouade, selon les besoins de la cause. Car la cause était sérieuse et épineuse : les Envoyés étaient tout à fait malcontents des services de Tachard, et de la situation de nos troupes à Bangkok (d'autant que l'état-major, le général en tête, avait suivi Phaulkon à Ayuthya, laissant nos soldats dans la place, sans bon commandement). Aux pères le Royer (supérieur à Ayuthya), du Chat (supérieur pour Lopburi), Richaud (confesseur de la Loubère) et de Bèze (éminence grise de l'éminence grise Tachard) qui étaient venus déjeuner chez les Envoyés le 24 octobre que Dieu fit, monsieur de la Loubère exposa violemment ses plaintes et ses craintes :

— Il n'est pas question, dit-il, que nous quittions le pays avant que toutes les troupes étrangères aient évacué Bangkok ; avant qu'on ait commencé de fortifier cette place solidement ; et que le sieur du Bruant, avec trois compagnies, ait rejoint son poste à Mergui ! Si, là-dessus, le révérend Tachard ou le sieur Constance ne nous apportent pas satisfaction, nous serons obligés de rédiger un mémoire contenant nos revendications et de le faire parvenir *directement* au roi !

(S'adresser directement au roi, cette « arme secrète », c'était Véret qui l'avait conseillé aux Envoyés : « Tant que vous passerez par ce Grec, leur avait-il dit, vous n'obtiendrez rien. Il vous dupera, car il ne traduit au roi que ce qu'il souhaite traduire, et il ne vous traduira des volontés du roi que ce qui lui sera utile. »)

Sur cette déclaration fracassante de la Loubère, les jésuites prirent congé.

Le soir même, ce fut une sorte d'aérolithe barbu et ensoutané qui, en l'espèce du père Tachard, un Tachard tout rubicond de rage, atterrit sur la véranda de la Tabanque où les Envoyés avaient installé, pour le dîner, une somptueuse table. L'aérolithe Tachard était flanqué de l'ombre quadruple des pères d'Espagnac, de Bèze, le Royer, et le Blanc. C'est à peine si la Loubère et Céberet eurent le temps de courtoisement se lever, que le jésuite, d'un geste violent et méprisant — et avant même de s'asseoir, ce à quoi on l'invitait — jeta sur la table, illuminée par des bougeoirs d'argent, un rouleau de parchemin.

— Vous n'en voulez pas, messieurs ? Eh bien, Son Excellence Phaulkon vous le rend ! Déchirez-le !

Tachard, croisant les bras, s'assit, avec les autres jésuites. Les Envoyés s'assirent. Ce fut un terrible face-à-face, de part et d'autre de la table. La Loubère et Céberet regardaient, muets, stupéfaits, le document qu'on venait de poser devant eux. Ils n'eurent pas besoin de l'ouvrir pour le reconnaître. Il s'agissait, portant leur signature et celle de Tachard, d'un exemplaire du traité qu'ils avaient paraphé avant de débarquer les troupes.

Et c'était une étrange « nature morte », digne du pinceau de l'hérétique Van Claetz, que constituait ce document — d'une si capitale importance — replié sur soi-même, sur le secret de son texte non visible, au milieu des flacons de vins rubis, des miches d'épais pain de campagne, des plats d'argent hérissés de rôtis, et des bougeoirs autour desquels virevoltaient des myriades de minuscules insectes qui, s'y brûlant les ailes, venaient choir sur la nappe immaculée où des centaines d'entre eux gisaient, à demi morts, gigotant vaguement encore.

— Déchirez, messieurs, déchirez ! répétait hargneusement Tachard qui ne s'en laissa pas moins servir, par le sommelier de monsieur de la Loubère, une copieuse rasade de bordeaux.

— Il vaudrait mieux peut-être que ce traité ne fût pas, dit sur un ton qu'il essaya de rendre le plus hautain et détaché qu'il pût, monsieur de la Loubère.

— Vous l'avez signé, Votre Excellence, et vous étiez fort contents de le signer. Car vous n'en attendiez pas tant quand vous étiez à bord de l'*Oiseau* et que vous doutiez si nos troupes débarqueraient jamais ! Maintenant que — grâce à mes efforts zélés — elles sont à terre, et dans Bangkok, vous en voulez plus. Vous demandez la Lune ! Et vous avez l'audace de me faire savoir que vous comptez vous plaindre au roi de Siam en lui adressant directement un mémoire. Perdez-vous la tête ?

— Je ne fais ainsi que défendre les intérêts du roi mon Maître.

— Eh bien, donc, déchirez, déchirez !

La Loubère regarda Céberet dans les yeux : après tout ils avaient déjà pris un avantage. Ils avaient un pied dans Bangkok ! Il fallait qu'ils avancent désormais un peu plus leurs pions sur l'échiquier de Siam. La colère, la fureur de Tachard, n'étaient-elles pas l'écho fidèle du désarroi de Phaulkon qui semblait bien aux abois, comme l'affirmait Véret. On n'obtiendrait rien de lui, donc, que par la menace. Et, loin d'entrer dans son jeu, comme le faisait Tachard (par sottise ou par traîtrise !), il fallait le prendre à la gorge. Pourquoi ne pas déchirer ce traité ? Si les Français étaient l'unique et dernière carte du Grec, son ultime recours, dans un royaume qui lui serait de plus en plus hostile, ne devrait-il pas, contraint et forcé, négocier à nouveau, et en passer par nos volontés ? Quitte à ce que nous fassions parler les armes ?

La Loubère saisit de ses longs doigts blancs le traité et, l'élevant lentement à hauteur de son visage, il fit mine de le déchirer.

— Mais prenez garde, hurla Tachard. Prenez garde aux conséquences... on ne pourra plus espérer de bonne entente entre les troupes siamoises de Bangkok et les nôtres. En détruisant ce traité, vous brûlez vos vaisseaux, songez-y !

— Sauf votre respect, mon révérend, ça n'est pour moi qu'un torchon de papier, et nous ne l'avons signé que bien obligés, dit la Loubère, d'un ton de plus en plus méprisant. Au demeurant, il faut que ces affaires soient vite réglées. Le temps presse. Monsieur de Céberet a une mission à remplir à Pondichéry et Dehli, et les vaisseaux ne peuvent être trop longtemps immobilisés. Il nous faudra partir au plus tard en décembre.

La Loubère jeta un œil vers Céberet, à ses côtés, et croyant lire sur le visage de celui-ci une lueur d'acquiescement, il approcha le traité de la flamme d'une bougie.

— Arrêtez ! hurla Tachard qui, se levant d'un bond et se penchant au-dessus de la table, arracha des mains de l'Envoyé le rouleau de parchemin qu'il brandit en l'air comme une massue.

— Mais... vous rendez-vous compte un instant de ce que vous alliez faire, dit-il, fébrile (et, à voix basse, comme pour lui-même, il murmura : *Ne traditeris me, Domine, in animas persequentium me !* (ne me livrez pas, Seigneur, à la merci de mes persécuteurs). Êtes-vous inconscient, monsieur ? ajouta-t-il cette fois d'un ton très élevé. Ne comprenez-vous pas que si je vous eusse laissé détruire ce traité, c'était *la guerre !*

— Mieux vaut la guerre aujourd'hui, assena la Loubère, que de laisser nos troupes s'embourber, et les exposer ainsi à se faire égorger demain... Je refuse qu'elles soient mêlées aux soldats siamois de Bangkok. Que le roi décide...

— Messieurs, messieurs, comme vous y allez, intervint le père de Bèze, sur un ton conciliant. Ne vous échauffez point ainsi. Ne servons-nous pas les mêmes intérêts : ceux de Sa Majesté Très Chrétienne ?

— Je me demande très sincèrement, dit la Loubère, si le père Tachard sert encore la France, ou son maître Phaulkon ? D'ailleurs j'ai eu écho que...

D'un coup de genou Céberet l'arrêta net : craignant qu'il ne révélât ce que Véret leur avait dit, sur l'envoi supposé de Tachard en France comme ambassadeur du roi de Siam. Après tout ça n'était peut-être qu'un ragot !

— N'allez pas si loin, mon cher la Loubère, dit-il, les mots dépassent votre pensée...

La Loubère se tut, s'affaissant soudain sur son siège. Tachard se tut, baissant la tête, joignant les mains, et se recroquevillant sur lui-même, comme pour se concentrer, examiner froidement tout ce qu'il venait de dire dans le feu de la conversation, et en tirer une rapide conclusion et une nouvelle orientation. Le fait est qu'après ce bref *exercice spirituel* (petite gymnastique intellectuelle qui lui avait été enseignée au séminaire) il apparut tout adouci, présentant aux Envoyés un visage riant :

— Vos Excellences, veuillez pardonner à ma soudaine colère qui ne témoigne que de mon zèle à défendre les intérêts du roi et de notre Sainte Religion. J'ai certes tort de m'échauffer. Dieu m'en punisse ! Mais c'est aussi que vous ne comprenez pas ce pays, toutes les intrigues, les cabales qui s'y nouent (et il éleva ses deux mains et des yeux suppliants vers le ciel). Vos exigences sont, je le puis dire, abusives. Jamais ni monsieur Constance, ni le roi son maître, dont il a la plus entière confiance, ne les voudront satisfaire. Jamais ils ne vous livreront en toute propriété la place de Bangkok, cela, je l'ai toujours su... ce serait provoquer sur-le-champ dans le pays une révolution ! Voulez-vous perdre monsieur Constance, notre meilleur, notre plus fidèle allié ? Voulez-vous perdre le roi de Siam lui-même, sans lequel nous ne serions jamais ici ? Voulez-vous perdre notre chrétienté naissante ? Sachez que beaucoup de gens n'attendent que le premier prétexte pour se rebeller, mandarins, bonzes, et la princesse fille du roi entre autres, qui est une personne fort hautaine, et qui a pour nous, Français, qu'elle traite de « barbares » le plus souverain mépris. C'est une bouddhiste fervente qui ne rêve que de bouter Christ hors de Siam. Le roi a par ailleurs des frères, qui ont déjà tenté de s'emparer du trône. Certains assurent qu'ils étaient derrière la révolte des Macassars...

— A plus forte raison ! s'exclama Céberet... Comment pouvez-vous songer, mon père, si la situation est aussi explosive que vous le dites, à laisser nos troupes dans une position stratégique défavorable ? C'est l'intérêt non seulement de la France, mais de tous les chrétiens de Siam, et de monsieur Constance même, que nous ayons à Bangkok une place forte où nous soyons en parfaite sécurité. En cas de troubles graves le ministre, sa famille, ses alliés et les chrétiens pourront y trouver refuge. En attendant les secours de Sa Majesté... Voyez ce qui s'est passé à Mergui. Cette centaine d'Anglais égorgés par traîtrise, cela ne devrait-il pas nous servir d'exemple ?

— Les secours de Sa Majesté ? lança Tachard. Mais le prochain vaisseau prévu n'arrivera que dans neuf mois. Et c'est incessamment qu'à cause de vos exigences exorbitantes peut se produire la catastrophe. C'est la tête de monsieur Constance que vous mettez en jeu, ajouta-t-il en hurlant presque.

Il balança sur la table un si terrifique coup de poing que trois ou quatre coupes du meilleur bordeaux s'en trouvèrent renversées.

— Et c'est ma tête à moi, hurla la Loubère, en cognant à son tour sur la table, c'est ma tête à moi qui est en jeu si j'expose nos troupes à se faire égorger. J'aurai à me justifier de tout ça à Versailles. Monsieur de Seigne...

— Monsieur de Seignelay, coupa Tachard, m'a signifié qu'il n'était pas contre le fait qu'il y eût des Siamois dans la citadelle de

Bangkok. Il était tout à fait conscient, lui, de l'énormité de nos exigences...

— Avez-vous la preuve écrite de ce que vous avancez ? Montrez-la-moi !

Sans répondre, Tachard ajouta :

— Et le général Desfarges n'y voit pas d'inconvénient !

— Ça n'était pas, mais pas du tout son avis quand nous en parlâmes à bord de l'*Oiseau,* dit la Loubère.

— Il a changé d'avis.

— Le climat de Siam fait changer bien des avis, semble-t-il. J'ai trouvé aussi nos officiers fort... « changés » depuis qu'ils ont débarqué. Nous avons eu quelques échos... troublants... Sans doute monsieur Constance aura-t-il su leur « parler »... lui qui n'a pas voulu le faire avec nous encore, quoiqu'à Bangkok il eût suffi pour cela de traverser une rivière ! Sans doute appréhende-t-il que nous soyons moins faciles que d'autres à... séduire. Sinon à suborner !

— Je rapporterai, monsieur, ce que vous dites là au général Desfarges et à ses officiers, qui en seront enchantés, je n'en doute pas.

— Et rapportez aussi au général, monsieur le rapporteur, que c'est sa tête qui est en jeu autant que la nôtre !

Au comble de la rage, la Loubère et le jésuite se dressèrent tout rouges sur leurs jambes et, de part et d'autre de la table, les mains appuyées sur celle-ci, le menton suspendu au-dessus de quelque poularde rôtie, ce fut tout juste s'ils ne s'entréperonnèrent pas de leurs pifs, qu'ils avaient chacun fort long, comme deux trirèmes affrontées, ou deux éléphants en rut se disputant une femelle.

Il fallut toute l'onctuosité des pères de Bèze et le Royer, toute la diplomatique douceur de monsieur de Céberet pour calmer et faire se rasseoir les deux enragés. Et bientôt, les maringouins, commençant d'attaquer, mirent tout le monde d'accord sur l'idée de « faire retraite ».

Les jésuites se levèrent, se confondant en compliments et en excuses. Tachard, tel un habit réversible qui se tourne et se retourne avec la plus grande facilité, présentant, à volonté, son côté soyeux ou rugueux, se fit soudain mielleux, et susurra comme pour conclure :

— Je suis sûr, Vos Excellences, que monsieur Constance, qui a tant œuvré pour nous, voudra trouver avec vous un terrain d'entente... Qu'il pourra revenir sur nombre de points du traité qui vous déplaisent, si... vous acceptez que le gouverneur de Mergui, monsieur du Bruant donc, ne soit pas aux ordres du général, mais directement à ceux du ministre et du roi de Siam...

Là-dessus, les jésuites prirent congé.

Sur le golfe du Bengale, Mergui, comme nous l'avons déjà brièvement exposé, représentait pour les Français un lieu stratégique d'importance. Port de bonne qualité, il permettait — en cas de conflit avec la Hollande : et chacun savait que ce conflit ne pouvait pas ne pas avoir lieu, et très prochainement ! — de poursuivre le commerce des Indes sans passer par les détroits de la Sonde et de Malacca, que contrôlaient les « marchands de hareng ». Les produits venant d'Europe, de l'Inde ou du Bengale pouvaient être débarqués à Mergui, transportés par voie de terre ou de fleuve jusqu'à Bangkok, puis réembarqués vers la Chine, les Philippines et le Mexique même. Et inversement.

Or Mergui, depuis quelque années, était un nid de pirates, qui écumaient le golfe pour le compte de Phaulkon et du roi de Siam, à qui ils reversaient des pourcentages sur leurs prises : sommes colossales que le Grec replaçait notamment en Angleterre. Ces activités de piraterie gênaient fort *The Right and Honorable Company,* c'est-à-dire la Compagnie des Indes anglaises postée juste en face, à Madras. Son directeur, Elihu Yale, décida d'en finir. Il envoya un ultimatum aux forbans de Mergui (entre autres aux sieurs Coates et Samuel White, intimes de Constance) : « Ou vous redevenez de fidèles sujets de Sa Majesté britannique, et vous lui offrez, en cadeau de réconciliation, ce port même de Mergui, ou c'est la guerre. » Un vaisseau armé d'un cinquantaine de canons, le *Curtana* (capitaine Weltden), vint porter le message. Les pirates acceptèrent la transaction. Ce qui était une trahison vis-à-vis du roi de Siam. D'où le massacre. Les Anglais soutinrent qu'il avait été perpétré sur ordre de Phaulkon... Le fait est qu'à Mergui la situation était pour le moins trouble.

Pas question donc d'envoyer là-bas les Français. Pour l'instant du moins. Pas question non plus que le gouverneur de cette ville ne fût pas un homme sûr. Il fallait donc s'assurer de celui qu'on destinait à ce poste : du Bruant. Ledit du Bruant d'ailleurs (« *homme adroit, intéressé et fort politique* », selon le journal de Tachard) avait commencé de joindre sa voix au chœur des jésuites pour soutenir les positions de Phaulkon.

Le temps passait. Les négociations piétinaient. Les Envoyés

n'obtenaient aucune satisfaction. Entre eux et les jésuites, c'étaient chaque soir, à la Tabanque, de hauts cris et de plus en plus violentes gesticulations. Tout cela étonnait beaucoup les Siamois, qu'ils fussent mandarins ou domestiques. Le bruit courut bientôt à Ayuthya que les *Farangset* rugissaient si fort que même les tigres, intimidés, n'osaient plus s'approcher de leur résidence. On en fit des chansons : les Siamois sont très railleurs. Les sieurs la Loubère, Céberet, Tachard et autres y étaient joyeusement brocardés. On les comparait aux maringouins qui s'agitent beaucoup, piquent à tort et à travers, mais sont au fond peu dangereux. Car on les écrabouille d'une petite tape : aussi fort bourdonnent-ils !

Les Envoyés, tout en brandissant périodiquement la menace de « s'adresser directement au roi », n'y tenaient pas tellement au fond. Ils préféraient bien évidemment que les « choses » s'arrangeassent à l'amiable. Le Grec cependant — par l'intermédiaire de son *go-between* Tachard — durcissait ses positions. C'est que, dans leur dos, il était en train de commencer à leur dérober leur pièce maîtresse, leur unique atout : l'état-major français ! Depuis quelque temps en effet les Envoyés avaient remarqué que les officiers d'infanterie, ceux, donc, qui devaient rester à Siam, leur rendaient de moins en moins visite, et ne venaient quasi plus dîner à la Tabanque, quoiqu'ils y eussent table ouverte. Pourtant il était bien connu que tous les soirs, chez Constance, à Ayuthya, ils faisaient bombance : du Laric, Delas, Saint-Vandrille, du Bruant, Desfarges et ses fils, Beauchamp, Dacieu, le Roy, d'Alvimar, etc. Le seul officier supérieur à être resté dans le marécage croupissant de Bangkok, c'était le commandant en second de la place : Vertesalle. Phaulkon, disait-on, leur offrait le meilleur vin, la meilleure chère, les couvrait même de cadeaux et... de jeunes femmes ! Mais ce dont le Grec était le moins avare, c'était de promesses : « De l'or vous en aurez ici, autant qu'il y a d'eau dans la rivière. » Nos troupes étaient-elles en train d'être « enchantées », comme par les sirènes les compagnons d'Ulysse ? Était-ce ça aussi... le mal de Siam ?... Or les troupes, l'état-major, Desfarges, constituaient le seul moyen de pression que les Envoyés eussent sur Phaulkon et sur son roi. Et quel moyen : des canons, des mousquets ! Évidemment, si le Grec noyautait, séduisait nos officiers, la Loubère et Céberet se retrouveraient sans force, comme de ridicules pantins agitant dérisoirement ce qui ne serait plus que l'ombre, le fantôme, d'une menace militaire. Et il semblait que de ce côté-là, Constance fût rassuré car, sur la fin octobre, se jugeant sans doute en meilleure position stratégique, il lança une nouvelle offensive !

Qui se manifesta par la visite de Son Excellence Kosapan flanqué de son interprète François Pinheiro. Kosapan débarqua à la Tabanque le matin du 26 octobre que Dieu fit. Les Envoyés sortaient tout juste de la messe.

On prit le thé dans le salon à la chinoise. Au cours de l'échange de politesses de rigueur, la Loubère essaya d'insinuer quelques questions, visant à savoir comment Phaulkon avait reçu l'ambassadeur siamois à son retour de France. Mais celui-ci sut fort adroitement répondre sans répondre, art dont il avait une maîtrise consommée. Était-ce apparence ? Il semblait tout acquis à la personne du Grec. Sans doute, comme l'avait prévu Tachard, avait-il flairé à son débarquement « d'où le vent soufflait » (*du thit tang lom,* dit un proverbe siamois) ? Allez savoir. La Loubère, en tout cas, n'en sut rien.

Et l'on en vint, non sans moult tergiversations et digressions de la part de Kosapan, au but de sa visite :

— Sa Majesté de Siam, grand roi de l'Éléphant blanc et Maître de la Vie, va très prochainement vous donner audience et désirerait savoir à... quels honneurs vous prétendez ?

La Loubère blêmit. Il échangea avec Céberet un regard inquiet : pourquoi soulevait-on cette question ? Tachard n'avait-il donc pas expliqué à Phaulkon, comme les Envoyés le lui avaient demandé, que Sa Majesté Très Chrétienne désirait qu'ils reçussent « les-mêmes-honneurs-que-le-chevalier-de-Chaumont » ? La Loubère avait d'ailleurs confié la Relation que celui-ci avait écrite de son ambassade au jésuite, pour qu'il exigeât de Phaulkon un protocole identique. On n'allait pas encore renégocier tout ça...

— C'est que, expliqua fort courtoisement Kosapan aux Envoyés, et sans que rien ne pût se deviner, sur sa face impassible, de ses secrètes pensées, le Roi mon maître a appris que vous n'aviez titre que d'Envoyés extraordinaires. Le chevalier de Chaumont, lui, était ambassadeur... On ne peut aussi vous traiter semblablement. D'autant que les relations entre le grand royaume de France et le royaume de Siam promettant d'être solides et durables, on doit supposer que de nouveaux ambassadeurs, ayant titre d'ambassadeurs, viendront ici. Qui seront en droit d'exiger aussi des honneurs supplémentaires aux vôtres ! Ce qui risque de créer de nouveaux problèmes...

La Loubère se fâcha tout rouge : manifestement c'était « un coup monté ». On était en train d'essayer de les embrigader dans un inextricable problème d'étiquette parce qu'on savait qu'ils avaient peu de temps devant eux. Espérait-on ainsi les empêcher de s'attaquer aux vraies questions, aux questions de fond? Celui qui avait inspiré ce coup, la Loubère ne le connaissait que trop : Tachard. A bord de l'*Oiseau* le jésuite ne leur avait-il pas déjà fait une réflexion désagréable sur cette pseudo-différence entre le titre d'envoyés et d'ambassadeurs ?

— Il n'y a pas de différence entre ces deux titres, expliqua la Loubère, non sans agacement. L'un et l'autre font autant honneur à la personne qui les porte. Seule, disons, une petite nuance les distingue : l'envoi d'un ambassadeur implique, de la part de la puissance recevante, le renvoi d'un de ses propres ambassadeurs. Il faut qu'il y ait — sauf discourtoisie — échange. Ça n'est pas le cas pour les Envoyés.

« D'ailleurs, conclut la Loubère, que le calme marmoréen de Kosapan commençait à mettre hors de lui, vu la splendide façon dont vous fûtes reçu à Versailles par Sa Majesté, il me semble que nous étions en droit d'espérer non pas les honneurs du chevalier de Chaumont, mais bien plus !

— Fort bon, fort bon ! dit Kosapan en français.

Un vague sourire courut sur ses lèvres. Sans doute se souvenait-il de sa traversée à quatre pattes de la galerie des Glaces jusqu'aux pieds du Fistuleux ! Il s'inclina, puis se retira, promettant qu'il ferait tout pour que ces messieurs soient satisfaits.

Ce fut alors sur la Tabanque une véritable noria de jésuites qui, tels des taons, ne cessèrent de harceler les Envoyés : pour leur persuader qu'il était tout à fait incongru qu'ils réclamassent des honneurs réservés aux ambassadeurs !... La Loubère n'en pouvait plus, la Loubère enrageait, la Loubère trépignait, il bavait, il... Non seulement cette expédition risquait de tourner à la tragédie, au jeu de massacre, mais, bien pire, elle avait de grandes chances aussi de sombrer dans le ridicule. Qu'attendait-on de lui, qu'il s'en allât porter au roi de Siam la lettre de Louis XIV à quatre pattes quand l'autre, le Chaumont, s'était « couvert de gloire » en obligeant ce monarque à se baisser du haut de sa fenêtre pour la saisir ?...

C'était de la provocation, les jésuites étaient des provocateurs, Kosapan était un provocateur, les provocateurs étaient partout, ils l'entouraient, le cernaient, ils tissaient autour de lui leur toile d'araignée, ils dressaient leurs pièges. Les maringouins même étaient de la partie ! Et ne parlons pas de la « garce », de l'« espionne », de la « Clara » avec son ventre, ses épaules, impudemment, impunément nus. Elle l'aguichait, le frôlait, lui envoyait des regards en coin. Un soir il avait entraperçu, dans l'entrebâillement de son pagne, son pagne obscène, l'éclat furtif, éblouissant, d'une longue jambe d'ivoire. Elle le poursuivait jusque dans ses rêves, cette provocatrice : à cheval sur un éléphant (un éléphant qui avait on ne sait quelle ressemblance avec lui, la Loubère), tel le dieu du Mal Mara montant à l'assaut du Bouddha à la tête de son armée de démons.

– Vous ne m'enfermerez pas dans votre piège, hurlait la Loubère aux jésuites qui le harcelaient.

Et une énième fois il brandissait son *arme secrète* qui n'était plus secrète du tout :

– Si nous n'obtenons pas satisfaction sur toutes nos revendications, et en particulier sur les « honneurs » qui nous doivent être rendus, nous irons nous plaindre *directement* au roi !

*Telle une étoile unique est le nombril de celle que j'adore,*
*Il me suffit de le voir pour en être tout tremblant.*
*Quiconque admire ta taille, mon aimée, a le cœur captivé,*
*Et voudrait être moustique, sans crainte de la mort.*

(Siprat, poète siamois du XVII^e^ siècle,
traduit par Gilles Delouche.)

Monsieur de la Loubère, qui avait débarqué de l'*Oiseau* depuis une semaine à peine, en avait déjà « par-dessus sa perruque » de Siam et des Siamois. D'ailleurs, cette nuit-là (le 27 octobre que Dieu fit), sa perruque, il l'avait ôtée. Il suait, il crevait de chaud, mais il était secoué aussi de frissons de fièvre. Assis sur le bord de son lit, il tendait sa botte droite à Joyeux qui se tenait à genoux devant lui, sur le parquet. Joyeux arracha la botte.

— Et d'une ! dit la Loubère. J'ai les pieds qui enflent, avec cette chaleur. Ces maudites bottes ne sont pas faites pour ces climats.

— Monsieur devrait marcher pieds nus, comme les Indiens, glissa Joyeux amusé.

— Pieds nus, et torse nu ! Je crois même qu'après quelques mois dans ce diable de pays, n'importe quel homme de qualité en perdrait la tête, et finirait par se balader... cul nu !... Tellement on se sent devenir sauvage ici ! Je ne supporte pas cette canicule. Depuis mon débarquement, j'ai l'estomac de travers, des suées, des cauchemars. A croire qu'on me drogue ou m'empoisonne ? A moins que ce soit le mal de Siam !

— Il me semble, monseigneur... euh, si monseigneur me permet ?

— Je permets, Joyeux !

— ... que monseigneur est frappé de quelque autre mal que celui de Siam !

— Quelque autre mal ? Te voici médecin aujourd'hui, monsieur Diafoirus ?

— Je pense, si monseigneur permet toujours ?

— Je permets.

— Au mal de femme. Cela fera tantôt sept mois que monseigneur n'en a pas tâté. Ce qui serait fort nocif à ce que m'en a dit le sieur Petit, chirurgien du bord. Car les humeurs qui ne se délivrent pas dans les sucs libérés en l'acte d'amour remonteraient au cerveau, et à ce qu'il paraît, elles peuvent même rendre fou.

La Loubère éclata de rire. Il ôta lui-même sa chemise, révélant un buste maigre, à la peau blanchâtre, hérissée de poils blondasses.

— De quelles dames voudrais-tu donc que je tâtasse ici, Joyeux ? Il n'en est pas de ma condition...

— S'agit-il de condition ?... D'autres en tout cas ne sont pas si regardants.

— Raconte-moi ça Joyeux, tu m'intrigues.

— Eh bien sachez que pour ce qui est de ces messieurs les officiers... car les matelots et soudards trouvent à Bangkok chaussure à leur pied dans des bouges qui n'ont rien de très différent de ceux de Brest ou Port-Louis... Sachez donc que nos officiers...

— Lesquels ?

— Tous, tous, monsieur, Beauchamp, Saint-Vandrille et les autres !... Eh bien ils sont régulièrement fournis en donzelles de toutes races, chinoises, pégouanes, laotiennes, etc. ! C'est un mandarin de haut rang, capitaine de cavalerie, un certain Oya Meeng, qui leur livre ce charmant bétail. Il a pour autre fonction en effet de contrôler la prostitution du pays, sur laquelle le roi perçoit de très fortes taxes. Comme sur tout d'ailleurs. Car l'État ici met son nez dans les moindres affaires des sujets. Vous ne pouvez pas faire pousser un cocotier dans ce pays, planter un ananas ou construire une pirogue, sans qu'un essaim de fonctionnaires corrompus vous tombe sur le paletot, et vous extorque un impôt fortement arrosé de pots-de-vin... ou de pots d'arak plutôt car c'est leur boisson nationale. Alors pensez, pourquoi voudriez-vous qu'on laisse toute liberté au commerce de chair humaine ? D'autant que c'est la mode à Siam de vendre ou de louer sa femme et ses filles, quand on s'est endetté. On loue ces dames à la nuit, à la semaine, au mois, à l'année. C'est cet Oya Meeng dont je vous ai parlé, qui centralise tout ça. Il aurait sous sa coupe plus de six cents filles parquées dans un quartier réservé.

— Ces dames coûtent cher ?

— Cela varie de un sol à plusieurs écus. Certaines valent plus cher qu'un buffle, et même qu'un éléphant qui est le bétail le plus coûteux. Les plus prisées sont les Chinoises, parce qu'elles ont la peau très claire. Les Indiens ont les mêmes goûts que nous. Ils apprécient peu les noiraudes. Et je connais bien des gueuses blondes dans ma Normandie natale qui, si elles venaient ici, feraient fortune en moins d'un an !... Le roi, à ce qu'on m'a dit, aurait dans son sérail plusieurs Géorgiennes qui lui ont été offertes par les ambassadeurs de Perse.

— Tu sembles, Joyeux, fort au courant. En tâtas-tu toi-même ?

— J'en tâtai, j'en tâtai, monseigneur, et de plusieurs espèces ! La chose avec elles n'est point désagréable, quoique j'aime assez les gros tétons, ce qui est denrée rare dans ce pays.

— Mais dis-moi... Le général Desfarges se fait livrer aussi ?

— Pour se faire livrer, il se fait livrer ! Sauf que, par prudence, il ne s'adresse pas à cet Oya Meeng. C'est un père dominicain (Joyeux, ironique, se signa) qui lui sert d'intermédiaire, certain Pedro Martyr, secrétaire de Son Excellence Phaulkon...

— Et Tachard ?

— Je me suis laissé dire qu'il partage avec le Grec d'autres goûts... sur quoi ne cracherait pas non plus, de temps en temps, le roi de Siam : celui-ci aurait reçu tantôt, pour un petit concert privé, certain jeune abbé musicien amené par les jésuites...

— ... *Ad majorem Dei gloriam !* murmura comme pour soi seul la Loubère. Jusqu'où n'ira pas le service de Dieu !

Il tendit à Joyeux son autre botte sur laquelle, poussant un « ho-hisse » emphatique, le laquais se mit à tirer de toutes ses forces.

— Es-tu sûr de ce que tu avances, Joyeux ?

— Est-on sûr de rien, Votre Excellence ? Ce sont choses qui se disent dans la domesticité de nos officiers... Aussi pourquoi vous gêneriez-vous ? Monsieur de Céberet lui-même...

— Monsieur de Céberet s'égare, s'exclama la Loubère, auquel maintenant Joyeux commençait d'ôter sa culotte... La preuve en est, c'est que tu es toi-même au courant de ses fredaines. Tout Siam doit les connaître. Et on en aura tantôt des échos à Versailles ! Il nous faut être ici irréprochables et je lui ferai entendre là-dessus mon son de cloche. Fussé-je dans ce pays pour mon seul loisir, je ne me gênerais point, certes, d'autant que je suis fort curieux des mœurs amoureuses de ces peuples. Mais le service du roi est le service du roi !

— Je puis du moins, Votre Excellence, si vous permettez...

— Je permets.

— Vous citer à ce propos quelques traits particuliers : Les Siamoises répugnent à embrasser sur la bouche. Mais... là où elles innovent, c'est qu'elles reniflent. Renifler pour tout dire est leur manière de baiser. D'où cette manie qu'ils ont de se laver sans cesse.

Il était minuit passé, la Loubère était nu comme un ver, à l'exception de son bonnet blanc à pompon, et s'apprêtait à se mettre au lit quand des pas résonnèrent sur la véranda où donnait sa chambre. La porte de celle-ci était obstruée par une tenture de brocart rouge ondulant sous les caresses tièdes de la brise. On entendit derrière un bref toussotement (« hum »), puis un deuxième (« hum »), puis un troisième (« hum » encore). Un peu comme les trois coups frappés sur scène avant le spectacle. Une voix mielleuse annonça : « Tachard, Votre Excel... ». Et simultanément, la bouille dudit Tachard, telle celle d'un directeur de théâtre jetant un œil dans la salle pour voir si le public est nombreux, se glissa entre les pans de la tenture.

— Votre Excellence, dit-il, vous me voyez confus. Je ne me serais pas permis si tardive intrusion si la situation ne l'exigeait.

— Que se passe-t-il, mon révérend ? demanda la Loubère qui eut tout juste le temps de rabattre son drap sur sa nudité.

Avec la solennité, mais la fébrilité aussi, qu'on peut supposer à l'Ange Gabriel quand il fit son annonce à Marie, le père Tachard lança :

— Votre Excellence, « Il » est là !

— Quand donc cesserez-vous, mon père, de parler par énigmes ? Qui donc est où ? s'exclama l'Envoyé en rejetant d'un coup de pied agacé le drap dont il venait de s'occulter.

La soudaine apparition de la nudité du Très Extraordinaire Envoyé de Sa Majesté n'émut guère le jésuite, qui avait le regard comme tout ébloui, tout empli encore, tout aveuglé de quelque miraculeuse vision...

— « Il » est là, juste à côté ! Son Excellence Constance est là ! dit Tachard en faisant deux pas en avant dans la pièce, à la façon d'un somnambule... Je me suis permis de l'introduire dans votre cabinet de travail où il vous attend depuis bien dix minutes déjà !

La Loubère était pour le moins surpris et décontenancé. Il était plus de minuit et ce Grec, sans se faire annoncer, lui tombait soudain sur le paletot, comme ça, quand jusqu'à présent il avait affecté de les ignorer. La moindre des corrections eût été qu'il prévînt de sa visite quelques heures auparavant.

Tachard, pressentant les pensées de l'Envoyé, poursuivit :

— Son Excellence Constance sort à peine du Conseil du roi, où vient de lui être donnée l'autorisation de vous rencontrer. Sachant combien vous étiez chagrin de ne l'avoir pas vu encore, il a voulu sur-le-champ se rendre à la Tabanque.

La Loubère se passa un pagne autour des reins : « Ce jésuite, se dit-il, tente à nouveau de m'embobiner. S'il était si désireux de me parler, Phaulkon eût très bien pu le faire à Bangkok, ne serait-ce qu'incognito ! »

— Ayez l'obligeance, mon père, de le faire patienter, lança la Loubère. Le temps que je m'habille. Monsieur de Céberet est-il prévenu ?

— Il l'est, rétorqua Tachard. Il m'a prié de vous dire qu'il passera dans votre chambre dans quelques instants.

Tachard sortit rejoindre Phaulkon. Joyeux, appelé aussitôt, dut rhabiller son maître et renfiler sur les pieds enflés de celui-ci des bottes devenues trop étroites (« Ce sont bottes de Phalaris ! » dit-il). La Loubère les eut à peine chaussées, après bien des difficultés et souffrances, que débarqua dans la pièce un Céberet tout rose, tout parfumé, un Céberet de soie sombre vêtu, un Céberet enrubanné de vert et galonné d'or, un Céberet précieux, coquet, cocotte, *Talon rouge* pour tout dire, qui arborait un feutre gris flambant neuf, piqué d'une plume de paon argentée. Il avait mis ses plus beaux atours. Le moment était d'importance. On allait rencontrer — enfin ! — l'animal : voir si ce Grec était du lard ou du cochon ! La Loubère, quant à lui, avait passé un habit de satin bleu moiré, à jabot de dentelle, une perruque toute fraîche, blonde, superbement bouclée et un feutre blanc à panache blanc.

— Que pensez-vous de ce procédé ?, demanda-t-il, enfilant, point final de sa vêture, une paire de gants immaculés... Nous rendre ainsi visite, à plus de minuit, et sans se faire annoncer ? Devons-nous accepter de le voir ?

Il s'aspergea d'eau de violette, lança un œil dans son miroir et ajouta :

— Ne devrions-nous pas le prier de repasser demain ?

Il semblait fébrile, ému, comme une jeune fille allant à son premier rendez-vous galant.

— Le procédé, répondit Céberet d'un ton neutre, me semble... très grec. Ce bonhomme est un rustre. Ou il fait exprès ?

— Il fait exprès, bien entendu. Et pourquoi ? parce qu'il est obligé de faire le *premier pas.* Ses affaires ne doivent pas être aussi bonnes qu'il le prétend, à la Cour. Allez savoir quelles sombres intrigues se nouent, derrière les murs du palais ? Pouvons-nous rien comprendre à tous ces bruits qu'on nous rapporte : ces deux frères du roi par exemple, qui auraient comploté, et seraient aujourd'hui emprisonnés à Ayuthya. Ils auraient été fouettés, les tortures auraient rendu l'un d'eux presque infirme. On dit même que le roi avait jadis quatre frères, et qu'il en aurait fait assassiner deux ; qu'il aurait liquidé un de ses oncles pour monter sur le trône... Nous sommes en pleine tragédie, mon cher Céberet. C'est *Bajazet,* ici. Mon ami Racine — s'il n'eût pas renoncé au théâtre profane — eût tiré de là un fort beau sujet ! En tout cas, nul doute que ça intrigue ferme au palais, et que notre Phaulkon, comme la sultane Roxane, aimerait bien pouvoir dire (et, la main sur le cœur, la Loubère se mit à déclamer :) « ... *Que le sérail soit désormais fermé / Et que tout rentre ici dans l'ordre accoutumé...* » J'entends par là, mon cher Céberet, et toute plaisanterie mise à part, que Phaulkon a peur. Que c'est la peur qui a fait sortir ce loup du bois ! Et notre menace d'adresser nos plaintes au Roi, sans passer par son intermédiaire, le terrifie... Ah, ah ! au demeurant, j'aimerais bien donner à ce rustre une leçon ! Et lui apprendre qu'on ne réveille pas au milieu de la nuit des personnes de qualité !

Céberet toussota :

— Prenons garde de rien envenimer ! Pour l'instant du moins... Je propose que nous nous gardions d'aborder, dans cette première entrevue, aucun sujet d'importance. Voyons à quoi ressemble l'oiseau. Et laissons-le chanter !

La Loubère s'aspergea encore d'un peu de parfum à la violette. Bientôt, les deux hommes, flanc à flanc, traversèrent à grands pas sonores l'angle nord de la véranda de la Tabanque vers le cabinet de travail :

— Euh... conservez tout votre calme, dit Céberet, qui, du coin de l'œil, observait non sans inquiétude la Loubère dont le visage, vernissé de sueur, commençait à s'agiter de tics nerveux.

— Je serai de glace, dit celui-ci hautainement. Cependant il faudra bien que ce rustre apprenne à vivre !

Faisant claquer leurs talons ils fondirent, plus qu'ils n'entrèrent, dans le cabinet de travail :

Où l'affrontement eut lieu.

Sur-le-champ.

Sans un quart de seconde de répit.

Ce fut comme dans un duel : un fulgurant échange de coups de feu, l'entrechoquement brutal de deux épées. Le regard bleu d'acier de la Loubère ; le regard de plomb noir du Grec, assis sur un fauteuil, un chapeau brun sur la tête, flanqué de Tachard.

Ainsi c'était cela... ça ! Ce grand ministre de Siam dont depuis des mois on lui rebattait les oreilles ; c'était ça ce Mazarin, ce Richelieu d'Asie, ce Machiavel, ce Thémistocle qui allait ouvrir à la France les portes des Indes et de la Chine, cet Alexandre ! Voilà donc le nouveau saint François-Xavier, le nouveau Constantin qui doit convertir à la Vraie Foi les gentils : un petit tas de graisse olivâtre, songea la Loubère, un nabot mal rasé qu'on eût aussi bien vu s'étioler derrière le comptoir de quelque boutique du Levant !

On eût dit que leurs yeux à tous deux, dans le temps infinitésimal de cet échange de regard, fussent comme les deux plateaux d'une balance, dont leur nez figurât le fléau : balance subtile de bijoutier ou d'orfèvre dans laquelle l'un et l'autre, confrontés pour la première fois, se soupesaient, s'évaluaient, sans qu'aucun intermédiaire vînt fausser leurs estimations — leurs appréciations. Ils se jaugeaient en direct, se... calculaient. Et Tachard comme Céberet semblaient n'être que spectateurs de cette espèce d'opération fulgurante de « poids et mesures ».

Mais cet affrontement ne pouvait s'éterniser : le sol, sous les bottes de la Loubère, s'était mis à tanguer comme le pont d'un navire. Tout risquait de verser, de naufrager dans le drame. La question était la suivante : ce Grec, qui avait son chapeau sur la tête, et se trouvait encore et toujours assis, attendrait-il que la Loubère, qui était debout, se découvrît et saluât le premier, lui la Loubère, l'Envoyé-du-plus-Grand-Roi-de-la-Terre ! Si le Grec hésitait encore un quart de seconde, l'Envoyé lui... envoyait son gant en travers de la gueule et, quoi qu'il pût en coûter, même la guerre, il tirerait son épée ! Car c'était son honneur, et plus encore celui de Sa Majesté, qu'il représentait, qui était en jeu !... Le Grec, avec une nonchalance affectée, et non sans avoir jeté auparavant un coup d'œil complice à Tachard, se leva — enfin ! —, tout comme le jésuite, et porta sa main à son chapeau, qu'il fit mine d'ôter, mais sans l'ôter, geste de salut à peine esquissé qu'imitèrent, à l'identique, les Envoyés extraordinaires : qui étaient décidés à ne donner rien pour rien ! Debout, le Grec devait mesurer un peu moins d'un mètre soixante, mais son corps, quoique empâté, était bien proportionné, musclé, et semblait retenir en soi une prodigieuse puissance. La Loubère toussota puis lança, sur un ton hautain et de façon très préméditée :

— *Monsieur...*

Ce *monsieur*-là claqua tel un coup de feu, un coup de poing, en plein le visage de Phaulkon. Quoiqu'il sût mal le français, il le comprenait assez pour sentir ce qu'on lui signifiait à travers ce *monsieur*-là ! C'était *Excellence* qu'il avait exigé qu'on l'appelât. Il l'avait fait savoir clairement à Tachard qui devait « transmettre ». La Loubère avait donc fait exprès. Certes, il avait fait exprès ! Œil pour œil ! Comme le Grec, pour les mortifier, avait fait exprès de leur rendre visite au milieu de la nuit, comme il faisait exprès de leur refuser les mêmes honneurs qu'à Chaumont !

Phaulkon était blême.

Tachard était blême.

Céberet était blême : il ne s'attendait pas à une offensive si brusque de son collègue.

La Loubère, le nez en l'air, arrogant, pinçait les lèvres. Ce Grec allait apprendre qu'on ne traite pas des gentilshommes comme des forbans.

Le plancher du cabinet ne tanguait plus, non : il chavirait, comme mû par une formidable, une métaphysique tempête qui, sous leurs pieds, se fût soulevée. Il fallait à tout prix, vite, vite, FAIRE ou DIRE quelque chose, n'importe quoi, mais surtout, surtout, combler ce silence, ce silence béant, ce trou hallucinant laissé par le cinglant *monsieur* de la Loubère. Mais Tachard, les lèvres tremblantes, restait muet, à court de ressources. Céberet, désespéré, effaré, comme on jette une « chaloupe à la mer », balança une phrase, une formule toute faite, mais la plus élogieuse qu'il sût trouver !

— *Votre Excellence...* dit-il, faisant retentir haut et fort les fanfares de ce titre (et décochant simultanément à la Loubère une œillade suppliante qui disait à peu près : « Bon, maintenant ça suffit, on ne va pas déjà *commencer...* »), *Votre Excellence* nous voit ravis d'avoir le plaisir immense et l'insigne honneur de la pouvoir enfin rencontrer !

Prenant le relais, la Loubère, satisfait d'avoir « marqué le coup », rentra son *monsieur* au fourreau et se cassa à son tour d'un :

— *Votre Excellence!* (A quoi il ajouta :) Nous avions espéré, il est vrai, voir se réaliser cette rencontre avant ce jour.

Phaulkon leur jeta un regard noir et dit, dans le plus suave portugais que traduisit Tachard :

— Vos Excellences, n'eût-il tenu qu'à moi, je fusse venu en personne vous chercher à bord de votre vaisseau. Mais — le père Tachard vous l'aura expliqué — telles sont les lois de Siam que le ministre ne peut, en théorie, rencontrer les ambassadeurs (même d'un pays aussi chéri et respecté que la France) qu'ils ne se soient rendus auparavant à l'audience du roi. Ainsi viens-je de recevoir de Sa Majesté de Siam, mon maître et Seigneur, l'autorisation exceptionnelle de vous voir ce soir, mais je ne le fais cependant qu'à la nuit et incognito, afin que les sujets d'autres nations, qui n'ont pas reçu pareil honneur, ne puissent en concevoir de jalousie. Ce qui explique ma visite tardive...

Le Grec s'en tirait bien. On pouvait faire un « cessez-le-feu ».

Le sommelier apporta du vin. On but. On rit. On leva force toasts à l'amitié entre la France et le Siam qu'il fallait rendre « solide » et « durable » et « éternelle » même. Comme les Envoyés en avaient décidé à l'avance, ils ne cherchèrent à aborder ce soir-là aucun sujet d'importance. On laissa dériver la conversation sur toutes sortes de généralités et banalités.

Phaulkon, ramassant négligemment sur la table basse un coupe-papier aux armes de la Loubère *(un-cerf-au-pied-d'un-olivier-de-sinople-etc.),* se mit à jouer, à jongler avec, jonglant tout autant avec les sujets de conversation. Il se révéla un homme extrêmement disert, d'une faconde toute méditerranéenne, se lançant avec enthousiasme dans tel thème à partir duquel soudain il bifurquait dans une infinie digression pour s'enliser bientôt dans une parenthèse, d'où il ne rejaillissait que pour enfourcher, comme on change de cheval à la poste, un propos totalement différent. Il flirtait avec les idées, les mots, comme Don Juan avec les femmes. Mais peut-être étaient-ce les mots plutôt qui le séduisaient, l'enivraient de leurs sonorités, leurs couleurs, l'entraînant parfois là où il ne voulait pas se rendre, et le trahissant souvent (« C'est un homme à qui on ne peut rien confier », dirait de lui l'abbé de Lionne). Aucune matière, en tout cas, ne l'intimidait et il devisait avec autant d'aisance de mathématiques, d'astronomie, de géographie et de littérature. Il aimait à parer ses propos de citations et de noms d'auteurs célèbres, Cervantes, Shakespeare, comme il ornait ses doigts de grosses bagouzes d'or que les Envoyés ne tardèrent pas à remarquer car, emporté par son verbe, il se mit à accompagner ses paroles de force gestes des mains, un peu comme un marchand de légumes vantant les produits de son étalage. Manifestement il avait puisé ses connaissances et références non dans l'étude mais au hasard des innombrables conversations qu'il avait pu avoir avec l'un ou l'autre au cours de ses voyages, faisant preuve plus de mémoire que de savoir. Mais il arrangeait et assaisonnait tout ça avec tant d'habileté qu'il faisait illusion et pouvait convaincre même les interlocuteurs les plus difficiles. Les Envoyés eux-mêmes en oubliè-rent leurs *a-priori* et tombèrent un instant sous le charme tandis que Tachard, attendri, et les croyant conquis, les couvait du regard. « Le Saint Esprit inspire cet homme », songeait-il... Jusqu'au moment où Céberet et la Loubère commencèrent à avoir la gênante impression qu'on était en train de les « mener en bateau ». Ils furent longs, cependant, à en prendre conscience, cela se fit, petit à petit. Un vague malaise s'installa d'abord... Ils étaient, depuis quelques minutes, en train de rire de bon cœur à quelques anecdotes que Phaulkon leur racontait sur la toute récente ambassade persane à Siam (entre autres la scène d'un pugilat entre deux des ambassadeurs, en plein palais : chacun voulait se parer du titre du chef de l'ambassade mort pendant le voyage) quand soudain, sans changer de ton, il leur expliqua que lesdits Persans (qui le détestaient parce qu'il favorisait les chrétiens au détriment des musulmans) avaient décidé de se plaindre de lui au roi de Siam. « A l'audience ils ont lu un long mémoire contenant leurs griefs contre moi. Le roi en fut fort fâché. C'est tout juste s'il ne les a pas fait arrêter et fouetter ! Parce que ce prince, mon maître et Seigneur, m'aime comme un fils, et *ne tolère pas qu'on me dénigre !* »

Ce fut une douche froide soudain.

Phaulkon-Shéhérazade baissait le masque : *Il menaçait.* Et c'était à cela que voulaient en venir, fort orientalement, fort siamoisement, toutes ces infinies digressions où il avait paru se perdre : *N'envoyez pas vos plaintes au roi de Siam ou ça se passera pour vous comme pour les Persans : très mal !*

Les Envoyés se taisaient. Mais n'en pensaient pas moins. Le procédé était d'une grossièreté extrême. Et manquait sa cible.

« Si ce Grec menace, c'est qu'il a peur », telle fut leur réflexion.

Mais déjà Phaulkon avait changé de sujet... Il avait placé sa charge d'explosifs, maintenant il pouvait se défiler, en paroles du moins : du côté cette fois des îles Andaman, dans le golfe du Bengale où, disait-il, les populations étaient anthropophages. Cela l'entraîna dans des considérations philosophiques vaseuses qu'il débitait tout en continuant de jongler avec le coupe-papier, « petit jeu » qui agaçait de plus en plus monsieur de la Loubère lequel, dans un mouvement incoercible autant qu'irrationnel, profita d'un instant subreptice où « le Grec » avait posé l'objet sur la table pour brusquement s'en emparer. Geste absurde et pour le moins maladroit puisqu'il faisait assez penser à celui d'une maîtresse de maison mettant de côté un bibelot précieux, de crainte qu'un hôte indélicat ne le dérobe. Quand il se retrouva avec ce coupe-papier entre les doigts, l'Envoyé se sentit gêné tout à coup. Et d'autant qu'il avait l'impression désagréable qu'« on » l'observait. Bêtement il se mit à son tour à le jeter en l'air, et le rattraper, mais sans aucune conviction. Constance cependant l'examinait, comme un médecin examine quelque bizarre scrofule.

« Mais qu'est-ce qui m'a foutu un emplumé pareil, songeait-il, mais ce bougre-là n'a pas la tête entre les oreilles, et il est bien capable, si on n'y veille, de pousser les choses au pire. Il est... incontrôlable !... Mais où diable le roi de France va-t-il chercher ses diplomates ? Chaumont valait déjà son pesant de... connerie, à ne vouloir parler que de la conversion du roi de Siam (tandis que son collègue l'abbé de Choisy, lui, pervertissait les petits élèves du séminaire !) Drôles d'oiseaux ces Français... c'est à n'y rien comprendre : ils vous prêchent la morale, en vous mettant la main dans la culotte ; la religion, en vous coupant la bourse ; l'honneur, en vous poignardant dans le dos. Ils mélangent tout : Dieu, César, Mammon ! La gloire et le pognon, le fric et le goupillon ! Savent-ils réellement au fond, clairement, ce qu'ils sont venus faire à Siam : conquête ? commerce ? prosélytisme ? Ou une fricassée de tout ça, un hachis, un gâchis ?... » C'était d'ailleurs en raison de leur si peu cartésienne confusion mentale que Phaulkon pouvait se servir des Français. Avec les Hollandais pas moyen de jouer. Ils savaient ce qu'ils faisaient aux Indes : du fric. Les Anglais pareil ! C'est ce qui les rendait dangereux d'ailleurs ! Mais si Phaulkon avait besoin de ce côté bordélique des Français, cela pouvait aussi se retourner contre lui : en l'espèce d'un la Loubère par exemple qui, on ne savait pourquoi, et le savait-il lui-même, commençait à ruer dans les brancards et risquait de faire un éclat au moment le moins opportun ! Menaçant de foutre à l'eau le plan ! Le Grand Dessein !

Phaulkon jeta un coup d'œil encore, un coup de scalpel plutôt sur la bouille en pleine débâcle de la Loubère qui, poussivement, faisait mine toujours de jongler avec le coupe-papier ; et le visage rose de

Céberet (avec lui il serait peut-être possible de s'entendre, mais il faudrait le séparer de l'autre !). Puis, se levant, il dit, hautain :

— Messieurs, il me faut maintenant me retirer. Les affaires de l'État m'appellent. Mais nous allons bientôt nous revoir.

On eut tout juste le temps de se saluer.

Déjà le Grec était sur la véranda. A pas furieux, pressés, il marchait vers le débarcadère. Et Tachard trottant derrière lui, devant, sur sa droite, sur sa gauche, le bombardait de phrases justificatives : « Je vous l'avais dit, je vous l'avais dit » ou bien : « ce sont des emplumés ». Et ce fut un spectacle peu banal, pour lesdits emplumés, que de voir s'éloigner ainsi, sous le clair de lune, l'ombre du Grec autour de laquelle clabaudait sans cesse, tel un caniche faisant fête à son maître, celle du jésuite.

— Il fallait, dit la Loubère, les lèvres tremblantes, que je lui fisse sentir ma poigne.

Et Céberet de répondre, non sans scepticisme :

— Certes, vous fîtes bien !

A peine se fut-il assis sous le dais de sa galère, les jambes en lotus, et comme déjà l'impeccable machine des trente pagayeurs s'était mise en branle, Phaulkon prit son front entre ses mains surbagouzées d'or.

— Foutu Dieu, murmurait-il, qui m'a foutu pareils emplumés !

Tachard, installé à ses côtés, sur un tapis de Perse, se saisit, amicalement, chaleureusement, d'une des mains du ministre, qu'il serra fort en sa dextre, un peu comme une sœur hospitalière prenant le pouls d'un malade, ou un amoureux transi le poignet de sa maîtresse.

— C'est une catastrophe, continuait de bredouiller Phaulkon... Vous m'aviez fait, Tachard, le portrait de ce la Lou... bère, de ses foucades et ses chaleurs, je m'attendais au pire... mais je ne connaissais pas le pire. C'est quelque créature sortie d'une farce que ce bougre-là. Je ne vois pas par quel bout prendre ces messieurs, ni comment parvenir avec eux à un terrain d'entente. Mais que diable, s'ils n'étaient pas contents du traité, que ne l'ont-ils fait savoir avant de débarquer les troupes ! J'ai eu bien du mal déjà à faire accepter au conseil du roi qu'elles s'installent à Bangkok, quand on avait promis Singor, et voici maintenant qu'ils exigent que les soldats siamois quittent cette place ! Comment puis-je expliquer ça au roi mon maître ? Et si ces messieurs lui font connaître leurs revendications, comme ils m'en menacent, que va-t-il en soupçonner ? Tout cela est insensé. Et dangereux... surtout en la conjoncture présente !

— Qu'entendez-vous par là, dit Tachard, en serrant un peu plus la main du Grec. Expliquez-vous, Votre Excellence, je vous en supplie. Que sais-je de ce pays, que ce que vous m'en dites ? Et vous ne vous exprimez plus que par sous-entendus...

Phaulkon n'écoutait pas le jésuite. Regardant défiler, sur les berges du fleuve, les carrés d'or des fenêtres illuminées des maisons, des jonques et des sampans à quai, il continuait son monologue :

— Voilà que ces messieurs maintenant exigent des honneurs semblables à ceux du chevalier de Chaumont. Quelle absurdité ! Sa Majesté le sait, et en est fort agacée... Si ce n'était que cela encore : mais je sens bien que si je leur cède un pouce, ils en voudront deux, quatre, dix, cent ! Il faut s'attendre de leur part à toutes les extrémités !

— Ouvrez-moi votre cœur, Votre Excellence, n'êtes-vous pas mon... mon ami, mon frère, mon illustre frère ? La situation à Siam est-elle si sensible, si dangereuse (et Tachard pressa, secoua la main du ministre) ?

— Ces messieurs veulent-ils m'exposer à avoir la tête tranchée *sur ordre de mon roi* ? s'exclama le Grec, poursuivant son monologue. Ou à me faire égorger par la population ? *Ça bouge,* je le sens, *ça bouge ! ...* Serait-il possible que mes bonnes intentions envers la France ne servissent qu'à m'attirer de si grands malheurs ? Est-ce sur ordre de votre roi qu'ils en agissent ainsi ?

— Mon frère, mon illustre frère ! lança Tachard qui, bouleversé, sentait dans sa poigne la main du ministre devenir toute froide.

Le Grec se débarrassa brusquement de cette étreinte et, joignant ses mains sur sa poitrine, dans un geste moins de ferveur que de rage, il dit :

— A l'heure qu'il est, mon père, je jure devant Dieu par tout ce qu'il y a de plus saint et de plus sacré sur la terre et dans le ciel, que je souhaiterais être mort pourvu que ma femme et mes enfants fussent en sûreté quelque part au monde que ce fût !

Et aussitôt, sortant fébrilement de l'entrebâillement de sa chemise blanche un petit sachet de cuir pendant au bout d'une lourde chaîne d'or, il y porta ses lèvres pour le baiser (c'était une relique que lui avait fait parvenir Sa Sainteté le pape Innocent XI en personne : la canine supérieure droite de sainte Blandine martyre-qu'on-jeta-aux-lions).

— Mon illustre frère, dit Tachard bouleversé. Votre famille est donc menacée ? Qui la menace ?... Ça n'était pas l'intention du roi de France et de ses ministres que vous risquiez *tout* ainsi... Ils vous ont offert en France une retraite au cas où les choses, à Dieu ne plaise, tourneraient mal... une terre, le titre de comte.

— On ne me forcera pas la main, mon père. On ne m'obligera pas à donner plus que je n'ai promis. Car c'est cela que veulent ces messieurs. Ils sont pressés. Ils veulent tout, tout d'un coup. Mais c'est à la catastrophe qu'ils nous mènent...

— Les officiers français vous sont acquis. Ils ne vous abandonneront pas...

— Beauchamp et du Bruant peut-être. Mais, malgré ses promesses et toutes ses protestations d'amitié, je crains que le général ne me fasse faux bond au moment voulu. C'est un bravache au ventre mou, je m'y connais en hommes !... Il est préférable aussi que je garde du Bruant sous la main. Qu'il n'aille pas tout de suite à Mergui !

— Nous arrangerons cela... mon frère, mon illustre frère ! Mais je vous en prie, confiez-vous. Prévoyez-vous un mauvais coup ?

— Je ne puis rien dire pour l'instant... Mais j'ai besoin de la totale fidélité des Français et de leur obéissance aveugle.

— Vous l'avez.

— Ce la Loubère...

— Nous le discréditerons, nous le ridiculiserons. Les officiers français le méprisent. Les mandarins en rient déjà !... Ne vous inquiétez plus là-dessus, Votre Excellence mon frère, les Français vous aiment, tout le monde vous aime, Dieu vous aime. Ô mon illustre frère... Je vous aime !

*... le loup n'a tort*
*que quand il n'est pas le plus fort.*
(La Fontaine, *Fables,* 1668.)

Toute la nuit monsieur de la Loubère fut assailli de visions cauchemardesques : le spectre de Phaulkon surgissait dans ses rêves, brandissant devant lui la tête tranchée de l'ambassadeur de Perse en criant : « Voilà ce qui t'attend si tu veux me dénoncer au roi de Siam. » Plus loin, dans l'ombre, Tachard poussait au-devant de lui, comme un maquignon normand une vache, la forme nue de l'espionne, alias « la garce » Clara, en murmurant : « Comment feras-tu, la Loubère, pour rédiger ton Fameux Ouvrage d'anthropologie, si tu n'as pas tâté un brin aux mœurs amoureuses de Siam ? » Et il se mettait à ricaner dans sa barbe.

De temps à autre l'Envoyé se réveillait de ses cauchemars. Mais à vrai dire c'était pire encore. Et il allait jusqu'à se demander si en ouvrant les yeux il ne faisait pas que tomber d'un rêve dans un autre. Car c'était tout le concert de la nuit de Siam qui retentissait alors : le bourdonnement des insectes, le grondement des fauves. « Rêvé-je ou si je dors ? » se demandait-il. Qui sait si celui qui pense, et pense ce qu'il pense, n'est pas lui-même que la simple pensée d'un autre qui le pense ? Ne suis-je pas en quelque sorte qu'un trait d'union entre un rêve et un autre rêve, une vie, et une autre vie, pont, lieu de passage, chaînon minuscule dans le grand enchaînement, l'immense cycle, l'infini manège des existences qui n'aurait pas de début, qui n'aurait pas de fin ? Ne serais-je qu'avatar moi-même dans l'éternel recommencement des réincarnations ? Non, non, tout cela n'est qu'hérésie, paganisme ! Je me mets à penser maintenant comme les idolâtres siamois... Il s'assit sur le bord de son lit, tâta le matelas de ses mains, et le vibrant plancher de ses pieds : « Je suis là, ici, à Siam, ce 28 octobre 1687, dans un point fixe — mais combien fuyant ! — du Temps et de l'Espace ! » Mais à nouveau le lit, le plancher, l'architecture de bois de la Tabanque se mettaient à glisser au fil du temps, de l'espace, à couler là-bas avec le bras sinueux du fleuve, dans la nuit, devers la mer. Les fantômes de Pythagore, d'Épicure se lançaient eux aussi à l'assaut de la citadelle de sa raison. La métempsycose grecque rejoignait la transmigration bouddhiste... Mais peut-être aussi était-ce le bon sens de Joyeux, qui touchait juste : ces sept mois d'abstinence amoureuse qui lui montaient à la tête ? Il était nerveux, trop nerveux. Il avait été trop violent avec Phaulkon ! Céberet n'avait rien dit, mais il désapprouvait, c'était évident ! Le pendule, le balancier de son être s'agitait trop fort. Il lui fallait retrouver la juste mesure.

Il alla tourner sur la véranda. Les chauves-souris virevoltaient dans la nuit. Clara la garce n'était pas là.

« Elle fait exprès. »

Le lendemain, Céberet et la Loubère, accoudés à la rambarde de la Tabanque, devant le fleuve, dressaient leur « plan de bataille » : Ils devaient, et le soir même, aller voir le Grec, sans prévenir, « à l'improviste », histoire de lui rendre sa politesse ou plutôt son impolitesse de la veille, et plus sérieusement pour lui exposer de façon claire et nette leurs exigences : d'abord, ce qui était le plus pressé, quant « aux honneurs ». Ils voulaient qu'on cessât de les titiller là-dessus...

Sur les sept heures du soir (la nuit était déjà tombée), ils montèrent dans une petite galère à dix rameurs : direction Ayuthya. La capitale était à quelque quatre kilomètres de la Tabanque. Le voyage dura près d'une heure. Ils n'aperçurent pas grand-chose du paysage : qu'à travers les fenêtres de maisons illuminées dans la nuit, quelques scènes instantanées de la vie quotidienne de Siam : une jeune fille assise au sol en tailleur, le nez plongé dans un bol de riz ; une femme finissant de fabriquer un panier de rotin. Les embarcations à quai, à mesure qu'on s'approchait de la ville, étaient de plus en plus nombreuses. La moitié de la population du pays, à vrai dire, vivait sur des sampans. A Ayuthya la rivière, qui entourait la ville comme une île, s'ouvrait en deux branches, vers l'est et vers l'ouest. Ils ne virent rien de la capitale cette nuit-là, que les murailles blanches et crénelées du fort de Pompet dressé à l'endroit où se divise le fleuve : et les gueules béantes de ses trente canons.

Leur galère prit la branche ouest du fleuve. Elle n'eut pas fait trois cents mètres qu'elle accosta à un débarcadère. Une dizaine de mousquetaires, en habits et chapeaux noirs, étaient assis sur celui-ci. Manifestement des gardes. La garde de Phaulkon. « *What are these fucking chaps?* » s'exclama l'un d'eux en apercevant les Envoyés. « *Aren't they frogs?* » « *Yes, frogs!* » répondait un autre mousquetaire. Et en anglais toujours, ils poursuivaient : « Je parie cent pistoles que ce sont des *frogs* ». La garde du sieur Phaulkon, manifestement, était ivre. Les Envoyés grimpèrent sur le débarcadère. La Loubère interpella un des soldats, apparemment leur chef : un mastodonte à moustache blonde. Le mastodonte s'approcha. Sur sa joue gauche une cicatrice remontait jusqu'à l'œil : crevé. « *What, frog?* » baragouina le mousquetaire qui, émergeant des vapeurs de l'alcool et voyant l'air majestueux de l'Envoyé, se rendit sans doute vaguement compte qu'il avait gaffé. Que ces messieurs les grenouilles étaient grenouilles de qualité. Il ôta son chapeau. Se présenta : « Cropley, capitaine des gardes de Son Excellence Phaulkon, pour vous servir. » Et il ajouta, en mauvais français, qu'il fallait excuser ses hommes qui n'étaient que des brutes, et lui-même, qui n'était qu'une brute, non pas qu'il fût intrinsèquement une brute, mais qu'à force de fréquenter les brutes lui-même... euh : « *You know what I mean!* »

— Je viens voir Son Excellence Phaulkon, dit l'Envoyé. Annoncez Leurs Excellences Simon de la Loubère et Claude de Céberet!

Ils traversèrent sur les traces dudit Cropley une espèce de grande véranda faite de planches à demi pourries et disjointes, qui ployaient sous leurs bottes. Au bout se dressait une bâtisse aux hauts murs blancs surmontée d'une espèce de fronton triangulaire « à la française » où un Jupiter en stuc agitait au-dessus de sa tête quelque chose qui ressemblait pour moitié à un foudre et pour moitié à un chasse-mouches, œuvre inestimable d'un certain Riton, naguère pâtissier, qui s'était déclaré sculpteur dès son débarquement à Siam quelques années auparavant.

Les Envoyés pénétrèrent dans une sorte de hall, très haut de plafond, et très vaste, dont le sol et les murs, sur leur partie inférieure, étaient tapissés de mosaïques bleues et blanches « à la mauresque ». Une dizaine de mousquetaires anglais, vêtus de noir toujours, se trouvaient là, assis sur de petits bancs, jouant aux dés, aux cartes, beuglant, et embrassant de temps à autre des pichets d'alcool de riz posés à leurs côtés. Rien de plus débraillé, de plus crasseux, de plus puant et bruyant que cette assemblée de forbans aux gueules marquées par l'excès de pinard, la vérole, ou des cicatrices souvenirs de quelques rixes. « Intéressant type d'humanité », songea la Loubère. Cropley les avait laissés au milieu du hall, partant à la recherche de Son Excellence Phaulkon. Qui, moins d'un quart d'heure plus tard, fit son entrée :

Dans la claire lueur des torches et des lustres illuminant le hall, il leur parut plus petit encore qu'il ne leur avait semblé la veille. Il était engoncé dans un justaucorps noir orné d'un nombre incalculable de perles.

« *Out* », rugit le Grec.

Et aussitôt ce fut la débandade : ramassant au sol cartes, dés, piles d'écus, rapières et pistolets, l'assemblée de forbans qui tenait lieu de garde particulière au Grec, s'éclipsa soudain de la salle, comme une troupe de moineaux effarés. Phaulkon, s'inclinant devant les Envoyés, leur lança :

— Je n'attendais pas Vos Excellences, mais vous voici les bienvenus. J'ai en effet des choses de la plus haute importance à vous dire...

— Votre Excellence, répondit la Loubère, en s'emmêlant les pinceaux, l'honneur que vous nous fîtes hier au soir, en nous faisant l'honneur de nous visiter, nous a incités ce soir à nous faire l'honneur de vous visiter et...

— Suivez-moi, trancha Phaulkon.

Quelques instants plus tard, ils pénétrèrent dans le cabinet du ministre, où ils ne furent pas peu surpris de trouver un Tachard tout souriant. (« Décidément, ce jésuite vit à demeure chez le Grec ! ») Tous s'assirent, à même le sol, du moins sur de tout petits bancs, autour d'une table basse en laque couleur « sang de bœuf ».

— A la façon du pays ! dit Phaulkon, qui ne s'étendit pas plus sur les diverses manières de s'asseoir à Siam, entrant directement, et douloureusement, dans « le vif du sujet ».

— Je voulais vous dire, messieurs (Tachard traduisait), que les rois d'Orient sont très à cheval sur tout ce qui touche l'étiquette. Veuillez croire aussi qu'ils sont parfaitement renseignés sur les manières d'Europe... Et qu'ils savent fort bien quelle différence il y a entre un ambassadeur et... un simple envoyé... même... extraordinaire !

Ça y est, il remettait ça sur le tapis, et avec quel ton : hautain, tranchant, incisif, c'était de la provocation !

— J'ai parlé de tout cela, poursuivait Phaulkon, avec le ministre des Affaires étrangères, ou *barcalon,* Opra Cedet, qui s'occupe de ces problèmes, lequel en a parlé au roi... Nous en avons conclu qu'il était impossible que vous soient rendus les mêmes honneurs qu'à l'ambassadeur Chaumont !

La Loubère ne respirait plus, la rage le rendait muet, aveugle. Soudain, dans l'espèce de tourbillon hallucinatoire où il se trouva quelques instants entraîné, il fut envahi par... par un parfum, enivrant, suave, dont il était bien incapable de savoir s'il émanait du monde ambiant, ou de quelque cave obscure de sa propre âme. Quand il sentit sur son bras droit un léger contact, soyeux, chaud : c'était le sein nu d'une jeune servante qui, à genoux derrière lui, venait de déposer sur la table un flacon de vin et de petites assiettes chargées de mets bizarres, sans doute des amuse-gueule chinois. Le sein bientôt, avec la jeune servante, s'éclipsa. La Loubère, réémergeant de cette espèce d'hallucination, ne rouvrit les yeux que pour contempler : le sourire ricaneur de Tachard ! Ce jésuite jubilait...

— Monsieur le ministre, dit l'Envoyé, reprenant son sang-froid, veuillez croire que nous sommes fort surpris de toutes ces querelles d'étiquette... Vu les efforts si manifestes que vient de déployer la France en faveur du Siam qui, je vous le rappelle, l'a appelée à son secours, devant la menace hollandaise ; vu les sommes considérables que Sa Majesté Très Chrétienne a investies dans cette aventure ; vu par ailleurs la façon somptueuse dont l'ambassadeur Kosapan et ses deux collègues ont été accueillis à Versailles, nous étions légitimement en droit, me semble-t-il, d'attendre pour notre réception des honneurs exceptionnels...

— L'ambassadeur Kosapan, dit Phaulkon, avait reçu de moi instruction de s'en remettre entièrement au bon plaisir du roi de France, en ce qui concerne les honneurs.

— Eh bien Votre Excellence, explosa la Loubère (qui s'était mis à parler espagnol, se rendant compte que Tachard traduisait de façon trop fade et insignifiante ses propos) eh bien j'ai aussi pour instruction de m'en remettre à cet égard et complètement au bon plaisir du roi de Siam. Nous lui communiquerons par écrit nos griefs, et il prendra lui-même, pour les « honneurs », la décision qu'il lui plaît. Ainsi n'avons-nous plus besoin de votre médiation, et nous passerons-nous désormais de vos services !

Le ton de la Loubère frisait l'insulte. Phaulkon était livide. Et Céberet tout perdu car il ne connaissait pas l'espagnol et ne comprenait donc rien de ce que la Loubère était en train de dire.

Tachard, se penchant sur Céberet, lui glissa une brève traduction à l'oreille, ajoutant : « Vous devriez empêcher monsieur de la

Loubère d'utiliser la langue castillane. Il la maîtrise mal et ne se rend pas compte de la vigueur des mots qu'il emploie. Cela ne peut avoir que le plus mauvais effet sur Son Excellence Constance qui est un homme d'une fierté extrême et dont on n'obtient rien qu'en le caressant dans le sens du poil. »

Le Grec, en effet, partit du coup dans une colérique diatribe. Cependant, se penchant sur la Loubère, Céberet lui chuchota :

— Vous n'eussiez pas dû vous en remettre ainsi à la décision du roi de Siam pour les honneurs à nous rendre. Qui sait ce qu'il décidera ? Certes, j'espère qu'il ne voudra pas nous faire marcher à quatre pattes... mais si quoi que ce soit dans la cérémonie est à notre désavantage, cela nous couvrira de discrédit, sinon de ridicule aux yeux des Européens de Siam qui n'attendent que ça. Les choses du protocole sont d'importance en Orient, et il ne faut rien céder là-dessus.

La Loubère se mordait les lèvres. Il n'avait pas attendu la réflexion de Céberet pour se rendre compte qu'il avait encore gaffé : c'était la colère, ou la fièvre, qui l'avaient emporté. « C'est ça, c'est la fièvre ! » Et ça n'est pas sans appréhension, sinon terreur, qu'il entendit Phaulkon conclure sarcastiquement sa diatribe par :

— Je suis bien aise que vous puissiez vous passer de ma médiation. Mais... si vos Instructions portent que vous devez vous en remettre au bon plaisir du roi de Siam, en ce qui concerne les honneurs, je m'étonne que vous ne nous l'ayez fait savoir plus tôt. Cela eût évité bien des embarras et de la peine. Le roi, donc, vous fera connaître ses ordres...

Ils étaient coincés. La Loubère s'était jeté dans la gueule du loup.

Céberet se leva, frottant ses genoux endoloris (quelle foutue tradition de s'asseoir par terre).

— Eh bien, euh, balbutia-t-il, nous allons céans, Votre Excellence, prendre congé.

— Ah, non, Vos Excellences, vous ne me quitterez pas si tôt, dit Phaulkon en éclatant de rire (puis, sur le ton de l'ultimatum) : Vous êtes ce soir mes hôtes à dîner ! Bien sûr, comme vous m'avez pris par surprise, le repas ne sera pas trop brillant...

Il se leva à son tour et ordonna, comme s'il se fût adressé à un domestique :

— Tachard, va voir à la cuisine ce qu'il y a. Et fais préparer à dîner pour Leurs Excellences !

Tachard fut comme « sonné » : non tant par l'ordre de Phaulkon, car il devait être habitué déjà à ces manières, que par le regard stupéfait que portèrent sur lui, conjointement, les Envoyés.

— Euh... oui... bredouilla-t-il... Je m'en vais euh... passer commande.

Et aussitôt, au trot, il disparut dans une autre pièce.

La Loubère et Céberet échangèrent un bref regard : ce Grec avait-il le don de muer tous ceux qui l'entouraient en larbins ? Par quelle opération magique ? Mais n'était-il pas en train d'essayer de les « dresser » eux aussi ? Pouvaient-ils accepter cette brutale invitation à dîner après s'être fait quasi insulter par leur hôte pendant trois quarts d'heure ? Mais ils se sentaient si las, ils avaient déjà avalé tellement de couleuvres, qu'ils se résignèrent bien à en déglutir encore une : la dernière, ils le juraient, la der des der : serment d'ivrognes.

Ils sortirent dans un jardin embaumant le jasmin.

— Allons-nous voir madame ? demanda galamment la Loubère.

— Non, mon épouse est à Lopburi. De toute façon... les traditions de Siam ne veulent pas que les femmes se mêlent aux hommes lors des soupers.

A l'autre bout du jardin, précédés par Phaulkon, ils entrèrent dans un grand bâtiment blanc. Aux cris qu'on entendait du dehors, des « peuchères », « sacrebleu » et autres « bonne mère », le tout souligné par de joyeuses trilles de violon, on pouvait facilement s'imaginer qu'il se trouvait à l'intérieur joyeuse... et française compagnie. Phaulkon poussa devant lui une lourde tenture de velours, occultant une haute porte. Aussitôt la Loubère et Céberet qui marchaient à quelque quatre ou cinq pas derrière, n'ouïrent plus, dans un soudain silence, qu'un vague murmure ému, comme celui qui accompagne l'entrée de Sa Majesté Très Chrétienne dans une salle comble de courtisans.

Et ce fut un spectacle pas peu « édifiant », et surprenant sinon inquiétant, qu'eurent à contempler les Envoyés, quand poussant à leur tour la tenture ils pénétrèrent dans une vaste pièce aux murs blancs. Devant eux, de dos, immobile : Phaulkon. Et plus loin, en face de Phaulkon, une immense table — elle avait bien dix mètres de long — autour de laquelle, tels des apôtres à la Cène, se tenaient debout (manifestement ils venaient de se lever), le feutre emplumé plaqué contre la poitrine (manifestement ils venaient de se décoiffer), fort rubiconds de teint, mais fort émus semblait-il, tous les membres, ou à peu près, de l'état-major de nos troupes d'infanterie. Desfarges, énorme, en pourpoint doré, flanqué de ses deux fils au haut bout de la table, et de Tachard qui, revenu des cuisines, les avait rejoints. Et en enfilade, les sieurs Beauchamp, du Bruant, Saint-Vandrille, Delas, du Laric et quelques-uns de ses bombardiers ; Suhart, Sainte-Marie, Dacieu, sans compter deux ou trois pères jésuites.

Debout sur une estrade, à côté de Desfarges, le petit André Cardinal, le jeune Launay et le castrat Jean Blanc, l'archet à la main, le violon sur l'épaule, immobiles devant des partitions posées sur trépied, paraissaient avoir été d'un coup pétrifiés, minéralisés, au milieu d'une note : on eût dit quelque statue allégorique symbolisant la musique.

Quand les Envoyés eurent rejoint Phaulkon, juste devant la table du festin, une espèce de murmure gêné, indécis, courut parmi les convives. Ceux-ci semblaient hésiter sur l'attitude à tenir et la plupart braquaient des regards interrogateurs et inquiets vers le général Desfarges : lequel, son chapeau à la main, plaqué sous le menton (de sorte que la plume lui en chatouillait le nez), se balançait d'un pied sur l'autre...

La Loubère comprit alors, en un éclair, pourquoi le Grec les avait invités à ce dîner, et s'était amusé à surprendre nos officiers dans leurs agapes : qu'avait-il voulu faire en effet sinon démontrer aux Envoyés son autorité, sa totale autorité, sur nos troupes ? Et la démonstration fut magistrale. Tous ces messieurs étaient plus intimidés semblait-il que s'ils eussent vu entrer soudain Sa Sainteté le pape soi-même.

— Quelle heureuse surprise *monseigneur,* bredouilla le général à Phaulkon de sa voix sonore. Serez-vous des nôtres ? Ce dîner est déjà bien commencé mais... (d'un geste de la main, méprisant, il désigna trois jeunes officiers qui, aussitôt, laissèrent libres leur place et s'en allèrent au bas bout de la table)... Mais vous nous ferez bien *monseigneur* l'honneur et la grâce de vous joindre à nous, ainsi que Leurs Excellences...

Desfarges à ce mot regarda d'un œil un peu contrarié, et avec l'air à peu près d'un élève pris en faute, messieurs de la Loubère et Céberet. Lesquels ne le regardaient pas moins : fort ahuris qu'ils étaient de l'aspect si humble, si soumis, du général vis-à-vis du Grec, mais plus encore du titre dont il l'honorait : *monseigneur !* Là, c'était le comble. Si, à la rigueur, on pouvait lui envoyer de l' « Excellence » (vu sa fonction de ministre), traiter de « monseigneur » un Grec, un fils de cabaretier, un ex-matelot, un forban, ça dépassait les limites !

Mais Louis la Fistule n'avait-il pas fait « comte » le ministre de Siam, les Envoyés ne devaient-ils pas remettre à celui-ci l'ordre de Saint-Michel ?

Le plus étonnant encore, c'était que, tel un inférieur, tel un manant, notre Desfarges semblait attendre, pour se rasseoir et se recoiffer (comme les autres officiers d'ailleurs), que le Grec l'y autorisât : lequel Grec, fort matoisement, et pour rendre sans doute plus écrasante, et humiliante, sa « démonstration », fit quelque peu « durer le plaisir ».

Il s'approcha du général, suivi des Envoyés, le félicita lui et ses fils sur leur « superbe mine » (« le climat de Siam, décidément, et ses... petits plaisirs leur faisaient le plus grand bien »), se fit encore et encore traiter de moult « monseigneur », parfois entrelardés d' « Excellence » pour varier. Enfin quand il fut persuadé sans doute que les « emplumés » avaient dû comprendre sa « leçon », il jeta sur toute la tablée un regard enjoué et lança en mauvais français :

— *Messieurs !...* Vous... Vous rasseoir... Je vous en prie... merci... Nous... boire... à la santé de messieurs de Céberet et la Loubère.

Et aussitôt, dans un même unanime mouvement, tous les chapeaux emplumés se posèrent, tels d'exotiques oiseaux, sur les têtes avinées de nos officiers qui, en même temps, se rassirent.

— Et toi mon minet, lança Phaulkon au jeune abbé musicien André Cardinal, reprends ta musique !

Les archets coururent sur les cordes et le grassouillet castrat, tout suant sous sa perruque argentée et son habit vert à rubans, poursuivit son chant interrompu :

*Que le malheur d'Atys*
*Afflige tout le monde*
*Que tout sente ici-bas*
*L'horreur d'un si cruel trépas*
*Pénétrons tous les cœurs d'une douleur profonde*
*Que les bois, que les eaux perdent tous leurs appas*
*Que le malheur d'Atys afflige tout le monde...*

Si monsieur de la Loubère n'eût pas été si effaré par l'état psychologique d'asservissement où semblait se trouver notre état-major, sans doute eût-il exprimé quelque agacement à entendre encore et toujours, qui le poursuivaient jusqu'à Siam, les inévitables Lully et Quinault. L'Envoyé ne pouvait savoir que la France, depuis peu, était libérée de ce tyrannique duo régnant sur sa musique. Juste quelques semaines après le départ de l'expédition militaire, Lully, qui s'était donné un violent coup de canne sur l'orteil droit en battant la mesure de son *Te Deum* (*Te Deum* en l'honneur de la guérison de la Fistule de Louis XIV, auquel avait assisté d'ailleurs Kosapan), Lully, donc, était mort : la plaie s'étant infectée. Sur son lit d'agonie, le grand maître de l'opéra avait été harcelé par une armée de jésuites qui, profitant de sa faiblesse et brandissant la menace de l'Enfer, l'avaient terrorisé et amené à la plus humble et totale repentance de son passé libertin. Quant au poétereau Quinault, il avait renoncé à composer : se consacrant à la prière et à la macération.

Mais revenons à nos moutons : au troupeau de bêlants agneaux de notre état-major :

Ils brandissaient tous vers le plafond des coupes de cristal emplies à ras-bord de vin. « Un bordeaux de Médoc, constata Céberet, qui était amateur. Et du meilleur. Et, pas du moins cher non plus... » Dans son journal manuscrit Céberet écrirait, sur la fin de son séjour à Siam, que vu les prix courants dans le royaume et l'énormité de la consommation du ministre, celui-ci devait dépenser jusqu'à quatorze mille écus par an en vin ! Une fortune.

Levant sa coupe — emplie d'or liquide — le Grec se tourna vers les Envoyés et leur dit, dans un *pidgin* franco-portugais :

— Allons Vos Excellences, oublions nos petites querelles, m'en ferez-vous le plaisir ? Et puisque voici dans nos verres du si bon vin de France, je vous convie tous (et d'un regard il embrassa la tablée des vingt officiers) à boire à la santé de Sa Majesté Très Chrétienne et du roi de Siam mon maître.

— A Sa Majesté Très Chrétienne, au roi de Siam ! beugla en chœur l'état-major.

Phaulkon vida d'un trait sa coupe en cristal (« une coupe à bien cinq écus la pièce », évalua Céberet) et jeta celle-ci derrière lui : elle se brisa au sol, brisant le cœur de Céberet dans un tintamarre d'écus trébuchants.

Aussitôt (posée par un domestique siamois) une nouvelle coupe (à cinq écus pièce, emplie d'une quantité de vin que Céberet évalua à un quart d'écu) se retrouva devant le Grec. Lequel, répétant le même manège (déglutition suivi d'éjection) dit à voix haute et rieuse :

— A l'amitié éternelle entre les deux Grands Royaumes de France et de Siam. A nos amours!

Et tous les officiers de hurler en chœur (imités à voix basse et hésitante par les Envoyés) :

— A nos amours!

Et les coupes s'envolèrent, dans un somptueux brouhaha d'éclats de rire et de verre brisé (« une tournée à quarante écus au moins », calculait par-devers soi Céberet).

Phaulkon se leva. Sa mine tout d'un coup s'était métamorphosée. Un sourire lumineux, enchanteur, ornait ses lèvres, ses yeux brillaient. Il avala d'un seul trait une autre coupe.

— Chante quelque chose de plus drôle, la grosse, lança-t-il en se tournant vers le castrat.

Réajustant les bésicles qu'il avait au bout du nez, et tournant la page de la partition posée devant lui, sur un trépied, le suant et dégoulinant castrat entonna, au son toujours du violon :

*Philosophes rêveurs qui pensez tout savoir*
*Ennemis de Bacchus, entrez dans le devoir :*
*Vos esprits s'en font trop accroire.*
*Allez vieux fous, allez apprendre à boire.*
*On est savant quand on boit bien :*
*Qui ne sait boire ne sait rien.*

Et toute la tablée avinée se mit en chœur à répéter le refrain :

*Qui ne sait boire ne sait rien...*

Phaulkon surveillait les verres des Envoyés. Il ne les voyait pas à demi vides que, de sa propre main, avec un zèle, une amitié même qui semblèrent à la Loubère « non factices », il les resservait. Cet homme est un étrange composé songea l'Envoyé. Il arrive même à être sympathique.

Le Grec le regarda dans les yeux, avec on ne sait quelle émotion, quel trouble et, debout toujours, il leva à nouveau sa coupe.

— Je bois, dit-il, à la santé de Leurs Excellences. Je bois (et sa voix s'étrangla d'émotion) au succès de leur mission, succès qui ne concerne certes pas seulement les domaines du commerce et de la politique, dont nous avons fort bien compris qu'ils n'étaient pas le souci premier du roi de France, mais... mais... le triomphe du règne glorieux et lumineux du Christ vivant en ce royaume perdu dans les ténèbres de l'idolâtrie.

La Loubère soudain vit les yeux du Grec s'emplir de larmes. Tachard se leva, Tachard qui tenait serrée dans sa main droite la main gauche de Phaulkon. Tachard qui, les yeux inondés de pleurs lui aussi, commença (d'une voix incertaine entrecoupée de hoquets d'émotion autant que d'ivresse il est vrai) à traduire les propos si « édifiants », dit-il, de ce ministre que Dieu avait choisi, que Dieu avait marqué de son signe.

Et c'était un duo étrange et pathétique que ce jésuite et ce Grec, se tenant par la main, parlant, tout dégoulinants de larmes, de notre sainte religion, tandis que derrière eux, le gros castrat continuait de débiter son refrain : *Qui ne sait boire ne sait rien !*

– Ah !... Vos Excellences, poursuivit Phaulkon, se rasseyant tout comme le jésuite, c'est Dieu qui a voulu que ce bon père Tachard, qui devait se rendre à la Chine, passât par Siam avec les ambassadeurs Chaumont et Choisy (et, ce disant, il entoura de son bras la taille du prêtre, fraternellement). Il fut le seul à prêter l'oreille à mes projets, et n'eût-il été de ce voyage vous ne fussiez point ici aujourd'hui, messieurs, ni aucun de ces beaux officiers (et d'un geste de son autre main qui tenait une coupe pleine, il montra la tablée). Songez, songez que ce royaume, morfondu dans l'idolâtrie comme les royaumes voisins du Tonkin, de Cochinchine, de Pegou, de Cambodge et autres, n'eussent sans lui... aucun espoir d'entendre la Voix du Seigneur !... Car... Ce ne sont pas ces pauvres sots, ces pauvres ignorants, ces stupides mais bien braves pères des Missions étrangères qui seront capables de faire progresser les choses aux Indes comme en Chine ! Qu'ont-ils fait, depuis vingt ans qu'ils sont dans ce royaume ? Montrez-moi leurs prosélytes. Décomptez-moi leurs catéchumènes. Ah, ah... Rien, zéro, double zéro ! J'en ai écrit à Sa Majesté Très Chrétienne, au père de la Chaise et au pape... Il nous faut ici d'autres apôtres. Il nous faut des vrais prêtres, de vrais soldats de Dieu : gens de culture, de foi et de bonne foi ! Point ce troupeau de curés crasseux et ignares ! car les missionnaires se font une gloire de leur inculture, prétendant ne vouloir se consacrer qu'à la prière ! Est-ce en récitant des patenôtres que saint François-Xavier commença de convertir le Japon ?... Les mandarins de Siam, de Tonkin ou de Chine ne sont pas de grossiers sauvages !... Pensez-vous que c'est avec des bondieusailles qu'on les séduira ? Ils n'écoutent que qui ils respectent. Et ce qu'ils respectent d'abord, c'est la science : mathématiques, astronomie, chimie, voilà les portes ouvertes par lesquelles vous pénétrerez leurs cœurs et y sèmerez la bonne parole !... Encore si ces missionnaires savaient leurs prières ! Mais la moitié d'entre eux ne connaissent même pas le latin, Vos Excellences, et, quoiqu'ils vivent ici depuis des lustres, ils sont incapables de bredouiller trois mots de siamois. Même leur évêque monseigneur Laneau ! Ah ah, l'entendriez-vous tenter de causer cette langue : ah ah, on dirait un Écossais parlant l'Anglais ! Il s'empêtre dans les tons, dans les accents, personne ne le comprend. Et encore moins le roi de Siam qui ne s'exprime que dans une langue spéciale, qu'on ne parle qu'au palais, et que l'évêque ignore. Et c'est ce monseigneur Laneau, Vos Excellences, qui est chargé de catéchiser ce prince ! Et vous vous étonnez, Vos Excellences, et le Roi de France s'étonne, et le père de la Chaise s'étonne que le roi de Siam ne se veuille pas convertir à une religion pour laquelle cependant, parce que je lui en ai personnellement souvent parlé, il éprouve la plus grande inclination, et plus que de l'inclination : il a dans sa chambre, près de son lit, une croix... je l'ai vue, de mes yeux vue, à côté du portrait de Sa Majesté Très Chrétienne d'ailleurs...

Phaulkon se tut.

— Est-il vrai, s'étonna la Loubère, que monseigneur Laneau ne parle pas siamois ? On m'a dit qu'il a traduit dans cette langue les Saints Évangiles !

— Rêveries ! clama Tachard, furibond. Monseigneur Laneau forme avec ses missionnaires un ramassis de sots, et de crasseux ignorants. Il faut qu'à Siam les jésuites s'installent, pour que les affaires de Dieu y fructifient. Cela, Vos Excellences, j'aimerais que vous vous en convainquiez bientôt... d'autant que Sa Majesté Très Chrétienne en est convaincue !

— J'ai assisté, dit Phaulkon, à une de ces séances où monseigneur Laneau devait parler religion au roi de Siam. Il s'est lancé dans je ne sais quelles abstractions sur l'Eucharistie et la Trinité, absolument incompréhensibles pour un idolâtre qu'on n'a pas un peu initié à nos mystères. Le roi le regardait avec de gros yeux écarquillés (et assez amusés je dois vous le dire, car il entend raillerie)... Oh, je ne dis pas que monseigneur Laneau soit un mauvais homme. Lui avez-vous déjà rendu visite ?

— Non, je n'en ai pas eu le temps ni l'honneur, dit la Loubère, mais ça ne saurait tarder.

— C'est un brave homme. Un bon chrétien sans doute. Un bon crétin aussi ! Ah, ah ! Vous verrez, vous verrez, dès que vous le rencontrerez il va vous entreprendre sur les Privilèges aux chrétiens, que j'avais consentis dans le traité signé avec monsieur Chaumont, mais que je n'ai pas encore voulu accorder ni publier à Siam. Parce que la situation politique ne s'y prête pas !... Il y a eu récemment cette terrible révolte des musulmans Macassars. J'en sais quelque chose, puisque j'y fus blessé, et qu'une dizaine de nos Français y ont perdu la vie ! Pensez-vous que je puisse en ces circonstances accorder des privilèges comme d'épargner aux chrétiens, les dimanches et jours saints, la corvée obligatoire, sans en agir de même avec tous les autres sujets de Siam ? Le pays est une poudrière, il ne s'agit pas d'y allumer d'étincelle ! J'ai expliqué ça aux missionnaires. Savez-vous ce que ces imbéciles-là m'ont répondu ? « Publiez les Privilèges aux chrétiens, même si cela doit provoquer une révolte et entraîner notre persécution, la persécution, nous la désirons. Ni les couronnes d'épine ni les tortures ne nous répugnent. Tout au contraire, etc. » Vos Excellences, trouvez-vous ces propos bien raisonnables ? Ne pensez-vous pas qu'il faut avoir la tête politique aussi, et investir parfois un peu sur César, pour que Dieu en récolte les plus grands bénéfices ?

La Loubère commençait à s'énerver. Ne voilà-t-il pas qu'en toute convivialité le Grec leur mettait un nouveau bâton dans les roues, sur le plan religieux cette fois ? Non seulement il se permettait d'affirmer, en termes presque non voilés, que le roi était loin de se convertir (quand on avait fait espérer tout le contraire à Sa Majesté Très Chrétienne), mais il ajoutait qu'il était impossible d'accorder aucune faveur particulière aux chrétiens de Siam. Se moquait-il ? Pourquoi, alors, avions-nous fait venir à tant de frais sept cents soldats ?

— Votre Excellence, dit la Loubère, après avoir consulté Céberet du regard, les Instructions à nous données par le ministre Seignelay exigent que tous ces privilèges, acquis par le traité Chaumont, soient accordés et publiés. Je pense que mon roi apprécierait peu qu'à mon retour je lui annonçasse qu'ils ne le sont pas encore !

— Vos Instructions, vos Instructions, clama Phaulkon (depuis quelques minutes il s'était remis à parler directement en portugo-espagnol), vos Instructions, mais le diable emporte vos Instructions. Vous autres Français vous n'avez que ce mot-là, Instructions, à la bouche. Comme dirait monsieur Molière, il semble que vous préféreriez que votre ambassade fût un échec dans le respect de vos

Instructions, plutôt qu'une réussite dans leur irrespect ! Le chevalier de Chaumont, ce... crétin (emporté par le verbe, Phaulkon devenait de plus en plus grossier), Chaumont donc, lui aussi, n'avait que ce mot-là à la bouche : Instructions. Ses Instructions portaient que le roi de Siam devait se convertir au christianisme. Le roi de Siam donc devait se convertir au christianisme, quoi qu'il en eût ! Il ne voulait pas en démordre, le Chaumont, il ne voulait pas parler ni entendre parler d'autre chose ! Ni de commerce ni de politique ! Il fallait, là, séance tenante, sur-le-champ, *illico presto,* que le roi reniât sa religion, une religion révérée par son peuple depuis plus de deux mille ans pour, miracle, embrasser la Vraie Foi ! Vous voyez le tableau ! Mais qui m'a foutu pareil olibrius !.. Ça ne l'empêchait pas pour autant, ce calotard de Chaumont, lui qui — comble de ridicule — voulait faire brûler tous les boxons du pays, de tripoter en douce les petites domestiques, ça on l'a su par la suite. Ah, ah, mais n'avez-vous pas lu sa Relation ? Ah ah, ça vaut son pesant d'or la classification qu'il a dressée des femelles de Siam, ah ah, ce que j'ai pu rire, Tachard, quand j'ai lu ça : les Chinoises, les plus blanches, sont les plus belles, et les plus redoutables donc ; les Pégouanes ou Birmanes sont extrêmement familières, et luxurieuses, ah, ah...

Tout à coup le Grec se tut et devint blême. Tachard, sous la table, venait de lui donner un coup de genou. La Loubère lui-même était blême.

— Comment, monsieur, s'écria-t-il, vous avez lu la Relation du chevalier de Chaumont ? Mais c'est un document absolument confidentiel... Que je n'ai confié au père Tachard que...

(La Loubère se tut, il planta ses yeux comme des poignards dans les yeux de Tachard, et, dans sa tête, s'acheva la phrase qu'il avait commencée : « ... que je n'ai confiée au père Tachard qu'en exigeant de lui, sur son contenu, le plus grand secret, et qu'il ne la donnât à personne. » Et Tachard, c'était évident, avait remis ce document à Phaulkon. Ça, c'était un acte manifeste de trahison ! Cette *Relation,* songeait la Loubère effaré, contenait tous les secrets de la négociation de Chaumont et ses réflexions politiques sur le Siam, son roi et son ministre...)

— Mais non, mais non, Votre Excellence, s'exclama Phaulkon, personne ne m'a confié cette Relation dont je ne connaissais pas jusqu'à cette heure l'existence. Ce que je vous rapporte là, au sujet de Chaumont, ce sont des propos de ses proches... et des bruits, de vulgaires ragots, que j'ai tort il est vrai de colporter... Mais il ne faut voir là que l'effet de ce bon vin de France qui me monte à la tête et est seul coupable ! Allons allons, monsieur l'ambassadeur, ah ah ! oublions tout ça, buvons, buvons aux amours siamoises de saint Chaumont... et ne parlons pas de celles de l'abbé de Choisy. Est-il vrai qu'en France il s'habillerait en femme : pour mieux séduire petites filles et petits garçons... Il a fait des ravages ici au séminaire, ah ah !

— Ce sont de vils racontars, Votre Excellence ! s'exclama la Loubère (quoiqu'il connût fort bien les mœurs bizarres de l'abbé).

— Oh, Votre Excellence, lança le Grec en levant une nouvelle coupe, ça n'est pas pour le lui reprocher, vous savez. L'homme est chair, et la chair est faible. Voyez, même les plus purs défaillent parfois. N'est-ce pas Tachard (le Grec serra le jésuite à la taille, le secouant comme un prunier). N'est-ce pas Tachounet ?...

Tout à coup, comme par magie, la magie du Grec, la situation et la conversation se renversaient.

— C'est qu'on en connaît, ah ah, sur le compte de Tachouille. N'est-ce pas Tachouille, n'est-ce pas messieurs ? s'exclama Phaulkon.

Tous les officiers éclatèrent de rire, et leurs gros yeux injectés de sang et de pinard, d'un seul mouvement, comme un faisceau de mousquets, se braquèrent sur le jésuite, sur le roué jésuite, sur le dur des durs Tachard lequel, à la stupéfaction des Envoyés, passa quasi sous la table, comme un gamin coupable, honteux, qui essaie de se cacher. « Par où ce Grec ne le tient-il pas encore ? » songea la Loubère en observant le révérend, comme un entomologiste regarde un cafard.

— Cardinal, Launay, venez ici mes petits cocos, clama Phaulkon d'une voix triomphante, en se tournant vers les musiciens, avec dans les yeux des lueurs d'irradiante ironie.

Les musiciens, plaquant leurs violons, s'approchèrent du Grec qui, les tenant bientôt à sa droite et à sa gauche, se mit à les serrer à la taille en ricanant.

— Ils connaissent la musique, nos petits cocos, dit Phaulkon, et ils en connaissent de belles sur Tachounet. N'est-ce pas, messieurs ?

Tous les officiers éclatèrent à nouveau de rire, leur général en tête. Celui-ci, complètement imbibé, envoyait même sans cesse à ses deux fils des coups de coude complices en regardant le jésuite.

— Raconte-nous, Cardinal, une des fredaines de notre révérend Tachouillard.

Le jeune Cardinal, une coupe en main, que Phaulkon venait de lui passer, devint tout rouge et, souriant comme un jeune coquelet fiérot que l'attention de tous se portât sur sa personne, il dit :

— Votre Excellence, je me ferais un plaisir certes de vous raconter quelques-unes de ses fredaines. Mais le choix est si infini, que je ne saurais par où commencer. Est-ce au sujet de sa goinfrerie, que vous voudriez que je vous parlasse ? ou de son ivrognerie ?

Les mains jointes sous le nez, qu'il avait au ras de la table, Tachard murmurait : « Petit salopiaud ajoute encore un mot et je te jure bien qu'à ton retour en France je te coule, je te coule pour jamais. »

— A moins que ce fût (poursuivait Cardinal, qui semblait jouir au plus haut point de l'extrême confusion et humiliation du prêtre, comme s'il en tirait ainsi quelque vengeance longuement ruminée : pendant sept mois de voyage sans doute), à moins que ce fût sur sa paillardise, messieurs, que vous aimeriez que je m'exprimasse ?

— Ah, ah, clama Saint-Vandrille, raconte l'histoire du fouet. Elle me fera toujours rire.

— Le fouet, le fouet ! entonnèrent tous en chœur les officiers, buvant, bâfrant, rotant, pétant, dans un joyeux français fracas.

Et la Loubère plus anthropologue que jamais, et d'autant plus qu'il se faisait observateur maintenant de nos propres mœurs, assistait à ce spectacle comme s'il se fût agi, à la lettre, d'un spectacle : de quelque farce donnée sur des tréteaux de village. « C'est digne, songea-t-il, avec dédain, des répugnants romans réalistes de monsieur Scarron ! »

— Eh bien voici, dit le jeune Cardinal, en se trémoussant un peu plus contre Phaulkon, qui continuait de le serrer à la taille. Notre Tachard, au collège Louis-le-Grand, était connu par tous les élèves pour être le pire père fouettard qui fût. Il prenait un plaisir malsain — pour les fautes les plus futiles — à faire baisser la culotte aux collégiens et à leur appliquer de cruelles fessées. Et point avec la paume de la main non, avec un martinet et quel martinet, un martinet à lanières de cuir nouées. On décida alors de lui donner une leçon, et de le guérir de son vice. Un de ses élèves, le plus impertinent d'entre eux, comptait parmi ses amis un fort bon peintre. Il le pria de lui dessiner sur la fesse droite un portrait de saint Ignace de Loyola, et sur la fesse gauche un portrait de saint François-Xavier. Ce qui se fit, et ce sur quoi, remettant sa culotte, notre bonhomme s'en retourne à Louis-le-Grand au cours de Tachard, pendant lequel il ne cesse de commettre bêtise sur bêtise.

Trop content, Tachouille lui ordonne devant l'ensemble des élèves, rassemblés autour de lui en cercle attentif, de baisser culotte. L'élève se jette à ses genoux. Pleure, supplie, jure qu'il ne recommencera plus. Mais rien à faire. Tachouille refuse : il tient déjà en main son martinet. Alors l'élève, levant ses mains jointes vers le plafond s'exclame : « Ô vous, saint Ignace de Loyola, ô vous saint François-Xavier, je vous supplie, intercédez, faites un miracle afin de m'épargner cette cruelle humiliation ! » En vain. Tachard baisse de force la culotte de l'impudent : découvrant soudain sur ses fesses, ô miracle, le visage même des saints que le gamin vient d'invoquer ! Le Tachounet tombe alors à genoux devant ces fesses miraculeuses. Il ordonne à tous les élèves de se mettre eux aussi à genoux. Transporté d'une religieuse passion, il commence à baiser ces fesses puis il oblige, à la queue leu leu, les élèves à les baiser. Bientôt les Supérieurs du collège sont convoqués : mais le « miracle » est rapidement éventé. Et le père Tachard ridiculisé.

Toute la tablée éclata de rire, mais de rire !... Cependant que, tête basse et mains jointes toujours, Tachard récitait dans sa barbe : *Deus qui culpa offenderis, pœnitentia placaris : preces populi tui supplicantis propitius respice* (ô Dieu que la faute offense et que la pénitence apaise ; jetez un regard de bonté sur votre peuple en prière).

Et cela riait, riait, et même messieurs de Céberet et de la Loubère, contaminés par la bonne humeur générale, se tenaient les côtes. Sans pour autant cesser de boire — et de manger : ces étranges mets, siamois sans doute, qu'on leur servait et que la Loubère — toute curiosité anthropologico-culinaire mise à part — trouvait « intéressants » et point désagréables du tout. Particulièrement cette espèce de ragoût, ou curry, agrémenté de menthe et, lui dit-on, d'herbe de *ganja*... Quand soudain l'Envoyé eut la désagréable impression que les salves de rire qui partout autour de lui explosaient, comme coups de canon à la bataille, avaient, depuis quelques minutes, changé d'objet : et qu'il en était lui-même devenu la cible !

— Vous mangez de ce plat-là ? s'enquit, de sa voix énormissime, et tout en pouffant, le général.

— Il en mange, il en mange ! pouffa son fils aîné, le marquis, en donnant un coup de coude dans les côtes du papa, à quoi fit écho aussitôt le fils cadet, le chevalier, lequel gloussa a son tour : « il en mange ».

— Plaît-il ? s'inquiéta la Loubère.

— C'est que ces plats siamois-là sont traîtres, ajouta en bouffonnant le général. Ah ah, ils donneraient même des ailes où je pense au monsieur que voilà ! (Et d'un mouvement du nez il désigna le gras castrat venu s'asseoir au bas bout de la table.)

La Loubère, demi-enivré, et qui se sentait, il est vrai, la tête étrangement tourner, avait la désagréable impression que ses « obsessions intimes » (Clara-la-pute etc.) étaient devenues — par quelle fuite ? — la fable de tout l'état-major français. Avait-on mis des espions dans son âme même ? Ou se pouvait-il que le père jésuite Richaud, son confesseur, trahissant le plus saint sacrement, ait laissé connaître ses plus inavouables secrets ?

A la Tabanque, à peine eût-il regagné son lit, la Loubère fut à nouveau assailli de visions : elle était là, la garce, la pute espionne Clara. Il était allongé sur le dos et elle, assise sur son ventre, emmanchée sur son maringouin dressé. Elle était nue et fine. Au-dessus de ses seins blancs et petits, sa face, vue par en dessous (il en distinguait bien les trous de nez) le dominait : une face close, aux saillantes pommettes. Une face qui, oui, était quasi identique à celle des idoles de Siam : c'était le Bouddha même qui, réincarné dans cette pute, l'écrasait de toute sa majestueuse et incompréhensible stature.

Le terrassait comme la Vierge le serpent.

Mais un Bouddha au cou duquel se balançait une croix d'or.

Avait-il rêvé ? L'avait-on drogué ? A l'aube aucune femelle ni aucune trace de femme, sur son lit, à ses côtés.

*(...) les Français (...) se livrent aux femmes d'une manière inconsidérée et sans sauver les bienséances dues au pays (...). On sait que c'est là l'écueil où les Français, emportés par le plaisir et ne ménageant rien pour y satisfaire, viennent échouer...*
(Deslandes-Boureau ; *Histoire de M. Constance.*)

Au terme de discussions fermes et courtoises (où, étrangement, les jésuites se firent les avocats de Phaulkon contre la France), les Envoyés obtinrent que leur seraient accordés tous les honneurs dont bénéficia Chaumont... à un petit détail près (ah, ah !) : ils parleraient au roi de Siam *nu-tête,* alors que le précédent ambassadeur avait parlé coiffé (la Loubère se demandait si ce *nu-tête* humiliant n'allait pas lui coûter l'Académie !...). Comme Chaumont, la Loubère dirait le début de sa harangue *debout* puis s'assiérait pour l'achever. Mais — différence notable d'avec la première audience, que, scandaleusement, on voulut faire passer pour une faveur faite aux Envoyés —, on devait aménager *trois marches* sous la fenêtre où apparaîtrait le roi : afin que ne se reproduisît plus la situation embarrassante dans laquelle avait été placé Chaumont, qui se trouvait en position trop basse pour donner la lettre de Louis XIV au roi de Siam, ce qui avait obligé celui-ci (le Français refusant de *hausser* son bras) à se *baisser* pour la prendre ! Mais ces *trois marches,* de qui se moquait-on, c'était une faveur qu'on faisait au roi de Siam, et non aux Envoyés, car la Loubère lui aussi eût, tout comme Chaumont, refusé de *hausser,* ce qui eût obligé encore une fois le roi de Siam à *baisser !* Ah, ah ! le prenait-on pour un nigaud, lui, la Loubère ?.... Comme dans un souk de marchands de tapis, on pinailla sur les moindres détails : le nombre de galères qui viendraient chercher les Envoyés à la Tabanque ; le nombre de soldats siamois qui feraient la haie au débarcadère d'Ayuthya ; le nombre de coups de canon qui seraient tirés à leur arrivée, etc.

Afin de « donner une leçon » aux officiers d'infanterie qui battaient froid les Envoyés (s'ils ne trahissaient pas !), la Loubère refusa qu'aucun d'eux fît partie de sa suite à l'audience. On n'avait pas voulu lui accorder les bombardiers pour son escorte, eh bien lui, maintenant, œil pour œil, il priverait l'état-major tout entier de l'honneur de voir le roi. Seuls ses domestiques participeraient à sa suite, et les officiers de marine, non destinés à rester à Siam !... Pour apaiser Desfarges qui enrageait de ce « nouveau coup » du « poétereau » la Loubère, Phaulkon obtint pour l'état-major une seconde audience qui aurait lieu le même jour que celle des Envoyés, mais *avant !*, ce qui est plus honorable !

Scandale, cris, insultes, menaces ! La mesure était vraiment trop vexatoire. Phaulkon dut reculer. L'audience des officiers aurait donc lieu *après* celle des Envoyés. Mais elle aurait lieu !

Chaque jour, pendant tout le temps que durèrent les négociations sur les honneurs, monsieur de la Loubère, d'abord fort courtoisement, puis avec de plus en plus de vigueur, réclamait au père Tachard (arguant que pour mieux discuter de ces problèmes il voulait la relire) la Relation du chevalier de Chaumont où, entre autres, étaient exposés les détails du protocole. Tachard, la première fois, promit que, dès le lendemain, il la lui rapporterait : ce qu'il ne fit pas. Et ainsi de suite, de « lendemain » en « lendemain », il se défilait.

A la fin, le jésuite, au pied du mur, dut avouer :

— Son Excellence Constance m'a emprunté cette Relation. Mais il m'a promis de me la rendre dès qu'il l'aura parcourue !

— Vous la lui avez donnée ! Vous avez osé ? s'exclama la Loubère, rouge de rage (et, se tournant vers Céberet, qui faisait une mine ahurie car n'ayant pas lu cette Relation, il ne savait pas au juste ce que c'était :) Il a osé, vous entendez monsieur de Céberet, il a osé remettre au ministre d'une puissance étrangère un document ultra-secret !

— Ultra-secret ? s'étonna Tachard. Mais qu'il y a-t-il de secret là-dedans ? Vous rêvez !

— J'exige que vous me le rendiez !

Tachard se fit à nouveau tout soumis, promettant de le rapporter.

Il ne le rapporta pas.

Trahissait-il ? C'était à croire. D'autant qu'on venait d'avoir confirmation des allégations de Véret : Tachard avait été nommé ambassadeur extraordinaire du roi de Siam. Lui, un Français ! Il repartirait en Europe avec les Envoyés et une somptueuse suite de mandarins, pour porter à Louis XIV et au pape des lettres officielles et des cadeaux... Nul doute, question cadeaux, qu'il n'en ferait ni aux missionnaires ni aux Envoyés, dès son arrivée à Versailles...

Il y eut un autre changement dans le cérémonial d'audience tel qu'il fut mis au point. Changement politiquement fort significatif.

Ce changement, c'est l'abbé de Lionne qui vint le porter à la connaissance des Envoyés lorsque, le 30 octobre 1687 que Dieu fit, il leur rendit visite à la Tabanque, flanqué de deux missionnaires, les pères Ferreux et le Chevallier, tous trois vêtus d'une longue robe blanche.

C'était le matin. La Loubère et Céberet buvaient, dans leur salon chinois, du *café :* liqueur qu'ils avaient considérée, de même que tous les Français jusqu'à la fin du siècle, comme une sorte de médecine. C'est à Siam qu'ils s'accoutumèrent à en consommer fréquemment, imitant les mœurs des Turcs et autres Persans, installés en nombre dans le royaume.

— C'est un véritable scandale, avait dit, non sans hauteur, l'abbé de Lionne (tout juste après avoir avalé une tasse de cet islamique breuvage), c'est absolument injurieux, intolérable et, je dois vous le dire, des plus inquiétants : *Je ne serai pas admis à l'audience du roi de Siam alors que j'y figurais, et au premier rang, lors de l'ambassade Chaumont !* Le bruit court en revanche que les jésuites auront, eux, l'honneur d'avoir une audience toute privée !... Cela est grave, messieurs. C'est une véritable déclaration de guerre contre les missionnaires ! On est en train, par ailleurs, d'essayer de nous couper des soldats et officiers destinés à rester à Siam ! Ils vont à la messe chez les jésuites, et pas chez nous, et ne veulent que ces pères comme confesseurs !... Monseigneur Laneau désire vous parler de ces choses, et vous attend avec impatience.

— Nous sommes impatients, nous-mêmes, de nous faire l'honneur de le voir, dit Céberet.

Ils décidèrent d'aller, dans l'heure, au séminaire des Missions étrangères, où résidait l'évêque. Ce séminaire (Saint-Joseph) se trouvait dans les faubourgs d'Ayuthya où, en théorie, les Envoyés n'avaient pas le droit de se rendre avant l'audience du roi. Ils le feraient aussi « incognito », revêtant des habits de drap bleu, un feutre à plumes, mais à plumes noires, et ils n'emprunteraient qu'une pirogue « toute simple »...

Le fleuve, en plein jour, était plus embouteillé de galères, jonques et sampans, que de carrosses et chaises à porteur la rue Saint-Honoré aux heures de presse. Le Mae-Nam Chao-Phraya représente pour le Siam une artère vitale. D'où (et les Français l'avaient bien compris) l'importance stratégique de Bangkok qui permet de tenir cette rivière et donc, à volonté, d'étouffer la capitale. Accompagnés des missionnaires, la Loubère et Céberet refirent, mais de jour, le chemin qu'ils avaient suivi de nuit pour se rendre à la demeure de Phaulkon. A l'approche d'Ayuthya ils aperçurent, se dressant sur la rive, à leur gauche, une, puis une autre église, en brique, peintes en blanc, entourées d'une multitude de baraques en planches, sur pilotis, à toit de feuilles ou de tuiles. C'était Ban Portuget, le village portugais, bâti autour des églises Saint-Paul et Saint-Dominique. Les Portugais constituaient la plus nombreuse communauté chrétienne de Siam, où ils avaient commencé d'arriver lors de l'apogée de l'Empire lusitanien, au XVI^e^ siècle... Mais la décadence était venue. Cette communauté n'était plus désormais qu'un ramassis de trois à quatre mille personnes, pauvres hères, tous plus ou moins métissés, encore chrétiens, mais en voie d'absorption, d'assimilation, quoiqu'ils résistassent : drapés dans leur « honneur » d'hidalgos et leurs capes râpées, ils essayaient de porter fièrement leur misère.

Juste en face du village portugais, sur l'autre rive du fleuve, se trouvait un autre village, tout semblable, Ban Yipoun. « C'est le village japonais », expliqua de Lionne montrant un étendard blanc frappé d'idéogrammes noirs, dernier souvenir de la mère patrie. « C'est là qu'est née madame Constance, poursuivit l'abbé, elle est nippone de nation en effet, et descendante de chrétiens chassés jadis par le Shogun Iyemetzu. Les Japonais ne sont plus qu'une poignée aujourd'hui à Siam. Alors qu'ils étaient très nombreux lorsque régnait le père du roi actuel, Prasa Thong. Il avait une garde de samouraïs... qu'il a tous fait égorger quand ils ont voulu se révolter pour prendre le pouvoir. C'est ce qu'on dit du moins... » Aux multiples questions de la Loubère sur la présence de tant d'étrangers, le missionnaire répondit que le pays étant vaste et peu peuplé, le roi accueillait quiconque voulait s'y installer, à quelque race et religion qu'il appartînt. Il distribuait gratuitement la terre, dont il était le seul propriétaire. Ainsi se trouvait-il dans le pays près de quatre mille Chinois, autant de Maures, tous musulmans, originaires de l'Inde, de Perse, de Turquie ; et des Malais, des Pégouans, des Laotiens, la plupart de ces derniers étant des prisonniers de guerre à qui on avait offert des terres. « Car la guerre vise ici non à tuer des hommes (si peu nombreux) pour conquérir des terres (trop abondantes), mais tout au contraire à s'emparer des hommes pour la leur faire cultiver. *Rok khon di kwa rok ya,* explique un proverbe : Trop d'hommes vaut mieux que trop d'herbe. L'homme est la richesse essentielle du pays. Le peuple est aussi organisé comme une immense armée, sinon un immense troupeau, et divisé en groupes d'individus plus ou moins nombreux, de cent à dix mille, que le roi attribue à ses mandarins, selon leur grade, comme les monarques français attribuent des terres à leurs nobles. Mais le roi de Siam demeure le seul vrai maître de tous les sujets que seul il a droit de condamner à mort. Il est le *chao chiwit,* le Maître de la vie.

Les Envoyés passèrent encore devant le comptoir à l'abandon de la Compagnie des Indes anglaises et celui, resplendissant, de la Compagnie hollandaise : une haute bâtisse en brique arborant l'étendard bleu-blanc-rouge des Provinces-Unies. Ils arrivèrent bientôt à l'endroit où le fleuve se sépare en deux branches, au pied des murailles crénelées du fort de Pompet défendant Ayuthya. De jour cette muraille avait piètre mine, faillée qu'elle était comme celle des forts de Bangkok. Une enceinte en ruine entourait la ville. Les Envoyés n'aperçurent pas grand-chose de celle-ci si ce n'est, sur les quais où étaient amarrées d'innombrables embarcations, jonques chinoises et frégates occidentales, un peuple grouillant de paysans, de pêcheurs, de portefaix demi-nus, tirant, poussant des charrois de poissons scintillants et de fruits. Soldats siamois tatoués, mousquetaires européens emplumés, Maures enturbannés, mandarins, qui défilaient devant la façade jaunâtre, bouffée d'humidité et de lichen, des maisons riveraines, maisons en brique aux façades rincées, rongées, ravinées par trop de moussons. Par-delà les toits de ces maisons, se dressaient les flèches d'or superbes des *chedi,* indiquant l'emplacement d'un temple. Il y en avait des centaines, une forêt de flèches, des milliers peut-être : pour une ville comptant cent cinquante mille habitants.

Les Envoyés ne devaient pas entrer exactement dans Ayuthya, mais dans ses faubourgs. Leur pirogue emprunterait la branche du fleuve tournant vers l'ouest. Ils passeraient devant l'embouchure vaseuse et herbue des innombrables canaux quadrillant la ville : la Venise d'Asie. Canaux aux eaux vertes, bordés d'arbres ombreux, et régulièrement traversés de ponts de brique et de bambou. La pirogue dépassa la façade majestueuse de la demeure de Phaulkon et vint bientôt, sur la même rive, accoster un débarcadère aux planches pourrissantes dont les pilotis gangués de mousse et de coquillages s'enfonçaient de façon inquiétante dans la vase. Derrière ce débarcadère s'érigeait une espèce de haute baraque en planches, sur pilotis aussi, plus croulante encore que le débarcadère, et flanquée de magasins en bambou. Au haut d'un mât, planté là, juste au centre d'un jardin miteux, flottait, telle une vieille culotte mise à sécher, une bannière blanche fleurdelysée : l'étendard de France !

— C'est le comptoir de notre Compagnie des Indes, dit de Lionne en sautant à terre. Nous prenons au passage monsieur Véret, avant d'aller au séminaire. Je ne l'ai pas prévenu de notre visite mais...

— Quoi ! Ça ?... s'exclama Céberet, rouge de stupéfaction, en montrant de son index grassouillet l'étendard-culotte-fleurdelysé, les magasins en bambou et la baraque en bois, c'est ça le comptoir d'Ayuthya ?...

L'Envoyé, qui faillit choir au fleuve, à cause d'une planche pourrie qui craqua sous sa botte, se rattrapa au bras de la Loubère.

— Quand je pense, lui dit-il, que dans ses comptes ce foutu Véret s'est permis d'écrire qu'il avait investi deux mille livres dans l'achat et les réparations de ce comptoir !

De Lionne, flanqué de deux autres missionnaires et des Envoyés, s'avança en pataugeant dans l'espèce de marécage qui tenait lieu de jardin. A l'intérieur des magasins en bambou, où Céberet jeta un œil inquisiteur, quelques sacs, de riz semblait-il, finissaient de pourrir. Ils arrivèrent bientôt au pied de la baraque à pilotis. Accroché à sa façade, cloué de travers, un blason à la peinture écaillée et ternie représentant un globe bleu frappé de fleurs de lys et d'un soleil d'or, portait en légende : *Florebo quocumque ferar* (je fleurirai partout où je serai portée), l'arrogante devise de la misérable Compagnie des Indes françaises qui, toujours au bord de la faillite, régulièrement rançonnée par Louis la Fistule, se faisait damer le pion partout dans le monde par ses concurrentes anglaise et hollandaise, plus efficaces car indépendantes de l'État (au point qu'elles avaient leurs propres troupes et étaient en droit de mener une guerre à leur compte).

Dans l'espace situé sous le comptoir de la Compagnie, entre les pilotis, on avait ménagé plusieurs parcs, ceinturés d'un enclos de rotin, où se vautraient quelques gros porcs et picoraient des poules. Une vingtaine de poules. Des canards aussi. Mais d'humain : point.

Les Envoyés ne cessaient de s'envoyer des regards stupéfaits.

— Montons ! dit Céberet en désignant un escalier de bois menant au premier étage.

Il grimpa les marches trois par trois, suivi par son collègue et les missionnaires de Lionne, Ferreux et le Chevallier. Il se retrouva sur une petite véranda où donnait, au fond, la porte d'une chambre. Dans l'embrasure de celle-ci il surprit une « scène de genre », certes fort exotique, mais que n'eût pas dédaigné sans doute le pinceau de monsieur Peter de Hoogh : trois jeunes Siamoises, nuque rase, seins nus et les hanches drapées d'un pagne, étaient assises, les jambes croisées à même le parquet, agitant dans l'air, au-dessus d'un hamac blanc, dont on ne voyait pas le *contenu,* des éventails en rotin armés d'un long manche. Ce faisant elles chantonnaient des airs bizarres. Les Envoyés, vaguement intimidés, firent un pas en avant, pouvant maintenant apercevoir — leur angle de vue s'étant élargi — un gros pied poilu et sale qui surgissait du hamac au bout d'une demi-jambe grassouillette. Surprises par leurs visiteurs, les trois petites Siamoises ne purent s'empêcher de laisser exploser un pouffement de rire qu'elles tentèrent au plus vite d'étouffer en posant leur main sur leur bouche.

« *Khun Vé Hé, Khun Vé Hé !* » piailla l'une d'elles qui, se mettant ensuite à genoux, se prosterna devant les Envoyés, imitée aussitôt par les deux autres.

On put alors percevoir une vague agitation dans les orteils du pied blanc et gras, agitation qui se répercuta bientôt dans tout le hamac d'où il jaillissait. Surgit subséquemment, presque à côté du pied et au-dessus du rebord du hamac, une énorme bouille écarlate, au pif turgescent, qu'encadraient des cheveux grisâtres et gras, et où s'écarquillaient de larges yeux bleus effarés. C'était Khun Vé Hé, c'est-à-dire monsieur Véret que l'on surprenait ainsi dans ses trépidantes activités professionnelles. Il n'eut pas le temps de bredouiller quelques mots de salutation que, contre sa joue droite barbelée de poils roussâtres, se dressa une autre bouille, plus petite, une bouille de petit singe, mais de petit singe humain : un nourrisson de tout juste deux mois, aux traits fripés, et qui, tiré brusquement de son sommeil, se mit à hurler comme un éléphant, ce qui déclencha une nouvelle bordée de pouffements de la part des trois jeunes Siamoises prosternées toujours aux pieds des Envoyés, le front plaqué contre le parquet. Tout aussitôt surgit d'une porte au fond de la pièce une espèce de dondon, sans cheveux elle aussi, en pagne, torse nu, mais un torse achalandé d'une paire de nénés énormes, signe manifeste que, tout asiatique qu'elle parût, elle devait avoir un rien de sang hispanique ou hollandais peut-être, la race siamoise, à moins qu'une greffe ne soit sur elle pratiquée, produisant rarement des fruits pectoraux de ce gabarit.

« *Heil man, heil !* beugla la dondon qui, sans regarder les Envoyés (lesquels, pétrifiés d'étonnement, demeuraient debout, stupides), s'avança d'un pas et se mit à secouer violemment le hamac, *get up stupid pig, stand up, frog ! Take your stupid clothes !* »

Scène qu'on eût crue tirée, songea monsieur de la Loubère, du théâtre d'un Shakespeare, ou autre rosbeef british dont les grossières tragédies, dépourvues de tout sens des *bienséances,* ne seraient pas dignes, quand bien même on les aurait cent fois policées, émondées, censurées, d'être représentées sur les tréteaux même des plus vulgaires de nos foires.

Après moult efforts Véret parvint à s'extirper de son tangant hamac. Retombant lourdement au sol sur ses pieds nus, il fit un pas vers les Envoyés, brandissant dans leur direction, tel un agneau sacrificiel, sa barrissante « fifille ».

— C'est elle, clamait-il, les yeux tourbillonnants, ma fifille, ma cocotte, ma petite Noy dont je vous parlai déjà. N'est-elle point mignonne, Vos Excellences ?

Et, ce disant, de son énorme pied droit maculé de crasse il flanqua un coup dans la croupe d'une des servantes prosternées lesquelles, à quatre pattes, comme de jolis chiots, s'enfuirent en éclatant de rire vers une autre pièce.

Véret était torse nu, en caleçon long ocellé de taches de transpiration violâtres et mordorées. Un pelage d'ours roux barbelait ses tétons flageolants et son ventre de Silène.

— L'est-elle point, croquante, Vos Excellences, ma Noy ?

La Noy en question, plus barrissante que jamais et qui venait, qui plus est, de se pisser dessus, était quasi braquée, comme un pistolet, sur le pif de la Loubère qui, ainsi menacé par cette « arme » d'un nouveau genre, se vit bien obligé, quoiqu'il en eût, de se « rendre » et de faire un petit « bzi, bzi » en chatouillant le menton morveux du moutard.

« Ces bourgeois, songea-t-il, il faut toujours qu'ils vous assomment du spectacle poisseux de leur progéniture. »

— Elle est belle, ma Noy, hein ?... poursuivit Véret qui... finit bientôt par prendre conscience de sa « tenue » et se confondit en excuses :

— Euh... Vos Excellences. Je me sentais ce matin un peu malade.

Il jeta comme un ballon « sa Noy » dans les bras de la dondon aux gros seins qu'il présenta comme :

— Euh... mon épouse... Deng !

— *Heil, man!* dit ladite Deng, en regardant les Envoyés. *You, what? Frogs, I am sure!*

Véret poussa Deng et sa progéniture dans une pièce du fond et, après avoir lancé aux Envoyés : « Je suis à vous dans cinq minutes », il s'y engouffra à son tour.

Le père Ferreux, qui avait accompagné de Lionne et les envoyés dans la chambre, expliqua à ceux-ci que « madame Deng » (que Véret disait être la fille-d'un-grand-mandarin) avait été en fait la concubine d'un pirate anglais de Mergui mort dans une rixe. Elle était venue alors exercer ses activités à Ayuthya, où elle avait harponné le chef du comptoir qui n'avait su résister à ses plantureux tétons.

— Ne serait-il pas opportun, souffla la Loubère à l'oreille de Céberet, d'appeler désormais ce porc de Véret : verrat ?

Ledit verrat ne tarda pas de réapparaître, attifé cette fois de son somptueux uniforme d'apparat, perruque rousse, habit jaune et doré, qui n'existait très certainement qu'en un seul exemplaire, et s'enrichissait, à chaque fois que sur le dos de son propriétaire il réapparaissait, de nouvelles et plus riches chamarrures : taches étoilées et rosâtres de pinard ; ou striures verdâtres, souvenirs fossiles d'antiques dégoulinures de transpiration asséchées.

Tout le monde, bientôt, fut dans la pirogue qui remonta vers l'ouest le fleuve bordé de hauts arbres verts. Sans cesse on croisait des jonques, des sampans, chargés parfois d'étonnantes cargaisons : comme ces amoncellements de paniers de rotin où étaient enfermés de gigotants petits cochons noirs, pattes et museau liés. Bientôt surgirait devant eux un oiseau Garuda d'or, figure de proue d'une galère s'avançant dans leur direction, laquée en noir, étroite, effilée. Sur toute sa longueur s'étageaient des pagayeurs au buste nu, mais fort blancs de peau, fort frêles. Ils clamaient en ramant de joyeuses chansons. Cependant il y avait quelque chose de surprenant, dans ces pagayeurs. Jamais monsieur de la Loubère, depuis dix jours qu'il avait débarqué à Siam, n'en avait vu de semblables encore. C'est que ces pagayeurs étaient... des pagayeuses : certaines avaient le front couronné de fleurs mauves, blanches ou écarlates. A la poupe, assis nonchalamment les jambes croisées, sous un parasol doré, se tenait un homme à la blanche tignasse nouée d'un ruban noir sur la nuque, en catogan. Une jeune esclave à genoux l'éventait sans cesse. C'était un Européen, âgé de la soixantaine, au beau profil de médaille. Apercevant les missionnaires et Véret, il leur fit, de loin, de sa longue belle main, un signe amical.

— Eh, eh ! clama Véret en postillonnant, eh ! Charbonneau, vieux forban !

Silencieusement monsieur Charbonneau et son féerique équipage glissèrent sur l'eau et bientôt, là-bas, en aval, disparurent à une bifurcation du fleuve.

— Ce monsieur, expliquerait le père Ferreux à la Loubère, est venu il y a près de vingt ans au Siam avec nos premiers missionnaires. Il se destinait à la prêtrise, mais il a fini par épouser une indigène. Il est médecin.

— Et toutes ces... rameuses ? s'étonna l'Envoyé.

— De jeunes orphelines qu'il a recueillies. Il les a achetées pour quelques écus à un marchand d'esclaves, car la chair humaine se négocie à Siam, pour ainsi dire au kilo ! Mais... c'est pour la bonne cause car (assura Ferreux la main sur le cœur) monsieur Charbonneau prend soin de l'éducation de ces malheureuses. Elles sont toutes baptisées !

(Véret cligna lubriquement de l'œil en direction de la Loubère qui lui renvoya une moue de mépris : quelle immonde libidineuse complicité cherchait ce verrat ?)

On venait d'accoster au débarcadère du séminaire. Mais monsieur de la Loubère ne le voyait pas, il ne voyait plus rien. Ses yeux étaient tout pleins encore de la radieuse vision de ces jeunes filles qui ne cessaient de passer et repasser sur le fleuve obscur de son âme, de pagayer et chanter joyeusement, tandis qu'à la poupe de leur galère, un vieil homme aux cheveux blancs se prélassait — et souriait : avec une sérénité, mais une sérénité, une... *équanimité* que jamais l'Envoyé n'eût cru possible en cette vallée de larmes qu'est notre monde.

Peut-être aussi était-ce ça : Siam ?

Plus tard il se ferait traduire une des chansons que chantaient ces jeunes femmes. Il y était dit à peu près :

*Ayuthya le Ciel t'a offert à la terre / Et tu rends jaloux le paradis même/Ayuthya tu scintilles dans ta triple enceinte/Tes* chedi, *tes bassins, tes toits resplendissent/Tu es plus belle même que le monde des dieux/Le soir dans tes murs s'élèvent des cris de joie/Les filles chantent appelant leurs amoureux/Ô mon amie, quand vient le soir, tu prends ton luth et tu m'appelles/Mais m'appeler c'est appeler ton propre cœur/Quand vient le soir l'amoureux promet : « Je viendrai te voir »/L'amoureuse dit : « Il ne faut pas. »/Et cependant, quand vient le soir, ils se retrouvent... Mais vient l'aube et le moment où il faut se quitter/L'amoureuse dit : « Ne t'en va pas. » L'amoureux répond : « Mais si on nous surprend, quel scandale ! » Et tous deux continuent de se cajoler.../Ô Ayuthya, tu tombas des nues comme une fleur céleste/Tu rends jaloux le paradis même...*

On expliqua à monsieur de la Loubère que cette chanson était inspirée d'un grand poète de Siam, Siprat, qui avait eu récemment le col coupé pour s'être trop intéressé aux femmes du sérail. Les têtes, à Siam, tiennent mal aux épaules.

La galère fantôme et son magique équipage s'évanouiraient bientôt de l'esprit de la Loubère. Et juste à la place, il verrait se dresser : une croix, une chrétienne croix brandie au sommet du clocher d'une église.

— L'église Saint-Joseph ! dit de Lionne.

On descendit de la pirogue et pénétra dans le jardin de la mission. Une jolie allée pavée de brique rouge et ombragée de manguiers au sombre feuillage menait jusqu'au porche de l'église toute blanche. Le bâtiment en était surmonté, à la manière des pagodes, d'un double toit de tuiles orangées. Dans l'allée une forme pâle, longiligne, s'avançait à la rencontre des Envoyés. On ne voyait d'elle, de loin, que la robe et le voile immaculé dont elle était revêtue. C'était une sœur de la congrégation des Amantes de la Croix : Dolorès. Une toute jeune métisse portugo-cochinchinoise, qu'on eût pu trouver belle sans doute si on eût pu apercevoir, de son anatomie, autre chose que ce petit bout de nez, fort mignon au demeurant, sa bouche, fine, pâle, et de beaux grands yeux noirs contrastant avec le teint cadavérique de la chair.

Elle expliqua à de Lionne que Mo Si Né (monseigneur) était en ce moment dans l'église en adoration devant la croix. Elle salua les visiteurs en s'inclinant et, les précédant, marcha vers le saint lieu. A mi-chemin, elle s'agenouilla brièvement devant une statue de stuc écaillée et moisie, posée sur un socle de brique : une Vierge.

Chaque Vendredi saint, raconterait sœur Dolorès à la Loubère, la Vierge versait des larmes de sang. Tous les chrétiens de Siam, aussi, se déplaçaient pour assister au miracle. Ôtant leur chapeau, les visiteurs franchirent bientôt le porche de l'église où retentissait un orgue. L'allée centrale, en brique, flanquée d'une cinquantaine de chaises vides en rotin, menait jusqu'à l'autel derrière lequel s'érigeait une énorme croix où était suspendu le plus rose, le plus sanguinolent des Christs, couronné d'épines récemment redorées. Juste devant l'autel, à genoux, se tenait un homme revêtu d'une robe de toile marron grossière, qui tournait le dos aux Envoyés. Quoique leurs pas eussent retenti très peu discrètement, l'homme était à ce point recueilli dans sa prière qu'il ne parut point les avoir entendus. Pas un poil de sa tonsure, du moins, n'en frémit.

Véret montra à la Loubère, sur l'autel, une châsse d'or : « Dedans, dit-il à voix basse, se trouve une précieusissime relique ! Pensez donc : un morceau de la Vraie Croix que Sa Sainteté le pape a offert à la Mission de Siam. » (Nombre de mauvaises langues du pays, et en particulier les parpaillots, comme le renégat français Daniel Brouchebourde, firent courir le bruit que si on devait rassembler tous les morceaux de la Vraie Croix que l'idolâtre-de-Rome-qui-se-prétend-le-chef-de-la-chrétienté avait envoyés de par le monde, il y aurait de quoi « reboiser » tout le désert des Tartares.)

Ne voulant pas déranger l'évêque dans ses prières, les Envoyés et Véret firent le tour du propriétaire, observant en particulier, dans les contre-allées, les nombreux tableaux qui s'y trouvaient exposés. La plupart représentaient, dans un style dirons-nous très « coloré » et pour le moins « pathétique », diverses scènes du calvaire. Il y avait, aux yeux de la Loubère, quelque chose d'émouvant dans ces mauvaises croûtes figurant le fils de Dieu, non tant à cause de l'emphase de leurs couleurs et de leur dessin, que par l'espèce de bizarre contraste, de porte-à-faux que constituait leur seule présence dans un contexte, un pays, un monde qui leur étaient si étrangers.

Le supplice de la croix, se ferait expliquer l'Envoyé, était sans doute un des obstacles principaux à la conversion des Siamois : ne pouvant s'ôter de l'esprit leur « ridicule croyance » en la transmigration des âmes, qui veut qu'on paie dans cette vie les fautes commises dans notre vie antérieure, ces idolâtres prétendent qu'un homme qui a subi pareil supplice doit avoir commis, dans son existence précédente, les pires crimes, ce qu'on ne peut supposer du fils de Dieu. « C'est ce que les idolâtres appellent *kharma* », conclut de Lionne.

— Oh, bien sûr, ça n'est pas du Raphaël ! lança soudain, dans le dos de Véret et des Envoyés, une voix retentissante.

Se retournant, la Loubère aperçut quelque chose comme un spectre, en robe marron, barbe grise, voûté, qui lentement marchait vers eux :

Monseigneur Laneau.

Il n'avait que quarante-six ans, mais l'abbé de Choisy, déjà, lors de la précédente ambassade, lui en avait donné soixante. Aujourd'hui il en faisait soixante-dix ! Vingt ans de Siam l'avaient usé, creusé, rongé du dedans, vidé de son sang et de sa chair. De sorte qu'il semblait que sa peau tannée et parcheminée n'était plus tendue que sur son ossature : forte ossature au demeurant, qui lui gardait une certaine apparence de puissance. Il avait les épaules larges, le visage carré, un nez droit et robuste. Mais les dents étaient pourries, les lèvres et les mains agitées de continuels tremblotements de fièvre. Il n'en souriait pas moins et ses yeux brillaient d'humour tendre. C'est sur un ton enjoué qu'il ajouta :

— D'ailleurs Dieu seul sait si ces pauvres barbouillis ne sont pas au fond plus... inspirés que les Vierges un tantinet profanes de monsieur Raphaël ? Mon avis est celui d'un vulgaire philistin il est vrai... Ces croûtes me suffisent en tout cas et suffisent à édifier mes fidèles Siamois. Vous me direz : rien ne doit être trop beau pour célébrer l'image de Dieu. Vos Excellences sans doute me trouveront bien mauvais chrétien !

Véret, tel un chien happant son os, se rua sur la main maigre de l'évêque, dont il baisa la bague d'or ornée d'un méchant rubis. Geste qu'aussitôt imiteraient les Envoyés.

Monseigneur Laneau n'avait jamais vu encore la Loubère ni Céberet, mais il eût eu du mal à ne pas les reconnaître. Certes parce qu'il savait qu'ils devaient lui rendre visite ce jour-là, mais bien plus parce qu'on ne rencontre pas à Siam de gens de belle allure, qui sentent leur gentilhomme : quatre-vingt-dix-huit pour cent des Européens du pays sont des forbans et les deux pour cent restants pour moitié des fous, pour moitié des saints. Monseigneur Laneau, au dire de tous, était un saint. Même les jésuites, à quelques perfidies près, n'ont jamais osé vraiment le salir. Tous les témoins évoquent sa « trop grande douceur », son dévouement, sa générosité, son total désintéressement aussi.

Mais ce sont ces qualités mêmes qui lui furent imputées à défaut quand en 1673, monseigneur Cotolendi étant mort, on eut à décider de la nomination d'un nouvel évêque. Sur les quatorze prêtres consultés, treize votèrent contre lui. S'il avait en effet toutes les qualités d'un missionnaire, avait-il celles d'un chef ? Pouvait-on confier la lourde responsabilité de la mission de Siam à un homme qui ne pouvait sortir sans avoir quelques heures plus tard distribué tout l'argent qu'il avait sur lui et donné jusqu'à sa chemise ? Un homme qui passait sa vie à courir les jungles et les montagnes pour « chasser le nourrisson moribond ». Combien de centaines sinon de milliers de bébés n'avait-il point baptisés avant qu'ils rendissent l'âme, leur assurant ainsi une place au Paradis sans que leurs parents idolâtres ne protestassent, car un enfant qui meurt quelques jours après sa naissance n'est pas considéré à Siam comme fils de sa mère mais comme le rejeton d'un *phi* c'est-à-dire d'un fantôme ? Le cimetière de la mission Saint-Joseph était plein des corps de ces petits malheureux. Autres saintes activités du futur monseigneur Laneau : laver les ulcères des lépreux, nombreux dans le pays, avec de l'eau bénite, qui dans ce domaine fait des miracles, surtout mêlée avec du jus de citron.

Homme de grande charité, monseigneur Laneau était aussi fort savant : non content de connaître le siamois (quoique les jésuites et Phaulkon dissent le contraire, pour le discréditer), il avait appris le *pali,* langue sacrée des bouddhistes dans laquelle sont rédigés leurs textes religieux. Textes qu'il avait étudiés afin de mieux comprendre les idolâtres et les convaincre donc, avec plus de facilité, de leurs erreurs. Il avait d'ailleurs rédigé, en siamois, un dialogue entre un prêtre et un bonze, dans le style des dialogues socratiques, où le bonze, à la fin, touché par la Grâce, demande grâce : et se convertit. Soigner les corps pour sauver les âmes : tel était le sacerdoce de monseigneur Laneau qui, malgré les réticences évoquées à son égard, fut élu évêque : le quatorzième prêtre ayant convaincu les treize autres, qui avaient donné un vote négatif, que dès lors qu'il aurait coiffé la mitre, monseigneur Laneau saurait adopter une attitude en accord avec sa charge : concilier les intérêts du ciel et de la terre ; et rendre à César, pour la plus grande gloire de Dieu, ce qui appartient à César. Se « salir les mains », en quelque sorte. Il fut nommé évêque de Métellopolis. Ce titre bizarre témoigne des difficultés toutes terrestres qu'il allait rencontrer : s'il n'avait pas été nommé « évêque de Siam », en effet, mais d'une principauté disparue d'Asie mineure, c'était pour ne pas froisser les susceptibilités des Portugais, nombreux dans le royaume, et qui ne voulaient reconnaître d'autre autorité que celle de l'évêque portugais de Goa. L'évêque de Métellopolis disposait en théorie d'un pouvoir « absolu » sur les quelques curés croupissant non seulement à Siam, mais au Tonkin, en Cochinchine et à Nankin. Nul ne pouvait en effet y officier sans lui prêter auparavant serment d'obéissance ! Les religieux portugais refusèrent néanmoins de se plier à l'autorité d'un Français. De sorte qu'on en arriva à une situation absurde, sinon grotesque, où tel mariage consacré par un prêtre portugais était annulé par les Français, et inversement ; *item* pour les baptêmes et autres extrêmes-onctions. On en vint même entre Portugais et Français à s'excommunier joyeusement. De sorte que, parmi les chrétiens, s'instaura à Siam un désordre extrême. Ce qui amusait fort musulmans, Chinois confucéens et autres bouddhistes. (« Comment voulez-vous qu'on vous respecte, vous chrétiens, avait dit un jour un mandarin chinois au chevalier de Forbin, si vous ne vous respectez pas vous-mêmes ? ») Les parpaillots bouffaient du papiste ; les catholiques français du catholique portugais ; les jésuites de toutes nations, du missionnaire !

Une belle salade romaine !

— Fort heureusement, poursuivit Monseigneur Laneau qui continuait de s'adresser, sur le même ton enjoué, aux Envoyés... la lumière est mauvaise dans cette église et ces croûtes sont assez mal éclairées pour qu'on n'en devine pas trop les défauts...

Il montra, crevant les murs épais, trois fenêtres de forme ogivale qui, en guise de vitraux, n'étaient closes que d'une pauvre toile huilée que les rayons du soleil, jouant au travers, rendaient opalescente.

La mission en effet n'était pas très riche. Outre de maigres versements, venus de France, elle vivait des revenus d'un capital de plusieurs dizaines de milliers d'écus prêtés à des taux... quelque peu usuraires il est vrai, variant du vingt-deux au cinquante pour cent.

L'évêque entraîna ses hôtes vers une petite porte de l'église, ouvrant à l'ouest.

— Nous avons beaucoup de choses à nous dire, choses fort profanes. Ce lieu aussi n'est guère propice...

Ils traversèrent un jardin. Sur la droite se trouvait une école en bois à un étage et une cour où, sous le regard de leur régent, le père Pocquet, se délassaient une cinquantaine de jeunes gens vêtus d'une soutane violette. En face, derrière un grand colombier où s'ébattaient une trentaine de pigeons, s'élevait le bâtiment à deux étages du séminaire, le premier étage étant en brique, le second en bois.

— A Ayuthya, nous avons huit cents élèves en tout, dit l'évêque (qui exagérait un peu).

Ils montèrent au second étage, s'installèrent dans une bibliothèque, fort sobre de décors : plafond et parquet en teck rouge, rayonnages innombrables où se côtoyaient saint Augustin et Cicéron, Pascal et César, les Évangiles et... Horace.

— Mais un Horace expurgé, précisa le prélat, nous ne voulons pas enseigner à nos élèves, avec le latin, les mœurs païennes ! Ils sont tous extrêmement studieux. Parfois même il faut leur arracher les livres des mains, car ils se rendraient malades à trop étudier. Comme on trouve parmi eux des Cochinchinois, des Pégouans, des Malais, des Portugais, etc., la plupart n'ont d'autre langue en commun que le latin, qu'ils parlent entre eux tous les jours. Le séminaire doit être le lieu du monde où il se commet le plus de solécismes... ajouta l'évêque dans un sourire.

Monsieur de la Loubère, dans les rayonnages, découvrit nombre d'ouvrages, à titre latin, mais rédigés en siamois par l'évêque lui-même : *Explicatio sacrificii missæ, lingua siamensi; Explicatio rosarii, lingua siamensi; De amore et cognitione Dei ex variis S. Augustini locis excerptum, lingua siamensi; Explicatio genesis paulo fusior atque historiæ Bibliæ lingua siamensi; Grammatica siamensis et bali quæ postrema omnium difficilima est; Dictionarium siamense et peguense... ; Dialogus contra cultum idolorum; Alter dialogus contra religionem siamensium, etc.* Preuves supplémentaires, s'il en fallait, que les affirmations de Phaulkon et des jésuites sur l'incapacité de l'évêque à parler le siamois étaient calomnies. Parmi ces ouvrages on trouvait des traductions de textes sacrés, des grammaires, des dictionnaires, des textes critiques contre le bouddhisme.

— Vous avez rencontré en France, Vos Excellences, en la personne de l'interprète Antoine Pinto, un des meilleurs produits de notre école, dit l'évêque. Il lit César dans le texte et a parfaitement pénétré toutes les nuances de nos mystères. C'est le plus bel exemple de ce à quoi pourrait aboutir à Siam notre travail d'évangélisation si...

— Si ! si ! si ! siffla Véret, je le connais ce « si »-là, Votre Grandeur, vous me l'avez jouée déjà cette note, ah, ah ! Si, do, ré, mi, fa, sol !

Comme personne ne rit, Véret, vexé, s'assit, faisant de grosses joues, soufflant et suant, sur une chaise, près d'une table de bois, fort rudimentaire, autour de laquelle tout le monde prit bientôt place.

— Si... poursuivit l'évêque en souriant, nous ne rencontrions depuis quelques années des difficultés croissantes !

— Vos Excellences, reprit Véret sur un ton exalté, grande est la délicatesse de Monseigneur et je crains que nous restions longtemps a*ssis* i*ci* sans que ce « *si* », *si* je n'y mets du mien, nous soit expli*cit*é. Je vais, moi, sans autre détours, vous affranchir. L'épine qu'a dans le cœur Sa Grandeur : c'est le Grec !

De Lionne, les jambes élégamment croisées sous sa longue robe blanche, se taisait, le nez en l'air. Monseigneur Laneau, lui, les mains jointes sur son giron, la tête quelque peu inclinée, souriait d'un sourire qui semblait transfigurer sa face, la raviver d'une nouvelle jeunesse.

D'un petit geste furtif de sa main grassouillette, Véret fit signe qu'on se rapprochât de lui, comme un qui eût eu quelque terrible secret à confier. Les visages des Envoyés, de l'évêque et de l'abbé vinrent aussi graviter au-dessus de la table, près de la bouille du chef de comptoir, tels des satellites autour d'une planète.

— Ce Grec, dit Véret, si vous voulez savoir la-vérité-une-et-unique-de-mon-humble-avis-qui-en-vaut-un-autre, eh bien, ce Grec, c'est un flibustier !

Soudain son regard s'illumina et, comme s'il eût, en prononçant ce mot, *flibustier,* découvert quelque secret magique, il se mit à le répéter à la façon d'une formule de sorcellerie : « Un *flibustier !* »

— Mon cher Véret, dit onctueusement l'évêque, vous vous laissez entraîner par votre verbe. Vous allez trop loin... Car on ne peut dénier à monsieur Constance bien des qualités et bien des vertus...

— Des vertus de flibustier, Votre Grandeur, et vous le savez autant que moi, rétorqua Véret qui, de son genou agité de tressautements nerveux incoercibles, faisait trembler la table.

Le visage émacié de l'êvêque blêmit. Il tourna ses grands yeux pâles, délavés, profondément enfoncés dans ses orbites, vers les Envoyés :

— Je ne saurais vous dire, murmura-t-il suavement, le nombre de bienfaits dont monsieur Constance a couvert la Mission. Notre séminaire n'aurait pu survivre sans ses continuelles et généreuses aumônes. Car... Sa Majesté Très Chrétienne nous oublie bien. Il fournit des livres, du papier à nos élèves, denrées si rares en ce pays. Actuellement, à Ayuthya, il achève de faire construire une école, une école bien plus vaste que celle-ci, afin que nous soyons installés plus confortablement...

— École qu'il a fait baptiser déjà, dit d'un ton cassant de Lionne. Et savez-vous comment il l'a appelée, messieurs les Envoyés ?... *Collegium Constantinianum !* Rien de moins. D'après son nom sans doute. A moins que ce ne fût d'après celui de l'empereur romain ? Car notre monsieur Constance voit grand. D'aucuns disent même, qu'il aurait la folie des grandeurs. Et que nos pères jésuites, à cet égard, ne lui enseigneraient guère l'humilité chrétienne !

— Nos jésuites, ajouta Véret, s'adressant à l'évêque, qui hériteront sans nul doute de votre Collège constantinien, quand ils seront parvenus à leurs fins : c'est-à-dire à vous chasser de Siam. Le sieur Constance, vous le savez autant que moi, Monseigneur, ne s'en cache même plus. Il n'est pas une fin de dîner trop arrosée où il ne jure sur la tête de sa femme, de ses enfants, et sur toutes les plaies du Christ, qu'il boutera hors du royaume les *clérigots* et leur évêque ! Ah ! ah ! D'ailleurs, à Lopburi, il fait construire une somptueuse résidence et un observatoire astronomique pour les jésuites. Ces bons pères vont être comme des coqs en pâte. Et tels que je les connais, ils ne vont pas tarder à faire... des petits. Ils sont là pour longtemps !

— Pour aussi longtemps du moins que les Français ne seront pas expulsés du pays, et tous les chrétiens massacrés ! Comme au Japon ! dit de Lionne. Car c'est à cela que nous mène cette politique aveugle. Je le savais avant de partir en France. J'en ai averti monsieur de Seignelay et malheureusement je dois constater depuis mon retour à Siam que tout a empiré. La population, les mandarins, sont excédés. Et l'une des causes essentielles de cette croissante colère, c'est l'attitude de plus en plus arrogante et inconsciemment suicidaire du ministre Phaulkon : alors que nous autres missionnaires, depuis des années, avons travaillé au rapprochement du Siam et de la France, travail qui a abouti à la venue du chevalier de Chaumont ici, ce Grec, tirant à lui toute la couverture, s'en est attribué les mérites auprès de son roi. Il s'est vu, ou s'est cru alors, au comble de la faveur. Le succès lui est monté à la tête. Car si ce vil fils de gargotier est fort habile pour manigancer de petites intrigues, pour dresser l'un contre l'autre deux mandarins, discréditer tel ministre gênant, sinon... l'éliminer... dès lors qu'il s'est agi d'aborder des desseins politiques plus vastes, il a perdu tout sang-froid. Pensez donc, cet ex-matelot, ce Hyerakis, ce roturier reçoit des lettres du plus grand roi du monde, Sa Majesté Très Chrétienne ; le père de la Chaise le flatte ; sa Sainteté le pape lui envoie des cadeaux ; le sort de la chrétienté des Indes repose entre ses mains : c'est trop, trop vite pour un si petit bonhomme. Il est de ces esprits que la moindre flagornerie enivre. Alors pensez... Il en a perdu tout sens de la mesure. Il s'est mis à traiter les Siamois avec une dureté et un mépris qu'il n'avait jamais osé montrer jusque-là ! Il a écrasé le peuple de taxes. Et, chose qu'il ne s'était pas encore permise, il a commencé à s'en prendre aux Européens eux-mêmes, les condamnant au cachot, à la torture, poussant le vice jusqu'à faire exposer en plein soleil, enchaîné aux murailles de Bangkok, un prêtre portugais. Il en est arrivé ainsi à être haï de tous : bonzes, prêtres, mandarins, Hollandais, Anglais, Malais, Portugais, Persans, catholiques et protestants, chrétiens et musulmans !... Et le plus grave, c'est que nous autres Français sommes associés à Phaulkon dans l'esprit des Siamois qui pensent que nous sommes complices de tous ses actes, même les plus barbares et arbitraires ! Ainsi se cristallise contre nous la haine du peuple. Et l'arrivée de nos troupes n'a rien arrangé. Car en lieu de les tenir bien en main et d'établir une discipline de fer afin d'éviter tout incident, nos officiers se laissent complètement enchanter par ce Grec ! Prenez garde à tout cela, messieurs les Envoyés, car ce Phaulkon est en train de nous diviser, nous affaiblir, pour mieux nous utiliser. Ce ne sont pas les desseins de la France qu'il sert, ni ceux de Rome, mais les siens propres, de petits intérêts de petit boutiquier, de pirate qui ne voit pas plus loin que le bout de son sabre ou de son comptoir ! *Ecce homo !* Voilà l'homme qu'ont élu les jésuites et sur qui, par leurs conseils, Sa Majesté a investi tant d'espoirs !

— Et voilà l'homme qu'il faut abattre ! beugla Véret en frappant du poing sur la table.

— Messieurs, messieurs, vous vous laissez emporter par la passion, dit d'une voix faible l'évêque de Métellopolis. N'oublions pas les innombrables bienfaits de ce ministre même si, il est vrai, il les a toujours mêlés de... je ne sais quelle aigreur et quel mépris qui les fait tout aussitôt oublier.

— Il ne vous a couvert de bienfaits, Votre Grandeur, dit Véret, et vous le savez bien, mais n'osez le dire devant messieurs les

Envoyés, que tant qu'il a eu besoin des missionnaires. Maintenant qu'il a changé de cheval de bataille en misant sur les jésuites, il va vous chanter une autre chanson. N'a-t-il pas commencé de la chanter déjà en s'arrangeant pour empêcher que vous continuiez d'enseigner au roi la religion chrétienne, quand c'était un des articles essentiels du traité signé avec le chevalier de Chaumont ?

— Il faut comprendre une chose, dit de Lionne. Un des points principaux de la politique de monsieur Constance est d'empêcher qu'aucun Européen puisse parler au roi de Siam immédiatement, du moins aucun Européen qui, comme les missionnaires, connaisse bien la langue du pays... Avant que les jésuites l'apprennent, il faudra des années et notre Grec pendant ce temps pourra leur raconter, au nom de son roi, toutes les balivernes qu'il veut, balivernes qui seront aveuglément retransmises ensuite à Sa Majesté Très Chrétienne par nos bons pères... A cet égard laissez-moi vous dire que lorsque le roi de Siam il y a deux ans a souhaité céder un port aux Français il avait dans l'esprit que nous y résiderions en toute indépendance, ce que son ministre, aujourd'hui, nous refuse à propos de Bangkok, prétendant même exercer son autorité sur nos troupes. A-t-on jamais vu cela ? Voyez-vous les Anglais de Madras et les Hollandais de Batavia accepter de n'être pas entièrement maîtres et seigneurs de leur place ?

— C'est que ce Grec, sans doute, veut utiliser les troupes françaises à son usage particulier, dit Véret. Aussi ne tient-il pas à ce qu'elles soient trop autonomes. Il les lui faut à sa botte. C'est cinq cents mercenaires français que nous lui avons gracieusement offerts. Il pourra mieux établir avec eux son règne à Siam. Sa tyrannie ! Le bel apôtre que voilà ! Votre saint François-Xavier, c'est Caligula !

L'évêque de Métellopolis depuis quelques minutes s'était levé, promenant distraitement ses yeux sur les livres de sa bibliothèque, en choisissant un, le feuilletant vaguement, puis l'y rangeant à nouveau. Il toussota... Puis prit la parole.

— Je vous écoute... J'ai quelques scrupules à ajouter ma voix à ce concert de critiques. Mais n'est-ce point aussi mon devoir d'éclairer messieurs les Envoyés ?... Il me faut donc rapporter certaines réflexions absurdes sans doute, ou exagérées peut-être, qui m'ont été faites au sujet de ce ministre... On m'a dit que s'il m'a empêché de continuer à enseigner au roi de Siam les mystères de notre religion, c'est parce qu'il craignait que je parvienne tout de bon à le convertir !

— Plaît-il ? s'étonna la Loubère.

— Oui, poursuivit monseigneur Laneau, voilà ce qu'on m'a dit : monsieur Constance craindrait que, si je parvenais à convertir le roi, je prisse sa place auprès de ce prince. Il aurait peur, en quelque sorte, que je devienne Premier ministre. Il est... euh... jaloux !

— Mais bien sûr qu'il est jaloux, beugla Véret en levant les deux bras au ciel, il est jaloux comme une garce l'est de son miché, comme une tigresse de ses petits, une tigresse grecque ! Ça n'est pas tous les jours qu'on a un roi sous la main, messieurs. Vous ne croyez pas qu'il va le lâcher comme ça, non, son roi, son joli roi (entre nous un immonde despote couvert de sang), son roi chéri, son roi mignon. C'est la poule aux œufs d'or, son roi. Je ne sais pas combien de millions de livres il a dû déjà se mettre de côté, le Grec, grâce à la protection de son roi, en pillant les Siamois, les étrangers, en piratant la mer de Chine, en... ah, ah ! Et vous vous étonnez aussi qu'il ne veuille pas que des Européens s'en approchent de son amour de roi ? Pas touche ! C'est sa chasse gardée !

— Mais le roi lui-même, s'étonna la Loubère, quel genre d'homme est-il ? Se peut-il qu'il soit dupe à ce point de son ministre ? N'est-il pas capable de se passer d'intermédiaires ?

— L'homme doit être un habile politique... dit de Lionne.

— Habile et rusé comme un diable, s'exclama Véret. Il a bien dû égorger la moitié de sa famille, frères et oncles, pour arriver à se saisir du trône à la mort de son père. C'est un vil usurpateur dégoulinant de sang !...

— Le roi m'a toujours semblé un homme fin, subtil, glissa l'évêque.

— Fin, subtil, mais aveugle, poursuivit de Lionne. Les rois d'Asie, s'ils sont absolus despotes, sont faibles aussi, car ils sont victimes de leur propre pouvoir. Sur quoi repose ce pouvoir ? Sur l'appauvrissement et l'asservissement de leurs sujets, sur la division de leurs proches, sur la crainte qu'ils inspirent et le mystère extrême dont ils s'entourent (cela vous pourrez bientôt le constater à l'audience). *Major e longinquo reverentia* (de loin le respect est plus grand), écrivait Tacite. Il en est ainsi des monarques de Siam. Une fois qu'ils se sont emparés de la couronne, il ne leur faut plus se montrer. Ils demeurent enfermés dans leur palais entourés de leurs femmes, leurs eunuques et leurs gitons ! Ils perdent peu à peu le sens de la réalité et ne savent plus rien de leur peuple et de leur royaume que par les rapports des innombrables espions qu'ils y répandent. Leur vision du monde se déforme, s'altère. Ils deviennent les jouets de leurs ministres et des gens qui les conseillent : des marionnettes ! Cela Constance l'a fort bien compris. Ce pourquoi il se dresse entre nous et son roi comme un chien de garde.

— Un chien enragé, dit Véret. Et qu'il faudra abattre.

*L'esprit nous sert quelquefois à faire hardiment des sottises.*
(La Rochefoucauld, *Maximes,* 1665.)

Ce vendredi 31 octobre que Dieu fit, monsieur de la Loubère était plus fébrile que jamais, ce qui n'est pas peu dire. Il traversait et retraversait sans cesse la véranda de la Tabanque, sous les yeux ahuris de Mungchion et des domestiques, passant de sa chambre à son cabinet de travail. Dans sa chambre il « essayait », les uns après les autres, tous ses habits de cérémonie (le rouge à parements jaunes, en soie ; le bleu canard en satin ; le vert céladon en velours ?... Il en avait vingt !) ; dans son cabinet il s'occupait à remanier pour une centième, sinon une millième fois, la harangue, l'immortelle harangue qu'il devait prononcer devant le roi de Siam... Car la date de l'audience avait été fixée : c'était pour le surlendemain 2 novembre, jour désigné comme « propice » par les très peu chrétiens astrologues brahmanes de la cour. Le roi, disait-on, ne faisait rien d'important sans les consulter.

Joyeux et Terrasson étaient... sur les genoux. L'un, en effet, avait pour corvée d'habiller, de déshabiller, de chausser, de déchausser, coiffer, décoiffer (de ses innombrables perruques) son maître qui n'arrivait pas à se déterminer sur la toilette qu'il arborerait ; l'autre copiait, recopiait, raturait les « versions » toujours recommencées de la « harangue », y brisant des dizaines de plumes et gâchant des centaines de parchemins. Parfois il suffisait d'une virgule, d'un point, d'un adjectif mal placés, pour que tout ce travail — ce travail de Sisyphe — fût à refaire. Un changement dans le choix de l'habit, même, pouvait entraîner des modifications dans la rédaction du texte car (selon la Loubère, futur académicien, qui devait savoir ce qu'il disait) de secrètes relations, d'intimes correspondances, d'insoupçonnées connivences, s'instaurent entre l'apparence de l'orateur et les paroles qu'il prononce lesquelles, en quelque sorte, doivent être « assorties » à sa vêture : un justaucorps trop jaune peut faire hiatus avec certains adjectifs qualificatifs ; une perruque trop bouclée peut désamorcer la plus raffinée métaphore ; il y a des boutons de culotte qui assourdissent le rythme d'une phrase, et, inversement, des séries d'allitérations qui peuvent rendre complètement ridicule le pourpoint sorti des mains du meilleur faiseur !

Celui, sans doute, qui eut le plus à souffrir des soucis rhétoriques de l'Envoyé, ce fut Céberet car, les derniers temps, il n'y avait pas d'heure de la journée qu'il ne vît surgir, à l'improviste, son collègue, qui venait lui dire la énième-dernière-ultime-mouture de son discours, afin d'en éprouver « l'effet sur l'auditoire »... C'était d'autant plus pénible à Céberet qu'il se trouvait depuis peu fort malade, la cuisine locale, dont il avait commencé de tâter, après avoir essayé les femmes indigènes, lui réussissant peu. Il avait mal au ventre. Et ni les clystères, ni les saignées, ni les infusions du docteur Petit, chirurgien de l'*Oiseau,* ne le soulageaient...

Et pourtant pour le jour « J », le Grand Jour, celui de l'audience, il fallait être au meilleur de sa forme. Ce serait un véritable match, en effet, un pugilat, que cette audience et il s'agissait que les Envoyés fussent à la hauteur, car d'aucuns ne se réjouiraient que trop de les voir humilier, ridiculiser. Tous les yeux de Siam seraient tournés vers eux ! La Loubère en avait bien conscience et il était fermement décidé à ne pas se faire rouler, « question honneurs », il faudrait qu'on lui en donnât son comptant, d'« honneurs ». Autant qu'à Chaumont, du moins : au *parler nu-tête* près, qu'il avait dû consentir, sous la pression de l'« ennemi » (quand-ce-petit-nobliau-ce-rien-du-tout-de-Chaumont-avait-eu-lui-le-privilège-de-parler-au-roi-de-Siam-avec-un-chapeau-sur-le-crâne !). Son chapeau, la Loubère le tiendrait à la main (ce serait un feutre beige à plume rouge !). Mais pour le reste, ah, ah — au *nu-tête* près ! — qu'on n'essaie pas de lui faire passer des vessies pour des lanternes ! Il fallait que tout, tout, tout, précisément, fidèlement, impeccablement, fût *comme pour Chaumont.*

Cette formule d'ailleurs, lors des multiples discussions qu'ils avaient eues, avec Kosapan et les jésuites, à propos du détail du cérémonial d'audience, était devenue une sorte de leitmotiv, de refrain névrotique, dans la bouche de la Loubère, avec sa contrepartie négative, *pas comme pour Chaumont.* Ces deux expressions, modulées parfois en *comme Chaumont* et *pas comme Chaumont,* rythmèrent sans cesse la conversation des Envoyés, le dimanche 2 novembre que Dieu fit quand, dès l'aube, *comme Chaumont,* ils se levèrent, passèrent leurs plus beaux habits et s'installèrent, toujours *comme Chaumont,* sur deux sièges (à Cupidon rose) posés sur une estrade au fond de la véranda de la Tabanque et face au débarcadère. Devant eux, sur une table, dans une boîte d'or, posée sur une coupe de même métal, se trouvait *la lettre* de Louis le Fistulard, que la Loubère devait remettre au roi de Siam. A leurs côtés et derrière eux, étaient rangés leurs domestiques, dont Joyeux et Terrasson, en livrée dorée, et des officiers de marine en justaucorps bleu. Debout, à droite de Céberet, se tenait son jeune fils, le petit Claude, quinze ans, en habit de soie écarlate, perruque blonde et chapeau noir. Son père, qui l'adorait, lui avait réservé un rôle notable dans la cérémonie.

Le cul, donc, sur leur Cupidon rose respectif, les Envoyés, vêtus de satin argenté et leur feutre à plumes sur les genoux, attendaient la délégation de mandarins qui *comme pour Chaumont* devaient venir les chercher pour les emmener au palais d'Ayuthya. Le soleil était à peine levé. Une lumière rose baignait les planches brunes de la véranda de la Tabanque et les eaux glauques du fleuve. Du coin de l'œil la Loubère et Céberet s'entrépiaient : le premier s'inquiétait du teint de plus en plus verdâtre du second dont le « mal au ventre » empirait ; le second observait, non sans une croissante angoisse, les tics nerveux distordant la face enfarinée de poudre de riz du premier et les tressautements hystériques de ses jambes. « Dieu fasse, songeait Céberet, que la Loubère ne commette pas une nouvelle gaffe ! » Il ne savait trop pourquoi, il avait le pressentiment que c'était « parti pour ».

*Comme pour Chaumont,* d'innombrables galères écarlates et dorées vinrent bientôt accoster au débarcadère et, en double file, des mandarins, vêtus d'habits multicolores et arborant sur le crâne une mitre blanche pointue, s'avancèrent sur la véranda jusqu'à *la lettre* de Louis XIV, devant laquelle, par trois fois, ils se prosternèrent à tour de rôle, front contre terre. Ils saluèrent ensuite, en joignant les mains devant le front, les Envoyés. Le chef de la délégation, Opra Cedet, un vieux mandarin, ministre des Affaires étrangères ou *barcalon* (et homme de paille de Phaulkon !) leur annonça que tout était prêt. On échangea quelques compliments. Les mandarins se reprosternèrent, trois fois, devant *la lettre* du Fistulard et, à reculons, retournèrent vers les galères où les rejoignirent les Envoyés et leur suite, le fils Céberet se chargeant, honneur insigne, de porter *la lettre.*

Sur le fleuve attendaient cent galères au moins, somptueuses. Dans la plus belle d'entre elles, longue d'une trentaine de mètres, entièrement sculptée, et manœuvrée par quarante pagayeurs, on posa, juste au centre, sur une sorte de trône, *la lettre*. C'était une embarcation spécialement destinée au transport des messages royaux. Plusieurs parasols d'or s'y dressaient, comme pour faire de l'ombre à Louis l'Infâme que sa missive représentait et, pourrions-nous dire, *incarnait* presque.

Les Envoyés et leur suite montèrent à leur tour sur quelques-uns de ces bateaux. Et bientôt dans un grand tintamarre de violes, violons et autres xylophones siamois, le cortège nautique s'ébranla. Pendant tout le voyage jusqu'à la capitale, monsieur de la Loubère, qu'observait avec de plus en plus d'inquiétude Céberet (lequel tenait sans cesse une main sur son ventre douloureux), compta et recompta maniaquement les navires formant leur escorte. Parfois il arrivait au nombre de quatre-vingt-dix-neuf, parfois de cent cinq :

— Il y en a moins que *pour Chaumont,* finit-il par s'exclamer, se croisant rageusement les bras. Chaumont en avait cent trente-quatre !

Céberet fit remarquer à son collègue qu'il avait omis quelques petites pirogues, en fin de convoi, et que le chiffre de Chaumont était peut-être exagéré.

— Allez savoir s'il ne s'est pas vanté !

D'ailleurs, de nouvelles galères, à mesure qu'on s'approcherait de la capitale, viendraient les unes après les autres se joindre au cortège, arborant chacune l'oriflamme de leur nation : il y avait des galères malaises, des galères chinoises, des galères japonaises, des galères birmanes, des galères pégouanes, des galères mons, des galères du royaume de Champa, des galères cochinchinoises, des galères de la principauté de Chiengmai, des galères des sultanats de Ligor et Johore, des galères espagnoles, portugaises, danoises même. Mais point de galères hollandaises.

— Ça... c'est mauvais signe, soupira Céberet. Les bouffeurs de hareng doivent comploter contre nous.

Ils passèrent, à l'entrée d'Ayuthya, sous les murs du fort de Pompet dont les trente canons les saluèrent d'une centaine de salves, auxquelles fit écho le vaisseau *Saint-Louis* de la Compagnie des Indes, amarré non loin, à l'arsenal.

— J'espère, souffla Céberet à l'oreille de la Loubère, que Véret suit mes ordres. Et qu'on a déjà chargé le riz pour Bangkok sur le *Saint-Louis*.

Mais ce fut à peine si la Loubère prêta attention aux préoccupations stratégiques de son collègue, obsédé qu'il était, encore et toujours, par le décompte des galères :

— Cent vingt en tout, s'exclama-t-il. Dix de moins que Chaumont !

Le zélé Mungchion, qui était à leur bord et avait fini par comprendre leur conversation, affirma toujours dans son souci de les satisfaire (c'est une politesse, sinon une ironie à Siam, de ne jamais contrarier personne) que promis, juré, il y en avait cent cinquante : ce que les Envoyés décidèrent, d'un commun accord, qu'ils noteraient dans leur respective relation.

— Marquez-moi bien ça, Terrasson, jeta la Loubère en se tournant vers son secrétaire, cent cinquante galères. Seize de plus que Chaumont !

Les galères accosteraient bientôt un grand débarcadère en planches, surmonté d'un toit de tuiles orangé. Une foule immense, des dizaines de milliers de personnes, la plupart torse nu, attendaient sur les berges, étrangement immobiles, mais plus étrangement encore : *muettes.* Silence. Absolu silence. Impressionnant, terrifiant silence. Telle fut l'impression la plus puissante qu'éprouvèrent les Envoyés quand ils descendirent à terre. Comment, par quelle magie était-on parvenu à faire taire ainsi une foule si considérable ? Pas un bruit, un murmure ! Étaient-ce ces soldats, formant une barrière et une double haie, à la sortie du débarcadère, qui pouvaient inspirer à ce peuple un tel respect, ou une telle crainte (piètres soldats pourtant, pieds et torse nus, coiffés d'un casque en rotin doré, et armés d'un mauvais mousquet !) ? « On ne voyait que des visages », dirait plus tard la Loubère. Que des regards, des dizaines de milliers de regards braqués vers les Très Extraordinaires Envoyés de France. Soudain, quand un mandarin alla chercher dans la galère royale *la lettre* (de Louis le Fistuleux) et la vint poser au sommet d'une sorte de socle pyramidal placé sur une chaise à porteurs, la foule, telle une vaste vague déferlant au rivage (et toujours dans le plus total silence), se prosterna progressivement, des premiers rangs jusqu'aux derniers. Et bientôt il ne se trouva plus que tout un peuple : ventre à terre.

Les Envoyés, comme les plus importants mandarins, eurent droit eux aussi à une chaise à porteurs (« seuls cinq mandarins, dont Oya Witchayen Phaulkon, y ont droit », leur murmura Mungchion, pour leur montrer l'honneur insigne qu'on leur faisait ainsi). Mais... mais... s'il était tout à fait normal que *la lettre* eût plus de porteurs (douze !) que les Envoyés qui n'en avaient chacun que huit, il était absolument injurieux que ceux-ci en eussent moins que Chaumont, lequel dans sa Relation affirmait en avoir eu dix ! Encore une petite vexation ourdie par le couple maudit Phaulkon-Tachard ! Et ça n'était qu'un début ! Des accrocs, il y en aurait d'autres, et aucun n'échappa à la Loubère : d'abord le Grec avait attendu Chaumont au débarcadère, installé sur un éléphant. Or, cette fois-ci, au débarcadère, ni Grec ni éléphant ! Que des chevaux — pour les officiers de marine — qui les montèrent et firent ainsi escorte aux Envoyés. Par ailleurs, la double haie de soldats, dans la rue menant au palais (rue de la largeur à peu près de la rue Saint-Honoré à Paris, et bordée de baraques en bois), cette haie donc s'arrêtait à mi-parcours, ce qui n'avait pas été le cas lors de la précédente ambassade, et qui posa bien des problèmes car, plus personne n'étant là pour dégager la route, il fallut des heures pour se tracer un difficultueux passage à travers la foule qui, aux approches de la résidence royale, devenait de plus en plus compacte. Fort heureusement, trottant à côté des Envoyés, se trouvait un bras-peint qui tenait au-dessus de leur tête un lourd parasol doré.

Mais... et là, ce fut vraiment le comble, la goutte qui fit déborder le vase, ne voyez-vous pas qu'à l'arrivée au palais ces bras-peints et leur parasol, hop, comme par magie se volatilisèrent, juste au moment où les Envoyés descendaient de leur chaise à porteurs. Et comme, selon le protocole, ils devaient tenir leur chapeau à la main, ce fut tout d'un coup le plomb bouillant du soleil de Siam qui leur chut sur le crâne : il était déjà plus de dix heures.

Le zélé Mungchion auprès duquel on (la Loubère) s'étonna fort que ces parasols (appelés aussi « sombreros ») eussent disparus, expliqua que nul autre que le Très Grand Roi de Siam ne pouvait se promener dans l'enceinte du palais sous un parasol.

— Sans sombrero je vais crever, gémit Céberet qui avait cette fois une main sur son ventre douloureux et une sur la tête.

La Loubère était le chef de l'Ambassade, et le premier touché par ce nouvel outrage dont on pourrait un jour lui faire retomber sur le dos la responsabilité. Comme pour tenter de se justifier, il dit :

— S'il me souvient bien, dans sa Relation Chaumont écrit que, lui aussi, fut privé de parasol à la porte du palais !

— A cette différence près, rétorqua Céberet exaspéré, que Chaumont, lui, et pas nous, avait le droit de porter son chapeau sur la tête !

Ce dialogue, très vif, qui eut lieu parallèlement à un échange furibard de postillons, se fit sous les yeux impassibles de deux très importants mandarins de Siam, qui les attendaient à la porte, entourés de patibulaires bras-peints : Oya Wang, grand chef du palais, et Opra Phi (ou Prapy), un tout petit bonhomme de vingt-deux ans, quasi un nain, maigrichon, fils adoptif du roi, ou fils naturel disaient certains, son giton disaient d'autres, et que beaucoup envisageaient comme un futur héritier du trône. C'était ce successeur « sur mesure » que Phaulkon, dans sa lettre de 1685, avait promis au père de la Chaise, au cas où mourrait le roi de Siam, *successeur qui sera beaucoup plus disposé à tout accorder que son prédécesseur... même pour la religion.* C'était en effet la potiche type, le portrait idéal de l'homme de paille, sinon du paillasson. Il n'avait d'autre activité que de précéder tous les désirs de son souverain (« *Il m'épargne bien des paroles* », disait de lui le roi) et de japper dans ses monarchiques jambes. A lui était confié entre autres l'honneur considérable de vider le pot de chambre d'or massif du prince : dans un lieu tenu secret, afin qu'on ne s'adonnât pas à des pratiques magiques avec les excréments, chose courante à Siam.

Les despotes ne tolèrent autour d'eux que des eunuques et des larbins, ainsi du Grand Turc Louis le Fistulard.

Il fallut alors, à pied, sans chapeau ni parasol ou sombrero, traverser la première cour du palais, mais une cour immense, et passer en revue des milliers de soldats, torse nu, assis sur leurs talons, mousquet entre les jambes (la position debout, sauf quand on marche, étant interdite dans le palais, car il ne faut pas risquer d'être « plus haut » que le roi). Ce furent ensuite des éléphants, et encore des éléphants, une cinquantaine, devant lesquels on défila, des éléphants dont les défenses et les harnais étaient incrustés d'or et de pierreries, et qui arboraient sur leur échine des canons légers : des éléphants de guerre. Monsieur de la Loubère, ce qui intrigua fort les mandarins, et agaça Céberet, se pencha sur les pattes avant de chacun de ces éléphants, afin de constater s'ils avaient, comme ceux d'Afrique, cinq ongles (petite vérification à laquelle lui avait demandé de procéder un savant de l'Académie des Sciences).

— Ils ont cinq ongles ! dicta la Loubère à Terrasson qui suivait plume en main.

Après les éléphants, ce furent des cavaliers qu'on passa en revue, des centaines de cavaliers alignés : Pégouans, Laos, Mons ; des Tartares arborant des casques et des arcs ; des Indiens ou Maures arborant turban et cimeterre (les plus redoutables guerriers, disait-on, car, avant de se battre, ils prenaient de l'opium, ce qui les rendait enragés).

Tous ces mercenaires, quoique leurs chevaux fussent indisciplinés, avaient belle mine, et regardaient les Français avec un air féroce, l'air de quelqu'un qui ne rêve que d'en découdre... Qui avait dit à nos ministres que l'armée de Siam n'était constituée que d'une bande de va-nu-pieds qu'on disperserait avec trois mousquetaires ! Rien de tout cela n'était... rassurant !

Céberet, à chaque pas, se sentait défaillir. On n'en était pourtant qu'à la première station du calvaire, car on ne finissait qu'à peine de traverser la première cour. Et il y en avait trois encore ! Avec autant de fantassins, de cavaliers et d'éléphants ! Des éléphants, Céberet, il en avait par-dessus la tête, et d'autant que ce pitre de la Loubère retardait leur cortège en continuant de vérifier le nombre d'ongles qu'ils avaient aux pattes. Comme si on ne pouvait pas induire, à partir de quelques éléphants, une loi générale valable pour tous les éléphants : question nombre d'ongles aux pattes du moins ! Il suait, Céberet, il tremblait de fièvre aussi et, qui pis est, il se mit à... avoir des « vents ». Fort sonores : qui lui attirèrent des regards méprisants de la part de ce petit marquis de la Loubère.

— Eh bien, quoi, oui monsieur, s'exclama à la fin Céberet hors de lui, *je pète,* et pensez-vous que je ne préférasse pas être dans des dispositions où je ne fusse dans la nécessité de le faire ? Priez Dieu, avec moi, pour que cela n'advienne pas à l'audience.

Précédés par le fils Céberet, qui peinait de plus en plus à porter à bout de bras la lourde coupe d'or contenant la lettre de Louis l'Infâme, ils franchirent encore une deuxième, puis une troisième cour, toutes aménagées semblablement : de grands bâtiments blancs (surmontés de toits à plusieurs niveaux en tuiles bleues, vertes, orangées) et entourés de bassins où s'épanouissaient des lotus mauves. A l'entrée de chaque cour, dans d'énormes cassolettes, brûlait de l'encens. « Peut-être eussions-nous pu apprécier la beauté du spectacle, dirait plus tard Céberet, si nous eussions eu des sombreros. C'était criminel d'exposer ainsi, sans sombrero, des Européens au soleil de Siam. En nous privant de sombrero, monsieur Constance nous a mis à bien dure épreuve ! » Il n'avait plus que ce mot-là à la bouche, Céberet-le-péteur, « sombrero », il faisait une fixation sur le « sombrero ».

Martelant le sol poussiéreux de ses lourdes bottes, la Loubère n'en pensait pas moins. Il était hors de lui. Les tics nerveux agitaient de plus en plus sa face dont le maquillage était absolument lessivé par la sueur : il allait falloir qu'on lui paie ! Qu'on lui rembourse plutôt cette petite plaisanterie ! Ah messieurs, vous avez voulu nous « chatouiller » sur les « honneurs », vous avez voulu nous pinailler les « honneurs », eh bien moi je m'en vais vous réserver un chien de ma chienne... Malheureusement il ne savait pas encore quel chien de sa chienne, ni quel porcelet de sa truie, il allait « leur » réserver. Mais il fallait qu'il fît « quelque chose, à tout prix, qu'il frappât un grand coup (*comme Chaumont* qui avait obligé le roi de Siam à se baisser devant lui !), mais le « coup » qu'il frapperait, lui, la Loubère, serait encore plus grandiose : on l'entendrait retentir jusqu'à Versailles !... Et pendant qu'il réfléchissait ainsi, sa face se distordait de plus belle, ses paupières, frénétiquement, clignotaient, les commissures de ses lèvres s'élevaient, s'abaissaient, ce qui ne surprenait pas peu les mandarins qui l'escortaient, et terrifiait littéralement Céberet.

Dans la quatrième cour, où ils ne virent pas, *à la différence de Chaumont,* l'Éléphant blanc sacré (cet éléphant, leur avait-on assuré, venait de mourir !... Un prétexte ?), un spectacle des plus impressionnants les attendait néanmoins. Une centaine de mandarins se trouvaient là. Tous étaient prosternés, le derrière tourné vers les Envoyés, et la tête vers l'entrée du salon d'audience. Nul, dans cette cour, sauf le roi (et les Français qui eurent cet exceptionnel privilège), ne peut se tenir debout, même pour se déplacer. L'ensemble des mandarins accompagnant les Envoyés s'étaient d'ailleurs, aussitôt qu'entrés, mis à quatre pattes.

Le salon d'audience, blanc à toit rouge, n'était que le premier, et le plus petit d'un ensemble de sept bâtiments en enfilade, s'encastrant les uns dans les autres, par ordre croissant de grandeur et hauteur : le dernier bâtiment, le plus vaste et le plus élevé donc, contenant le saint des saints, les appartements royaux où seuls les mandarins les plus gradés et les femmes du sérail peuvent pénétrer.

Un escalier de brique de huit marches, fort étroit, menait à la porte du salon d'audience, très étroite aussi, et basse. On était loin, certes, du somptueux escalier des Ambassadeurs, peint par le Brun, qu'avait dû grimper Kosapan à Versailles mais, songea la Loubère, ces deux escaliers n'avaient-ils pas la même fonction : humilier le visiteur, l'un par son arrogante splendeur, l'autre en l'obligeant à se faire plus petit, à se baisser au passage de la porte ? D'ailleurs les mandarins n'avaient pas à se poser ce type de problème, car c'est à quatre pattes, bientôt, qu'ils la franchirent, cette porte, à la queue leu leu, après avoir monté l'escalier de la même manière, suivis, debout, eux, chaussés mais décoiffés, par les officiers français et les domestiques de la Loubère qui devaient s'installer dans le salon avant que n'y apparaisse le roi. Quelques minutes plus tard, jaillies d'on ne sait où, surgirent les bouilles jumelles du couple infernal Tachard-Phaulkon. Phaulkon était tête nue, vêtu d'un bel habit de satin bleu, avec dentelle au col et aux poignets mais... (et cela ne donna pas peu de sarcastique satisfaction à la Loubère), il était pieds nus, ou du moins en chausses, des chausses jaunes, souillées de terre et de poussière. « Le Roi vient de prendre place sur son trône, Vos Excellences, vous pouvez entrer », dit-il fiévreusement. Son visage était pâle, ses yeux brillaient étrangement. Il était ému, très ému. Il avait *peur* même, manifestement : sans doute redoutait-il que « ces emplumés », et particulièrement la Loubère, ne fissent un éclat ! Combien n'avait-il pas versé de sueurs froides déjà, quand Chaumont avait refusé, à son audience, de *hausser* le bras !... Tachard, par contre, semblait fort peu angoissé. Tout au contraire : il était rose de jubilation. Il triomphait : mais de quoi ? La Loubère ne le comprendrait qu'un peu plus tard. Un insigne honneur avait été réservé au jésuite. *Comme les envoyés* il allait pénétrer dans le salon d'audience *après* que le roi se serait installé sur son trône, alors que l'évêque de Métellopolis — le chef de la Mission ! — qui se trouvait déjà à l'intérieur du salon, y était venu s'asseoir *avant!* Marcher en présence du roi est une dignité suprême : qu'on avait refusée au supérieur des missionnaires, mais pas à celui des jésuites !

Phaulkon lui-même (et quel supplément de délectation cela ne fut-il pas pour la Loubère) dut, juste après avoir délivré son message aux Envoyés, se mettre, tel un gros dogue, à quatre pattes, et escalader ainsi, dans un éclair, les marches pour s'engouffrer par la porte du salon d'audience, suivi par Tachard debout, mais les jambes et l'échine pliée, comme s'il fût honteux d'être « plus haut » que son « illustre frère ».

Précédés par le fils Céberet, qui tenait toujours au bout de ses faibles bras la lourde coupe d'or contenant *la lettre,* les Envoyés, à leur tour, entrèrent dans la salle d'audience : où, d'un seul regard, dès qu'il en eut franchi le seuil (du regard du joueur d'échecs émérite appréciant une partie en cours), la Loubère, effaré bientôt, « jaugea » la situation : tout, au premier abord du moins, paraissait « en ordre », c'est-à-dire comme prévu lors des innombrables discussions sur le cérémonial : c'est-à-dire *comme pour Chaumont.* Devant lui, s'étendait sur vingt mètres une longue allée, couverte de tapis de Perse, bordée de hautes colonnes dorées soutenant un plafond écarlate, de part et d'autre de laquelle la centaine de mandarins qui venaient de pénétrer dans le salon se trouvaient prosternés, front contre terre. Les officiers et domestiques français étaient assis sur le sol, près de la porte d'entrée. Au bout de l'allée, juste en face, dans l'embrasure d'une fenêtre percée à deux mètres de hauteur dans le mur du fond, « Il » se tenait immobile, vêtu d'un habit argenté, coiffé d'un haut chapeau blanc pointu orné d'un cercle d'or et, sur la gauche, d'une aigrette : le Très Grand, Très Puissant, Très Extraordinaire Roi de Siam, Roi de l'Éléphant blanc (éléphant qui venait de crever !), Maître de la Terre et de la Vie, roi innommé, roi anonyme, car la loi voulait qu'on ne connût son nom sacré qu'à sa mort (afin d'éviter là encore qu'on ne s'adonnât, avec ce nom, à des pratiques magiques). Le roi dont, de loin, la Loubère distinguait mal les traits, souriait sous une fine moustache noire. (De quoi souriait-il ? Était-il affligé lui aussi, comme tous ses sujets, de cette manie de sourire toujours, on ne savait trop pourquoi, même dans les plus solennelles ou les plus pénibles situations ? A moins que ce sourire fût un sourire de moquerie ? C'était ça !)

La Loubère tremblait de fièvre, la sueur inondait son front, dégoulinait dans son jabot, sur son ventre, le long de son échine, et jusque dans les tréfonds de sa culotte. Une sueur froide. (C'était ça, il se moquait !) Et, au-dessous de la fenêtre, à droite, dans son habit bleu canard, tel un gros toutou montant jalousement la garde autour de son maître chéri, se tenait Phaulkon, immobile, cul braqué de loin vers la Loubère, front à terre. Phaulkon qui lui aussi devait ricaner, tout comme Tachard, assis non loin, sur la gauche cette fois, à côté de l'évêque de Métellopolis. Et il y avait de quoi : rire ! Car... car... au bout de l'allée, et devant la fenêtre, là où eût dû se trouver *comme pour Chaumont* un *siège,* et même *deux sièges,* un pour chaque Envoyé, eh bien il n'y avait pas de siège !... A moins d'appeler *siège* ces deux tout petits bancs, ces tabourets, ces placets où tout juste il y avait place pour une demi-fesse ! Était-ce là-dessus qu'on les voulait faire asseoir : pour les *humilier,* sur des tabourets qui par ailleurs n'avaient pas quatre pouces de hauteur, quand Chaumont, lui, avait eu... un *siège* et par *siège* la Loubère entendait un fauteuil au moins, sans aller jusqu'au canapé cependant ! Un *siège* enfin ! Et ces deux... *choses*-là, qui se trouvaient au bout de l'allée et qui étaient réservées aux Envoyés, n'étaient pas, malgré toutes les concessions sémantiques et rhétoriques qu'on voulût bien faire : des *sièges !* Ça, c'était le comble, le clou du spectacle, le coup de grâce : le coup des *sièges,* le fin du fin de la mascarade, le fond du fond de l'embuscade, du guet-apens : Roncevaux ! Jarnac !... Il avait de quoi sourire, le roi ! Et tous les mandarins prosternés devaient, eux aussi, en silence, se fendre la pêche. A moins que... allez savoir, il ne fût pas au courant de cela, le roi ; à moins que ce fût une pure, ultime provocation du duo Tachard-Phaulkon !

De cela, le siège, et le reste, il fallait tirer vengeance ! Une vengeance exemplaire ! Les Envoyés regardèrent les pseudo-sièges, les simili-sièges, les sièges trompe-l'œil, les miniatures de siège, puis s'entre-regardèrent. Ils s'étaient compris. Du moins la Loubère en était persuadé ! Il fallait se venger !

Suivant le fils Céberet, qui portait *la lettre,* les Envoyés s'avancèrent, après néanmoins avoir fait une révérence et salué de leur chapeau emplumé ; révérence qu'ils renouvelèrent *comme Chaumont* au milieu de l'allée et au bout de celle-ci, où ils s'arrêtèrent, se tinrent debout, roides, immobiles, côte à côte, chapeau en main, juste en face du roi de Siam, et devant deux tables où se trouvaient exposés les cadeaux offerts par le roi de France : joyaux, couronnes, selles incrustées de pierreries et le portrait du Fistuleux en Hercule-terrassant-l'Hydre, tableau qui avait fait le voyage pendu au mur de la salle à manger de l'*Oiseau.*

Le roi de Siam, dans l'embrasure de sa fenêtre, regardait la Loubère ; le roi de France, au milieu de son cadre doré, regardait la Loubère. La Loubère les regardait : il devait relever le défi !

Il fixa dans les yeux le roi de Siam. Ce prince avait le teint foncé, l'œil pétillant de malice, mais quelque chose de maladif avec ses joues creusées : l'impression de mauvaise santé se trouvant confirmée par plusieurs toussotements qui lui échappèrent (« Manquerait plus qu'il crève, songea la Loubère, et cette fois, notre expédition tourne au drame ! »). Sur le menton le roi avait, du côté gauche, une grosse verrue d'où jaillissaient cinq ou six longs poils noirs. La Loubère se mit à fixer, longuement, ladite verrue, comme s'il eût fixé le centre d'une cible avant de tirer. Il réfléchissait : à ce qu'il allait faire pour « marquer le coup », pour « se venger ». Et cependant, dans le silence solennel, dans l'impressionnant silence qui, de façon de plus en plus angoissante, s'appesantissait sur le salon d'audience, la Loubère... la Loubère qui eût dû depuis plusieurs minutes déjà commencer sa harangue, la Loubère se *taisait.* Le Grec (le dogue grec !) qui était à quatre pattes sur sa droite s'agitait, griffait nerveusement le tapis, remuait la queue, comme pour lui envoyer un petit signal, le supplier de parler. Sur les lèvres du roi, des lèvres brunes et très ourlées, le sourire se trouvait toujours là : mais ça n'était plus que le souvenir figé, fossile, d'un sourire. Et cependant, derrière la Loubère, Tachard, assis, regardait le dos de l'Envoyé, ce dos qu'il se mettait de plus en plus à haïr, ce dos qu'il eût voulu poignarder, ce dos immonde, ce dos ridicule, ce dos absurde, ce *dos* dont le jésuite se demandait quand il allait se décider à faire son discours. A parler !

Et le *dos* bientôt, au soulagement de tous, se mit à parler...

Il lança, ronflante, rutilante, la première phrase de sa harangue, cette première phrase qu'il avait tant travaillée, raturée, reraturée, *cent fois sur le métier remettant son ouvrage,* comme disait ce cher Boileau son ami :

— Grand Roi... clama-t-il donc enfin (et le Roi, quoiqu'il ne comprît rien à ce que la Loubère débitait en français « défigea » son sourire). Grand Roi plus véritablement roi par l'éclat de vos éminentes vertus que par la grandeur de votre véritable puissance, nous portons à Votre Majesté des nouvelles assurances de l'estime et de l'affection royale de l'un des plus sages et des plus puissants monarques que la Providence divine ait jamais établis au-dessus des hommes, et nous aurions lieu de craindre que nos expressions ne fissent tort à la vérité, si les sentiments du roi notre maître et seigneur pour Votre Majesté ne s'étaient expliqués eux-mêmes par de si éclatants témoignages, que personne en toute la terre, ne les ignorera.

Point !!!

Là, il y avait un point : où s'achevait la première phrase, l'exergue de la harangue. Et ce point-là, ce point respiratoire — qui permit justement à la Loubère, après cette si longue cicéronienne sentence, de reprendre sa respiration — tous les Français l'« entendirent », ce point, et particulièrement Tachard, qui continuait d'enfoncer le double poignard de ses yeux dans le dos honni de la Loubère. Et Tachard savait fort bien que ce point, marquant la fin de la première phrase, c'était le *hic Rhodus,* le *nec plus ultra,* le signal enfin indiquant que la Loubère devait, ah ah, poser ses fesses détestées sur le petit banc, le bantelet, la ridicule parodie de siège qui lui était réservée, afin de poursuivre, en position assise, sa harangue, comme cela avait été prévu dans le protocole, et comme l'avait fait Chaumont lui-même ! Car c'était déjà une chose fort exceptionnelle que d'adresser, *en premier,* la parole au roi de Siam ; plus exceptionnelle encore de lui adresser la parole *debout* ; aussi n'avait-on autorisé les Envoyés à le faire que pour la première phrase, en suite de quoi la Loubère (et Céberet) devaient s'asseoir. Or... Or... c'était là le moment, le moment crucial, le moment stratégique, le moment capital que la Loubère avait choisi pour... se venger, et s'illustrer à jamais dans la mémoire des hommes, et, en tout cas, dans le *Mercure galant* où il était sûr qu'à ce sujet on lui consacrerait un écho, et même peut-être, *comme Chaumont,* une gravure, par Nolin ! L'idée sublime, l'idée géniale qu'avait trouvée, *in extremis,* la Loubère, c'était de continuer à réciter sa harangue *debout.* Non, il ne poserait pas ses fesses sur ce ridicule petit banc. Et c'est debout donc, roide, ferme comme une figure de proue défiant les embruns et le qu'en-dira-t-on, que l'Envoyé, superbe et marmoréen, poursuivit :

— Votre Majesté voit elle-même une grande partie des témoignages d'amitié immenses de Louis XIV, par cette escadre qui nous a portés sur ces bords, par les présents que nous avons l'honneur de lui offrir, et par ces savants religieux, par cette noblesse d'élite, et tous ces autres braves Français que nous avons amenés à son service royal...

Et la Loubère parla, et parla encore, et parla toujours, pendant de longues minutes, d'interminables quarts d'heure, d'éreintantes demi-heures, il parla plus d'une heure : *debout.*

« L'imbécile, ruminait Tachard dans sa barbe, ne lui a-t-on pas assez dit de faire sa harangue la plus courte possible parce que les rois d'Orient trouvent humiliant pour eux qu'on leur parle trop longtemps, et surtout... debout ! Mais... ça se saura à Versailles, je vous le mettrai, ça, dans mon procès-verbal, qu'il a osé parler au roi de Siam pendant des heures, et debout ! »

Et cependant, imperturbable, la Loubère poursuivait son discours où — à l'exception d'une brève flèche contre les Hollandais — il n'enfila que de trompettantes mais somptueuses phrases creuses glorifiant les deux rois :

— Car la Terre peut bien faire obstacle à la lumière du Soleil et en dépouiller la surface de la Lune... elle ne peut éclipser la vertu des rois qui répandent leurs éclats au-delà des plus vastes mers et dans les régions les plus éloignées... (cette phrase-là, qu'il avait longuement et amoureusement mûrie, il n'en était pas peu fier, et il vous la martela d'une voix sonore et implacable).

Et cependant les secondes, les minutes, les heures s'écoulaient interminables, dans l'atmosphère devenue bientôt suffocante de la salle d'audience où le roi, accoudé à sa fenêtre, se remit à toussoter : toussotement phtisique ou politique? Phaulkon, lui, suait d'angoisse; Tachard s'étranglait de rage; Céberet serrait compulsivement les fesses : car son mal de ventre était en train de se muer en galopante courante, en diluvienne diarrhée. Du coin de l'œil il observait le visage dégoulinant de sueur et ravagé de tics nerveux de la Loubère qui continuait, imperturbable, de débiter sa logorrhée. Et Céberet se demandait quand s'achèverait ce supplice.

Il s'acheva.

Par quelques superbes bouquets rhétoriques où il fut question de l'« auguste personne » du roi de Siam, de « Sa Majesté immense » et de sa « sublime sagesse » que « toute la Terre admire ». Mais ne voyez-vous pas qu'alors (et Tachard ne le vit que trop, Tachard qui seul de tous les témoins de cette scandaleuse audience en fit part dans son journal manuscrit), ne voyez-vous pas que l'Emplumé, au terme de sa harangue, ose, oui, ose, poser devant le roi de Siam son chapeau sur sa tête... mais non ! Non ! ah ah ! Il se dégonfle, cette poule mouillée ! Il l'ôte de sa tête, son chapeau, tout juste après s'en être coiffé et, ne sachant qu'en faire, il... l'imbécile (mais il est fou ! il a la fièvre !) il (donc), l'imbécile, se *retourne,* il ose *tourner le dos* au roi de Siam, et il jette son chapeau près de son petit banc. (« Ah, ah, ça se saura, ça aussi, à Versailles, que cet emplumé a tourné le dos au roi ! »)

L'Emplumé, toujours debout, à côté de Céberet, attendit. Il attendait que — comme prévu — Phaulkon fasse la traduction de sa harangue, lequel Phaulkon (le dogue Phaulkon) toujours à quatre pattes, sembla un instant s'ébrouer, avant de sortir d'une de ses basques un parchemin que d'une voix précipitée, hachée, hâtive, il eut lu en moins de dix minutes. Dix minutes, le chien ! En dix minutes il avait résumé (et non pas traduit !) la harangue sublime de la Loubère qui avait duré plus d'une heure; cette harangue si subtile, si fine. Il la lui avait bousillée, sa harangue, ce Grec, et il avait fait « exprès » de la lui bousiller, par jalousie de stupide philistin, mais pour lui faire payer aussi le *parler debout* ! Il ne l'avait pas digéré, ce Grec, non, son *parler debout !* Ah, s'il eût pu le faire parler à plat ventre comme un crocodile !

Jouant alors le rôle, fort minime à vrai dire, qui lui était réservé dans la cérémonie, Céberet, les fesses plus serrées, plus boulonnées que jamais, prit dans les mains de son fils (debout devant lui) la lettre du Fistulard et la remit à la Loubère, qui s'avança majestueusement et escalada les trois marches, sous la fenêtre, pour la remettre au roi de Siam.

Mais... alors que ce roi, *pour Chaumont,* avait élevé cette lettre, juste après l'avoir prise, à hauteur de son front, en signe de respect, il ne l'éleva cette fois qu'à hauteur de sa bouche, donc *moins haut*, ce qui n'humilia pas médiocrement la Loubère (qui ne s'en vanterait pas dans ses écrits !). Le roi posa ensuite la lettre devant lui, dans un coin de sa fenêtre, et la Loubère consentit, alors et seulement, à s'asseoir (imité par Céberet qui mimait tous ses gestes) sur le banc, le ridicule injurieux petit banc qu'on leur avait préparé. Car le roi allait parler, et c'eût été réellement scandaleux que de rester debout. Il ne fut question, dans cet échange tout formel de questions-réponses que traduisirent Phaulkon et l'évêque, que de la santé de Sa Majesté le Très Grand Roi de France. Cela ne dura que deux ou trois minutes au terme desquelles, après que le roi eut maladivement toussoté, retentirent trompettes et tambours de bronze. Un rideau de brocart tomba devant la fenêtre. Le roi disparut à la vue de tous. L'audience était terminée.

Aussitôt, comme deux chiots furibards, Tachard et Phaulkon chacun de son côté, trottèrent, à quatre pattes, vers l'Envoyé, et lui aboyèrent à l'oreille :

— Vous n'eussiez pas dû dire votre harangue debout.

— C'est la seule position que j'ai trouvée digne de mon rang ! rétorqua rageusement la Loubère. D'ailleurs les ambassadeurs européens parlent au roi de France debout !

— Mais le roi de France est lui-même debout ! objecta Phaulkon.

— Pas avec les ambassadeurs anglais, qu'il reçoit assis ! contesta la Loubère, qui n'allait-quand-même-pas-se-laisser-donner-des-leçons-d'étiquette-par-un-fils-de-cabaretier-grec ! D'ailleurs on ne peut savoir si le roi de Siam derrière sa fenêtre est debout, assis ou allongé même !

Il y eut là-dessus encore quelques brefs et acerbes propos échangés, que Constance conclut par :

— Attendez-nous ici sans bouger. Nous allons à l'audience que le roi donne maintenant au général Desfarges, et revenons aussitôt. C'est dans une cour, tout à côté.

Phaulkon, à quatre pattes, avec une souplesse de jeune léopard, traversa la longue allée de la salle d'audience, suivi par Tachard, jambes et échine caninement pliées, qui essayait, en emboîtant le pas à son « maître », de se faire le plus petit qu'il pût. Cependant tous les mandarins, comme si le roi fût présent encore, restèrent prosternés, le front contre terre.

Se livrant, sur les fesses, à une prompte glissade, l'évêque de Métellopolis vint se placer au côté de la Loubère.

— Lors de l'audience du chevalier de Chaumont, dit-il, j'avais eu pour rôle de traduire, à voix haute, du français en portugais, la harangue de l'ambassadeur, que monsieur Constance traduisit ensuite du portugais en siamois. Mais cette fois, au dernier moment, ce ministre m'a refusé cet honneur. Il a préféré lire directement un résumé écrit de votre harangue, résumé fort bâclé je dois vous le dire... Je n'aurais cure de ces petits problèmes d'étiquette, et j'eusse reçu même avec la plus grande joie, et dans la plus profonde humilité chrétienne, cette nouvelle mortification, si elle ne représentait pour la Mission une menace, car monsieur Constance n'eût pas osé en agir ainsi sans l'aval du roi, qu'il a dû prévenir contre nous : par quelles calomnies ?...

— J'en référerai à Versailles et à Rome ! dit la Loubère.

Céberet se pencha sur l'oreille de celui-ci :

— Je vais exploser ! lui dit-il.

— Plaît-il ? s'enquit la Loubère.

— La diarrhée, Votre Grâce ; la coulante, Votre Seigneurie ; la chiasse, Votre Excellence !

Dans la deuxième cour du palais étaient alignés, en rangs impeccables, une soixantaine de Français en grand uniforme, bombardiers, fusiliers, grenadiers, mousquetaires, officiers et soldats, choisis parmi ceux qui avaient la plus « belle mine ». Devant eux, bras croisés, en uniforme sombre, se tenait, immobile, le lieutenant du Bruant tandis que, tel un lion en cage, allait et venait, tout de noir vêtu et emplumé d'écarlate, le général Desfarges qui d'un seul regard semblait tenir à l'œil, simultanément, chacun de ses hommes. A côté de du Bruant se trouvaient Tachard et Phaulkon, qui venaient tout juste d'arriver de la salle d'audience. Derrière nos troupes une trentaine d'officiers siamois, parmi les mandarins les plus titrés, étaient assemblés (on y reconnut entre autres le chef du département des Éléphants, Opra Pitratcha, son fils Suraçak et le chef de la cavalerie mon, Oya Meeng, par ailleurs grand organisateur de la prostitution du pays). Chose exceptionnelle dans le palais, ils étaient eux aussi debout. Le rituel de la cour de Siam était bouleversé par l'arrivée des Français ! Mais pouvait-on concevoir que des soldats étrangers se tinssent en position verticale, alors que les plus grands mandarins se seraient prosternés ? Nous étions le grain de sable infiltré dans le mécanisme du cérémonial. Un grain de sable qui allait tout faire craquer.

Français et Siamois avaient les yeux braqués sur une grande porte de bois rouge cloutée d'or, dont les doubles battants fermaient l'enceinte de la deuxième cour. Soudain tambours et trompettes, solennellement, retentirent. Les battants de la porte s'écartèrent : sur un spectacle étrange, cocasse même, qui eût déclenché le rire des Français, n'eût été le foudroyant regard de Desfarges qui vrillait les yeux de chacun de ses hommes. On vit en effet pénétrer dans la cour, en grande pompe, six soldats siamois, revêtus de cuirasses dorées, mais ce qui était pour le moins surprenant, c'est qu'ils avançaient... à reculons, comme les écrevisses, présentant leurs fesses et leur dos à nos troupes ; ces six soldats tenaient sur leurs épaules les deux brancards avant d'une énorme chaise à porteur en bois doré et sculpté où, sur son trône, était assis le Très Magnifique Roi de Siam. Au-dessus de sa tête, au bout d'un long manche, un bras-peint tenait un parasol et, derrière lui, six autres soldats, mais de face cette fois, soutenaient les brancards arrière de la chaise (tourner le dos au roi de Siam étant un crime, la marche à reculons est une gymnastique à quoi les Siamois de la cour sont habiles). Le roi et son équipage s'approchèrent à quelque dix mètres des Français. Pendant toute la cérémonie les bras-peints soutinrent sur leurs épaules le siège de leur prince. Celui-ci, d'un geste de la main, fit signe à Desfarges de s'approcher, ainsi qu'à Tachard et Phaulkon. Ils se disposèrent de cette façon : Phaulkon tout près du roi, et Tachard à mi-distance entre Phaulkon et Desfarges, afin que, par relais, les paroles du roi fussent traduites au général, du siamois en portugais et du portugais en français, et inversement. Le roi qui, tout souriant, semblait prendre un plaisir extrême à contempler ces étranges soldats étrangers « dont on lui avait vanté la bravoure » prit la parole pour leur faire part justement du goût qu'il avait à les voir. Et il ajouta qu'avec le temps les *Farangset* pourraient le mieux connaître et le contempler de plus près.

Desfarges, ému à l'extrême à l'idée qu'il allait parler directement à un roi, creusait son échine, rentrait son ventre, et se dressait sur ses bottes, comme un énorme coq sur ses ergots :

— L'honneur immense, clama-t-il le poing sur le cœur, que nous fait Votre Majesté, à moi, mes officiers, et mes soldats, en nous faisant l'honneur de nous honorer de l'honneur de cette audience (sous-entendu : malgré ce poétereau miteux de la Loubère qui a voulu l'empêcher !), nous honore d'une façon si immense que nous nous en sentons... honorés tout autant que si Sa Majesté Très

Chrétienne, notre Seigneur et Maître, nous en eût honoré. Parce qu'à vrai dire, Votre Majesté... vous voir c'est pour nous comme voir Sa Majesté Très Chrétienne elle-même : comment distinguer en effet l'un de l'autre deux astres dont la brillance est égale dans le firmament luminescent de la Gloire... euh... Aussi, comme, sans crainte du trépas, nous avons, sur tant de champs de bataille, offert notre vie à Sa Majesté Très Chrétienne, sommes-nous prêts aujourd'hui, et pour le restant de nos jours, à offrir nos jours à Sa Majesté de Siam, et à mourir pour elle jusqu'à... notre mort !

Le roi de Siam, fort onctueusement, répondit qu'il n'était pas étonnant que le général des Français, en le voyant, crût voir le roi de France, car si on pouvait lui ouvrir la poitrine, à lui, roi de Siam, on verrait, profondément gravé dans son cœur, le portrait du roi de France. Le roi de Siam témoigna ensuite de combien il était obligé au roi de France de lui avoir envoyé de si braves et si beaux soldats. Tachard (dans son journal manuscrit) affirme qu'alors (mais personne d'autre ne l'entendit) le monarque indien le regarda *avec un sourire fort engageant* et lui dit :

— C'est à vos soins, mon père (et toc, pour la Loubère !), que je dois toutes ces honnêtetés et ces grands avantages !

Une chose est certaine en tout cas, c'est que le général Desfarges, au comble de l'émotion, enfla plus que jamais sa poitrine et lança, avec une voix toute vibrante de ferveur :

— Votre Majesté, je suis venu à Siam sur ordre du Très Grand Roi de France, mon Maître et Seigneur, pour consacrer ma vie à votre service : cela peut paraître bien peu de chose à vrai dire, puisqu'à mon âge j'ai dépassé déjà la moitié de son cours, aussi (et il se frappa du poing la poitrine) ai-je cru bon d'amener avec moi mes fils qui, n'ayant qu'un peu plus de vingt ans, vous serviront avec autant de zèle, d'amour, et de bravoure que leur père, mais bien plus durablement, de sorte que, quand bien même je serais mort, je pourrais continuer, par-delà mon trépas, à verser pour vous mon sang, puisque restera toujours à vos côtés, telle une fidèle épée, un Desfarges prêt à sacrifier sa vie en vous offrant sa mort et prêt... euh... par sa mort, à vous offrir sa vie !

Le visage du roi de Siam s'illumina d'un nouveau sourire. Il demanda à voir les fils du général. Ceux-ci, l'un après l'autre, esquissant un grand pas hors du rang, se montrèrent, en faisant superbement virevolter dans l'air leur feutre empanaché. Ce fut d'abord l'aîné, le marquis Desfarges, énorme, brun, rubicond, splendidement moustaché.

— Marquis Desfarges, clama le général, en présentant son aîné. Lieutenant des mousquetaires. Six ans de service déjà, et six blessures glorieuses récoltées lors du massacre de la racaille parpaillote de Languedoc. Bourreau des hérétiques, mais bourreau des cœurs aussi. Pour la plus grande gloire de Dieu... et de ces dames. Pour vous servir !

Le marquis salua, rentra dans le rang, d'où sortit le cadet, le chevalier Desfarges, blond, plus fin, tout rose, moustache aux pointes retroussées et aiguisées.

— Chevalier Desfarges, clama le général. Âme d'élite et fine lame. Habile à la rime et à l'escrime. Grand trousseur de gueuses et de sonnets devant l'Éternel. Chéri des belles et des belles-lettres, honni des huguenots de Poitou, à qui il fit bouffer l'hostie par la racine. Cœur de lion pour tout dire, et joli cœur... pour vous servir !

Un sourd murmure de rires retenus parcourut les rangs des Français, chose qu'on n'eût jamais pu imaginer à Siam lors d'une audience du Roi. Mais celui-ci, loin de s'en offusquer, semblait au contraire tout à fait ravi de l'étrange représentation que lui donnaient ces étranges *Farangset.* Jusqu'à présent, en fait d'Européens, à quelques rares exceptions près, il n'avait jamais entraperçu que des marchands, des pirates et des prêtres. Il était curieux des hommes : de ces gentilshommes emplumés très particulièrement.

Tous les officiers de l'état-major, sortant l'un après l'autre du rang, furent ainsi présentés au roi par Desfarges qui, pour chacun savait trouver quelque qualificatif ronflant tiré de *L'Iliade* ou de la *Jérusalem délivrée,* quelque anecdote guerrière ou gaillarde dont il l'épinglait artistiquement. Ainsi eut-on droit au lieutenant du Bruant des Carrières, trente-cinq ans, héros de Cassel, de Valenciennes et Saint-Omer, grand pourfendeur de Hollandais et d'Espagnols pour la plus Grande Gloire de Sa Majesté Très Chrétienne. Langue de vipère et lame hors pair ! Pour vous servir ! Et puis ce fut le vieux major Beauchamp, blanchi dans les batailles. Bretteur d'élite et buveur émérite. Adulé de ses hommes, et point détesté des dames. Pour vous servir ! Et puis ce fut du Laric, capitaine des bombardiers ; Sainte-Marie, officier de marine, destiné à « enseigner la mer aux Siamois » ; et puis les douze capitaines des douze compagnies, les sieurs d'Alvimar, du Halgouet, Launay, la Cressonnière, la Rougerie, le Hitton, la Roche, Vigier, la Vaublanche, Plantier, Vollant, Vieux Chastel... L'officier Dacieu fut qualifié de « plus bel instrument du corps des mousquetaires ». Un nouveau rire, à peine retenu cette fois, parcourut nos rangs, qui mit, semble-t-il, le prince aux anges... (Des prouesses amoureuses de Dacieu, on parlait jusque dans le harem de Sa Majesté de Siam.)

A la fin des présentations le roi dit aux soldats qu'un déjeuner allait leur être servi, ainsi qu'aux Envoyés extraordinaires, qui allaient se joindre à eux. Il leur souhaita « bonne chère ». Trompettes et tambours de bronze retentirent. La chaise à porteurs dorée du monarque recula jusqu'à la porte où elle s'engouffra. Les doubles battants rouges s'en refermèrent d'un coup.

Cette cérémonie avait duré près de deux heures pendant lesquelles, dans le salon d'audience où se trouvait monsieur de la Loubère, les cinquante mandarins étaient demeurés immobiles, prosternés, front contre terre. Monsieur de Céberet, fesses serrées et les deux mains pressées sur le ventre, répétait sans cesse : « Foutu Dieu je vais exploser. » Jusqu'au moment où, trottant à quatre pattes sur les tapis persans, Phaulkon, suivi par Tachard, rejoignit les Envoyés et leur annonça qu'un repas leur était servi. Céberet s'excusa :

— Votre Excellence, je ne saurais assister à ce déjeuner. Cette marche nu-tête en plein soleil m'a fort incommodé. Vous eussiez dû songer que les Européens ne sont pas habitués à pareille canicule et nous autoriser le sombrero. Par ailleurs, ajouta-t-il, portant ses mains à son ventre, je ne suis pas en. . état de manger.

Les yeux de Phaulkon frémirent.

— Je comprends, dit-il. Je ne saurais trop vous recommander de ne pas abuser des fruits, quoiqu'ils soient délicieux, il est vrai... Vous me voyez désolé de votre malaise. On va vous raccompagner au palais qui vous est réservé dans la capitale.

Les Envoyés, en effet, après l'audience, pouvaient désormais résider à Ayuthya.

En catastrophe Céberet fut transporté en chaise à porteurs, puis en galère, puis à nouveau en chaise à porteurs, à travers les canaux et les rues surpeuplées de la ville, toutes grouillantes d'une foule de commerçants, de soldats, de paysans que — les yeux fermés et les fesses serrées — il ne remarqua point. Non plus qu'il ne prêta attention au magnifique jardin du palais où, au bout de la rue des Maures, on le fit entrer. Il ne regarda ni le bassin, sur la surface duquel flottaient de roses lotus, ni la véranda couverte d'un auvent soutenu par des colonnades de bois jaune et doré. Il ne vit même pas le visage des servantes qui l'accueillirent. Leur montrant son ventre du doigt il fit une grimace : ce sur quoi, séance tenante, on le conduisit dans une pièce privée où il put enfin, s'installant sur un pot de chambre et oubliant tout (Louis la Fistule, le roi de Siam, Phaulkon, Tachard, les intrigues et la menace pesant sur nos troupes), où il put enfin : libérer son âme.

Cependant, au palais, la Loubère passait des moments fort pénibles en compagnie de Desfarges et des officiers français qui faisaient trop de voyants efforts pour lui être à peine agréables ; ou pas assez d'efforts pour le lui paraître tout juste. Enfin ils le battaient froid.

Ils étaient installés, pour déjeuner, dans un pavillon ouvert à tous vents, constitué d'un toit de tuiles supporté par des colonnades, une toile pendant du côté où donnait le soleil. Tout autour, de hauts arbres ombreux et des bassins créaient un soupçon de fraîcheur. C'était dans ces bassins, songea la Loubère, que le chevalier de Choisy disait avoir vu des poissons aux lèvres rouges, au mufle blanc, ressemblant à de vilaines femmes ou à des guenons. Méprisé par les officiers, la Loubère s'occupa à y jeter des boules de riz : des créatures à la gueule gluante en jaillirent. Mais quant à leur trouver une ressemblance avec des femmes, même « vilaines » ! (C'étaient des poissons-chats.) Choisy avait sans doute eu, ce jour-là, quelque crise de mal de Siam.

... Ou de mal de femme, dirait Joyeux.

*Les Siamois n'ont nulle idée d'aucun dieu...*
(Simon de la Loubère,
*Du royaume de Siam,* 1691.)

Le lendemain de l'audience, le roi, à la tête d'un grand cortège de galères, s'en alla avec les femmes de son sérail, ses eunuques et sa suite de bras-peints et mandarins, dans la seconde capitale : Lopburi, à une soixantaine de kilomètres plus au nord, où il résidait habituellement en cette saison. Les Envoyés devraient l'y rejoindre une semaine plus tard (« quand tout sera en ordre pour vous accueillir », leur avait dit Phaulkon).

Au *parler debout* près, sur lequel on ne voulut pas trop faire de commentaires (« mais il ne faudra pas recommencer »), le roi, disait-on, avait été enchanté par les Envoyés et nos officiers. Si enchanté que, pendant tout le repas qui avait eu lieu juste après l'audience, il les avait observés, posté à une secrète fenêtre... Avant de partir pour Lopburi, il avait fait savoir à monsieur de la Loubère qu'on lui avait traduit — *in extenso* cette fois — sa harangue, et qu'il l'avait au plus haut point appréciée, jugeant que l'Envoyé extraordinaire était « un grand ingénieur de parole ».

— Ce prince ne manque pas d'esprit ! songea monsieur de la Loubère.

Le roi s'était fait traduire aussi par Phaulkon, et en présence de l'évêque de Métellopolis, la lettre de Louis la Fistule. L'évêque avait relevé alors que ce « fourbe de Grec » s'était attribué tous les compliments que Sa Majesté Très Chrétienne destinait à Kosapan, traduisant telle phrase où il était dit que la sagesse du roi de Siam se voyait très évidemment dans le choix qu'il avait fait de *si subtils ambassadeurs* par... *d'un si subtil ministre !* Manifestement Constance avait tout mis en œuvre, ne négligeant aucune calomnie, pour déboulonner Kosapan, lequel, à ce qu'on en disait, n'avait toujours pas pu parler, du moins en audience privée, à son roi.

Les Envoyés, flanqués de Mungchion, passèrent une journée à visiter Ayuthya (ils n'eurent pas le droit de voir la pagode du palais où se trouvait cette idole géante soi-disant en or massif : sans doute parce qu'on craignait qu'ils ne découvrissent le pot aux roses). Mais question « idoles et pagodes » au demeurant, ils en virent, ils en eurent même une indigestion, d'idoles. Il y en avait des dorées, des argentées, en bronze, en bois, en brique, des idoles de plus de vingt mètres de haut, des idoles minuscules de trois pouces, des idoles debout, tendant en avant leurs mains ouvertes ; des idoles assises en tailleur, les deux mains posées sur leur giron ; ou bien la main gauche sur le giron et la droite sur le genou droit ; ou bien même des idoles allongées, très paisiblement, sur le flanc droit, la joue droite posée sur la main droite, le bras droit accoudé au sol. Et ces idoles — l'idole allongée surtout, monsieur de la Loubère le remarqua trop bien —, elles souriaient... lascives. Elles souriaient toutes : lascives ! Oh, bien sûr, un imperceptible sourire — un sourire mi-figue, mi-raisin, un sourire dont on pouvait se demander si c'était de la chair ou du poisson, de l'ironie ou de la sympathie, de la bienveillance ou de la dérision. Le roi souriait comme ça, aussi, et Kosapan, et le général Pitratcha et la Clara ! la pute Clara ! (Où elle était passée, celle-là, on ne la voyait plus !)... Et le plus scandaleux c'était que ce sourire qui ornait les lèvres de ce foutu Bouddha lascivement couché, c'était, oui, le sourire de la mort. Parce que ce Bouddha couché, c'était le Bouddha mourant : mourant dans la félicité suprême, le Bouddha s'anéantissant, comme ils disent, ces foutus Siamois ! La mort dans la félicité : quel scandale ! Et combien n'était-il pas facile, désormais, à la Loubère, de comprendre pourquoi les idolâtres ne supportaient pas notre Christ en Croix, notre Christ sanguinolent, notre Christ souffrant dans la mort et mourant dans la souffrance, notre Christ sacrifié. L'autre, là, leur Somona chose, leur Gautama truc, leur Bouddha machin, lui, doucement, il glissait, il s'évaporait : dans la mort. *Nippan* ils appellent ça, *Nirvâna*. Le néant : ni ciel ni enfer, ni haut ni bas, ni début ni fin, ni récompense ni châtiment, ni diable ni bon dieu, ni création ni apocalypse, ni bien ni mal. Certes les jésuites disaient vrai quand ils disaient que Siam est le Royaume du Démon.

Ils visitèrent comme cela une cinquantaine de temples, tous les mêmes, avec toujours les mêmes idoles. Pour aller de l'un à l'autre, les Envoyés empruntaient une pirogue qui les transportait à l'ombre des arbres, et sous une infinité de ponts de bambou et de brique, dans l'inextricable labyrinthe de canaux quadrillant Ayuthya. Seul le centre de la ville était vraiment construit, le reste n'était qu'un vaste verger, hérissé d'arbres fruitiers, où çà et là s'érigeait une maison de bois à pilotis, ou une pagode. Dans les temples il y avait aussi des peintures, des peintures murales : représentant toujours leur Gautama-Bouddha-Somona-Codom du diable. Dans un de ces temples situé sur le fleuve, juste en face du fort de Pompet, ils surprirent même un artiste en train d'achever une peinture. Et ça n'est pas sans étonnement qu'au milieu d'une armée de singes, d'éléphants et autres démons représentés en fresque, ils aperçurent (« Mais oui, oui, regardez ici donc ! » s'exclama la Loubère) des mousquetaires français, à cheval et à pied, arborant de somptueux feutres, de superbes jabots, brandissant l'épée ou le pistolet.

On échangea alors force plaisanteries, les Envoyés s'amusant à reconnaître dans l'un ou l'autre des mousquetaires dessinés, là (« Cette moustache, ça ne trompe pas ! ») : le général Desfarges ; ou là (« Cette gueule carrée criblée de petite vérole, il n'y en a pas deux ! ») : le major Beauchamp ; ou là (« Ce bloc de muscles brandissant sa rapière comme Matamore ») : le fougueux lieutenant Vertesalle. On rit beaucoup : d'autant que certains de ces mousquetaires laissaient apparaître entre leurs jambes d'énormes, menaçants et bestiaux phallus tout comme les Maures enturbannés auxquels ils étaient mêlés. Sans doute nos Envoyés eussent-ils moins ri si on leur eût expliqué que nos soldats avaient été ainsi « embauchés » dans l'armée du génie du mal Mara, s'attaquant au Bouddha, armée qui périrait noyée dans le formidable déluge qu'avait provoqué seulement en tordant sa chevelure mouillée la princesse Dhamari.

La guerre contre les Français avait commencé déjà.

En peinture du moins.

Il y eut des fêtes presque chaque jour dans le palais de Phaulkon, des marionnettes, du théâtre chinois, des danseuses siamoises aux longs ongles dorés, se mouvant à peine sur une musique monocorde (mais « lascivement, les garces ! »), des funambules, des fakirs se transperçant le corps de part en part avec épées, clous, poignards, marchant sur le verre et les braises. Monsieur de la Loubère eut l'impression de revivre dans la peau d'Alexandre le Grand, quand lui fut donné, après sa victoire sur Darius, un spectacle de saltimbanques, du moins à ce qu'en écrit Élien dans ses *Histoires diverses.* Il y eut aussi un grand repas chinois « dont nous ne pûmes manger un seul plat », car ils étaient tous non seulement « incomestibles », mais répugnants. Il est vrai qu'on dit que les Chinois apprécient les choses les plus immondes : comme la viande de chien et même celle de cheval ! Monsieur de la Loubère se fit rapporter par Mungchion quelques commentaires qu'avaient murmurés en ricanant (en ricanant en coin, hypocritement, comme elles ricanent toutes !) les Siamoises qui les servaient : les *Farangset,* avaient-elles dit, étaient tous des *lin jorakè* (des langues de crocodile). Parce que nous n'aimions pas leur cuisine du diable. Ce qui était étrange d'ailleurs, dans ces plats chinois, c'était qu'ils étaient déguisés. Ainsi ce poulet, qui avait tout l'air d'un poulet, n'était-il en fait que de la chair à saucisse moulée aux formes d'un poulet ; tel cochonnet par contre, pouvait être tout de bon du poulet ; on avait droit à des canards en chair de crabe ; à des crabes en pulpe de noix de coco. Rien n'était ce qu'il paraissait ; et rien ne paraissait ce qu'il était. La forme était le leurre de l'essence ; l'essence le démenti de la forme. Ces cuisiniers chinois poussaient même la ruse, le fin du fin de l'illusion, jusqu'à donner à tel produit, après l'avoir haché, assaisonné et remoulé, sa propre forme, sa forme originelle. Ainsi monsieur de la Loubère qui essaya — par pure curiosité culinaro-anthropologique — une demi-bouchée de chacun de ces plats — mangea-t-il un canard qui était tout de bon du canard !...

Dans cet étrange souper offert par Constantin Phaulkon, les Envoyés ne purent pas ne pas deviner quelque symbole : ce chien de Grec ne les leurrait-il pas, lui aussi, non en leur faisant passer du canard pour du cochon, mais les vessies pour des lanternes ?... Parce qu'on n'avançait guère dans les négociations, ni sur Mergui, ni sur Bangkok, ni sur la mise en œuvre des fortifications de la place forte et le reste !... A la fin de ce souper le Grec leur avait fait visiter sa somptueuse maison d'Ayuthya, entièrement meublée à la chinoise et pleine de porcelaines superbes (dont certaines, calcula Céberet, pouvaient être évaluées jusqu'à deux mille écus pièce !). La nuit était tombée. Ils s'assemblèrent sur la terrasse qui dominait le fleuve sombre et la plaine infinie couverte de rizières. Sur le fleuve une centaine de galères illuminées de flambeaux faisaient la course, toutes scintillantes de leurs ors. Le spectacle était magique (on eût dit le convoi des gondoles du doge de Venise allant épouser la mer !). Le soir était tiède, paisible. Phaulkon se plaça dans le dos de la Loubère qui, accoudé à la balustrade de la terrasse, sentit son haleine sur sa nuque.

— Votre Excellence, murmura celui-ci, il faut, c'est mon vœu le plus cher, consolider entre la France et le Siam cette amitié naissante et la rendre éternelle !

Il y avait de la ferveur, quasi de l'amour, de la chaleur en tout cas, dans la voix du ministre. Ému, la Loubère voulut se retourner pour lui dire, avec autant d'enthousiasme, que tels étaient aussi ses desseins, et tels étaient ceux du roi de France, quand… se faisant froide soudain, autoritaire, métallique, la voix du Grec ajouta :

— Mais pour cela, Votre Excellence, il me faut votre subordination. Rien ne se fait à Siam sans subordination !

« Subordination », il allait voir ça, « subordination ». Prenait-il les Envoyés du roi de France et nos officiers pour des domestiques ? Le manant ! « Subordination »…

La Loubère enrageait.

Dès le lendemain, pour « faire un éclat », c'était le 6 novembre que Dieu fit, il envoya Terrasson, son secrétaire, chez le Grec, avec ordre de n'en revenir qu'on ne lui ait remis la Relation de Chaumont que ce vil ministre et son séide Tachard, malgré ses demandes réitérées, ne lui avaient pas rendue encore. Mais Terrasson revint bredouille. Le ministre, dit-il, venait de quitter Ayuthya avec le document, qu'il avait refusé de donner, et en compagnie de Tachard, de tous les jésuites et de… l'ensemble de l'état-major français. Là, c'était le comble : nos officiers allaient continuer leurs festoiements : à Lopburi cette fois. Quant à Bangkok les murs de notre fort, chaque jour que Dieu faisait, s'écroulaient un peu plus, s'enfonçaient dans la vase. Quand nos troupes s'enlisaient, crevant de fièvres et de scorbut. Quand notre Fameuse Aventure à Siam commençait à faire eau de toutes parts.

A naufrager.

*Les hommes se doivent ou cajoler ou détruire car ils se vengent des offenses légères, des grandes ils ne peuvent...*

(Machiavel, *Le Prince*.)

Deux passerelles en bambou avaient été jetées entre le pont du *Saint-Louis,* frégate de la Compagnie des Indes, et les quais de Bangkok, juste en face de la porte principale du fort de l'est. Ombres massives dans la nuit, chapeau à plumes sur la tête, le lieutenant Vertesalle et le sieur Véret, debout au pied des passerelles, regardaient monter sur l'une, et descendre sur l'autre, toute une noria de soldats français en haut-de-chausses, mais torse et pieds nus. Leurs corps blanchâtres, poilus, luisaient de sueur dans le clair de lune : ceux qui montaient avaient les mains vides, ceux qui descendaient étaient courbés sous le poids d'un énorme sac de jute porté sur leurs épaules. Leurs pieds glissaient sur le bambou des passerelles qui, à chacun de leurs pas, ployaient et vacillaient vertigineusement. Ils ahanaient... Régulièrement, un de ces hommes décochait à Véret ou Vertesalle, au passage, un regard haineux, accompagné de quelque juron : « Foutredieu sommes-nous des soldats de Sa Majesté ou des crocheteurs ? Est-ce pour jouer les portefaix que nous fûmes envoyés à Siam ? » Et l'ombre de l'homme s'éclipsait, là-bas, s'engouffrant dans la porte béante du fort. Remplacée aussitôt par une nouvelle ombre surchargée.

Plus d'une centaine de sacs avaient été déjà transférés du bateau vers le fort. Véret en faisait le décompte.

— Nous eussions pu employer à ce travail des Siamois, s'exclama Vertesalle, jetant un regard apitoyé sur ses hommes dont certains, bouffés de scorbut, avaient fort piètre apparence. Faisons-nous ici de la contrebande ? Sommes-nous des malfaiteurs ? N'est-ce pas sur ordre du roi de France et de Siam que nous occupons Bangkok ?

En haut des murs blancs de la forteresse, derrière les créneaux, des mousquetaires en armes montaient la garde. L'acier des cuirasses, des hausse-cols, scintillait dans l'obscurité tiède.

— Le secret, monsieur Vertesalle. Il faut garder sur tout ça, le plus longtemps possible, le secret ! s'exclama Véret. Il ne sera que trop tôt éventé de toute façon. Car tout se sait ici ! Vous ne pouvez pas roter que quatre rapports et cinquante procès-verbaux en sont faits et envoyés directement au roi ! Eussions-nous employé des Siamois, Phaulkon saurait déjà ce que nous débarquons !

— Du riz, s'exclama Vertesalle ! Quel mal y a-t-il à transporter du riz dans une place qui nous est gracieusement offerte ?

— Ce riz, c'est de la poudre à canon ! rétorqua Véret. Vous ne savez pas ce qui se passe dans ce royaume, ni les intrigues qui s'y nouent !

— Ma tâche n'est pas de m'y intéresser ! J'exécute les ordres.

— Et les ordres de monsieur de Céberet, cosignés par le général, vous les avez lus : secret absolu ! Il nous faut être, mon lieutenant, muets comme... euh... la tombe d'une carpe ! Ou une carpe dans sa tombe...

Le chef du comptoir français de la Compagnie des Indes avait troqué, contre sa tenue de perroquet d'apparat à perruque rousse, un vieux feutre sombre, crasseux, et un gilet de buffle lustré par deux années de sueur. Sa « tenue de travail ».

— Foutudieu, Véret, avez-vous vu l'état de mes hommes ! Ça n'est pas des travaux à leur faire faire. La dysenterie et le mal de Siam les tuent comme des mouches. Il faut voir aussi comment ils ont voyagé, comment ils étaient entassés, surtout à bord de flûtes comme le *Dromadaire* et la *Loire.* Je crois que des porcs dans leur auge ont plus de confort. Et sont mieux nourris. Le sieur Descluzeaux, intendant à Brest, a dû s'en mettre plein les poches en calculant leurs rations : galettes pourries, vin aigre, lard moisi. Ça n'empêchait pas ces messieurs les jésuites et ambassadeurs de faire bombance, eux, en se réservant la viande fraîche du bord et la meilleure eau ! J'ai servi Sa Majesté pendant vingt ans, sur tous les champs de bataille, je n'ai jamais vu pareil manque d'organisation, pareille gabegie, pareille foutaise !

Le lieutenant Vertesalle, commandant en second de la place forte de Bangkok, était un homme frisant la quarantaine, de haute stature, brun, d'une grande expérience : *il savait bien la guerre et était fort attaché à en faire observer les règlements,* écrirait de lui plus tard François Martin, qui eut lieu de le pratiquer à Pondichéry, où nos troupes, après la *tragédie,* s'étaient réfugiées. *Au demeurant il était fort aimé de ses hommes et dépensait tous ses appointements à sa table, où il régalait généreusement les officiers.* Fidèle au poste, à cheval sur ses devoirs, il ne quitta jamais Bangkok, même pas pour se rendre à l'audience du roi, et ne rencontra que très brièvement Phaulkon, ce qui lui attira l'animosité du ministre qui crut y voir du *mépris.* Vertesalle n'était pas peu fier, il est vrai. Il faisait souvent état de ses « exploits » et de sa « bravoure » dont — ironiserait Kosapan — *il s'enflait si fort qu'il se prisait comme l'unique brave dans le monde...*

— Foutudieu, Véret, cette cargaison de riz est complètement inutile ! s'exclama Vertesalle. D'abord nous n'avons pas encore de magasins corrects où l'entreposer, ensuite à quoi nous sert-il d'avoir pour dix-huit mois de provision dans une place à demi en ruine, et incapable de soutenir trois jours le moindre siège sérieux ? Qui messieurs les Envoyés veulent-ils ainsi aveugler, sinon leur propre conscience ? Ils ne cherchent rien d'autre, avant de quitter Siam, que de maintenir « les apparences », et d'agir en sorte que les Instructions qu'on leur a données, du moins la lettre de ces Instructions, soit respectée, ce qui leur permettra à leur retour, en cas de pépin, de se laver les mains en arguant qu'ils ont accompli tous les ordres reçus !... Ne savez-vous pas qu'interdiction m'a été faite même de dresser des barrières de troncs d'arbres là où le fort est ouvert ! Pourtant les cocotiers ne manquent pas dans le pays, et on pourrait confectionner avec de bonnes palissades ! Pas question, cela risquerait d'« inquiéter » inutilement les Siamois, il faut attendre que les négociations aboutissent ! Le général ne veut pas faire de vagues... Vollant des Verquains, l'ingénieur, a déjà proposé un projet de plan, pour la nouvelle forteresse, mais il a été rejeté par le roi, sous des prétextes futiles !... Que nous reste-t-il à faire, sinon à nous croiser les bras, à attendre : dans la gueule du loup.

Véret éclata de rire :

— Les Siamois appellent ça je crois, dit-il, être assis sur l'échine du tigre, et le tenir par les deux oreilles, ah ah !

Soudain, à une centaine de mètres, là-bas, dans l'obscurité, on entendit des jurons, en français et en portugais : « On ne passe pas », à quoi faisaient écho des « Va-te-faire-foutre ! ».

De part et d'autre du quai avaient été placés des mousquetaines, qui avaient pour mission d'empêcher quiconque de s'approcher, et de se renseigner sur la nature des marchandises qu'on était en train de débarquer. Véret et Vertesalle coururent vers l'endroit où avaient éclaté ces cris. Un homme à moustache blanche et vêtu de noir de pied en cap, flanqué de trois soudards habillés semblablement, essayait de repousser les mousquetaires français qui faisaient le guet.

— Tulippe, crénom, qu'est-ce qui se passe ici ? hurla Vertesalle.

Ledit Tulippe, qui était de garde avec le soldat la Pierre et l'officier la Corbinaye, rétorqua :

— Je veux bien baiser le cul d'un jésuite, si je comprends quelque chose au latin que me baragouine ce bougre !

Le bougre en question, tenu en respect par trois épées pointées sur sa poitrine, brandissait de façon menaçante au-dessus de sa tête le crochet qui lui tenait lieu de main droite. C'était le señor da Silva, ex-gouverneur de Bangkok, et commandant des troupes portugaises de Siam. Il avait fort mal digéré d'avoir été détrôné, à cause des Français, de son poste de gouverneur ; les spadassins qui l'escortaient avaient chacun la main posée sur la poignée de leur épée.

— Rien, beugla da Silva en portugais, ne peut être débarqué à Bangkok sans ordre écrit du ministre Phaulkon ou du barcalon Opra Cedet. Où sont vos ordres? Je n'ai pas été averti de ce débarquement.

— Da Silva de mes deux, rétorqua Véret dans la même langue, nul ici n'a plus aucun ordre à te montrer. Le gouverneur de Bangkok, désormais, ça n'est plus toi, c'est le général Desfarges... da Silva de mes deux. Et c'est sur ordre du général Desfarges que nous faisons ce que nous faisons !

Vertesalle, qui ne comprenait rien à leur jargon, sortit d'un coup son épée dont la lame scintillante fulgura à la clarté des astres. Les trois spadassins portugais l'imitèrent.

— Poussez-vous, monsieur Véret, dit le lieutenant en tirant celui-ci par le bras, je m'en vais faire passer à ces bâtards portugais le goût de la morue ! Holà, mousquetaires, à moi !

Une dizaine de Français, descendant des murailles, accoururent à la rescousse. Mais déjà, derrière da Silva, étaient venus en renfort plusieurs bras-peints, torse nu, arborant d'énormes cimeterres.

Véret, de sa main gauche, essayait de maintenir en arrière Vertesalle, lequel semblait avide d'en découdre.

— Da Silva de mes deux, poursuivit Véret, gouverneur de mon cul, tu es aux ordres du général Desfarges désormais, ne le sais-tu pas, c'est Phaulkon soi-même qui l'a publiquement déclaré pourtant ? Gouverneur de mes couilles !

— Desfarges est aux ordres de Phaulkon, rétorqua rageusement le vieux da Silva, et si Phaulkon eût ordonné de débarquer quoi que ce soit à Bangkok, il m'en eût avisé ! C'est quoi ces sacs ?

— C'est des sacs de nœuds, gouverneur de ma bitte ! Déguerpis !

De part et d'autre, les rangs se grossissaient de renforts. Le canon des mousquets, l'acier des épées et des sabres luisaient dans l'ombre. Les hommes se mesuraient du regard. Quelques instants, il sembla que le sol vacillait : et que l'affrontement verbal allait virer au carnage.

Mais l'ex-gouverneur da Silva n'avait pas d'ordre. Créer l'incident, c'était s'exposer à avoir la tête tranchée.

Il fit reculer ses troupes.

On entendit un murmure, des jurons étouffés...

Vertesalle remit au fourreau sa rapière, en la faisant claquer bruyamment :

— C'eût été profaner mon bras que de croiser le fer avec cette racaille ! Que l'un de ces bougres s'avise encore une fois, ne serait-ce que de marcher inconsidérément sur l'ombre de mon épée, et je lui fais botter le cul par mes putains !

Véret éclata de rire.

Il se tourna vers le vaisseau *Saint-Louis*. Les hommes continuaient de débarquer le riz.

— Foutudieu, j'ai arrêté de compter les sacs ! s'exclama-t-il. On a dû m'en voler déjà une demi-douzaine. Ces soudards du diable vous ôteraient votre haut-de-chausses sans que vous vous en aperceviez !

# Acte III

*Qu'est-ce donc qui sera vrai ? Une seule chose peut-être : il n'y a rien de certain.*
(Descartes, *Méditations métaphysiques,* 1647.)

Le 11 novembre que Dieu fit, juste à la nuit tombante, le cortège de galères des Envoyés extraordinaires arriva au débarcadère de Lopburi, la seconde capitale de Siam. Le roi y passait la moitié de l'année, pour y chasser disait-on, et parce que le climat y est bien plus frais. D'aucuns assuraient que c'était pour s'éloigner aussi d'Ayuthya où l'on intriguait beaucoup (particulièrement autour de ses frères qui y étaient tenus en réclusion) et où la sécurité, surtout depuis la révolte des Macassars, était incertaine. Une foule dense et silencieuse se pressait dans l'ombre près du débarcadère. Chose impressionnante, les individus composant cette foule tenaient les uns une bougie, les autres un flambeau. Sur la muraille blanche ceinturant la ville qui se dressait plus loin, des bras-peints brandissaient d'énormes torches qui projetaient des lueurs tremblantes sur leur torse nu. Le sieur Cropley, chef des mousquetaires anglais de Phaulkon, ainsi que Kosapan et Oluang Kalaya Rajamaïtri (alias le-second-ambassadeur-qui-alla-à-la-France) étaient venus accueillir les Envoyés et leur suite. Pendant tout le trajet, jusqu'au « palais » de monsieur Constance, où ils auraient leur résidence, les Envoyés furent précédés, suivis, flanqués de mandarins et de soldats siamois portant des cierges. C'était une immense et muette procession dans la nuit. Ils aperçurent au bout d'une rue obscure un haut mur d'enceinte blanc, percé par une porte voûtée que surmontait un fronton triangulaire : c'était l'entrée du « palais », devant laquelle des gardes siamois armés de flambeaux, montaient la garde. Deux officiers, Suhart et Sainte-Marie, vinrent prendre les Envoyés à la descente de leur chaise à porteurs et les firent pénétrer à l'intérieur de l'enceinte, dans un jardin obscur embaumant le jasmin. Une dizaine de bâtiments s'y dressaient, tous en brique, peints en blanc, certains de deux étages. La plupart venaient d'être achevés, et leur architecture imitait un peu le style français. Avec cela des bassins, des fontaines, des parterres de fleurs incendiés par des torches nombreuses.

— C'est magnifique, s'exclama Céberet. Un vrai petit Versailles !

Ils entrèrent dans un second jardin où s'étendaient deux vastes bassins couverts de lotus mauves épanouis. Un escalier en marbre de huit marches, large d'une quinzaine de mètres, donnait sur un très vaste bâtiment d'un étage. Celui-ci ouvrait sur un salon que monsieur de Céberet décrirait dans son journal comme *d'une grandeur prodigieuse.* Il ajoute qu'il était *éclairé d'un grand nombre de lustres et lanternes de Chine* qui sont des lanternes en corne translucide ornées de figures diverses et idéogrammes. L'ensemble de l'ameublement d'ailleurs était chinois, meubles, porcelaines, à l'exception des tapis persans recouvrant un immense parquet en bois précieux. La Chine, à Siam, est considérée comme la patrie des arts. Mais nul Siamois n'en eût jamais soufflé mot à monsieur de la Loubère, les Siamois étant gens courtois, qui se piquent de ne contredire jamais personne...

Plusieurs jésuites se trouvaient dans le salon. Prenant la relève des officiers Suhart et Sainte-Marie, les pères le Blanc et de Bèze, ainsi que le major Mungchion, accompagnèrent les Envoyés dans un bâtiment voisin où, au second étage, étaient situés leurs appartements : meublés eux aussi « à la chinoise ». Mungchion avait proposé à messieurs la Loubère et Céberet de « prendre un bain » au « bain maure » du sieur Phaulkon. « Un bain de vapeur », expliqua-t-il. Ce sur quoi les Envoyés rétorquèrent — sous le regard plein de bienveillance de De Bèze — qu'ils n'en avaient pas besoin, s'étant lavés l'avant-veille. De Bèze leur expliquerait que les jésuites avaient essayé de dissuader, mais en vain, Son Excellence Phaulkon de prendre ce type de bains tout à fait païens (n'étaient-ce pas les thermes des Romains ?) où plusieurs personnes, dans le plus simple appareil, pouvaient se trouver réunies. On s'y faisait même masser et étriller au gant de crin, ce qui ne pouvait qu'aviver les sangs, les sens, et induire à la concupiscence. Les Envoyés se changèrent cependant car le Grec, ne tenant pas compte qu'ils pussent être épuisés par le voyage, les avait fermement conviés à dîner. On raffina sur la toilette car on allait être présentés à madame Constance.

— Comment est-elle ? belle ? demanda la Loubère.

— Belle autant qu'une Indienne peut l'être, dit le père le Blanc qui, contrairement au lubrique abbé de Choisy, trouvait les Asiatiques laides (« leur nez plat leur occupe la moitié du visage ! »). C'est à peine cependant si on se rend compte qu'elle est de race japonaise : son teint est clair et ses manières sont européennes. Elle est douce, enjouée...

— Et fort chrétienne, dit de Bèze, elle n'a d'autre occupation que de veiller à sa maison et à l'éducation d'une vingtaine de jeunes filles qu'elle a adoptées.

Quelques instants plus tard les Envoyés, plus enrubannés et empanachés que jamais, sortiraient de leurs appartements en compagnie de le Blanc, de Bèze et de quelques officiers français. Ils retraversèrent le salon chinois et passèrent par le rez-de-chaussée d'un autre bâtiment qui avait été réservé aux pères jésuites. Le regard des Envoyés courut sur les paravents japonais qui le meublaient, sur les lampes de Chine, les commodes incrustées de nacre et d'écaille de tortue, ce qui contrastait fort avec la sobriété, sinon la misère, du séminaire des missionnaires à Ayuthya.

Le Blanc dit alors, comme pour se justifier :

— Nous avons dû protester auprès de Son Excellence Phaulkon contre le luxe si inutile de ce lieu. Nous lui avons dit que nous ne voulions que de froides cellules, des paillasses posées sur le sol et un pichet d'eau pour accommoder le pain sec dont nous nous contenterions bien, mais il a insisté pour que nous habitassions ici, disant que lui-même et le roi de Siam ne cherchaient à faire honneur ainsi qu'à Sa Majesté Très Chrétienne, au père de la Chaise et à Sa Sainteté le pape, que nous représentions ; et que d'ailleurs nous aurions bientôt, dans la ville, dès qu'on aurait fini de les construire, ce qui ne saurait tarder, une maison toute à nous, et un observatoire astronomique où nous pourrions vivre de la manière qui convient le mieux à des religieux. Nous avons bien dû aussi faire contre mauvaise fortune bon cœur et accepter cette trop belle demeure. Mais le père Tachard nous a ordonné, par pénitence, de supprimer dans nos lits le matelas et de dormir sans oreiller...

A côté de ces somptueux appartements, le roi avait offert aux saints pères cent esclaves (avec leur descendance !). Plusieurs d'entre eux (de jolis garçons de dix à treize ans) allaient et venaient en tous sens, portant et emportant, dans un incessant bourdonnement de ruche, des plateaux chargés de thé, de fruits, de sucreries multiples. Autant de délices dont la Divine Providence accablait Siam ; et Son Excellence Constance la Compagnie de Jésus.

Les Envoyés ressortirent dans le jardin et, à l'extrémité ouest de celui-ci, rejoignirent la haute demeure où résidait Phaulkon, une demeure « en dur » et à deux étages, ce qui n'avait pas peu fait murmurer dans la ville, lors de sa construction, car seul le roi peut avoir une maison à plusieurs étages, nul ne devant être plus « élevé » que lui. D'aucuns voulurent voir là le signe du secret désir du Grec de s'emparer du trône.

Phaulkon, fort souriant et mielleux, flanqué d'un Tachard tout aussi souriant et mielleux (« ils se sont passé le mot ! »), accueillit les Envoyés sur le perron et les fit pénétrer dans une vaste salle toute bourdonnante des rires et conversations d'une centaine de personnes là assemblées, brouhaha confus par-dessus lequel s'élevaient les chants et trilles d'un petit orchestre : ... *Vos vœux sont exaucés, Louis est de retour/Il ramène en ces lieux les plaisirs et l'amour/Et vous voyez finir vos mortelles alarmes/Par ses mortels exploits son bras voit tout soumis/Il quitte les armes faute d'ennemis...*

C'était le prologue au *Malade imaginaire* à la gloire de Louis la Fistule (du Lully encore !) qu'entonnaient André Cardinal, Launay et quelques autres musiciens français emperruqués installés au fond du salon. Un essaim de prêtres, d'officiers et de jeunes femmes (en apparence européennes) entouraient l'orchestre, tournant le dos aux Envoyés dont on ne remarqua pas d'abord l'arrivée. C'était spectacle du plus bel effet que nos officiers : avec leurs brillantes cuirasses, leurs hausse-cols rutilants ou leurs scintillants baudriers sur quoi déferlaient des flots de blanches dentelles où s'épanouissaient de somptueux nœuds de rubans roses, verts, jaunes, bleus. Quelques-uns d'entre eux, apercevant la Loubère et Céberet, se tournèrent dans leur direction et tous bientôt leur présentèrent une mine joyeuse... à l'exception cependant de du Bruant et de Desfarges qu'on semblait avoir dérangés au milieu d'une secrète et... vigoureuse conversation. Entre le chef du corps expéditionnaire français et son second, il y avait de l'orage dans l'air, manifestement ! Ce qui les opposait n'était pas difficile à deviner : Phaulkon désirait que du Bruant, quand il serait à Mergui, fût sous son commandement direct, et celui-ci n'y voyait pas d'inconvénient, d'autant qu'on lui promettait en même temps bien des avantages. Mais Desfarges, tout séduit qu'il fût par les sirènes du Grec, n'arrivait pas à céder sur ce point, car ce serait contrevenir trop ouvertement à ses Instructions. Certains écrivirent de du Bruant qu'il faisait sa *cour aux jésuites dans l'espérance de faire fortune par leur moyen*[1].

On s'entresalua... fraîchement.

Et Phaulkon entraîna les Envoyés vers le groupe de jeunes femmes agrégées autour de l'orchestre : la Loubère en distingua une, sur-le-champ, qui, tournée vers les musiciens, ne lui présentait, de loin, qu'un quart de profil : brune, les cheveux coiffés haut « à la Fontanges », elle portait une vaste robe décolletée en... en velours (du velours par cette chaleur!), robe qui était à la toute dernière mode à Versailles lors du départ de l'escadre. Nul doute aussi que ce vêtement fît partie du lot de profanes fanfreluches que le zélé Tachard s'était chargé d'acheter à Paris, et que celle qui en était habillée n'était autre que... madame Constance.

Phaulkon d'ailleurs la désigna bientôt pour telle aux Envoyés. La jeune femme, interpellée par son mari, braqua d'un coup son visage vers la Loubère : moins un visage d'ailleurs que deux yeux (car on ne voyait d'abord que ses yeux!). Deux énormes yeux noirs, noir d'ébène, surmontés par l'accent circonflexe d'épais et broussailleux sourcils, sombres : tranchant sur une peau claire. Point des yeux, mais des boulets de canon : l'Envoyé en fut foudroyé... et stupéfait. C'était quelque Judith sortie du pinceau du Bronzino que cette jeune femme, quelque Lilith, quelque Rachel, ou quelque Clytemnestre judéo-grecque; ou italo-portugaise. C'était là une beauté romaine, une rose madrilène, un jasmin lusitanien. Mais une Japonaise?... Qui diable allait lui faire croire que cette plante méditerranéenne fût un rejeton de la race nipponne? Quelle nouvelle invention était-ce là? quelle incompréhensible jésuiterie?

La Loubère ne se sentit pas peu stupide aussi quand, prenant la main de la jeune femme pour la baiser, une main si fine aux longs doigts ivoirins (... surbagouzés d'or!), il lui fallut débiter ce petit compliment, préparé à l'avance : où il invoquait ses ancêtres... japonais qui, par un « secret dessein de la Providence » n'avaient été chassés, chrétiens qu'ils étaient, de leur patrie nipponne que parce qu'il fallait que leur descendante (leur si ravissante descendante!) vînt à Siam allumer, avec son « auguste époux » le flambeau de « la vraie foi », etc.

La Loubère dont les lèvres venaient d'effleurer la carapace d'or et de diamants protégeant la jolie menotte de madame Constance, releva peu à peu son regard de la taille de celle-ci (un peu enflée :

1. Mémoire en forme de lettre d'un Anglais catholique.

manifestement elle était enceinte) jusqu'à sa poitrine : menue, mais quelle peau soyeuse sublime (pour ce qu'on en apercevait du moins, car à son cou gracile pendaient une dizaine de colliers de perles et d'émeraudes sur quoi surnageait, tel un radeau en perdition, une énorme croix d'or : il y en avait pour trente mille écus, ça n'était pas une poitrine, mais l'étalage d'un joaillier !). Les yeux de l'Emplumé bientôt, au terme de leur lente ascension, retrouvèrent le visage de la jeune femme : ... il est vrai... si on parvenait à faire abstraction de ce sublime regard noir tout empreint de canicule latine, on pouvait supposer, au saillant des pommettes, à la petitesse du nez rond, à la fine porcelaine dans laquelle étaient pétries les minuscules oreilles, quelque origine asiatique. Les cheveux, épais, bleus à force d'être noirs, pouvaient appartenir aussi bien à une Sicilienne qu'à une Nipponne. Ils étaient plats cependant, sans l'esquisse de l'ombre d'une frisure... Après tout, se dit la Loubère, c'est peut-être ainsi que Dieu choisit de fabriquer les dames japonaises, et on m'aura mal renseigné sur leur physique.

Ladite dame « japonaise » débita, en portugais, les « je suis enchantée » et autres « ravie » de convenance, cependant que, de ses yeux absolument non bridés, elle foudroyait de mépris l'Envoyé. Manifestement elle avait été prévenue contre lui : il était l'*ennemi !* Celui qui voulait faire naufrager le Grand Dessein. Cette dame était des plus orgueilleuses, à ce qu'on en disait, et elle *entretenait son mari,* qui n'en avait certes pas besoin, *dans des airs de hauteur* (dixit Deslandes).

Elle n'était pas peu fière aussi que les Envoyés dussent remettre à celui-ci bientôt, au nom de Louis XIV, le titre de comte et le ruban de l'ordre de Saint-Michel (encore qu'elle eût préféré l'ordre du Saint-Esprit, plus gratifiant : elle s'était informée !).

Son ambition, au demeurant, n'était pas aveugle, mais régulée par un puissant pragmatisme. La jeune femme n'avait pas pu ne pas deviner que la croissante influence française risquait d'exciter le ressentiment d'une partie de la noblesse siamoise (la fille du roi, Yotha Tap, cette garce, qui était jadis son amie, refusait désormais de la recevoir !). Aussi était-il préférable d'avoir plusieurs fers au feu. Il fallait se ménager des « portes de sortie ». C'était sans déplaisir qu'elle imaginait d'aller vivre en France. Se voyait-elle déjà en belle robe longue de satin glissant sur les allées gravillonnées du parc de Versailles entre les Jupiter de bronze et les Pomone de marbre ? En tout cas elle était furieuse que Tachard n'eût pas apporté (comme il avait été convenu pourtant dans... leur *plan*) des lettres de naturalité qui feraient d'elle, de son époux et ses deux fils (Juan, trois ans ; et Georges, cinq ans) des sujets à part entière du Fistulard. En cas de malheur... elle pourrait s'enfuir ainsi avec les siens (... et leur magot !) et être reçue en France non seulement en personne fortunée, mais en personne de *qualité*. Elle avait commencé d'ailleurs d'étudier le français, et s'était fait raconter naguère, par cette pipelette d'abbé de Choisy, les manières des dames de Versailles, et particulièrement de la Maintenon (la vieille ripopée !) qui était son... modèle. Comme la Maintenon elle s'habillait de couleurs sombres, comme la Maintenon, nous l'avons dit déjà, elle avait créé une sorte d'école de Saint-Cyr où elle élevait toutes les jeunes filles métisses, rejetonnes des amours des femmes siamoises et des Européens de passage. Certaines de ses protégées qui avaient pour père quelque pirate danois ou anglais étaient blondes : ce qui leur conférait une plus-value d'exotisme fort appréciée dans le pays et les mandarins les plus illustres avaient proposé jusqu'à la valeur prohibitive de deux éléphants pour en avoir une dans leur sérail. Mais madame Constance refusait, ne mariant ses filles qu'à des chrétiens : et catholiques !

C'était quelques-unes de ces jeunes filles, âgées de quatorze à seize ans, qui l'entouraient dans le salon de réception. Parmi elles la Loubère remarqua, dissimulée (hypocritement la garce !) derrière sa maîtresse : Clara la pute. Ainsi elle faisait bien partie de la-bande-à-Phaulkon ! C'était un de ses agents, une de ses courtisanes de choc ! Il avait bien fait, lui, la Loubère, de ne pas tomber dans les griffes de cette geisha. De résister. Clara la pute sembla ne pas le reconnaître. Elle tenait son visage baissé, clos : la fourbe !

Après la Loubère, ce fut Céberet, puis nombre d'officiers qui, à tour de rôle, vinrent faire un compliment à madame Constance. Ce sur quoi elle esquissa une dernière courbette et, dans un frémissant frou-frou de jupons, s'en alla, avec toutes ses demoiselles de Saint-Cyr, là-bas, au fond du salon, où elle disparut dans la bouche obscure d'un corridor.

C'est alors que, sortant de l'espèce de fascination où l'avait plongé cette jeune femme, monsieur de la Loubère se rendit compte de la présence, au milieu de toute l'assistance, d'un hôte de marque : Louis la Fistule soi-même. Du moins le portrait de Louis la Fistule (en tenue d'Apollon couronné de lauriers), suspendu à un mur, à l'autre bout de la pièce, sous un dais de velours bleu, et au-dessus d'un siège, ou plutôt d'un trône en bois sculpté, sur lequel, à ce qu'en apprendrait l'Envoyé, « Sa Majesté » Phaulkon avait accoutumé de s'asseoir pour recevoir « en audience » les mandarins, qui se devaient prosterner à ses pieds.

Si madame Constance se prenait pour la catin Maintenon, elle avait trouvé son Louis XIV.

*Les jésuites,* écrirait longtemps plus tard un témoin anonyme, *inspiraient à monsieur Constance un orgueil qui ne serait pas supportable chez un empereur. Il n'en avait que trop et, à force de lui souffler du vent, ils lui ont fait tourner la tête*[1].

1. Mémoire en forme de lettre d'un Anglais catholique.

*Les Siamois (...) sont des adorateurs du démon.*
(Ibn Muhamad Ibrahim, ambassadeur de Perse
à Siam, *La Nef de Suleiman,* 1686.)

Lopburi était une petite ville de quelques milliers d'habitants. Elle était entourée de deux vastes enceintes, chacune percée d'une dizaine de portes fortement gardées par des bras-peints. Cette double enceinte se répétait en cercles décroissants, avec les murs du palais qui s'érigeait, au bord du fleuve, et les murs de chaque cour du palais, l'ultime cour renfermant le saint du saint : le pavillon doré Suthatsawan, demeure habituelle du roi. A partir du mur extérieur de la ville, jusqu'à celui enserrant le pavillon Suthatsawan, on comptait sept enceintes symbolisant les chaînes de montagnes concentriques entourant le mont Merou, résidence des dieux.

Le roi, dieu vivant, passait son temps dans son beau pavillon doré cerné de bassins, de fontaines et d'arbres ombrageux, entouré des femmes de son sérail, de ses gardes, de ses eunuques, à l'abri des regards de son peuple, invisible, inaccessible, tel Indra au sommet de sa montagne sacrée.

Le second roi, le demi-dieu Phaulkon (« le barbare grec » comme l'appelaient les mandarins, ou le « chacal chrétien », comme le dénommaient les musulmans), habitait tout près du palais de Sa Majesté de Siam. Une rue d'une centaine de mètres seulement séparait leurs demeures. Le palais de Oya Witchayen Constance comportait à l'intérieur de son enceinte treize bâtiments en tout, au centre desquels s'élevait la chapelle Notre-Dame-de-Lorette.

Cette chapelle, dont la construction venait d'être achevée, était en marbre, matériau fort rare et très cher à Siam. L'intérieur en était complètement recouvert de feuilles d'or et les murs arboraient des tableaux peints par un jésuite japonais, représentant les mystères du Nouveau et de l'Ancien Testament. La facture n'en était *pas exquise* écrirait euphémistiquement Tachard dans son récit de voyage, et les couleurs *surprenaient.* Ce qui surprenait aussi, c'était de voir ces Vierges aux yeux bridés, ces saint Joseph au teint de bronze et aux pommettes saillantes. Ce syncrétisme ne sentait-il pas le fagot ? Jusqu'où n'allait-il pas d'ailleurs, ce syncrétisme ! La chapelle, toute cruciforme qu'elle fût, avait un double toit en métal blanc, à la façon des pagodes idolâtres, et était crevée de fenêtres ogivales de style arabo-persan. C'était un pot-pourri de toutes les influences qui venaient se fondre dans un surprenant baroque. Mais Siam n'était-il pas aussi un pot-pourri, un carrefour où s'entrecroisaient l'Inde, la Chine, le bouddhisme, le confucianisme, l'hindouisme, l'islam, le christianisme ? A Lopburi, comme à Ayuthya, les flèches des *chedi* se confondaient souvent avec les minarets des mosquées et les clochers des églises : au plus grand scandale des missionnaires qui auraient bien accepté l'extrême tolérance que témoignait à leur égard le roi de Siam, s'ils n'eussent pas dû la partager à égalité avec des musulmans et autres !... Contre cet esprit de liberté, le père Tachard s'emporta fort lors du prêche retentissant qu'il prononça à l'occasion de l'inauguration de la chapelle, le matin du 13 novembre que Dieu fit : Avec cette église, s'exclama-t-il, nous habituons les Siamois à la vue et à l'estime de la Croix... Nous dressons un triomphe à Jésus-Christ dans l'empire du Démon !

Pendant la messe la Loubère, par-dessus son missel, observa les Phaulkon, époux, femme et enfants qui, avec leurs demoiselles-de-Saint-Cyr, étaient agenouillés au premier rang : nul avec plus de ferveur que le Grec ne joignait les mains ni n'élevait des yeux suppliants vers la croix dressée sur l'autel ; nul avec plus d'humilité n'approcha la Sainte Table au moment de la communion, ni ne reçut avec plus de béatitude l'hostie consacrée ; nul, avec plus d'onction ne se signait ; avec plus de chaleureux accents n'entonnait Alléluia et *Agnus Dei !* Tous les yeux vers lui étaient tournés. Ne devait-il pas être l'exemple même de la chrétienne ferveur ? Cependant ce spectacle n'évoquait rien d'édifiant en l'esprit de monsieur de la Loubère qui songeait plutôt aux profanes tréteaux du Théâtre-Français où il vit jouer *Tartuffe : « Chaque jour à l'église il venait d'un air doux / (...) Il attirait les yeux de l'assemblée entière / Par l'ardeur dont au ciel il poussait ses prières / Il faisait des soupirs, de grands élancements / Et baisait humblement la terre à tous moments...* Ah, ah, le Tartuffe, l'histrion ! Mais croit-il pouvoir abuser de moi, la Loubère ! »

L'Envoyé qui, par-derrière, avait une vue plongeante sur le dessus du crâne du Grec, remarqua que celui-ci était atteint d'un début de calvitie : on eût dit que la Providence lui eût procuré une naturelle tonsure !

« Tartuffe ! Il allait tout, tout, tout payer ! Le *marcher au soleil sans sombrero !* Item *le parler nu-tête !* Item la Relation de Chaumont qu'il refusait de lui rendre, item, le fort pourrissant de Bangkok, il allait payer ! »

Ce soir-là les Envoyés s'étaient assis dans le salon de leur appartement, sur les fauteuils-à-Cupidon-rose-dardant-ses-flèches-sur-de-croupues-naïades qu'avec toutes leurs hardes, leur domesticité et jusqu'à leurs chaises percées, ils avaient fait venir à Lopburi.

Ils tenaient « conseil de guerre » : on était à la mi-novembre déjà !... Ils voulaient repartir début décembre après avoir « tout réglé », « tout bouclé », or rien, ou presque, n'était ni « réglé » ni « bouclé ». Si la Loubère qui s'en retournait directement en France pouvait encore patienter et même jusqu'à janvier, les vents demeurant favorables, ça n'était pas le cas pour Céberet qui devait, lui, rejoindre Pondichéry : après la fin décembre les vents du golfe du Bengale tourneraient, et il serait bloqué à Siam pour un an ! Aussi fallait-il agir, vite, et cesser de se faire « balader » par ce Grec. Lui mettre les points sur les « i », le mettre au pied du mur. Et « dès ce soir » !

— Je propose, dit Céberet, que nous allions de ce pas le trouver et abordions avec lui, clairement mais fermement, un point important de notre négociation : ces soldats siamois dont nous ne voulons plus à Bangkok, par exemple ; ou la construction des fortifications !

— Nos troupes sont à Bangkok, dit la Loubère. Dans de mauvaises conditions, certes, mais elles y sont ! Je pense qu'il est plus pressant de faire envoyer le lieutenant du Bruant et ses trois compagnies à Mergui. C'est une des exigences capitales de nos Instructions, et elle n'a absolument pas été satisfaite !

— Vous dites juste. Il faut que d'ici deux ou trois semaines nos soldats se soient installés là-bas. On peut fort bien s'y rendre en cette saison, je me suis renseigné. Même si la route, comme le prétextent Phaulkon et Tachard, est mal praticable. J'embarquerai moi-même de Mergui pour Pondichéry, dès lors que nos affaires seront réglées ici. Je suggère aussi que du Bruant fasse le début du voyage en ma compagnie jusqu'à Mergui.

La Loubère toussota, dressa son nez vers le plafond et dit avec hauteur :

— J'aimerais... euh... aussi réclamer dès ce soir, et de façon solennelle cette fois, la Relation du chevalier de Chaumont, que ce Grec continue de garder par-devers lui, quoique je la lui réclame depuis plus d'une semaine !

— Est-ce si urgent ? interrogea Céberet. Il serait bon de ne pas mêler plusieurs points. Ce Grec est rusé. Vous risquez de lui offrir ainsi l'occasion de n'aborder qu'à moitié chaque point, pour ne répondre clairement sur aucun.

La lèvre supérieure de la Loubère frémit, son œil droit fut soudain soumis à de spasmodiques clignements. Ce Céberet, ce vil commerçant de Céberet commençait, et vivement, à l'agacer. Oubliait-il qui était le chef de cette ambassade ?

— Mon cher Céberet, lança-t-il d'un ton cinglant et exaspéré, ce document est d'une importance extrême, il porte le paraphe du marquis de Seignelay, c'est un original, je ne puis le laisser traîner ainsi on ne sait où, au risque qu'il se perde !

Céberet rentra sa tête dans ses épaules (« Ça y est, se dit-il, ça le reprend ! Il ne s'agit pas de le contrarier. Laissons-le demander *sa* Relation ! ») Ils discutèrent longuement et mirent au point leur tactique : Ils aborderaient d'abord le problème, essentiel, de Mergui, et ensuite, quand cette première question serait réglée, la Loubère pourrait réclamer, avec doigté et diplomatie, la Relation.

Ils se parfumèrent, se pomponnèrent, envoyèrent Joyeux les annoncer dans la demeure toute voisine de Phaulkon, et s'y rendirent bientôt, après dîner. Le père Tachard les accueillit sur le vaste perron :

— Son Excellence Constantin Phaulkon vous attend dans son cabinet de travail. Je vous prierai d'être brefs et concis, car nous sommes tous conviés tantôt à une cérémonie que Sa Majesté de Siam donne dans son palais. Si vous voulez me suivre...

Ils traversèrent un salon (ce même salon au sol couvert de riches tapis où, la veille, leur avait été présentée madame Constance). Sous son dais de velours bleu, le portrait de Louis l'Infâme trônait toujours, au centre du mur du fond, au-dessus du fauteuil. Deux cierges, allumés juste en dessous du tableau, projetaient sur le visage du Fistulard d'incertaines lueurs cuivrées, qui semblaient presque donner vie à ses traits : au point que la Loubère, qui s'était arrêté un instant devant... « son roi », eut tout de bon l'impression de l'avoir face à lui, en chair et en os (et en tenue d'Apollon) : jamais les lèvres de ce tyran immonde n'avaient paru, dans leur moue, plus hautaines et méprisantes, ni ses yeux. Et la Loubère fut envahi soudain à ce spectacle par un sentiment d'écrasement. Tout d'un coup, il eut l'impression de remettre pied à terre : que faisait-il là, lui, l'Envoyé du plus puissant monarque de la terre ? N'allait-il pas *mendier* à un vil Grec, à un pirate, des choses qui leur avaient été promises et qu'ils étaient en droit d'*exiger ?*

Ils passèrent dans un couloir et entrèrent, à la suite de Tachard, dans une sorte de cabinet, dont les hauts murs étaient couverts de boiseries laquées de noir et ornées de peinture d'or. Plusieurs espèces d'armoires, aux portes à doubles battants, elles-mêmes en laque noire agrémentée de dorures, occupaient la pièce. Au fond, assis au sol devant une table basse, sur laquelle reposait un échiquier, se tenait « le Grec », qui se leva aussitôt.

— Vos Excellences voulaient me voir ? dit-il.

— *Monsieur...* euh... pardon... *Votre Excellence* (bafouilla la Loubère, ravalant son accidentel et malvenu *monsieur* que Phaulkon d'ailleurs fit semblant de n'avoir pas entendu).

« Ça commence mal ! » songea Céberet, de plus en plus inquiet.

— *Votre Excellence,* poursuivit la Loubère reprenant son sang-froid, l'accueil qui nous est fait dans ce royaume est si... enchanteur, et les mille curiosités qui s'y présentent si fascinantes que nous en oublions le temps qui passe et que...

Ils s'assirent tous, par terre, autour de la table basse (« quelle idée de s'asseoir ainsi au sol, songea la Loubère interrompant un instant sa phrase, ça n'est plus de mon âge, je m'y casse les reins et les jambes »).

« Je voulais dire, reprit-il, qu'il y a tant de choses ici à voir et à tenter de comprendre que...

Il regarda l'échiquier, aux somptueuses pièces d'ivoire incrusté d'or.

« C'est étrange, dit-il (oubliant son propos initial), mais cet... échiquier est différent des nôtres.

— C'est un échiquier chinois, expliqua Phaulkon (dont Tachard traduisait les paroles). Les règles, du moins l'esprit, en sont à peu près semblables à ceux d'Europe, sauf que...

— Sauf que ? interrogea la Loubère qui voyait là une curiosité qui pourrait donner lieu à quelques belles pages dans son Futur-Fameux-Ouvrage-sur-le-Siam.

— Sauf que... poursuivit Phaulkon, les échiquiers d'ici ont certains traits qui relèvent des mœurs d'Asie. Ainsi le roi par exemple, s'il est la pièce maîtresse qu'il faut mettre en échec, ne peut sortir de son « palais » constitué de neuf cases qui l'entourent et où il est en quelque sorte... enfermé. Il n'a pas de dame, et en guise de fous, de tours, et de chevaux pour le protéger, il a des éléphants, des chariots, des cavaliers et des canons. Mais le but du jeu, comme je vous l'ai dit, est le même : ... prendre le roi.

Et à ces mots, il se saisit d'une superbe pièce d'ivoire sculptée, arborant une couronne d'or incrustée de perles minuscules, et s'amusa à la faire sauter dans sa main, à jongler avec, sous les yeux des Envoyés.

La Loubère, soudain, sentit dans sa cuisse gauche un coup de genou, un coup de genou du vil, veule Céberet qui le rappelait à l'ordre : « Ce pauvre commerçant pourrait-il jamais comprendre l'extraordinaire objet d'analyse que constituait la différence de jeu entre la Chine et la France ?... » Non... Il ne pouvait le comprendre ! A preuve : il lui décocha un nouveau coup de genou.

— Hum ! (la Loubère se gratta la gorge et reprit son propos)... Nous aimerions, dit-il, car le temps passe si vite et que l'heure de notre départ approche, aborder dès à présent, et tenter de les régler, deux points d'importance. Premièrement... euh...

La Loubère soudain se troubla et, comme on se lance à l'eau, il jeta tout à trac d'une voix mécanique :

— Premièrement-je-voudrais-que-vous-me-rendissiez-la-Relation-du-chevalier-de-Chaumont-que-je-vous-réclame-depuis-plusieurs-jours-et-que-le-père-Tachard-vous-a-remise-sans-m'en-demander-la-permission !

(« Ça y est, songea rageusement Céberet, il fait exactement le contraire de ce que nous avions concerté. Il oublie de parler de Mergui ! »)

Tachard, sans prendre la peine de traduire Phaulkon à ce que venait de réciter la Loubère, répondit vertement à celui-ci, en français :

— Ce que vous dites là, monsieur, est absolument faux. Vous en avez menti. Jamais, lorsque sur l'*Oiseau* vous me confiâtes cette Relation, vous ne me dîtes de ne la montrer à personne. Tout au contraire, monsieur Constance devait la lire afin qu'il ordonnât que vous fussent rendus les mêmes honneurs que ceux décrits par Chaumont !

— Et on les a vus, ah ah ! s'exclama hors de lui la Loubère, les yeux écarquillés, on les a vus, les honneurs qui nous ont été rendus, hein, le *parler nu-tête,* hein, et le sombrero hein, le coup du sombrero ?

— Monsieur de Céberet, clama Tachard en se tournant vers l'autre Envoyé, je vous affirme que monsieur de la Loubère m'a ordonné de confier ce document à monsieur Constance...

Ledit Constance, de plus en plus agacé de voir ces messieurs s'entrecrêper le chignon en français, sans qu'il y comprît rien, posa à sa place sur l'échiquier le roi dont il jonglait, et s'exclama :

— Mon révérend, que se passe-t-il encore, pourquoi ces hauts cris ? Traduisez-moi...

— *Lo que quiero, Su Excelencia...* rétorqua aussitôt la Loubère, s'adressant directement à Phaulkon en espagnol, ce que je veux, Votre Excellence, c'est la Relation de Chaumont. Rendez-moi la Relation. Je veux ma Relation !

Et, disant cela, il se mit à taper de son index droit, sur la surface laquée de la table basse, comme un maître sur son pupitre, à l'école, pour demander le silence.

— Votre Excellence, rétorqua Phaulkon, dont les yeux noirs se mirent à lancer des éclairs, ne vous ai-je pas fait dire par votre secrétaire qui est venu me le demander à Ayuthya, que je n'avais pas encore pu consulter ce document, ayant d'autres chats à fouetter ? Tout juste y ai-je jeté un bref coup d'œil et n'y ayant rien trouvé d'importance, j'ai remis à plus tard de le lire avec plus d'attention. Mon temps n'est pas à moi, les affaires de l'État me pressent, et je suis vraiment surpris que... vous me fassiez perdre des heures si précieuses avec ces... bagatelles !

— Une bagatelle ! clama tout rouge la Loubère. Une bagatelle ?... Un document secret signé de la main de monsieur de Seignelay ?

— Secret ? Signé ? Est-il vraiment signé ?... Mais peu importe !

— Peu importe ? Mais il m'importe à moi, monsieur ! On me l'imputera à crime, si ce document s'égare, et ses secrets sont divulgués.

Phaulkon se taisait. Son visage, olivâtre, avait pâli. Et, dans son regard, la colère avait laissé place à une expression de stupéfaction :

— Vos Excellences... dit-il... vraiment... je ne comprends pas, je ne comprends plus ! Les lettres que m'envoya monsieur de Seignelay indiquent toutes très clairement que vous devez agir *de concert* avec moi, je dis bien *de concert* et qu'est-ce à dire « *de concert* », sinon en toute... amitié, en toute... *complicité* même (et à ce mot, le ministre appuya son regard noir sur les deux Envoyés)... Expliquez-moi aussi comment je pouvais *soupçonner* que vous eussiez des papiers si secrets qu'en me les montrant vous vous rendiez criminels vis-à-vis de votre roi ?

Il se tut un instant. Au-dessus de la table basse, et du jeu d'échecs, les regards des quatre hommes s'entrecroisaient, dans un silence qui devint de plus en plus lourd.

— Quand j'ai adressé une lettre au roi votre maître, reprit alors Phaulkon, en pesant bien chacun de ses mots, quand j'ai fait... euh... appel à ses services... je ne l'ai pas fait en tant que ministre d'un royaume étranger, mais comme si j'eusse été le plus fidèle des Français. Je me flattais aussi que Sa Majesté Très Chrétienne ne me traiterait pas comme un étranger jusqu'à me faire sentir qu'elle se défiait de moi en vous donnant certain mémoire que vous n'osez me communiquer !... Que devrais-je en conclure ?... Que la France aurait sur le Siam des... vues dont on n'a pas voulu m'entretenir ?

Le Grec, sans prévenir, se dressa alors sur ses pieds de toute sa courte hauteur et ajouta :

— Je m'en vais, vos Excellences, vous montrer la lettre que monsieur de Seignelay m'a fait remettre et vous lire ce qu'à ce sujet il me dit !

Il fit quelques pas vers une des grandes armoires en laque noire, ornée de dessins dorés. Il en ouvrit les deux battants. A l'intérieur, sur des étagères, s'alignaient de nombreuses boîtes en métal ou en bois précieux, servant d'étui aux documents officiels. Il en prit une, toute d'argent ciselé, et alla se rasseoir auprès des Envoyés. Il la posa à côté de l'échiquier, après en avoir tiré un parchemin : portant paraphe du marquis de Seignelay, et les armes du ministère de la marine.

— Voilà ce que m'écrit monsieur de Seignelay, dit Phaulkon (et, à voix haute, il se mit à lire le document :) *Messieurs de la Loubère et Céberet... auront une conduite qui méritera votre estime* (hum ! il se gratta la gorge)... *Vous voudrez bien aussi les assister de vos conseils...* Entendez-vous, Vos Excellences, ce que m'écrit votre ministre ?... Vous devez vous en remettre à *mes conseils*. Mais bien loin de vous y remettre (il eut un petit rire), il me semble que vous faites tout le contraire... Je commence aussi à soupçonner qu'on me cache des... choses.

La conversation, soudain, fut interrompue. Par un mandarin, Oya Pipat, un des nombreux secrétaires du Grec. Il annonça que

Sa Majesté de Siam les attendait pour la cérémonie qu'il donnait en son palais.

— De tout cela, Vos Excellences, dit Phaulkon en souriant, nous reparlerons plus tard. Allons nous réjouir, et goûter l'honneur que nous fait le roi mon maître par son invitation...

Tous se levèrent.

Céberet était pâle, et regardait la Loubère avec une colère rentrée. Une fois encore ils sortaient bredouilles de ce énième entretien avec le ministre ; et une fois encore à cause de la Loubère qui avait perdu son sang-froid. Le temps jouait contre eux, et la Loubère le gaspillait en bagatelles et en « chaleurs ». En sortant du cabinet la Loubère donna un coup de coude à Céberet, lui montrant un objet posé sur une console : un Bouddha couché en argent ; un Bouddha... souriant ; un Bouddha s'anéantissant ; un Bouddha jubilant.

— Vous avez vu ? glissa la Loubère dans l'oreille de son collègue. Ce Grec a chez lui des idoles ! Je suis sûr qu'il sacrifie aux idoles. Aurait-il pu, sans cela, devenir Oya et Premier ministre ? On m'a assuré que chaque fonctionnaire siamois, deux fois l'an, doit boire une eau consacrée aux idoles dans laquelle trempe la lame d'un sabre et prononcer une formule magique demandant à ce que cette lame s'abatte sur lui s'il est infidèle à son souverain. Ce... ce Grec ne peut être qu'un... idolâtre.

Ils sortirent à pied, escortés de nombreux gardes : le palais était tout proche, et la rue trop encombrée pour qu'on s'y déplaçât aisément en chaise à porteurs. Des milliers d'ombres en effet, ombres de femmes, d'hommes, et de toutes petites ombres d'enfants, s'avançaient, tenant au-devant d'elles, dans leurs mains, d'étranges objets, des espèces de petits paniers en feuilles de bananier tressées, où brûlaient des baguettes d'encens, des cierges, et où s'épanouissaient des fleurs multicolores. Toutes ces ombres marchaient vers l'ouest, vers le fleuve, et c'était un spectacle étrange de voir leurs visages (éclairés, comme dans une toile de de La Tour, par ces bougies) lentement transhumer dans l'obscurité. L'air de la nuit était tiède, le spectacle mystérieusement enchanteur. Monsieur de la Loubère en oublia ses querelles et, repris par sa curiosité anthropologique, il se mit à poser des questions au Grec qui marchait à ses côtés :

— Ce panier qu'ils portent est un *kratong*, lui expliqua Phaulkon, ils vont le déposer, comme un petit bateau, sur la rivière... La saison des pluies s'achève, les eaux se retirent. C'est un présent, en quelque sorte, qu'ils offrent au fleuve pour le remercier d'avoir irrigué et fertilisé leurs champs. C'est une façon de s'excuser aussi d'avoir souillé ses eaux. Car… comme vous l'avez remarqué… ces gens se lavent.

— C'est une cérémonie religieuse ?

— Peut-être, car elle correspond à la fin du carême du Bouddha qui, comme le Christ, a fait retraite…

La Loubère ne put s'empêcher alors de décocher une flèche :

— Vous semblez fort bien connaître la religion de ces malheureux idolâtres ? Ne l'auriez-vous pas pratiquée ? On m'a dit que vous en pratiquâtes plus d'une…

Soit qu'il n'eût pas entendu, soit qu'il ne voulût pas répondre à cette nouvelle provocation de l'Emplumé, Phaulkon pressa le pas.

A quelques mètres derrière eux, dans l'ombre, trottinaient Céberet et Tachard qui prenait véhémentement à partie son compagnon de route :

— Votre Excellence, lui disait-il, je suis fort inquiet de l'impatience de monsieur de la Loubère. La demande, si insistante, qu'il fait du document de monsieur de Chaumont, mécontente au plus haut point monsieur Constance, tant par la manière dont elle est faite que par le fond… Vous rendez-vous compte qu'à Ayuthya il a envoyé son secrétaire à ce ministre avec ordre de ne pas revenir sans rapporter le document… Monsieur Constance en a été outré de déplaisir, jugeant que c'est par méfiance qu'on voulait lui retirer ce papier qu'il croyait de peu de conséquence.

— Je n'ai pas lu cette Relation, dit Céberet à Tachard, et je ne savais pas qu'on vous l'eût donnée. Cependant vous n'aviez pas à la confier à monsieur Constance et vous devez maintenant vous joindre à nous pour la lui retirer !

Céberet prenait, par principe, le parti de la Loubère, mais il éprouvait un certain malaise à parler d'une chose, ce document, dont il ne connaissait pas vraiment la nature. Tout cela avait un je ne sais quoi d'absurde…

Parfois dans le halo d'un cierge ou d'une torche, on apercevait, parmi ces ombres se déplaçant en foule vers la rivière, de ravissantes jeunes femmes au front couronné de fleurs et à la poitrine drapée dans une écharpe de soie luisante rose, bleue, jaune, dont un pan, rejetté sur l'épaule gauche, flottait dans l'air doux de la nuit. A quelque cinquante mètres au-devant de lui Céberet surprit une scène fort… piquante. Deux gamins au crâne rasé se tenaient cachés dans un coin de la rue. Tout d'un coup l'un d'eux tira sur le « pan flottant » d'une de ces écharpes, révélant les seins nus menus de celle qui la portait, laquelle, brandissant son poing et poussant de hauts cris, poursuivit mais en vain les lutins aussitôt enfuis dans la nuit.

Les quatre hommes arrivèrent bientôt devant le haut porche de l'enceinte du palais. Il ouvrait sur une enfilade de trois cours où, par chacune de leurs portes placées en alignement, on apercevait, au fond, en perspective, le pavillon à triple toit de tuiles jaunes Chanthara Pisan. A une fenêtre de ce pavillon, le roi devait se montrer : chaque cour était emplie de mandarins, des centaines de mandarins, tous à quatre pattes, prosternés. Les murs du palais étaient percés sur leur face intérieure de milliers de petites niches où brûlaient des lanternes chinoises ; d'autres pendaient en guirlande dans les arbres ; et dans le firmament on voyait s'agiter d'étranges étoiles, qui se balançaient vers l'est, vers l'ouest, vers le nord et le sud : « Des cerfs-volants illuminés », expliqua-t-on aux Envoyés. Ceux-ci pénétrèrent dans le palais, jusqu'à la dernière cour. Après force fanfares et roulements de tambour, le roi en habits d'or et chapeau pointu se montra à la fenêtre du pavillon. Les mandarins prosternés élevèrent vers lui leurs mains jointes. Louis la Fistule en personne n'eût jamais rêvé pareille adoration. Le roi n'apparaîtrait que quelques minutes, fort économe de soi-même et de son image, pour aussitôt disparaître derrière les volets de sa fenêtre. Les Envoyés sortirent alors par une porte du palais située au nord. Ils allèrent jusqu'au bord du fleuve. Et ce fut une vision étrange et magique que ces milliers de petits paniers ou *kratong* illuminés chacun d'une bougie, que la foule continuait de confier au fil de l'eau, et qui s'en allaient se perdre, flottille incendiée, au bout de la nuit.

Il y eut une nouvelle « trêve », un nouveau « cessez-le-feu » entre Tachard, Phaulkon et les Envoyés. Ils regardèrent longtemps glisser dans l'ombre en silence cette rivière incandescente. Et puis ils s'en retournèrent chez eux quasi sans parler. Mais la Loubère n'en pensait pas moins. En lui la petite bête criaillante du ressentiment recommençait à s'agiter. Tout doucereux, le sieur Constance insista, « Mais oui, je vous en prie », pour raccompagner « Leurs Excellences » jusqu'à la porte de leur demeure (ouf ! il s'en croyait débarrassé) mais « Leurs Excellences » (et particulièrement la Loubère) insistèrent pour, à leur tour, raccompagner « Son Excellence » jusqu'à sa porte. Et l'on rebroussa chemin jusqu'à chez Phaulkon. Et comme Phaulkon sentait que « Leurs Excellences » lui collaient au derrière, il fallut bien qu'il conviât ces

Excellences à boire un verre de thé (le coup de l'étrier) dans son salon. Ils s'assirent à une table basse, quasi sous le portrait, toujours éclairé par des cierges, du Fistulard. Une servante apporta des tasses et une théière chinoise bichrome blanche et bleue, dont l'œil marchand de monsieur de Céberet admira fort la qualité : ça valait bien ses cinq cents écus, songea-t-il. Il ne put guère l'admirer longtemps car la Loubère n'eut pas commencé, sans aucun préalable, à réclamer (encore !) et sur un ton très dur, la Relation que, hors de lui, Phaulkon abattit son poing énorme et poilu... sur la théière qui se brisa : cinq cents écus de chute !

— Eh quoi, messieurs, vous me poussez à bout, s'exclama-t-il en portugais (ce sur quoi diverses interjections du type « *shit* », « *goddam* » et même un « *fucking* » s'échappèrent de ses lèvres, expressions que monsieur de la Loubère comprit, en partie du moins, quoiqu'il n'eût pas pratiqué, sur les ponts de la Right and Honorable East India Company, l'anglais des matelots et des forbans).

— On ne parle pas ainsi devant des *hommes de qualité,* s'exclama l'Envoyé en espagnol.

— A Siam, rétorqua le Grec, il n'est pas d'*hommes de qualité,* on se fout des qualités ! On est ce qu'on se fait. Moi je ne suis rien... je n'étais rien du moins. Considérez qui je suis ! Je...

— *Quousque tandem Catilina...* se mit à murmurer la Loubère comme pour lui-même (Jusques à quand Catilina...).

— ... *abutere patientia nostra !* rétorqua aussi sec Phaulkon, finissant la phrase de Cicéron (... abuseras-tu de notre patience).

Là, pour la Loubère, ce fut comme une douche froide. C'était « le comble » : ce « Grec » parlait latin. Il ne manquait plus qu'il parlât... grec !

— Vous... vous... avez lu Cicéron, vous connaissez... Cicé... demanda-t-il, héberlué.

— On apprend beaucoup, Votre Excellence, à briquer le pont des navires... *Il y a plus de choses sur la terre et dans le ciel que dans tous vos livres de philosophie !* ajouta-t-il en anglais.

— C'est... de vous ?

— Non, de Hamlet.

— Hamlet ? Un auteur contemporain ? interrogea la Loubère qui, tout soudain, oubliant Siam et ses querelles, eut l'impression de se retrouver dans quelque salon parisien chez mademoiselle de Scudéry ou madame de La Fayette en compagnie de l'abbé Dangeau, de La Fontaine et l'abbé de Choisy.

— Hamlet, dit sèchement Phaulkon, est un héros de Shakespeare.

La Loubère poussa alors un grand « ouf » de soulagement :

— Il n'est pas étonnant, dit-il, que je sois si ignorant en cette matière. Nous n'avons guère de goût en France pour ce... Shakespeare ! Il est malheureux que vous ne connaissiez pas notre belle langue. Je me serais fait sinon le plaisir de vous offrir les tragédies de Campistron que j'emmenai avec moi pour le voyage, j'eusse été honoré au plus haut point par ailleurs que vous jetassiez un œil bienveillant sur quelques-uns de mes vers...

Et comme s'il eût tout à fait largué les amarres, la Loubère, l'œil vague, perdu dans les caissons de bois dorés du plafond, se mit à réciter, à murmurer plutôt une de ses poésies :

*Vos mépris tous les jours augmentent mon martyre*
*Ingrate Iris, vous voulez que j'expire*
*Sous l'extrême rigueur de votre injuste loi*
*Je meurs sans murmurer puisque c'est votre envie*
*Mais quand j'aurai perdu la vie*
*Qui vous aimera comme moi...*

Les yeux de Céberet, Tachard, et Phaulkon étaient braqués, tout écarquillés de stupéfaction, sur la Loubère qui, suant sous sa perruque, continuait de doucement vaticiner.

— Que veut dire tout cela, s'exclama le Grec en se tournant, furieux, vers Céberet. Quelles scènes ridicules vient-on me faire chez moi ?

Céberet, comme un cuisinier essayant de « rattraper » une sauce gâchée par un mauvais apprenti, se rapprocha du Grec et, d'une voix la plus douce, lui susurra :

— Ne vous emportez point, Votre Excellence, pour ces... broutilles (il désigna la Loubère d'un bref geste de la main). N'ayez ni crainte ni soupçon à notre sujet. N'avez-vous pas assez de preuves effectives de la considération que le roi de France a pour vous ? N'est-ce pas sur la foi de votre seule parole que tous ces Français sont venus ici et...

— On vient... chez moi... me provoquer, poursuivait Phaulkon haletant, sans prêter attention à ce qu'on lui disait... et tout cela pour une espèce de document, pour je ne sais quelle relation insignifiante, et qui n'est ni signée ni autorisée !

Soudain il regarda sa main : elle saignait. Il s'était blessé en brisant de son poing la théière. Il lécha sa blessure puis, se tournant vers Tachard, il dit :

— Voyez, mon Révérend, comment... on me traite !

Puis, dédaignant de façon bien marquée la Loubère (qui, extatique, continuait de contempler le plafond), il lança à Céberet :

— Je m'en vais quérir la Relation de Chaumont, et tous les papiers que vous m'avez confiés, tous ! Je n'en ai plus que faire, je n'ai plus que faire de vos avis... d'ailleurs je n'en ai jamais eu cure, ni moi, ni mon roi, car nous n'avons vraiment pris en considération que la lettre de créance que monsieur de Seignelay a donnée au père Tachard, que nous considérons comme le véritable chef et responsable de votre ambassade !

Se levant brusquement, il partit vers son cabinet. Il eut tôt fait d'en revenir, tendant au jésuite une liasse de papiers, sans daigner regarder les Envoyés. Tachard les prit, et les donna aussitôt à la Loubère qui, tiré de sa songerie depuis quelques instants, se mit, pâlissant de plus en plus, à les consulter.

Il sembla alors reprendre tous ses esprits et c'est sur un ton des plus embarrassés qu'il dit à Phaulkon :

— En... En réfléchissant bien je crois que... je puis, encore quelques jours vous laisser cette Relation afin que vous en fassiez, si vous le désirez, une... copie !

A nouveau les yeux écarquillés de Tachard, Céberet et Phaulkon se braquèrent sur la Loubère.

— En vérité, s'exclama le Grec, vous me maltraitez pour bien peu de chose ! Tantôt vous me faites un crime de vouloir lire cet écrit, tantôt vous voulez m'en donner copie ! C'est à n'y rien comprendre !

Il fit de la main un geste de rejet, et ajouta :

— Gardez-le, je n'en veux plus !

On se sépara là-dessus : fort fâchés.

Dans le jardin qu'ils traversaient pour rejoindre leurs appartements, la Loubère marchait en toussotant ; Céberet toussotait en marchant. Quand ils arrivèrent devant le porche de leur résidence, Céberet, brûlant d'une impatience qu'il avait eu du mal jusque-là à réfréner, demanda soudain à son compagnon :

— Pourriez-vous un instant me montrer cette... *Relation ?*

La Loubère, fort pâle, et quelque peu empoté dans son attitude, tendit à Céberet une liasse de papiers. Celui-ci, debout sous la lanterne vacillante du porche, y jeta un œil pour s'exclamer très vite :

— C'est une vulgaire copie, ne portant aucune signature !

— C'est que... euh... je ne sais trop pourquoi... j'avais fini par me persuader que c'était un original. C'est... la fièvre peut-être, et ce Tachard qui s'ingénie à me pousser à bout !

— Et quand bien même c'eût été un original !... explosa Céberet... je vois maintenant ce qu'est ce document ! Il ne contient rien de si secret qui méritât qu'on fît tant de bruit et de scandale !... Ni qu'on en oubliât de parler de choses bien plus importantes, comme de l'installation de nos troupes à Mergui, ainsi que nous en avions convenu par avance, ce que, par votre sot emportement, vous avez complètement oublié. Phaulkon et Tachard encore une fois s'en tirent à bon compte. Et nous sommes loin d'arriver au bout de nos peines, vu la manière dont vous vous y prenez. Monsieur de la Loubère, je vous le dis en toute amitié, je ne saurais trop vous recommander de vous reposer demain et d'appeler le chirurgien afin qu'il vous fît quelque copieuse saignée !

Cependant Phaulkon, allongé sur le dos, bras et jambes écartés, au milieu du tapis du salon, tel un supplicié qu'on écartèle, murmurait au père Tachard qui, à son côté, se tenait à genoux comme une Vierge de Pietà :

— Expliquez-moi, mon Révérend, comment on a pu envoyer ici comme ambassadeurs ces... ces...

— Emplumés ! acheva Tachard.

Phaulkon se frappa le front, bruyamment, de la paume de sa main droite...

— Mon Révérend c'est ma fortune, ma vie, la vie de ma femme et de mes enfants que j'ai misées dans cette aventure...

Le jésuite posa une main fraternelle sur son épaule.

— Se peut-il qu'ils soient si... si fous, ou ?... poursuivit le Grec.

— « Ou » ? Il n'y a pas de « ou »... dit Tachard.

— Ou se peut-il que leurs intentions, et leurs instructions divergent des vôtres, mon père ?

— N'allez rien soupçonner de cela. Monsieur de la Loubère s'emporte. C'est un Gascon. Mais vous trouverez en monsieur de Céberet un interlocuteur bien plus raisonnable quand il s'agira de parler commerce !

— Le sentiment fort désagréable m'envahit, mon père, qu'on... que... vous avez des secrets que je ne puis apprendre ! Foutudieu (s'exclama le Grec en changeant soudain de ton) sache une chose, Tachounet de mes deux, Tachouille de mes fesses, on ne me double pas, on ne m'a jamais doublé !

— Votre Excellence, notre confiance, notre amitié... ô mon illustre frère, notre... mon amour pour vous, mon...

— On ne me double pas, Tachotte ! clama Phaulkon en se mettant sur ses pieds.

Il regarda, qui semblait se mouvoir à la lueur des cierges, le portrait de Louis la Fistule-Apollon, avec son bouclier doré et sa couronne de laurier...

« Toi non plus, tu me doubleras pas ! » murmura-t-il par-devers soi.

Louis la Fistule le regarda. Ils se défiaient des yeux quand... on entendit au-dehors le hennissement de chevaux et bientôt des bruits de pas dans le jardin. Une voix parla en portugais sur le perron.

Cropley, le capitaine des mousquetaires entra bientôt dans la pièce. Jeta un œil soupçonneux sur Tachard, puis glissa quelques mots à l'oreille du Grec :

— Kance ! Da Silva vient d'arriver de Bangkok.

— Quoi, qu'est-ce qu'il fout ici ! s'exclama Phaulkon à voix haute.

Cropley regarda à nouveau le jésuite, prit le Grec par le bras, l'entraîna dans un coin du salon :

— Da Silva a surpris les Français à débarquer en douce du riz dans la forteresse de l'est !... Et pas trois sacs, non, des centaines !

— Les fumiers, tudieu ! Et sans m'en aviser !

Constance revint près du jésuite, il lui jeta un regard noir, en vrille, puis, pliant le genou devant lui, il dit :

— Les affaires, mon père, les affaires encore ! Il me faut vous prier de vous aller coucher. Mais faites-moi la grâce, avant, de me bénir !

Le jésuite regarda le Grec, un peu intrigué, il lui traça, de l'ongle de son pouce, une croix sur le front, puis s'en alla.

Phaulkon lança alors un nouveau regard sur le portrait de l'Apollon Fistulard :

« C'est donc ça, c'est donc bien ça... tu aurais la vague idée de me doubler, hein ? Mais on ne double pas Constantin Hyérakis ! »

L'ex-gouverneur de Bangkok, da Silva, enveloppé dans sa cape noire, entra dans le salon, avec Cropley. Ils passèrent aussitôt à la suite de Phaulkon dans le cabinet de travail, où ils s'assirent à la table basse.

— Ils ont emmagasiné pour dix-huit mois de riz au moins, dit le vieux Portugais, en caressant le crochet d'acier qui lui servait de main droite.

— Quand ça se saura au Conseil du Roi, clama Phaulkon, les mandarins vont m'accuser une nouvelle fois des plus noirs desseins ! Les esprits s'échauffent dans le pays, et ça risque de chauffer plus encore !

— Ça chauffe plus que vous ne le pensez ! La population de Bangkok hait les Français ! Même les putes n'en veulent plus ! Ces messieurs, qui n'ont pas le sou, prétendent les foutre gratis ! Les soldats ont brûlé en une nuit d'orgie la prime que vous leur avez versée, trop généreusement, à leur débarquement. Depuis, leur intendant ne leur a plus rien donné ! Ils en sont à voler des poules, ils troussent les paysannes. Avec ça, ils sont pourris de vérole !

— Je vois que tu portes toujours les grenouilles dans ton cœur, da Silva.

Celui-ci caressa son crochet.

(Un an auparavant, refusant d'obéir au chevalier de Forbin, qui avait été chargé du commandement de Bangkok, il avait eu le poignet tranché sur ordre de celui-ci.)

— J'ai un compte à régler avec eux ! dit da Silva.

*... Tantôt enfoncez un coin entre un souverain et ses ministres; tantôt détachez de lui ses alliés. Faites naître entre eux des soupçons réciproques...*
(Sun Tzu, *L'Art de la guerre*, 500 *a. c.*)

Tous les jours que Dieu fait, Sa Majesté de Siam se lève à sept heures précises. Elle quitte une des cinquante chambres de son sérail, dont elle change chaque soir — non qu'elle change sans cesse de concubine : mais, par prudence, elle juge qu'il est préférable qu'on ne sache pas où elle passe la nuit, mesure qui lui vaut d'être encore en vie après trente ans de règne. Sa Majesté se baigne alors dans un des quatre bassins, ombrés par des sycomores, qui entourent le pavillon d'or Suthatsa, sa demeure habituelle à Lopburi. Le roi est toujours entouré d'une trentaine de pages, qui ne sortent jamais du palais, et dont certains seraient ses enfants naturels, ce qu'ils ignorent d'ailleurs, car on se garde bien de leur faire connaître leur insigne origine, de crainte de leur donner de funestes ambitions... A un seul de ces pages est accordé le privilège suprême de laver la tête du roi, la partie la plus sacrée parce que la plus élevée de sa personne : ce page étant chargé aussi de garder les couvre-chefs de Sa Majesté. Sa toilette faite, le roi est massé, talqué, poudré, parfumé, puis habillé. Il se rend ensuite, en grande procession, à la pagode où il se prosterne devant l'idole Sommona Codom. Il déjeune alors, chacun de ses plats étant goûté auparavant par un page, afin d'éviter toute possibilité d'empoisonnement. A huit heures précises, il rejoint la salle du Grand Conseil, jouxtant le pavillon Suthatsa : où il s'installe, les jambes repliées en lotus, sur une sorte d'estrade, ou de chaire en bois très ouvragé et doré. Dans la salle du conseil sont réunis les plus importants mandarins dont le *barcalon* Opra Cedet, le chef des pages, Si Monchaï, le chef de la Maison du roi,

Oya Wang, le chef du département des Éléphants, Opra Pitratcha, Oya Surasak, fils de celui-ci, Oya Witchayen alias Constantin Phaulkon, le Premier ministre, et quelques autres... Tous se tiennent prosternés au sol, front et coudes contre terre, position qu'ils ne quitteront jamais, aussi longtemps que durera la séance. Seul a l'autorisation d'être assis, sur la droite du roi, un homme tout jeune, le nabot Opra Phi, ou Prapy, que le monarque, par tendresse mâtinée de mépris, appelle Aï-tia (le nain). Ce « favori » donc, ou bâtard, était supposé devoir hériter du trône : au détriment des frères du roi (Chao Fa Noi, le cadet, et Chao Fa Apai Tot l'aîné). Le roi, pour assurer à son favori la couronne, souhaitait que sa fille la princesse Yotha Tap, l'épousât, mais celle-ci eût repoussé avec mépris cette proposition, étant l'amante, sinon l'épouse secrète, du frère cadet du roi : c'est du moins ce qu'en écrirait plus tard le père de Bèze, qui tiendrait ces renseignements de la bouche même de Constantin Phaulkon. Notons par ailleurs que, afin de créer de salutaires divisions dans son entourage, et d'y mieux régner ainsi, le roi avait chargé ledit Prapy et le grand mandarin Opra Pitratcha de fouetter au rotin ses propres frères, à deux différentes occasions, ce qui fut réalisé avec un tel zèle que l'aîné en resta paralysé des jambes. La haine opposant entre eux les membres de la famille royale et les plus importants mandarins était caution de la sécurité du souverain. Sa cour était aussi une basse-cour dont pas une volaille ne rêvât de faire la peau de son antagoniste. Tout cela, au demeurant, derrière le masque de la plus totale courtoisie.

Au début du conseil, un grand mandarin (souvent Witchayen-Phaulkon) fait un rapport détaillé sur les affaires les plus importantes au sujet desquelles le roi doit prendre une décision. Le roi demande alors leur avis aux divers mandarins qui ne se font l'honneur — insigne — de lui répondre qu'après l'avoir assuré, par une formule rituelle, qu'ils ne se considèrent que comme d'infimes-grains-de-poussière-ayant-eu-la-hardiesse-de-se-déposer-sur-la-plante-sacrée-de-ses-pieds, ou quelque chose d'équivalent. Étant donné ce type de rapports, on peut penser que dans ces « conseils » nul ne dit réellement ce qu'il pense, mais tout au plus ce qu'il juge correspondre à la pensée du roi qu'il vaut mieux ne pas contredire. D'autant que donner un avis tranché comporte aussi le risque de contrarier tel ou tel autre mandarin présent. Conscient de la chose le monarque, lorsqu'il sent qu'un de ses ministres ne dit pas tout ce qu'il a sur le cœur, l'envoie quérir *secrètement et à l'insu de tous les autres conseillers pour l'interroger confidentiellement sur ce qu'il désire en apprendre*[1].

Le 15 novembre 1686 que Dieu fit, Constantin Phaulkon, suivi d'une dizaine de gardes, passait près de la porte est, c'est-à-dire la porte principale du palais. Il en vit sortir, fort humble avec son crâne rasé et sa robe orangée, semblable à celle des bonzes, le grand général des Éléphants Opra Pitratcha. Il ne douta pas que cet « intrigant » eût eu avec le roi un entretien privé au sujet d'un problème épineux qui avait été traité à l'aube au conseil : les *Farangset* s'étaient fait livrer sans autorisation dans la forteresse de Bangkok plusieurs centaines de sacs de riz.

Apercevant le ministre grec, Pitratcha s'approcha de lui et, avec une très ostentatoire humilité (« Tartuffe ! ») il le salua le premier, prenant bien soin d'incliner assez bas sa tête et de joindre haut sur son front ses deux mains. Phaulkon aussitôt lui rendit un salut identique afin de bien marquer entre eux l'égalité.

— Vous semblez, Oya Witchayen, fort préoccupé depuis quelques semaines, dit le général Pitratcha. Serait-ce que la grossesse de madame votre épouse se passe mal ? Je puis vous envoyer un médecin de mes amis qui est fort habile.

« Cause toujours », songea Phaulkon qui, très courtoisement, répondit que la grossesse de madame son épouse se passait, tout au contraire, le mieux du monde.

Ils eurent un bref échange de regards où se signa un accord tacite.

Et de concert ils s'éloignèrent à pas lents des hautes murailles du palais, suivis de loin par leurs gardes. Ils marchèrent vers l'ouest, le long de bâtiments de brique aux murs lépreux (les écuries du roi) où, dans d'innombrables stalles, qui dégageaient un fort parfum d'ammoniaque et de fumier, on apercevait les croupes, énormes, grises et ridées, des éléphants, et celles, toutes luisantes et lustrées, des chevaux. Devant les écuries, à l'ombre de hauts palétuviers, des hommes, soldats, cornacs, palefreniers et autres, jouaient aux échecs, sport national à Siam. Certains damiers étaient rudimentairement dessinés, à la craie, à même le sol. Autour des joueurs, se pressaient des badauds et des parieurs. Pitratcha entraîna insensiblement Phaulkon vers un groupe agglutiné autour d'un échiquier. Le général, prenant le Grec par le bras, lui désigna la partie en cours :

— Le roi noir me semble en bien mauvaise posture. Seriez-vous noir, quel coup joueriez-vous ?

1. Nicolas Gervaise, *Histoire naturelle et politique du royaume de Siam.*

Phaulkon tenta de saisir, du coin de l'œil, une expression sur la face impassible, à la peau criblée de petite vérole, du général (où voulait-il en venir ?).

— Je dégagerais mon roi, répondit-il, en mangeant le canon qui le menace avec mon éléphant.

— Ce qui n'arrangerait guère vos affaires !... commenta Pitratcha (et, entraînant Phaulkon un peu plus loin, il poursuivit :)... L'éléphant est un animal puissant, mais peu docile et mal maniable. Il n'est pas bon de s'appuyer sur un seul éléphant. Dont un essaim de guêpes venimeuses, d'ailleurs, peut facilement venir à bout !

Phaulkon lui envoya un nouveau regard en coin, et dit :

— J'ai toujours le plus grand plaisir à m'entretenir avec vous.

— Mais nous n'avons pas assez l'occasion de le faire. Du moins en particulier ! Qui sait ?... Peut-être pourrais-je vous soulager de quelques-unes de vos préoccupations, on n'a jamais trop d'amis.

Phaulkon dévisagea à nouveau, discrètement, Pitratcha (« Suivons ce monsieur, se dit-il, et voyons ce qu'il a dans le ventre »).

Devisant de choses et d'autres ils traversèrent un marché fort populeux où, à même le sol, dans des paniers et des bassines de terre cuite, des paysannes proposaient aux passants des anguilles gluantes et grouillantes, des carpes, des crabes verdâtres, des poissons-chats noirs et luisants sur lesquels Phaulkon promena un regard distrait. Les deux hommes bifurquèrent vers le sud. Ils franchirent, par une petite porte où montaient la garde des bras-peints, le mur ceignant la ville et allèrent s'asseoir un peu plus loin, sur un débarcadère en bambou s'avançant sur le fleuve. Son niveau avait commencé à baisser avec la fin de la mousson. Nénuphars, lotus et autres plantes aquatiques recouvraient ses bords. Tout au long des rives, suspendus par quatre cordes à l'extrémité d'immenses perches en bambou, des filets trempaient dans l'eau boueuse. De temps à autre, la main du pêcheur, installé non loin, relevait le filet, arrachant aux profondeurs vaseuses de la rivière quelque poisson énorme, verdâtre, semblable à ceux qui se vendaient au marché.

Pitratcha observait le manège des pêcheurs, cueillant dans leur filet leur proie, et la jetant dans un panier de rotin.

— Nos hôtes, dit-il en souriant finalement (et manifestement par ce « nos hôtes » il faisait allusion aux troupes françaises), commencent apparemment à vous... peser. Mais... ils semblent quant à eux se plaire de plus en plus à Siam, et s'y acclimater... N'ont-ils pas appris à se passer de pain et... pris à ce point goût au riz qu'ils viennent de s'en faire livrer plusieurs centaines de sacs à Bangkok ?...

Phaulkon serra les dents, sans répondre.

— C'est qu'ils craignent la disette sans doute, poursuivit Pitratcha, au point que, pour n'avoir pas à partager ils ont préféré ne pas mettre le roi au courant de leurs petites emplettes !... J'ai entendu dire aussi que nos... hôtes se sentaient à l'étroit dans Bangkok et qu'ils envisageraient d'en déloger les soldats siamois. Ce qui n'est guère amical... Est-il vrai qu'on ait promis au roi de France de lui offrir cette place forte ? Et Mergui qui plus est ?

— Personne, rétorqua Phaulkon, calmement mais sèchement, n'a jamais promis ni Bangkok ni Mergui aux Français. L'ambassadeur Kosapan, qui est de vos amis, n'a pu que vous le confirmer. Cette exigence vient des Français et uniquement des Français !

— D'aucuns pensent que s'ils ont eu ces exigences c'est qu'« *on* » leur a fait des avances à cet égard. On dit même que les Français seraient en possession d'une lettre par laquelle vous vous engagez, au nom du roi de Siam, à leur offrir... bien des choses !

Phaulkon, les yeux fixés sur les miroitements du soleil jouant avec les eaux du fleuve, sur les poissons gras et gluants au creux des filets qu'on relevait, se mit alors à parler un peu de tout et de n'importe quoi, glissant d'une digression dans une autre, comme il en avait l'art consommé, tandis qu'il essayait de réfléchir à l'effrayante information que venait de lui livrer le général Pitratcha : se pouvait-il qu' « *on* » eût connaissance à Siam de la lettre secrète qu'il avait remise à Tachard, deux ans auparavant, et dans laquelle il exposait au père de la Chaise, confesseur du Roi, leur plan, leur grand dessein ?

Mais ces stupides emplumés aussi parlaient à tort et à travers, criaient par-dessus les toits les choses les plus confidentielles, pensant, parce qu'ils s'exprimaient en français, qu'on ne les comprenait pas !... Quand *tout se sait à Siam* : il n'y a pas de plus secrète conversation, quand bien même elle serait tenue en hébreu ou en iroquois, dont dans ce pays on ne finît par connaître la teneur !...

Pitratcha avait sorti, d'une petite boîte d'argent glissée dans le nœud de son pagne, une feuille de bétel. Il la replia sur des bris de noix d'arak et quelques autres ingrédients, et offrit le tout à Phaulkon de sa main droite, sa main gauche — la main du cœur — enserrant le poignet de la main droite : geste d'ostentatoire bienveillance au royaume de Siam.

Les regards de Phaulkon et Pitratcha un bref instant se croisèrent. Phaulkon mit le bétel dans sa bouche, mâcha, regardant au loin l'incessant scintillement des poissons gigotant dans leur nasse. Après quelques instants il cracha le jus rouge, sanglant, du bétel. Pitratcha mâchait lui aussi, l'œil perdu sur le cours du fleuve dont les eaux indéfiniment glissaient, entraînant avec elles des charrois d'herbes arrachées aux rives.

De lourds sampans, enfoncés presque jusqu'au ras du pont, descendaient vers Bangkok : qu'emportaient-ils ? Des cargaisons d'œufs de mille ans ? du riz ? du bois précieux ? du minerai d'étain ? des peaux ? Siam était riche. Siam était beau. Ici, Phaulkon était tout... Que serait-il en France, tout comte qu'on allait le faire, tout chevalier de l'ordre de Saint-Michel qu'on allait le nommer ? Rien. Un Grec, un roturier, un forban ! Cela, sa femme, qui n'avait jamais mis les pieds en Europe, ne pouvait s'en douter. Comment les douairières de la Cour à Versailles la regarderaient-elles, avec ses pommettes saillantes, ses cheveux trop noirs : comme une bizarre et agréable singesse peut-être ? Leur destin n'était-il pas à Siam ?

— La santé du roi est bien fragile... et pourrait se détériorer encore, poursuivit Pitratcha. Si le roi mourait, que deviendriez-vous et que deviendrais-je ? Quel que soit celui des princes, ses frères, qui lui succède, l'un et l'autre me haïssent autant qu'ils vous haïssent ! Il y a des coups de rotin, qu'on m'obligea de leur donner, qu'ils ne sont pas prêts de me pardonner ! L'avenir aussi me semble bien incertain pour moi... pour nous. Et pour l'installation française à Siam, dont aucun de ces princes ne veut. Je vous sais homme intelligent, Oya Witchayen, et vous n'avez pas pu ne pas songer que vous ne pouviez vous reposer uniquement sur les Français. Ils sont turbulents et... imprévisibles, comme les éléphants sauvages... et dangereux. Il y a bien sûr des avantages à leur présence ici, contre les ambitions de messieurs les Hollandais à l'extérieur, contre les ambitions de bien d'autres, à l'intérieur... Mais il serait bon qu'on les apprivoisât... et domestiquât. Et puis...

— Et puis ? demanda Phaulkon.

— Le Roi, notre maître, m'a dit... qu'il s'était pris d'une réelle sympathie pour le général Desfarges : c'est un « vrai brave », m'a-t-il dit. « J'aime son air de franchise », son « parler direct », « cet homme a son âme inscrite sur son visage » (Phaulkon, qui savait traduire la pensée siamoise, comprit qu'on venait de lui expliquer que Desfarges était le portrait du parfait imbécile). Le roi a ajouté qu'il appréciait tant cet officier qu'il voulait qu'il restât toujours à la cour de Lopburi... à portée de sa main.

(« Et au bout de sa chaîne », songea Phaulkon).

— On a entendu dire par ailleurs que vous désireriez envoyer votre fils aîné en France, au collège des jésuites ? Beaucoup à Siam, sachez-le, en seraient peinés. Comme ils seraient peinés que votre famille s'éloignât trop de la cour...

C'était des menaces, à peine voilées, que proférait Pitratcha. En était-il le seul auteur ?

— Est-ce Sa Majesté, demanda Phaulkon, qui vous a ordonné de tenir ces propos ?

— Je n'eusse jamais osé rien vous dire de cela sans les ordres de Sa Majesté mon maître... rétorqua Pitratcha. Mais j'y ai aussi, pour votre enseignement et votre bien, ajouté de mon cru : sachez reconnaître le mien du sien.

D'une voix soudain très sèche Pitratcha ajouta :

— Le roi veut vous voir à la cour, dès ce soir. Il a des instructions à vous donner concernant certaines armes, redoutables, que les Français, à ce qu'on lui a dit, auraient à bord de leurs vaisseaux : des mortiers, et des canons d'un modèle inconnu... Il les veut, d'une façon ou d'une autre. Il est prêt à y mettre le prix. Ces armes pourraient nous être utiles. Il serait bon en effet que nous eussions quelques... *arguments* à opposer aux Français s'ils venaient à s'incruster et se fortifier à Bangkok. Nous n'avons guère l'expérience des sièges, et ces gens-là seraient des guerriers très expérimentés !

Pitratcha se leva.

Phaulkon, lui, demeurait assis. Les jambes coupées. Cette dernière phrase du général siamois lui était tombée sur le crâne comme une masse. Seul Kosapan avait pu mettre au courant le roi de la présence de mortiers à bord des vaisseaux, et de leur utilité. Quoiqu'il fît croire le contraire, il avait donc dû voir le roi, en secret, à l'insu de Phaulkon. De nouvelles alliances, de nouveaux partis se créaient. De nouveaux fils de l'intrigue commençaient à se nouer. Phaulkon était-il en train de perdre la confiance de son roi ?

Pitratcha, joignant les mains devant son nez, salua le Grec. Il fit mine de s'éloigner quand, se retournant soudain, il dit :

— Oya Witchayen, vous vivez à Siam depuis près de dix ans maintenant. Vous vous y êtes marié, vous y avez eu des enfants, vous y avez appris nos coutumes, nos traditions, vous parlez notre langue mieux qu'aucun Européen et aussi bien que nos plus fins lettrés. Siam vous a adopté, Siam est votre vraie patrie. Vous y avez plus d'amis que vous ne vous en soupçonnez. Sans doute aurez-vous lieu de vous en rendre compte, avec les changements qui se préparent... Nombreux sont ceux qui mettent en vous leurs espérances... Mais les ombres s'allongent, et le jour commence à tomber. *Radri sawat.* Réfléchissez, et que cette nuit vous soit propice...

Pendant que cette conversation se déroulait sous les murs de Lopburi, Monsieur de la Loubère souffrait, monsieur de la Loubère se sentait humilié ! Tel le serpent piétiné par la Vierge, tel le dragon terrassé par saint Michel, tel le cancrelat qu'écrase inconsciemment la semelle hasardeuse du promeneur, il gisait, sur son lit, sur le ventre, s'agrippant des mains au matelas, aux coussins, au polochon, tandis que de ses pieds nus et menus une jeune Siamoise (et point n'importe laquelle : Clara l'espionne !) debout sur son dos, foulait sa colonne vertébrale. Il était dix-sept heures ce 15 novembre 1686 que Dieu fit : monsieur de la Loubère était malade, très malade (peut-être à cause de sa violente prise de bec, la veille, avec Phaulkon, et des reproches subséquents de Céberet ?) et il fallait à tout prix qu'il fût rétabli pour le lendemain : il devait se rendre à une nouvelle audience du roi, et n'avait pas encore rédigé la première ligne de sa harangue. Il ne pouvait évidemment pas en confier la tâche à ce plat prosaïque Céberet !... Il avait la fièvre, des frissons dans tout le corps, les intestins qui se tordaient. Il ne s'était jamais senti aussi mal : on le droguait, on l'empoisonnait, on l'ensorcelait, maintenant, il en était sûr, ces Siamois avaient toutes sortes de pratiques magiques ! Il fallait qu'il surveille tout ce qu'il consommait ! Il avait chargé Joyeux de faire une enquête. Mais pouvait-il se fier à Joyeux ?... Le domestique lui avait laissé entendre qu'il aimerait peut-être bien rester à Siam. S'y installer. Avait-il été lui aussi acheté par Phaulkon ? Ils se faisaient tous, tous, tous, acheter, Desfarges, du Bruant, Tachard, Beauchamp... Et Céberet, ne s'était-il pas fait acheter, le gros Céberet, avec ses amours ancillaires ?... La Loubère était comme un général pris en embuscade qui voyait autour de lui tomber les uns après les autres les derniers soldats de sa garde. Point sous les balles, mais sous les coups de bakchich, les pots-de-vin, les tasses de thé. C'était Roncevaux : il était Roland, sous son chêne, abattu, soufflant dans son cor pour appeler en vain les renforts !

Et cependant les petits pieds menus de l'espionne, de Clara la putain, ah ah, la demoiselle de Saint-Cyr ah ah ! ses pieds donc, à petits pas, foulaient la nuque de la Loubère, les épaules de la Loubère, sa taille jusqu'au coccyx, jusqu'à la naissance des fesses, la garce ! C'est que c'était bon, c'est qu'elle s'y connaissait, la demoiselle de Saint-Cyr, en fait de caresses insinuantes et lubriques. Combien n'avait-elle pas dû en séduire, en corrompre, en subjuguer, des mâles, sur ordre de son maître, le Grec Hyerakis-Phaulkon, le Levantin ! C'était elle qui avait proposé à la Loubère-la-blatte de lui masser le dos, c'était, disait-elle, un remède infaillible pour chasser bien des maux – bien des *dragons* qui vous hantent les chairs. Alors n'est-ce pas, pourquoi ne pas essayer, qu'est-ce que ça coûtait, puisque, depuis l'aube, il les avait tous essayés en vain les remèdes :

D'abord ce fut le sieur Vincent, chimiste et chercheur d'or, qui avait pratiqué sur la Loubère une saignée : un demi-litre de sang ! Du sang qu'il avait trouvé trop sombre et pas assez liquide ! Mais la saignée n'avait fait qu'affaiblir davantage l'Envoyé. Un missionnaire français, vivant depuis longtemps à Siam, était alors arrivé à la rescousse, chapeau pointu sur la tête et sous le bras un énorme clystère, ou seringue à lavement : l'instrument devait bien mesurer un mètre cinquante de long. C'était le sieur Paumard, quarante-sept ans, qui avait débarqué dans le pays il y avait dix-sept ans avec les premiers vicaires apostoliques envoyés par le pape. N'ayant jamais étudié la médecine, il s'était découvert la vocation : il devint même le médecin attitré du roi, ayant réussi à le guérir d'une fièvre. Sa grande manie c'était le clystère, mais le roi, et les Siamois, s'y refusaient, par pudeur. Aussi, dès qu'il avait un Européen sous la main, il ne le « ratait » pas : hop il fallait que sur-le-champ il baissât culotte et subît l'injection. Tout Envoyé extraordinaire qu'il fût, monsieur de la Loubère dut s'y soumettre : deux litres d'eau bénite chaude, mêlée de vin rouge, de salsepareille et de jus d'ananas. Monsieur Vincent protesta qu'un clystère ne servirait à rien, mais qu'il faudrait refaire, sur le midi, une saignée. Ce fut entre Paumard et Vincent une furieuse empoignade : jurons et soufflets se mirent à pleuvoir, au chevet de la Loubère. Alerté par les cris, Céberet intervint. Et arbitra le conflit : on décida que le patient aurait droit à une nouvelle saignée avant le déjeuner, et un deuxième clystère sur les quatre heures. Sans aucune efficacité. On fit ingurgiter au cobaye de l'écorce de quinquina bouillie dans du vin, on l'entoura, comme une momie, de bandes de flanelle : il sua, la fièvre tomba aux trois quarts, mais le mal de ventre persista. Mis au courant de la maladie du diplomate, le roi de Siam lui dépêcha ses médecins chinois, lesquels, chapeau rond sur la tête, et longue soutane de soie jaune sur le dos, lui prirent l'un après l'autre le pouls. Ceci fait, ils se retirèrent dans un coin de la pièce, chuchotèrent entre eux tels des conjurés, sortirent, et revinrent quelque temps plus tard avec un bol contenant un liquide chaud, jaunâtre, qui sentait fort bon et que la Loubère le téméraire, malgré les avertissements contraires de Vincent et Paumard, avala. Paumard proposa ensuite un vomitif, Vincent ne jura que par un purgatif ; on opposa émétique à dépuratif ; dépuratif à laxatif... ce qui maintint pendant des heures monsieur de la Loubère sur sa chaise percée. Jusqu'à ce que vers les cinq heures de l'après-midi, de ses menus nus petons Clara la pute, l'espionne déléguée par Phaulkon, le vînt soulager enfin.

On disait que le Grec se faisait ainsi masser pendant des heures, dans son « bain maure » par ses « demoiselles de Saint-Cyr ». Ce n'était donc pas seulement un traître. C'était un traître lubrique.

Il faisait nuit ce 15 novembre que Dieu fit.

Un colosse se présenta devant le porche de la demeure de Constantin Phaulkon. Le colosse portait un habit brun sombre et, sur la tête, un chapeau noir. Au ruban de ce chapeau brillait un superbe diamant. Le colosse s'annonça au mousquetaire qui montait la garde, sur le perron :

— Général Desfarges. Monseigneur Constance m'a prié de...

Le mousquetaire, sur-le-champ, entraîna le général vers le cabinet de travail du ministre. Celui-ci était assis au sol, jouant aux échecs, sur une table basse, avec un de ses secrétaires et hommes d'affaires, le sieur Bashpool, un vieil Anglais aux cheveux déjà blancs qui, parlant français, lui servait d'interprète à l'occasion (c'est-à-dire quand son patron ne tenait pas à utiliser les services de Tachard).

Le général, en entrant dans le cabinet, ôta son chapeau et dessina avec, dans l'espace, la vaste parabole d'un salut, avant de le plaquer glorieusement contre sa poitrine. L'œil du ministre pétilla — et pétilla plus encore quand il aperçut l'étincelant diamant au ruban du chapeau.

— Monseigneur... euh... il ne fallait pas ! Je ne puis accepter ! dit Desfarges se balançant d'un pied sur l'autre.

Bashpool traduisait. Le Grec restait assis, observant l'officier qu'il laissa malignement poireauter quelques longues secondes en station debout, avant de lui dire charitablement :

— Prenez donc place !

Il lui montra un coussin à ses côtés.

— Je ne puis... vraiment... accepter ! répéta Desfarges.

« Il *ne peut accepter,* se dit en souriant intérieurement Phaulkon, cependant le ruban, avec sa broche en diamant, il l'a bien fixé à son couvre-chef » (le ruban remarqua-t-il même avait été cousu au feutre, par mesure de sécurité sans doute !).

— Ce n'est qu'un... tout petit cadeau, un tout petit signe d'amitié, murmura le Grec. Un simple caillou... Mais prendrez-vous du thé ?

La mine couperosée du général resta sans expression.

— Ou peut-être un carafon de bordeaux ?

La mine couperosée du général s'empourpra : l'inextricable réseau de veinules écarlates couvrant sa face d'une oreille à l'autre vira même au violet. « Cet homme a son âme sur son visage, a dit le roi de Siam, songea Phaulkon, je ne sais pas si c'est son âme, moi, ou son cellier qu'il a sur la gueule ! »

Une servante amènerait bientôt une bouteille de vin, toute fraîche sortie de la cave. On leva quelques joyeuses santés. Après quoi posant le bout de son index (index orné d'un énorme rubis) sur le diamant du général, Phaulkon lança en souriant :

— Des petits cailloux comme ça, il y en a à Siam autant que... de maringouins ! Et ne parlons pas de l'or. Il en pousse comme du riz dans les rizières.

Les yeux bleuâtres du général s'incendièrent.

— Vous exagérez peut-être. Le chef de la Compagnie française ne dit pas la même chose.

— Ce Véret est un imbécile. A qui rien n'a été révélé des véritables richesses de Siam, parce qu'il ne le mérite pas. Le roi n'en veut plus ici, d'ailleurs, et nous avons écrit à Versailles pour qu'il soit au plus tôt remplacé !... Ce pays est richissime. Quoique la population et les mandarins même soient pauvres... il est vrai. Mais c'est que le roi et l'ensemble des rois qui se sont succédé ont raflé tout ce qu'il y avait à rafler : et qui est précieusement conservé dans le... Trésor ! Il faut voir, mon général, ce que c'est que le Trésor de Siam, ce Trésor accumulé d'un règne à l'autre depuis des siècles, il faut le voir pour le croire, mon général... ce Trésor (et le Grec agitait ses mains en l'air, comme pour donner plus de poids, plus d'expressivité à ses paroles !). Des caisses de rubis, d'émeraudes, de diamants, des sacs où les plus précieux joyaux, tellement ils sont en abondance, sont entassés les uns sur les autres. De la vaisselle d'or, d'argent, de vermeil. Et l'ivoire, ne parlons pas de l'ivoire, mon général : des dizaines de milliers, je dis bien, oui, mon général, des dizaines de milliers de défenses d'éléphants dont certaines (et Phaulkon écarta ses bras) longues comme... comme... longues de trois mètres et plus! Vous vous imaginez la fortune que cela représente, mon général? Vous n'imaginez pas! Vous n'avez pas le sens de la valeur des choses?... Je l'ai, moi : ce que ça représente? Des centaines de millions d'écus, mon général. Mais cela n'est rien... (baissant la tête et regardant par en dessous l'officier, Phaulkon poursuivit à voix plus basse)... Il y a dans le trésor du roi un éléphant, je veux dire une statue d'éléphant, grandeur nature, mais d'un grand éléphant attention! Un éléphant de quatre mètres de haut au moins, et cette statue, mon général, est en or pur, en or massif!... Le roi a fait égorger les ouvriers orfèvres qui ont fondu ce monstre afin qu'ils n'en révélassent point l'existence! Et les yeux de cet éléphant, mon général, si vous aviez vu ses yeux! Ce sont deux rubis incrustés gros... gros... (Phaulkon mit son poing refermé sous le pif rouge de Desfarges)... gros comme ça, gros comme... des œufs de cane.

Les yeux écarquillés de Desfarges prirent eux aussi la taille de deux gros œufs de cane.

— Et savez-vous où tout cela se trouve, mon général? Ce Trésor?

Le général se taisait, la respiration suspendue, comme Chariar envoûté par Shéhérazade.

— Cela se trouve *ici!* clama Phaulkon, répondant à sa propre question.

— Ici? s'étonna Desfarges.

— Ici! A cinq cents mètres d'ici! Derrière les murs du palais du roi. Le plus extraordinaire trésor de l'Inde, mon général, un trésor dont n'oseraient pas même rêver les maharadjahs de Madras ou Coromandel, se trouve à quelques pas de nous. Vous passerez tout à côté bientôt, quand vous vous rendrez à la prochaine audience du roi. Le Trésor est entreposé dans les douze magasins en vulgaire brique qui sont situés sur la gauche, dans la première cour du palais. Des magasins de bien piètre mine. Mais, à Siam, il ne faut jamais se fier aux apparences... Certains mandarins qui marchent pieds nus ont des montagnes d'or profondément enfouies dans le sol de leur jardin... Car les rois raflent tout, comme je vous l'ai dit, et le peu de gens qui ont du bien le dissimulent. Le roi est une sangsue, un poulpe, un vampire, mais il sait être généreux aussi : avec qui désire fidèlement le servir... Savez-vous, mon général, que le roi vous aime, qu'il ne cesse à votre propos, d'entonner des louanges. Et... il m'a demandé de ne pas le dire mais... je compte sur votre discrétion... C'est lui, en fait, et non moi, que vous devez remercier de cette... (Phaulkon à nouveau posa son doigt sur le diamant ornant le chapeau de Desfarges)... de cette bagatelle... cette bagatelle qu'entre nous je vous conseille de ne pas perdre car, au cours actuel, elle doit bien peser ses... cinq mille... cinq mille cinq cents écus !

— Cinq mille écus ! Et... c'est... le roi ! s'exclama Desfarges en reprenant sa respiration.

— Le roi ! répéta Phaulkon en écho.

Ils se turent. Un lourd silence s'abattit sur le cabinet de travail du ministre, un silence où s'appesantissait la hautaine et mystérieuse présence du roi de Siam, grand roi de l'éléphant blanc, Maître de la Vie.

— Mais... ajouta Phaulkon en souriant. Si vous me permettez une petite taquinerie amicale ?... Ne sommes-nous pas amis ?

— Amis ? (Les joues du général s'enflèrent...) Votre Seigneurie me fait trop d'honneur.

— Je ne doute pas de cette amitié, mon général, quoiqu'elle n'ait pas encore trouvé le... *climat,* dirais-je, nécessaire à son épanouissement. Mais tout ira tellement mieux bientôt. Quand... certains intrus, certaines mouches du coche auront plié bagage : je veux dire nos Envoyés fort ordinaires !

Le général sourit.

— Il me semble, poursuivit Phaulkon, que je ne serai pas le seul à en être soulagé.

Desfarges éclata franchement de rire. Et à son rire se mêla le rire de Phaulkon : et ce fut comme une alliance qui ainsi se scella. Et qu'on arrosa d'une nouvelle rasade de bordeaux.

— Je puis donc vous taquiner un peu ? reprit Phaulkon... entre amis.

— Faites, monseigneur. Vous me ferez ainsi trop d'honneur.

— Je dirais, poursuivit le Grec, que ce petit diamant n'est que le moindre présent que le roi vous a fait.

Desfarges le regarda ahuri :

— Je ne vous entends pas. Le roi m'aurait-il fait un cadeau que je ne connusse ?

Le Grec croisa les bras. Regarda fixement dans les yeux l'officier, en modelant sur ses lèvres un sourire béat, et, tout d'un coup il lança, comme un coup de fouet :

— Coquin !

Le général devint tout rouge, il retint sa respiration, ne sachant comment réagir à cette... incongruité. On eût dit qu'une guêpe l'eût piqué.

— Coquin ! cachottier ! renchérit Phaulkon, en éclatant d'un rire dont l'officier saisissait mal le sens.

— Je vous autorisai, certes, à me taquiner... dit le général en essayant d'emprunter un ton quelque peu hautain. Mais pourriez-vous... vous expliquer ?

— D'habitude, rétorqua Phaulkon, le diamant a toujours plus de valeur que la bague... ou la monture qui le... porte.

— Je vous suis encore moins !

— Je veux dire que la personne qui vous *porta* ce diamant est un joyau bien plus précieux que le diamant lui-même... Coquin ! cachottier !... Filou !

Desfarges, cette fois, devint cramoisi.

— Je... murmura-t-il.

— N'est-il pas vrai que Clara est une éclatante beauté ? Mais peut-être n'êtes-vous pas sensible au charme des Chinoises, ou des demi-Chinoises plutôt. Quoique... coquin !... à ce qu'elle m'a laissé entendre c'est tout le contraire qui lui a semblé. *Deux fois !*

— Qu'entendez-vous ?

— Deux fois en une heure !

Le Grec se tut un instant et sentant son général tout éperdu et honteux il lui balança, comme une finale estocade, mais une estocade bien mesurée, bien calculée :

— *Gros cochon !*

Là, le *gros cochon,* c'était trop. Le général fut à deux doigts de s'arracher à l'espèce de piège moral où on l'avait enfermé, où on l'avait réduit à une sorte d'infantile impuissance, où on l'avait emprisonné, comme un nourrisson dans ses langes. Il allait exploser...

— Gros cachottier !... Vous êtes aussi glorieux en amour qu'à la guerre. Et vous avez fait avec Clara une victime de choix car elle est... tout enamourée de vous.

Le général était blême :

— Il serait... euh... bon, dit-il, que rien de tout cela ne se sût...

— Clara, dit Phaulkon, est un coffre-fort : plein des secrets les plus précieux. Nul n'en sait rien que moi... et le roi.

— Le roi sait ?

— N'avez-vous pas compris que c'est lui qui vous envoya cette somptueuse bague qui sertit le vulgaire diamant qu'il vous a offert ? Clara fut quelque temps la locataire de son sérail. Qu'il ne visite plus guère désormais il est vrai, étant bien âgé et affaibli. Ses cent concubines doivent s'ennuyer... Ne vous choquez pas de cela, ce sont mœurs de Siam. Mœurs auxquelles les Européens s'habituent assez vite d'ailleurs.

Le général, soulagé par le tour plaisant que reprenait la conversation, éclata de rire, un rire cependant encore un peu « pincé ».

— On y prend goût facilement, il est vrai.

— Vos fils en tout cas s'acclimatent assez bien. Et j'ai l'impression que ces beaux gaillards chassent de race. L'aîné surtout, le marquis. Il a déjà brisé bien des cœurs ici. Et savez-vous ce que le roi — qui est mis au courant de toutes ses fredaines — m'a dit ?...

Desfarges demeura dans un silence interrogatif.

— Il m'a dit, poursuivit le Grec, qu'il n'était pas exclu qu'il songe un jour à marier sa fille, Yotha Tap, avec un Français : et quel parti plus brillant pourrait-il trouver dans son royaume que le marquis votre aîné ? Il est vrai que ladite Yotha Tap hait les Européens et les chrétiens. Qu'importe ! On sait dresser les femmes ici, et elles apprennent à obéir. Elle a vingt-huit ans. Je ne l'ai jamais vue car elle vit dans les appartements des femmes, mais mon épouse la connaît. Elle est jolie et d'un caractère d'acier. De la graine de reine ! Quels espoirs ne sont-ils pas permis à votre fils ?

Le général s'ébroua. Il semblait vouloir se débattre, se dépêtrer des paroles du Grec, comme si elles l'eussent, à la manière de fils d'araignée, pour ainsi dire physiquement entortillé.

— C'est un conte de fées, monseigneur, que vous me chantez là ! dit-il (il avala enfin son bordeaux).

— Mais à Siam, mon général, les contes de fées se réalisent. Je vous ferai un jour le récit de ma vie... Si vous saviez ce que j'étais il y a dix ans : rien, un pauvre hère, un va-nu-pieds. Et voyez qui je suis !

Phaulkon écarta les bras : le devant de son pourpoint était brodé d'or et d'émeraudes.

Le général enfouit son large front entre ses pattes, comme pour tenter de rassembler ses idées et se concentrer.

— Tout est possible à Siam, mon général. N'en suis-je pas la preuve vivante ? Tout est à faire ici, tout est à gagner, il ne s'agit que de vouloir, d'en avoir le cœur... et, si vous me permettez (entre amis !) d'en avoir les couilles ! Là... là... (et de son index, son index surbagouzé d'or et de rubis, le Grec montrait la direction du palais du roi)... là... mon général, à deux pas de nous, sous notre main presque, se trouve un trésor, un trésor colossal, des millions de livres, qui dorment, stupidement, qui croupissent entre quatre murs humides depuis des générations, quand des hommes hardis et ingénieux qui... s'en empareraient pourraient les faire travailler, fructifier, pourraient les investir, pourraient construire avec une armée solide, des manufactures, des vaisseaux, toutes choses grâce auxquelles nous pourrions faire triompher la gloire de la France et de Dieu en cette Asie idolâtre. « Nous », c'est-à-dire vous, mon général, c'est-à-dire vos fils, c'est-à-dire nos volontés et nos courages conjugués ! L'or est là : manquent les hommes !

Le général arracha à ses deux pattes velues son front pierreux, comme on extrait une pépite — une pépite d'or, grossière encore — de sa gangue.

— Mais... dit Phaulkon.

— Mais ?... interrogea le général.

— Des erreurs ont été commises, d'absurdes, d'inadmissibles erreurs. Point de votre fait, mon général. Mais — vous le savez bien — de celui de ces... ces étranges Envoyés extraordinaires, ces couillons ! A qui, je tiens à vous l'assurer, le père Tachard va vertement régler leur compte à Versailles et à Rome. Il emportera d'ailleurs avec lui certaines lettres au roi de France et au pape que je m'apprête à rédiger, et où ces messieurs sont solidement assaisonnés ! Comment comprendre leur attitude ? N'est-ce pas à ma demande — et avec ma... complicité — que vous fûtes, vous et vos troupes, mon général, envoyés à Siam ? Quel espoir, sans moi, eussiez-vous de vous installer dans ce pays dont je suis la clef de voûte, le sésame ! Comment peut-on me tenir en défiance et supposer que je nourrisse je ne sais quels noirs desseins ? Qu'avez-vous à craindre de ma personne ? N'ai-je point autant besoin de vous que vous en avez de moi ? Nous sommes unis comme les doigts de la main et, entre nous, entre moi et la France doit régner la plus grande, la plus totale confiance. Que le moindre grain de sable, que la moindre faille s'introduise dans notre alliance, et d'aucuns s'y précipiteront pour tenter de nous détruire. Qu'avez-vous à craindre, dites-le-moi, mon général, de cette centaine de va-nu-pieds siamois et portugais, armés de mauvais mousquets, ignorant l'art de la guerre, qui vous tiennent compagnie dans la forteresse de

Bangkok ? Un homme comme vous, mon général, un héros de votre trempe, des héros comme vous, Français, ne feront qu'une bouchée de ces malheureux, quand bien même ils seraient mille fois plus nombreux. Et d'ailleurs vos exploits, que partout à Siam on raconte, les tiennent dans un tel respect, une telle crainte, qu'ils n'oseront jamais rien tenter à votre encontre. Car votre gloire, mon général, illumine toute la terre et jusqu'à Siam. Tenez... croyez-vous que nous ignorions comment pendant des heures vous défendîtes, à Maastricht, sous les balles et les coups de l'ennemi, le maréchal d'Artagnan blessé à mort ?...

— Vous... savez cela ? dit le général ému. Qui vous l'a dit ?

— Nul ne me l'a dit. La seule magnificence de vos prouesses suffit à les faire connaître. Vraiment, qu'est-ce que des hommes de votre envergure peuvent bien craindre des Siamois ? Par ailleurs, lorsque je demande que le lieutenant du Bruant, qui va bientôt rejoindre Mergui, soit directement sous mes ordres, un homme de votre expérience, mon général, peut le comprendre, mais pas un la Lou... machin, un la Loubère qui n'a jamais livré bataille que dans les salons des Précieuses et ne connaît d'odeur de poudre que celle de la poudre de riz — ou de la poudre aux yeux peut-être ! Imaginez, mon général, que je sois averti de quelque menace militaire pesant sur Siam et que vous soyez, vous, je ne sais où ? A Bangkok peut-être. Faudra-t-il que je prenne contact d'abord avec vous pour que vous retransmettiez mes ordres à du Bruant quand déjà, selon les saisons, il faut de deux à quatre semaines à un messager pour se rendre à Mergui, à travers jungles, torrents, sans compter les tigres, crocodiles, moustiques et autres fauves. Ça n'est pas possible. C'est stratégiquement absurde. Il faut que du Bruant soit directement à mes ordres. D'ailleurs le roi le veut et vous devez vous plier aux volontés du roi !

— C'est que... euh... dit Desfarges soudain un peu dégrisé, mes Instructions portent que...

— Ça y est, vous aussi, mon général, vous un soldat, vous un héros de Cassel et Maastricht, vous me serinez l'air des Instructions, comme ces em... (le Grec qui allait dire « emplumés » s'arrêta net quand il aperçut le panache du chapeau de Desfarges)... comme ces en...farinés de Chaumont et la Loubère ! Mais, mon général, nous ne sommes pas ici pour suivre des Instructions mais gagner une bataille, la bataille de France, la bataille du Christ contre les ténèbres du paganisme ! Seul l'Esprit — et non la lettre — l'Esprit-Saint doit nous animer ! Songez, songez aux trésors fabuleux de Siam, à cette princesse qu'épousera votre fils, à...

— Nous pourrons sur tout cela nous entendre, dit le général hésitant, après... le départ des Envoyés. Mais je vous le dis, je redoute ce qu'ils raconteront sur moi au ministre Seignelay et au roi mon maître !

— Le père Tachard vous défendra. Et le père de la Chaise ! C'est autre chose que ce pantin de la Loubère, cet homme de paille, cet ambassadeur de carton-pâte qu'on n'a jamais envoyé ici que pour jouer un personnage de théâtre. Il ne sait rien... rien de ce qui est l'essentiel du moins, et sur quoi, quand il sera temps... je vous mettrai au parfum !... le *plan !*

Les deux hommes avalèrent une dernière rasade de bordeaux et se levèrent. Phaulkon, faisant quelques pas avec le général vers la porte du cabinet, flanqué de Bashpool, ajouta à voix basse :

— J'ai... euh... un message pour vous, mon général, de la part du roi... Sa Majesté a été tellement « charmée » (c'est l'expression qu'elle a employée) par votre personne, qu'elle vous veut à ses côtés toujours. Elle désire que vous vous installiez à Lopburi.

— Mais... mon poste est à Bangkok, dans la forteresse, avec mes hommes. Mes Instructions d'ailleurs...

— C'est une prière... mais c'est aussi un *ordre* du roi, lança Phaulkon très sèchement.

— C'est que... dit Desfarges de plus en plus embarrassé, comment pourrais-je rester à Lopburi, à la Cour, si je ne suis plus... en état financier de soutenir dignement mon *caractère* ? Je risque d'être à sec bientôt et de devoir me contenter des sommes qui m'ont été avancées pour mon équipage. Céberet et le commissaire de la Salle sont en train de nous serrer les cordons de la bourse. Je crains, si je reste à Lopburi — et vu le prix exorbitant du vin — de ne plus être capable de tenir tous les jours table ouverte, ce qui est la moindre des choses pour une personne de mon *caractère.*

— Quel besoin d'avoir table ouverte, s'exclama Phaulkon, ma table est la vôtre. Invitez-y qui vous voulez et au nombre que vous voulez !

Il prit le général par les épaules et lui dit sur un ton de comploteur :

— On réglera vos problèmes de finances... Quel est le montant de l'avance qu'on vous a donnée sur votre équipage ?

— Quatre mille écus, pourquoi ?

— Et ce commissaire de la Salle, dont vous me parlez, détient l'ensemble des sommes destinées à la solde des troupes. Il est à vos ordres bien sûr ?

— Bien sûr... mais pourquoi encore ?

— Argent qui dort, mon général ! Argent qui dort ! Siam, les Indes, vous ne voulez me croire, sont un conte de fées. Avec les quatre mille écus de votre équipage je puis produire en quelques mois douze mille écus ! Et plus ! Bien investi... dans une bonne cargaison, cet argent peut faire des petits. Il est des marchandises des Indes qui en Europe rapportent du cinq cents pour cent ! Du trois cents pour cent au Japon et...

Les yeux du général brillaient comme des pépites.

— Mais nous reparlerons de tout ça... tantôt, dit Phaulkon qui raccompagna l'officier jusqu'au porche de sa demeure.

Desfarges déjà, après quelques salutations, s'en allait à travers le jardin (on lui avait réservé une maison particulière près du palais du roi) quand le Grec le rattrapa, tout près d'un bassin où brillaient dans l'ombre des fleurs mauves, flottantes, de lotus.

— Le roi, dit le ministre, a entendu parler... d'armes étonnantes, de mortiers... que vous auriez à bord de l'*Oiseau.* Il en est fort curieux, depuis que Kosapan lui en a décrit les effets, et voudrait qu'on lui en fît une démonstration.

— C'est que... euh... ces armes dépendent du capitaine du Laric, chef des bombardiers, et il faudra avoir son accord.

— N'est-il point à vos ordres ?... Il ne tient qu'à vous, par ce nouveau service, de vous attirer plus encore la faveur du roi, qui n'en restera pas à ces premières générosités (le regard du Grec sembla s'élever, pour fixer dans la nuit l'étincelant diamant brillant au chapeau de l'officier).

Phaulkon accompagna le général jusqu'au portail du jardin, où deux bras-peints portant flambeau montaient la garde. Le Grec et l'officier se souhaitèrent à nouveau la bonne nuit. Quand, *in extremis,* le ministre rattrapa encore le général :

— Où avais-je la tête : d'omettre de vous annoncer une autre bonne nouvelle. Le roi est si satisfait des Français qu'il vous veut offrir, et à ses frais, une provision de six mois de riz que vous pourrez entreposer à Bangkok !... Et maintenant, bonne nuit !

Aussitôt, sans autre commentaire, il tourna le dos, et s'engouffra dans l'ombre de son jardin.

Le général, vaguement abasourdi, marcha jusqu'à sa demeure, qui se dressait cent mètres plus loin, à côté du Wat Sao Thong, une pagode idolâtre. « Cet homme, se disait-il, est... est merveilleux. Toutes nos défiances à son égard sont ridicules. N'avais-je point dit à Céberet qu'il était précipité, et peu opportun, d'acheter déjà pour dix-huit mois de riz ? Eussions-nous attendu quelques jours, nous n'eussions pas eu à faire cette inutile dépense... »

Dans sa tête pleuvaient des écus : cinq cents pour cent de bénéfice ! Avait-on jamais vu ça en France, du cinq cents pour cent ?

Le 16 novembre 1686 que Dieu fit, monsieur de la Loubère, debout devant son miroir, chantait un air d'*Armide* : « Pom, Pom, Pom, *non je perdrais plutôt le jour / que de me dégager d'un si charmant amour* pom, pom, pom !... Ce rustre de Shakespeare eût-il pu jamais inventer quelque chose d'aussi léger, ou ce badaud de Lope de Vega ? » Il s'aspergea d'eau de Cologne, renoua son jabot, ajouta un peu de poudre de riz sur le bout de son nez hérissé par deux nouvelles cloques, souvenir de nouvelles étreintes avec un maringouin. Il se faisait beau : dans deux heures aurait lieu une nouvelle audience du roi. « Pom, pom, pom. »

Entra dans la pièce, tout frais lavé et poudré, monsieur de Céberet suivi du père de Bèze qui, prenant une mine de mystérieuse fouine, dit à la Loubère qu'il avait une information de « la plus haute importance à porter à sa connaissance ». Ce n'était autre (comme quoi la rumeur court vite à Siam) que l'annonce faite la veille par Phaulkon à Desfarges qu'il fournirait du riz pour six mois aux troupes de Bangkok.

— N'est-ce pas un signe évident de la bonne volonté de ce ministre ? s'exclama le jésuite pour conclure.

La Loubère éclata de rire.

— Ce que vous annoncez là, dit-il, atteste surtout que ce Grec a de fort bons espions. Il ne nous propose ces six mois de riz que parce qu'il sait pertinemment que nous n'en avons plus besoin. Car nous nous en sommes fait livrer en secret — secret bien mal gardé ! — pour dix-huit mois ! Le procédé est grossier ! Mais je n'ai jamais pensé que les ruses de ce fourbe fussent fines. Ah ah ! Ça n'est pas avec cette sorte de confiture, en tout cas, qu'il attrapera des maringouins de mon espèce !

Il rajouta encore une pincée de poudre de riz sur le bout de son nez.

— Au demeurant, mon père, je vous remercie de votre zèle à nous renseigner. Mais... vous me pardonnerez, il me faut répéter ma « harangue ».

« *Arrête, arrête, affreuse haine! Laisse-moi sous les lois d'un si charmant vainqueur,* pom, pom, pom! continua-t-il de chantonner.

La cérémonie de l'audience, cette fois, fut bien plus simple, car les Envoyés n'étaient pas porteurs de la lettre d'un roi (le Fistulard) mais simplement d'une lettre du dauphin (le dégénéré bossu fils du Fistulard). Il y eut cependant cavaliers et éléphants dans la cour du palais de Lopburi. La réception se déroula dans le pavillon Dusitsawan, bâtiment d'architecture composite, mi-persane, mi-française, qu'on avait tout récemment achevé de construire. Le roi apparut encore à une fenêtre, percée au fond du salon (un roi qui, derrière son sourire de rigueur, cachait une mine bien plus maladive encore que précédemment). Comme il n'y avait pas de « siège », mais simplement « un petit banc » pour les Envoyés, la Loubère resta debout de nouveau pour lire sa harangue et quoique le Grec, à quatre pattes derrière lui, eût eu l'incroyable audace de tirer sur le pan arrière de son habit pour tenter de l'obliger à s'asseoir : héroïquement, la Loubère résista. Fort heureusement, le tissu de l'habit était solide... et sa harangue brève. Il n'y dit rien de remarquable. Il annonça la naissance du duc de Berry, fils du dauphin, et petit-fils du Fistulard, affirmant que chaque enfant qui naissait à la famille royale de France était un nouvel allié de la couronne de Siam. Le roi se retira.

Il y eut un déjeuner, dans un pavillon entouré de bassins, auquel assistèrent les Envoyés, Phaulkon, Tachard, quatre ou cinq jésuites, quelques mandarins, et un commerçant arménien richissime, le sieur Kéchichian, ami intime du Grec. A nouveau on eut de vifs échanges sur le *parler debout* de la Loubère. Mais la mauvaise humeur fut vite noyée dans le vin. On s'entremitrailla d'éloges et de compliments. Les plus ardents à cet exercice étaient très certainement les jésuites. Entre eux et le ministre, c'était une véritable lune de miel : sans doute parce que ces religieux allaient avoir droit à une audience privée du roi? Le Grec était « leur frère », « leur frère illustre », leur « illustre frère »; et ils étaient pour lui ses « frères », ses « pères », ses chers « frères » et « pères ».

— Vous diriez mieux *beaux-pères,* s'exclama soudain, dans un éclat de rire, le commerçant arménien qui avait dans le nez un verre de trop.

Le Grec — à cette plaisanterie que les Envoyés ne comprirent pas — blêmit soudain et, malgré toute son habileté, resta bien deux longues minutes muet avant de se lancer à corps perdu dans une vaste digression sur les délices de la cuisine chinoise, qui ne visait qu'à noyer le poisson : quel poisson ?

Phaulkon raccompagna bientôt les Envoyés jusqu'à la porte du palais, où les attendaient leurs chaises à porteurs. La Loubère invita le ministre à les quitter *avant* qu'ils ne montassent sur leurs chaises, ce qui n'était pour lui qu'une simple façon de parler, car la courtoisie voulait qu'il ne les quittât qu'*après ;* mais « ce rustre », trop content de prendre ces paroles pour argent comptant, tourna illico le dos et s'en retourna dans le palais.

— Le malotru, clama la Loubère.

— Il semble vexé ! dit Céberet.

— C'est la plaisanterie aussi de cet Arménien, qui l'a mis de mauvaise humeur. J'aimerais bien savoir pourquoi ?... Pourquoi notre Grec devrait-il appeler les jésuites « beaux-pères » plutôt que « pères » ou « frères » ?

Le lendemain, lundi 17 novembre que Dieu fit, les jésuites, donc, honneur insigne, devaient être reçus en audience particulière par le roi. Comme, ce même jour, l'abbé de Lionne et l'évêque, monseigneur Laneau, avaient été convoqués à l'aube chez Phaulkon, ils avaient de fortes raisons de penser qu'on allait leur annoncer qu'ils étaient eux-mêmes conviés à cette audience.

C'est donc le cœur battant d'une sainte joie qu'ils grimpèrent les huit marches du perron de sa demeure. Trois mousquetaires anglais, dont l'effrayant et balafré Cropley, leur barrèrent le passage :

— *No way !*

L'abbé de Lionne expliqua qu'ils avaient rendez-vous. Le mousquetaire rétorqua qu'il n'était pas averti qu'ils eussent ce rendez-vous.

— Eh bien, s'impatienta de Lionne, allez prévenir Son Excellence Phaulkon que nous sommes là !

— Ça n'est pas dans nos consignes, rétorqua vivement Cropley, de le déranger si aucun rendez-vous n'est prévu !

— Mais monsieur, s'emporta de Lionne, savez-vous à qui vous parlez ? Savez-vous qu'à mes côtés (il désigna monseigneur Laneau qui demeurait muet, tête basse, les lèvres tremblantes, d'émotion, ou de fièvre peut-être) se trouve l'évêque de Siam, vicaire apostolique de Sa Sainteté le pape ?

— Le diable emporte ton pape et les papistes ! beugla Cropley dans un éclat de rire. J'ai mère anglicane, père calviniste et je suis athée autant qu'un porc, *fuck you !*

Dans le cadre de sa longue barbe brune et soyeuse, le visage de monsieur de Lionne devint livide.

— Je... J'aviserai monsieur Constance de votre attitude !

— Avise, chéri, avise !

De Lionne sentit la main maigre, moite, fiévreuse de l'évêque le saisir par un bras, et le tirer en arrière :

— Ne perdez pas votre sang-froid, cet homme est ivre, il ne sait ce qu'il dit ! souffla monseigneur Laneau.

— Je ne suis pas si sûr, moi, que cette canaille ne sache ce qu'elle dit, rétorqua vivement l'abbé, je...

L'abbé était grand, bien bâti. Il tenta de forcer le passage. D'une formidable bourrade, l'Anglais l'envoya bouler trois pas en arrière. Il y eut des cris, des jurons, fort peu chrétiens, qui attirèrent un grand oiseau en longue robe blanche : le père Pedro Martyr, qui jeta un bref regard, non dénué d'ironie, sur l'évêque, son ennemi : Pedro Martyr, dominicain portugais, ne reconnaissant d'autre autorité que celle de l'évêque de Goa, avait refusé de prêter serment à monseigneur Laneau, qui l'avait excommunié :

— *Fraterna nos, Domine, martyrorum tuorum corona laetificet,* s'exclama ironiquement le dominicain (que la victoire fraternelle de vos martyrs nous soit un sujet de joie, Seigneur). Venez mes pères, venez mes frères !

Pedro Martyr prit à la taille, dans un geste apparemment chaleureux et amical, les deux missionnaires.

— Pardonnez à ce malheureux hérétique, ajouta-t-il en montrant Cropley, et veuillez bien me suivre. Vous ne sauriez imaginer combien Son Excellence Constance va être désolée de ce... regrettable incident.

Le dominicain les fit asseoir dans le salon, sur des petits sièges bas, juste en face du portrait de Louis le Fistuleux accroché au-dessus du fauteuil où Phaulkon donnait ses audiences.

— Je vais, dit le père Martyrio, prévenir Son Excellence, et vous faire apporter du thé...

On attendit dix, vingt, trente minutes. On ne vit pas venir le thé, ni revenir Martyrio. Louis l'Infâme jetait son regard hautain sur les missionnaires, assis, jambes croisées, plus terrassés qu'assis d'ailleurs, de honte, d'humiliation. Et d'autant plus qu'ils croyaient bien entendre, sortant d'un cabinet voisin, l'écho des voix de Constance, de Tachard, de De Bèze et de plusieurs autres personnes, qui étaient apparemment en train de discuter de la prochaine audience.

— Allons-nous-en, Monseigneur, dit de Lionne hors de lui. On se moque de nous ici !

— Monsieur l'abbé, répondit l'évêque, joignant ses mains maigres où saillaient de grosses veines vertes, noueuses, nous ne devons pas manquer, pour le salut de la chrétienté de Siam, cette occasion de voir le roi. Quand bien même il faudrait pour cela s'humilier. N'écartez pas de vous ce calice !

— Votre Grandeur est bien plus sage que moi, rétorqua de Lionne, avec une certaine brusquerie. Souffrez au moins que j'aille jeter mon œil sur ce qui se passe là-bas... dans ce cabinet où j'entends bien joyeuse compagnie !

Il se leva, fit quelques pas vers un couloir, au fond de la pièce. Il fut aussitôt arrêté par un autre secrétaire du ministre, le sieur Bashpool.

— Son Excellence Constance, expliqua celui-ci, est en train de prendre son bain de vapeur. Elle m'a ordonné de vous faire savoir qu'elle viendrait vous retrouver d'ici un quart d'heure.

— Dans un quart d'heure ? s'exclama de Lionne rageusement. Mais c'est il y a près d'une demi-heure passée que nous avions rendez-vous.

— Venez vous asseoir avec moi, lui dit l'évêque, qui s'était levé à son tour.

Il l'entraîna à sa suite, et ils se rassirent sur les deux petits bancs. Le quart d'heure passa. Personne ne vint. Pas même pour apporter le thé promis.

— C'est une mauvaise comédie qu'on nous joue là, Votre Grandeur, finit par s'exclamer de Lionne. Je vous en prie, allons-nous-en. Nous ne nous attirerons ici que d'humiliants déboires !

Comme pour le démentir, un frôlement de pieds nus se fit entendre dans le couloir. Un jeune domestique siamois s'approcha d'eux à quatre pattes, du fond de la pièce.

— Le Seigneur Constance a fini de prendre son bain ! leur dit-il.

Le visage maigre, tanné et buriné de rides de l'évêque sembla s'éclairer. Il jeta un regard vers l'abbé, un regard qui semblait vouloir dire qu'il ne fallait désespérer de rien ni de personne. Le domestique siamois ajouta alors :

— Le seigneur Oya Witchayen Constance m'a ordonné de vous dire qu'il pourra vous parler dès qu'on aura fini de lui couper les ongles des pieds.

Et aussitôt, à quatre pattes toujours, le jeune domestique trotta vers le fond de la pièce où il disparut.

De Lionne se dressa sur ses jambes, furieux, et tira l'évêque par la manche.

— Venez, Monseigneur, cet homme se moque de nous. Il nous a déclaré la guerre. Nous n'avons plus à attendre de lui que le pire.

L'évêque de Métellopolis obligea l'abbé à se rasseoir.

— Patientez ! dit-il. On ne vous a giflé encore que la joue droite. Patientez. L'enjeu est d'importance. Et vaut que nous lui sacrifiions nos pauvres vanités.

« Pourquoi ne pas lui tendre aussi notre derrière, pour qu'il nous le botte ! » songea l'abbé.

Il regarda du coin de l'œil ce « pauvre » monseigneur Laneau : à son retour à Siam, c'est à peine si de Lionne l'avait reconnu tant il avait maigri, vieilli. Il ressemblait désormais à un oiseau déplumé, galeux, un vieux corbeau, mais non dépourvu cependant d'une certaine pathétique beauté. « Ceux que Phaulkon n'achète pas, il les achève. » Et c'était ce que le Grec voulait faire avec les missionnaires.

Longtemps plus tard, longtemps après la *tragédie,* l'abbé de Lionne écrirait dans un mémoire : *Dans toutes ces négociations, monsieur de Métellopolis n'eut plus de part à ce qui se passa (...) Il endurait avec une patience angélique les invectives de Phaulkon dont la superbe était alors à son comble*[1].

Les éclats de voix, les rires s'entendirent plus distinctement. Manifestement on avait ouvert la porte du cabinet, là-bas, au fond du couloir : où résonnèrent bientôt des bruits de bottes.

Les reins creusés, le torse bombé, dans un superbe habit de soie gris perle, Constantin Phaulkon entra alors dans le salon, suivi par un essaim papotant de soutanes noires : tous les jésuites de l'équipe de Tachard : de la Breuille, du Chat, le Royer, de Bèze, Richaud, Colusson, Thionville, d'Espagnac, Saint-Martin, Comilh, le Blanc, du Bouchet à qui s'étaient associés le Flamand Maldonado et plusieurs officiers, le général Desfarges, ses fils, le lieutenant du Bruant, Saint-Vandrille, Fretteville, Dacieu, Delas, du Laric, et quelques autres. Cette véritable escouade, cette phalange, s'avança groupée derrière son chef : le Grec !

De Lionne et l'évêque se levèrent, regardèrent les nouveaux venus, un peu stupéfaits. Phaulkon, d'un ton méprisant, lança :

1. Cité dans A. Launay, *Histoire de la mission du Siam.*

— Monsieur l'évêque, le roi, en fin de compte ne pourra vous donner audience. Retournez à Ayuthya, nous n'avons que faire de vous ici !

Et sans plus leur prêter attention, il sortit dans le jardin, suivi par sa troupe fidèle. C'est à peine si les officiers français et les jésuites chuchotèrent un vague salut aux missionnaires, prétextant qu'ils étaient « en retard » déjà, pour l'audience du roi.

De Lionne et monseigneur de Métellopolis, du perron de la maison, les regardèrent s'éloigner dans le jardin. Ils entendirent des éclats de rire.

Ils virent au loin le Grec monter dans sa chaise à porteurs, tandis qu'autour de lui, telles des abeilles autour de leur reine, bourdonnaient jésuites et officiers.

Le général Desfarges tenait d'une main l'un des brancards de la chaise argentée où, seigneurialement, était installé Phaulkon, et, tout gros qu'il était, et tout boitillant sur son pied goutteux, il trottinait dans la poussière, rivalisant de vitesse avec la marche endiablée des dix porteurs siamois : porteurs aux épaules, aux cuisses surmusclées, monstrueuses presque, moulées, sculptées, transmuées par la fonction à laquelle pendant des années elles avaient été animalement asservies.

Phaulkon, du haut de son siège se pencha, l'air agacé, sur Desfarges :

— Mon général, ne vous ai-je point dit que vous n'êtes pas invité à cette audience... ni vous, ni vos officiers ! Retournez donc chez vous !

Mais trottant et suant sous sa perruque, le général rétorquait, entre deux halètements de baleine :

— Peu importe, Votre Excellence, nous vous accompagnons, pour l'honneur, pour l'honneur, Votre Excellence, nous vous faisons escorte, escorte, simplement escorte !

Et continuant de trotter sur la route pulvérulente, il regardait le Grec perché au-dessus de sa tête, comme on regarde un Saint Sacrement !

Jésuites et officiers qui tous, eux aussi, *trottaient* devant, derrière, à côté de la chaise à porteurs, formaient un spectacle des plus étranges et surprenants, avec leurs bouilles rouges toutes dégoulinantes de transpiration et leurs beaux vêtements bientôt empoussiérés. Le ciel de Siam, lourd, gris, incandescent, frappait cependant sur leur crâne comme une impitoyable masse.

— Fichez donc le camp, lança Phaulkon, d'un ton de plus en plus irrité au général. Vous n'avez pas à me faire escorte !

Mais Desfarges, la perruque et le tricorne de travers, trottait toujours : et avec d'autant plus d'ardeur, au fond, que les mots du Grec l'avaient blessé. Il était comme un bourricot enivré de douleur par les coups d'aiguillon dont on lui lacère la croupe. Mais c'était son cœur, son gros cœur de soldat fidèle, qu'on déchirait ainsi. Et il trotta d'amour et de rage.

Bientôt ils se retrouvèrent devant l'énorme entrée ogivale, s'ouvrant à l'est, dans la haute enceinte du palais. Cinquante bras-peints, cimeterre au poing, montaient la garde devant les doubles battants de la porte écarlate cloutée d'or. La chaise à porteurs s'engouffra dans le palais, suivie, comme d'une longue queue, noire, par les quatorze jésuites ensoutanés. Agité d'on ne sait quelle irrationnelle impulsion, le général, quoiqu'il sût qu'il n'y était pas autorisé, voulut entrer lui aussi. Un géant siamois, tatoué de la tête aux pieds, du bout du nez aux orteils, lui barra la route, de son torse nu, énorme. Desfarges ne put que voir la grande porte rouge se refermer sur les prêtres et le Grec. Et ce fut comme une pierre tombale qui chut sur son cœur.

Il sortit de ses basques un mouchoir de dentelle. En essuya l'espèce d'emplâtre qu'avaient formé sur son front la poussière ocre et la sueur mêlées. Il réfléchit un instant. Ou peut-être ne faisait-il que reprendre son souffle. Puis soudain, éclatant de rire, il lança :

— Il fait soif, mordiou ! Messieurs, votre général vous offre la tournée.

Et, « mordiou », tous les officiers clamèrent :

— Vive le général !

Ça n'est pas chez le général qu'ils se rendirent. Mais chez le Grec. N'avait-il pas offert à Desfarges sa table, sa cave... et le reste ! Ils allaient boire son vin.

Ils le burent.

Ils le boiraient : jusqu'à la lie !

Quelques mois après la *tragédie,* une lettre chiffrée serait envoyée de Siam à Pondichéry où on la décoderait avant de la faire suivre à Versailles. On y lit quelques phrases comme celles-ci : *Monsieur Constance savait amuser les Français avec de petits présents, avec la bonne chère et choses semblables, et les Français, pour la plupart, se laissaient captiver par ces sortes de traitement et s'avilissaient à des bassesses et à des lâchetés qui les rendaient méprisables. Il y avait des officiers, et des plus considérables, qui n'avaient pas honte... de demander à madame Constance jusqu'à des serviettes et autres petites nécessités qu'ils pouvaient acheter pour vingt et trente sols, et tout cela paraissait si sordide aux Portugais qu'ils se moquent encore aujourd'hui de ces gentilshommes. Étant si intéressés ils n'osaient contredire monsieur Constance, crainte de perdre leur fortune qu'ils croyaient devoir attendre de lui. Monsieur Constance voyant leur faible et qu'ils ne se menaient que par intérêt les contentait (...) en quelques bagatelles et il s'en prévalait d'une telle manière qu'il faisait d'eux ce qu'il voulait*[1].

En fin d'après-midi, ce même 17 novembre que Dieu fit, les pères jésuites, le visage framboisé par le soleil, le bon vin, mais plus encore par la jubilation où les avaient plongés les paroles que le roi de Siam leur avait dites, ou plutôt que leur interprète Phaulkon leur avait dit que le roi de Siam avait dites, s'en vinrent à la demeure des Envoyés extraordinaires pour faire « leur rapport ».

Monsieur de la Loubère et monsieur de Céberet, qui étaient frappés de diarrhée, les reçurent, assis chacun sur sa chaise percée : une couverture pudiquement jetée sur les genoux.

— Ah, Vos Excellences, Vos Excellences, s'enflamma tout de suite Tachard, quel prince exquis est ce... prince, euh... quel homme, si plein d'attention, de prévenances, de finesses et quelle pitié qu'on n'ait mieux su à ce jour l'éclairer des lumières de notre Évangile... pour lequel il semble tellement attentionné au demeurant.

— Mon Révérend, dit sèchement la Loubère, qui coupa court à la tirade du jésuite, nous voici maintenant à la mi-novembre... la mi-novembre déjà ! Cela fait donc un mois et demi que nous arrivâmes à Siam ! Et qu'avons-nous obtenu ?... rien ou presque ! Cette audience au moins vous aura-t-elle donné quelque espoir en matière religieuse ? Pouvons-nous espérer que soient publiés les Privilèges aux chrétiens du traité Chaumont ?

— Il n'en est pas question ! rétorqua Tachard sèchement.

Et comme, avec les autres jésuites, il était encore debout, ils s'assirent tous sur des fauteuils et canapés rangés autour des chaises percées de leurs diarrhéeuses Excellences.

— Pas question ? clama la Loubère, qui, de rage, voulut se lever

1. Archives des Missions étrangères, vol. 854, p. 871-884.

de sorte que la couverture glissant sur ses genoux révéla à moitié, un bref instant, ses *pudenda.*

— Pas question ! répéta Tachard, en envoyant à la Loubère un regard méprisant et hargneux. Pourquoi voulez-vous rendre publics des privilèges accordés à des chrétiens... *qui n'existent pas !* Pourquoi risquer ainsi des troubles, une révolution peut-être, pour des chrétiens fantomatiques qui ne peuplent que la misérable imagination de ces misérables missionnaires qui n'ont pas plus converti de Siamois que de crocodiles en ce royaume ?

La Loubère et Céberet s'entrenvoyèrent un regard circonspect :

— Et... pour ce qui est de la conversion du roi que Sa Majesté Très Chrétienne espère si fort ? demanda la Loubère.

— Le roi se convertira quand il pourra parler avec des gens qui soient dignes de le convertir. On ne convainc pas un prince si... raffiné avec des sornettes et bondieusailles qu'on conte aux bonnes femmes. Il faut attendre aussi que les jésuites apprennent le siamois... Le Roi a ordonné aux deux mandarins les plus savants du royaume d'enseigner la langue du palais et le *pali* à trois des nôtres : les pères du Bouchet, de la Breuille et le Blanc ! Ceux-ci vivront dans un temple, avec les bonzes et comme les bonzes, afin de se pénétrer complètement de leur langue !

Il fut encore question du départ de du Bruant pour Mergui, mais la Loubère s'attira les mêmes dilatoires réponses, de même que pour la présence des soldats siamois dans Bangkok. Quant au problème des fortifications dont les travaux n'avançaient pas, Tachard innova. Il eut une réplique « renversante » :

— Quand bien même, dit-il, la guerre serait déclarée entre la France et la Hollande. Pourquoi voudriez-vous que les Hollandais attaquassent Bangkok ? Serait-ce parce que des Français sont au service du roi de Siam ?... C'est absurde ! Supposez qu'une quelconque nation d'Europe soit en guerre avec la Suisse, est-il envisageable qu'elle prît d'assaut Versailles parce que Sa Majesté y entretient une garde suisse ?

Qu'elle relevât de la naïveté, du délire, ou de la trahison, la réponse du jésuite stupéfia à ce point les Envoyés qu'ils en conclurent qu'ils n'avaient plus rien à tirer ni de lui, ni de Phaulkon.

— Puisqu'il en est ainsi, dit hautement la Loubère, nous sommes désormais franchement déterminés à adresser directement au roi de Siam un mémoire contenant tous nos griefs.

— Vous ne pouvez en agir ainsi, cria Tachard blême de peur et de rage, ce serait trahir le ministre Phaulkon ! Vos... ordres... vos...

Instructions exigent que vous ne fassiez rien qu'*en accord* avec lui !

— A la bonne heure ! lança la Loubère en souriant méchamment, eh bien nous remettrons à monsieur Phaulkon ce mémoire destiné au roi.

— Cela revient au même, car le ministre sera obligé de le transmettre à son souverain. Vous ne pouvez faire ça. Vous... vous trahiriez ainsi les plans de la France et de Sa Majesté. Vous... vous briseriez notre Grand Dessein !

A ces mots, dans un tourbillon noir de soutanes, tous les jésuites quittèrent la pièce.

Remplacés presque aussitôt par les missionnaires : l'abbé de Lionne, l'évêque de Métellopolis, et leur Falstaff : le sieur Véret.

Lesquels s'assirent sur le canapé, juste en face de la double chaise percée des Envoyés. De Lionne était encore « tout chaud » de l'humiliation que le matin lui avait infligée « ce... »

— Ce flibustier ! clama Véret.

— Monsieur Constance s'égare, expliqua l'évêque, il ne faut pas chercher à le braquer... mais demeurer cependant fermes sur nos positions et nos exigences. Savez-vous ce que j'ai appris, messieurs : que le roi serait persuadé que les Privilèges aux chrétiens, obtenus par le traité Chaumont, ont été publiés partout dans le pays. Seul Phaulkon... pour des raisons que j'ignore, empêcherait cette publication. A quoi aura servi votre ambassade, messieurs, si vous repartez de ce pays sans qu'aucun avantage nous ait été accordé, à quoi auront servi ces cinq vaisseaux, ces dépenses ?... Car dites-le-moi, en quoi sommes-nous mieux lotis, nous chrétiens, que les musulmans de Siam, que les Chinois confucéens, que les hérétiques ? Comme nous ils peuvent bâtir leurs temples ou leurs mosquées, comme nous ils peuvent y enseigner leurs créances, comme nous ils ont des écoles...

— Cette égalité de traitement, renchérit de Lionne, n'est-elle pas au fond plus humiliante et dangereuse que si nous étions comme au Japon persécutés, massacrés ? Cet esprit de *tolérance* n'est-il pas le signe d'une perversion de l'âme ? Et en l'acceptant, en en bénéficiant, ne nous en rendons-nous pas complices ?... Monsieur Constance prétend qu'il serait dangereux dans la situation politique actuelle de publier ces Privilèges aux chrétiens. Prétexte ! Pourquoi avons-nous amené ici ces soldats, exigé ces places fortes, sinon pour pallier ce risque ?... Il faut être ferme là-dessus, messieurs les Envoyés !

Les missionnaires et Véret s'apprêtaient à s'en aller quand monsieur de la Loubère, se ressouvenant soudain d'une question qui l'intriguait, demanda au chef du comptoir français :

— Monsieur Véret, j'aimerais que...

Se tournant vers l'évêque, la Loubère fit une brève parenthèse :

— Votre Grandeur me pardonnera cette question... peut-être frivole.

Monseigneur Laneau sourit. La Loubère reprit :

— J'aimerais, sieur Véret, que vous m'expliquiez certaine plaisanterie qu'on fit hier après l'audience à monsieur Constance et qui n'eut pas l'heur de lui plaire. C'est un Arménien, un certain Kéchichian qui, entendant monsieur Constance sans cesse traiter de « mes chers frères » et « mes pères très chers » les jésuites, s'est exclamé soudain en riant : « C'est *beaux-pères* plutôt que vous devriez les appeler. »

Et, à ce mot, « beau-père », ce fut à son tour Véret qui éclata de rire, et qui rit, mais rit au point qu'il se laissa glisser du canapé sur le sol, en répétant sans cesse « beaux-pères, beaux-pères, ah ah elle est trop bonne celle-là, beaux-pères, beaux-pères ! »

Et, en répétant « beaux-pères », il se tapait sur les cuisses, sur les genoux, de façon retentissante : « Beaux-pères ! »

Muets, stupéfaits, du haut de leurs chaises percées, La Loubère et Céberet contemplaient Véret qui, tel un énorme verrat, se roulait au sol aux pieds des missionnaires lesquels, tout au contraire, gardaient une mine fort sévère. L'envoyé se rendit compte qu'il avait touché là, sans y prendre garde, comme un apprenti sorcier, à quelque secret, quelque secrète dimension de Siam, qu'on ne tenait pas trop, du côté de nos pères, qu'ils fussent dominicains, jésuites, missionnaires ou autres, à révéler.

Et cependant, Véret, qui continuait de se rouler au sol en s'esclaffant et répétant « beaux-pères », finit par se calmer un peu et balbutia :

— Je m'en vais vous expliquer, moi, messieurs, ce que ce « beau-père » veut dire, si nos... bons pères veulent bien... (Il se tourna vers l'évêque et l'abbé, mais l'évêque et l'abbé, au même instant, détournèrent la tête et se levèrent.)

— Messieurs les Envoyés, dit de Lionne l'air pincé, il nous faut maintenant vous quitter...

Il se pencha sur Véret :

« Vous aussi, monsieur Véret, dit-il rudement, ne devriez-vous pas partir ? Voici que vous vous laissez encore entraîner par les mots, et jusqu'où ne vous entraîneront-ils pas ?

Mais Véret, tel un nourrisson enragé et têtu, continuait de se taper sur les cuisses :

— Je m'en vais leur expliquer, ce que ce... ah ah... « beau-père » veut dire.

L'évêque et de Lionne, l'air emprunté, saluèrent les Envoyés qui s'excusèrent (pour cause de chaise percée) de ne pouvoir se lever. Et comme les deux prêtres franchissaient le seuil, Véret, son index droit braqué dans cette direction, répétait :

— « Beau-père », « beau-père », voyez messieurs, comme votre « beau-père » les fait fuir. Pourtant ces saints hommes sont des saints hommes, et tout à fait irréprochables !... Ah ah, comme ils se caltent, ils se carapatent, ils se taillent, ils prennent la poudre d'escampette, ils filent, ils se défilent, ah ah, comme des lièvres, des lapins, ah ah, des lévriers ! ah, ah, des zèbres, des... des antilopes.

— Mais encore ? dit sèchement la Loubère.

Véret se releva, reposa sa grosse croupe sur le canapé, et souffla :

— Avez-vous vu le père de madame Phaulkon ?

— Non.

— Vous ne l'avez pas vu parce qu'il est mort ! Oh, il y a quelques mois à peine. C'était un commerçant du nom de Phanic qui avait boutique à Ayuthya. Mais, fût-il vivant vous ne l'auriez pas vu non plus, ah, ah, parce que le père de madame Constance, c'était... un *secret d'État !* Le Grec le cachait. Il ne voulait pas que les étrangers le connussent et eussent seulement même le soupçon de son existence ! Parce que le père de madame Constance c'est... ou c'était, du moins : *un Nègre !* Je dis bien, un *Nègre !* Un Cafre du Bengale ! Noir, noir comme le cirage, noir comme la nuit noire, noir... comme un Nègre pour tout dire. Un Nègre cent pour cent, un Nègre dur de dur, un Nègre pur de pur ! Et comment, me direz-vous, un Nègre, un gros Nègre bien noir, aurait-il pu jamais procréer une fille si blanche, si fine, quand bien même la maman de cette fifille est japonaise ? Ça vous paraît possible à vous, ça, messieurs, qu'un Nègre pût avoir une fille blanche ? Eh bien, à lui-même, cela ne lui a pas paru possible. Pourtant des petits malins l'ont emmené un jour dans un poulailler, pour lui montrer des poules noires qui pondaient des œufs blancs. Mais, tout nègre qu'il fût, il ne manquait pas de finesse et on ne lui en a pas fait accroire... Parce que le papa, le vrai papa, le papa naturel je veux dire de l'épouse de monsieur Constance, c'est en fait un Blanc, un Blanc tout blanc, un Sicilien...

(« Ah, ah, songea la Loubère, les immenses yeux noirs de madame Constance s'expliquent maintenant... »)

« C'est un Sicilien, son papa, donc... poursuivit Véret, mais pas seulement un Sicilien, c'est un *jésuite sicilien :* le confesseur de la maman de madame Constance, ah, ah ! Et voilà pourquoi monsieur Constance eût dû plutôt appeler les Jésuites ses « beaux-pères », ah ah !... Nos curés de Siam essaiment, ah, ah, c'est que le climat ici vous réchauffe les sangs !... On connaît l'identité du papa, du vrai papa, de dame Constance : c'est le révérend Thomas Valguaneira, natif de Palerme, qui fut vingt ans à Siam avant que n'éclate le scandale. Il a dû faire alors ses bagages pour Macao où il est mort. C'était un drôle de lapin, que ce jésuite. C'est lui — avec le père Maldonado d'ailleurs qui est encore à Siam — qui a construit les fortifications d'Ayuthya. Drôle d'activité pour un religieux ! Il a même fondu des canons. Ouaih ! Les canons de bronze du fort de Pompet, ah, ah, à Ayuthya, sont les purs produits de la Compagnie de Jésus !... Et veuillez bien croire que nos jésuites n'ont pas laissé l'éducation de... de leur fille, si l'on peut dire, aux soins du Nègre ! Non, ils vous l'ont formée, instruite dans leurs écoles, ils lui ont appris à obéir au doigt et à l'œil, ils en ont fait leur créature, la créature de la Compagnie de Jésus... Et comme, parallèlement, ils avaient commencé à prendre en main Phaulkon qui n'était qu'un forban, un va-nu-pieds trafiquant d'armes et anglican par-dessus le marché ! et que ce forban, au demeurant plein d'esprit, qu'ils ont commencé à promouvoir dans l'administration siamoise, passait trop son temps dans les bordels avec les gueuses et les gitons, ils l'ont marié, après l'avoir converti pour sûr : ils ont marié une de leurs créatures à une autre de leurs créatures, pour que ces créatures produisissent d'autres créatures toutes à la dépendance de la Sainte Compagnie !... Le mariage a eu lieu en 1682. Il y a cinq ans à peine, la petite avait seize ans. Un tendron, tout frêle, tout pur. Pauvre tendron livré à ce pirate grec, ce monstre pervers, ce sodomite, ce fils de pute ! Vous imaginez ?... Non ! Eh bien nos bons pères n'imaginaient pas non plus ! Dès le lendemain de la nuit de noces, la petite s'est plainte. On voulait lui faire faire au lit des choses « contre nature ». Elle avait été, en quelque sorte, trop chrétiennement éduquée. Le Grec retourna à ses gueuses. Alors nos bons pères ont corrigé le tir. Ils ont donné des cours à la petite, ils l'ont rééduquée. Ils lui ont appris que pour la Plus Grande Gloire de Dieu elle devait faire des concessions. Que si elle s'adonnait à certains actes, tout en les réprouvant en pensée, eh bien ça n'était pas péché. Car le plus grand péché c'était qu'elle ne s'occupât point de son mari, et ne l'aidât pas à devenir un homme d'État ! Dieu le voulait : elle devait aller au lit conjugal, comme Christ au calvaire. Ça marcha... plus ou moins. Alors nos jésuites poussèrent leur zèle éducatif jusqu'à enseigner à notre petite ouaille des choses pas convenables. Ils chargèrent le père Dias, le plus jeune et séduisant d'entre eux, de lui montrer certaines estampes venues du Japon, fort osées, où tout, dans les détails, était exposé. Le père Dias d'ailleurs, ah ah, à ce qu'on dit du moins, joignait les travaux pratiques aux travaux théoriques... Si bien qu'au bout du compte la jésuitesse devint une fort parfaite épouse, plus habile que la plus luxurieuse geisha. Notre Grec cessa de fréquenter les maisons de vilaines, et se consacra à son avancement : il deviendrait Premier ministre. Ce qui ne l'empêche pas d'avoir quelques privautés avec les « demoiselles de Saint-Cyr » de sa jésuitesse, ah ah !

Et Véret, derechef, se tapait sur les cuisses et les fesses, clamant : « Beaux-pères, beaux-pères ! »

« Mais vous savez, ajouta-t-il, le Nègre, le Cafre, tout cocu qu'il était, il l'aimait bien sa fifille. Il a tout fait pour l'empêcher d'épouser le Grec. Il lui disait : " Il est bien en Cour aujourd'hui, mais demain, aussi bien, le roi le fera griller vif. Ce sont mœurs de Siam ! Ce Phaulkon est comme les papayes qui... " (Vous connaissez ce fruit, messieurs les Envoyés, la papaye ? Alias *molocco,* cette sorte de melon allongé ?...) Donc le Nègre disait, le cocu de Nègre : " Ce Phaulkon, il est comme la papaye, qui grandit et mûrit trop vite et que le premier souffle de vent jette à terre ! " Ah, ah, Constantin-papaye ! Patatras ! Il était clairvoyant, le Nègre !... Je vous le dis messieurs les Envoyés, méfiez-vous de cette papaye grecque enjésuitée. Elle va nous entraîner dans sa chute !

Véret commençait déjà à s'étendre sur les mœurs de la dame Yamada, la maman de madame Constance (une « couche-toi-là » très friande de jésuites : c'est cette-sainte-femme-descendante-de-martyrs-chrétiens-du-Japon dont Tachard dresse le portrait hagiographique dans son livre), quand soudain Joyeux entra dans la pièce et, s'approchant de la chaise percée de monsieur de la Loubère, chuchota quelque chose dans l'oreille droite de celui-ci. Lequel s'exclama aussitôt :

— C'est pas possible !

Il ne l'eut pas plus tôt dit que le maigre et jaunâtre Terrasson fit à son tour son entrée et, s'approchant de l'oreille gauche de la

Loubère, lui murmura quelque secrète information, qui devait être sans doute la même que celle que venait de confier Joyeux, car l'Envoyé lança alors :

— C'est donc bien vrai !

— Messieurs, poursuivit la Loubère s'adressant à Céberet et Véret, savez-vous l'incroyable nouvelle qu'on vient de m'annoncer?... Le général Desfarges va s'installer définitivement à Lopburi.

Desfarges, la pièce maîtresse sur l'échiquier de Siam ; Desfarges, l'épée de Damoclès qu'ils pouvaient faire peser sur la tête de Phaulkon et de son roi en brandissant la menace d'une intervention militaire ; Desfarges, le chef des armées, le protecteur de la Mission et des chrétiens du pays ; Desfarges, au lieu de planter sa tente à Bangkok, de s'y fortifier avec les troupes, d'y verrouiller le fleuve, d'y tenir dans ses griffes toute la vie économique du pays, Desfarges, donc, ce gros benêt, qu'on avait dû séduire, subjuguer, acheter peut-être, allait rester à Lopburi, pour jouer les « courtisans » du roi, du Grec !

— Ah, ah, ricana Véret, ne vous l'avais-je point dit que ce Grec est un... flibustier. Il vous a flibusté le général ! Ah, ah. Il va vous flibuster tous vos officiers, les uns après les autres, ah ah, les flibustiers flibustent ! Pourquoi voudriez-vous qu'ils ne flibustassent point !

Quoique malades, les Envoyés décidèrent qu'il leur fallait se rendre, et sur-le-champ, chez le général, pour lui « dire son fait ». Ils quittèrent leurs chaises percées, remontèrent leur culotte et, flanqués de Véret, s'en allèrent à quelques centaines de mètres de là, près du temple Sao-Thong où, au milieu d'un frais jardin, se dressait la maison de Desfarges. Deux ravissantes domestiques siamoises aux seins nus leur ouvrirent la porte. Ils n'avaient jamais mis encore les pieds chez le général. Et ne furent pas peu surpris de l'extrême luxe qui y régnait. C'était une bâtisse de deux étages en brique, au sol recouvert de somptueux tapis du Moyen-Orient. On y trouvait des meubles chinois en bois précieux de santal, d'ébène, incrustés de nacre, laqués, dorés, et parmi les plus belles porcelaines. On sentait qu'on était aux petits soins avec le chef du corps expéditionnaire français, qu'il était, entre tous, le plus chouchouté. Il avait même droit (les Envoyés la virent furtivement filer d'une pièce à l'autre !) au plus beau bibelot de Siam : Clara la pute ! « Ainsi c'était ça, ragea la Loubère, on la lui avait enlevée, à lui, parce qu'elle n'avait pas obtenu de résultats dans sa mission, pour la mettre dans les pattes du général… avec lequel elle semblait avoir été plus efficace ! »

Le mousquetaire la Pierre vint au-devant des Envoyés, les fit installer sur un beau canapé, dans le salon. En attendant le général, qui ne tarda pas d'arriver : ce fut un drôle de général qui entra dans la pièce, un général qu'on avait surpris dans on ne sait quelles activités : mal drapé dans une robe de chambre de satin ouverte sur son poitrail hérissé de poils blancs, il portait sa perruque, sans doute coiffée à la hâte, toute de guingois sur la tête. La peau de son buste qu'on devinait en partie, son cou, ses pieds (nus ! dans des babouches mauresques !) étaient tout recouverts d'une poudre fine et jaune, semblable à la poudre de safran : de la poudre de *khamine* dont la Loubère apprendrait un peu plus tard qu'elle servait à enduire le corps des personnes qu'on massait. Pour tout dire, ce général était poudré de pied en cap ; plus que poudré, il était pané. Ça n'était pas un général, c'était une escalope !

Les Envoyés, non sans un arrière-ton d'ironie dans la voix, complimentèrent Desfarges sur l'extraordinaire luxe de ses appartements, et le charme étonnant de son... personnel féminin, le félicitant de s'être attiré de telles faveurs de la part du généreux ministre Constantin Phaulkon. Ce à quoi Desfarges, prenant la voix la plus sonore et emphatique, répondit :

— Ça n'est pas Son Excellence Constance qui me loge ici, mais Sa Majesté de Siam elle-même !

— Sa Majesté de Siam dont nous venons d'apprendre, dit insidieusement la Loubère, qu'elle vous veut retenir à Lopburi.

Le général planta son pied droit, chaussé de sa peu guerrière babouche dorée, en avant, comme un qui s'apprête à dégainer (quoique nulle épée ne pendît au cordon à glands et pompons de sa robe de chambre).

— Vos Excellences, je reste à Lopburi sur ordre de la Cour de Siam !

— Et que faites-vous des ordres de la Cour de France, que faites-vous de vos Instructions, rétorqua la Loubère, qui se remit debout et posa son pied droit botté contre le pied droit babouché de l'officier.

Ils étaient « face à face »… mais non point nez à nez, car la différence de taille était telle entre les deux hommes, que la Loubère, quoiqu'il fût fort grand, n'avait le pif qu'à hauteur des pectoraux du géant.

— Votre place est à Bangkok, poursuivit l'Envoyé sur un ton de plus en plus emporté. Vos Instructions n'exigent-elles pas que vous soyez dans cette forteresse et nulle part ailleurs ?

— Mes Instructions, brailla Desfarges, portent que je suis aux ordres du Roi de Siam et, je le répète, c'est sur ses ordres que je reste à Lopburi.

La Loubère se dressa sur la pointe de ses pieds, de sorte qu'il arriva à hausser son nez au niveau de l'énorme menton de granit carré de l'officier.

— Et *moi,* monsieur Desfarges, moi, Envoyé extraordinaire de Sa Majesté Très Chrétienne, je vous ordonne, m'entendez-vous, je vous ordonne au nom de Sa Majesté Très Chrétienne de vous en retourner sur-le-champ à Bangkok, et d'y avoir votre demeure !

La Loubère, à ces mots, posa sa main sur la poignée de son épée de cérémonie, geste qui fut aussitôt suivi par celui de Céberet qui se saisit de la main en question posée sur l'épée en question, afin qu'aucun incident trop ridicule ne pût se perpétrer.

— Monsieur, répondit Desfarges en se frappant la poitrine et en décochant un regard rigolard et méprisant sur ce-nabot-de-poétereau-de-la-Loubère, monsieur vous n'êtes pas soldat, et je n'ai aucun ordre à recevoir de vous. Je connais mes Instructions.

Sur ce il tourna le dos, et dans une grande envolée de soie de sa robe de chambre, disparut dans un couloir : où la Loubère crut voir se faufiler la silhouette fine — et lubrique ! — de Clara la pute, de Clara la traîtresse. La roulure ! La traînée !

*Ça n'est pas par humilité que les moines bouddhistes nous avouent qu'ils sont dans les ténèbres, mais bien plutôt par* ironie, *car ils pensent, pardevers eux, que nous y sommes aussi...*
(Mgr Louis Laneau,
*Petit Abrégé des livres siamois.*)

Ce 18 ou 19 novembre que Dieu fit, les pères Tachard et le Blanc, imitant Constantin Phaulkon, ôtèrent leurs souliers et leurs bas gris, révélant des pieds dodus aux orteils bagués de crasse violâtre, qu'ils trempèrent dans un bac d'eau posé au sol, comme on trempe le bout de son index dans un bénitier : ils pénétrèrent alors, non dans une église, mais dans la pagode bouddhiste Phrasi Ratana Mahatat, située au sud-est de Lopburi, non loin du palais du roi.

Ça n'était pas dans la pagode proprement dite qu'ils entraient d'ailleurs, mais dans un pavillon la jouxtant, où vivait le Grand Sancrat (Sankharat) supérieur de tous les bonzes de la ville, un certain Phra Viriat, c'est-à-dire « le pur » : personnage d'importance car il était intime de la princesse sœur du roi, grande « pagodine » devant l'éternel, l'équivalent de nos « grenouilles de bénitier ». Ce Sancrat était par ailleurs une pièce essentielle sur l'échiquier de Siam, car fort respecté par les mandarins autant que par le petit peuple dont il pouvait se faire obéir au doigt et à l'œil.

Tachard et ses compagnons entrèrent dans une pièce assez grande, aux murs peints de chaux blanche, et dont le sol était recouvert de fines nattes en rotin jaune. Au fond de cette salle, assis les jambes en tailleur sur une petite estrade haute d'un demi-pied, se trouvait le Sancrat en question, vieil homme de près de quatre-vingts ans, mais l'œil et l'air vifs, malgré son teint tanné, sa peau toute parcheminée. Il était dans la tenue des plus simples moines : crâne rasé et robe jaune. A sa gauche un moine un peu moins âgé et à sa droite un mandarin agitaient continuellement près de sa tête, au bout d'un long manche en bambou, un éventail.

En face du supérieur des bonzes, étaient assis au sol deux étranges spécimens de prêtres idolâtres que les visiteurs n'aperçurent d'abord que de dos : ils avaient eux aussi une robe jaune et le crâne rasé, mais ce qui était surprenant c'est qu'ils étaient très grassouillets et fort roses de chair (si l'on en jugeait par leur épaule droite que leur habit laissait découverte). Cette épaule-là était, en matière d'épaule, ce qu'on peut trouver de plus rond, de plus fossetté. C'était une épaule modelée, on eût dit, dans de la pâte d'amande, une épaule... disons appétissante et qui plus est, chose inconnue à Siam, semée de taches de rousseur. Quand les moines en question se retournèrent, un éclat de rire — que ni Tachard ni le Blanc ne purent retenir — explosa dans la pièce. Ce que les jésuites avaient devant eux, c'était, métamorphosés, réincarnés on eût dit dans l'apparence d'idolâtres : les pères de la Breuille et du Bouchet qui, la veille à peine, venaient, sur consigne du père Tachard, de se faire ordonner bonzes et de s'installer au Wat ou temple Mahatat afin d'étudier la langue et la religion des prêtres siamois... et de les espionner aussi.

Il fallait, expliquerait le père Tachard dans son second récit de voyage, que les jésuites qui s'installaient dans ce temple suivissent la même vie austère que les bonzes *pour ne pas les scandaliser*... et se conformassent à cette vie dans *les choses licites*. En fait ils n'avaient été acceptés qu'à contrecœur par le grand Sancrat (qui avait dû se plier aux ordres de son roi) et il est peu probable qu'ils n'aient pas eu aussi à respecter strictement *toutes* les règles monacales, et à adresser entre autres leurs prières aux idoles, même si ça n'était qu'extérieurement qu'ils le faisaient, pour la galerie, et qu'intérieurement, au terme d'on ne sait quel exercice de jésuitique gymnastique morale, ils dirigeaient leurs pensées et adorations vers la croix qu'ils tenaient cachée sur leur poitrine, sous leurs défroques de bonzes de théâtre.

Tachard, le Blanc et Phaulkon s'assirent en tailleur au sol, devant le Grand Sancrat Phra Viriat qui n'avait pas daigné se lever à leur entrée, mais tout au contraire continuait de paisiblement mâcher le bétel qu'il avait dans la bouche, en rejetant de temps à autre le jus rouge, sanglant, dans un crachoir posé à ses côtés (pouah !).

Cependant, purent constater Phaulkon et Tachard, le Grand Sancrat avait fait des efforts : derrière lui, au mur, était accroché un portrait de Louis le Fistulard en Achille à casque doré, que lui avaient offert les jésuites.

C'est d'ailleurs sur Achille-Fistulard que commencerait la conversation, le Grand Sancrat, à son sujet, ne tarissant pas d'éloges. Il félicita le père Tachard qui allait bientôt retourner en France pour servir un si grand roi. En fait le Sancrat ne pouvait voir « en peinture » ni les Français ni leur roi, comme le prouverait la suite tragique des événements, où il serait partie prenante, mais il n'osait rien moufter, non plus qu'aucun Siamois d'ailleurs. Mal eût pu lui en prendre. Il avait été échaudé déjà : un an auparavant il était intervenu en effet auprès de Sa Majesté de Siam pour sauver la vie d'un mandarin condamné à la peine capitale à la suite d'une altercation avec un Français. Il en était résulté, pour le Grand Sancrat, de voir, par ordre du roi, le mandarin son protégé empalé devant la porte même du temple, de façon telle que le supplicié, que traversait un pieu du fondement jusqu'à l'estomac, mais sans toucher aucun organe vital, mit très longtemps à mourir, hurlant tant qu'il en eut la force. Le Grand Sancrat, horrifié par ce spectacle (quoiqu'on soit accoutumé aux horreurs au royaume de Siam), s'en alla se réfugier chez un de ses frères... devant la maison duquel, malicieusement, le roi fit alors transporter l'empalé vif... Ça n'était pas que le roi ne fût point un fervent bouddhiste, mais il se méfiait de son clergé, et pour cause : lorsque trente ans auparavant il était monté sur le trône qu'il avait usurpé après avoir fait assassiner son oncle, les moines avaient organisé une embuscade dans le temple où devait avoir lieu la cérémonie du sacre : plusieurs centaines de bonzes l'y attendaient, portant sous leurs robes orange des poignards. Un bras-peint du roi cependant avait flairé le mauvais coup, et les cent ou deux cents bonzes, les uns après les autres, sans pitié, furent passés au fil de l'épée.

Les bonzes, donc, à Siam, « filaient doux », et le Grand Sancrat fit bon accueil, dans les apparences du moins, à Tachard et à ses jésuites. Fort généreusement Tachard lui expliqua les Mystères de la Vraie Religion, et lui affirma qu'il n'est qu'*un* Dieu, celui des chrétiens, lequel a pour attributs essentiels d'être *unique,* d'être *infini,* d'être *parfait,* d'être donc toute *bonté.* Le Grand Sancrat répondit au père Tachard qu'il était, lui, Grand Sancrat, fort ignorant car il ne savait pas s'il y eût ou s'il n'y eût pas de Dieu, et si ce Dieu fût ou ne fût pas fini ou infini, un ou multiple, parfait ou imparfait, que c'étaient des questions que, dans son immense ignorance, il ne pouvait se poser, qu'il était, dans cet univers de souffrance et d'erreurs où nous vivons tous, comme l'homme que vient de transpercer une flèche et qui, loin d'avoir l'idée de se demander quel est le nom, la nationalité, l'origine et la caste de celui qui l'a décochée, se contente fort humblement de l'arracher de la blessure : ainsi l'enseigne le Bouddha. Le Grand Sancrat ajouta que, dans l'ignorance profonde qui était la sienne, il ne faisait que tenter de trouver le chemin de la Vérité. Ce à quoi le père Tachard, l'œil triomphant — et regardant avec condescendance ce pauvre idolâtre si plein de bonne volonté au fond de ses ténèbres —, lui expliqua que la source de la vérité étant dans le Dieu un et unique il fallait qu'il adressât à Dieu ses prières, afin que ce Dieu l'éclairât de sa vérité une et unique. Ce à quoi acquiesça le Grand Sancrat : ils tombaient donc d'accord, et d'autant plus que Phaulkon (par nécessité linguistique ou par ruse : les deux sans doute) traduisait les concepts de Dieu et de Bouddha employés respectivement par Tachard et le Sancrat, le premier par le mot *Bouddha* en siamois, le second par le mot *Dieu* en français : petit tour de passe-passe théologique qui, dupant tout le monde, arrondissait fort les angles. Le Grand Sancrat, pour montrer sa sympathie à Tachard, sortit de sa bouche la chique de bétel qu'il mâchouillait et la lui tendit, afin que, honneur insigne, il la mâchouillât après lui, ce à quoi (sous le regard impératif de Phaulkon) le jésuite dut bien, sauf à commettre un grave impair, s'astreindre : il avala la pilule et mâchouilla : pour la plus grande gloire de Dieu.

Et l'on se sépara de part et d'autre fort content. De la Breuille et du Bouchet rejoignirent chacun leur cellule de prêtre-bonze. Ils n'avaient droit, comme les bonzes, qu'à un seul repas par jour et étaient interdits de vin : cependant, comme ils mangeaient chez Phaulkon, ils pouvaient picoler en cachette.

De nouvelles pièces stratégiques donc avaient été mises en place : nous avions deux jésuites « chez les bonzes ». Nous en aurions bientôt trois avec le Blanc qui les rejoindrait.

Par ailleurs, chose plus importante encore, le père de Bèze, qu'on fit passer pour médecin, allait être posté auprès du roi : ce qui permettrait de contrebalancer l'influence du révérend Paumard, des Missions étrangères, qui était aussi médecin de ce prince ; et, bien plus, de certain Daniel Brouchebourde, Français hérétique ami des Hollandais qui, depuis une dizaine d'années, était son chirurgien attitré.

Le roi était bien entouré : c'était à qui le ferait mat !

*Les chrétiens ne seront satisfaits que quand ils auront pris tout le monde dans leurs filets et répandu partout leur poison (...).*
*Si ce mal se répand dans toute la Chine, il en résultera un immense dommage.*
(1639, Huang Zhen, cité par Jacques Gernet, *Chine et Christianisme.*)

Ce 22 novembre que Dieu fit, à la nuit tombante, monsieur de Céberet qui flânait nonchalamment, seul, sur les bords du fleuve, dans la tiède obscurité des soirs de Siam, vit surgir soudain, et pour ainsi dire bondir sur lui, du coin d'une rue, la masse énorme, sombre et emplumée, du général Desfarges. Il eut alors l'impression de revivre une scène étonnante, et effrayante, à quoi il avait assisté trois jours à peine auparavant : la capture d'un éléphant sauvage, spectacle auquel l'avait convié, avec monsieur de la Loubère, le roi de Siam. L'animal, tel Desfarges, avait brusquement jailli de la jungle, d'où l'avaient délogé des rabatteurs armés de torches et de pieux, et s'était précipité vers la loge où se tenaient le roi et les Envoyés : et cela en dressant de façon effarante sa trompe, en brandissant ses défenses immenses et en poussant d'effrayants et déchirants barrissements. Vision d'autant plus frappante que tout cela se passait dans la nuit à la lueur de flambeaux jetant leurs reflets sur le fauve furieux. Certes... Desfarges n'avait pas de trompe, il ne barrissait pas, mais il avait cette même façon « franche et directe » de donner tête la première dans le panneau. Une vingtaine de Siamois, tenant en main des lassos, l'attendaient (l'éléphant voulons-nous dire, point Desfarges) derrière la double palissade en troncs d'une espèce de corridor à l'intérieur duquel on l'avait obligé à s'engager. Ils lui entortillèrent les pattes avec leurs cordes. Traînant ces cordes l'animal, piqué aux fesses par les rabatteurs — mais aussi attiré de l'avant par les cris d'une femelle (nous voulons dire d'un éléphant femelle, une éléphante-pute, une éléphante-Clara !) —, l'animal, donc, parvint au bout du corridor qui allait se rétrécissant, comme un entonnoir. Il poussa de sa trompe une porte afin de pénétrer dans un couloir plus étroit encore. La porte qu'il avait poussée, une porte à bascule, se referma derrière lui. Et devant lui était une autre porte : close. Il était coincé. On le lia alors aux troncs des palissades qui l'entouraient, avec les lassos qu'il traînait à ses pattes. On lui balança des seaux d'eau sur la tête à profusion. Quand il fut calmé, on ouvrit la porte de devant, en face de laquelle attendait l'éléphante-pute à laquelle on l'attacha. L'éléphante-pute tira l'éléphant sauvage piégé dans un vaste corral situé sous la loge où étaient le roi et les Envoyés. Cerné par des éléphants domestiqués montés par des cornacs, ce gros sot d'éléphant sauvage fut alors entraîné, *manu militari,* au centre du corral où il fut attaché à une sorte de joug tournant autour d'un tronc ou pivot central. Et ainsi, pendant plusieurs jours, tel l'âne d'une noria, l'éléphant-sot-sauvage, qu'on avait détaché de l'éléphante-pute-qui-avait-fait-son-travail-d'éléphante-pute, tournerait et tournerait sans cesse jusqu'à l'épuisement, jusqu'à ce qu'il demandât grâce, en élevant de désespoir sa trompe. Et alors, l'éléphant sauvage, on l'emmènerait vers les écuries du roi où il rejoindrait le grand troupeau des éléphants domestiqués. Ne fallait-il pas voir là une fable : de ce qui était en train d'arriver au général des Français et à tous les officiers ?

Cette impression... fort désagréable, et des plus inquiétantes pour le proche futur de notre expédition à Siam, ne se trouva que trop confirmée par les étonnants propos que tiendrait le général Desfarges quand, cette nuit du 22 novembre que-nous-avons-déjà-dit-que-Dieu-fit, il aborda le sieur Céberet :

— Vous m'avez effrayé, s'exclama l'Envoyé, j'en ai le cœur qui bat encore dans la poitrine. Sont-ce de chrétiennes manières que de surprendre ainsi dans la nuit d'honnêtes gens ?

— C'est que, dit le général, il fallait que je vous causasse.

— Et s'il fallait que vous me causassiez, que ne me rendîtes-vous visite en mes appartements ?

— C'est aussi... (dit le général en ôtant son chapeau qu'il plaqua sur sa poitrine) qu'il fallait que je vous causasse en particulier...

Céberet, dans la lueur lactescente d'un clair de lune faiblard, lorgna l'énorme face carrée, blême et suintante de sueur de l'officier. Il entendait bien ce qu'on lui signifiait par ce « en particulier ». Cela voulait dire : « en dehors de la présence de la Loubère ». Depuis quelque temps en effet, on s'ingéniait à tenter de diviser les deux Envoyés, affichant de ne plus vouloir s'adresser qu'à Céberet, ce qui avait été facilité par le fait que celui-ci venait tout juste de commencer d'entamer avec Phaulkon les pourparlers sur les accords commerciaux entre le Siam et la France, dont il était l'unique responsable, la Loubère n'ayant en cette matière aucune lumière.

— Et qu'avez-vous donc, mon général (dit alors Céberet), de si important et de si secret, qu'il fallait que vous me le dissiez, ici, en pleine nuit, et à moi seul ?

— Votre Excellence, je vous ai guetté depuis plusieurs quarts d'heure... euh... (il reposa son chapeau sur sa tête), voyez-vous... ce qu'il fallait que je vous dise, c'est que nous n'avons pas de meilleur parti à prendre que... la *confiance !*

— La *confiance ?* la confiance de qui ? la confiance en qui ? la confiance en quoi ?

— La confiance... c'est-à-dire (lança Desfarges en se frappant du poing la poitrine) la confiance réciproque qui doit régner entre les Français d'une part et monsieur Constance de l'autre ! Je vous en assure, Votre Excellence, ce ministre est un parfait honnête homme. Il faut croire en sa bonne foi !

Céberet, dans le clair-obscur, regarda de haut en bas le général, comme le maquignon soupèse de l'œil la qualité d'un bovin. Il remarqua qu'il ne portait plus au ruban de son chapeau le diamant offert par le Grec alors que, jusqu'à ce jour, il l'avait arboré fièrement. Ce diamant en effet avait commencé à faire jaser, côté Français et Siamois, les seconds laissant entendre qu'on était en train de piller le trésor du royaume pour satisfaire l'insatiable avidité des *Farangset.* L'« affaire du diamant » fut le principal sujet de toutes les conversations à Siam pendant une quinzaine de jours. Le général s'était défendu en disant qu'il n'avait pas pu, sauf discourtoisie, refuser ce présent, mais qu'il écrirait en France pour que, en compensation, un présent similaire soit offert à Phaulkon.

— Et... pour... pour ce qui est de Bangkok, poursuivit Desfarges, j'en réponds. Je fais mon affaire des troupes siamoises qui s'y trouvent et j'écrirai à monsieur de Seignelay qu'elles ne m'inquiètent pas.

Céberet examina encore, dans l'ombre, l'officier. Il n'arrivait pas à arracher de son esprit cette impression que Desfarges était venu ainsi lui parler... en « service commandé ». Il y avait quelque chose d'artificiel, de forcé, dans le ton de sa voix. On eût dit qu'il récitait une leçon apprise, soumis qu'il serait à un chantage.

— Mon général, dit Céberet, en saisissant celui-ci au bras et l'emmenant flâner le long des berges du fleuve, vous ne pouvez ignorer combien ces propos vous... engagent. C'est une lourde responsabilité que vous prenez ici. Vous n'êtes pas sans savoir qu'à mon retour en France il me faudra rendre compte au marquis de Seignelay de ce que j'ai vu et entendu... Et particulièrement lui dire si nos troupes sont en sécurité et hors d'insulte dans la forteresse de Bangkok. Je ne suis pas resté assez longtemps dans cette place pour en juger... et ne suis pas qualifié pour le faire d'ailleurs, n'étant pas homme de guerre. Aussi vous demandé-je ici, maintenant, solennellement, officiellement votre avis sur l'état de cette forteresse afin que j'en fasse part dans mon rapport.

Le général se tut un long moment. Flanc à flanc avec Céberet, il regarda le fleuve, au nord, vers l'amont, le fleuve large et puissant où la lune, du haut du ciel, semblait jeter par milliers des écus d'argent : et tous ces écus, scintillants, glissaient au fil de l'eau et s'engouffraient dans le regard fasciné de Desfarges où ils se mettaient à cascader, à cataracter en faisant entendre un hypnotisant cliquetis de pièces entrechoquées : tout l'argent de Siam, tout d'un bloc, croulait dans le vaste coffre-fort de son âme.

— Je ne dirai pas, lança Desfarges, que la forteresse est... bonne. Je dirai même qu'elle est fort méchante... Mais je la défendrai bien !

— Vous ne répondez point à ma question, répliqua vivement Céberet. Je vous demande si oui ou non cette place est sûre ?

Le général regarda à nouveau le fleuve : les millions d'écus lumineux emportés par ses flots.

— Monsieur, clama-t-il en brandissant son poing énorme, monsieur, je suis homme à me défendre derrière un rideau de gaze ! Et s'il faut perdre la vie, je mourrai ! Et s'il faut mourir... je perdrai la vie !

— Mon général... dit Céberet non sans agacement. Loin de moi l'idée de mettre en doute votre vaillance, et votre expérience que chacun connaît. Je veux simplement savoir si cette place peut résister à un siège ?

Le général alors poussa un soupir et, saluant fort cavalièrement l'Envoyé, lui tourna le dos, jetant en s'en allant, par-dessus son épaule, sur un ton plein de morgue :

— Je n'ai qu'une chose à vous dire : je ferai mon devoir !

Et il disparut dans la nuit.

Monsieur de Céberet, peu satisfait par les fanfaronnades et les dérobades de l'officier, convoqua, dès le lendemain, dans ses appartements, l'ingénieur Vollant des Verquains, à qui devait être confiée la mise en état de la forteresse. Celui-ci, quoique « gêné aux entournures » (et l'on sentait bien que des pressions avaient été exercées sur sa personne), affirma que la place, « après quelques réparations de peu de conséquences », pourrait soutenir un siège. Céberet pour « le coincer » prit aussitôt une plume, se mit à son écritoire et rédigea de sa propre main une déclaration selon laquelle, « au dire de monsieur Vollant des Verquains, ingénieur », la forteresse en question était « hors d'insulte », et, tendant aussitôt la plume à Vollant, il lui demanda de signer.

— Je ne puis le faire, rétorqua, tout blême d'émotion, le blond et grassouillet Vollant. Il me faut en informer d'abord le général.

Convoqué derechef le lendemain par Céberet, Vollant lui confia qu'il s'était fait « laver la tête » par Desfarges qui l'avait menacé de « le perdre » s'il signait ce document.

— Eh bien, conclut machiavéliquement Céberet, je montrerai ce document tel quel à monsieur de Seignelay... et si monsieur de Seignelay me demande pourquoi vous ne l'avez pas signé, je serai bien obligé de lui dire qu'au dernier moment vous avez refusé, et de lui en exposer les raisons.

— Euh... dit Vollant des Verquains confus. permettez encore que j'en avise le général.

Il revint le soir même et, à contrecœur, signa le document.

Mais désormais entre l'ingénieur d'une part, et Phaulkon et Desfarges de l'autre, ce fut la guerre ouverte. Phaulkon lui ferait savoir qu'il chercherait « toutes les occasions de lui donner du chagrin » et le général lui ordonna de retourner à Bangkok, d'où il ne devait plus bouger.

Vollant des Verquains supplia les Envoyés de le ramener avec eux en France : la chose était impossible. Il était aux ordres du général. Il lui faudrait boire le calice : jusqu'à la lie.

Jusqu'au dernier acte de la *tragédie*.

*Chaque vice emprunte le nom d'une vertu...*
(Boileau, *Sur l'équivoque,*
Satire XII, 1705.)

Le 7 décembre que Dieu fit, Claude de Céberet, sortant de la chapelle Notre-Dame-de-Lorette, où il avait assisté à la messe, fut abordé par un domestique qui l'emmena à la demeure du sieur Constance, lequel le voulait voir « de toute urgence ». Quelle nouvelle embuscade m'a-t-il mijotée ? songea Céberet en franchissant le seuil de la maison du Grec. Au fond du salon, sous son dais, et sous le portrait du Fistulard en Apollon, le Premier ministre était assis sur son fauteuil, comme sur un trône, et entouré de tout l'état-major des officiers et des jésuites. On eût dit un prince et ses vassaux ; un sultan et ses séides. Voyant Céberet entrer dans la pièce, Constance se dressa sur ses jambes, et se précipita dans sa direction avec la vitesse et la fureur d'un boulet.

— Votre Excellence, s'exclama-t-il en sabir franco-portugais, je vous attendais. Je vous attendais avec impatience ! Un nouvel incident vient de se produire, un incident stupide, mais des plus gênants. On me fait des difficultés pour débarquer des vaisseaux certains canons et mortiers dont le roi est très curieux. Que veut dire ce procédé ? Sa Majesté de Siam a besoin de cette artillerie pour mater des rebelles qui, sous l'influence des Hollandais, se sont soulevés dans le Sud du pays, à Pattani. Il leur a déjà envoyé un émissaire pour leur annoncer qu'il allait les réduire en poudre grâce à des armes secrètes, terrifiantes, que lui ont apportées les Français. Si on lui refuse ces armes, maintenant, il va perdre la face ! Par ailleurs le capitaine des bombardiers, le sieur du Laric (et d'un geste méprisant, Phaulkon désigna, parmi tous les officiers faisant cercle autour de lui, une espèce de géant blond en uniforme rouge et or), le sieur du Laric prétend que ses *ins-truc-tions* portent qu'il ne restera pas ici avec le général Desfarges, mais qu'il doit retourner en France avec ses bombardiers et son artillerie ! C'est à n'y rien comprendre, vraiment...

Le Grec et l'Envoyé, debout, se faisaient face, juste devant le portrait de Louis la Fistule, qui semblait, entre eux, tenir le rôle de l'arbitre ou du témoin. Et tout autour jésuites et officiers les regardaient, comme des badauds assistant à un pugilat. Monsieur de Céberet se sentait fort mal à l'aise. Une fois encore il lui fallait, seul (la Loubère étant mis sur la touche), résoudre un problème d'importance. Il toussota, se racla la gorge, chercha un instant le regard du général Desfarges et de du Bruant qui, fort vaillamment, détournèrent les yeux :

— Certes, dit l'Envoyé, bombes, bombardiers et mortiers ont été mis au service du roi de Siam. Mais il y a une distinction à faire entre les hommes et le matériel qui ont été envoyés par Sa Majesté Très Chrétienne pour rester à Siam et ceux qu'elle n'a envoyés que pour un temps et qui doivent retourner en France avec les vaisseaux. Les bombes, bombardiers et mortiers sont de cette dernière espèce. Les bombardiers sont des soldats qui relèvent du corps de la Marine. Ils font partie des équipages. Les bombes et les mortiers appartiennent aux vaisseaux. Et il n'y a pas plus de raison de retenir à Siam les bombardiers, les bombes et les mortiers, que d'y vouloir garder les vaisseaux.

Ce que ne dit pas Céberet, c'est que les bombardiers et leurs mortiers n'avaient fait le voyage que pour canonner Bangkok au cas où la place serait refusée aux Français et que, par ailleurs, des instructions secrètes, données à du Laric, interdisaient que ces armes nouvelles, fort redoutables, fussent mises, même temporairement, entre les mains d'étrangers qui pourraient s'en servir un jour contre nous.

Constance commença à tourner dans la pièce comme un taureau dans l'arène, regardant un à un dans les yeux les officiers, lesquels semblaient fort mal à l'aise et particulièrement le capitaine des bombardiers du Laric qui restait muet, tête basse.

Soudain il s'arrêta devant un petit homme brun, bedonnant, en justaucorps marron : le sieur de la Salle, commissaire des troupes, chargé de l'intendance et du paiement des soldes. Le sieur de la Salle blêmit.

— Monsieur, lui demanda très directement le Grec, n'avez-vous pas ordre d'obéir au roi de Siam ?

Les yeux effarés du commissaire des troupes s'égarèrent de

droite, de gauche, vers Desfarges, du Bruant, du Laric, Dacieu, comme mendiant un signe, une connivence. Mais tous, plus muets que jamais, se détournaient. L'homme semblait aux abois, pris au piège. « Lui aussi, on le tient, mais comment, par quoi ? » songea Céberet qui ne fut pas peu surpris de voir Phaulkon prendre à partie le commissaire avec une violence extrême :

— Eh bien, monsieur, répondez ?

De la Salle envoya un ultime regard suppliant vers Desfarges qui, cette fois, carrément, lui tourna le dos. Tout le monde semblait le « laisser tomber ». Un bref éclair de lucidité traversa l'esprit de Céberet : De la Salle était responsable des fonds, en monnaie d'or, confiés par Louis XIV pour l'entretien des troupes, et des prêts accordés à cette fin par la Compagnie des Indes. Se pouvait-il que Phaulkon l'eût engagé, avec la complicité des officiers supérieurs, à détourner ces sommes... et à les investir dans quelque aventure commerciale : chose absolument interdite par le règlement militaire, bien entendu ! Dans ces conditions le Grec le tenait à la gorge, et le pouvait faire chanter. Il chanta :

— Euh... bredouilla de la Salle, si le roi de Siam m'ordonne quelque chose pour son service, je... l'exécuterai !

— Et si je vous l'ordonne, moi ! hurla Constance exaspéré.

Le commissaire, livide, baissa la tête. Céberet était stupéfait. Le ministre Phaulkon était en train, au nez et à la barbe du général, qui ne pipait mot, de se comporter comme le véritable commandant des troupes françaises. C'était le comble ! Il fallait « arrêter » ça, en toute diplomatie : si possible !

— Votre Excellence, dit Céberet avec une ferme douceur, monsieur de la Salle est un officier subalterne qui ne peut recevoir d'ordre que de son général, c'est l'usage en France. Aucun ordre ne peut lui être donné que par l'intermédiaire de son chef !

Phaulkon recommença à tourner dans la pièce. Mais, rétrécissant ses cercles, c'est autour de monsieur de Céberet qu'il en vint à faire sa ronde, jusqu'au moment où il s'arrêta pile devant lui, nez à nez :

— Les ministres de Sa Majesté Très Chrétienne, lança le Grec, ne peuvent-ils point, pour le service de leur roi, donner des ordres à n'importe quel officier, subalterne ou non ?

Céberet jeta un œil vers le portrait de Louis l'Infâme : le Roi Soleil eût-il entendu les propos du Grec, qu'il vous l'eût envoyé *illico presto* croupir dans un cachot de la Bastille, sans autre forme de procès !... Décidément Phaulkon prenait nos officiers pour ses mercenaires, sinon ses domestiques. L'orgueil l'aveuglait. Il perdait la tête !

— Les ministres du roi de France, répondit Céberet toujours aussi calmement, ne donnent pas d'ordre en leur nom propre, mais au nom du roi, et ils ne les adressent jamais qu'au commandant des lieux pour lesquels l'ordre est destiné... et non aux sous-officiers !

Aussitôt dit, Céberet traqua les yeux de Desfarges et du Bruant qui, en l'affaire, étaient les premiers concernés. Ceux-ci, le nez en l'air, et l'air de rien, faisaient semblant d'être absorbés par on ne sait quelle discussion. Le Grec s'exclama alors au comble de la rage :

— Je ne veux point de Français à Siam qui ne m'obéissent !

Ces paroles retentirent comme un coup de canon au milieu d'une messe basse. Tous les regards, d'un même mouvement, se détournèrent du ministre. Les uns, par-delà telle ou telle fenêtre, allaient se perdre dans la contemplation d'on ne sait quelle plate-bande du jardin ; les autres semblaient soudain s'intéresser, le plus vivement du monde, aux caissons de bois doré ornant le plafond. Desfarges découvrit tout à coup une petite tache de boue qui déparait la brillance de sa botte gauche et qu'il s'attacha longuement à gratter avec un de ses ongles ; du Laric se mit un doigt dans le nez ; du Bruant arrangea son jabot défait. Monsieur de Céberet lui-même braqua son pif vers le ciel, faisant semblant de n'avoir pas entendu l'effarante déclaration du Grec.

Il y eut un soudain mouvement, dans le groupe, sinon la grappe, formé par jésuites et officiers. Suivant Phaulkon et Tachard ils transhumèrent vers le coin nord du salon. Céberet resta tout seul, exilé dans le coin sud, en compagnie d'un domestique et du major Mungchion qui se tenait tout droit, comme un piquet, ne paraissant rien comprendre à ce qui se passait. Tachard dit à la cantonade :

— Les Instructions que messieurs de Céberet et la Loubère m'ont données, la première fois que j'ai débarqué de l'*Oiseau,* sont très claires : les bombardiers et les mortiers doivent être mis au service du roi de Siam !

— La belle affaire, rétorqua Phaulkon, si maintenant ils refusent. Et s'ils refusent, que vais-je dire, moi, au roi mon maître, moi qui lui ai promis ces hommes et ces armes ? Dois-je lui dire que j'ai fait cette promesse sans en aviser auparavant les Envoyés ? Que va-t-il penser de cela ? Que je parle à la légère ? (La voix du Grec devint fiévreuse, il était blême.) Veut-on me perdre dans l'esprit du roi ? Jeter sur moi le soupçon ? Mais c'est jeter aussi le soupçon sur tous les Français, sachez-le bien !

— Non, murmurèrent plusieurs voix, il est impossible que vous disiez cela au roi de Siam !

— Et que vais-je lui dire alors, lança Phaulkon en levant les deux bras au ciel et en agitant emphatiquement les mains, que vais-je lui dire ? Que messieurs les Envoyés, en refusant ces armes et ces soldats, reviennent sur leurs promesses ? Vais-je lui dire qu'ils se moquent de lui ? Vais-je lui dire aussi que sa Majesté Très Chrétienne se moque de lui ?... Je ne sache pas d'autre expédient qui ne se réduise à ces deux points ! Et tous deux sont aussi catastrophiques l'un que l'autre !

— C'est Charybde et... Scylla ! murmura Tachard, en regardant les officiers à la ronde.

Desfarges avança légèrement son énorme carcasse.

— Je pense que... euh !... dit-il.

— *Vous pensez que... euh... ?* répéta ironiquement le Grec en pointant en vrille son regard dans les yeux bleuâtres du général.

— Que... euh... c'est... un dilemme !

Tachard fusilla des yeux l'officier :

— Le général pense encore, dit le jésuite, que Sa Majesté Très Chrétienne, confrontée à ce... euh... dilemme... eût tranché dans le vif, et en faveur de monsieur Constance ! N'est-ce pas général ?

— Certes ! dit le général.

— Le général pense aussi, poursuivit Tachard, qu'il faut donc, comme en aurait décidé Sa Majesté, laisser au service du roi de Siam les mortiers, les bombes et les bombardiers. N'est-ce pas, général ?

— Certes ! dit le général.

— Impossible ! s'exclama du Laric, capitaine des bombardiers. J'ai ordre de rentrer en France avec les vaisseaux !

— Personne ne vous empêchera de partir en France avec les vaisseaux, rétorqua Tachard. Vous partirez : mais sans vos hommes ni leur artillerie !

— Encore faut-il que mes hommes soient d'accord !

Trois jours plus tard, trois mortiers et un canon en acier, d'une taille prodigieuse, furent débarqués de l'*Oiseau* et de la frégate la *Normande* (le cinquième vaisseau de l'escadre qui venait tout juste d'arriver après des semaines d'errance). A l'amiral de Vaudricourt, qui avait la responsabilité de ces armes, Desfarges envoya un message expliquant qu'elles lui seraient rendues après quelques jours, qu'on désirait seulement en faire « la démonstration » au roi. On installa cette artillerie sur les murailles du palais de Lopburi, face au fleuve. Des bras-peints, cimeterre au poing, s'en allèrent sur l'autre rive. Ils donnèrent ordre aux paysans habitant là de vider les lieux. Sa Majesté de Siam (qui assistait aux opérations, de loin, de la fenêtre d'un de ses pavillons) voulait qu'on prenne pour cible une vieille écurie dressée sur la berge opposée, au milieu d'un village constitué de baraques en bois et en bambou. Les Siamois démontèrent à la hâte leurs maisons, dont les planches ne sont pas clouées mais emboîtées, on chargea le tout, avec femmes, enfants, veaux, volailles, cochons, sur des chariots à buffles, et l'on déguerpit très vite. Bientôt, tandis que les bombardiers braquaient vers le ciel, à quarante-cinq degrés, les énormes mortiers, le capitaine du Laric donnait, doctement, en langue portugaise, ses explications à un groupe de mandarins fort curieux, parmi lesquels se trouvait le général des Éléphants, Pitratcha.

— L'intérêt du mortier, c'est que, tirant en l'air, il permet, contrairement au canon, de lancer des bombes par-dessus les murailles des forteresses. Il est donc l'arme idéale pour les sièges. Comme vous voyez, le chargement en est difficile et délicat (du Laric montra le bombardier Anthoine verser la poudre dans la chambre du canon, la tasser, mettre par-dessus une pièce de bois cylindrique, ou « tampon », mettre ensuite la bombe dont la mèche, ou fusée était dirigée vers le haut, de façon qu'elle sorte de la gueule de la pièce, puis l'entourer et la recouvrir de terre, prenant soin de laisser cependant dégagée la fusée).

— L'inconvénient, ajouta du Laric, c'est qu'il faut allumer la mèche ou fusée de la bombe avant de la tirer, et il peut arriver qu'elle explose avant d'être expulsée par le mortier...

Constantin Phaulkon, en la circonstance, servait d'interprète. Il eut quelque mal à traduire quand du Laric, prenant un petit air précieux et savant de Trissotin, se lança dans une vaste envolée cartésiano-théorique :

— Si-ayant-fait-l'expérience-de-votre-pièce-élevée-par-exemple-à-l'angle-de-trente-degrés-vous-avez-trouvé-qu'elle-ait-tiré-à-une-portée-de-deux-mille-mètres, pour-savoir-quelle-est-la-portée-du-même-mortier-avec-la-même-charge-de-poudre-lorsqu'il-sera-élevé-à-l'angle-de-quarante-cinq-degrés-il-faut-prendre-le-sinus-de-l'angle-de-soixante-degrés-double-de-celui-de-la-première-élévation...

— Certes ! s'exclama Phaulkon, ahuri.

— Évidemment, poursuivit du Laric, en plein combat, quand ça pète de tous côtés, on n'a guère le temps de s'adonner à ces calculs et on travaille... au pif. Tirer du mortier est avant tout une question de pif !

Le passage de la théorie à la pratique fut en tout cas effroyablement démonstratif.

Après quelques minutes de feu, il ne resta pas une brique debout de l'ancienne écurie, sur l'autre rive, et le terrain tout autour ne ressemblait plus qu'à une énorme taupinière, tant le sol en était crevé, bouleversé : cocotiers, papayers, aréquiers, tamariniers avaient été littéralement hachés, broyés, rasés. La démonstration impressionna fort — et n'inquiéta pas peu — les Siamois qui y assistèrent.

Il y eut autour des bombardiers, et particulièrement du caporal Anthoine (celui qui, ayant le « meilleur pif », tirait le plus juste) une entreprise de charme. On leur promit des montagnes d'or s'ils voulaient bien rester à Siam pour entraîner les troupes du roi et leur apprendre l'artillerie. La plupart des bombardiers renâclèrent. Ils n'avaient pas prévu de rester. Ils avaient femmes et enfants « au pays ».

Tous les jours au demeurant, sous la savante direction du capitaine du Laric, on enseignerait aux Siamois le maniement des mortiers.

Un soir qu'il se promenait le long du fleuve avec monsieur de la Loubère et qu'il assista, avec lui, à ces effrayants exercices, le sieur Véret murmura à l'oreille de son compagnon :

— Étrange spectacle, monsieur l'Envoyé, ne trouvez-vous point ? Voici qu'on apprend à ces gens le métier de nous exterminer !

*On doit mentionner ici que de toutes les nations chrétiennes les Hollandais apparaissent comme bien supérieurs. Leur intelligence pratique est connue...*

(Ibn Muhamad Ibrahim,
ambassadeur de Perse à Siam,
*La Nef de Suleiman,* 1686.)

Le soldat Tulippe, alias « Gueule pourrie », surnom qu'on lui avait donné depuis que, rescapé du scorbut, il n'avait plus, en place de dents, que trois chicots plantés dans des gencives purulentes, ne cessait de compter et recompter les pièces usées, rognées, qu'il avait dans sa vieille bourse de cuir : un écu, une livre et vingt sols, ses économies. Juste de quoi tenir quelques semaines.

« Foutudieu, ce foutu commissaire de la Salle et ce foutu Desfarges nous paient au lance-pierres. Que foutent-ils des fonds versés par le roi pour nos soldes ? »

Les soldats croyaient trouver à Siam l'Eldorado, c'est la misère et la maladie qui furent leur lot. On ne leur donnait, prétextant que le niveau de vie était plus bas aux Indes, que la moitié, et moins même, de ce qu'ils eussent gagné en France : tout juste deux sols par jour, avec cinq cents grammes de riz et un peu d'arak. De quoi crever de faim, pas plus.

Tulippe était assis, appuyé contre un cocotier, sur une berge du Mae-Nam Chao-Phraya, au pied du fort oriental de Bangkok. Il était « de chaîne ». Être « de chaîne », cela consistait à passer sa journée à côté d'un treuil, en plein soleil (il s'était enfoncé sur le crâne son vieux feutre à plumes mité). Il avait pour mission d'actionner le treuil au premier signal : un coup de mousquet tiré par l'homme de garde posté sur la muraille. Le treuil servait à tendre entre les deux rives une énorme chaîne, à son autre extrémité, à la muraille du fort occidental. Mais, jusqu'à présent, on n'avait jamais eu à actionner cette chaîne qui, pacifiquement, rouillait dans les fonds vaseux du fleuve.

Tulippe-Gueule pourrie, dans une sorte de rituel sans cesse répété, sortait l'une ou l'autre pièce de sa bourse, sol, écu ou livre, la dressait au-dessus de son visage comme le prêtre la sainte hostie, la faisait briller dans le soleil, examinait le profil de Louis l'Infâme côté face (« Sa gueule, à celui-là, on la voit partout, pas moyen d'y échapper ») avec la devise en dessous *Domini Benedictum Sit Nomen,* que soit béni le nom du maître (« Il se prend pour Dieu ce fistulard ! »), il portait ensuite la pièce à sa bouche, la faisait tinter contre un de ses chicots noirâtres, comme pour vérifier la qualité du métal, la lançait une ou deux fois en l'air, la remettait dans la bourse, pour reprendre ce même manège avec une autre pièce.

Deux paires d'yeux l'observaient. La première, c'était celle de l'artilleur Duclos, dit « N'a qu'une fesse » (un boulet naguère, au siège de San-Thomé, lui avait arraché l'autre). Duclos était de chaîne lui aussi. Il était assis à côté de Tulippe : nez cassé, visage bouffé par la vérole, il effarait même les putes les plus décaties, à un sol la passe, du quartier réservé de Bangkok.

— Tu en as pas marre de compter comme ça ton oseille ? Tu vas les user à les manipuler mille fois par jour, tes pièces ! commentait N'a qu'une fesse.

La seconde paire d'yeux, qui observait tout aussi attentivement le manège de Tulippe, était constituée par deux yeux tout petits, tout noirs, aux paupières blanches toujours clignotantes. Le propriétaire de ces yeux était un babouin gris au visage et au cul rose fuschia, accroupi entre les deux hommes, sur la berge. Ce « foutu » singe, Tulippe l'avait gagné au tric-trac à un foutu Siamois, qui n'avait pas un foutu sol en poche et lui avait donné en gage le foutu animal, qui pissait foutument partout et chapardait tout ce qu'il y avait à chaparder.

— Deux foutus sols par jour, répétait Tulippe, en continuant de compter ses pièces, qu'est-ce qu'on peut faire avec deux foutus sols de solde !

Nourris aux frais du roi de Siam pendant les quinze premiers jours qui suivirent le débarquement, les six cents soldats français d'infanterie avaient rapidement découvert leur misère quand il se fut agi de payer de leur propre poche leur nourriture et autres menus produits. D'autant que Maures et Chinois, qui détenaient le commerce de détail, profitaient de leur inexpérience pour leur faire le prix fort. Tulippe fit sauter en l'air son unique écu, c'est-à-dire soixante sols, c'est-à-dire trente fois la solde journalière. Eh bien savez-vous ce qu'avec ce foutu écu on peut se payer à Siam : douze canards, ce qui vous fait le canard à cinq sols pièce, soit deux jours de solde ! C'est que le canard est rare. Les foutus commerçants chinois pleins aux as le considèrent comme un mets de roi. Ils sont aux petits soins, avec leurs canards, ils vous les gavent, ils vous les dorlotent, ils vous les rôtissent, ils vous les farcissent... Pas de canards pour les soudards français !... Tulippe fit sauter une fois, deux fois, trois fois en l'air son écu : trois écus, le prix d'un cabri, un tout petit cabri ! Parce que les Maures en sont fort friands, des cabris et que ça débecte les Siamois qui n'en élèvent pas car ils considèrent que ça pue ! Trois écus : quatre-vingt-dix fois la solde journalière !...

D'ailleurs, ces foutus Siamois, à cause de leur foutue religion bouddhiste, mangent très peu de viande... Bien sûr... On peut se payer des vaches... Ça, pour sûr, des vaches, on en a pour pas trop cher : un seul écu pour une vache tout entière ! Mais leurs foutues vaches sont des foutues vaches de labour (idem les buffles !) et leur carne est foutument dure ! Les Siamois, ils mangent avant tout du poisson. Et du poisson sec la plupart du temps. Vous n'allez quand même pas obliger des Français à ne manger que du poisson. Vu qu'on doit déjà se priver de pain !

Le poisson, pour sûr, il n'y avait qu'à plonger la main dans la rivière pour en attraper... C'était donné, le poisson : du poisson-chat, pouah ! Comme leur foutu riz à un liard, soit un quart de sol les cinq cents grammes : donné ! Les œufs et les poules aussi, étaient abordables, et le cochon... Quant à l'alcool, leur foutu arak, ou vin de palme, c'était un vrai tord-boyaux qui vous foutait foutument la chiasse : et pour deux sols le litre quand même, soit le salaire journalier d'un soldat ! Parce que, pour sûr, il fallait pas rêver : le pinard c'était pour ces messieurs les officiers qui papillonnaient autour du Grec. La pire vinasse chiffrait son écu le demi-litre : soit trente fois le salaire journalier ! Quand on pense que ce petit emplumé de Fretteville se faisait ses six mille livres l'an, soit cent vingt mille sols, soit trois cents sols par jour, cent cinquante fois plus qu'un simple soldat, ça donnait à rêver, car l'emplumé Fretteville n'était pas le mieux loti. On disait que Desfarges avait une pension annuelle de quinze mille livres : soit trois cent mille sols !... Bien sûr, le commun des capitaines n'avait droit qu'à ses soixante-quinze sols par jour, mais comme c'étaient les capitaines qui avaient charge de verser leur paie à leurs subordonnés, ils s'en fichaient plein les poches au passage, sous un prétexte ou un autre, et bien souvent, en lieu de ses deux malheureux sols, ça n'était qu'un coup de pied au cul que recevait, pour tout salaire, le fantassin de base.

Tulippe voyait fondre, avec ses économies, ses rêves de fortune aux Indes.

— Il faut tirer nos grègues de Siam, je te l'ai dit ! murmura Duclos. Y'a rien à tirer pour nous de ce foutu pays, que les fièvres et la vérole (il pouvait parler, question vérole, le Duclos, il avait déjà dû contaminer la moitié des garces du quartier réservé).

— Ouaih, il faut tirer ses grègues, répéta en écho Tulippe en continuant de jongler avec ses pièces.

— Les foutus soldats portugais du roi de Siam, sais-tu combien ils sont payés : dix sols par jour, soit cinq fois plus que nous ! Des bouffeurs de morue payés cinq fois plus que des mousquetaires français, foutudieu on se fout de nous !

— Et les foutus cavaliers maures de ce foutu roi de Siam touchent, eux, trente sols. Ah, ah, les chiens de chrétiens sont plus mal logés que des porcs mahométans !

A vrai dire, si l'on considère que les sujets siamois voulant échapper à la corvée obligatoire devaient verser l'équivalent de deux sols par jour à leur mandarin en compensation, on peut conclure que nos soldats étaient payés comme les plus misérables manœuvres du pays. Et moins en fait, car ils ne bénéficiaient pas des diverses ressources naturelles, jardins, volailles, etc., que possédaient les indigènes. La misère !

— D'ailleurs, poursuivait Duclos en crachant dans la rivière, la situation ici est pourrie, je te le dis. Je le sens, cela pue à plein nez. On va se faire foutument égorger dans cette foutue place forte ouverte à tous les vents. Ça va être la Saint-Barthélemy, je te dis. Faut voir les regards qu'ils nous jettent, ces foutus Siamois. Ils se demandent à quelle sauce ils vont nous bouffer ! L'autre fois j'ai voulu faire trois pas dans la jungle, je suis tombé sur une quinzaine de leurs sbires armés jusqu'aux dents. Je suis sûr que toutes ces jungles autour des forteresses grouillent de soudards qui n'attendent qu'un signe de leurs chefs pour nous tomber sur le paletot !... Ah ah, et nous, nous... on n'a même pas de poudre ! Ah, ah ! Nos réserves sont à moitié pourries. Ce qui n'empêche pas les officiers de joyeusement la gaspiller en chassant le tigre et la gazelle... Il faut tirer nos grègues d'ici tant qu'il est temps !

Tulippe avait remis toutes ses pièces dans sa bourse, qu'il avait refermée, et avec laquelle il s'était mis à jongler : sous les yeux du singe qui levait et baissait la tête sans cesse pour en suivre la trajectoire jusqu'au moment où, de sa patte, hop, il s'en empara et s'enfuit avec, cinq ou six mètres plus loin. « Ma bourse, foutu babouin », hurla Tulippe qui d'un bond fut sur ses pieds. Le singe, la bourse dans sa patte, regardait Tulippe qui le regardait. Tulippe était prêt à bondir sur le foutu singe lequel, sans perdre de l'œil son maître, se mit à jongler avec la bourse, à son tour, comme il l'avait vu faire.

Tulippe approcha d'un pas, de deux. Le foutu singe n'était plus qu'à trois mètres. Il lui fit, au singe, le geste d'approcher, avec la main : « Foutu babouin, mon mignon, petite teigne, viens, viens, tends la papatte, rends à ton maître sa bourse, il te donnera ce que tu veux, une belle banane, tu veux ? » Mais le foutu babouin, qui continuait de jongler avec la bourse, regardait Tulippe avec un air tout à fait incrédule. Tulippe esquissa encore un pas en avant. Et, vlan, se jeta sur le babouin qui, d'un saut sur le côté, s'esquiva, se retrouvant juste au pied d'un cocotier. « S'il grimpe sur ce foutu cocotier, c'est foutu », hurla Tulippe à Duclos-N'a qu'une fesse. Duclos-N'a qu'une fesse se leva. Il était à tout juste un mètre derrière le singe lequel, jouant toujours avec la bourse, jetait sans cesse un œil devant et derrière lui, observant le manège des deux hommes qui essayaient de le coincer.

— Saute-lui dessus, hurla Tulippe à son compagnon, il va grimper je te dis !

Aux créneaux du fort de Bangkok, attirées par les cris, deux sentinelles, des mousquetaires, se penchèrent, telles d'énormes gargouilles : gargouilles qui explosèrent de rire au spectacle qu'elles découvraient. Et leur rire attira d'autres soldats, français, portugais, siamois, et des prêtres aussi, de sorte que ce furent bientôt des grappes d'hommes hilares qui, comme du haut des gradins d'un cirque, observaient Tulippe et Duclos entamant leur manœuvre d'encerclement du babouin.

Duclos bondit. Rata son coup. Le singe se retrouva, à mi-hauteur, sur le tronc du cocotier, cocotier qui avait l'inquiétant désavantage d'être penché au-dessus du cours torrentueux du fleuve. Et au pied du cocotier, sous les rires, Tulippe, poing brandi, insultait le foutu babouin, « pute, corniaud, macaque », lequel babouin avait commencé d'ouvrir la bourse de cuir et, comme il l'avait vu faire à son maître, en sortit une foutue pièce qu'il éleva au-dessus de sa tête puis qu'il cogna bientôt contre ses quenottes avant de... (« Non, non ! » hurla Tulippe) la jeter en l'air... mais sans la rattraper. La pièce s'engloutit dans les flots boueux du Mae-Nam Chao-Phraya. Et le foutu singe sortit une autre pièce... (« Pas ça, pas ça ! » hurlait Tulippe sous les quolibets pleuvant du haut de la muraille.) Et la pièce, un peu plus tard, après le même manège, s'en alla rejoindre l'autre dans la rivière. Il y eut une nouvelle pièce, et une suivante, et une suivante...

— Qu'est-ce que je fais ? ragea Tulippe.

— On l'abat ! répondit Duclos en sortant un pistolet de son ceinturon.

Tulippe, à son tour, brandit un pistolet. Voyant vers lui deux gueules de canon braquées, le singe comprit vaguement sans doute que ça n'était pas une bonne chose et grimpa d'un mètre supplémentaire sur le tronc. Les deux coups de feu partirent en même temps. Manquant leur cible. Suivis aussitôt par une effarante explosion de rires sur les murailles, où se tenaient maintenant rassemblés une soixantaine de soldats de toutes nations. L'un d'eux, s'appuyant sur son créneau, visa l'animal avec son mousquet. Tira : la balle frôla le singe qui, effrayé, grimpa jusque dans les palmes. Ce fut alors, sur la muraille, une véritable fusillade : chacun y allait, qui de son pistolet, qui de son mousquet. Et Tulippe en contrebas leur hurlait :

— Arrêtez, tudieu, arrêtez !

Le singe en effet, qui sautait de palme en palme, ne pouvait que tomber dans le fleuve, s'il était touché : avec la bourse bien sûr.

— Arrêtez !

Trop tard, telle une mangue — ou une papaye ! — trop mûre, le babouin chut de l'arbre, avec son trésor, en poussant un affreux piaillement, et s'en alla faire son dernier plongeon dans les eaux tourbillonnantes du fleuve.

Aussitôt, une voix de stentor beugla :

— Arrêtez, nom de nom !

Surgit alors au-dessus des créneaux, coiffée d'un feutre noir à plume verte, la gueule carrée, burinée, moustachée de gris du lieutenant Vertesalle, commandant en chef de la place en l'absence du général Desfarges. Tous les soldats soudain dégrisés, bloquant leur rire en travers de leur gorge, s'alignèrent. Et durent digérer pendant plus d'une demi-heure de la part du lieutenant qui allait et venait sur le chemin de ronde, la plus formidable engueulade. Tulippe et Duclos, en contrebas, immobiles et muets, eux-mêmes au garde-à-vous, regardaient désespérément s'en aller, là-bas, de plus en plus loin au fil de l'eau, le cadavre dérivant du babouin.

Qu'est-ce qui lui avait foutu pareille bande de macaques, hurlait Vertesalle, avaient-ils tous ce foutu mal de Siam pour se permettre de faire feu ainsi, sans ordre, dans une place forte ? Avait-il affaire encore à des soldats de Sa Majesté Très Chrétienne ou à des animaux ? Et il promettait déjà le fouet et le cachot aux coupables quand, ce qui accrut sa fureur et la porta même à son comble, il vit s'approcher de la forteresse, qui remontait le fleuve, une galiote arborant le pavillon rouge blanc bleu : les Hollandais ! les hérétiques ! les marchands de harengs ! Le lieutenant perdit-il la tête ? L'apparition, au milieu de sa crise de rage, d'un navire appartenant à une nation qui fut — mais ne l'était plus (du moins officiellement) — en guerre contre la France, nation contre laquelle il s'était lui-même maintes fois battu, le plongea-t-elle soudain dans ces *régions obscures* de la conscience dont parle monsieur Descartes, où s'originent les plus folles passions de l'âme ? Le fait est que Vertesalle, oubliant complètement l'incident provoqué par le babouin, hurla à Tulippe et Duclos :

— Levez la chaîne foutrebleu, au treuil !

Et, se tournant vers les mousquetaires et canonniers :

— Pointez la galiote.

Ce fut le branle-bas. Trompettes et clairons retentirent. Les canonniers brandirent leurs torches, prêts à incendier les mèches. Les soldats, chacun derrière son créneau, mettaient en joue de leur mousquet le bateau hollandais. On entendit sourdre, des eaux mêmes du fleuve, comme un long grincement, un gémissement de monstre marin : c'était la chaîne, énorme, qui (toute rouillée, recouverte d'algues pendant en guirlandes de l'un à l'autre de ses maillons) avait surgi des fonds vaseux. On fit tirer une fusée écarlate. En face, le fort de l'ouest répondit par une autre fusée écarlate annonçant qu'il se mettait lui aussi en branle-bas de combat. Au nord, dans un fortin occupé par l'ex-gouverneur da Silva, des silhouettes s'agitaient. L'alerte était générale.

Cependant la galiote venait de heurter la chaîne. La silhouette d'une sorte de géant vêtu de noir surgit à la proue, armée d'une masse, avec laquelle elle se mit à frapper sur la chaîne, essayant d'en briser les anneaux. Les canons du fort de l'est tirèrent plusieurs semonces. Tandis que les officiers Saint-Cry et la Cressonnière, accompagnés d'un prêtre, le révérend Martineau, qui leur servirait d'interprète, et du soldat Tulippe, sautèrent dans une barque qui fit rame vers la galiote.

L'homme à la proue, intimidé sans doute par les coups de semonce, avait cessé de s'attaquer à la chaîne. Les bras croisés sur la poitrine, il attendait. La barque française accosta le navire. Saint-Cry et ses hommes grimperaient bientôt à bord de la galiote. Où ils furent accueillis par une bordée d'injures lancées en portugais fortement mâtiné d'accent hollandais :

— Que signifie, messieurs ! clamait le géant vêtu de noir.

Blond, barbu, la gueule couperosée, c'était le sieur Johan Keyts, chef du comptoir hollandais, flanqué par son second Van Hoorn, et... d'un mandarin, Oluang Kalaya Rajamaïtri, alias le-second-ambassadeur-qui-alla-à-la-France (« Que foutait-il en cette compagnie ? »).

« Où vous croyez-vous, messieurs, continuait de beugler le sieur Keyts, sur la Seine on dirait ? Est-on en France ici, que vous vous imaginez pouvoir faire la loi ? Le tyran fistuleux qui vous sert de roi aurait-il déclaré la guerre à la Hollande sans que j'en eusse nouvelle ? Avez-vous des ordres, ventrebleu, pour arraisonner ainsi, au royaume de Siam, d'honnêtes commerçants ?

Le lieutenant Saint-Cry, blond, petit, semblait faible de corps, fragile, mais ça n'était qu'apparence. Il était pétri dans la poudre à canon.

— Par saint Jean et saint Paul, beugla-t-il, sortant son pistolet et en collant le canon sur la tempe de Keyts, encore un mot et je t'envoie aux Enfers, parpaillot !

Tous les Français, sauf le père Martineau pour sûr, mirent en joue l'équipage, qui resta coi.

— Je vous promets que monsieur Phaulkon et le roi de Siam seront mis au courant de vos agissements, continua de tonner Keyts. Sur ordre de qui agissez-vous ?

— Sur ordre du lieutenant Vertesalle, commandant de Bangkok, grosse barrique, répliqua St-Cry, et, poussant plus fort le canon du pistolet contre le crâne du Hollandais, il ajouta : « Bouge pas ou je te jure, par saint Pierre et saint Jacques, que je te tire une balle... histoire de voir simplement si c'est du sang ou de la bière, gros tonneau, que tu trimballes dans ta peau !

Se tournant vers ses hommes, Saint-Cry lança :

— Jetez un œil sur la cargaison de cette galiote !

Tulippe et la Cressonnière descendirent dans la cale. Le père

Martineau, s'approchant du sieur Keyts, toujours menacé par l'arme de Saint-Cry, lui dit d'une voix douce :

— Ne vous inquiétez pas... Ce n'est que... un incident... l'énervement. Cela... s'arrangera !

— Tu appelles ça un incident, foutu curé ! Et le pétard qu'on me braque sur la tempe, foutu curé, c'est un incident ? *Wat paap, soo menigen paap, soo menigen schelm,* conclut-il dans sa langue (là où il y a un prêtre il y a un coquin).

Tulippe remonta de la cale :

— Il y a dix tonneaux de poudre, là-dedans, mon lieutenant.

— Tu transportes de la poudre, parpaillot ?

— Nous avons autorisation pour ce transport, répliqua le Hollandais. Ordre du général Pitratcha.

Les Français ne se saisirent pas moins de la poudre. Ils mirent la main aussi sur une caisse de fromage et un tonneau de bière...

L'« incident » de l'arraisonnement de la galiote hollandaise fut une des premières bourdes sérieuses qui commenceraient d'irriter contre les Français, non seulement les Hollandais et les Siamois, mais toutes les nations présentes dans le pays. Les soldats de Louis la Fistule se croyaient-ils en pays conquis ? Reçu en audience par le ministre des Affaires étrangères (le *barcalon* Opra Cedet), le sieur Keyts, chef du comptoir, fit violemment entendre ses plaintes, qu'on transmit au sieur Phaulkon qui essaya au maximum de « noyer le poisson », mais n'en passa pas moins, en toute discrétion, un sévère savon à Desfarges. Autres sujets de plaintes : les cadavres qui chaque jour étaient jetés dans le fleuve.

C'est que nos hommes crevaient comme des mouches et que, non encadrés par les officiers (le gros de l'état-major faisant la fête à Lopburi), ils se laissaient sombrer peu à peu dans le désespoir et la bestialité. Minés par la chaleur, les fièvres, rongés par l'arak, harcelés par les maringouins, mal nourris, quasi sans le sou, ils dépouillaient leurs compagnons moribonds, à peine avaient-ils rendu l'âme (ou ce qui leur tenait lieu d'âme) et les jetaient à la rivière comme si leurs restes n'eussent pas mérité même la peine qu'on se fût donnée à leur creuser une fosse. Souvent, malgré le cours violent du fleuve, l'un ou l'autre de ces corps s'accrochait aux racines à découvert des arbres riverains. On en découvrait pourrissant ainsi au soleil, le ventre tout ballonné, verdâtres, crevés d'ulcères et bouffés par les vers : jusqu'au moment où, sur eux, s'abattaient vautours et corbeaux toujours aux aguets. Et c'était spectacle impressionnant que de voir, dans un frémissement d'ailes noires, ces corps, dévorés tout le long de leur lent cheminement, perdant ici un bras, là un pied, plus loin une jambe, entraînés jusqu'à la mer où attendaient d'autres charognards : les requins.

Pour tromper l'angoisse et l'horreur nos soldats, préférant se priver de viande que d'alcool et de femelles, passaient leurs nuits dans les « maisons de vilaines » de Bangkok qui étaient en fait, pour la plupart, des jonques et des sampans à quai, en aval des deux forteresses. Il s'y trouvait près de trois cents filles, racolées un peu partout dans le pays par le Grand Maître de la prostitution, cet Oya Meeng dont nous avons parlé déjà. Parmi elles des paysannes (vendues ou louées par leur père ou époux endettés), mais aussi nombre de femmes et filles de prisonniers de guerre laotiens, pégouans, malais ou autres. Toutes portaient, tatouée à l'encre bleue aux poignets, la marque de leur propriétaire... Entre deux gorgées d'arak, deux coïts dans une arrière-cabine de la jonque, on jouait aux cartes, aux dés, au tric-trac, sur des tables branlantes, tandis que quelque mauvais violon couinait des bacchanales. L'air était épaissi par la fumée des pipes et des narguilés maures : où d'aucuns fumaient du tabac imbibé d'opium. On jouait de l'argent et les coups de couteau succédaient aux coups de dés. On faisait des paris sur les combats de coqs, de poissons, de buffles, de scarabées même, et les pugilats (les boxeurs siamois combattent, les poings entourés de cordes ou d'anneaux de cuivre). Toutes choses que dans ses diverses instructions Louis la Fistule, frappé de bigoterie et soucieux de la moralité de ses troupes, interdisait formellement.

A vrai dire ce furent les Hollandais qui récoltèrent les fruits de nos âneries, ce qui n'est pas peu paradoxal puisque c'était en théorie pour « sauver » Siam des Hollandais que Louis le Fanatique y avait envoyé ses troupes. Environ ces temps-là, on voyait presque chaque jour, à la tombée de la nuit, des ombres de mandarins se faufiler dans le comptoir du sieur Keyts, et du Français hérétique Daniel Brouchebourde. Leur propagande, ces deux messieurs n'avaient pas trop à se creuser la tête pour la mitonner : ils la trouvaient toute cuisinée dans les pamphlets des Bayle et autres Jurieu, imprimés en Amsterdam, qu'ils recevaient régulièrement : « Vous ne pouvez vous fier à la Fistule, disaient-ils aux Siamois. Pourquoi voudriez-vous qu'il respectât les traités signés avec vous, quand il vient de révoquer l'Édit de Nantes, vouant ses propres sujets protestants, mais chrétiens, eux, à l'horreur ? Ne laissez pas les papistes faire chez vous des prosélytes. Ils leur donneront des armes un jour et fomenteront ici la guerre civile, comme au Japon. »

Les auditeurs les plus assidus de ces harangues étaient, entre autres, le général Pitratcha et monsieur... Kosapan, premier-ambassadeur-qui-alla-à-la-France...

C'est environ ces temps-là aussi qu'« on » contacta en secret certains de nos soldats pour les faire déserter : le nouveau converti Tulippe fut le premier d'entre eux.

*Telles sont les illusions de nos songes...*
(Descartes, *Traité des passions de l'âme,* 1649.)

Diverses rumeurs finiraient par parvenir aux oreilles des Envoyés sur les « troubles » qui avaient lieu à Bangkok. Ils reçurent même un message du père Martineau, missionnaire, où on leur affirmait que soldats français et siamois s'étaient vertement apostrophés, manquant en venir aux mains. Les Siamois avaient lancé aux nôtres : « Sauf le respect dû à notre roi, on vous aurait déjà battus et rejetés à la mer. » La Loubère convoqua sur-le-champ Desfarges. L'occasion de le renvoyer dans sa place forte était trop belle. Mais il refusa de s'y rendre pour rétablir la discipline : « Toutes ces rumeurs sont mensongères. » Quant à du Bruant, innombrables étaient les prétextes qu'il avançait afin de retarder son départ pour Mergui...

Environ ces temps-là, monsieur de Céberet avança très vite dans les négociations de commerce avec Phaulkon. Celui-ci proposa d'investir jusqu'à trois cent mille écus (fruit sans doute de ses activités de piraterie) dans la Compagnie des Indes orientales dont il souhaitait devenir un des directeurs. « Ce qui (souligna Tachard qui servait d'interprète) renforcera les liens de confiance entre la France et Phaulkon » (entendre : s'il-a-trois-cent-mille-écus-placés-chez-nous-il-ne-sera-plus-tenté-de-nous-trahir). Monsieur Constance se vanta par ailleurs d'ouvrir à nos marchands des comptoirs au Tonkin, en Cochinchine, à Ceylan, en Chine et... au Japon même où, seuls parmi les Européens, les Hollandais avaient encore accès : à condition cependant qu'avant d'entrer dans le pays ils crachassent sur un crucifix et le piétinassent. Comme quoi les papistes avaient laissé un bon souvenir dans l'Empire du Soleil Levant. Cette petite formalité douanière, au demeurant, ne gênait guère les pragmatiques vendeurs de harengs.

Phaulkon rappela à nouveau les craintes (« la peur bleue, même ») que les Provinces-Unies, qui étaient en train de « faire main basse sur toutes les Indes », inspiraient au roi de Siam : « Concurrencez les Hollandais en Asie, disait-il, ruinez leur commerce, et vous ruinerez Amsterdam. Ça n'est pas en Hollande que vous abattrez la Hollande, c'est ici !... Les intérêts de la France et du Siam sont les mêmes. »

Ces ardentes discussions se conclurent par un traité avantageux pour les deux parties. Nous obtenions, excepté pour quelques produits que se réservait le roi, totale liberté de commerce à Siam : aucune taxe ne serait perçue sur les marchandises que nous exporterions de ce pays ou que nous y ferions transiter. Une île, dans le golfe de Bengale, nous serait offerte ; le monopole sur le trafic du poivre, etc.

On signa ce traité. « Ah, s'était exclamé Tachard, fussiez-vous venu seul à Siam, monsieur de Céberet, nous n'eussions pas rencontré tous les problèmes que nous a posés ce... la Loubère. »

Ces négociations fort profanes se déroulèrent dans la chapelle Notre-Dame-de-Lorette, sous le regard de plâtre des statues de saints : « C'est le lieu le plus tranquille », avait dit Phaulkon.

Les voies du Seigneur sont impénétrables.

Question commerce tout allait bien, donc. Mais pour le reste les choses restèrent en l'état.

Les Envoyés désiraient quitter Siam au plus tôt : voyant qu'ils n'obtiendraient rien de plus. Il était inutile d'immobiliser davantage les vaisseaux. Le plus pressé des deux était Claude de Céberet, qui devait passer par Pondichéry avant de se rendre en France et envisageait même de faire un crochet en Inde, à Agra, pour rencontrer le Grand Moghol. Comme nous l'avons dit, le régime des vents allait changer dans le golfe du Bengale et, pour peu qu'il attendît plus longtemps, il ne pourrait plus quitter le pays : du moins pour un an encore ! Les Envoyés demandèrent donc leur audience de congé. Mais sans l'obtenir. Le roi, leur disait-on, était malade. La Loubère soupçonnait que c'était Tachard qui cherchait à retarder leur départ. Ce saint homme devait craindre qu'arrivant avant lui à Versailles, les Envoyés ne minassent sous ses pieds le terrain en faisant des rapports défavorables au sujet de « monsieur Constance ». Le jésuite préférait qu'ils partissent tous ensemble... Céberet insista. Il fallait qu'il allât au plus tôt à Pondichéry. On lui accorda, mais à lui seul, puisqu'il ne rentrait pas directement en France, une audience, tout officieuse, à la va-vite, dans un pavillon particulier du roi. Elle eut lieu le 13 décembre 1687 que Dieu fit. La Loubère, lui, dut attendre longtemps encore l'audience officielle.

Ce même 13 décembre Céberet, flanqué de Kosapan (et du jésuite d'Espagnac qui devait s'installer à Mergui) partit pour Bangkok. L'état où il trouva les troupes était si misérable qu'il décida d'augmenter leur solde de deux à quatre sols, c'est-à-dire pas grand-chose. De Bangkok il rejoignit en bateau un port du golfe du Siam, Pipely (Petchburi). Il voyagea ensuite parfois à dos d'éléphant, parfois en chariot à bœufs, à travers l'isthme, pour rejoindre Mergui sur le golfe du Bengale. La traversée dura près de vingt jours : il fallut escalader des montagnes par des chemins escarpés et abrupts, franchir des marécages peuplés de maringouins, des jungles hantées par des fauves ; remonter des torrents ; descendre des fleuves. A Mergui où il arriva début janvier 1688, il rencontra le chevalier de Forbin venu — aucun historien n'a jamais expliqué pourquoi — de Pondichéry pour le chercher à Siam.

Forbin était une sorte de géant blond, fort beau garçon, et qui manifestait déjà ce qu'il n'allait pas tarder à devenir : un des plus grands marins de Louis XIV, terreur sur toutes les mers des Anglais et des Hollandais. L'égal des Duquesne et des Duguay-Trouin. Il avait aussi son franc-parler, solide et aiguisé autant que son sabre d'abordage.

A bord du vaisseau le *Président* qui les ramènerait vers le comptoir français des Indes, Céberet eut avec lui des conversations enrichissantes mais qui, malheureusement, venaient trop tard pour qu'elles pussent en rien modifier le cours tragique qu'allait prendre les événements.

— On a fort exagéré l'intérêt économique et stratégique que la France pourrait trouver à Siam, avança Céberet.

— ... Et vous n'avez vu que la partie la plus riche de Siam, s'exclama Forbin : toute la population et l'activité économique sont concentrées le long du fleuve, de Bangkok jusqu'à Lopburi ; le reste du pays n'est que jungle impénétrable où ne peuvent vivre que les tigres !

— Mais pourquoi a-t-on cherché à tromper ainsi Sa Majesté, et à lui faire dépenser des sommes si prodigieuses dans une aventure pour le moins hasardeuse ?

— Mais tudieu, monsieur Céberet, la réponse à toutes vos questions est fort simple. Qui a manipulé tous ces prêtres, ces jésuites roués comme ces missionnaires naïfs, pour persuader au roi de France que Siam était riche et qu'il fallait qu'il s'y établît, sinon ce diable de Grec? Car il est grillé à Siam. Tous les mandarins veulent sa peau et ils n'attendent que la mort du roi pour l'égorger! Il a besoin des Français pour mater les rébellions qu'il prévoit... Tout cela, je fus le seul à le comprendre quand j'arrivai ici avec le chevalier de Chaumont. Ce pourquoi le Grec m'empêcha de retourner ensuite en France. Il avait peur que je ne donne à Sa Majesté Très Chrétienne un avis négatif. Quand il m'a eu ensuite dans ses griffes, à Siam, il a tenté de me faire assassiner. J'ai préféré m'enfuir à Pondichéry. Cet homme-là, je vous le dis tout net, veut s'emparer du pouvoir grâce à nous, Français. Son but : *être roi!*

Cependant, à Lopburi, monsieur de la Loubère attendait : que le roi lui accordât son audience de congé. Mais le roi n'allait pas mieux. Et la Loubère alla de plus en plus mal. Le départ de monsieur de Céberet n'avait pas arrangé les choses. Céberet, c'était son contrepoids, sa béquille, sa bouée de sauvetage, son tuteur, son... Et voici désormais qu'il était seul, orphelin, face à l'*ennemi,* face à Phaulkon, face à Tachard, face aux jésuites, qui le harcelèrent de plus belle : « Monsieur Phaulkon, lui disait-on, voulait ajouter quelque chose dans le traité de commerce, monsieur Phaulkon songeait à modifier l'article du traité politique concernant Mergui, monsieur Phaulkon... » Mais les mains serrées sur les bras de sa chaise percée (où il passait la moitié de son temps, étant frappé de nouvelles crises diarrhéiques), la Loubère tenait le choc : « Plus rien ne peut être modifié des traités, disait-il, car toute négociation doit porter obligatoirement signature des deux Envoyés. La négociation est donc absolument close!... Aussi laissez-moi partir. Je n'ai plus aucune raison de rester à Siam. »

Les larmes aux yeux parfois, il hurlait : « Je veux cette audience de congé, si le roi ne me l'accorde pas, eh bien je m'en irai sans y assister. » Il était au bord de la crise de nerfs, au bout du rouleau. « Si on me retient plus longtemps je ne vais pas en réchapper. » Ou encore : « Je m'en irai à pied à Ayuthya et à Bangkok plutôt que d'attendre plus longtemps. »

Vers la mi-décembre 1687, Simon de la Loubère qui se sentait à l'extrême extrémité de la fin du bout du rouleau, appela le major Mungchion, qui était attaché à son service, et lui remit une lettre en langue française, destinée au roi de Siam, et dans laquelle il pressait le monarque de lui accorder une prompte audience. Le roi se trouvait à quatre kilomètres de Lopburi, à l'est de la ville, dans sa résidence de Thalé Chupson, un palais enchanteur, entouré de forêts, de jardins, et d'un vaste étang où il passait des journées à regarder aller et venir des voiliers, nager et voler des échassiers, tandis que, prosterné à ses pieds, quelque mandarin lui lisait un épisode épique de la *Vie d'Alexandre* de Quinte-Curce ; les paraboles du Bouddha ; le *Ramayana ;* un roman du Chinois Li You ou du Japonais Ihara Saikaku ; le *Shah-Nâma* de l'Iranien Firdawsi ; les *Évangiles ;* les *Entretiens* de Confucius ; les *Écrits militaires* de Sun Tzu ; autant de textes que les lettrés de toutes nations qui l'entouraient lui avaient traduits ; il ne se lassait pas d'entendre non plus les poésies que son cher et défunt Siprat avait écrites à la gloire de Sichulak, sœur du général Pitratcha, et favorite de son harem : redoutable mais fascinante garce qui faisait le mur du palais pour se prostituer avec les étrangers. Elle avait couché même avec le plus jeune frère du roi, Chao Fa Noï. Il fallut bien aussi la calmer, et pour la « calmer », la jeter aux tigres. Ces événements se passaient une dizaine d'années auparavant, mais les vers de Siprat chantant la beauté de Sichulak n'avaient pas vieilli :

*Plus je voyage au loin, et plus notre séparation se creuse*
*Plus je voyage au loin et plus je t'aime mon lointain amour (...).*
*Si je ne t'ai pas près de moi je suis ivre de désir*
*mais je t'ai laissée là-bas et je regarde l'onde le visage triste (...).*
*Je pense au bétel que tu mâchais*
*et c'est mon cœur qu'on hache.*
*Je ne puis plus mâcher de bétel sans que mon cœur s'arrache...*

Le roi de Siam aimait les arts. Il voulait rivaliser de luxe et de raffinement avec son modèle, l'empereur de Chine Quang Hi (et son nouveau modèle Louis la Fistule). Quand on lui avait dit que Quang Hi s'entourait de savants jésuites, il avait voulu lui aussi avoir ses jésuites. Comme Quang Hi, il avait assemblé autour de lui les plus belles porcelaines ; comme Quang Hi il...

Apprenant que l'Emplumé avait osé adresser directement une lettre au roi de Siam, Phaulkon, furieux, le convoqua chez lui : c'était le 21 décembre que Dieu fit. La Loubère, pour la circonstance, avait revêtu un bel habit crème, en satin, et s'était coiffé d'un feutre bleu à plume jaune, s'étant enduit le visage d'une épaisse couche de poudre afin de dissimuler ses boutons de fièvre et son teint quasi cadavérique. Mais le résultat n'était guère brillant, car la sueur donnait à la poudre l'apparence de plâtras écaillé, et le visage de l'Envoyé avait l'allure de quelque vieux mur lépreux menacé d'écroulement. Il y avait foule dans le salon du Grec, des marchands européens de toutes nations, des jésuites, de nombreux officiers français, parmi lesquels nos bombardiers, qu'on courtisait fort car on voulait les garder à Siam.

A peine la Loubère fut-il entré dans le salon qu'un Phaulkon aux yeux écarquillés de rage, flanqué d'un Tachard fulminant, lui sautèrent dessus :

— Votre Excellence, lança le Grec, le roi m'a convoqué et fait part de votre lettre... Il a décidé, malgré sa maladie, de vous donner votre audience de congé dès demain 22 décembre ! Au demeurant, je ne saurais vous dire combien votre démarche est choquante. N'eussiez-vous point dû passer par mon canal, et me remettre à moi cette lettre, afin que je la donne au roi mon maître et seigneur ?... Mais peu importe, le mal est fait ! A propos... j'avais une chose à vous dire. Sa Majesté, avec qui j'ai longuement parlé de la question, refuse catégoriquement de vous rendre les canons, bombes et mortiers qui lui ont été apportés car, à juste titre, elle est persuadée qu'ils font partie du matériel que le roi de France a mis à sa disposition. Sa Majesté exige aussi que les bombardiers restent à Siam !

La Loubère, sur le visage défait duquel tous les regards des officiers français étaient braqués, reçut cette déclaration comme une véritable gifle. Il se mit à trembler de tous ses membres, il avait l'impression que... qu'il allait exploser, que ses yeux allaient s'arracher à leurs orbites, que ses tripes, ses tripes malades qui se tordaient dans son ventre douloureux, allaient lui jaillir du fondement, que... Il serra les poings, il serra les fesses !

— Monsieur de Vaudricourt, clama-t-il, grand amiral de la flotte, qui a la responsabilité de ces armes et de ces hommes, exige qu'on les retourne à bord. Nous en avons écrit d'ailleurs au général Desfarges !

— Les ordres du roi sont les ordres du roi, rétorqua Phaulkon. Et les Français ont pour consigne d'obéir au roi de Siam.

— Point les bombardiers, qui appartiennent au corps de la Marine !

— Le Roi les veut.

— Ces hommes ne sont pas d'accord.

— Ils le sont ! hurla le Grec en tapant du pied.

— Ils ne le sont pas ! hurla la Loubère en tapant du pied.

Et ils se mirent, face à face qu'ils étaient, à taper et retaper rageusement du pied.

— Si vous les obligez à rester, ils déserteront ! hurla la Loubère.

— Je ne les oblige pas à rester, ils m'en ont exprimé le désir.

— Mensonge, vous en avez menti, vous êtes un menteur !

Les deux forcenés s'empoignèrent par les bras, à la façon de deux lutteurs. Les mots sifflaient telles des balles à la bataille. Baissant la tête et courbant les épaules comme pour éviter ces « projectiles », Tachard s'approcha du Grec et de l'Envoyé et, les prenant tous deux soudain par la taille dans ses bras puissants, il les tira quasi, ou quasi les projeta, vers la porte du salon donnant sur les jardins. D'une formidable bourrade, la Loubère, hors de lui, envoya bouler le jésuite dans les bras de quatre ou cinq bombardiers qui, dans un coin du salon, avec leurs splendides justaucorps, formaient une muraille écarlate galonnée d'or.

On assista alors à un spectacle, semblable un peu à ce théâtre d'ombres qu'apprécient tant les Siamois. Se découpant dans l'embrasure de la haute porte du salon, illuminée de l'extérieur par un éblouissant soleil, les silhouettes de la Loubère et du Grec, affrontées, nez à nez, face à face, rage à rage, haine à haine, s'adonnaient à d'étranges et incompréhensibles gesticulations de marionnettes, proférant par ailleurs un feu d'artifice d'insultes et jurons en multiples langues, espagnol, anglais, portugais, français, grec, latin, siamois, etc., où l'on nota plusieurs : « manant », « chien », « chien grec », « *hijo de puta* », « *bastard* », « *you an ass* », « bougre », « emplumé », « grenouille » et autres. Soudain, l'une des deux ombres s'arracha à l'espèce d'écran lumineux où elle semblait être projetée, et revint à la vitesse d'un boulet vers les officiers qui, la voyant débarquer si vite et à contre-jour ne purent l'identifier qu'au dernier moment : c'était le visage, ou plutôt le naufrage-de-visage du sieur la Loubère qui surgit soudain au milieu du cercle des Français. L'Envoyé dégoulinait de sueur sous sa perruque ; ses paupières, ses joues, ses lèvres, étaient agitées de tics incoercibles. Il montra d'un index rageur, un index haineux, un index comminatoire, l'ombre, là-bas, du Grec, sur le seuil de la porte du salon, et ordonna :

— Emparez-vous de cet homme, messieurs, arrêtez cet individu. Je vous en donne l'ordre !

Et comme tous les officiers, Desfarges, du Bruant, du Laric et les autres, le regardaient avec de gros yeux consternés et demeuraient muets, immobiles, stupides, la Loubère de plus en plus hors de lui, hurla, l'index toujours brandi vers la porte :

— Arrêtez-le je vous le dis, au Nom de Sa Majesté Très Chrétienne, le roi de France, notre seigneur et maître, que je représente ici. Je vous ordonne d'arrêter... ce... ce flibustier et de le mettre aux fers. Chargez cet homme, chaaargez !

Et comme personne ne bougeait et que l'ombre double de Tachard et du Grec, à contre-jour, s'avançait traîtreusement vers lui, il porta la main à la poignée de son épée : elle était coincée et il se mit à tirer, à tirer dessus, comme un dément, un ivrogne voulant arracher son bouchon à un flacon trop convoité.

Les choses étaient allées « trop loin ». Tachard, tout mielleux, essaya de calmer l'Envoyé, mais comme il continuait de vouloir sortir son arme, les poignes de quelques officiers s'abattirent sur ses bras, tandis que, les épaules voûtées et l'air doucereux, le Grec lançait :

— Euh... c'est... euh... un malentendu...

— Non, ça n'est pas un malentendu, clama la Loubère, que continuaient de maintenir les officiers.

Et il ajouta :

— *Adeus senhor* (adieu *monsieur*), en détachant bien les deux syllabes, prononcées à voix claire et forte, de *se-nhor* comme si, après le flot d'injures incroyables qui avait été proféré, il n'y en eût pas de pire, aux yeux du moins de la Loubère, que ce *mon-sieur* justement, lancé au visage de quelqu'un qui voulait être traité d'*Excellence.*

Et se débarrassant brusquement de l'étreinte des officiers, la Loubère hurla encore un : « *monsieur* » avant de s'enfuir dans le jardin, suivi, trottant à ses trousses, par le zélé Mungchion.

A peine arrivé dans ses appartements, l'Envoyé convoqua Joyeux, Terrasson et tous ses domestiques, leur ordonnant de faire, « hop, que ça saute », les malles, de ranger tout, tout, tout, fauteuils-à-Cupidon-rose-dardant-ses-flèches-sur-de-croupues-naïades..., chaises percées, habits, chapeaux à plumes, livres (ses recueils de poèmes, les *Vers à Phylis,* les tragédies de Campistron, de Pradon, sa collection du *Mercure Galant* et du *Journal des Sçavans*), les multiples herbiers qu'il avait confectionnés avec des plantes de Siam ; les recueils de croquis d'insectes, de fruits, d'animaux multiples que ses dessinateurs avaient constitués ; ses cartes ; les copies de ses harangues au roi de Siam (qu'il comptait faire imprimer en France) ; l'esquisse de la préface de son Futur Fameux Ouvrage d'anthropologie sur le Siam, etc.

Le lendemain, en effet, le roi lui donnait son audience de congé, et le lendemain, hop là, vogue la galère, il prenait la tangente. D'ailleurs les lois de Siam veulent qu'on quitte le pays dès qu'on a reçu l'audience de congé.

Il y eut pour cette audience les tralalas habituels : chevaux, trompettes, tambours de bronze et les éléphants évidemment ! La Loubère débita une harangue toute fleurie d'une rutilante rhétorique, que le monarque — qui avait vraiment mauvaise mine — écouta d'une oreille distraite et d'un air presque glacial. Fort évidemment on avait prévenu l'esprit du roi contre l'Envoyé.

La Loubère fut ramené à son domicile en chaise à porteurs. Tous ses bagages avaient été chargés déjà sur les galères. On n'attendait que lui. Il entra se changer. Mungchion, Oluang Kalaya Rajamaïtri, alias le second-ambassadeur-qui-alla-à-la-France, et quelques autres grands mandarins demeurèrent à sa porte. Ils devaient en effet l'accompagner, en grand cortège, jusqu'au débarcadère.

Mais la Loubère (qui avait revêtu ses habits de voyage : chapeau et justaucorps marron tout simples), en avait par-dessus la perruque des salamalecs, des honneurs, des tralalas, des prosternations, des parasols ou sombreros, et du reste ! Il avait la fièvre, des hallucinations, il claquait des dents. Il voulait être seul : enfin ! Il allait leur faire, ah, ah, une petite farce à ces Siamois, il allait les feinter ces mandarins, ah ah. Avec Joyeux et Terrasson, il se défila par une porte de derrière, et rejoignit incognito le débarcadère. Les mandarins en grand uniforme, avec les étendards, les parasols et les éléphants, attendirent longtemps devant la porte principale de la maison des Envoyés. Quand ils se rendirent compte que la Loubère était parti sans eux et sans cortège par une autre issue, ils furent effarés. Si le roi le savait ils pourraient payer cher cet accroc au protocole : ils se mirent à courir alors par les chemins empoussiérés, suant, haletant, tenant en équilibre sur leur tête leur chapeau pointu, toutes choses fort peu honorables pour des mandarins. Mais il en allait de leur tête, à tout le moins de la peau de leurs fesses qu'on risquait de fouetter au rotin. Quand, essoufflés et trempés de sueur, ils parvinrent au débarcadère, l'Envoyé, un sourire jubilant aux lèvres, et à l'ombre d'un parasol, était déjà installé confortablement dans sa galère. Il y avait une trentaine d'embarcations en tout. Bientôt, au son des fifres et des tambours, tout le cortège s'ébranlerait.

La Loubère, en route pour Bangkok, fit une halte à la mission Saint-Joseph d'Ayuthya où, avec Véret, de Lionne et l'évêque de Métellopolis, ils tinrent, dans la bibliothèque du séminaire, autour de leur table de bois habituelle, « conseil de guerre ». Le secrétaire Terrasson se trouvait là aussi : pour prendre des notes. Les quatre hommes étaient pessimistes. Très pessimistes. Qu'avaient-ils obtenu : rien. Pas de privilèges pour les chrétiens ; les travaux de fortification de Bangkok piétinaient ; les troupes siamoises étaient toujours présentes dans la place ; du Bruant n'était pas à Mergui ; Desfarges roucoulait à Lopburi ; le roi ne serait jamais converti et... pour couronner le tout, selon les informateurs des missionnaires, Phaulkon essayait de se réconcilier avec les Anglais, en dépit du massacre de Mergui, afin de les faire revenir à Siam, de les mettre en concurrence avec les Français, et de mieux dominer ainsi les uns et les autres...

De Lionne tournait dans la bibliothèque... comme un lion. Ça n'était plus un religieux. En lui vibrait la fougue du soldat de l'ordre de Malte qu'il avait naguère été. Il n'était pas du sang des martyrs, mais de celui des croisés.

— Nous sommes coupables, nous missionnaires, confessa-t-il. Nous avons, au début, caché la véritable nature de Phaulkon, que nous connaissions mal, il est vrai, soit dit à notre décharge. Mais il faut désormais en informer monsieur de Seignelay... car nous frôlons le drame.

De Lionne improvisa alors, dans un style emporté et superbe, un mémoire où il traça, à l'acide, sinon à la poudre à canon, le plus mordant portrait du ministre grec qu'on lira jamais dans toute la littérature consacrée à cette affaire :

— *C'est*, dicta-t-il à Terrasson (qui, dans le feu du combat, cassa au moins quatre plumes sur son parchemin...), *un esprit qui veut dominer sur tout, hardi, entreprenant, généreux à dépenser pour paraître, fier, emporté, inégal, sur qui on ne peut faire aucun fond ; inventant mille choses et les donnant comme véritables, avec mille circonstances superbes ; vindicatif, vain, promettant tout et ne tenant rien ; qui ne se soucie que de lui ; éclairé pour connaître le faible des gens et les prendre par-là ; d'une humeur hautaine et insupportable à tout le monde, et par-là ne s'étant pas pu conserver un ami ; à qui l'on ne peut rien confier de peur qu'il ne le déclare étant en colère ; se choquant des moindres choses et, dans sa colère, disant les choses du monde les plus dures...*

— Eh, euh... un instant, siou plaît... murmura Terrasson qui, terrassé sur sa table, essayait de suivre avec sa plume le rythme infernal des paroles incendiaires de l'abbé.

— Un instant, pourquoi un instant ?

— Euh, j'ai fait un... pâté !

— ... *D'un esprit chicaneur et pointilleux* (clama de Lionne qui poursuivit son massacre du Grec) ; *qui a été souple quand il a été peu de chose, mais qui présentement prend un air de hauteur qui révolte tout le monde contre lui ; détesté de toutes les nations qui sont en Siam et aux environs ; qui a rompu avec tous par ses manières insupportables ; qui n'a pas un ami et n'en peut avoir ; qui par le commerce qu'il a avec les Français fait que les Siamois qui le croient uni aux Français haïssent les Français à cause de lui ; qui ayant rompu avec toutes les nations ne se peut conserver auprès du roi de Siam que par les Français... qui est détesté de tout le peuple de Siam pour les impositions qu'il fait mettre sur les habitants ; qui, si le roi venait à mourir, serait déchiré en mille pièces par les Siamois ; avec qui on ne gagnera jamais rien par amitié, mais selon qu'il espérera ou craindra... qui fera échouer le voyage à venir et les autres et trouvera moyen de se conserver toute l'autorité... enfin vrai Grec de nation et de naturel*[1] !

Monsieur de Lionne arracha la lettre des mains du tremblant Terrasson, la lut avec une mine hautaine. La Loubère y jeta un œil à son tour :

— Superbe, dit-il. Je vais ajouter ça à mon dossier qui est copieux et fort assaisonné, je vous en assure. Je ne doute pas que le père Tachard, de son côté, aura rassemblé ses munitions... Plaise à Dieu qu'il n'y ait pas de guerre à Siam. Mais une chose est sûre : à Versailles l'affrontement sera rude. Il faut que nous reprenions en main les affaires...

L'évêque de Métellopolis dit alors d'une voix basse et persuasive :

— A qui, monsieur de Lionne, destinez-vous cette lettre... que la passion vous dicte plus que la prudence ? Toute attaque contre Phaulkon sera interprétée à Versailles comme une attaque contre les jésuites ; et toute attaque contre les jésuites sera interprétée comme une attaque contre Sa Majesté qui n'est et ne veut être informée que par leurs bouches... De quels crimes ne nous accusera-t-on pas : jansénisme, ultramontanisme ! On dira que nous

1. *Histoire de la mission de Siam.*

préférons les intérêts de Rome à ceux de la France ! Et le roi nous privera des quelques misérables aumônes qu'il consent encore à nous verser.

La lettre de De Lionne passa « au tiroir ». On en concocta une autre toute « en nuances ». A charge pour la Loubère de faire entendre « à qui de droit », et avec diplomatie, le véritable état des « affaires de Siam ».

L'Envoyé arriva à Bangkok le lendemain. Devant la porte du fort de l'est attendaient le major Beauchamp, le lieutenant Vertesalle et l'ingénieur Vollant des Verquains. La Loubère, suivi de Mungchion toujours dans ses pattes, pénétra dans la citadelle avec les officiers. Les canons saluèrent. Dans la cour intérieure, plus marécageuse que jamais, nos troupes d'infanterie étaient rangées en impeccable carré : plumes blanches, casaques bleu et gris, hauts-de-chausse bruns, bottes noires plantées dans la boue. Tout comme le jour où (cela faisait deux mois déjà !) la Loubère, pour la première fois, avait fait dans cette place son entrée officielle. A cette différence près qu'il ne restait plus maintenant que quatre cents mousquetaires, cinquante d'entre eux étant morts depuis le débarquement, frappés par le mal de Siam. Derrière les nôtres s'alignaient cinq cents soldats siamois et portugais... tout comme le premier jour. Et tout comme le premier jour le fort était grand ouvert, béant : sur les infinies rizières.

— Rien n'avance ! soupira Vollant des Verquains. Cela fait le troisième plan de forteresse que je soumets à monsieur Constance. Les trois ont été repoussés sous les prétextes les plus incongrus. Le dernier vaut son pesant d'or ! Savez-vous ce qu'on m'a fait dire ?... Qu'un des bastions que je projetais d'ériger nécessiterait, pour sa construction, qu'on abatte une ancienne pagode, fort respectée des Siamois, ce qui ne serait pas envisageable ! Que diable, monsieur l'Envoyé, sommes-nous ici pour protéger les pagodes ou les détruire ?

— Messieurs, dit la Loubère, j'ai, sur tout cela, des choses de la plus haute importance à vous dire...

Ils se réunirent dans la salle du conseil : où trônait un portrait du Fistulard en Jupiter-à-la-foudre.

— Il n'y a plus aucun doute, lança bientôt la Loubère, sur un ton solennel, Constance Phaulkon ne sert ni les intérêts de notre roi, ni ceux du roi de Siam. Je vous dirai même que je le considère comme le plus irréconciliable ennemi de la France. Il faut donc en user à son égard avec la plus grande prudence. Tout comme à l'égard (et croyez bien que je suis désolé de le déclarer) tout comme à l'égard, dis-je, de monsieur Desfarges qui a été complètement gagné par les présents de ce ministre. Vous ne devez plus obéir aux ordres du général, tant du moins qu'il ne sera pas revenu dans cette forteresse qui devrait être sa principale résidence.

Beauchamp, Vertesalle et Vollant regardaient sans piper mot l'Envoyé. Ce que disait celui-ci était énorme, et nul doute que cela arriverait tôt ou tard aux oreilles du général qui n'en serait pas peu furieux. Il fallait se garer des retombées ! Car nul ne pouvait savoir qui de Tachard ou de la Loubère l'emporterait à Versailles, et quelles conséquences s'ensuivraient à Bangkok.

— Nous ferons notre devoir et obéirons aux ordres, dit Beauchamp.

— Nous ferons notre devoir, affirma abruptement Vertesalle.

— Nous le ferons ! dit Vollant.

C'était le 24 décembre. Les officiers proposèrent à la Loubère de passer les fêtes avec eux. Mais celui-ci n'en voulut rien entendre. Il ne voulait pas rester une minute de plus sur le territoire de Siam. « Foutre non, j'en ai ma claque. » Il célébrerait Noël sur son vaisseau. Il avait accompli sa mission de son mieux, il avait mis en garde les officiers. Maintenant il tirait sa révérence.

— Je m'en lave les mains, dit-il.

Il salua et ajouta :

— Joyeux Noël !

Il eut bientôt sauté dans une chaloupe...

Le *Gaillard,* six cents tonneaux, cinquante canons, commandé par monsieur de Vaudricourt, était le navire amiral de la flotte. L'*Oiseau* étant parti déjà pour Pondichéry, c'est à son bord que la Loubère devrait rentrer en France. Le vaisseau amiral tournait sa croupe, ou plutôt sa poupe vers le rivage de Siam, une poupe ou croupe mon Dieu fort belle, tout ornée de pilastres et sculptures en bois doré scintillant au soleil : poissons de fantaisie, chiens, tritons, grassouillets et joufflus. Pendant les huit jours — huit jours infinis — que le navire attendrait encore en rade de Siam, monsieur de la Loubère prit l'habitude de regarder au loin le rivage de ce pays qu'il avait aperçu, la première fois, trois mois auparavant, le 27 septembre 1687 que Dieu fit, et qu'il ne reverrait plus, quoiqu'il lui dût la gloire, ou tout au moins l'Académie, grâce au Fameux Futur Ouvrage d'anthropologie qu'il en tirerait.

Pour admirer le spectacle de cette côte hérissée de jungles vertes, il s'était choisi une « place », comme au théâtre, à la balustrade de poupe : sur bâbord, entre un poisson et un chien dorés. A peine eut-il mis le pied sur le vaisseau, l'Envoyé s'était senti moins mal : sa fièvre tomba. Terrasson ne s'en trouva pas mieux, tout au contraire : posant sur la balustrade son écritoire, au côté de la Loubère, il ne cessait de prendre les notes que celui-ci lui dictait avec plus d'enthousiasme et d'abondance que jamais.

On attendit donc une semaine : que Tachard, qui était du voyage aussi, arrivât. Le père ne se pressait pas. C'est qu'il avait fort à faire à terre : assister à une audience du roi ; s'occuper, pour le compte de Phaulkon, de l'embarquement d'une cargaison d'étoffes et de porcelaines valant ses cent mille écus, et autres ténébreux trafics. Nommé ambassadeur de Siam, il dut attendre qu'on lui remette diverses lettres destinées à Louis XIV, au pape, au sacré collège des cardinaux, au père de la Chaise, lettres officielles de Sa Majesté de Siam, et officieuses de monsieur Constance : où celui-ci, entre autres choses, couvrait de boue les missionnaires (ignares-paillards-traîtres-à-la-France) et réclamait à nouveau à Versailles les « jésuites déguisés » qu'on ne lui avait pas précédemment accordés. Et lui qui avait été si furieux de l'arrivée de nos sept cents soldats, il en désirait désormais davantage. Sans doute avait-il perdu espoir de s'emparer du pouvoir lentement et en douceur, la situation politique s'aggravant… « C'est ici un temps critique et qui doit décider de bien des choses de la dernière conséquence ! » avait lancé Tachard, lors d'un ultime conseil de guerre, à ses frères jésuites qu'il laissait à Siam. De Bèze avait succédé à Tachard au poste de secrétaire et éminence grise de Phaulkon, devenant de ce fait le chef occulte de toute l'équipe.

Avec Tachard rentraient en France l'abbé Desfarges, troisième fils du général, qui ne se « sentait pas » de poursuivre sa carrière à Siam ; le petit abbé musicien André Cardinal (malade d'une « descente », alias hernie) ; et dix-huit mandarins qui devaient lui constituer une belle suite. Parmi eux un certain Ocun Chamnan, homme d'esprit fort vif (duquel la Loubère extorqua, pendant le voyage, la plupart des informations qui figureraient dans son Fameux Futur Ouvrage d'anthropologie). Ce Chamnan, entre autres choses, était chargé par son souverain d'acheter à Paris cinquante-quatre véridiques-authentiques-originaux-chapeaux-d'emplumés, des chapeaux d'emplumés de couleur verte, bleue, blanche, noire, rouge, violette, lie-de-vin, vinaigre, feuille morte, mous, souples, rigides, à bords larges ou étroits, à poils longs ou ras, avec aigrette argentée, dorée, écarlate, marron, jaune mangue, orange papaye, etc. Parmi les passagers se trouvaient encore trois éléphanteaux offerts par le roi de Siam aux petits-fils de France les ducs d'Anjou, de Berry et de Bourgogne, pour qu'ils fissent joujou avec dans le parc de Versailles. Ces éléphanteaux n'ayant pas le pied, ou la patte, marins, périrent hélas avant l'escale du Cap.

L'illustre ambassadeur Guy Tachard, porteur donc de la lettre, gravée sur feuille d'or, du roi de Siam au Fistulard, monta à bord le trente décembre en grand tralala, avec fifres, tambours, salves de canon, parasols-ou-sombreros et sa suite infinie de mandarins (histoire-d'en-foutre-plein-la-vue-à-ce-petit-la-Loubère). Il partait « en force », ça allait barder à Versailles ! Par défi, il prit l'habitude de s'aller, lui aussi, accouder à la rambarde arrière du *Gaillard :* mais sur tribord, côté opposé à celui choisi par l'Envoyé extraordinaire qu'il afficha d'ignorer. Et ce fut comme si tous deux, l'un à droite, l'autre à gauche, eussent voulu enrichir ainsi de leurs silhouettes de vivantes gargouilles la poupe somptueuse de ce navire, déjà si sculptée, si dorée, si tarabiscotée, si baroquissime : leurs faces braquées vers Siam.

# Acte IV

*Le roi ne fait qu'un pas, non plus que dans notre jeu, mais il n'en peut pas faire en tout sens ; il va en avant ou en arrière ou à côté, comme vont nos tours, mais il ne va pas de biais comme nos fols. De plus il ne peut sortir d'une marelle qui est son champ de bataille ou son palais et qui contient quatre carrés qui, dans notre échiquier, sont ceux où nous plaçons le roi et la dame et les pions du roi et de la dame ; et enfin ils ne roquent jamais.*

(Simon de La Loubère : jeu d'échec chinois, dans *Du Royaume de Siam,* 1691.)

Debout au centre de sa galère que les vagues, fort violentes à l'embouchure du Mae-Nam Chao-Phraya, faisaient dangereusement tanguer, Constantin Phaulkon regardait s'éloigner à pleines voiles le *Gaillard,* la *Loire* et le *Dromadaire* qui avaient mis le cap vers la France ce 3 janvier 1688 que Dieu fit. La séparation d'avec Tachard avait été émouvante, déchirante. Les deux hommes en s'étreignant avaient versé des « torrents » de pleurs. Phaulkon, il est vrai, avait la larme facile... Déjà, là-bas, à l'horizon, sur la mer toute vergeturée de vagues, les voiles des navires ne ressemblaient plus qu'à trois mouettes : trois miettes blanches ballottées par l'onde.

Jamais Phaulkon n'avait joué si gros, et sur un seul coup. Il dégrafa les boutons de son justaucorps de cérémonie, le jeta bientôt à ses pieds, dans la galère. La légère mousseline de sa chemise bleue flottait dans le souffle tiède de la brise de terre. Ses cheveux noirs bouclés s'ébouriffaient. Bras croisés, jambes écartées, il regardait les vaisseaux lentement rejoindre la ligne d'horizon et commencer de s'y dissoudre, s'y effacer, s'y volatiliser : avec ses cent mille écus. Cent mille écus de marchandises qui devaient lui en rapporter cinq cent mille si la vente en France se passait bien, trois cent mille au pire. Sans compter les lingots qu'il avait confiés à Tachard et les rubis que le jésuite avait cachés dans les talons de ses magiques brodequins, à quoi il fallait ajouter les quarante mille livres de marchandises emportées un mois auparavant par Céberet. Mais ça n'était pas seulement de l'argent que, sur le pont de ces trois navires, le Grec avait misé, comme on jette des louis d'or sur la table d'un quelconque tripot. C'était sa vie même, son destin, et la vie de ses deux fils, de sa femme, qui se trouvait enceinte ! C'étaient tous ses espoirs que, dans leurs cales et leurs entreponts, emportaient avec eux le *Gaillard,* la *Loire* et le *Dromadaire !* Car avait-il d'autre carte désormais, d'autre atout que la France ?... Le roi de Siam avait été jusqu'à présent la pièce maîtresse de son jeu. Il était son père, son protecteur, son ami même. Mais le roi était « vieux et malsain », presque gâteux déjà, et... de plus en plus influençable. S'il venait à mourir ou à « tourner casaque » avant que n'arrivent les renforts français, qu'adviendrait-il ? Et les prochains renforts n'étaient prévus que pour dans sept mois !

Sept mois : le temps d'un voyage entre la France et le Siam.

A Brest en effet, au même moment, deux cents fantassins étaient embarqués à bord d'un des plus puissants navires de guerre de la marine de Louis XIV, l'*Oriflamme,* soixante-quatre canons, sept cent cinquante tonneaux, capitaine de l'Estrille, direction Bangkok. Dans ses cales, de l'artillerie, de la poudre et — munitions non moins redoutables — des milliers de missels, chapelets, reliques et indulgences. On allait passer aux « choses sérieuses », la seconde phase du plan, du Grand Dessein... La colonisation et christianisation non seulement du Siam, mais des Indes tout entières, et de la Chine peut-être même. C'étaient des millions d'âmes, vouées à la damnation par leur idolâtrie, qu'il fallait sauver. L'*Oriflamme* avait ordre de ne faire escale qu'au Cap, afin d'atteindre le plus tôt possible sa destination.

Les bateaux cette fois avaient totalement disparu au loin, derrière la courbure du globe. Phaulkon s'assit sous le parasol de soie écarlate de sa galère, lançant à ses rameurs : « *Paï !* » (Allez !) Et comme le mécanisme impeccable d'une seule énorme machine, ils plongèrent tous, d'un même mouvement, leurs quarante pagaies d'or dans les flots. Bientôt le dragon étincelant de la proue de la galère se braqua vers l'embouchure ocre et boueuse du Mae-Nam Chao-Phraya : droit sur Siam.

Maintenant il avait brûlé ses vaisseaux. Il fallait vaincre — ou périr.

Il s'arrêta à Bangkok.

L'accueil qu'on lui fit dans la citadelle est fut martial et glacial. Toutes les troupes françaises l'attendaient, rangées en bataillon, mais les officiers lui faisaient grise mine. Manifestement on les avait « mis en garde » contre lui.

Desfarges soi-même avait l'air renfrogné, derrière sa moustache grise roussie par le tabac. Il était là, avec du Bruant, quoiqu'il eût ordre du roi de Siam de ne pas quitter Lopburi.

Le général était arrivé à Bangkok une semaine auparavant, le 27 décembre, sur les pas de La Loubère. Il avait fini par se laisser émouvoir par les bruits inquiétants qui ne cessaient de lui en parvenir : qu'il trouva par trop confirmés. Quarante nouveaux malades parmi les soldats. Tous étaient physiquement et moralement minés. Cela commençait à grogner. Pour ce qui était des travaux de fortification : néant ou presque.

Desfarges fit part de ses inquiétudes et doléances à Phaulkon lorsqu'ils passèrent en revue les troupes sur la place d'armes (le marécage, du moins, qui tenait lieu de place d'armes). Du Bruant était avec eux, comme le père de Bèze, le major Beauchamp et Vertesalle, commandant en second de la forteresse. Phaulkon avait à sa suite deux mandarins qui, étrangement, tenaient chacun dans leurs bras une lourde cassette en bois cloutée d'or : à l'intérieur se trouvait une « petite surprise » qu'il réservait à ces messieurs de l'état-major...

Le Grec prit au gras du bras, chaleureusement, fiévreusement, le général :

— Monsieur Desfarges, encore des plaintes, encore des soupçons. Mais pourquoi tout cela ? Ne suis-je pas votre ami et l'ami de la France ? N'ai-je pas assez de lettres de monsieur de Seignelay et de Sa Majesté Très Chrétienne même pour l'attester (et il appelait d'un clin d'œil le père de Bèze à la rescousse, lequel acquiesça d'un : « Bien évidemment »). Tous vos petits problèmes vont s'arranger, poursuivit Phaulkon (« Bien évidemment » répéta de Bèze), je vous l'ai promis, le père Tachard vous l'a promis... Tout cela d'ailleurs se serait arrangé depuis longtemps si... ce monsieur de la Loubère ne m'avait sans cesse harcelé de ses sottes lubies, m'empêchant de consacrer mes soins aux choses d'importance. Je vais pouvoir maintenant, général, m'occuper de vous et de vos soldats. Vous aurez dans dix jours briques, plâtre, bois, clous et autant d'esclaves que vous voudrez pour vos travaux (de Bèze : « Évidemment »).

Phaulkon serra plus fort le bras de Desfarges et, voyant que celui-ci allait enfoncer sa botte dans une espèce de fondrière, au milieu de la cour, il le tira de côté.

— D'ailleurs, mon général, poursuivit-il, quelle crainte avez-vous ? N'êtes-vous pas ici en terre amie ? N'avez-vous pas été invité à la demande de mon roi, et pour le protéger ?

— Et les Hollandais ? dit Desfarges. J'ai ordre de me garantir de toute attaque hollandaise.

— Je les ai à l'œil, j'ai mes espions. Pour l'instant ils ne bougent pas, et ils ne sont pas près de bouger.

Les tambours battaient. Les trompettes lançaient leurs fanfares somptueuses. Piquiers et mousquetaires présentaient leurs armes dans un martial fracas. Écarlates, bleues, vertes, les enseignes ondoyaient dans la brise tiède, poisseuse.

— C'est que... euh... dit le général à voix basse afin de ne pas être entendu des troupes, nos desiderata, même les plus misérables et les moins coûteux, n'ont pas encore reçu l'ombre d'une satisfaction... Tenez, est-ce si difficile de nous fournir quelques charpentiers, du bois d'orme et du fer pour confectionner des affûts de canon ? La moitié de notre artillerie en manque et se trouve ainsi inutilisable !

Phaulkon éclata de rire.

— De l'orme, mon général, il n'y en a pas à Siam. Mais on vous donnera, très vite, bien mieux, bien plus solide que de l'orme. Du teck ! Vous les aurez aussi, vos charpentiers. Ils vous les feront, vos affûts. Vous aurez des maçons, vous aurez des terrassiers, vous... (« Bien évidemment » s'exclamait de Bèze)... vous aurez des briquetiers, des... Mais doucement. Chaque chose en son temps. Rien ne s'obtient, en Orient, sans patience. N'ai-je pas satisfait déjà beaucoup de vos souhaits (le Grec approcha sa bouche de l'oreille du général, y soufflant sa chaude haleine)... et vos plus secrets désirs ? Comment se porte Clara ?

Desfarges reçut un concomitant coup-de-coude-coquin-complice-dans-les-côtes.

... « Ça » recommençait, songeait l'officier, cette espèce d'engluement dans lequel, dès qu'il se retrouvait avec le Grec, il se sentait plongé, cette bizarre hypnose qui lui coupait tous ses moyens.

— Votre Excellence, euh... monsieur le comte... murmura-t-il troublé (depuis qu'il en avait reçu le brevet, Phaulkon exigeait qu'on l'appelât comte, quand du moins on ne l'appelait pas Excellence)... je n'ai guère l'esprit à la bagatelle. Je dois vous dire une chose... fort grave : avant de s'embarquer, monsieur de la Loubère a convoqué l'état-major de Bangkok devant lequel il a porté contre moi... et contre vous-même d'épouvantables accusations. Monsieur Beauchamp a eu la droiture de me les répéter : je ne serais, paraît-il, qu'une marionnette entre vos mains, vous m'auriez acheté, vous...

(Phaulkon comprenait maintenant les causes du glacial accueil que lui avaient fait les officiers de la place : « foutu emplumé de la Loubère »).

— N'eût été le service du roi, ajouta le général, je fusse monté à bord du *Gaillard* et j'eusse tordu le cou à ce-petit-poétereau-ridicule !... Mais la calomnie est la calomnie et, aussi grossière soit-elle, elle laisse des traces dans les esprits. Je sens quelques-uns de mes officiers troublés, et je ne vois d'autres moyens de rétablir une chaleureuse confiance qu'en satisfaisant certaines de nos plus essentielles demandes.

— Elles seront satisfaites : dans dix jours vous aurez mille ouvriers !

« Il y a un mois il en promettait mille cinq cents », songea Desfarges.

— Je voudrais aussi qu'autorisation me soit donnée par le roi de Siam de m'installer à Bangkok et que le lieutenant du Bruant quant à lui rejoigne Mergui... Nous avons des Instructions. Maintenant, c'est ma tête qui est en jeu ! Ce la Loubère de mes fesses a juré de me faire la peau à Versailles et de m'enlever le commandement du corps expéditionnaire. Il l'a dit à qui voulait l'entendre.

Phaulkon, depuis quelques instants, n'écoutait plus le général... Il était devenu livide.

— Que nous importe ce la Loubère, cet ambassadeur en carton-pâte, s'exclama-t-il, il n'est rien et le père de la Chaise lui coupera son caquet s'il veut trop chanter à la cour. Je croyais par ailleurs, mon général, que le père Tachard et moi-même avions fini par vous convaincre que votre place, ainsi que celle du lieutenant du Bruant, était en ce moment Lopburi, et rien que Lopburi ! Pourquoi exiler une partie de vos troupes à l'autre bout du pays, à Mergui, quand vous n'avez pas même assez d'hommes pour garder Bangkok ?

— Pourquoi ? s'exclama Desfarges en frappant sa jambe droite d'une badine de bambou incrustée d'or (offerte par Phaulkon), pourquoi ? Parce que les ordres de Sa Majesté Très Chrétienne exigent que nous occupions Mergui et...

Phaulkon arrêta sa marche et, croisant les bras, il regarda de pied en cap Desfarges et du Bruant. Le premier, tout énorme, tout ruisselant de sueur, tout turgescent sous son feutre empanaché ; le second mince, droit, élégant, un sourire renard au coin de ses moustaches noires retroussées.

— Vos Instructions encore, vos Instructions toujours, ragea le Grec. Sont-ce vos Instructions messieurs qui vont vous donner à manger, vous fournir des affûts de canon, des briques, des ouvriers ? Sont-ce vos Instructions (et là, Phaulkon se pencha sur l'oreille de Desfarges pour achever sa phrase à voix basse) qui vont vous accorder les fonds nécessaires au paiement de la solde de vos troupes ? J'entends qu'on m'obéisse. Je ne *veux* pas qu'on occupe Mergui cette année !

Desfarges croisa le regard du Grec. Il eut l'impression d'y découvrir soudain quelque chose de nouveau... d'effrayant et d'incompréhensible aussi. Décontenancé, ne sachant sur « quel pied danser », il se balançait sur l'une ou l'autre de ses bottes énormes, pataugeant dans la boue.

— C'est que... euh... je le répète... Il en va de ma tête. Je ne puis contrevenir aux ordres !

— Eh bien, mon général, s'exclama le Grec, monsieur du Bruant ira à Mergui... dans un an.

— Les ordres... euh... disent maintenant.

Phaulkon et les officiers étaient arrivés — suivis par les deux mandarins portant leur « cassette surprise » — juste en face et au centre des troupes alignées : au premier rang, les douze capitaines, plumes au vent, messieurs d'Alvimar, du Halgouet, Launay, la Cressonnière, la Rougerie, le Hitton, la Roche-Vigier, la Vaublanche, le marquis Desfarges, Plantier, Dacieu, Descaves ; derrière les lieutenants, la Dorbelaye, Des Rivières, etc., puis les enseignes brandissant leurs bannières multicolores, Suhart, Sainte-Marie, le chevalier Desfarges, chacun placé devant une compagnie.

Après un roulement de tambour il se dressa sur ses courtes jambes et harangua les troupes, les comparant, non sans emphase, aux « guerriers athéniens » assemblés devant Troie. Il les exhorta à « prendre femme » dans le pays et à en apprendre la langue car, ajouta-t-il, c'était la volonté des deux rois, de France et de Siam, qu'ils restassent ici jusqu'à la fin de leurs jours (déclaration qui sema quelque inquiétude particulièrement chez les bombardiers qui n'avaient jamais eu l'intention de laisser leurs os aux Indes). Le vibrant discours du Grec s'acheva par : « Et ce soir, qu'on boive à ma santé, distribution d'arak à volonté. »

A ces mots Phaulkon ôta le feutre noir qu'il avait sur la tête et le jeta en l'air en criant : « Hourrah pour le roi de Siam. » Et il darda un regard sombre vers Desfarges qui se sentit obligé à son tour de lancer en l'air son chapeau emplumé en criant : « Hourrah. » Et tous les chapeaux emplumés des soldats, quatre cents chapeaux emplumés, d'un seul mouvement, tel le brusque envol d'autant de bécasses, furent jetés vers le ciel dans un énorme et unanime « hourrah ».

Le tambour battit.

Les trompettes retentirent.

Puis le silence, immense, crevé seulement par le criaillement des corbeaux criblant le ciel bas, s'appesantit à nouveau sur la place, tel un lourd couvercle de plomb. Phaulkon se haussa encore sur ses courtes jambes et, enflant sa voix, solennellement, il lança aux troupes que, « par commission du roi de Siam », il se chargeait de leur faire verser leur solde.

Sur un signe de lui les deux mandarins ouvrirent leur « cassette surprise » respective : elles étaient pleines de petits lingots cylindriques, des ticaux, monnaie locale en argent valant, au cours du moment, trente-sept sols et demi.

Et comme les mandarins, déjà, passaient dans les rangs, remettant à chaque soldat un de ces ticaux, Phaulkon, l'œil scrutateur et jubilant, observait « quelle drôle de tête » faisaient les officiers. Car c'était un coup de théâtre, coup de théâtre qu'il avait longtemps mijoté, que de faire payer ainsi, directement, et au nom du roi de Siam, des militaires français. N'était-ce pas en quelque sorte les traiter comme ses « hommes », ses « mercenaires » et s'imposer comme leur seul général ?

Si les soldats, leur tical au fond de la main, ne semblaient guère enthousiastes (que représentait un tical : tout juste de quoi vivre, et fort mal, pendant une semaine) les officiers, pour une bonne part du moins, étaient outrés. Le plus fulminant d'entre eux (sa bouille déjà pivoine avait viré au violâtre), c'était le lieutenant-général Vertesalle, commandant en second de la place. Les mises en garde de la Loubère contre Phaulkon, Desfarges et les jésuites l'avaient ébranlé déjà, et ne voilà-t-il pas que si rapidement il en trouvait une bien inquiétante confirmation ? Mais pourquoi diable ce Grec payait-il les troupes ? Le général était-il déjà à sec ? Qu'avait-il fait des fonds à lui confiés par Sa Majesté pour le versement des soldes ? Cela représentait des sommes considérables, qui ne pouvaient être déjà épuisées ?... Et si Phaulkon eût voulu verser un extra aux soldats, la moindre des choses, par égard pour le général, n'eût-elle pas été de suivre la voie réglementaire : faire passer l'argent à de la Salle, le trésorier, qui l'aurait réparti entre les capitaines qui eussent procédé eux-mêmes à la distribution ?

Debout, bras croisés, l'air vaguement hébété, Desfarges assista, sans broncher, à la rétribution de ses mousquetaires. Il serrait les dents. La couleuvre était dure à avaler.

Constance, de Bèze et les officiers grimpèrent bientôt sur les murailles, pour inspecter les batteries. Devant chaque pièce d'artillerie se tenait un canonnier siamois ou métis qu'avait formé naguère Forbin et que perfectionnait désormais le major Beauchamp. Ils parcoururent tout le mur d'enceinte. A son extrémité se dressait un bâtiment où Desfarges avait fait apprêter un déjeuner, le plus somptueux qu'il pût.

On mangea beaucoup. Et l'on but plus encore. Phaulkon, grand seigneur, sachant les Français à court de pinard, et trop fauchés pour s'en offrir en quantité, avait apporté un fût de bergerac. On leva force santés : au roi de France, au roi de Siam, à leurs fils, frères, sœurs, cousins et cousines. On but même un toast... à la mort de ce chien de Hollandais, l'hérétique Guillaume d'Orange, que le diable l'emporte ! A chacune de ces santés, Phaulkon, se comportant — sans qu'aucun officier n'osât broncher — comme le maître et seigneur de la place, ordonnait à un de ses mousquetaires anglais, debout derrière lui, de faire déclencher le feu de l'ensemble de l'artillerie des deux citadelles, soit une centaine de canons, couleuvrines et fauconneaux qui, de batterie en batterie, et d'un fort à l'autre, se répondaient, comme en écho, dans un fracas d'enfer qui suscitait dans la campagne environnante un chœur retentissant de hennissements, barrissements, glapissements et autres rugissements, sans compter l'envol effaré de vautours et corbeaux.

Et Phaulkon buvait, et buvait encore. Et à chaque coupe qu'il vidait, hop, il tapait sur l'épaule de son mousquetaire en gueulant : « Feu. » Et le ciel bas et gris de Siam, telle la voûte énorme d'un opéra, se remettait à vibrer, à trembler. Et hop, une autre coupe : « A la santé du petit-fils de France le duc de Berry, feu ! » Et les cent canons, les uns après les autres brûlaient leur poudre « à-la-santé-du-petit-fils-de-France-le-duc-de-Berry ». Et puis Phaulkon, l'œil aviné, commandait : « Feu ! A-la-mort-de-ce-foutu-Élihu-Yale-directeur-à-Madras-de-la-Compagnie-anglaise-des-Indes-orientales-qui-ne-rêve-que-de-me-voir-pendre-à-la-corde-d'un-gibet !... »

Et à chaque canonnade, à chaque gorgée de vin ingurgitée, le Grec regardait par en dessous, avec un œil de plus en plus halluciné, les officiers.

Et les santés se succédaient, à un rythme à chaque fois plus rapide. Les canons ne cessaient de tirer. On se fût cru en pleine bataille. Au point qu'après quelques quarts d'heure de stupéfaction, une sorte de gêne, de malaise, commença de s'appesantir sur la tablée.

A quoi jouait ce Grec ?

Vertesalle, contenant de moins en moins la rage qui lui ramonait les tripes, se pencha sur l'oreille de Desfarges, assis à ses côtés :

— Est-ce bien utile de brûler ainsi la poudre aux oiseaux ? Nous n'en avons de réserve que vingt milliers. Point de quoi tenir un long siège.

Phaulkon, devinant le contenu de cette messe basse, glissa à son tour au général :

— Ne comptez pas votre poudre, monsieur Desfarges. Les magasins du roi en regorgent. Nous vous en livrerons, de la poudre, et gratis, et autant que vous en voudrez. De quoi faire pendant un an des feux d'artifice si vous le désirez.

Et, à nouveau, il levait son verre.

— Au roi du Portugal ! clamait-il.

Et « feu » ! Toutes les batteries crachaient leur salve. Le malaise devenait si pesant, à table, si taraudant, qu'on en oubliait presque de manger. Mais il était plus vif encore sur les remparts où les chefs de batteries se demandaient si leurs officiers étaient devenus fous : « Pourquoi ces canonnades, veut-on faire connaître à l'ennemi notre puissance de feu ? » disait l'un. Et l'autre : « A ce rythme de tir ils vont faire crever toutes nos pièces. » En effet, quoiqu'on les nettoyât, entre chaque salve, avec l'écouvillon imbibé de pisse (le vinaigre était trop rare à Siam), on n'arrivait plus à refroidir l'âme des canons. Deux pièces crevèrent. Plusieurs milliers de coups furent tirés, et bien de la poudre brûlée.

Dont on manqua fort.

Quand se déclencha la tragédie.

Phaulkon cependant continuait de lever le coude, imité par les officiers qui n'osaient pas ne pas l'accompagner... Et « feu ! » son œil était de plus en plus brillant. Dément.

— Ah, ah, messieurs, quelle belle petite sauterie ! Le son du canon fouette l'âme et les sangs, ah, ah !

Il paraissait au comble de la jubilation. Ses joues, olivâtres d'habitude, avaient rosi. Sa face transfigurée rayonnait comme celle d'un christ. Il était le maître. Il les tenait, tous ces fiers Français, par les mots, par le charme... par l'argent. Ils se pressaient autour de lui comme moineaux à qui l'on jette le grain ! Ah, ah !

Mais soudain le Destin, sous la forme de son vieux secrétaire anglais Bashpool, tout ridé et voûté, entra brusquement dans la pièce. Bashpool avait rappliqué d'une traite, en galère expresse, de Lopburi. Manifestement l'homme était apeuré, bouleversé. Phaulkon, à sa simple vue, pâlit. Le secrétaire se penchant sur l'oreille de son maître, y murmura quelques mots.

Les officiers virent d'un coup le Grec changer de couleur et commencer à trembler fiévreusement de tous ses membres. Le verre qu'il tenait à la main tomba au sol, explosant comme dans un sinistre éclat de rire. L'air égaré, il se leva et dit, parlant comme pour lui-même :

— Juan, Juan !

Semblant oublier ceux qui l'entouraient, il sortit (qui pendait au bout d'une chaîne, sous sa chemise) la relique de la dent de sainte Blandine que lui avait envoyée le pape, il se mit à la baiser, frénétiquement, en murmurant :

— Juan, Juan... les chiens !

Il s'en alla alors se jeter à genoux, près du père de Bèze.

— Mon père, bénissez-moi, supplia-t-il en serrant de ses poignes, à travers l'étoffe de la soutane, les cuisses maigres, osseuses du jésuite. Dieu me maudit. Dieu abat sur moi sa rage pour mes péchés ! Priez pour moi, mon père, on m'annonce que mon fils, mon tout petit Juan, est mourant, mon fils va mourir : ma dragée, mon sucre, ma mangue, ma papaye. Mon fils Juan va mourir.

Enfonçant son visage convulsivement dans le giron du prêtre et arrimant la taille, les fesses de celui-ci avec des gestes passionnés, il éclata en sanglots, ivre autant d'alcool que de chagrin. Gêné par ce tripotage désespéré et tout rougissant, de Bèze essayait de s'arracher à l'étreinte envahissante du Grec, lui susurrant des paroles d'apaisement. Et puis il l'aida à se relever. Phaulkon, une fois debout, resta muet, statufié, quelques longues secondes. Puis, se ressaisissant soudain et changeant du tout au tout d'attitude, il mitrailla d'un regard enragé les officiers et lança :

— Messieurs, mon fils, mon Juan est malade, très malade, il faut... (il se tut, toisa Desfarges, et se corrigea)... il *nous* faut sur-le-champ remonter à Lopburi. Je ne veux pas qu'il rende en mon absence son dernier soupir. Et... et... (son regard se fit sombre)... je... veux éclaircir tout ça.

S'adressant particulièrement au général et à du Bruant il ajouta :

— Veuillez vous apprêter, messieurs. Il faut que d'ici une bonne heure nous soyons dans les galères, faites vite !

— Mais... euh... dit Desfarges, j'ai fort à faire à... Bangkok, pour améliorer cette place. Et si ça n'était vous chagriner davantage, monsieur le comte, euh... Votre Excellence...

— Général, le roi veut que vous résidiez à Lopburi. J'obtiendrai du Conseil que vous vous installiez plus tard dans ce fort. Mais plus tard ! J'obtiendrai aussi que le lieutenant du Bruant parte à Mergui. Mais, pour le moment, je... il faut que vous remontiez avec moi ! Ainsi que... (il se tourna vers l'intéressé) le major Beauchamp et que (il se tourna vers l'autre intéressé) le lieutenant Vertesalle.

Depuis plusieurs heures déjà la moutarde montait au nez, fort rouge et maringouinisé, dudit Vertesalle, lequel, point ému du tout par la nouvelle dramatique qui venait d'être annoncée à Phaulkon, laissa d'un coup éclater sa colère.

— Monsieur le ministre, Votre Excellence, dit-il en se levant, je n'ai point d'ordre à recevoir de vous et ne saurais souffrir que vous m'en donnassiez. Je suis soldat de Sa Majesté Très Chrétienne et ne relève de l'autorité d'aucun étranger !

— Un étranger ? Vous osez ? rugit le Grec. Oubliez-vous qui je suis, qui est le comte Constance, et que le roi de France vous a placé sous mon commandement ?

La fureur, dans l'âme du ministre, semblait avoir soudain balayé, vidangé sa tristesse. Il fusillait des yeux Vertesalle.

— Je vous donne l'ordre, au nom du roi de Siam, de monter à Lopburi, fulmina Constance.

La moustache grisonnante de Vertesalle, comme si elle eût soudain fait sauter le vernis de cosmétique qui la disciplinait, se hérissa, tels les poils d'un agressif et martial balai.

— Je n'ai d'ordre à recevoir que de mon général, dit-il.

Phaulkon braqua alors, comme un double canon, ses yeux noirs furibonds vers Desfarges lequel, éperdu, se leva d'un coup, mécaniquement, à la façon d'un diable dont on eût déclenché le ressort, déployant son énormissime, son herculéenne stature dans la pièce qui, simultanément, sembla diminuer par moitié de volume.

— Vous... vous monterez à Lopburi, monsieur de Vertesalle, c'est moi maintenant qui l'ordonne, beugla Desfarges, d'une voix d'autant plus forte qu'elle essayait de dissimuler un désarroi trop évident.

— Le diable me l'ordonnerait que je ne monterais pas, rétorqua Vertesalle, glacial.

Tous les officiers, cette fois, étaient debout. On craignait le pire. L'air était lourd, chargé de poudre à canon. Dans un coin de la pièce, trois ou quatre domestiques siamois, torse nu, se calfeutraient, étonnés, effrayés par les extraordinaires colères de ces *Farangset* emplumés si peu maîtres de leurs émotions...

— Vertesalle, lança Desfarges, je vous ferai mettre aux arrêts. Vous irez au cachot, tout officier que vous soyez. Vous croupirez au cachot. Je... je vous ferai passer en conseil de guerre. Je... j'en écrirai à Versailles !

Un sourire d'ironique mépris se glissa sur les lèvres de Vertesalle.

— Écrivez-en à Versailles, et que Son Excellence monsieur le comte Constance en écrive aussi. Et n'oubliez pas de préciser que, quittant cette place forte dont vous êtes le gouverneur, vous avez ordonné à votre second de vous suivre, la laissant ainsi sans commandement, et cela en infraction avec les lois les plus élémentaires de la guerre. Je suis à vos ordres, général. Mais il n'y a pas d'ordre qui tienne qui enfreigne les lois de la guerre !

Vertesalle, se croisant les bras, défia du regard Desfarges et Phaulkon, lequel Phaulkon, voyant la situation sans issue, aida le général à sortir son épingle du jeu.

— Monsieur Desfarges, dit-il, les yeux encore inondés de larmes, je n'ai pas le cœur, en ce moment, à discuter des règlements militaires. Si monsieur de Vertesalle doit rester dans la place (il regarda Vertesalle avec mépris) qu'il *reste* (ce mot claqua comme un coup de fouet). Mais j'exige que vous-même, général, ainsi que le major Beauchamp et le sieur du Bruant, montiez avec moi. Le roi n'a entendu que du bien du major, sur la façon dont il entraîne les soldats siamois, et il désire lui donner une audience particulière... Quant au sieur Vertesalle, puisqu'il en agit ainsi, il n'aura plus d'espoir, désormais, d'être reçu à la cour.

La grosse gueule carrée et rude de Vertesalle resta inexpressive, mais il esquissa un imperceptible haussement d'épaules.

D'un ton sec, Phaulkon ajouta :
— Soyons aux galères d'ici une heure.

Quelques heures plus tard un convoi de dix galères remontait le fleuve. Phaulkon, assis à côté de De Bèze, dans l'une d'elles, se tenait prostré, muet, le front enfoui dans ses mains surornées d'or et de pierreries. Seul se faisait entendre le claquement des pagaies crevant l'eau du fleuve, dans le soir tombant qui orangeait les murs de jungle érigés sur les rives. Les rares paroles que le ministre adressa au religieux, au début, évoquaient les espoirs « immenses » qu'il fondait sur ses fils : il avait envisagé de les envoyer tous deux en France, au collège Louis-le-Grand, dès qu'ils seraient en âge du moins. Le père Tachard lui avait assuré qu'il les présenterait aux petits-fils mêmes de sa Majesté Très Chrétienne, les ducs d'Anjou et de Bourgogne. Les pères jésuites devaient leur donner la meilleure éducation. On en ferait des gentilshommes, des gens de *qualité*. Ils seraient les futurs comtes de Saint-Georges, car c'était le nom de la terre que le roi de France lui avait offerte, avec le titre de noblesse à elle attaché. Cette terre, il désirait l'agrandir, d'ailleurs, et à cette fin il avait envoyé à la Compagnie de Jésus de fortes sommes pour qu'on lui achetât plusieurs forêts et champs avoisinants... Mais tous ces beaux projets, d'un coup, avaient été flétris par le malheur frappant son fils Juan.

— Et ce malheur n'est pas le seul malheur ! conclut-il.

De Bèze demanda à son « illustre frère » de s'expliquer. Mais Phaulkon ne répondait pas. Le visage clos il regardait défiler sur les rives les murailles arborescentes de la forêt obscure, toute grouillante d'animale vie, de sourdes et menaçantes rumeurs. Son être était aux aguets, à l'écoute, comme d'un fauve en chasse. Il le sentait, oui, il le sentait, et de plus en plus : *ça bougeait.* C'était sensation pure encore, impression. A quoi voyait-il, devinait-il *ça ?* Il n'eût pu l'expliquer à quiconque ne connaissait pas assez bien le pays. Il fallait, aux escales qu'ils faisaient régulièrement, le long du fleuve, décrypter le visage apparemment inexpressif des Siamois ; traquer une lueur dans leurs yeux toujours fuyants ; écouter entre leurs mots anodins, derrière leurs paroles ; s'attacher à une inflexion de voix, à une hésitation, à un lapsus, à un silence. Quelque chose, quelque chose de capital venait de se produire : depuis que les vaisseaux français avaient levé l'ancre. La donne du jeu était bouleversée. L'escadre en rade de Siam avait matérialisé, avec ses centaines de canons, une menace effrayante, mais une porte de sortie aussi, une fuite possible. Désormais les troupes françaises étaient le dos à la mer.

Et face à la jungle.

Face à Siam.

— ... non, ça n'est pas le seul malheur, répéta Phaulkon, le visage plongé toujours entre ses mains.

Il se tut, puis reprit, d'un ton bien plus bas :

« Car je vois dans cette... maladie de mon fils comme un *secret avertissement* qu'on... que le Ciel m'envoie, pour m'annoncer des drames à venir plus terribles encore et... dont la cause est l'arrivée dans ce pays des troupes françaises.

— Vous avez des motifs réels d'être inquiet, mon illustre frère ?

— Des... rumeurs se multiplient. C'est comme l'océan qui enfle avant la tempête. Que ne va-t-on pas raconter ? Le bruit court dans le peuple en ce moment que la planète Jupiter qui passera en mars prochain dans notre ciel, est le signe avant-coureur d'une grande révolution qui doit bouleverser l'État. Les bonzes s'en font écho, et cela se répand partout dans le royaume...

— Mais qu'importent ces ragots ? s'exclama de Bèze qui regardait le ministre avec un air incrédule. Ce sont là ridicules superstitions.

— Vous connaissez mal Siam, mon père, expliqua Phaulkon. Ici nul n'ose rien dire, d'habitude, sur les affaires du gouvernement. Ce sont choses sacrées dont on ne parle qu'entre gens de confiance, si quiconque peut avoir confiance en quiconque. Il faut aussi que ceux qui font circuler pareilles prédictions soient bien sûrs d'eux-mêmes, car c'est vraiment brandir l'étendard de la révolte.

Le rugissement d'un fauve déchira le silence. Phaulkon braqua ses yeux en amont du fleuve, dans la nuit épaisse où virevoltaient par milliers des mouches phosphorescentes. Il ajouta :

— A vrai dire, mon père, je ferais fi de ces rumeurs dont je punirai, dès que je les connaîtrai, ceux qui les fomentent, si je sentais chez les officiers français le désir de m'aider à... en prévenir les effets. Mais j'ai lieu d'appréhender qu'ils ne me manquent... au moment fatidique.

On parvint au lieu-dit Bankou, débarcadère de Lopburi, le 11 janvier 1688 que Dieu fit. Dans la maison des Phaulkon régnait une fièvre intense. Domestiques et demoiselles-de-Saint-Cyr couraient en tous sens comme les abeilles affolées d'une ruche en feu. Quand le « maître » arriva, flanqué de De Bèze, on l'accueillit avec des cris de douleur. Il courut vers la chambre de son fils, son sucre, sa mangue, sa papaye : l'enfant reposait, immobile, sur un petit lit recouvert d'un drap qui ne laissait apparaître qu'un visage blême, cireux, au front vernissé de sueur. Autour du malade, à genoux ou assis, étaient regroupés les pères Saint-Martin, le Royer et le Blanc, ce dernier attifé d'une robe de bonze orange. Un peu en retrait, assise à côté de Clara la pute, madame Constance, mince comme un cierge, fixa son mari de ses deux grands yeux noirs, deux yeux où, semblait-il, la peur et le reproche aussi l'emportaient sur la douleur. Deux yeux qui foudroyèrent Constance de leur mépris.

Les époux ne se dirent pas un mot. Ce seul échange de regards avait suffi. Il savait qu'elle pensait ce qu'il pensait : *ça commençait.*

Il détourna la tête, se dirigea vers le lit, écarta les pans de la moustiquaire... et il se jeta quasi sur le jeune malade, comme on se rue dans les bras d'une maîtresse. Il s'allongea à son côté, le pressa contre sa poitrine, lui murmurant d'incompréhensibles paroles, en grec sans doute.

De Bèze, debout dans l'ombre, dans un coin de la pièce, observait l'« étrange spectacle » que, dans son malheur, lui offrait Constance. *J'étais surpris,* écrirait-il plus tard, *qu'ayant autant de fermeté d'esprit qu'il en avait, il parût si peu maître de sa douleur.* Le père de Bèze, pur produit de la Société de Jésus, n'avait d'admiration que pour le sang-froid. Lui-même comptait, mesurait tous ses gestes, soupesait chacune de ses paroles, ne faisant montre de joie, de colère ou de tristesse même que de façon calculée, au point qu'on pouvait se demander si ce petit bonhomme brun, à demi-chauve déjà, malgré ses trente et quelques années, était de chair ou de bronze. Et ne voilà-t-il pas que le Phaulkon politique, le Phaulkon machiavélique, ce petit frère d'Ulysse aux mille ruses, se muait maintenant en pleureuse gémissante et gesticulante ?

— Qu'est-ce que c'est que ça ? s'écria Phaulkon, qui venait de découvrir, lié au poignet de son fils, en bracelet, un fil de coton blanc. Qui lui a attaché ça ?

Il arracha le fil, le fit passer sous le nez de son épouse, des filles-de-Saint-Cyr et des jésuites rassemblés dans la chambre.

— Qui lui a mis ça, répondez ? hurla-t-il.

Le Grec regarda l'enfant : la respiration de celui-ci était rauque, irrégulière. Il suait. Peut-être n'avait-il que quelques jours, quelques heures même à vivre ?

— Qui s'est adonné sur mon fils à des pratiques de magie ? On l'a ensorcelé... Qui lui a accroché ce fil ? Je les connais, moi, leurs rites, leurs envoûtements, aux Siamois ! Ils ont envoûté mon fils... pour me tenir, c'est ça, me faire peur, me faire chanter !

Égaré, les cheveux hérissés, il se laissa glisser hors du lit, à genoux, juste à son chevet. Le Blanc et de Bèze vinrent à leur tour s'agenouiller à ses côtés.

Soudain un cri déchirant s'arracha des lèvres du petit Juan. Et ce fut pour Phaulkon comme si on lui avait percé le cœur. Il prit l'enfant dans ses bras et, quoique dix mains voulussent l'en empêcher, il sortit avec son frêle fardeau de la pièce. Il eut bientôt rejoint le salon de réception voisin. Il regarda alors, éclairé par les bougies, le portrait de Louis le Fistulard accroché au mur, sous son dais de velours. « C'est toi, murmura le Grec à l'adresse de Louis XIV, c'est à cause de toi, à cause de la France qu'il se meurt. Tu me le paieras, *maldicio, cornudo !* » (il braqua son poing vers le tableau, avec le pouce et le petit doigt érigés, comme les cornes d'un diable).

Le malheur frappait la maison des Phaulkon : telle était la nouvelle rumeur qui commença de se répandre dans le pays. Et ne tarda pas à parvenir au séminaire Saint-Joseph d'Ayuthya qui se trouvait au cœur d'une immense toile d'araignée d'informateurs : missionnaires et catéchumènes, clairsemés d'un bout à l'autre du royaume, de Jongselang (Phuket) au sud, à Pourcelouk (Phitsanulok) au nord ; de Piply à Mergui ; de Lopburi à Bangkok ; et qui tenaient au courant l'évêque et l'abbé de Lionne des bruits et événements les plus importants. Le pays tout entier murmurait, sourdement encore, imperceptiblement. Non seulement le fils du barbare grec était moribond, mais ne voilà-t-il pas que sa femme, enceinte de plus de trois mois, venait d'avoir une fausse couche ! Le ministre était maudit. Ses servantes même l'affirmaient, répétant partout que des corbeaux ne cessaient de tournoyer au-dessus de sa demeure en criant : *Tudo passa, tudo passa* (tout passe !). Un soir, un vautour serait entré dans sa chambre, et on avait dû abattre au mousquet cet oiseau de malheur. Un autre soir un éclair avait brisé une des fenêtres de son salon, brûlant le dais sous lequel Phaulkon avait coutume de s'asseoir et carbonisant en partie le portrait du Fistulard accroché juste en dessous... Ces événements, au dire des bonzes et magiciens, confirmaient que l'étoile du ministre avait terni. Il était fini, condamné et, avec lui, les chrétiens de Siam. A cet égard, dès le début du mois de janvier 1688, on eut vent au séminaire Saint-Joseph d'Ayuthya qu'il se disait à Phitsanulok, dans le Nord du pays, qu'on allait massacrer l'ensemble des Français. On avait même jeté des pierres à un prêtre, chose jamais vue jusque-là. Qu'arriverait-il quand le roi, dont la santé était si fragile, trépasserait ? Et n'allait-il pas bientôt mourir ? Tous les *signes* ne l'annonçaient-ils pas ? Et le plus évident d'entre eux : la mort, un an auparavant, de l'éléphant blanc sacré Chao Pahyah Boroma Xang Thara Chatura.

Jésuites et officiers, qui avaient coupé les ponts, sur consigne de Tachard, avec les missionnaires, ne savaient rien ou presque de ces bruits, et jugeaient mal de leur importance. Toutes les informations qui leur arrivaient étaient filtrées, transmuées par le prisme des paroles du ministre Phaulkon, leur seul interprète, lequel minimisait les choses, craignant qu'on lui supposât moins de pouvoir qu'il ne le prétendait. Son raisonnement était simple et net : si les Français me savent en position de faiblesse, ils me laisseront choir comme une vieille chaussette. Aussi paradait-il d'autant plus qu'il se sentait menacé et les invitait-il comme jamais à sa table pour de somptueux dîners fortement arrosés... et autres plaisirs.

On eut écho cependant de scènes violentes qui se multipliaient entre madame Constance et son mari. Un soir de la fin janvier que Dieu fit, elle le prit à partie au chevet même du petit Juan qu'ils étaient en train de veiller, assis sur un canapé. Contrairement à son habitude elle avait les cheveux défaits, retombant en lourdes masses noires jusqu'à ses hanches. Son visage, blême, si fin et fragile, semblait complètement dévoré par ses énormes yeux noirs écarquillés. Sa robe de chambre en soie sombre s'échancrait sur une poitrine menue qu'empourpraient la colère, la haine, le mépris : elle le lui avait dit, elle le lui avait répété, qu'il fallait partir, fuir... sur le vaisseau même des Envoyés extraordinaires, avec leurs enfants... et l'argent ! N'était-ce pas d'ailleurs ce qui avait été prévu, ce qu'il lui avait promis, lui, Phaulkon ? Ne devait-on pas, selon le plan, laisser Tachard et Desfarges s'installer à Siam et se débrouiller seuls avec leur Grand Dessein à la gomme ?

Et Phaulkon, pâle lui aussi, rétorquait qu'il était loin de faire ce qu'il voulait ! Que ses projets avaient été bouleversés. Il avait rencontré trop d'oppositions au conseil du Roi...

— Mais maintenant nous sommes entre leurs griffes, s'exclama madame Constance, nous sommes perdus. Ils nous détruiront !... N'ont-ils pas commencé à le faire ?

Elle jeta un regard désespéré vers son fils allongé sur le lit. Elle se leva alors, referma sur ses seins menus sa robe de chambre et alla se mettre à genoux au chevet du jeune malade. Elle pria : *Propitius esto, Domine, supplicationibus nostris* (Soyez propice, Seigneur, à nos supplications).

*Tout l'art de la guerre est fondé sur la duperie...*
(Sun Tzu, *L'Art de la guerre,* 500 A.C.)

Opra Pitratcha, grand général des éléphants, était originaire de Ban Pluh Luang, petite ville de la province de Supan Buri, à quelques dizaines de kilomètres de la capitale Ayuthya. Sa mère fut nourrice du roi et de feu le *barcalon* Kosa Thibodi, frère aîné de Kosapan. Chef militaire glorieux, il s'était illustré dans la guerre contre les Pégouans et lors de la prise de la principauté de Chiengmaï où il avait révélé de bonnes capacités tactiques. A l'époque de la tragédie il était âgé de cinquante-six ans. *Mais,* selon le père le Blanc, *il avait encore toute la vigueur de la jeunesse...* Deslandes le décrit comme un *homme d'esprit entreprenant et courageux.* Un manuscrit anonyme voit en lui un *politique d'un bien autre génie que Phaulkon*[1]. Desfarges raconte : *Entre tout le reste des grands de la Cour il y en avait un qui se distinguait aisément et qui me parut, dès la première fois que je le vis, avoir quelque chose de grand et d'élevé par-dessus les autres.* Le Blanc ajoute qu'il était *fort accrédité parmi le peuple pour ses manières populaires, et à la cour par sa faveur auprès du roi : il était hardi, remuant, franc, libre, mais d'une franchise et d'une liberté qui étaient un déguisement...* La Loubère note qu'il était très aimé du peuple parce qu'on le croyait *modéré* et *invulnérable.* La légende le disait en effet pourvu d'extraordinaires pouvoirs magiques. Des caractères mystérieux, tatoués sur son corps, le protégeaient des balles et des armes blanches. Il avait, assurait-on, la possibilité de se rendre invisible à volonté et de changer de forme en s'incarnant aussi bien dans un crocodile, un singe ou sous l'apparence d'un autre homme. Le nombre d'individus qu'il avait sous son commandement était

1. Archives des missions étrangères, vol. 854, p. 871-884.

immense. Si l'on compte en effet qu'il faut trois soldats pour s'occuper d'un éléphant et que le roi de Siam prétendait posséder vingt mille de ces animaux, cela fait soixante mille guerriers aux ordres de ce général. Mais les Siamois, par vanité, explique monsieur de la Loubère, sont fort portés à la *menterie* et ils ne sont jamais aussi vains qu'en... *matière d'éléphants.* Nombreux sont ceux qui disaient que Pitratcha ou son fils Suraçak pourraient un jour monter sur le trône. L'anecdote courait, parmi le peuple, qu'un jour le roi, revenant de promenade avec une escorte de mandarins, avait fait halte, en arrivant à Lopburi, au temple Prasi Ratana Mahatat. Descendant de son cheval, un superbe étalon rouge très ardent et indocile, ce prince l'avait donné à garder à Pitratcha, l'autorisant à le monter, s'il y parvenait du moins. Cavalier émérite, Pitratcha ne se le fit pas dire deux fois. Il ôta sa veste et, avant d'enfourcher l'animal, posa celle-ci sur la selle, afin de témoigner ainsi de son respect, car il ne pouvait mettre son arrière-train là où s'était posé celui du maître de la Vie, son souverain. Quand il fut sur sa monture et eut commencé à trotter, les mandarins qui composaient l'escorte le prirent pour leur monarque et lui firent cortège en battant tambour, sonnant les fifres et dressant les étendards. Effrayé par cette méprise — qui eût pu lui attirer la méfiance et la haine du roi — Pitratcha descendit aussitôt de l'étalon et s'en alla se prosterner, front contre terre, devant le souverain, lequel ne s'offusqua pas de l'événement. « On t'a pris pour moi », se contenta-t-il de dire. Mais le peuple crut y voir un signe. Pitratcha deviendrait roi. Pitratcha n'afficha jamais en tout cas cette ambition. Tout au contraire, il ne prétendait désirer que finir ses jours sous l'habit des bonzes. Il avait porté d'ailleurs près d'un an la robe jaune quand, en 1681, lors de la mort de la princesse Acamahisi, femme du roi, il était entré dans les ordres, en signe de deuil. Il s'était attiré, pendant sa vie monastique, l'amitié du clergé, et particulièrement du Grand Sancrat de Lopburi, ce Phra Viriat qui avait accueilli les jésuites dans son temple pour leur enseigner le siamois et le pali. Tout général qu'il fût, il dédaignait de s'encombrer d'aucune arme. L'arme la plus aiguisée, à ses yeux, étant celle de l'esprit. Il faisait le plus souvent porter son sabre par un bras-peint qui le suivait à trois pas derrière lui.

Le 16 janvier 1688 que Dieu fit, un dimanche, Opra Pitratcha, se permettant une familiarité à laquelle jusqu'à présent il n'était guère habitué, prit par le bras Constantin Phaulkon, qu'il avait croisé dans le jardin du palais royal de Lopburi, et l'entraîna ainsi, le berçant de paroles amicales et flatteuses, dans la seconde cour, située au sud-est. Ils allèrent paisiblement s'asseoir, côte à côte, les jambes en tailleur, sur le luisant parquet en bois de teck d'un *salah*. Le *salah* est une sorte de pavillon composé d'un plancher surélevé et abrité par un toit (de tuiles en la circonstance) que ne supportent que des colonnades : sans murs donc, et ouvert de toutes parts. Des arbres au feuillage touffu l'entouraient, filtrant et rafraîchissant l'air, de même que plusieurs pièces d'eau couvertes de fleurs de lotus roses. Certaines de ces fleurs, complètement épanouies, s'élevaient bien haut au-dessus des eaux; d'autres flottaient au milieu de leurs feuilles, sur la surface étale; d'autres, fanées, étaient à demi englouties, pendant au bout d'une tige recourbée ou brisée. Sous les auvents du toit venaient se refléter les jeux du soleil frappant la surface miroitante et mouvante des bassins. Il était midi. Un silence lourd pesait sur Lopburi : troublé, de temps en temps, par le frais tintement de clochettes de bronze accrochées au rebord des toits et qu'agitait le vent. Pitratcha avait tendu à Phaulkon le bétel. Ils mastiquaient paisiblement la pâte âcre : regardant en silence les fleurs de lotus.

Le Siamois, de son index, désigna une des fleurs qui se dressait très haut au-dessus du bassin.

— Vous êtes parvenu, Oya Witchayen, et si vite, au poste le plus élevé du pays. Vous, un étranger : que nous avions accueilli comme un des nôtres. Le roi vous a mieux traité qu'aucun d'entre nous. Mais il semble qu'aujourd'hui s'épuise le *mérite* que vous avez accumulé dans vos précédentes existences. La roue tourne, et vous voici en passe de sombrer.

Il désigna négligemment un lotus à demi pourri, naufrageant dans les eaux vaseuses.

— L'arrivée des Français a suscité ici bien des inquiétudes et, contre vous, bien des haines. Vous avez cru bien faire en les appelant. Je n'en doute pas personnellement. Mais d'autres en doutent. *On*... notre roi... ne vous regarde plus avec la même sympathie qu'autrefois. Quant aux buts des Français, ils nous semblent de plus en plus obscurs. Que veulent-ils ? Nous servir ou nous asservir ? Commercer ou faire la guerre ? Leurs troupes sont indisciplinées, la population de Bangkok les vomit. Trop d'actes de brutalité ont été commis. Le Grand Sancrat, à la tête d'une délégation de moines, doit, demain, se faire écho de ces plaintes auprès du roi. Par ailleurs, le rajah de Johore est arrivé tantôt à Lopburi. Il compte proposer au roi de Siam une aide militaire afin de chasser les Français. Chose qui ne nous enchante pas. Les gens de Johore sont musulmans, comme vous le savez, et cela ne nous rappelle que trop la révolution ourdie l'an dernier par les Macassars. Si les musulmans bougent à nouveau, des torrents de sang vont être versés. Et tout cela à cause de vous, Oya Witchayen Constance... Et qui risque de récolter le fruit de ces erreurs, sinon les princes frères du roi qui sont au mieux avec les musulmans ? Le roi est de santé... très fragile. Ni moi ni les Siamois ne voulons que ses frères, ces infirmes, ces dégénérés, montent sur le trône. Tout prisonniers qu'ils soient à Ayuthya, dans leur palais, ils reçoivent chaque jour en plus grand nombre la visite de mandarins du pays entier. On les courtise, car le vent tourne en leur faveur... Qui sait quelle attitude adopteront les Français si le roi venait à mourir ? Ne chercheront-ils pas à se mettre du côté des princes... si leur, si votre projet plutôt de couronner Prapy échoue, projet auquel je ne m'opposerai pas, car Prapy est mon ami et mon allié, et je n'ai quant à moi aucune ambition... Il faut tenir ces Français bien en main. Et vous ne les tenez pas en main, Oya Witchayen Constance !

Il tourna ses yeux vers les lotus, flottant sur la plaque argentée des bassins.

— Qu'avez-vous à craindre des Français ? dit le Grec. Ils crèvent comme des cafards dans les marécages de Bangkok. Il en meurt un par jour au moins... Ils n'ont pas de bois, pas de briques, pas de corde, la moitié de leurs canons n'ont pas d'affût, ils n'ont pas suffisamment de vivres, comment voudriez-vous qu'ils soutiennent un siège ?

— Ils ont du riz.

— Qui pourrit. Car ils n'ont pas de magasins corrects pour l'entreposer.

— Les espions du roi affirment que vous leur avez fait livrer cette semaine cent vaches.

— C'est que ces messieurs ne peuvent pas se passer de viande rouge et de lait. Il me faut aussi les satisfaire un peu, sinon je leur paraîtrais suspect. A quoi leur serviraient, de toute façon, ces vaches, en cas de siège ? Comment les nourriraient-ils ? Quant à les abattre et en faire des salaisons, il faudrait qu'ils eussent pour cela du sel... et du sel, ils n'en ont et n'en auront pas !

« A moins, songea par-devers lui Phaulkon, qu'ils ne soient absolument dociles et n'entrent dans mes visées... »

Pitratcha sourit. Cette histoire de vaches était subtile et il eût aimé en être l'auteur. Ce Grec avait presque autant d'esprit qu'un Siamois.

— Vous savez, Oya Witchayen, combien, malgré vos erreurs, les Siamois vous apprécient. Et combien ils apprécient votre famille... Combien nous... partageons vos inquiétudes quant à la santé de votre fils Juan. Ne va-t-il pas mieux ?

Phaulkon serra les dents et les poings sans répondre.

— Le roi et moi-même, poursuivit Pitratcha, apprécions votre adresse à tenter de nous sortir de la mauvaise situation où vous nous avez mis en installant les barbares *farang* à Bangkok.

— Je n'ai pas voulu les y installer, vous le savez, je l'ai dit et répété au Conseil du roi : ce sont ces... foutus missionnaires qui, à Versailles, ont exigé Bangkok, l'abbé de Lionne en particulier !

— Nous avons appris, continua sans sourciller Pitratcha, que vous essayeriez de retenir le lieutenant du Bruant qui doit partir à Mergui avec ses soldats. Dans quelle intention ? D'aucuns voient d'un mauvais œil que tant de troupes étrangères, si bien armées et si... valeureuses dit-on, se trouvent à ce point concentrées. On chuchote que vous auriez de *mauvais desseins,* ce sont là des rumeurs infondées, pour sûr... Mais qu'il est facile de dissiper. Son Excellence Kosapan est de retour de Mergui, où il a accompagné monsieur de Céberet. Il a tout... mis au point là-bas pour que les Français s'y installent en... sécurité.

Phaulkon pâlit :

— Le lieutenant du Bruant, dit-il, doit partir dans... euh... quinze jours, la chose vient d'être décidée. Ses hommes jusqu'à présent étaient trop malades pour entreprendre le voyage.

Pitratcha décroisa puis recroisa ses jambes en tailleur, massant ses mollets nus, secs et musclés.

— ... Je viens d'apprendre par ailleurs, dit-il, que deux navires du roi, le *Siam* et le *Lopburi,* sont de retour et qu'ils mouillent en ce moment devant Bangkok. Leurs équipages sont maures, chinois et portugais. Nous ne pouvons nous y fier, ni prendre le risque que les Français, si... les choses s'échauffaient, puissent s'en saisir. Ils ont commis l'erreur tactique... fort grossière pour des guerriers si expérimentés, de ne pas garder avec eux au moins un de leurs vaisseaux, qui aurait pu leur permettre, si besoin était, de se rendre maîtres de la rivière. Il faut que ces navires repartent au plus tôt, m'entendez-vous, Oya Witchayen. Le roi le veut. Et pour longtemps : six mois. Et n'oubliez pas de mettre à leur bord un équipage et des officiers français, cela nous en fera autant de moins sur le dos en cas de... pépin.

Des canards nageaient sur les bassins, entre les lotus mauves. Parfois l'un d'eux dressait son cou et piquait du bec une des fleurs, parmi les plus belles, les plus élevées, les plus épanouies, et en tranchait net la tige.

— Faites ainsi, poursuivit Pitratcha. Nous vous jugerons au résultat. Nos intérêts au fond sont les mêmes. Vous êtes notre ami et votre famille est notre famille. Songez bien à elle et prenez soin de la santé de votre cher fils...

Phaulkon cracha dans un vase, à ses côtés, le jus ensanglanté du bétel : il fallait tenir bon. Tenir bon sept mois : le temps qu'arrivent de France les renforts. Jouer au chat et à la souris. Céder sur certains points, mais conserver l'essentiel. C'était un véritable exercice de funambule auquel — depuis quelques mois, depuis le débarquement des troupes et même avant — il s'adonnait, contrebalançant les Siamois avec les Français, et vice versa. La partie n'avait pas été facile avec l'Emplumé la Loubère qui sans cesse l'assaillait de ses exigences. Mais la Loubère, Dieu soit béni, avait « mis les voiles ».

Phaulkon, affectant de sourire, regarda Pitratcha, fixement, dans les yeux.

— Deux hommes d'esprit finissent toujours par s'entendre, lui dit-il.

*Le fait est qu'à Siam, même si le roi est en liberté et son armée intacte, il suffit qu'on ait fait main basse sur son palais et sur son trône pour qu'on considère que le point d'appui et les fondations de son pouvoir sont détruits...*

(Ibrahim Ibn Muhamad, ambassadeur de Perse à Siam,
*La Nef de Suleiman,* 1686.)

A des milliers de lieues de là cependant, l'*Oriflamme,* parti de Brest avec les renforts français, croisait dans l'Atlantique, au large du Portugal. Presque aux antipodes, dans le golfe du Bengale, l'*Oiseau,* qui venait de quitter Pondichéry, emportait à son bord le chevalier de Forbin et monsieur Claude de Céberet, lequel avait eu avec le chef du comptoir français de l'Inde, François Martin, une conversation pessimiste sur le sort de notre établissement à Siam. Bien plus au sud monsieur de la Loubère et le père Tachard passaient leur temps à s'entre-témoigner leur mépris, accoudés d'un côté et de l'autre de la rambarde de poupe du *Gaillard* : qui finissait de franchir le détroit de la Sonde. Ces trois bâtiments avaient une seule et même destination : l'escale du cap de Bonne-Espérance.

Cependant, à Siam, se mettait en branle l'implacable et impeccable mécanique qui allait nous broyer tous, nous Français, imperceptiblement, bouddhistement pour tout dire : le sieur Constance, qui devenait de plus en plus impérieux et arrogant, exigea du général, « au nom du Roi » que soient exécutées, les unes après les autres, les clauses du Traité signé par la Loubère et Céberet avant le débarquement de nos troupes. C'est vers la fin janvier que se déclencha cette « offensive », une offensive qui agit comme une douche froide sur l'âme enchantée de Desfarges, qui se la coulait douce à Lopburi en compagnie de Clara-la-pute et du major

Beauchamp. Le Traité (article 11) portait que les Français dussent fournir des hommes et des officiers pour les vaisseaux du roi de Siam. Eh bien justement, avait dit Phaulkon, deux vaisseaux du roi de retour... d' « expédition » étaient venus mouiller sous les murs de Bangkok. Il fallait que « sur-le-champ » ils repartissent avec à leur bord cinquante Français et comme capitaines les sieurs Suhart (trente-deux ans, un géant brun basané) et Sainte-Marie (trente ans, joli comme une poupée blonde, mais fort comme un Turc). Desfarges, Phaulkon, de Bèze et Beauchamp partirent de Lopburi en galère pour « inspecter » les vaisseaux en question ! Ils jaugeaient leurs trois cents tonneaux et avaient fière allure quoiqu'ils eussent été fabriqués dans le pays même. Mais il fallait voir quel type d'équipage se trouvait à leur bord. Des Nègres du Bengale, un anneau d'or dans le nez, des Chinois, des Malais, des métis de toutes sortes, tatoués de pied en cap, couturés de cicatrices et l'œil halluciné par le chanvre indien. Enfin ce que la mer de Chine a pu vomir de pire en matière de forbans. A fond de cale d'ailleurs, entre autres étranges marchandises, croupissaient des jeunes femmes asiatiques, nues, enchaînées, effarées, de « provenance inconnue ». Dans la salle du conseil où, après « l'inspection » des bateaux, se réunirent de Bèze, Phaulkon et Desfarges, on discuta ferme : Desfarges, qui n'avait plus que quatre cents hommes, dont cinquante malades, pour défendre deux places indéfendables, ne voulait pas amputer davantage son armée. Et pourquoi diable allait-on embarquer nos soldats (des fantassins !) sur ces foutus raffiots !

— Pour... — lui fut-il répondu du tac au tac par le couple de Bèze/Phaulkon — donner la chasse, dans le détroit de Malacca, aux vaisseaux de la Right and Honorable East India Company qui avait eu le toupet de déclarer la guerre à Siam et, pour, par ailleurs, foutre le feu au port anglais de Madras !

Desfarges faillit s'étrangler. Il avala cul sec un verre de rhum.

— Mais c'est de la piraterie, dit-il, le roi d'Angleterre Jacques II est notre allié.

— Il est notre allié, rétorqua dialectiquement de Bèze, *concedo,* mais il est l'ennemi du roi de Siam, et nous avons ordre de défendre le roi de Siam contre ses ennemis ! Par ailleurs, en vertu du Traité : *si l'on prend des Français pour le commandement des navires de Sa Majesté de Siam, ils seront indépendants du général*[1].

Donc, *ergo,* le général pouvait se laver les mains de cette affaire.

1. Archives nationales, C1 23 (182, 184).

Il était couvert ! *Quod erat demonstrandum !* C'était le comble : cela ne suffisait pas que nous fussions les mercenaires du Grec. Nous devenions ses... corsaires !

Il y eut de ténébreuses tractations : au terme desquelles Desfarges accorda trente-six hommes, au lieu des cinquante demandés, et Phaulkon promit des matériaux et ouvriers supplémentaires « pour avancer les travaux de fortification de la place ». Tout cela, au demeurant, n'était-il pas étrange ? louche ? Cela parut tel même aux sieurs Sainte-Marie et Suhart, ces marionnettes des jésuites, à qui Constance ordonna qu'ils partissent « sur-le-champ » (« ordre du roi ») avec leurs vaisseaux.

— Mais les vents sont contraires, protestèrent les deux capitaines, il est impossible en cette saison de joindre Malacca, et combien plus Madras. Qui sait si nous pourrons seulement sortir de la rivière ?

— Partez quand même, beugla Phaulkon, au diable s'il le faut. Et ne revenez pas avant six mois !

Ils partirent : sans savoir pour où : cherchait-on simplement à se débarrasser d'eux ?

Ils tourneraient dans le golfe du Siam.

Desfarges ne pouvait plus compter que sur trois cent vingt soldats valides. Et la... soustraction allait continuer. Le 13 février en effet, coup de théâtre, le lieutenant du Bruant des Carrières, resté jusque-là à Lopburi, débarqua soudain à Bangkok avec « ordre du roi » (encore !) de se rendre « sur-le-champ » (toujours !) à Mergui où tout, désormais, était prêt pour les accueillir, lui et ses hommes. Il se mit en marche, le 17 février que Dieu fit, à la tête de trois compagnies, soit cent vingt soldats : et parmi les plus robustes, la route jusqu'à Mergui n'étant que jungles et montagnes.

Il ne resta plus à Desfarges, dans sa forteresse, que deux cents Français valides.

Et la soustraction continua.

Par vagues successives, tels d'implacables maringouins, les messagers jésuites s'abattaient sur Bangkok où s'était désormais installé le général : ordre du roi était donné que « sur-le-champ » soient envoyées à Lopburi les trois compagnies de mousquetaires siamois formées par Beauchamp ; ordre du roi était donné de transférer « sur-le-champ » les soldats malades de Bangkok à Ayuthya « où le climat est meilleur » ; ordre du roi était donné que « sur-le-champ » soient choisis cinquante cadets qui « en-vertu-de-l'article-onze-du-traité » constitueraient l'escorte personnelle du roi. A cet effet était fourni du drap bleu destiné à leur confectionner des habits car Sa Majesté de Siam les voulait vêtus exactement comme les gardes du corps de Louis la Fistule son idole.

La mesure était comble.

Desfarges explosa :

— Dites à monsieur Constance que je lui donnerai ces cadets quand seront de retour les vaisseaux de messieurs Suhart et Sainte-Marie avec mes trente Français.

Il n'envoya pas non plus ses malades à Ayuthya (« Nous n'avons qu'un seul chirurgien, trouva-t-il pour prétexte, il ne peut se diviser entre deux villes »), mais il accepta cependant de céder les mousquetaires siamois (qui ne lui inspiraient pas confiance). Ils quittèrent la forteresse le 26 février que Dieu fit, au son des fifres, plume au vent, avec le major Beauchamp à leur tête et comme sous-officiers les sieurs Saint-Vandrille, Delas, Descaves et le chevalier Desfarges, fils du général, qui était enseigne. Il y avait quelque chose de vaguement pathétique dans ces mousquetaires siamois fièrement empanachés, mais n'en marchant pas moins nu-pieds à la mode du pays.

Cependant « ordre du roi » fut réitéré d'envoyer « sur-le-champ » les cadets destinés à devenir ses gardes du corps. Il y tenait, le roi ! Et si on ne pouvait en donner cinquante, qu'on en fournisse seulement vingt-cinq ! (Tiens, les prix baissaient !) Pour appuyer cette demande et la rendre plus pressante, le Grec dépêcha à Bangkok dans plusieurs grosses jonques vingt-cinq chevaux destinés aux susdits vingt-cinq cadets. Il y dépêcha aussi de Bèze qui lui servirait d'avocat, ainsi que le major Beauchamp, qui venait d'être nommé colonel des troupes siamoises de Lopburi, avec mille écus à la clef...

— Je ne dégarnirai plus ma place même d'un seul homme ! hurla Desfarges. Dites à monsieur Constance que ses chevaux sont encore mal dressés, qu'ils n'ont pas de *bouche,* ou inventez n'importe quoi d'autre ! Mais que veut-on à la fin ? Diviser mes troupes ?... M'affaiblir ?... M'égorger ?

— Ne soupçonnez rien de tout cela, dit de Bèze d'un ton mystérieux. Mais... il faut comprendre. Il y a du nouveau... depuis quelque temps. Le pays... bouge... (silence suivi d'un toussotement)... Monsieur Constance a besoin de forces conséquentes à Lopburi, car à Lopburi se trouve le roi et son palais. Qui s'en assure s'assure du pouvoir...

De Bèze, flanqué de Beauchamp, quitta le général sur ces paroles énigmatiques. Et rejoignit Lopburi. Au moment des adieux il l'assura que monsieur Constance « très prochainement » allait lui donner sur « toutes ces affaires » des « éclaircissements »... Et, certes, il eût bien voulu, Desfarges, qu'on commençât à le mettre au courant de ce qui se tramait. Car il avait l'impression que plusieurs de ses officiers, plus ou moins enjésuités, en savaient beaucoup plus que lui... N'allait-on pas lui faire un enfant dans le dos ? Tout cela l'inquiétait, l'effrayait, même. Non pas qu'il craignît de se battre. Affronter l'ennemi de face ne l'intimidait pas. Mais qui était l'ennemi dans ce foutu pays de Siam où tout semblait comploter : jusqu'aux babouins ?

Desfarges, vaille que vaille, essayait de faire avancer les fortifications. Les ouvriers siamois (c'était du sabotage manifeste) n'en fichaient pas une ramée ! Il s'était plaint de cela à Phaulkon qui avait fait dépêcher des bourreaux bras-peints. Les bourreaux bras-peints avaient mis au carcan quelques malheureux lascars, et leur avaient « taillé le crâne » : supplice consistant à poser le fil d'un sabre sur le haut de la tête du patient et à lui découper le cuir chevelu jusqu'à la nuque, de sorte que l'os devienne apparent, et cela à plusieurs reprises, afin de donner au crâne concerné l'allure d'un cantalou divisé en plusieurs tranches d'un pôle à l'autre. Desfarges arrêta vite le massacre. Non pas que ces gueux d'idolâtres ne méritassent pas ce châtiment, mais parce qu'il avait la sensation qu'on faisait payer les lampistes. Que le... sabotage venait de... plus haut. D'où ?... Néanmoins les soldats français, mettant la main à la pâte et pataugeant dans la boue avec pelle et pioche en main, avaient réussi à tracer, tout autour du fort de l'est, du côté des terres, non protégé par une muraille, un large et profond fossé en communication avec le fleuve. Régulièrement, dans les périodes de fortes marées, le Mae-Nam Chao-Phraya s'enflait considérablement et pouvait donc emplir le fossé. Mais encore fallait-il, lorsque la marée redescendait, y retenir les eaux avec de bons batardeaux. Or ce foutu ingénieur Vollant des Verquains n'avait pas été foutument capable d'en fabriquer, de bons batardeaux. « Et comment voudriez-vous que j'en eusse fabriqué, avait rétorqué Vollant, blessé dans son orgueil professionnel, puisque je n'ai pas de planches correctes, ni de charpentiers efficaces pour les réaliser, ces batardeaux ?... » Après enquête on se rendit compte que ce foutu Vollant avait employé les quelques rares cargaisons de bois fournies par le comte Constance avec deux ou trois pelés de charpentiers, pour ses propres besoins. Il s'était fait construire en effet, au bord du fleuve, et non loin de la forteresse, un triple pavillon à pilotis, en bois précieux, dans le style du pays, intérieurement décoré — particulièrement la chambre à coucher — de superbes panneaux de laque noire rehaussés de dessin à l'or, et figurant des scènes érotiques. Tout autour des pavillons se dressaient des cages : à singes, à perroquets. Il avait même un léopard. Cependant, les plus beaux spécimens de sa ménagerie, c'était sans conteste la dizaine de jeunes esclaves, payées une poignée d'écus, qui s'attachaient toute la journée à l'éventer, le talquer, le caresser, le masser, lui rogner les ongles des pieds et des mains, lui couper les poils des trous de nez et autres siamoiseries. En quelque sorte — tandis que nos affaires commençaient de plus en plus à sentir le roussi — ce monsieur-là s'était installé, avec le matériel de l'armée, un petit arpent privé de paradis.

Foutu Dieu, il perdait le nord, l'ingénieur !

Mais qui ne le perdait pas : le nord ? Tout, à Siam, se mettait à glisser, dériver, tanguer. Le temps passait... Et le général attendait que monsieur Constance, comme l'avait promis de Bèze, commençât à lui donner des « éclaircissements ». Mais les « éclaircissements » ne venaient pas, et Desfarges rongeait son frein... Quand il n'était pas à contrôler les travaux, on le voyait assis, souvent, sur le bord du Mae-Nam, non loin du fort : torse nu, sans perruque, les deux bottes fichées dans la boue et tenant négligemment d'une main une épaisse corde à l'extrémité de laquelle était attachée une planche à quoi était attaché... un gros canard : un canard gris et vert à bec orange, lequel gros-canard-gris-et-vert-à-bec-orange nageait deçà, delà, contre le fort courant du fleuve.

Desfarges s'adonnait à cette occupation quand il avait le cafard, quand il en avait par-dessus la tête des promesses jamais tenues du Grec, des intrigues obscures des jésuites, et de ce foutu Siam avec ses foutus maringouins qui lui foutaient les fièvres !

Or, le matin du 28 mars 1688 que Dieu fit — jour importantissime dans notre fameuse aventure à Siam — le général, le cul dans la boue, était assis au bord du Mae-Nam-Chao-Phraya, regardant nager devant lui, attaché à une corde, un gros-canard-gris-et-vert-à-bec-orange.

A ses côtés, torse nu lui aussi, un harpon à la main, se tenait un Siamois. Derrière, un peu en retrait, un harpon à la main encore, les capitaines Dacieu, le lieutenant le Roy, le marquis Desfarges et l'enseigne de marine Saint-Cry ne quittaient pas des yeux le gros-canard-gris-et-vert-à-bec-orange. Plus en retrait, le dos appuyé contre le tronc énormissime d'un figuier des Indes, alias banian, arbre sacré sous lequel le Bouddha eut son illumination, était assise, les jambes en tailleur, la mine renfrognée et portant sur sa tête, un peu de traviole, comme par dérision, la perruque que lui avait confiée le général : Clara la pute. Elle avait reçu mission de Phaulkon de « remonter le moral » de Desfarges (qu'elle appelait *mou,* c'est-à-dire cochon, dans le privé)...

Clara la pute grimaçait.

Elle ôta sa perruque (« on crèv'd'chaud là-d'ssous ») et la posa sur un de ses genoux nu, replié : « Les *Farang* sont ainsi, songeait-elle. Après quelques mois de Siam, ils se retrouvent toujours, torse nu, dépenaillés, au bord de la rivière, à regarder nager au bout d'une corde un gros-canard-gris-et-vert-à-bec-orange. Elle avait dû, naguère, « s'occuper » du chevalier de Forbin qui était bien plus beau garçon, lui, la chose est à noter, que la Loubère ou le gros Desfarges. Eh bien, tout pétulant qu'il fût, Forbin, lui aussi, avait fini sur le bord du fleuve tenant en laisse un gros canard-gris-et-vert-à-bec-orange. Les musulmans, persans et autres, avaient plutôt tendance, eux, quand venait le mal du pays, à s'adonner à l'opium, les *Farang,* et surtout les *Farangset,* c'était immanquablement le gros-canard-gris-et-vert-à-bec-orange.

La pêche au canard.

Car avec ses hommes armés d'un harpon, le général pêchait : le canard-gris-et-vert-à-bec-orange tenant le rôle d'appât.

Ce qu'on pêchait ne tarda pas d'ailleurs à se manifester. Il y eut un violent tourbillon autour du canard. Et, dans ce tourbillon, hop, comme par magie, le gros-canard-gris... brusquement fut englouti.

— Foutudiou, boundiou, c't'un gros çui-là ! gueula Desfarges, oubliant son spleen.

Il se dressa sur ses pieds et tira sur la corde qui se tendit violemment, manquant l'entraîner au fond des abysses à la suite du gros-canard-gris-et-vert-à-bec-orange.

— Boundiou, Dacieu, Saint-Cry, aidez-moi mordiou !

Laissant tomber leur harpon les deux officiers s'amarrèrent à la corde du général et l'aidèrent à tirer dessus, pendant que le Siamois, qui avait gardé à la main son harpon et se tenait assis sur la berge, les fesses sur les talons, fixait l'endroit où le gros-canard-gris-et-vert-à-bec-orange avait soudain été happé.

Ça n'était que cris, jurons et grands « han » poussés par les *Farangset* qui tiraient sur la corde. Clara la pute regardait ce spectacle avec une moue de dédain. Sur la fin de son séjour à Siam, Forbin ne faisait plus que ça : la pêche au canard ! Il en oubliait même de la baiser, tant ça l'obsédait. Pourtant, avec lui, Forbin, ça ne lui déplaisait pas, à Clara la pute de faire l'amour. C'était même la première fois qu'elle avait eu le béguin pour un *puchaï,* un « mec ». Alors, quand Phaulkon lui avait ordonné de verser du poison dans son petit lait (Forbin adorait le petit lait), elle l'avait bien versé, mais le petit lait, elle l'avait donné aux jeunes esclaves trop gourmandes du chevalier. Elles crevèrent toutes ; vingt d'un coup ! Et le chien en supplément... Forbin s'était enfui à Pondichéry sans savoir à qui il devait la vie. Oui, elle avait été capable d'un acte désintéressé, Clara la roulure.

— Tirez plus fort, sacrediou, hurlait le général. Qu'avez-vous dans les bras, des muscles ou du pain bénit ?

Ils gagnèrent d'un coup cinquante centimètres. L'eau du fleuve se mit à bouillonner. Soudain, telle une lanière de fouet, mais une immense lanière, toute noire, une espèce de queue surgit de la surface agitée des eaux, tourbillonna et s'engloutit à nouveau.

— Ventreblou, hurla le général, il a huit mètres au moins !

Le Siamois au harpon se tenait debout maintenant. Le fer de son harpon pointé vers le monstre. Il attendait. Une corde était attachée à son arme.

Cette fois ce fut une gueule béante aux longues mâchoires hérissées de dents qui creva la surface des eaux :

Un crocodile.

Ce que Siam, en fait de crocodile, pouvait compter de plus grand. Le crocodile avait avalé le gros canard vert. Mais il avait avalé aussi une planche, pointue aux deux extrémités, à quoi était attaché le gros canard vert... de sorte qu'il s'y était embroché les deux mâchoires. Les officiers, « han », tirèrent de plus belle. Le Siamois jeta son harpon que du premier coup il planta dans la gueule béante.

— On l'a ! beuglait Desfarges comme un gros nourrisson fou de joie. Un carafon de bordeaux qu'on l'a !

Soudain, du coin de l'œil, il aperçut deux robes noires, là-bas, à quelques mètres. Deux soutanes plus précisément. Il lâcha tout. Dacieu et Saint-Cry lâchèrent tout eux aussi...

C'étaient les pères le Royer et Comilh qui les observaient en silence, depuis un bon quart d'heure. Et ça n'était pas un spectacle peu étonnant à leurs yeux que de voir ainsi monsieur Desfarges, commandant en chef du corps expéditionnaire de Siam, héros de Cassel, Valenciennes et ailleurs, torse nu, sans perruque, en train de tirer, les pieds dans la boue, sur un filin au bout duquel se tortillait un crocodile gigantesque : lequel, ne se le faisant pas dire deux fois, disparut dans les fonds vaseux du fleuve.

Le général, d'un bond, fut à côté de Clara la Pute, lui reprit sa perruque, et, enfilant à la hâte son justaucorps, il esquissa quelques pas, gêné, tout en se reboutonnant, vers les jésuites.

— Mes pères, dit-il à le Royer et Comilh, vous... m'avez surpris.

— Vous ne nous surprenez pas moins, rétorqua malicieusement le Royer.

« Ces jésuites, ventreblou, songea Desfarges, commencent vraiment à me les casser ! »

— Je viens, reprit le Royer, vous porter une lettre de Son Excellence Constance.

*... la communication contagieuse des imaginations fortes : je veux dire la force que certains esprits ont sur les autres pour les engager dans leurs erreurs...*
(Malebranche, *La Recherche de la vérité*, 1673.)

Quand, deux mois plus tard, éclaterait la tragédie, le général Desfarges se souviendrait, non sans amertume, de ce 28 mars 1688 que Dieu fit, vingt-cinquième jour du Carême, date capitale, date décisive, où le père le Royer lui avait apporté cette lettre du ministre Phaulkon qui lui demandait de monter à Lopburi : le roi voulait lui parler d'affaires importantes.

Desfarges monta : flanqué du marquis, son fils aîné, de Clara la pute et de quelques autres officiers, sur les galères qu'on avait préparées à son intention. Il arriva trois jours plus tard à Bankou, débarcadère de Lopburi, où l'attendaient une dizaine d'éléphants, des chevaux, pour le transport de sa suite et, pour lui-même, une somptueuse chaise à huit porteurs.

Le père de Bèze, l'air plus mystérieux que jamais, la tête basse enfouie entre les épaules, était venu l'accueillir « tout excité ». Perché sur un cheval noir, le jeune jésuite, quand le cortège s'ébranla, se mit à galoper de droite, de gauche, devant et derrière la chaise du général, lui décochant quelques mots précipités à chaque fois qu'il arrivait à sa hauteur : « l'heure est grave », ou bien : « monsieur Constance va vous dire des choses capitales », ou bien : « le sort de Siam est entre vos mains ». Et dans la pulvérulence dorée s'élevant de la route incendiée de soleil, c'était un spectacle hallucinant, pour le général, que ce cortège où, au milieu de la brume mentale de la fièvre et de la fatigue, il voyait se balancer les énormes croupes brenneuses des éléphants et les croupes luisantes des chevaux, tandis qu'à ses côtés un bras-peint herculéen courait à toutes jambes en s'efforçant de maintenir au-dessus de sa tête un immense parasol écarlate et que, sporadiquement, surgissait dans son champ de vision la tête d'hydre toujours renaissante du père de Bèze qui, penché sur l'encolure noire de son coursier, continuait de lui crier d'énigmatiques paroles : « Il va falloir agir, général. »

C'est à peine si on laissa le temps audit général d'aller se changer dans sa maison de Lopburi (ah, comme il la regrettait, cette maison, comme elle était plus fraîche, plus confortable que sa caserne de Bangkok !), c'est tout juste donc si Desfarges eut le temps d'enfariner son faciès avec de la poudre de riz, de se faire enfiler ses bottes par Clara la pute et de mettre une perruque fraîche, que déjà le taon, le morpion de Bèze l'entraînait vers le palais. Le jésuite ne marchait pas, il trottait. Le général ne l'avait jamais vu, jusqu'à présent, trotter ainsi. C'était nouveau ce *trottement.* Et cela l'agaçait d'autant plus qu'il avait du mal à suivre le rythme, étant frappé d'une crise de goutte qui le faisait boiter.

Ils arrivèrent ainsi, au trot, au pavillon de réception Mahaprasat.

Monsieur Constance s'y trouvait, debout sur le perron, en habit bleu canard cousu de perles, flanqué de quelques mandarins, dont le chef des pages, certain Si Monchaï, et du père jésuite Richaud qui venait tout juste de présenter au roi de Siam un calendrier où étaient notés les principaux phénomènes astronomiques qui allaient avoir lieu dans le ciel du royaume : entre autres une toute prochaine éclipse de lune prévue pour le jour anniversaire de la mort de Notre Seigneur Jésus-Christ : le 16 avril 1688, Vendredi Saint. Était-ce un bon, un mauvais présage ? Desfarges et Phaulkon confrontèrent leurs regards, dans un éclair. Et dans un éclair Desfarges eut l'impression que les yeux du Grec étaient comme les deux scintillants plateaux d'une balance où on le soupesait, l'évaluait, le jaugeait, lui, le général, comme s'il fût quelque vulgaire botte de poireaux ou on ne sait quel sac de pommes de terre.

— Nous aurons à parler, dit sombrement le ministre.

— Et de quoi donc, monsieur le comte ?

— De ce dont nous aurons à parler, rétorqua Phaulkon. Mais le roi attend.

Ils entrèrent dans le salon de réception. Le sol en était complètement couvert de tapis de Perse et les murs ornés, jusqu'au plafond, de miroirs achetés en France à prix d'or. Une tour en bois doré, collée à la paroi du fond, était percée d'une fenêtre occultée par un épais rideau de velours rouge. Là devait apparaître le prince. Desfarges eut droit (privilège dont fut privé la Loubère) à un

« siège », un « vrai siège » (avec dossier, accoudoirs, etc.), un siège où il s'assit « à la française », juste en dessous de la fenêtre, tandis que les jésuites et son fils, le marquis, qui l'accompagnait, s'installaient à ses côtés, au sol, les jambes croisées, à la siamoise, et que Phaulkon et les mandarins, eux, se tenaient agenouillés, le front contre terre...

Desfarges attendit, le regard braqué vers le rideau rouge. Il fut envahi par une réminiscence de son enfance quand, au spectacle des marionnettes, il attendait de la même façon que se levât le rideau : et le rideau se leva au son des fifres et des tambours, mais sur un spectacle guère réjouissant. Le roi était là, appuyé à la fenêtre, avec son chapeau blanc pointu orné d'un cercle d'or, et cette verrue poilue sur le menton, à gauche, ultimes signes attestant de son identité, car ils semblaient être comme « posés » sur ce qui n'était plus que l'ombre, le spectre d'un homme. Sa Majesté de Siam était maigre, quasi cadavérique, néanmoins elle souriait, sous sa moustache pelée, d'un sourire plein d'une pathétique douceur. Desfarges alors entonna sa harangue, où il fut question de la joie incommensurable qu'il éprouvait à contempler de ses yeux indignes l'auguste et très magnifique Roi de Siam pour lequel il était prêt à verser jusqu'à la dernière goutte de son sang afin que s'en cimentât, pour jamais, l'amitié des deux nations. Discours que, machine parfaitement huilée, de Bèze traduisait du français en portugais, et Phaulkon du portugais en siamois. Et inversement, quand entre deux quintes de toux le roi prendrait la parole : il souhaitait (dit-donc-de-Bèze-que-dit-Phaulkon-que-dit-le-Roi), il souhaitait que le général revînt s'installer à Lopburi, qu'il y fît sa résidence habituelle, qu'il y amenât de ses soldats, ceux qui étaient malades car le climat de Bangkok était malsain, et d'autres pour former une troupe de gardes du corps. On leur construirait des maisons et on les paierait.

Les lèvres et les mâchoires du roi s'agitaient lentement et de façon, dirons-nous, mécanique, artificielle. Aussitôt le rideau de la fenêtre se referma. Le spectacle était terminé. Il avait tout juste duré quinze minutes. « Foutu Diou, songea Desfarges, il veut encore ses gardes du corps ! »

A la fin de l'audience Phaulkon et de Bèze expliquèrent à Desfarges que « le soir même », ils lui donneraient « toutes explications ». L'officier, pour le moins intrigué par ces « mystères », regagna sa demeure.

Vers les quinze heures, l'y rejoignirent les pères de Bèze et le Blanc, ce dernier missel sous le bras, mais drapé d'une robe de bonze orangée. Son crâne, fraîchement rasé, avait pris, sous l'effet des morsures du soleil, l'allure de quelque oignon rosâtre, pelé et marqueté de croûtes rubigineuses. Les officiers qui se trouvaient là – Beauchamp, Saint-Vandrille, et le chevalier Desfarges – le taquinèrent, c'était une habitude, sur sa vêture, mais il se défendait fort bien, en appelant à saint Paul qui fut juif chez les juifs, et romain chez les Romains. « Pourquoi ne serais-je pas bonze chez les bonzes ? »

— J'ai déjà fait de grands progrès dans leur langue, ajouta-t-il à l'intention du général. Ce qui m'a permis de commencer d'enseigner la Vraie Foi au Grand Sancrat, Phra Viriat. Savez-vous ce que cet hypocrite m'a avancé pour se dérober aux Saintes Vérités que je lui offrais ? Qu'il ne me comprenait pas assez bien et qu'il aurait le plus grand plaisir à s'entretenir avec moi de ces questions de théologie quand je m'exprimerai mieux en siamois. Il est imbu de sa fausse religion. Mais j'ai déjà rompu contre elle quelques lances. Profitant de l'inattention des bonzes, j'ai piétiné les fleurs que leurs fidèles déposent au pied des statues du Bouddha (les yeux de le Blanc étincelaient alors)... J'ai même dérobé une de ces statues, une petite, qu'en secret, et en toute impunité — la Sainte Providence m'a protégé — j'ai pu jeter au fond d'un puits ! Dieu me soit comptable qu'incapable de détruire encore les idoles dans les cœurs, j'ai commencé d'abattre celles qu'on adore dans les temples...

— Nous abattrons les unes et les autres ! s'exclama de Bèze, interrompant son collègue. *Verba mea auribus percipe, Domine, intellige clamorem meum* (Prêtez l'oreille à mes paroles, Seigneur, et écoutez mon cri).

Sa brève prière achevée, il fit comprendre au général que des choses « de la plus haute importance » et « fort confidentielles » avaient à se dire, et qu'ils devaient se voir seul à seul. Laissant les officiers dans le salon, les jésuites et Desfarges passèrent dans un cabinet privé. Ils s'assirent sur un canapé douillet, devant un carafon de bordeaux. Les prêtres s'installant de part et d'autre du soldat, comme deux felouques pirates s'apprêtant à arraisonner un gros galion.

Se joua alors une de ses scènes savoureuses que feu l'auteur du *Tartuffe* n'eût pas dédaigné d'écrire, quoiqu'il eût eu du mal, il est vrai, à la faire représenter sur nos théâtres désormais soumis à la censure bornée du tout-puissant parti des dévots. La felouque-de-Bèze commença ses « approches » par un préambule plein de précautionneuse rhétorique, lançant au galion Desfarges :

— Son Excellence le comte Constance m'a chargé de vous faire une commission... euh... fort importante. L'objet... euh... n'en relève guère de mon ministère puisqu'il s'agit de politique...

— Je vous entends, mon père. Au fait ! dit le galion-Desfarges amusé par ces jésuitiques coquetteries.

— Mais, poursuivit imperturbable la felouque-de-Bèze (qui tâtait le terrain), Son Excellence le comte Constance a insisté pour que je fisse, auprès de vous, cette première démarche, m'expliquant avec raison que, ne connaissant pas assez bien la langue française, il ne pouvait s'adresser à votre personne directement, et que seuls les jésuites en qui il a toute confiance...

— Au fait !

— Eh bien voici, poursuivit de Bèze...

Glissant sur le canapé, il pressa sa cuisse maigre contre l'énorme cuisse de Desfarges ; manège qu'imita le Blanc de l'autre côté, de sorte que le galion se trouva pris en étau entre les deux felouques.

— ... voici, poursuivit donc de Bèze. Depuis plusieurs mois on entend courir dans le pays des bruits de sédition. Les choses étaient vagues au départ. On n'y a pas trop prêté attention. Mais elles se précisent. Elles se précipitent même. La maladie du roi qui s'aggrave (vous avez vu sa mine misérable à l'audience) a commencé d'éveiller bien des appétits. Des ennemis de la France et du christianisme lorgnent vers le trône de Siam et songent à en déposséder celui qui seul en est l'héritier légitime : le frère cadet du roi, Chao Fa Noï. Des factieux ont proposé à monsieur Constance, il y a quelques jours, de participer à un coup d'État... Fin politique, monsieur Constance a fait semblant d'acquiescer à leurs vues. Mais il ne pourra longtemps jouer cette comédie. Il faut donc, très vite, arrêter ces traîtres... Il ne s'agit pour l'instant que de deux ou trois mandarins, mais leur parti grossit !... Le mal peut devenir irrémédiable !... Monsieur Constance m'a dit qu'il avait dans votre bravoure, général, la plus entière confiance. Aussi veut-il, dans cette affaire, ne s'appuyer que sur votre bras... déjà éprouvé dans tant de combats !

— Mon bras n'a jamais failli où ma gloire s'intéresse ! clama emphatiquement Desfarges, qu'on chatouillait au bon endroit... J'écraserai ces conjurés. Qui sont-ils ? Quels sont leurs chefs ?

— Pitratcha, dit de Bèze.

— Et Prapy, lança le Blanc en écho.

En proférant ces deux noms les jésuites, simultanément, avaient jeté, comme des ancres d'abordage, l'un sa main droite sur le genou gauche du général, l'autre sa main gauche sur son genou droit...

— Mais... dit Desfarges défrisé... Il est vrai que je ne connais pas les affaires de la cour... cependant... il me semblait que ce Pitratcha et ce Prapy étaient les meilleurs amis du roi de Siam, des chrétiens et de la France.

— Ils nous ont fourbés (*dixit* le Blanc) !

— Et ils ont fourbé monsieur Constance et son roi (*dixit* de Bèze).

— Il n'y a pas plus fourbe que ces Siamois, renchérit le Blanc. Ils s'exercent à la ruse dès l'enfance, comme en Europe on s'exerce à l'épée. C'est un art national !

— Il faut éliminer ces traîtres, dit le Blanc. Notre devoir est de protéger le roi et son héritier légitime.

— Les liquider sera chose facile, car ils n'ont pas encore rassemblé leurs forces ! dit de Bèze.

— Et d'autant qu'ils croient que monsieur Constance, donc les Français, sont leurs alliés. Ainsi, général, ne s'inquiéteront-ils pas quand... (le Blanc se tut un instant)... *Quand vous monterez à Lopburi avec toutes vos troupes !*

— Avec toutes mes ?... gloussa en s'étranglant Desfarges qui, coincé entre les deux prêtres, se laissa retomber en arrière sur le dossier du canapé.

« Ainsi c'est là qu'ils voulaient en venir avec leurs simagrées : que je monte ici avec mes troupes ! »

Il essaya de rassembler ses idées à la dérive : certes il avait réussi, sans trop de mal, à mettre sous le nom de Prapy, fils adoptif du roi, et de Pitratcha, un visage. Il les avait rencontrés trois ou quatre fois dans des cérémonies officielles. Mais saurait-il jamais ce qui se passait derrière ces visages : ces masques ? Tous les mandarins de la cour, avec leurs habits bizarres et leurs étranges patronymes, n'avaient jamais défilé devant ses yeux que comme des acteurs, des chanteurs, se donnant la réplique dans une langue incompréhensible au milieu d'un décor pour le moins baroque : pagodes d'or, cocotiers, jungles, éléphants... Dans cette troupe confuse de comédiens il fallait compter, dans les premiers rôles : Yotha Tip, sœur du roi ; Yotha Tap, fille du roi ; Chao Fa Noï, frère cadet du roi et héritier légitime du trône ; Chao Fa Apaï Tot, frère aîné (qui ne pouvait aspirer à la couronne, étant paralysé des jambes) ; autant de personnages d'importance qu'aucun Français n'avait jamais vus, quoiqu'on en parlât de plus en plus, et qui, derrière les hauts murs blancs crénelés des palais d'Ayuthya et de Lopburi, tramaient, si l'on en croyait monsieur Constance, les plus sombres complots... On n'était pas à Siam, mais au Théâtre-Français ou à l'opéra. Et c'était *Bajazet* de Jean Racine, à tout le moins qui, chaque jour, se donnait sur scène. A cela Desfarges ne comprenait rien. Pas plus qu'il n'avait jamais rien compris d'ailleurs aux intrigues foutument tarabiscotées de *Bajazet,* quoiqu'il eût bien vu la pièce trois fois, et la dernière en compagnie de Kosapan d'ailleurs lors de la somptueuse fête donnée par Monsieur à Saint-Cloud pour le rétablissement de la royale croupe de son royal frère opérée de la fistule. D'ailleurs était-ce son rôle à lui, Desfarges, de se mêler d'intrigues et de querelles de succession? Il avait ordre de tenir « hors d'insulte » la place de Bangkok, et c'était tout!

— Vous voulez, dit Desfarges, que je monte à Lopburi avec mes troupes?

— Certes, s'exclama de Bèze en enfonçant les ongles de sa main droite dans la rotule gauche de l'officier. Monsieur Constance pense qu'il suffit de ramener cent hommes de Bangkok pour dompter ces séditieux!

— Cent hommes? répéta en écho Desfarges. L'œil somnambulique.

— Cent tout juste! dit le Blanc enfonçant les griffes de sa main gauche dans la rotule droite de l'officier.

— J'ai deux cents hommes valides, et vous m'en demandez la moitié! C'est dégarnir dangereusement les places fortes!

— Le danger est à Lopburi, point à Bangkok! clama de Bèze. Il faut protéger le roi qui est faible, malade, manipulable, et empêcher ces traîtres d'imposer sur le trône un usurpateur qui... ne nous convienne pas!

Il y eut un silence, qui sembla se prolonger infiniment.

Desfarges regardait ses pieds. Ses énormes pieds bottés et, de part et d'autre de ses énormes pieds bottés, à gauche les escarpins vernis de De Bèze, sous les plis d'une soutane noire; à droite, sous les plis d'un pagne orange, les escarpins vernis de le Blanc (qui était trop douillet pour marcher sans souliers, comme les bonzes dont il portait l'habit). Cependant des morceaux d'idées commençaient à se réarticuler dans son crâne, composant l'esquisse d'un raisonnement :

— Mais, dit-il, si comme vous l'affirmez le parti des séditieux est encore faible, pourquoi le roi de Siam a-t-il besoin de moi et de mes hommes pour l'abattre ? Et s'il a besoin de moi, que ne me l'a-t-il fait clairement entendre tout à l'heure à l'audience ?

Dans ses rotules droite et gauche, les ongles des jésuites s'enfoncèrent plus nerveusement encore. La question avait fait mouche. Il y eut un nouveau silence. Que de Bèze, après quelques rhétoriques raclements de gorge, interrompit :

— *Le roi ne sait rien !*

— Rien ? C'est-à-dire : rien ? demanda Desfarges stupéfait.

— Il ignore tout encore de ce complot qui se noue dans son ombre. Il faut comprendre. Il est vieux...

— ... influençable, ajouta le Blanc.

L'un des jésuites passa son bras gauche autour de la taille du général, l'autre son bras droit, de sorte qu'ils avaient moins l'air, désormais, de felouques pirates arrimant un galion que de libertins s'apprêtant à lutiner une pucelle.

— Par ailleurs, renchérit de Bèze, le roi est colérique, habitué à ce que tout plie devant lui. Il risquerait, si on lui révélait la chose brusquement, de laisser éclater trop tôt sa rage et d'empêcher ainsi l'arrestation des traîtres qui pourraient s'enfuir dans les jungles et y rassembler leurs forces. Habile politique, monsieur Constance veut se saisir *d'abord* des conjurés et les livrer *ensuite* au roi, en lui donnant en même temps les preuves de leur complot. Car monsieur Constance possède ces preuves : des ordres contrefaits portant le sceau du monarque que Pitratcha a envoyés aux gouverneurs de toutes les villes du pays pour qu'ils rassemblent des troupes et lui fournissent armes et munitions...

— Le roi ne sait donc rien ! répéta Desfarges à plusieurs reprises.

Se passant le relais à la façon de deux bateleurs embobinant le chaland, les jésuites pressèrent Desfarges d'entrer dans les vues de Phaulkon. Celui-ci, disaient-ils, songeait aussi à s'adresser pour cette affaire aux Anglais : qui seraient trop contents de saisir cette occasion de se raccommoder avec le Siam, et d'y prendre notre place !

Troublé, Desfarges demanda à ce que son « homme de confiance », Beauchamp, vînt participer à cette réunion. Il exposa brièvement les faits à celui-ci, et son souci primordial : faire venir cent hommes à Lopburi c'était dégarnir dangereusement Bangkok. Beauchamp était un petit officier d'obscure origine, qui devait tout à la faveur du général. Sa promotion au rang de colonel, dans l'armée du roi de Siam, lui était quelque peu montée à la tête. Il prit pour répondre une pose théâtrale, qu'on ne lui connaissait pas à ce jour : un pied en avant, l'œil fixé au loin vers un imaginaire horizon, et la main sur la poignée de son épée :

— Nul besoin de faire monter vos troupes, général... Pourquoi tant façonner : j'arrêterai ce gueux de Pitratcha avec mes mousquetaires siamois. Je réponds sur ma tête du succès de cette entreprise !

C'est cette proposition du major Beauchamp que, trois heures plus tard, le général exposa à Constantin Phaulkon. Ils s'étaient retrouvés comme prévu, avec le père de Bèze qui servait d'interprète, dans le cabinet de travail du ministre, assis autour d'une table basse achalandée de verres, d'un flacon de vin et de quelques documents. Phaulkon, entre-temps, avait été averti par le jésuite que Desfarges n'était pas « très chaud » et qu'il allait falloir sérieusement le « reprendre en main ».

— Il n'est pas question, lança le Grec en tapant théâtralement sur la table, il est absolument, indiscutablement, irrévocablement *hors de question* qu'aucun Siamois, mousquetaire ou pas, soit engagé dans cette action, car je me méfie de cette engeance. Il y a des espions partout dans le pays et je ne veux traiter qu'avec des Européens. Cette affaire, jusqu'à sa conclusion, doit rester *entièrement secrète !* Il faut mettre le roi, qui ignore tout de ce qui se trame, devant le *fait accompli !* Jeter à ses pieds Prapy et Pitratcha enchaînés, ainsi que leurs complices !... Imaginez quel coup ce sera, général, quel coup de maître : dans le parti de ces traîtres se trouve le Grand Sancrat et le clergé idolâtre. Or c'est vous, Français, or c'est nous, chrétiens, qui allons sauver des griffes des païens le roi de Siam, sa famille et l'héritier légitime du trône. Si nous réussissons ce « coup », nul doute que c'en sera à jamais fini dans ce pays des bonzes et des pagodes, et que le roi, reconnaissant, ouvrira plus grand encore ses bras à nos prêtres ! Songez à l'avenir qui s'ouvre à vous, général, à l'avenir qui s'ouvre à vos enfants ! Siam, soumis à la Croix, ne sera qu'une première marche. L'extrémité du fil sur lequel nous tirerons : pour dévider toute la tapisserie des Indes : le Tonkin, la Cochinchine, le Pégou, le Cambodge, la Chine même... l'immense Chine tomberont dans notre escarcelle. Quelle exaltante conquête, général, et qui n'attend que son chef, son Alexandre : *vous !*

Les mains blêmes du Grec, tandis qu'il se laissait entraîner par le cours fougueux de sa harangue, s'agitaient frénétiquement à la lueur vacillante des chandelles, ponctuant ses phrases, les hachant, les accentuant. On eût dit les ailes d'un pigeon englué sur une branche et qui, en vain, tentât de prendre son envol. Ce qu'il y avait de plus extraordinaire encore, c'était que les mains de De Bèze, prises d'on ne sait quelle contagion, palpitaient identiquement alors qu'il traduisait de façon simultanée les paroles du Grec, les recrachant en français avec le même ton, la même passion, la même fièvre aussi, au point qu'on eût dit le ministre consubstantiel à son interprète, que l'un parlât par la bouche même de l'autre, l'homme et le reflet, l'original et la copie devenant indifférenciables...

— Buvons, mes amis !

Le Grec prit le flacon de vin, sur la table, et en emplit trois verres.

— Buvons à cette aventure grandiose où, derrière votre plumage... euh... votre panache blanc, général, nous allons tous nous lancer...

Ledit général, muet, assommé par la tirade du ministre, demeurait figé : était-il effrayé ?... Il fallait, vite, lui balancer de nouveaux arguments, flamber de nouvelles munitions. Phaulkon décocha sa « botte secrète » :

— *Le Trésor du roi de Siam,* général, vous souvenez-vous du trésor du roi de Siam, dont je vous parlai naguère ? L'immense, le fabuleux trésor de Siam, ces fleuves de rubis, ces montagnes de perles, cet éléphant grandeur nature en or massif, ces forêts de défenses d'ivoire, toute cette fortune qui s'élève à des millions et des millions d'écus, et qui sera tellement utile à la réalisation de notre Grand Dessein... Eh bien ces deux brigands de Prapy et Pitratcha ont tout mis en œuvre pour s'en emparer et, si leur coup d'État échoue, s'enfuir avec à... à dos de... d'éléphant... Oui, ils ont réuni déjà un troupeau de... de cent éléphants, cent éléphants, entendez-vous ? pour transporter tout ça jusque dans les forêts du Cambodge où ils ont une retraite... Pouvez-vous accepter ça, général ? Et croyez-vous que Sa Majesté Très Chrétienne, qui a bien des problèmes financiers, vous saura gré de ce qu'on lui rafle sous le nez pareil magot ? Magot dont... (bref silence)... dont vous aurez votre part, général, il va de soi !

Dans les yeux du Grec et de Desfarges, soudain — comme s'ils se fussent entrereflétés — brillèrent tous les ors du trésor de Siam.

— Il faut liquider Pitratcha ! dit de Bèze d'une voix douce et insinuante.

— Et Prapy, dit le Blanc.

— Prendre le palais et s'assurer de la personne du roi... et puis faire monter ses frères pour leur destiner la couronne. Ils nous devront tout. Ils nous... accorderont tout !

Desfarges prit son verre sur la table. Au fond de son verre se reflétait son gros pif : dans quelle galère le voulait-on embarquer ? Il avala d'un coup et son verre et le pif qui s'y reflétait.

— Prendre... euh... le palais, dit-il, ne sera pas chose aisée.

— Tout le palais est miné, rétorqua Phaulkon. Ce sont des pères jésuites italiens qui, naguère, y ont aménagé les égouts et les canalisations. Moi seul en ai les plans et j'y ai entreposé des barils de poudre. Un signe de moi et tout explose. Par ailleurs, général, le mouvement de vos troupes n'inquiétera personne : le roi vous a demandé de lui amener des gardes du corps et Pitratcha nous croit ses complices.

Telle une coquette qui se livre à de dernières défensives agaceries, ou une place assiégée tirant ses ultimes cartouches avant la finale reddition, Desfarges bougonna :

— C'est que... je doute si mon rôle est de me commettre ainsi dans des problèmes de politique intérieure...

— Vous doutez ! hurla de Bèze, feignant une rage irrépressible, la vie du roi est menacée, et vous doutez, on veut s'emparer de son trésor, et vous doutez, des ennemis de la France s'apprêtent à faire main basse sur ce pays, et vous doutez, et quand bien même vous douteriez, ignorez-vous que vos instructions, que le traité signé par monsieur de la Loubère portent que...

Sans achever sa phrase il se saisit d'un parchemin (c'était le traité en question qui, comme par hasard, se trouvait sur la table basse : la mise en scène avait été manifestement élaborée à l'avance). Approchant le parchemin d'une bougie, le jésuite en lut quelques passages à voix sonore :

— Article 9 : *En cas de doute si les choses commandées dans les diverses occasions à venir regardent les intérêts des deux couronnes, le général et les autres officiers doivent se conformer* entièrement *et* absolument *au jugement et à la détermination du Premier ministre conjointement à celui du père Tachard...* et je représente ici le père Tachard ! ajouta de Bèze.

— Tout cela veut dire, général, lança Phaulkon, que vous êtes *à mes ordres !* Mais m'obéir — et c'est un secret d'État que je vous confie ici — c'est obéir à votre roi, car je ne reconnais d'autre autorité que... la sienne. Vous n'avez donc pas le choix. D'ailleurs votre place forte est en ruine et hors d'état de subir un siège, si les choses se gâtent ; vous ne disposez que de peu de poudre, de vivres et... vous n'avez plus le sou ! Que seriez-vous sans ma protection ? Vous avez autant besoin de moi que... moi de vous. Allez donc chercher vos cent soldats. Ce Pitratcha est une bête qui n'est pas capable de rien réussir. Écrasons-le et Siam... ses richesses sont à nous !

(Il se tut un instant, puis ajouta :)

« ... Si vous marchez dans... ce " coup " je vous demanderai cinq choses (et, en les énumérant, le Grec déplia un à un ses doigts bagouzés d'or sous le nez du général) : *un :* discrétion totale ; *deux :* faire vite ; *trois :* aménagez autant que possible la forteresse, si le coup foire on s'y réfugiera avec... le trésor ; *quatre :* ne prêtez l'oreille à aucune rumeur, s'il y a du neuf, je vous le ferai clairement savoir ; *cinq* (après avoir déplié tous ses doigts, le Grec les referma soudain en poing menaçant sous le menton de Desfarges), *cinq donc :* si vous acceptez maintenant de vous engager dans cette affaire, veillez par après à ne pas vous dérober, car comptant sur vous je renonce à d'autres... mesures, et cela me pourrait coûter cher...

— Je monterai avec mes hommes, dit Desfarges. N'ayant pas... le choix, mon choix est fait et mon devoir est clair.

— Il est clair, général, s'exclama Phaulkon plein d'une soudaine ferveur, il est lumineux même. Il est radieux. Nous vaincrons !... Parce que Dieu est avec nous. Dans dix jours, dix jours à peine, commencera la Semaine sainte. Que cette Semaine, anniversaire du calvaire du Christ et de sa Résurrection, que cette Semaine sacrée, mon général, soit celle de la défaite des *gentils,* celle de la Transfiguration de cette nation païenne, celle de l'Illumination de ce peuple orphelin de la Grâce ; et que le 18 avril, général, dimanche de Pâques, qui vit la Gloire et le Triomphe du Crucifié, annonce la victoire à Siam de la Vraie Foi : que Siam soit la nouvelle Sion, la Jérusalem que nous délivrerons de la nuit idolâtre !

Phaulkon, les yeux étincelants, le visage livide, extatique, dégoulinait de sueur. Il se signa.

Le général s'en retourna immédiatement chez lui où il prit ses hardes. Il sauta dans une galère et partit pour Bangkok.

Après les adieux Constance, regardant vers le fond du salon, aperçut, à l'entrée du couloir obscur menant à son cabinet, la face opalescente de son épouse qu'encadraient de longs cheveux noirs retombant sur ses épaules. Il courut vers elle.

— C'en est fini, dit-elle, les yeux rouges de larmes.

Ils se précipitèrent vers la chambre du petit Juan. Il venait de pousser son dernier soupir. Il reposait, immobile, le visage cireux, sur le lit, derrière la fine gaze de la moustiquaire. Constance et sa femme s'agenouillèrent à son chevet, prièrent.

La chemise du Grec était trempée de sueur.

— Fuyons, dit madame Constance dans un sanglot.

— C'est impossible, nous sommes dans leurs mains : il faut vaincre... ou crever.

— Fuyons, te dis-je, essayons de fuir. Le bateau des interlopes Anglais du Cambodge mouille à Ayuthya, rejoignons-le, saisissons l'occasion : Juan est mort, attendras-tu qu'on assassine ton fils Georges, qu'on me tue moi-même, qu'on massacre toute ma famille ? Et encore : mourir serait une bénédiction à côté des horreurs que ces monstres se promettent de nous faire subir.

— Je joue ma dernière carte, dit Phaulkon. Et si je fuis, ça ne sera pas les mains vides.

— La partie est perdue, imbécile, *bastard, hijo de puta !* C'est toi qui par ta présomption, ton aveuglement, as tué mon fils, et tu nous tueras tous, pauvre petit Grec ignare, pauvre rustre, pauvre matelot, pauvre ruffian qui s'est rêvé roi : Sa Majesté Phaulkon, Phaulkon Premier, roi des Jean-foutre !

Étonnamment, madame Constance distillait ces insultes d'une voix basse, froide, mesurée, implacable, sur le ton de quelqu'un qui récite ses prières. Elle égrenait d'ailleurs de ses longs beaux doigts d'ivoire un splendide chapelet de jade, débitant un à un ses jurons comme autant d'Ave et de patenôtres.

— Bâtarde, pouffiasse à jésuites, rétorquait Constance, tout aussi calmement, que serais-tu sans moi sinon la bonniche d'un de ces curés pourris et paillards : comme ta pute de mère ! Sache une chose, c'est que dans ma pute de vie on a voulu cent fois me faire la peau et que plus d'un s'y est cassé les crocs. *Goddam,* j'ai pas dit mon dernier mot (il se donna une gifle sur la fesse) : *fuck my ass !*

Une formidable détonation déchira le silence au-dehors, puis une autre, puis une infinité d'autres... sans trêve.

Cette nuit du 31 mars 1688 que Dieu fit, vingt-huitième jour du Carême, nuit si décisive pour le sort de notre chrétienté à Siam, marquait aussi, avec la nouvelle lune du cinquième mois de l'an

2232, Phi Marong, ou Grand Dragon, le début de l'année sacrée bouddhiste.

Toutes les « idoles » de tous les temples de Siam furent lavées d'eau lustrale.

*On tira presque toute la nuit des coups de canon dans le palais où le roi était afin, comme disent les Siamois, d'en faire sortir le* diable ! (écrirait longtemps plus tard le père Richaud de la Compagnie de Jésus) *et afin de bien commencer l'année nouvelle*[1].

Cette année pourrait-elle jamais mieux commencer qu'avec l'expulsion définitive de Siam de... tous les diables français ?

1. Mémoire de l'Académie royale des sciences, tome VII.

*On connaît le génie des Français qui sont naturellement peu secrets...*

(Guy Tachard, journal manuscrit.)

*Le général Desfarges était d'un génie étroit et serré, incapable de prendre son parti...*

(Deslandes-Boureau, *Histoire de monsieur Constance...*)

Bien des années plus tard, pour se justifier des positions qu'ils avaient prises dans cette tragique... et ténébreuse affaire, les jésuites écrivirent, ou firent écrire, plusieurs ouvrages, tous mensongers. Dans sa *Vie de Constance Phaulkon,* parue en 1690, deux ans après le drame, le père d'Orléans, scribe stipendié par la Compagnie de Jésus, affirme que Desfarges accueillit la proposition de mater la sédition (ou présumée sédition) de Pitratcha *avec des applaudissements* et qu'il *témoigna même de la joie d'avoir trouvé cette occasion de signaler son zèle par une action si glorieuse,* etc. Certes Desfarges se livra d'abord à quelques rodomontades, mais il n'en était pas moins dévoré par le doute, comme en témoignerait le major Beauchamp à qui il confia : *Cette affaire mérite qu'on y fasse réflexion.* Le fait est que, dans la galère qui le ramena vers Bangkok, il ne réfléchit pas peu à cette-affaire-qui-méritait-qu'on-y-fît-réflexion. Il y réfléchit tant qu'il en oublia une des recommandations essentielles de Phaulkon : faire vite. Il ne respecta pas non plus une autre recommandation de ce ministre : garder le plus absolu secret. Dès qu'il arriva dans la place forte, il écrivit en effet à Véret et à l'évêque de Métellopolis (comme l'y autorisait d'ailleurs un article de ses Instructions qu'il n'avait guère pris jusqu'ici en considération). Deux semaines plus tard, il était encore à Bangkok où il *réfléchissait* toujours. « Que faire ? » Prenant son large front marmoréen entre ses pattes, il s'était remémoré les grands classiques de l'aventure militaire qui avaient été les livres de chevet de sa jeunesse : la *Guerre des Gaules,* la *Guerre du Péloponnèse,* les *Vie d'Alexandre* d'après Arrien, d'après Justin, d'après Plutarque ou Quinte-Curce. Il avait appelé à son secours les ombres de Sénèque, Tite-Live, Thucydide, les spectres du Grand Condé et de Scipion l'Africain. Il avait endossé la peau et la cuirasse d'Hannibal s'apprêtant à saisir Rome ; de César regardant le Rubicon. Il avait même endossé ses propres cuirasses : celle en argent incrusté d'or, celle en acier niellé et damasquiné, celle en buffle, faisant les cent pas entre son cabinet, où il s'admirait dans un miroir en pied et sa chambre à coucher où une de ses ordonnances l'aidait (avec l'assistance de trois petites esclaves siamoises) à se parer de ses guerrières vêtures : bottes, gantelets, hausse-col, baudrier, sans omettre rubans, jabots, plumes versicolores et autres colifichets. Dans quelle tenue allait-il « affronter la mort » ? Car *(hic Rhodus, hic salta)* il avait fini par prendre sa décision : il volerait au secours de Phaulkon. Il monterait à Lopburi, écraserait Pitratcha, « sauverait » le trésor, etc. Il convoqua le capitaine Dacieu (trente-huit ans, un de ses « fidèles » : une belle gueule de bravache gouachée par le pinard) et lui ordonna de « rassembler les troupes ».

— *Alea jacta est !*

C'était le 13 avril que Dieu fit, mardi de la Semaine sainte, semaine fatidique dans cette Fameuse Aventure. A des milliers de lieues de là, ce même 13 avril, les sieurs Céberet et Forbin, faisant voile sur le *Gaillard,* arrivaient au Cap : vers quoi se dirigeaient, à quelques jours de distance, les sieurs Tachard et la Loubère, à bord de l'*Oiseau.*

L'*Oriflamme,* portant des secours pour Siam, croisait, cependant, dans l'Atlantique, au large des côtes d'Afrique.

Sur les quinze heures, tous les tambours de Bangkok battirent la générale. On dressa les étendards fleurdelisés et l'ensemble des mousquetaires se rangèrent en bataillon sur la place d'armes. Desfarges, caparaçonné d'acier rutilant, emplumé d'écarlate et botté de noir, passa en revue ses hommes. Il examina la mine de chacun, leur teint, leur carrure. Il leur fit ouvrir la bouche, pour en mesurer l'état de pourriture, donnant, ce faisant, ses consignes au capitaine Dacieu et au lieutenant général Vertesalle qui lui emboîtaient le pas (les seuls officiers qui, avec Beauchamp, étaient au courant de la réelle nature de la mission qui allait les emmener à Lopburi). Il choisit ainsi quatre-vingt-quatre mousquetaires, parmi les plus valides, sinon les plus vaillants. Le même jour il donna des ordres pour que les troupes qui se trouvaient dans l'autre forteresse, celle de la rive occidentale du Mae Nam, passassent dans la forteresse orientale, à l'exception de la quatrième compagnie commandée par monsieur de la Cressonnière. Au cas où l'on aurait à subir un siège, on se défendrait mieux dans un seul fort! Vertesalle reçut l'ordre de faire fabriquer, avec tout ce qui lui tomberait sous la main, des palissades de fortune, mais cela en toute discrétion pour ne pas « donner l'éveil ».

Le lendemain, 14 avril que Dieu fit, mercredi saint, les quatre-vingt-quatre mousquetaires embarquèrent, avec vingt-six chevaux, plusieurs canons légers, fauconneaux, couleuvrines, piques, pistolets et bannières, sur deux *sommes,* alias jonques, quelques *miroux,* alias sampans, que Phaulkon avait affrétés pour leur convoiement. Le général, lui, eut droit à un somptueux *balon,* ou galère, où il s'assit sous un parasol écarlate, plaçant son pied goutteux en avant, sur un douillet coussin. Il se trouvait là en compagnie de ses officiers préférés : Dacieu, le Roy et Danglas.

Le piaffant Vertesalle, qui eût bien voulu « en être », lui aussi (non tant pour aller sauver Phaulkon, qu'il méprisait, que pour le seul plaisir d'en découdre), dut rester à Bangkok, en compagnie d'une centaine de Français de santé défaillante. Avec cette poignée de pelés et tondus, dysentériques, scorbuteux et rongés par le mal de Siam, il avait pour tâche de défendre l'énorme et croulante place forte : la *clef du royaume !*

Le convoi de jonques et galères surchargées d'hommes cuirassés, perruqués et enrubannés, armés jusqu'aux dents et tout hérissés d'oriflammes flamboyantes ne fit pas peu d'impression tout au long du fleuve. Même les babouins et autres macaques parurent intimidés, et c'est tout juste si l'on vit quatre ou cinq de ces bestioles, dans les jungles riveraines, s'adonner à leurs acrobaties en poussant des ricanements. Quant aux hommes, pêcheurs et paysans, la simple apparition de notre armada les faisait fuir à toutes jambes dans l'épaisseur des forêts. L'effet fut plus spectaculaire encore quand, le 15 avril que Dieu fit, jeudi saint, nous arrivâmes aux abords d'Ayuthya. A la hauteur de Ban yippoun et Ban portuget, les villages japonais et portugais qui se faisaient face, de part et d'autre de la rivière, se tenait chaque jour un marché flottant où se rassemblaient plusieurs milliers d'embarcations de toutes sortes, des plus grosses jonques aux pirogues les plus frêles qui transportaient fruits, riz, légumes, cochons, poulets, canards, miel, arak, épices, étoffes, poissons secs ou vifs, toutes choses vendues à la criée dans un joyeux tintamarre, à des clients qui eux-mêmes venaient faire leurs emplettes en bateau. Il suffit que notre flottille apparût, avec ses redoutables soudards bardés de fer et de cuir, et ses canons braqués en avant, pour que toutes les embarcations du marché soudain prissent la fuite, s'éparpillant de toutes parts, comme un banc de sardines effrayées, et cela dans un brouhaha de cris et de claquements de pagaies crevant la surface ocre des flots.

Desfarges assis sous son parasol, son pied goutteux martialement braqué vers la proue de la galère, regardait, stupéfait, ce spectacle.

— Mais que diantre a-t-on raconté à ces gens, pour qu'ils paniquent ainsi à notre approche ? s'exclama-t-il. N'est-ce pas à la demande du roi que nous allons à Lopburi ? Ne m'a-t-il pas demandé de sa bouche de monter ?

Un missionnaire, le père Martineau, qui se trouvait dans la galère, avec Desfarges, réussit à traduire quelques cris qu'il saisit au vol. Il était question surtout des « barbares *farang* » qui voulaient « piller les palais d'Ayuthya et de Lopburi ».

Nos bateaux continuèrent néanmoins leur route. Ils passèrent devant la factorerie hollandaise, d'où les silhouettes vêtues et chapeautées de noir des sieurs Keyts et Brouchebourde nous firent un petit bonjour ironique en agitant un mouchoir blanc : à moins que ce ne fût un adieu, de ces adieux qu'on lance aux condamnés à mort montant sur l'échafaud ? Nous arrivâmes bientôt à l'endroit où le fleuve, au pied du fort de Pompet, se sépare en deux branches. Ce fut un moment quelque peu angoissant que d'affronter les embouchures noires et béantes des trente canons braqués vers nous. D'autant que les soldats siamois et portugais, derrière les créneaux, semblaient beaucoup s'agiter. Eussent-ils alors tiré qu'ils nous eussent mis en poudre en quelques minutes : nos jonques étaient lourdes, mal maniables et très fragiles. Desfarges en éprouva quelque malaise. Après tout, n'étions-nous pas à la merci de n'importe qui nous canarderait des rives ? Comment se défendre ? Il était dit, dans les Instructions du général, qu'avec quatre cents mousquetaires on pouvait facilement défaire quarante mille

Indiens. Mais aucun détail n'était donné quant à la méthode à utiliser pour parvenir à pareil résultat. Nos bateaux prirent l'embranchement du fleuve allant vers l'ouest, c'est-à-dire vers le Comptoir français de la Compagnie des Indes. Desfarges devait rendre visite à Véret, qui l'y attendait, comme ils en étaient tombés d'accord par un échange de lettres secrètes.

En accostant au débarcadère, Desfarges consommait son premier acte de trahison : du moins vis-à-vis de Phaulkon, des jésuites et... du Grand Dessein. Il passait dans le camp adverse.

Le Comptoir, avec cette espèce de haut-de-chausse fleurdelysé qui lui tenait lieu d'étendard en haut d'un mât, et son jardin pourrissant, ressemblait plus que jamais à un dépotoir. Flanqué de Dacieu, le Roy et Danglas, le général s'en alla y patauger, boitillant sur sa jambe goutteuse. Véret, emperruqué d'écarlate et sanglé dans son justaucorps jaune d'or, les guettait, du haut de sa véranda, tenant sa « fifille » dans ses bras. Ils passèrent dans son cabinet de travail. Desfarges n'avait jamais eu affaire à Véret jusqu'à présent que pour quelques problèmes d'approvisionnement des troupes, ayant rapidement compris qu'on ne pouvait pas être du côté de Phaulkon et frayer avec le chef du comptoir et ses alliés les missionnaires. On était dans un camp ou dans un autre. D'ailleurs une « naturelle inimitié » opposait marchands et officiers : les seconds méprisant les premiers, qui n'étaient pas gentilshommes, les premiers dédaignant les seconds, qui étaient à sec.

Ils s'assirent.

— Mon général, euh... monseigneur ! dit Véret, tout en faisant tressauter sur un de ses genoux sa fifille, vous m'aviez, certes, averti de votre venue, mais dans une lettre des plus... évasives, dirais-je. Diable, quelle suite ! Quel équipage ! A qui allez-vous faire ainsi la guerre ? aux maringouins, aux babouins ?

Il y avait, sous ces climats caniculaires, quelque chose de paradoxal, sinon de déplacé, ou comique même, dans l'énorme cuirasse d'acier damasquiné du général qui, suant et haletant, semblait s'y trouver aussi mal à l'aise que dans sa carapace un homard qu'on vient de jeter à la casserole. Les justaucorps de buffle des sieurs Dacieu, le Roy et Danglas, leurs bottes énormes, leurs baudriers, à quoi pendait une lourde rapière, leurs ceinturons, où étaient passés des pistolets, n'étaient guère plus appropriés au pays. Cela vous avait un air irréel. On se fût cru au théâtre, et qu'ils donnassent la comédie.

— J'ai mission, monsieur Véret, dit le général non sans emphase, de protéger le roi de Siam, les chrétiens et la Compagnie des Indes...

— Je n'ai nul besoin, rétorqua Véret, qui se permit un ton relativement hautain, ni moi ni ma fifille (et il fit derechef sautiller sur son genou la petite Noy), d'être protégé. Je dirais même que c'est votre protection, si j'ose ainsi m'exprimer, qui risque de nous mettre tous, et vous-même le premier, en danger. Vous allez effarer le royaume, avec cette armada et... le moment, je vous l'affirme, est très mal choisi ! Vous ne m'avez rien expliqué dans votre message. Pourquoi, au juste, êtes-vous ici ?

— Nous montons à Lopburi ! Le roi... nous a ordonné de lui fournir une garde du corps ! dit Desfarges (qui tâtait le terrain et ne tenait pas du tout à révéler, à Véret du moins, le véritable pourquoi de son expédition. Il comptait simplement en savoir un peu plus. Et s'il se décidait à parler ce serait, comme l'y autorisaient ses Instructions, à l'évêque, qui l'attendait d'ailleurs au Séminaire).

— Mais, général, quel besoin le roi peut-il avoir aujourd'hui d'une garde du corps ? Ne connaissez-vous donc pas la nouvelle ? Il n'est question que de cela dans le pays...

— Quelle nouvelle, monsieur Véret ?

— Tout le monde le sait, voyons, *le roi de Siam est mort !*

Desfarges blêmit. Danglas, le Roy, Dacieu blêmirent. Les quatre officiers s'entreregardèrent : le roi était mort ! Toutes les donnes de la partie se trouvaient bouleversées ! Que faire désormais ? Qu'allait-il advenir ? Le pays, sans doute, allait être mis à feu et à sang...

— Mon général, je vous trouve étrangement informé, dit Véret. Je croyais que l'espionnage était un des canons les plus sacrés de l'art de la guerre ! Ah ah !

— Et comment s'informer dans un foutu pays dont on ne connaît même pas un mot de la langue ! s'exclama Desfarges.

Véret fit un gros bisou, humide et sonore, sur la joue morveuse de sa fifille puis, regardant par en dessous le général, avec un petit air vicieux, il lui lança :

— Il est vrai que vous avez un maître informateur en la personne de monsieur Constance. N'est-il pas les yeux, les oreilles et la bouche mêmes de votre armée ? Au demeurant, savez-vous, je me méfierais de cette bouche : elle pue ! et, eussé-je été à votre place, ce qu'à Dieu ne plaise, j'eusse préféré écouter parfois des quidams qui ont meilleure haleine. Mais il est vrai que moi-même, comme ces messieurs de la Mission, étions considérés par vous et vos officiers comme des pestiférés (un sourire malicieux glissa sous l'épaisse moustache roussâtre de Véret)... jusqu'à ce jourd'hui du moins.

— Le roi est vraiment mort ? Vous en êtes bien sûr ?

— Il est mort ! Et tout le pays est en ébullition ! Et pas depuis hier, je vous l'affirme. Cela fait plus de trois semaines que je vois venir... l'incendie. Les gens sont en armes. On aiguise pieux et machettes un peu partout, ce qui ne s'est jamais vu à Siam, à ce qu'on m'a dit, sauf en temps de révolution, car porter les armes ici est chose interdite, sous peine de mort, sauf pour la garde prétorienne du roi. Entre Lopburi et Ayuthya j'ai vu un contingent d'au moins trois mille hommes armés de lances, d'arbalètes, de faucilles, de sarbacanes et de mousquets qui ne semblaient pas partir à la chasse ! Où vont-ils, que veulent-ils ? Est-ce étriper les Français ou s'entrétriper ? Allez savoir ! En tout cas ça chauffe, général, ça va péter, général. Et que faites-vous là au milieu avec vos trois pelés de mousquetaires, on va vous bouffer tout cru !

— On ne me... bouffe pas comme ça, ni moi ni mes trois... pelés de mousquetaires, monsieur Véret ! Quand le roi est-il mort ? Je l'ai vu il y a quinze jours à peine, maladif, mais point moribond !

— Il est mort, vous dis-je. C'est sûr, archi-sûr, puisque tout le monde en parle, dans les rues, dans les temples, dans les marchés et que personne en ce pays n'oserait en parler si ça ne l'était. C'est si sûr d'ailleurs que le *nom du roi* — tenu secret depuis trente ans qu'il règne — est aujourd'hui sur toutes les lèvres. Voilà une preuve, et définitive, qu'il n'est pas en vie : car se faire jeter aux tigres peut paraître une douceur en comparaison des tortures réservées à l'olibrius qui s'aventure ne serait-ce qu'à chuchoter le nom du roi régnant !

— Ah ? dit Desfarges étonné, et comment le roi s'appelle-t-il donc ?

— Son nom ? et que vous importe son nom ? Puisqu'il est mort.

Véret, faisant la coquette, envoya une œillade fouineuse vers Desfarges puis, soudain, il lui braqua sous le nez sa baveuse fifille.

— N'est-elle pas meugnonne, ma Noy, tenez, prenez-la !

Le général, sentant qu'il n'arriverait pas à tirer quoi que ce soit de Véret s'il ne cajolait pas sa fifille, s'astreignit à la saisir entre ses grosses pattes gantées de cuir, à lui faire une risette, ce sur quoi il s'en débarrassa dans les mains de l'énorme Dacieu (sur les cuisses duquel elle pissa) avant que le Roy, suivi de Danglas, en héritât, et, qu'après un tour de piste, elle se retrouvât dans les bras du papa Véret.

— Il s'appelle Naraï, Phra Naraï, le roi, finit par lâcher Véret. A quoi ça vous avance au demeurant qu'il s'appelle Naraï ou Tartempion, général ? Ça n'est pas ça qui va empêcher qu'on vous étripe, vous et vos troupes, si vous persistez à vouloir monter à Lopburi. Car songez un peu : qui vous dit que les rameurs de votre galère et les matelots de vos jonques ne sont pas des traîtres ? Qui vous dit qu'on ne vous emmène pas dans une embuscade ? Qui vous dit qu'à un détour du fleuve ne vous attendent pas quelques batteries de canon qui vous réduiront en poudre ? Vous êtes sans défense, en bateau, sur la rivière.

— Mais c'est le roi lui-même qui nous a demandé de monter, et Son Excellence Constance qui nous a envoyé ces bateaux.

— Le roi est mort.

— Il était vivant il y a quinze jours.

— Qu'en savez-vous, d'ailleurs ?

— Mais je l'ai vu, de mes yeux vu.

Véret titilla le bout du nez crotteux de sa fifille, puis balança :

— Dites-moi, général, combien de fois avez-vous jamais vu le roi de Siam ?

— Trois fois.

— Et qui vous a dit que la personne que vous avez vue, à votre dernière audience, était bien le roi de Siam ? Arrivez-vous à les distinguer si bien les uns des autres, tous ces Siamois, qu'on ne vous ait pu tromper avec un de ses sosies ?

— Non, ventrediou, c'était bien lui. Je suis physionomiste. Impossible à cet égard de m'en faire accroire sur la marchandise. Je reconnaîtrais une goutte d'eau d'une autre !

— Et quand bien même c'était lui, comment êtes-vous si sûr qu'il vous ait ordonné de monter à Lopburi pour lui servir de... garde du corps avez-vous dit ?

Desfarges écarquilla de gros yeux bleuâtres stupéfaits :

— Mais c'est lui-même, de sa propre bouche, qui me l'a dit à moi-même qui, de mes propres oreilles... euh...

— Vous entendez donc le siamois, général ? C'est l'Esprit-Saint qui vous a donné le don des langues. Car le diable si j'y comprends rien ou presque après deux ans passés à croupir ici !

— Je veux dire que Son Excellence Constance...

— Son Excellence Constance vous a raconté, au nom du roi, ce qu'elle a voulu vous raconter, et elle a raconté de même ce qu'elle a voulu au roi de ce que vous avez dit ! Comment diantre avez-vous vérifié ce que ce Grec traduisait, général ?

— Mais, le père de Bèze...

— Ni le père de Bèze, ni aucun jésuite n'entend le siamois. Mon général, comment pouvez-vous être si naïf? Ce Grec, c'est le borgne au royaume des aveugles! Ne comprenez-vous pas que depuis que vous avez débarqué ce foutu bonhomme ne cesse de vous balader, vous, Tachard, et tous les Français, et qu'il ne vous rapporte des propos du roi que ce qu'il veut bien vous rapporter? Et c'est pour ça qu'il a tout fait pour que vous coupiez les ponts avec les missionnaires, qui parlent siamois. Il vous trompe, général, la ruse est énorme, la ruse est colossalement grossière, et c'est pourtant avec cette pauvre ruse qu'il roule le père de la Chaise, monsieur de Seignelay, Sa Majesté Très Chrétienne depuis maintenant plus de trois ans. C'est ainsi qu'il a roulé le chevalier de Chaumont, c'est ainsi qu'il a voulu rouler monsieur de la Loubère qui n'a pas accepté d'être sa dupe!... Est-ce le roi ou Phaulkon qui veut vous voir monter à Lopburi? Et si le roi est mort, pourquoi vous veut-on toujours à Lopburi? Quel besoin avez-vous d'aller à Lopburi servir de garde du corps à un roi défunt? Et si on insiste pour que vous montiez quand même à Lopburi quand le roi est mort (mort dont on n'a pas cherché à vous prévenir), quels soupçons ne devez-vous pas en concevoir? Ne veut-on pas un peu plus diviser vos troupes déjà si considérablement éparpillées? Dans quel guet-apens compte-t-on vous attirer?... Pendant que, dans votre dos, un sombre mauvais coup est en train de se préparer sans doute à Bangkok où vous avez laissé votre forteresse sans défense, mal gardée par des soldats malades, et point encore achevée d'être construite, quoique vous soyez à Siam depuis déjà près de sept mois!...

On vit sur ces entrefaites aborder au débarcadère, près de nos jonques où les hommes, en armes, s'étaient mis en état de défense, une magnifique galère noire et dorée. Il en sortit un cortège de jeunes esclaves femelles demi-nues qui, précédant ou suivant un vieil Européen aux cheveux blancs, lui faisaient de l'air avec de grands éventails, ou le protégeaient du soleil à l'aide de parasols. Certaines jouaient de la musique, soufflant dans des conques. Leurs cheveux noirs étaient couronnés de fleurs et luisants d'une pommade grasse aux reflets bleutés.

C'était le sieur, ou plutôt le docteur Charbonneau qui, avec son cortège de jeunes « rameuses » chrétiennes, venait rendre visite à son ami Véret. Les féeriques jeunes filles portaient sur des plateaux toutes sortes de mets, ragoûts, fruits, légumes, gâteaux, placés dans des coupelles en feuilles de bananier tressées. Il était midi, l'heure de déjeuner. On dressa une table sur la véranda.

Le sieur Charbonneau, qui s'exprimait avec une douceur extrême (tandis que ses esclaves continuaient de l'éventer) expliqua au général qu'il s'étonnait lui aussi de son imprudence.

— J'ai bien vu, dit-il, près de cinq à six mille Siamois qui descendaient de Lopburi, d'où je viens moi-même. Ces gens-là se postent tout au long du fleuve, où ils se dissimulent derrière des taillis, dans la jungle.

— Et j'augure, moi, général, dit Véret, que nombre d'entre eux, en ce moment même, doivent se diriger vers Bangkok.

— Mais aussi nombreux soient-ils, poursuivit Charbonneau, ils ne vous attaqueront, si telle est du moins leur intention, qu'ils n'aient auparavant tout mis en œuvre pour vous affaiblir. Les Siamois n'aiment pas verser le sang... surtout le leur. Ils passeront à l'offensive s'ils sont sûrs de leur coup !

— Mais ils le sont déjà, s'exclama Véret, sûrs de leur coup ! Les troupes françaises sont complètement divisées. Il y en a à Bangkok, à Mergui, ici, à Ayuthya et à Lopburi. La ruse est énorme. Et le général pourtant, qui ne semble pas vouloir croire que le roi est mort, s'apprête à monter à Lopburi...

— C'est que, murmura Desfarges, je ne puis pas ne pas *monter*. Je ne saurais... euh.. vous expliquer... J'ai juré le secret... pourquoi je dois monter, mais je le dois. A moins que monsieur l'évêque qui m'attend après le déjeuner ne trouve des arguments de poids pour m'en dissuader...

— Et que vous dira l'évêque que je ne vous aie dit ? répliqua Véret. N'importe ! Allons de ce pas le visiter à la mission. Ce saint homme saura peut-être mieux que moi trouver des paroles qui vous convainquent et vous fassent connaître vos et nos intérêts, car nous sommes dans le même bain : quand bien même cela risque d'être un bain de sang !

Véret et Desfarges, laissant les autres officiers au comptoir de la Compagnie (en compagnie des radieuses rameuses de Charbonneau), traversèrent le fleuve en pirogue pour se rendre à la mission Saint-Joseph toute proche. Deux amantes de la Croix, petites bonnes sœurs métisses maigrichonnes et pâlichonnes, les accompagnèrent jusqu'à l'église. Le crucifix était recouvert d'un drap blanc. Cinq ou six prêtres, portant les habits violets de la Semaine sainte, s'agenouillaient les uns après les autres devant l'autel, se prosternant en face d'une urne d'or contenant les Saintes Huiles. On venait de les consacrer. Chaque prêtre s'agenouilla par trois fois. L'un d'eux, fort grand, arborant une longue barbe brune soyeuse qui lui descendait presque à la ceinture, se tourna du côté de Véret et Desfarges qui se tenaient sur le porche de l'église. Il se dirigea à grands pas sonores vers les nouveaux venus. Drapé dans sa chasuble violette qui flottait derrière lui telle une cape, le religieux avait une allure des plus martiales.

— Monsieur de Lionne, lui dit Véret, je vous amène ici le général. Puisse Dieu vous accorder assez d'éloquence pour le dissuader de se rendre, je ne sais trop pourquoi, à Lopburi. Il a débarqué à ma factorerie avec quatre-vingts de ses hommes armés jusqu'aux dents. Et ça n'a pas peu effrayé les Siamois qui le seraient à moins...

L'évêque de Métellopolis, drapé de violet lui aussi, et plus ridé, voûté et tremblotant que jamais, vint les saluer.

— Mon général, dit-il, nous voici fort heureux de vous accueillir dans cette église où (il sourit) nous eussions souhaité vous rencontrer bien avant... et en des circonstances moins périlleuses. Il me faut achever la cérémonie des Saintes Huiles. Rendez-vous, en attendant, avec l'abbé dans la bibliothèque. Je vous y aurai bientôt rejoint...

Véret, de Lionne et Desfarges sortirent de l'église, traversèrent le jardin et montèrent au premier étage du bâtiment du séminaire. Ils s'installèrent dans la bibliothèque, autour d'une table de bois grossier.

— Est-il tout de bon vrai que le roi soit mort? demanda Desfarges. Est-ce chose assurée?

Dans la mémoire de l'officier revenaient, depuis quelque temps, incessant leit-motiv, les fermes mises en garde de Phaulkon au sujet des « faux bruits » qu'on ne manquerait pas de répandre dans le pays pour faire échouer « leur coup ».

— Il est mort, assena catégoriquement de Lionne. Il n'y a pas à en douter. D'abord le nom du roi, Naraï, a été révélé. Par ailleurs, chose encore plus significative peut-être, ses frères, qui étaient tenus en réclusion dans leur palais d'Ayuthya et ne pouvaient jusque-là, sous peine de mort, parler à personne, voient désormais tous les jours, et ouvertement, défiler chez eux les plus grands mandarins du pays, tout comme les représentants des multiples nations résidant à Siam, qui leur rendent hommage comme s'ils étaient déjà les véritables souverains. Le frère aîné du roi étant infirme, les habitants d'Ayuthya parlent du frère cadet, Chao Fa Noï, comme de leur prochain monarque. Il est très aimé en effet du petit peuple et aurait épousé en secret la fille du roi... Un autre prétendant cependant, Prapy, rassemblerait des troupes... La situation donc est trouble, et... explosive ! Ne vous mêlez pas de ça, général. Là n'est pas votre mission. Retournez-vous-en à Bangkok, fortifiez-vous et tenez ferme jusqu'à ce qu'on y voie plus clair. Si des violences éclatent, et que les chrétiens soient menacés, nous irons tous nous réfugier dans la place. Alors que si vous allez à Lopburi...

— S'il va à Lopburi, ah ah, éclata Véret, s'il va à Lopburi je le lui ai bien dit, moi, ce qui allait lui arriver : couic ! Il va se faire tirer comme un lapin quand il sera sur le fleuve en bateau, pendant que Bangkok, avec le peu d'hommes qui s'y trouve...

— tombera en quelques jours, conclut de Lionne.

— C'est que, dit Desfarges avec une gêne très évidente, j'ai donné à monsieur Constance ma parole de *monter*...

— Votre parole, mon général ? rétorqua de Lionne. Mais vous n'avez donné votre parole qu'en méconnaissance de cause. Vous ne pouvez engager le sort de la chrétienté de ce pays sur une parole donnée à tort.

— C'est que... euh... dit le général, mon honneur... mon bras... mon nom !

Desfarges ôta son chapeau roux à large bord, le posa devant lui sur la table, le fit doucement tourner, regardant osciller les splendides plumes cramoisies. Un silence pesantissime s'abattit sur la pièce. Le vent tiède soufflant de l'est apportait jusqu'à la bibliothèque du séminaire quelques fragments des hymnes qu'on chantait dans l'église pour ce Jeudi saint : *Vae homini illi per quem tradetur* (malheur à l'homme par qui Il sera trahi).

Fort heureusement, l'arrivée subite de l'évêque de Métellopolis brisa le silence devenu insupportable.

— Général, dit monseigneur Laneau, on m'a appris comme je sortais de la chapelle que vous étiez venu ici avec nombre de nos Français, et en armes ? C'est à Lopburi n'est-ce pas que vous vous rendez ?

— Puissiez-vous l'en empêcher, s'exclama de Lionne.

Et Véret de conclure :

— Autant se taper la tête contre les murs en parlant à une mule sourde comme un pot. Je rends mon tablier !

Le général cependant continuait de faire tourner son somptueux couvre-chef sur la pauvre table de bois massif. Il semblait chercher ses mots et tenter de rassembler ses idées en déroute. D'un coin de l'œil il scrutait le visage long, aux joues creuses, à la peau jaunâtre et parcheminée du prélat, sa longue barbe blanche, fort mitée. C'était à peine s'il avait conversé jamais avec lui quelques instants pour échanger des banalités et politesses. Là aussi, fréquenter l'évêque, c'était s'attirer la haine de Phaulkon et de Tachard. D'un côté c'étaient les gueuletons mirifiques chez le Grec, les espoirs de fortune et puis... le Grand Dessein ; de l'autre il n'y avait que ces pauvres missionnaires qui croupissaient depuis vingt ans dans le pays en croquant du poisson sec et un peu de riz blanc. Entre les deux partis, le choix était facile : et d'autant plus facile que les missionnaires étaient gens du pape, avec qui, toute « très chrétienne » qu'elle fût, Sa Majesté Louis la Fistule se trouvait en délicatesse (n'aimant pas en France comme aux Indes de contre-pouvoir même « spirituel »).

Si les jésuites avaient su trouver les mots pour séduire Desfarges, et toutes sortes d'arguments, pas tous des plus « catholiques », leur chant de sirènes ensoutanées commençait cependant à n'avoir plus d'effet sur lui. C'est qu'il avait peur, non point tant des coups d'épée, que de se retrouver dans une situation d'encerclement à laquelle il ne comprenait rien, mais rien ! Et puis le doute commençait de l'effleurer que les jésuites, Tachard, de Bèze et autres, tout français qu'ils fussent, étaient plus jésuites que français, et qu'ils servaient moins peut-être Louis la Fistule qu'eux-mêmes... Repoussant son chapeau sur la table, il se décida à parler :

— Monseigneur, dit-il à l'évêque d'une voix sonore et solennelle, j'ai dans mes Ins-truc-tions ordre du roi, mon maître, de chercher conseil auprès de vous dans la mesure où je serais confronté à... euh... un problème touchant au sort des chrétiens de Siam. Et c'est... euh... en vertu de cet ordre que je m'adresse à vous afin que vous m'éclairiez à la lumière de votre longue expérience de ce pays.

— Je ne savais pas, dit avec un sourire doucement malicieux monseigneur Laneau, que vos Instructions comportaient que vous eussiez à me demander quelque conseil, et j'eusse eu du mal à m'en douter, n'ayant guère eu l'honneur de vous voir souvent depuis... sept mois déjà, oui, sept mois que vous débarquâtes à Siam.

Desfarges baissa la tête, se racla la gorge et reprit :

— J'ai exposé... euh... je veux dire j'ai commencé d'exposer à monsieur Véret et monsieur l'abbé ce qui m'amène ici... euh... J'ai juré à Son Excellence le comte Phaulkon de n'en dire mot à quiconque. Mais j'avoue que, depuis quelques jours, entre mon honneur et ma conscience, entre mon serment et le poids des responsabilités qui m'incombent : vis-à-vis du roi, de la nation, de... Dieu, c'est, dans le champ de bataille de mon cœur, un continuel affrontement, un déchirement, un insoluble dilemme. D'un côté je me déshonore, de l'autre je... euh... perds l'honneur. Que faire pour ne pas trahir, que faire pour n'être point un traître ? Plus j'y réfléchis, plus je m'enfonce dans les ténèbres, et plus je m'enfonce dans les ténèbres, moins... j'y vois clair !

L'évêque regarda Desfarges avec un œil charitable, où, néanmoins, pétillaient quelques étincelles d'ironie bonhomme.

— Je... J'ai ordre, au nom du roi de France, de servir le roi de Siam. Mais j'ai ordre aussi de tenir la place de Bangkok hors d'insulte. Si je monte à Lopburi, c'est pour servir le roi de Siam, mais de ce fait je mets Bangkok en péril. Comment sortir de cette impasse ? Il est vrai que si le roi de Siam est mort, comme on me l'affirme, j'ai lieu de pouvoir redescendre à Bangkok sans que mon devoir et mon honneur en soient ébréchés...

— Il est mort, il est mort ! clama Véret, c'est aussi vrai que j'ai deux fesses, deux yeux, et un nez au milieu de la figure entre mes deux oreilles. Il est mort !

— Il est mort sans doute aucun, renchérit de Lionne d'un ton hautain.

L'évêque regarda l'abbé avec un air à la fois intrigué et agacé.

— Vous ne pouvez rien affirmer de cela, monsieur l'abbé. La chose est d'importance. Sans doute, avant de prendre aucune décision, serait-il avisé que le général envoyât quelqu'un à Lopburi voir ce qu'il en est... Dès qu'il nous aura expliqué, du moins, ce pourquoi au juste monsieur Constance lui a demandé de s'y rendre... et en force.

Desfarges s'épongea derechef le front. Le moment de vérité arrivait. Il fallait passer au crachoir. Il cracha. Du moins il résuma en quelques mots, en se donnant un rôle point trop crapuleux, l'entretien qu'il avait eu avec Phaulkon et de Bèze une dizaine de jours auparavant : il-fallait-arrêter-Pitratcha-et-Prapy-qui-voulaient-piller-le-trésor-du-roi-et-s'enfuir-avec-à-dos-d'éléphant-puis-il-fallait-faire-monter-à-Lopburi-les-frères-du-roi-pour-nommer-l'un-d'eux-successeur-au-trône.

Le général avait débité son monologue à toute allure, la tête basse, le front entre ses mains. Quand il eut vomi le morceau et relevé la tête, il se trouva confronté à trois masques vaguement hilares, empreints par ailleurs d'on ne sait quelle expression de compassion, et de condescendance même.

— A dos d'éléphant ?... murmura comme pour lui-même monseigneur de Métellopolis.

Desfarges, abasourdi et muet, le regarda.

— Vous avez dit, poursuivit l'évêque, que monsieur Constance vous a dit que... Pitratcha lui a dit qu'il s'enfuirait avec le trésor à dos de... d'éléphant ?

— En éléphant, oui, en éléphant, et au Cambodge, c'est ce qu'il m'a dit. Le père de Bèze en fut témoin : en éléphant.

— Ah ah, pourquoi pas à dos de rhinocéros, pouffa Véret.

*Dans la perplexité où était alors monsieur Desfarges sur le parti qu'il devait prendre* (écrirait longtemps plus tard l'abbé de Lionne) *il me paraît qu'il était entièrement hors d'état de nous rien déguiser et encore moins d'inventer*[1]...

— Quel roman ! pouffa ce même de Lionne. Notre Grec ne manque pas de toupet... ni d'imagination. Voyons, mon général (le ton de l'abbé devint presque méprisant), êtes-vous un enfant ? Comment un seul instant avez-vous pu croire cette histoire abracadabrante de trésor et... d'éléphant ! Quelle apparence que Pitratcha, un des plus puissants mandarins de Siam, désirât ainsi s'enfuir, et comme un voleur, avec ce trésor... à dos d'éléphant !

— L'éléphant, j'avoue, m'en bouche un coin, clama Véret en éclatant de rire. Ah, ah. Si on n'a jamais vu un chameau passer par le chas d'une aiguille, soyez témoin, mes bons pères, que le sieur Phaulkon, à qui on ne peut dénier un certain génie du bagout (que n'est-il bateleur !), a réussi ce miracle de loger dans la cervelle du général un éléphant... et tout le trésor de Siam. Il est vrai que pour ce qui est du trésor, il n'aura pas eu de mal, car il n'existe pas. Le peu que le roi ait eu dans ses caisses, le Grec le lui a raflé !

Desfarges prit son chapeau sur la table et, mortifié, s'apprêtait à se lever, à partir. Ces bons pères, manquant à toute charité chrétienne et à leur simple devoir qui était de le conseiller, ne se moquaient-ils pas de lui ?

— L'éléphant, j'avoue, me plaît, murmura l'évêque.

Mais, découvrant la mine amère de Desfarges, le prélat aussitôt effaça de ses lèvres tout sourire et remisa l'« éléphant » au magasin aux accessoires.

1. *Histoire de la Mission de Siam.*

— Pour en arriver à inventer pareilles fables, dit-il, monsieur Constance doit être bien bas, et bien désespéré. Et le père de Bèze a cautionné cet entretien auquel il fut présent !...

— Ce Grec est cuit, ce Grec est rôti, ce Grec est bouilli ! beugla Véret. Je le sais bien ! Dès le débarquement des troupes il était aux abois, et même avant. La haine des Siamois, entre-temps, n'a fait que croître. Depuis quelques semaines on ne cesse de répéter partout qu'il a été arrêté ou qu'il est sur le point de l'être. J'ai dans l'idée que si on ne l'a pas fait encore c'est qu'on a trop besoin de lui pour manipuler les Français, pour diviser nos troupes et pour vous attirer, vous, général, à Lopburi, afin de vous égorger. Car, quand bien même on ne vous attaquerait pas sur le fleuve, que ferez-vous, dites-moi, quand, arrivant dans la ville, on vous convoquera au palais, au nom du roi ! Il vous faudra y aller, seul, ou avec une faible escorte, et vous savez bien qu'au palais on n'entre que désarmé.

Desfarges reposa son chapeau sur la table, devant lui. Il se voyait s'avancer, sans même son épée, dans l'inextricable labyrinthe de cours imbriquées les unes dans les autres à l'intérieur du palais. Comment pourrait-il en réchapper ? « Je serais bien mal avisé que d'aller m'enfourner dans une telle cage ! » se dit-il. Mais pouvait-il abandonner Phaulkon aux griffes de Pitratcha ? Et en cette même symbolique Semaine sainte où le fils de Dieu fut trahi et crucifié ! Jouerait-il, lui, Desfarges, maréchal de camp de Sa Majesté, le rôle de Judas ? De l'église parvenait l'écho lointain des chants du Jeudi saint. *Vae homini illi per quem tradetur,* répétait le chœur. Mais Phaulkon ne se moquait-il pas de lui ? Ne le manipulait-il pas ? Et les jésuites, là-dedans : étaient-ils les dupes ou les complices de Phaulkon ? Les plumes du chapeau de Desfarges oscillaient. Des plumes de dindon, songea-t-il amèrement : de dindon de la farce.

— Et pensez à vos soldats, dit de Lionne. Il faudra bien qu'on les loge, à Lopburi. Et où ? Puisqu'ils n'y ont pas de fort. Dans des cases ? Ne risque-t-il pas de leur arriver ce qui arriva aux Anglais de Mergui : on a mis le feu, la nuit, sous leurs baraques à pilotis, et ils ont tous grillé ! On s'apprête à vous massacrer de la même façon, vous et vos hommes, général... Phaulkon est-il forcé d'en agir ainsi, par Pitratcha ou quelque autre ? Est-il complice ? Sa famille n'est-elle pas otage des Siamois ?

— Le petit Juan, son fils, a été empoisonné, la chose est fort probable, lança Véret. J'ai entendu dire aussi que sa femme et son autre fils, Georges, se seraient enfuis de Lopburi, ou auraient essayé de le faire...

— J'ai tout lieu de croire, dit l'évêque, que monsieur Constance n'est plus libre de ses mouvements. Il n'est que de...

L'évêque se leva et, prenant le général chaleureusement par le bras, il ajouta :

« Comme saint Thomas il vous faut des preuves... tangibles. Aussi suivez-moi. Suivez-moi vous aussi, mes amis (ajouta-t-il en se tournant vers de Lionne et Véret). Je veux montrer à monsieur Desfarges quelque chose... Puisque nos mots sont trop faibles pour le convaincre.

Ils descendirent jusqu'à la cave du séminaire. Suivirent l'évêque dans un souterrain étroit, aux murs humides, où la torche que brandissait le domestique qui les guidait projetait ses lueurs fauves. L'endroit dégageait une odeur immonde qui ne fit que devenir plus forte à mesure qu'ils avançaient. Monsieur de Métellopolis poussa une lourde porte de bois, qui donnait sur une pièce étroite, au plafond bas et voûté. Sur des tréteaux, en face d'un autel ou brûlaient des cierges, était posé un cercueil couvert de fleurs de jasmin et d'orchidées. Un tout petit cercueil en bois précieux roux. L'odeur, dans cette crypte, était pestilentielle.

L'évêque se signa, imité aussitôt par ses trois compagnons. Il murmura à voix basse une prière, puis ajouta :

— Cela fait dix jours que le corps du petit Juan attend que son père descende de Lopburi pour qu'on l'ensevelisse ici, dans le cimetière de la Mission : *en terre chrétienne.* Monsieur Constance m'a demandé de faire venir un grand nombre de religieux, de tous les coins du pays, afin que ces funérailles fussent grandioses et « dignes du fils d'un ministre ». Tout est prêt, mais monsieur Constance n'arrive pas. Monsieur Constance a bien des défauts. Il est très certainement un mauvais époux, mais c'est un bon père. Il adorait son fils. Et s'il n'a pu venir pour accomplir un devoir aussi sacré, c'est qu'il n'est plus autorisé à quitter Lopburi. On le garde à vue... Phaulkon n'est peut-être plus qu'une marionnette.

— Un pantin, dit de Lionne.

— Et par son moyen, général, on veut vous attirer dans un guet-apens, conclut Véret.

Desfarges baissa la tête. Debout, face au petit cercueil dont le bois vernissé luisait dans l'ombre à la lueur incertaine des cierges, il tapait mécaniquement de son poing droit dans la paume ouverte de sa main gauche, comme pour mieux *réfléchir :* de Bèze et ce... Grec s'étaient-ils moqués de lui ? Dans son dos soudain il sentit une haleine tiède. La voix de De Lionne susurra aussitôt à son oreille :

— Vous ne pouvez risquer, sur un coup si incertain, la vie de vos hommes et le renom de la France. Par ailleurs nous avons besoin de vous, la Mission, les chrétiens de Siam ont besoin de vous pour leur protection. Qu'importe-t-il aux Français que le sieur Pitratcha, ou le sieur Prapy ou n'importe qui d'autre, s'enfuient... en éléphant avec le prétendu trésor de Siam ? Est-ce votre affaire, général, de vous emparer de ce trésor, même pour... le sauver ! Qu'en dira-t-on aux Indes et dans toute l'Asie ? Quelle réputation allez-vous faire à la France ? Sommes-nous des brigands ? De toute façon cette histoire de trésor et... d'éléphant ne tient pas debout, non plus que ce désir qu'aurait soudain monsieur Phaulkon de voler au secours des princes frères du roi et de mettre le cadet sur le trône. Phaulkon n'a jamais eu aucun lien avec eux, et ils le méprisent, ils le haïssent même, toute la famille royale le hait... Et quand bien même le réel et sincère projet de ce ministre serait de porter assistance à ces princes (ce dont je doute), quel besoin auriez-vous, mon général, de monter à Lopburi et de les y appeler ? Les princes sont ici, à Ayuthya, proposez-leur votre aide. Et écrivez à Phaulkon de descendre et de se mettre sous votre protection, lui et sa famille. Ce sera en tout cas une bonne façon de vérifier s'il est libre de ses mouvements.

Les quatre hommes avaient regagné la bibliothèque du séminaire. Desfarges était moins assis que prostré devant la lourde table de bois massif. Sur lui, comme une pluie de flèches, ne cessaient de tomber, décochées par de Lionne, Véret et monseigneur Lanneau, les mêmes objurgations, répétées sur tous les tons : ne pas *monter* à Lopburi. Véret, enivré par son verbe et ses arguments, poussa la bouffonnerie jusqu'à se mettre à genoux, aux pieds de l'officier, et à le supplier les larmes aux yeux de ne pas « commettre cette folie ». Il alla jusqu'à lui baiser passionnément, convulsivement, les cuisses, les mains. Il lui mordilla même un petit doigt. C'est alors que Desfarges, achevant son chemin de croix, humilié, terrassé, en vint au terme de sa confession :

— C'est que... messieurs... je n'ai *plus le sou.* C'est de monsieur... de ce foutu Grec que dépend entièrement l'approvisionnement de Bangkok et le paiement de la solde de mes hommes, et je ne puis plus rien espérer de lui si je trahis la parole que je lui ai donnée.

— Vos fonds sont épuisés ? s'étonna Véret... et malgré les prêts que vous a consentis la Compagnie des Indes ?

— C'est que... euh... nous avons eu bien des... frais et... le cours de notre monnaie d'or est très défavorable ici par rapport à la monnaie d'argent nécessaire aux menus achats...

La tête basse, Desfarges regardait ses grosses mains pendant entre ses genoux.

— On perd du vingt pour cent au moins, ajouta-t-il.

Les yeux de Véret, tout écarquillés, se mirent à étinceler tels des louis d'or. Sous sa moustache rousse parsemée de miettes de pain, un sourire de triomphe s'alluma.

— Je vois, mon général, dit-il. J'ai tout compris...

Le chef du comptoir promena un regard amusé sur les deux religieux.

— Alors Phaulkon vous a dit un beau soir, n'est-ce pas : « Général, pourquoi laisser dormir si sottement les fonds de Sa Majesté destinés au salaire des soldats et perdre sur le change ? Confiez-les-moi. J'achèterai de la marchandise, on embarquera cette marchandise pour l'Europe ou ailleurs, et vous gagnerez là-dessus du quatre cents pour cent !

— Du cinq cents pour cent, dit Desfarges.

— Vous lui avez donné votre or en garantie, il a acheté des marchandises et pour vos menus frais, la solde des troupes, les matériaux de construction et autres, il vous a fait un prêt, c'est ça ?

— Certes, j'ai signé une lettre de change que Tachard a emportée à Paris : j'ai emprunté pour neuf mille livres à ce Grec du diable ; du Bruant pour six mille livres et de la Salle, le trésorier, pour douze mille livres !

— Tachard est donc dans ces trafics, s'exclama de Lionne.

— Et comment n'y serait-il pas, et pourquoi n'y serait-il pas, s'exclama Véret, ignorez-vous, monsieur l'abbé, que la Société de Jésus, après les Hollandais pour sûr, est le plus rude concurrent de notre Compagnie aux Indes ? L'argent n'a pas d'odeur, et elle utilise pour son commerce les navires de toutes les nations du monde, et de la Hollande même. Elle utiliserait les vaisseaux du Diable s'il le fallait ! Ne savez-vous donc point ce qui se murmure ici : que nombre de vaisseaux du roi de Siam arborant illégalement le pavillon français, et portant à leur bord des marins français, font du trafic pour la sainte Société de Jésus et le Grec, échappant ainsi, sous le couvert de nos couleurs, à la chasse des navires de la East India Company en guerre avec Siam, ah ah !

Il y eut un long silence, que brisa Desfarges.

— ... C'est le père Tachard lui-même qui m'a engagé dans cette affaire, dit-il, m'assurant qu'il était stupide de perdre de l'argent sur le change, qu'on pouvait avoir toute confiance en monsieur Constance. Et j'ai ordre dans mes Instructions de m'en remettre aux avis de Tachard.

— Tachard, s'exclama de Lionne, vous a livré pieds et poings liés à Phaulkon en vous rendant dépendant de lui financièrement. C'est un acte de trahison. Il a cherché à vous compromettre, pour vous asservir, pour asservir vos troupes, les troupes de Sa Majesté, et les mercenariser !

— Ah ah, ça me rappelle une histoire, une histoire de babouins, lança Véret en explosant d'un rire qui secoua toute sa carcasse.

— Monsieur Véret, dit de Lionne, ça n'est pas le moment.

— Ça l'est, ça l'est, rétorqua-t-il. C'est que vous ne savez pas comment à Siam on attrape les babouins.

Véret se tut un instant, regarda le général, goguenard. Et le général, stupéfait, lui renvoya son regard (« il se fout de moi », songea-t-il) mais il était trop abattu pour se lever, lui mettre son poing dans la figure, et trop humilié pour ne pas désirer l'être davantage, pour ne pas vouloir boire le calice jusqu'à la lie.

— Eh bien je m'en vais vous dire, poursuivit Véret triomphant, comment à Siam on attrape les babouins : on prend deux noix de coco creuses dans lesquelles on perce un trou, un trou dans chaque, et à l'intérieur on met du riz. Le babouin s'approche, il met chacune de ses pattes dans un des trous, il se saisit du riz à l'intérieur, mais le trou est ainsi conçu qu'il laisse passer la patte du babouin vide, mais ne la laisse pas ressortir pleine, n'étant pas assez large pour cela, de sorte que le babouin, trop stupidement avide pour lâcher sa prise, reste ainsi prisonnier, et se fait mettre la main au collet, ah ah !

— Mais pourquoi, monsieur, dit Desfarges, relevant la tête, racontez-vous cela ?

— Ah, ah... Parce que Monsieur Constance s'est vanté naguère qu'il attraperait les Français comme à Siam on prend les babouins !

— Diantre, c'en est trop, rugit Desfarges qui, se levant, déploya son immense corps dans la pièce. Je vais céans vous écrabouiller comme la blatte que vous êtes.

— Non monsieur vous ne m'écrabouillerez pas, répliqua Véret qui, derechef, se jeta à genoux aux pieds du général et, prenant la grosse main de celui-ci, se mit à la baiser frénétiquement, à la lécher même, comme un caniche. Vous ne m'écrabouillerez pas car nous sommes ici, moi et messieurs les missionnaires, vos seuls et derniers alliés. Vous êtes un homme de guerre, un grand soldat dont l'héroïsme (la voix de Véret s'enfla d'emphase) est connu de tous. Ma plaisanterie était mauvaise. Car c'est un aigle, certes, pas un babouin, que ce vil Grec a pris à son piège, un aigle trop habitué au ciel de la gloire pour ne pas se laisser attraper par d'aussi viles et terrestres ruses. Aussi sommes-nous prêts à vous aider. La caisse hélas de mon comptoir est vide...

— Je dispose de quarante mille livres à la mission, dit de Lionne. Je vous les confierai pour le paiement des soldes. Si vous suivez nos conseils, pour sûr. Sachez qu'en temps voulu, à Versailles, nous saurons vous soutenir, car il faudra bien que tout cela parvienne à la connaissance de Sa Majesté.

— Tachard me tient, dit Desfarges ; il a l'oreille du père de la Chaise qui a l'oreille du roi...

— La Mission a elle aussi ses antennes à la cour.

*Un général est dans son armée ce que l'âme est dans le corps.*
(Louis le Gaya, *L'Art de la guerre,* 1689.)

Suivant les conseils de l'évêque, le général envoya à Lopburi un messager, le lieutenant le Roy, avec deux lettres : un billet insignifiant, qu'il placerait dans sa poche (au cas où on se saisirait de lui) et un autre, qu'il cacherait dans le nœud de sa perruque. Desfarges y disait au ministre grec qu'il se trouvait à Ayuthya, avec ses hommes et des armes, mais qu'on lui avait annoncé la mort du roi. Dans l'incertitude où il se trouvait à ce sujet, il préférait ne pas *monter,* et proposait à Phaulkon de *descendre* dans la capitale où ils offriraient leurs services aux frères du roi, héritiers légitimes du trône. Quant à la famille du Grec, le général, en termes fort emphatiques, promettait de la défendre, quoi qu'il arrivât, et « jusqu'à la dernière goutte de son sang », si elle venait à Bangkok se mettre sous la protection de « l'étendard fleurdelisé ».

Le lieutenant le Roy avait toute la confiance du général. Âgé de trente-cinq ans, il avait servi sous ses ordres pendant plus de dix ans, entre autres pendant la campagne des Flandres. Il partit dans une galère rapide, à vingt rameurs, qui le déposa une vingtaine d'heures plus tard au débarcadère de Bankou. Il trouva là une multitude d'éléphants et de chaises à porteurs que Constance avait dépêchés pour le transport de Desfarges et de ses troupes. Le Roy sauta sur un cheval et, empruntant des voies détournées (car il craignait de tomber dans un piège), il galopa à bride abattue dans la nuit, à travers les jungles et les rizières où pataugeaient les sabots de son coursier. La nuit était sombre, il ne vit rien de suspect : si ce n'est qu'à un moment donné il faillit piétiner un homme, allongé au sol. L'homme aussitôt détala, avec quelques autres compagnons.

Étaient-ce des paysans endormis, ou des soldats siamois aux aguets ?

Les portes de la première enceinte de Lopburi, où il arriva bientôt, étaient ouvertes. Aucun bras-peint n'y montait la garde. Ce qui le surprit, en entrant dans la ville basse, ce fut le calme et le profond silence qui y régnaient : on eût dit qu'elle était vide, que toute la population en avait fui ! Il n'aperçut pas une âme, pas l'ombre même d'une âme. Il galopa vers Wat San-Paolo, l'église Saint-Paul, au sud, où vivaient désormais les jésuites. C'était aussi leur observatoire astronomique. Il aperçut sa haute tour de brique à trois étages, qui s'érigeait bien au-dessus du feuillage épais des banians alentour. Là encore, pas un bruit. La porte de l'observatoire était grande ouverte. Il pensa au pire : tous les pères avaient-ils été égorgés ? Il sauta de cheval, grimpa quatre par quatre les escaliers de la tour, sans voir personne. Quand, sur la terrasse, il se trouva nez à nez avec le vieux père Richaud et le père le Blanc, dans sa tenue de bonze, en train de ranger leurs lunettes d'observation. Il était minuit trente.

— Capitaine le Roy, quelle surprise, s'exclama le plus âgé des jésuites, quel bon vent vous amène ?

— Quel bon vent ? répéta le Roy, blême encore d'émotion, d'angoisse, de fatigue.

— Que n'êtes-vous arrivé seulement une heure plus tôt, vous auriez vu un spectacle fort instructif, poursuivit Richaud. Nous venons d'observer une éclipse de lune presque totale.

— Ne... savez-vous donc pas ? balbutia le Roy.

— Vous avez manqué aussi, renchérit le Blanc, un bien drôle de concert. Imaginez que pendant la durée de l'éclipse ces pauvres idolâtres, partout dans la ville, ont tapé sur des casseroles. Un effroyable tintamarre ! C'est qu'ils croient qu'un dragon dévore la lune à chaque éclipse. Ce vacarme vise à l'effrayer et le faire fuir. Voilà leurs pauvres créances. Créance où on se complaît d'ailleurs à les plonger, car les mandarins ne sont pas si ignorants. L'astrologue brahmane de la cour a calculé lui aussi cette éclipse, nous n'avons guère compris par quels moyens... Mais il ne fut pas aussi précis que nous. Le roi, pendant toute la durée de l'observation, nous a fait parvenir de son palais toutes sortes de questions, par des messagers...

— Le roi ? Vous avez dit... le roi ? s'exclama le lieutenant.

— Certes, il est féru d'astronomie et...

— Il n'est donc pas... mort ?

Les deux jésuites eurent un haut-le-corps :

— Point du tout, qui vous a raconté ça ?

Le capitaine les observa d'un œil incrédule et soupçonneux (Desfarges lui avait recommandé de se défier de tout le monde, et en particulier des jésuites).

— J'ai, dit-il, un message de la plus haute importance pour le sieur Constance.

— Il était ici, à observer le ciel avec nous il y a une heure... Mais vous semblez... troublé, mon lieutenant.

— Mes pères, s'exclama celui-ci, posant machinalement sa main sur la crosse du pistolet qu'il portait à la ceinture, êtes-vous inconscients ? Ignorez-vous ce qui se passe ? Ayuthya est tout en révolution. On dit que le roi est mort, que monsieur Constance est arrêté, que les Français et tous les chrétiens sont sur le point de se faire égorger...

— Mon capitaine, quels sont ces... bruits ? La région ici n'a jamais été aussi calme. Quant à monsieur Constance, je doute vraiment qu'il ait jamais pu se sentir menacé. Il va et vient partout, quasi sans gardes du corps. Ce matin, fort chrétiennement, ce grand ministre a offert un repas dans son palais à douze pauvres, les servant en personne, et à genoux, puis, dans l'église Notre-Dame-de-Lorette, il leur a lavé les pieds en mémoire de Notre Seigneur Jésus-Christ, *hoc exemplum reliquit eis...*

— Mes pères, trancha le capitaine agacé, le pays est sens dessus dessous, au bord de la révolution. Le général Desfarges m'envoie ici avec un message urgent. Il faut que je voie au plus tôt le sieur Constance...

— Vous le trouverez chez lui, sans doute, dit le Blanc.

Le Roy, sans à peine saluer, dévala les trois étages de l'observatoire, sauta sur son cheval et galopa vers le nord, traversant d'immenses vergers plantés de manguiers et d'aréquiers, propriété du roi. Il se retrouva bientôt devant la porte ogivale de l'enceinte de la ville haute. Les bras-peints qui la gardaient n'esquissèrent pas un geste pour l'empêcher de passer. Il fonça vers le palais du roi : les rues étaient désertes. Arrivé au palais, il prit une artère sur la droite, qu'il remonta jusqu'à la demeure de Constance. A la porte, Cropley, le chef des mousquetaires anglais, lui dit que « le comte Constance, *yes,* on pouvait le trouver dans l'église, depuis qu'il est papiste y'a pas plus bigot. Il est tout enjésuité ».

Le Roy s'avança à travers le jardin, embaumant le jasmin, jusqu'à la chapelle Notre-Dame-de-Lorette. Ses fenêtres, son porche brillaient dans la nuit. Une odeur d'encens entoura le lieutenant. Des chants s'élevaient jusqu'au ciel, les Lamentations de Jérémie sur Jérusalem détruite : *Quomodo sedet sola civitas plena populo* (Eh quoi, la voilà solitaire et déserte cette ville naguère si peuplée).

Il entra : un chœur, qu'on distinguait à peine à gauche, dans le clair-obscur, au fond de la nef, entonnait la *Leçon des ténèbres*. A droite, à genoux sur les marches de marbre de l'autel, face à la croix, un homme vêtu de noir était immobile, tête basse, mains jointes. Sur son pourpoint scintillaient une multitude de petites perles : Constantin Phaulkon priait. L'assistance comprenait tout juste une trentaine de personnes, hommes et femmes, vêtus de sombre. Les femmes portaient des mantilles noires, à la portugaise.

— *Plorans, ploravit in nocte*... chantait le chœur (elle pleure cette ville, elle pleure dans la nuit... de tous ceux qui l'aimaient, nul ne la console. Tous ses amis l'ont abandonnée et sont devenus ses ennemis).

Les fidèles se tenaient figés, recueillis. Unique mouvement : leurs bouches qui, au rythme du chant, s'ouvraient, ou se refermaient, trous noirs sur des faces lactescentes. On eût dit de gros poissons dans l'obscurité des abysses. Sur la droite de l'autel, le Roy aperçut une petite ombre fluette, vêtue de sombre, qui s'avançait dans sa direction le long d'une contre-allée où s'alignaient des cierges. Un à un, elle les éteignait en soufflant sur leur flamme.

Le Roy, debout, les bras croisés, dans l'entrée de l'église, n'osait s'avancer, ni esquisser le moindre geste. Il était stupéfait par cette paix, ce recueillement (« quand dans tout le pays on fourbit des armes pour nous massacrer »). Il se sentait aussi pour le moins « déplacé » avec ses énormes bottes, sa rapière, ses pistolets, son large feutre à plumes blanches. Il avait l'impression d'être un acteur, tout maquillé et costumé, qu'on eût précipité soudain sur une scène où se jouât une pièce autre que celle à laquelle il s'était préparé.

Cependant l'ombre frêle, qui se dirigeait lentement vers le lieutenant, continuait de souffler une à une les bougies, de sorte que la chapelle, impression pour le moins angoissante, était plongée dans de croissantes et envahissantes ténèbres. Le Roy vit l'ombre arriver à sa hauteur. Sous la résille qu'elle portait sur la tête, il reconnut la petite face oblongue, pâle, aux traits infiniment fins et aux grands yeux noirs de madame Constance (on apprendrait plus tard qu'elle venait tout juste de remonter d'Ayuthya où elle s'était enfuie avec son second fils Georges, ramenée *manu militari* sur ordre de son mari — qui ne voulait pas « éveiller de soupçons » — par un jésuite flamand, le père Maldonado).

Le regard de la jeune femme et du lieutenant une brève seconde se croisèrent. Le Roy crut lire dans ses yeux l'effroi d'un animal traqué. Illusion ? Mais déjà, dans la contre-allée, la frêle silhouette s'était éloignée, continuant de souffler une à une les bougies. L'officier, qui conservait un fond de religion et de superstition dans son âme tannée par la vie militaire, aperçut quelque signe de mauvais augure dans le geste de l'épouse de Phaulkon, geste où se symbolisait, à chaque flamme qui s'éteignait, un des disciples et fidèles du Christ abandonnant son Seigneur.

Le Grec, toujours à genoux, fixait, sur l'autel recouvert d'ornements noirs, l'énorme Saint-Sacrement d'or scintillant qui y reposait. Le Roy s'agenouilla à son tour. Quiconque adore le sacrement la nuit du jeudi au vendredi Saint s'épargne quinze jours de purgatoire : toujours ça de gagné.

« *Jerusalem, Jerusalem, convertere ad dominum Deum tuum* », chantait le chœur (Jérusalem, Jérusalem, reviens au Seigneur ton Dieu).

Les ultimes cierges s'éteignaient, la chapelle se trouva plongée dans l'ombre. Et il sembla que le monde entier ne fût plus que Ténèbres.

Il était près de deux heures du matin, les premiers moments donc de ce vendredi saint 16 avril que Dieu fit. Les fidèles sortaient de l'église. Le Roy avait les yeux fixés sur Phaulkon, lequel se releva, frotta d'une main nerveuse ses genoux, se signa puis, se retournant, aperçut le lieutenant qui s'était, lui aussi, remis sur ses pieds. La chapelle était vide désormais, à l'exception, tout au fond de la nef, de quelques enfants de chœur qui parlaient avec les pères de Bèze et Maldonado. Le Roy fit quelques pas vers le Grec.

— Votre Excellence, dit-il en portugais, après s'être élégamment incliné, chapeau à la main... J'ai là un message du général Desfarges.

Entre les fentes, sinon les meurtrières de ses paupières, Constance décocha à l'officier un regard scrutateur :

— Le général est arrivé ? demanda-t-il.

— Pas... exactement, dit Le Roy décontenancé par l'air froid du ministre. Il est... euh... à Ayuthya.

— A Ayuthya ? Le général est à Ayuthya ? Et que diantre fiche-t-il donc à Ayuthya ?

Ces mots, qui furent quasi hurlés, résonnèrent théâtralement sous les voûtes de la chapelle.

— C'est foutu Dieu à Lopburi que je l'attends, ne lui ai-je pas interdit de s'arrêter nulle part en chemin ?

Le Grec blêmissait. Ses lèvres brunes, épaisses, étaient distordues par la fureur et le mépris. Le Roy glissa sa main droite sous sa perruque. En sortit le message de Desfarges qu'il tendit au ministre.

— De la lumière, on n'y voit goutte ici que diable ! s'exclama Phaulkon.

Un enfant de chœur alluma quelques cierges à la lueur desquels Constance lut la lettre du général. Il laissa alors échapper de sa bouche un ricanement sinistre.

— *Goddam, shit !* De Bèze, rapplique ici, cria-t-il au jésuite qui se détacha de l'ombre, au fond de la nef, et trotta prestement vers son maître.

— De Bèze, répéta le ministre (sous les yeux écarquillés de le Roy, qui connaissait mal ses sautes d'humeur et la rudesse, parfois, de ses manières).

— Oui mon illustre frère, répondit doucereusement le jésuite.

— Le général est à Ayuthya, il refuse de monter jusqu'ici.

— C'est impossible. Il l'a promis, et son devoir...

— C'est que, glissa le lieutenant, le roi de Siam est mort... à ce que tout le monde dit du moins.

— Le roi n'est pas mort ! Ce nigaud de Desfarges est tombé dans le piège, hurla le Grec (et ses profanes exclamations retentissaient et se répétaient en écho sous les voûtes de l'église). Mais ne lui ai-je pas dit et répété, ne lui ai-je pas ordonné, au nom du roi, de ne pas s'arrêter à Ayuthya ni nulle part ailleurs, de ne parler à personne de l'objet de sa mission, et surtout, surtout de ne prêter l'oreille à aucune des rumeurs qu'on allait faire circuler pour l'empêcher d'arriver jusqu'ici ? Je l'avais prévenu, fermement... Il n'en a pas moins mordu à l'hameçon !

— On a affirmé à monsieur Desfarges que le roi était mort, et ce sont des personnes de... qualité qui l'ont affirmé, assura le lieutenant. On a dit aussi que le pays était en pleine révolution, que les Siamois s'armaient.

Le Grec approcha son visage tout près de celui de l'officier, le frôlant presque :

— Qui dit cela, monsieur le Roy ? Qui répand ces bruits mensongers ? Les ennemis du Siam et de la France. Ces messieurs les missionnaires, j'augure ! Le pays est calme, monsieur le Roy, les conjurés n'ont pas encore rassemblé leurs forces, je les ai à l'œil. On peut encore facilement les abattre (d'un mouvement de sa main il balaya l'obscurité). Mais il faut agir vite !

Il se tut un instant, regarda par en dessous le lieutenant et ajouta :

— Si vous avez peur, messieurs les Français, dites-le, mais dites-le vite. Je m'adresserai ailleurs...

— Peur, monsieur? s'exclama le Roy, portant sa main à la poignée de son épée.

De Bèze, prévoyant la catastrophe, s'interposa entre les deux hommes.

— Mon illustre frère, dit-il à Phaulkon, il s'agit d'un malentendu. Le général n'a aucune expérience de ce pays, il ignore combien les gens y peuvent être rusés. On serait désorienté à moins. Nous allons lui envoyer sur-le-champ une lettre pour le détromper. Et il nous aura bientôt rejoints avec ses hommes, je vous le garantis.

Les ombres de De Bèze, Phaulkon, le Roy et Maldonado sortirent de la chapelle, traversèrent le jardin et se rendirent chez le ministre, dans son cabinet de travail. De Bèze s'installa à une écritoire et (sous les yeux du lieutenant) Phaulkon dicta à la hâte une lettre où il « ordonnait » au général, « au nom du roi », de « monter » sur-le-champ à Lopburi, sans plus prêter attention aux rumeurs. De Bèze, de son fait, rédigea une autre lettre dans laquelle il affirmait avoir vu le jour même le roi de Siam qui se portait désormais le mieux du monde. Le lieutenant cacha ces deux plis sous sa perruque, remit son chapeau empanaché et, comme de Bèze et Phaulkon, qui le raccompagnèrent jusqu'à la porte du jardin où attendait son cheval, ne cessaient de le bombarder de mille et mille assurances, clamées sur tous les tons, quant au « calme extrême » qui régnait dans le pays et à la « bonne santé du roi », il éprouva quelque sentiment d'agacement et de suspicion, se disant qu'il serait bon qu'il prît d'autres renseignements, venant de sources moins... intéressées.

Il se rendit aussitôt chez le major Beauchamp qui, avec quelques autres officiers, vivait non loin, près du Wat Sao Thong, un temple idolâtre. Il était trois heures du matin. Pourtant une vive lumière filtrait par les fenêtres de leur demeure. On entendait aussi, de loin, force éclats de voix et de rire.

Le Roy pénétra dans un jardin et jusqu'à une haute porte de bois où il se mit à frapper du poing :

— Mordiou, là-dedans, ouvrez au lieutenant le Roy !

Il n'eut d'autre réponse que des éclats de rire.

— Tudieu, qui crèche dans cette auberge ? Est-ce un lupanar ou la demeure des mousquetaires du roi ? Ouvrez, ordre du général Desfarges !

Il entendit des rires encore, des chuchotements, un bruit de pas feutrés. La porte s'entrebâilla et, dans l'entrebâillement, apparut tout d'abord une toute petite bouille de Siamoise, au nez menu, fort mignonne, cheveux ras, qui le regarda avec deux yeux tout surpris. Presque aussitôt, au-dessus du visage de la Siamoise, surgit une tête emperruquée, hilare, armée de fines moustaches retroussées : celle du sieur Saint-Vandrille, fichée sur un corps nu, blanchâtre, maigre mais bien musclé, aux hanches drapées dans un pagne orné d'espèces de gros ananas stylisés. Saint-Vandrille brandit vers le Roy, comme on braque un pistolet, une flûte pleine de pétillant champagne.

— Qui va là, cria-t-il, par dérision, haut les mains !

Le Roy, devant l'étrange accoutrement de son vis-à-vis, demeura un instant muet, stupéfait, sur le pas de la porte.

— *Araï na ?* gueula une voix féminine, à l'intérieur de la maison.

Une autre voix ajouta :

— Qui est l'intrus, mâle ou femelle ?

Saint-Vandrille, se retournant, lança :

— Messieurs, c'est le lieutenant le Roy qui nous vient visiter. Pour tout vous dire je lui trouve une mauvaise mine, et même une bien sale gueule. Le climat de Bangkok doit être fort nocif.

On entendit un mélange d'éclats de rire des deux sexes. Immobile toujours, sur le pas de la porte, le Roy regardait Saint-Vandrille, avec des yeux qui s'écarquillaient à chaque seconde davantage, au point qu'on eût dit qu'ils allaient jaillir de leurs orbites.

— Mais monsieur, dit le Roy... vos dents.

C'était en effet sur « les dents » de Saint-Vandrille que le regard du lieutenant était plus particulièrement fixé : ces dents étaient noires, toutes noires, mais d'un beau noir d'ébène bien brillant.

— Vos dents ! répéta-t-il hébété.

— Mes dents, eh bien quoi, mes dents ? s'exclama Saint-Vandrille en ouvrant grand la porte. Entrez lieutenant... qu'ont-elles mes dents (il posa sa main sur la tête rase de la petite Siamoise) ?

— Mais... elles sont... noires, dit le Roy, faisant un pas dans la maison.

— Eh bien oui, capitaine, noires... Il m'a fallu faire ce sacrifice aux charmes de madame Suchitra que voici (il tapota encore sur la tête de la Siamoise qui joignit ses mains devant son nez). Ne savez-vous pas... (Saint-Vandrille prit le Roy à la taille et l'entraîna dans la maison, tout en brandissant dans sa main droite sa coupe de champagne, au-dessus de sa perruque de guingois)... Ne savez-vous pas, après sept mois déjà que nous sommes à Siam, que les dames d'ici n'aiment point embrasser, ce qu'elles trouvent dégoûtant en soi déjà, mais d'autant plus que nous avons les dents blanches ? Ma petite Suchitra — que j'adore aussi fort que la collection de caniches que j'ai laissés chez moi en France à Saumur, aux soins de mes domestiques — ma petite Suchitra donc a consenti à bien vouloir me faire la faveur de s'adonner à cet acte dégoûtant qu'est le baiser, à condition cependant que, comme elle et ses compatriotes, je me laquasse les quenottes, ce que je fis. « J'aurais l'impression sans ça de lécher la bouche d'un cochon », m'a-t-elle assuré. Car, entre autres points communs avec les cochons (dont l'odeur paraît-il), les Français auraient celui d'avoir les dents blanches, pouah ! Comment, lieutenant, pouvez-vous ne les avoir point noires ?

Le Roy ne put s'empêcher, quelles que fussent ses angoisses, d'éclater de rire.

— Et... dit-il, le resteront-elles toujours, noires ?

— Non point. C'est un vernis qui, m'a-t-on assuré (ce que j'espère) s'écaille après un ou deux mois. Ainsi, voyez-vous, lieutenant, mon sacrifice à cette belle est-il aussi bénin que celui de Samson qui offrit ses cheveux à Dalila, et bien moins redoutable que celui d'Holopherne qui, pour Judith, perdit tout de bon la tête !

Et comme ils arrivaient dans une vaste salle à manger, la plaisanterie de Saint-Vandrille précipita les rires de toute une joyeuse assemblée, mâle et femelle, où l'on comptait, tous installés autour d'une table où s'empilaient des cartes à jouer, des pièces d'argent et des bouteilles, messieurs Fretteville, Danglas, Beauchamp, Descaves, le chevalier Desfarges, flanqués chacun d'une Siamoise demi-nue. Présence quelque peu surprenante à leurs côtés : le père dominicain Pedro Martyrio, tout rubescent de pinard sous ses longs cheveux blancs (c'était ce père portugais qu'excommunia l'évêque monseigneur Laneau).

Beauchamp, colonellissime des mousquetaires de sa Majesté de Siam, portait une fille sur chacun de ses genoux.

— C'est que ces demoiselles nous sont livrées toutes fraîches des campagnes les plus éloignées du pays. Elles ne connaissent rien à l'amour, du moins l'amour à la française (en est-il d'autre ?), il leur faut tout apprendre, même le B. A. BA du baiser... Sauf Deng, pour sûr.

Et en prononçant ce mot, « Deng », il faisait sauter sur son genou droit une des deux filles dont, étrangement, le torse, fort bien fait et nu jusqu'à la taille, était entièrement tatoué, tétons compris. On reconnaissait, tracés à l'encre bleue, des idéogrammes chinois, des caractères arabes, latins, cyrilliques, siamois.

— Ce sont, dit le major, les signatures de tous ses amants qu'elle se fait gloire de collectionner. Elle en a même sur les fesses, ce que je ne saurais vous montrer, mais que cette gueuse ne détesterait pas de faire. Elle y a ajouté même mon nom...

Du doigt (un gros index endeuillé de crasse) le major pointa, pour l'enseignement de le Roy qui s'était approché, son nom — « Beauchamp, 8 mars 1688 » — inscrit autour du téton gauche de la jeune *puying*.

— On peut dire qu'elle m'a dans la peau, conclut le major, qui éclata de rire à cette plaisanterie, qu'il avait déjà dû faire quarante-six fois.

— Il faut dire, ajouta-t-il, que cette dame ne m'a pas coûté quatre sous. Dix écus ! Plus cher que trois cabris qui sont mets de roi ici.

— Le prix à tout le moins d'un de ces flacons, dit le Roy, en montrant sur la table une dizaine de bouteilles de champagne. Vous êtes bien fortunés, à Lopburi, quand à Bangkok on ne boit plus que de l'arak !

— Prenez-en donc une coupe, lieutenant, dit l'enseigne de Fretteville, c'est Son Excellence le comte Phaulkon qui nous a régalés, ce matin, de ce nectar. Pour fêter, a-t-il dit, le rétablissement de la santé du roi de Siam.

— Buvons, messieurs, lança Danglas en levant sa coupe.

Et tous levèrent un toast (à l'exception des Siamoises, qui se contentaient de thé, soit qu'elles n'appréciassent point le champagne, soit qu'on jugeât qu'elles n'en étaient point dignes).

Il ne fallut pas moins de quatre ou cinq coupes au lieutenant le Roy, qui s'était retrouvé bien vite assis, encadré par deux cajoleuses *puying*, pour se remettre les idées en place. Il se décida à jouer les trouble-fête, interpellant sévèrement ses compagnons de table :

— Êtes-vous inconscients, messieurs ? Ignorez-vous que le pays est en état de guerre, qu'on dit partout que le roi est mort et qu'on va massacrer les chrétiens ? Des milliers d'hommes seraient prêts à nous égorger. Et je vous vois ici... joyeux, désarmés... désarmants. Les bras m'en tombent.

— Qui vous a raconté ces sornettes, demanda Beauchamp désenivré soudain.

— Ces sottises, dit Saint-Vandrille.

— Ces bêtises, dit Danglas.

— Ces conneries, renchérit Fretteville.

— Messieurs, c'est le général Desfarges qui m'a envoyé ici, porter un message à Son Excellence Constance, et afin que je me fisse moi-même une idée de la situation. Il est à Ayuthya, et hésite à *monter*...

— Il ne monte donc pas ! s'exclama Beauchamp, qui, retrouvant tout à fait ses esprits, se leva et prit aussitôt sa « pose », le pied-droit-en-avant-l'œil-fixé-sur-un-imaginaire-horizon, ce qui était assez comique, car lui aussi était torse nu et en pagne.

— Il ne monte pas, répéta le Roy. Les sieurs Véret et de Lionne l'en ont dissuadé, arguant qu'il s'allait faire égorger.

— Mon père est un vieux sot, s'exclama le chevalier Desfarges qui, jusque-là, s'était absorbé à tirer sur le tuyau d'un narguilé de cuivre posé à ses pieds.

— Tout est calme ici, expliqua Beauchamp. La santé du roi s'est rétablie, et monsieur Constance pense que les conjurés n'agiront que s'il est au plus mal. Ils ne sont pas encore en force d'ailleurs, et ne bronchent pas. Ce Véret raconte des sottises.

— Que veut-il, ce Véret ? explosa Saint-Vandrille en tortillant sa moustache. Il veut la peau de monsieur Constance. Car monsieur Constance sait fort bien comment ce brigand détourne à son profit les fonds de la Compagnie des Indes. Il est de mèche avec Pitratcha, c'est certain. Sans doute le mandarin aura-t-il fait entendre à ce porc, qui l'aura répété aux missionnaires, que les conjurés n'en veulent qu'à Phaulkon, et non aux Français. Belle duperie : Monsieur Constance abattu, c'en sera fini de la France à Siam.

— Et c'en sera fini du général Desfarges qui, d'ores et déjà, est bon pour le conseil de guerre, s'exclama le chevalier son fils. Voici mon nom déshonoré !

Le Roy se leva et lança, portant la main à sa rapière :

— Messieurs, ce que vous me dites, ce que m'ont dit les pères jésuites et monsieur Constance me trouble au plus haut point... Je le rapporterai au général... J'aimerais cependant faire un petit tour dans la ville, pour en avoir le cœur net, et qu'on me procure un cheval frais. Le mien est épuisé, et il me faut rentrer au plus tôt.

Les officiers français se levèrent et comme ils s'apprêtaient à suivre le Roy dans Lopburi endormie, vêtus de leurs seuls pagnes et de babouches, ils s'attirèrent de sa part des regards et des paroles si effrayés (« Messieurs, êtes-vous fous ? ») que, riant fort, ils passèrent, pour lui complaire, qui un ceinturon pour y glisser un pistolet ; qui un baudrier, où, en guise d'épée, il enfila une bouteille de champagne ; le troisième se coiffa d'un feutre à large panache ; le quatrième enfila des bottes, mais comme ils restaient torse nu et en pagne, on se fût cru beaucoup plus, lorsque leur mascarade sortit dans la rue, au Mardi Gras, qu'en cette nuit sacrée du vendredi saint. L'ensemble était d'autant plus bizarre que nos soudards, pris de vin, titubaient, poussaient sans cesse des cris et des jurons, dans le profond silence de la ville. A quelques pas derrière suivaient les *puying* siamoises qui, une main sur la bouche, faisaient semblant d'étouffer leurs pouffements cristallins. Certes, ces *Farangset* emplumés étaient fort *sanuk,* c'est-à-dire drôles, songeaient-elles, dommage qu'ils puassent tant !

Le Roy insista pour faire le tour du palais, où il ne vit rien de suspect, après quoi ils se rendirent aux écuries où le mandarin chef qui en était responsable, Oluang Tchumpion, consentit, sans le moindre sourcillement, à prêter un cheval, parmi les meilleurs.

Le lieutenant monta en selle. Comme le méchant dragon de l'éclipse avait recraché depuis longtemps la lune, celle-ci déversait sur les murs immaculés du palais et des écuries sa lueur phosphorescente. Les ombres bizarroïdes de ces Français demi-nus, emplumés et titubants, se découpaient sur ce fond lumineux : dernière vision, amusante, étrange et pathétique qu'il emporta avec lui quand, piquant des deux, il se lança au galop vers Ayuthya, abandonnant ses compagnons dans la nuit tiède, voluptueuse, caressante, — l'incompréhensiblement belle nuit de Siam.

Le Roy arriva à Ayuthya le samedi saint 17 avril que Dieu fit, sur les midi. Le général Desfarges n'était plus au comptoir de la Compagnie. Sa présence et celle de ses troupes « semant le trouble dans la ville », à ce qu'en disait Véret, il avait préféré se replier à la Tabanque, deux lieues en dessous de la capitale, là même où la Loubère et Céberet avaient passé une dizaine de jours avant d'être reçus pour leur première audience, il y avait près de six mois déjà.

Le général lut les lettres de Phaulkon et de Bèze, apportées par le Roy, et écouta le rapport de son officier : le roi de Siam était vivant, les conjurés ne bougeaient pas, et ne bougeraient pas tant qu'il serait en vie, Lopburi était calme. Tout donc était pour le mieux. On pouvait agir. Le général devait *monter* sans plus perdre de temps.

— Que je *monte !* Que ne *descend*-il ? s'exclama Desfarges à la fin de sa lecture. Dites-moi, le Roy, avant que de rédiger cette lettre, monsieur Constance est-il allé au palais consulter le roi, qu'il prétend en vie ?

— Non point, il était près de trois heures du matin, quand je le vis, et la chose, fort pressée, ne pouvait attendre l'aube. Je suis reparti aussitôt...

— Il me donne donc l'ordre de *monter,* au nom du roi, sans consulter le roi ? Pour qui me prend-il, moi maréchal de camp de Sa Majesté, pour un de ses mercenaires ? Pense-t-il qu'un homme de mon *caractère* lui puisse servir de nervi ? Je suis au service du roi, point de ce Grec !

Hors de lui, Desfarges mit les lettres dans sa poche, sauta dans une pirogue et se fit mener à la mission Saint-Joseph, prenant Véret au passage, au comptoir de la Compagnie.

L'évêque et de Lionne, avec qui ils se réunirent dans la bibliothèque du séminaire, étaient vêtus d'habits de cérémonie noirs, en souvenir de la Mort de Notre Seigneur Jésus-Christ.

— Il ne veut pas *descendre,* il veut que je *monte !*

Ce fut la première phrase que Desfarges prononça moins qu'il ne l'éructa.

*Monter/descendre :* à ces deux verbes se résumait pour lui la situation, son « cruel dilemme ».

— S'il ne veut descendre, ajouta-t-il, c'est qu'il ne peut le faire. Vous aviez raison, monsieur l'évêque, il n'est plus libre de ses mouvements, et pourtant il affirme que le pays est calme et que...

Les yeux embrasés, de Lionne se leva de sa chaise et fulmina :

— Constance ment, le père de Bèze ment, les jésuites mentent ! Nous avons nos informations : le plan, leur Grand Dessein tombe à l'eau : leur intention n'a jamais été de couronner aucun des frères du roi, mais Prapy, la chose nous est connue, et c'est aujourd'hui la rumeur publique. Or le parti de Prapy semble défait... Phaulkon est aux abois, et il veut, avec vous, général, entraîner la France dans un coup désespéré par lequel il compte, grâce à vos troupes, s'imposer aux Siamois, contre leur volonté, quitte à envoyer vos hommes à un massacre certain, car cette tentative n'a aucune chance de réussir. Comment les jésuites peuvent-ils prêter la main à pareille entreprise, qui servent-ils ou croient-ils servir, ce faisant : l'Église ? Sa Majesté Très Chrétienne ? Ils s'en servent plus qu'ils ne les servent... Pour imposer leur règne partout, et à l'exclusion des autres ordres, ils n'hésitent devant aucun moyen, prétendant les anoblir par des fins qu'ils disent saintes, mais leurs fins s'engluent dans leurs méthodes insanes. Ils ont mis l'Évangile à l'heure de Machiavel. Ils ont introduit dans la morale chrétienne des poids et mesures, ils ont plongé dans la relativité du politique l'absolu du bien et du mal (la passion, la rage enivraient de Lionne qui se mit à aller et venir dans la bibliothèque tel un fauve en cage). Comment se fier à ces prêtres, si le nom de prêtres leur est propre, ces... créatures qui ont fourvoyé la France et Sa Majesté Très Chrétienne jusqu'à lui conseiller de fonder sa politique sur ce... Grec, ce fils de cabaretier, ce rustre, ce... roturier (« ce flibustier », renchérit Véret), ce bandit qui ne sert la France et Rome que dans la mesure où cela sert ses intérêts et qui changera aussi facilement de fusil d'épaule, si ses intérêts le portent ailleurs. Et qui sait, général, si dès aujourd'hui, ce... Grec n'est pas justement en train de nous trahir, comme il a trahi les Anglais de Mergui, parce que notre présence lui devient encombrante, qui sait, s'il n'est pas en train de s'entendre avec Pitratcha peut-être, qu'il dit être son ennemi, et avec les Hollandais même, et qui sait si les jésuites, aveuglés par leur haine à notre égard, et leur folle ambition, et sans les garde-fous d'aucune morale qu'une morale dégénérée, ne jouent pas son jeu, trahissant de ce fait la France ? Non, général, je vous l'ai dit. Allez-vous-en, retournez à Bangkok. Là est votre place, là se réfugieront, si nécessaire, les chrétiens, et monsieur Constance, et sa famille, et les jésuites même ; là enfin vous pourrez, parce que vous serez en position de force, imposer au successeur du roi de Siam, *quel qu'il soit,* et soit-il ou non favorable aux Français et à l'Église, les exigences de Sa Majesté. Bangkok est un lieu stratégique, la clef du royaume. Restez-y jusqu'à l'arrivée des secours. Fortifiez-vous, rendez-vous redoutable.

— Ainsi sauverez-vous peut-être la Mission, dit d'une voix faible l'Évêque, et nos vingt ans de lent et patient travail évangélique, qui risquent d'être d'un coup effacés.

— Ainsi sauverez-vous aussi mon comptoir, et les intérêts de la Compagnie des Indes, ajouta Véret.

— La chose est conclue : je ne *monte* pas, dit Desfarges. Je dirai même plus : Je *redescends* à Bangkok.

Une heure plus tard, de retour à la Tabanque, Desfarges réunit, dans un salon chinois, le Conseil de guerre, rassemblant les capitaines et lieutenants dans lesquels il avait le plus confiance et leur exposant les faits :

— Messieurs, lança-t-il à la fin de son exposé, ou ce Phaulkon nous trompe, étant de mèche avec tel ou tel des conjurés, ou bien il se fait des illusions quant à la situation présente qui est bien plus grave qu'il ne le croit. Ces messieurs de la Mission ont leurs informations. *Monter* à Lopburi, c'est se jeter dans la gueule du loup. Nous repartons pour Bangkok.

Il y eut un murmure, dans les rangs des officiers. Desfarges se dégonflait-il ? Il était face au Rubicon et... il reculait. Depuis longtemps les incertitudes, les faiblesses du général avaient détruit le peu d'estime que ses hommes avaient jamais pu avoir pour lui. Dacieu, bon soldat, mais au demeurant assez rustre (*Monsieur Desfarges ne se liait qu'à des gens de la plus basse extraction, n'ayant pas d'amis, ni ne méritant d'en avoir,* écrirait Deslandes), Dacieu donc se permit un discours fort vif :

— Il faut monter, général. Il n'est pas de l'intérêt de Sa Majesté, ni du vôtre, d'abandonner ainsi Son Excellence Constance auprès de qui vous vous engageâtes, et dans cette conjoncture surtout, car c'est le coup de la partie qui se joue ! Perdre ce coup, c'est tout perdre : non seulement monsieur Constance, mais aussi le Siam, ce dont vous entendrez parler à votre retour à Versailles !

— Ma décision est prise, je *descends* (Desfarges tapa du poing sur la table du conseil). J'ai ordre, dans mes Instructions, de m'en remettre aux avis de messieurs de Lionne et Laneau, qui sont gens de considération et... de poids. Ils sauront me disculper devant la Cour, quoi qu'il advienne. Je me suis mis en faute en quittant mon poste à Bangkok, et en dégarnissant la place de mes meilleurs soldats. Il en va de ma tête en France !

— Si vous pensez, rétorqua Dacieu, que c'est une faute, mon général, que d'avoir quitté Bangkok, croyez-vous que vous serez plus approuvé de vous en être éloigné de quarante lieues, en venant à Ayuthya, plutôt que de cinquante-cinq lieues si, à la demande expresse de monsieur Constance, vous vous rendez à Lopburi ? La place de Bangkok, vous l'avez quittée, la faute est donc commise, si faute il y a, n'en commettez pas une seconde en ne vous rendant point là où l'on a d'urgence besoin de vos secours. Ces bruits qui courent que des milliers d'hommes sont d'ores et déjà prêts à vous massacrer sont pure chimère, c'est maintenant chose évidente.

— Taisez-vous, Dacieu... Vous ne savez pas tout. Je *descends,* ma décision est prise. Vous, vous *monterez* à Lopburi faire part de tout cela au sieur Constance, et l'inviter encore une fois à se réfugier à Bangkok.

Le visage du général qui, étrangement, n'avait cessé de pâlir depuis le début du Conseil de guerre, avait cette fois carrément tourné au vert.

– Je... bafouilla-t-il soudain, tremblant de fièvre et suant... Vous m'excuserez, messieurs.

D'un bond, il fut hors de la pièce. Ayant juste le temps de se jeter non loin, dans un endroit idoine.

Le cul sur un pot de chambre, les yeux baissés, regardant les lattes pourrissantes du plancher, entre ses deux pieds bottés, le général, se prenant le front entre les mains, se disait en lui-même :

– Mes officiers me les gonflent, les jésuites me les cassent, les missionnaires me les brisent ; vais-je crever dans ce foutu Siam qui me les rompt ? Si je n'y laisse pas ma peau, j'y laisserai à tout le moins mes intestins.

De l'autre côté de la cloison, dans le salon du Conseil, les officiers revinrent bientôt de la surprise que leur avait causé la fuite du général : quand ils l'entendirent déclencher soudain une terrifiante, une furieuse, une assourdissante canonnade, ou pétarade plutôt.

La débâcle commençait. La diarrhée finale.

Le 18 avril que Dieu fit, dimanche de Pâques 1688, sur les onze heures, le sieur Dacieu, la mort dans l'âme, franchit l'enceinte du palais de Phaulkon à Lopburi. Les cloches de la chapelle Notre-Dame-de-Lorette sonnaient à toute volée, joyeusement, sous un ciel bleu et pur : *Dieu était ressuscité.* Il aperçut aussitôt une cinquantaine de personnes qui s'apprêtaient à entrer dans l'église. Parmi elles Phaulkon, qui tenait par la main son fils Georges, un bambin de cinq ans, sa femme, les pères jésuites de Bèze, le Blanc, Saint-Martin, Maldonado, le dominicain Martyrio et des officiers, Danglas, Beauchamp, Fretteville, Saint-Vandrille, Descaves, l'ingénieur Bressy, et le chevalier, fils du général. Dacieu était un fonceur. En trois pas, il fut auprès du ministre auquel il tendit le message dont il était porteur. Phaulkon le lut, et, blêmissant, le tendit à de Bèze.

– Le général a les foies. Il ne vient pas. Je vous l'avais dit.

– Je n'y puis croire, bredouilla de Bèze.

Phaulkon, avec mépris, tourna le dos au jésuite et prenant à part Dacieu, lui murmura à l'oreille :

— Mais monsieur, pourquoi le général m'a-t-il donné sa parole qu'il monterait, s'il ne voulait pas la garder ? Ne se rend-il pas compte qu'il m'a engagé ainsi à faire... toutes sortes de démarches qui, maintenant, ne peuvent que me perdre ?

— Il vous propose un refuge : Bangkok !

— Ah ah, Bangkok ne saurait soutenir un siège de dix jours et je gage qu'avant ces dix jours votre général, tel que j'apprends à le connaître, m'aura lâchement livré à mes ennemis, si je l'y rejoins ; De toute façon c'est ici, à Lopburi, que la partie se joue. Monsieur Desfarges me perd, mais Dieu veuille qu'il ne se perde pas aussi et les affaires du roi son maître ! Ce jour de Pâques, qui devait être le jour de la rédemption de ce royaume idolâtre, pourrait bien être celui de notre destruction à tous...

Il se tourna alors vers sa femme, vers les officiers, vers les jésuites. Les yeux humides d'émotion, il prit dans ses bras son fils et, de la main droite, il montra d'un geste vaste et emphatique le porche de la chapelle Notre-Dame-de-Lorette, qu'il avait fait construire sur ses fonds propres pour la France, pour le Grand Dessein.

— Allons, messieurs, dit-il à voix forte et émue, puisque le secours humain nous manque, n'en attendons plus que de Dieu. Voilà sa maison, j'espère qu'il la défendra et qu'il n'abandonnera pas cette chrétienté naissante.

Après la messe et la procession, il y eut une réunion au sommet fort mouvementée, autour de la table basse du cabinet de travail du ministre. Y étaient assis Phaulkon, les pères de Bèze, Maldonado, Beauchamp et Dacieu.

Le père de Bèze, troquant son air de fouine contre un masque de grand stratège, fit à Dacieu un bref tour d'horizon de la situation :

— Il n'est pas trop tard pour agir, dit-il... Nous avons ménagé jusque-là Pitratcha, qui nous croit d'accord avec sa conjuration. Nous lui avons promis que le général et ses troupes viendraient à Lopburi pour se joindre aux rebelles. Il l'attend... Cependant, en faisant retraite vers Bangkok, monsieur Desfarges risque d'avoir semé des soupçons dans l'esprit de ce mandarin. Il faut aussi agir vite, ne pas lui laisser le temps d'y réfléchir. Et l'éliminer... avant que l'ensemble de ses forces ne soient rassemblées. Dieu jugera ce crime au poids des saintes intentions qui le motivent.

— La promptitude sera notre meilleure arme, ajouta Phaulkon, nous avons trop tergiversé déjà.

Beauchamp, croisant et décroisant ses jambes, tourna son œil vers un imaginaire horizon et dit à Constance d'un ton qu'il voulut le plus assuré :

— Si vous m'y autorisez, monsieur le comte, je descendrai avec le capitaine Dacieu à Bangkok. Je connais bien le général. Nous avons servi ensemble et combattu pendant vingt ans. J'ai sur lui de l'influence et sais par... où le prendre. Je me fais fort aussi (il enfla orgueilleusement la poitrine) de le ramener à la raison.

— Ramenez-le à Lopburi, ça sera suffisant, dit de Bèze.

— Le général me connaît bien aussi, dit Dacieu. J'ai toute sa confiance. Je vous garantis que je le convaincrai de monter.

Phaulkon, jouant machinalement avec les pièces de l'échiquier, posées sur la table basse, regardait les Français d'un œil désabusé.

— Ne pensez-vous pas, messieurs, que vos efforts seront inutiles ? Vous attendre, attendre la réponse du général, va me coûter trois jours encore à tout le moins, et le temps presse. J'ai d'autres... options, qui peuvent m'échapper elles aussi si je tarde.

Beauchamp se frappa du poing la poitrine et assena :

— Si je *descends,* il *montera* !

Une vague lueur d'ironie, mais de tristesse aussi, glissa dans les yeux noirs de Phaulkon qui se posèrent tour à tour sur les officiers et les jésuites.

— Descendez, dit-il.

— Il montera, dit Beauchamp.

Et de Bèze en écho :

— Il montera.

Comme Beauchamp et Dacieu sortaient du cabinet, le Grec, d'un saut, rattrapa le major, l'emmena à l'écart et, furtivement, lui glissa une bourse dans la main.

— Fais-le monter, Beauchamp.

— Je ne saurais accepter... euh... répondit le major, qui tâtait néanmoins et soupesait la bourse.

— Tu en auras le double à ton retour, si tu le ramènes, et c'est pas rien que ce double-là : il y a deux cents écus d'or dans cette bourse !

— Il montera, dit Beauchamp.

Phaulkon lui tourna le dos, et repénétra dans le cabinet où ne se trouvaient plus que de Bèze et le jésuite flamand Maldonado. Il s'assit à leur côté, s'amusa encore, songeur, à déplacer les pièces sur l'échiquier.

— Desfarges ne montera pas, c'est un ventre mou. Dès le départ je l'ai senti, c'est pourquoi j'avais tant espéré que monsieur du Bruant, qui est d'une autre trempe, restât à Lopburi. Mais comment aller le chercher, maintenant, à l'autre bout du royaume. D'ici à Mergui, il y a presque un mois de chemin !

— Le général montera, dit de Bèze. Il est fort... compromis. Et nous avons des pièces qui nous permettraient de lui faire trancher la tête à Versailles, s'il ose jamais y retourner.

— Je crains, mon père, qu'on ne puisse plus compter sur lui, ni sur la France. Ce sont là des cartes désormais inutiles... et inutilisables.

Phaulkon pria bientôt de Bèze de quitter la pièce car il avait « à parler avec Maldonado ». Jean-Baptiste Maldonado, ou Maldonnat, était né à Mons en 1634. Entré dans la Société de Jésus en 1653, il partit pour l'Asie en 1671. Il était, avec le jésuite sicilien Thomas Valguaneira, un des promoteurs de la carrière politique de Phaulkon à Siam. Il avait été à l'origine de son mariage avec la fille naturelle du susdit Valguaneira. Maldonnat s'était fait le défenseur de la forte communauté portugaise de Siam contre les appétits français ; et des jésuites contre les missionnaires.

— Je vous avais averti, et depuis longtemps, dit Maldonnat, que cette alliance avec les Français vous amènerait à la catastrophe. Ces messieurs de Versailles s'imaginent les Indes et tout l'Orient comme ils les représentent dans leurs ridicules théâtres ou les romans du pitre Donneau de Visé. A-t-on jamais vu qu'on dompte un pays avec quelques centaines de mousquetaires et qu'on convertit un roi et sa nation en un an ! Ils voient le monde tel qu'ils voudraient qu'il soit, non tel qu'il est ! Et les jésuites français, et le père de la Chaise, qu'on prétend si... fin, ont marché dans ces niaiseries ! Mais il faudra bien que le père de Bèze et ses collègues se rangent aux intérêts supérieurs de la Société de Jésus, et leur sacrifient ceux, particuliers, du roi de France... pour la plus grande gloire de Dieu.

*Les jésuites étaient hier espagnols, aujourd'hui ils sont français ; autrefois ils étaient tout entiers au pape contre la France, aujourd'hui ils sont tout pour la France contre le pape, tout prêts à se réconcilier avec le pape et faire à la France le pis qu'ils pourront quand ils en seront requis par leur intérêt.*

(Louis de Monpersan
*La Politique des jésuites,* 1688.)

Le sergent Lapierre marchait dans l'obscurité en brandissant une torche enflammée, suivi du lieutenant la Dorbelaye et de cinq fantassins en armes. Ils piétinaient dans la boue, le long du fossé creusé sur le flanc est de la citadelle orientale de Bangkok. Aucun mur — après sept mois de séjour de nos troupes, déjà, dans le pays — n'avait été encore érigé à cet endroit. On avait dressé seulement, tous les quinze mètres, une casemate construite en bois de cocotier où se tenaient des sentinelles. La discipline, depuis le retour de Desfarges, avait été extrêmement renforcée. La nuit était obscure, tiède, poisseuse, l'air épais. De l'ombre, tout autour, s'élevait la rumeur de la jungle : criquets, crapauds, serpents, cigales, feulement sourd des fauves, piaillement des singes, hululement des chouettes. Concert inquiétant auquel nul Français ne s'était encore habitué. Une nuit un soldat, qui s'était endormi en faisant la sentinelle, s'était fait croquer tout vif par un tigre. La patrouille s'approcha d'une des casemates construites à la lisière du camp. Une ombre emplumée s'agita.

— Alerte ! Qui va là ! cria l'ombre emplumée.

— Ronde ! répondit le lieutenant la Dorbelaye.

Trois sentinelles braquèrent leurs épées vers la Dorbelaye.

— Demeure là, dit l'une d'elles.

— Caporal hors la garde ! rétorqua la Dorbelaye.

L'une des sentinelles (le caporal) s'avança. Son visage criblé de vérole et moustaché de noir jaillit dans la lueur du flambeau brandi par Lapierre.

— Qui va là ? demanda à nouveau le caporal.

— Ronde ! répondit la Dorbelaye.

— Avance qui a l'ordre ! ordonna le caporal.

La Dorbelaye, toujours menacé par les épées des sentinelles, se pencha, geste rituel, sur l'oreille de leur caporal et murmura le mot de passe :

— *Notre-Dame de la Miséricorde.*

Le caporal éclata alors de rire. Le cérémonial de la ronde était terminé.

— Foutu Dieu, la Dorbelaye, dit-il, on se fait bouffer tout vivant, ici. A petites doses. Je préférerais encore les tigres, ce serait plus rapide.

Dans le halo lumineux et tremblant de la torche de Lapierre, bourdonnaient en effet à tout le moins un bon millier de maringouins sanguinaires. La gueule et particulièrement le pif des mousquetaires de garde étaient gondolés, gaufrés de cloques purulentes. Ils avaient la face livide, l'œil halluciné. L'un d'eux tremblait de fièvre.

— Heureux qui comme Ulysse... susurra la Dorbelaye ironiquement.

— A fait un beau voyage ! poursuivit le caporal.

— Et puis est retourné, bouffé d'ulcères et de démangeaisons...

— ... crever entre ses parents le reste de son âge.

Claquant les talons dans la fange spongieuse qui constituait le sol, les sentinelles et les mousquetaires de la ronde se présentèrent les armes. Puis, après un nouvel échange de plaisanteries désespérées et quolibets, la Dorbelaye, suivi par sa patrouille, continua son inspection. Il s'avança jusqu'à l'espèce de bourbier, au sud, non loin des rives marécageuses du fleuve où s'érigeait un bastion de brique inachevé. C'était là que commençait la muraille. La Dorbelaye grimpa sur celle-ci, avec ses hommes. Mais aucune sentinelle, à sa surprise, ne l'interpella.

— Sentinelle hors la garde ! cria la Dorbelaye.

Nulle réponse.

Dans le bastion personne. Sur la muraille, personne. Et pourtant auraient dû se trouver là cinq hommes. Il était impensable qu'ils eussent abandonné ce poste. Il en allait de leur tête. Le règlement, à cet égard, était implacable. Si ces hommes n'étaient pas là, c'est qu'on les avait enlevés, ou qu'ils s'étaient enfuis...

— Bougrediou, s'exclama le lieutenant, où ces foutus jean-foutres sont-ils allés se foutre ?

A l'autre bout de la muraille, presque aussitôt on entendit un cri :

— Alerte, alerte !

Là-bas, pareillement, il devait se passer quelque chose de « louche », mais foutudiou quoi ?

— Alerte, alerte ! hurla la Dorbelaye à son tour.

Trompettes et tambours ne tardèrent pas à sonner eux aussi l'alerte. La cloche du beffroi s'ébranla. Sur les murailles et partout dans le camp s'allumèrent des torches. A l'extérieur du fort, du côté du fleuve, on entendit des cris, des coups de feu. La Dorbelaye se pencha au-dehors de la muraille. Il aperçut une trentaine de soldats, dont, dans l'ombre, brillaient les armes et les hausse-cols, qui se précipitaient vers le Mae-Nam Chao-Phraya, du côté où avaient retenti les tirs. Dans cette direction, à travers une large échancrure ouverte dans l'efflorescence noire de la jungle, on pouvait voir, se silhouettant sur un bras argenté du fleuve, les deux voiles noires, nervurées, d'une énorme jonque, autour de laquelle les flammes rouges crachées par les mousquets arrachaient à la forêt les hurlements de toutes ses bestioles.

— Alerte, alerte ! criait-on.

Ce fut la nuit du 20 avril que Dieu fit, un mardi, qu'advinrent ces troubles.

Le lendemain le major Beauchamp et le capitaine Dacieu, de retour de Lopburi, trouvèrent Bangkok dans un état de fébrilité intense.

Jamais les sentinelles n'avaient été si actives, les tenues aussi impeccables, les armes aussi briquées, les casemates aussi bien balayées. On avait doublé les gardes. Dès que, sortant de leur galère, ils eurent posé les pieds sur le débarcadère, Beauchamp et Dacieu furent renseignés : la veille, s'étant mis d'accord avec les sentinelles, cinquante soldats, parmi les plus valides, dont nombre de bombardiers, et les sieurs Tulippe, N'a-qu'une-fesse et autres, s'étaient enfuis du fort. Leur tentative de désertion avait échoué. Dénoncés au dernier moment par l'un des leurs, ils avaient été interceptés par une patrouille alors qu'ils s'embarquaient dans une jonque en compagnie d'un certain René, qui se disait grec de nation, d'un Portugais et de quelques Siamois. Ils étaient passés immédiatement aux aveux. C'était ce Grec, René, qui les avait incités à fausser compagnie au général Desfarges, pour se rendre en Inde et s'engager dans les troupes du Grand Moghol qui embauchait à prix d'or des mercenaires Européens afin de damer le pion au roi de Golconde. Cette jonque, avant d'aborder l'Inde, devait franchir le détroit de Malacca, se rendre à Mergui, et y embarquer d'autres déserteurs français. Le coup donc avait été monté de longue main, et avant le 17 février en tout cas, date à laquelle le lieutenant du Bruant et ses hommes avaient quitté Bangkok pour Mergui. C'était un *complot.* Tramé par qui ? Les Hollandais ? Ces chiens de marchands de harengs aidaient en effet le Grand Moghol à conquérir le Sud de l'Inde, afin de déloger les Anglais de Madras et les Français de Pondichéry. Ainsi faisaient-ils d'une pierre deux coups : en dégarnissant notre citadelle de Bangkok de cinquante de nos meilleurs soldats, ils renforçaient leur allié.

— Le général est furieux, expliqua-t-on à Beauchamp et Dacieu comme ils pénétraient dans le fort. D'autant qu'il est malade !

Ils le trouvèrent en effet au lit : son front enturbanné, tel celui d'un sultan ou du Mamammouchi de feu monsieur Molière, dans un pagne humide, écarlate ; son pied droit, goutteux, était langé à peu près de la même façon, mais d'un pagne bleu cette fois, orné de fleurs de lotus ocre. La nuque appuyée contre deux oreillers énormes, il tenait son visage perlé de sueur braqué vers un buste en bronze de Jules César, qu'il avait fait installer sur une console, juste en face de son lit, quelques jours auparavant : César l'aidait à *réfléchir.* Il avait d'ailleurs ses œuvres, *La Guerre des Gaules* et *La Guerre civile,* deux beaux in-folio de cuir cramoisi, posés à ses côtés sur le matelas. Une jeune esclave demi-nue et des plus affriolantes l'éventait sans cesse. Mais le général ne la regardait même pas. Des *puying,* alias filles de Siam, il en avait sa claque. Il avait une gonorrhée fétide, côté face ; son côté pile, ou fesses, étant frappé de diarrhées chroniques qui lui valaient deux fois par jour des lavements à l'eau salée injectés au clystère. Il en avait un, d'ailleurs, dans son ventre, de lavement. Il devait l'y garder trois heures, selon les prescriptions du médecin. Autant dire que le général en avait ras la perruque, et qu'il ne s'agissait pas de lui marcher sur les roustons.

Il essaya de se mettre sur son séant, ce qui déclencha une grimace affreuse sous sa moustache grise, provoquée sans doute par le lavement.

« Approchez, approchez, les invita-t-il d'un signe de la main.

Le major fit un pas en avant.

— Et toi fiche-moi le camp! beugla le général, repoussant la *puying* qui l'éventait, laquelle, d'un saut agile, fut hors de la pièce.

— Ah ah, je m'en *méfie,* moi, dit-il d'un ton plus bas et mystérieux, je m'en *méfie* maintenant de ces Siamois et de leurs siamoiseries (le verbe *se méfier* était devenu un des termes les plus usités de son vocabulaire). Ils sont rusés et malins comme des renards, ces Siamois. Allez savoir si cette petite garce ne parle pas aussi bien français que messieurs Racine ou Pradon, et n'est pas ici pour espionner!

A l'invitation de leur chef, Dacieu et Beauchamp s'assirent sur le lit, précautionneusement, de part et d'autre du pied goutteux enturbanné.

« Le type qui a organisé, et de longue date, cette désertion, savez-vous?...

Les deux officiers restèrent muets, signifiant ainsi qu'ils ne « savaient » pas.

« Eh bien, ce type, un certain René... Il est grec!... Vous me suivez?

Le silence de Dacieu et Beauchamp voulait sans doute dire qu'ils ne « suivaient » pas.

— Grec, foutu Dieu, grec, vous dis-je, comme ce foutu Grec de Constance. Et c'est ce Grec qui a envoyé ce Grec, euh, je veux dire, ce Constance qui a envoyé ce René pour me débaucher mes hommes, et poursuivre ainsi le travail de dispersion de mes troupes qui a commencé dès le lendemain de notre débarquement à Siam. On m'a eu, on m'a eu une fois, on m'aura plus... Alors messieurs, au demeurant, qu'en est-il de votre mission? Qu'est-ce que ce... Grec vous a raconté, à Lopburi?

Dacieu tendit au général la lettre à lui confiée par Phaulkon, qui fut lue aussitôt.

— Ah ah, il se répète, s'exclama Desfarges, il veut encore que je *monte,* ne désirant pas *descendre.* Ce fourbe est un traître et ce traître est un... un flibustier (l'usage de ce mot, flibustier, montrait assez l'influence qu'avait désormais Véret sur Desfarges).

— Lopburi est calme, dit Dacieu.

— Et Pitratcha n'a encore aucun soupçon, poursuivit Beauchamp. Il croit toujours Phaulkon son allié. Nous pouvons monter sans danger...

— Vous êtes deux nigauds. Ce Grec est très certainement la marionnette de Pitratcha qui nous tend un piège. Ah ah, vous ne connaissez pas leurs ruses... Je ne monterai pas ! (Tapant sur le matelas de son poing, Desfarges répéta :) Je ne monterai pas. Qu'il descende !

Pris soudain d'une terrible quinte de toux, le général, manquant s'étrangler, la gueule turgescente, cria :

« *Lek, lek !*

Lek (alias « petite »), c'était la jeune Siamoise à l'éventail : comme par magie elle surgit d'un coup au chevet du lit.

« Jujube, jujube ! hurla Desfarges.

Aussitôt Lek s'en alla chercher sur un meuble, non loin, un bol plein d'un liquide ambré que le général eut tôt fait d'avaler, poussant un râle de satisfaction :

« Ah, ah, ah...

Il s'étira.

« Une infusion de jujube, dit-il, avec du quinquina, rien de tel, messieurs, pour apaiser la fièvre. Mais quelle fièvre ! J'en vais crever.

Il posa le bol et lança à Dacieu :

« Vous étiez mon homme de confiance, capitaine. Vous ne manquez pas d'expérience, comment pouvez-vous vouloir m'engager dans une aventure aussi hasardeuse, quand ce pays est sens dessus dessous...

— Nous n'avons rien vu de suspect, ni à Lopburi ni tout au long du fleuve.

— Nigauds, nigauds, nigauds, répéta Desfarges, tapant et retapant du poing sur le matelas, vous n'y comprenez rien à leurs fourberies, à ces Siamois du diable.

Beauchamp, voyant que la ficelle sur laquelle jusqu'à présent il avait tiré ne marchait pas, en essaya une autre qui, elle, il le savait d'expérience, avait jusqu'alors immanquablement fonctionné.

— Et l'*honneur,* général, y songez-vous ? Pouvons-nous abandonner Phaulkon ? Il en va de la gloire de nos armes, il en va de votre nom.

— Et il en va de ma tête aussi, Foutudiou, si j'abandonne mon poste, s'exclama le général. J'ai mes ordres... et mes informations. Il n'y a pas de doute que Phaulkon est un traître qui nous attire dans un guet-apens. Quant à l'*honneur,* monsieur Beauchamp, je n'ai, à cet égard, aucune leçon à recevoir de vous... (Desfarges frappa encore du point sur le matelas.) Savez-vous qui vous êtes, Beauchamp, et oubliez-vous qui je suis, quelle est votre naissance, et quelle est la mienne ? Avons-nous jamais gardé des cochons ensemble ? L'amitié et la protection que je vous ai accordées jusqu'à aujourd'hui vous aveuglent-elles ? Ou ce Grec vous aura-t-il à ce point enchanté que vous en arriviez, pour ses beaux yeux, à... *trahir !* (L'œil de Desfarges se fit sombre, scrutateur.) Des bruits courent, des bruits courent, Beauchamp, on sait qu'il vous a graissé la patte, à vous comme à quelques autres, du Bruant, Fretteville, Sainte-Marie. Tout se sait un jour ! Attention, vous risquez gros... Mieux vaut aussi que vous fermiez votre bec. Que seriez-vous sans moi qui vous ai fait major, après avoir dégommé d'Alvimar ? Où seriez-vous maintenant si, sans ma recommandation, on ne vous avait embarqué dans cette expédition ? Vous croupiriez dans quelque fort glacial sur la frontière des Flandres, avec grade de caporal ou sergent ! Attention, Beauchamp, ce que j'ai donné, je le puis reprendre !

Beauchamp, toujours assis sur le lit, son feutre emplumé sur ses genoux, demeurait prostré, figé, blême, comme piqué soudain par quelque serpent.

Le major *tourna tout court* (écrirait plus tard Vollant des Verquains), *il alla du blanc au noir, prenant le parti d'approuver hautement la démarche de monsieur Desfarges.*

— Il est vrai, dit Beauchamp, après quelques raclements de gorge rhétoriques, qu'il est bien possible qu'il se puisse faire que... euh... nous n'ayons pas tout remarqué, n'est-ce pas, euh... capitaine ? (Dacieu ne dit mot.) Car, après tout, poursuivit le major, le territoire de la ville de Lopburi est assez vaste et nous sommes loin d'avoir tout inspecté. D'ailleurs ne vous ai-je pas fait remarquer, mais si, mais si (répéta Beauchamp voyant Dacieu faire la grimace)... mais si... souvenez-vous... quand nous descendions la rivière : ce bonze qui semblait cacher quelque chose de bizarre sous sa robe orange, peut-être des grenades ? Un mousquet ?

— Heureux de vous l'entendre dire, clama le général dont la face, soudain soulagée, s'orna, d'une oreille à l'autre, d'un vaste sourire. Lek, lek !

Lek accourut.

— Turban ! dit Desfarges montrant du doigt sa tête de Mamamouchi.

Lek déturbanna le front martial du général, et le renturbanna, avec un nouveau pagne, plus frais et humide.

— Très heureux de vous l'entendre dire, répéta-t-il. L'avez-vous vu vous aussi, Dacieu, ce fourbe de bonze cachant sous sa fourbe de robe son fourbe de mousquet, ses grenades, son poignard ?...

— Eh bien... euh... dit Dacieu (qui caressait la plume verte de son chapeau).

— Il l'a vu ! dit Beauchamp.

Desfarges braqua vers eux un index comminatoire :

— Rédigez-moi tous deux un procès-verbal sur votre aller-retour à Lopburi, et mettez-moi l'accent surtout sur ce bonze, son mousquet, ses grenades, et ajoutez-lui quelques pistolets pour faire bon poids ! Je veux rassembler des preuves, des indices. Ils n'auront pas ma tête à Versailles. Vous, Beauchamp (Beauchamp se leva), vous irez à Lopburi dire à ce Grec qu'il n'est pas question que je *monte* car... je suis malade, c'est ça, dites que je suis malade, mais qu'il peut *descendre* avec les siens. S'il ne descend pas, restez auprès de lui, surveillez-le, faites-moi connaître tout ce que vous pourrez en apprendre, et pressez-le d'utiliser tout le pouvoir qui peut lui rester pour nous envoyer ici des matériaux de construction, du bois et du fer pour ces putains d'affûts de canon que bordel de Diou nous n'avons pas encore, et du blé, du fric, ventre diou, le fric est le nerf de la guerre et je suis... à bout de nerfs.

Beauchamp était des plus pâles. Il eût préféré certes, rester, et définitivement, à Bangkok. Revenir à Lopburi, en effet, après s'être vanté auprès de Phaulkon de faire monter « à coup sûr » le général, ne l'enchantait guère : que ne pouvait-on attendre de la fureur du Grec ?

Soudain, on entendit retentir les tambours.

— Enfin, *ça commence,* s'exclama le général qui, souriant comme un nourrisson à qui on s'apprête à donner la tétée, se mit sur son séant.

— Messieurs, dit-il, aidez-moi à me lever.

Beauchamp à droite, Dacieu à gauche hissèrent sur ses pieds le corps herculéen du général et le conduisirent, selon son désir (tout enturbanné et en chemise de nuit qu'il était) à la fenêtre de sa chambre, laquelle donnait sur les remparts de l'ouest.

Une cinquantaine de tambours et trompettes y étaient alignés.

De part et d'autre d'un gibet sous lequel se tenaient, la corde au col, et les pieds touchant terre encore, trois hommes :

— C'est ce Grec, ce sieur René, et ses deux complices siamois !

En bas, rangées en bataillon au milieu de la place d'armes, l'ensemble de nos troupes, en grand uniforme, et les cinquante déserteurs, en chemise, poignets liés dans le dos : le général les eût bien fait exécuter tous, mais nous manquions de soldats. Les déserteurs français furent simplement jetés quelques jours au cachot.

Toutes les trompettes sonnèrent, les étendards bleus, blancs, écarlates flamboyaient. Il y eut un nouveau roulement de tambours. La trappe s'ouvrit sous les pieds des condamnés. Leurs corps d'un coup se soulevèrent, gigotèrent quelques instants au bout de la corde.

On les laisserait pourrir sur la muraille plusieurs jours : pour donner l'exemple. Les corbeaux se régalèrent. L'émoi fut vif dans le pays. Seul peut décider de la peine capitale le Maître de la Terre et de la Vie. Sa Majesté de Siam.

Sa justice venait d'être bafouée.

*Un homme qui ne se fie pas à soi-même ne se fie jamais véritablement à personne.*
(Cardinal de Retz, *Mémoires*)

Beauchamp fut de retour à Lopburi le 1er mai que Dieu fit. Quand il annonça la mauvaise nouvelle : le général ne monte pas, le Grec explosa d'une terrifique fureur. Les cris d'indignation des jésuites ne furent pas moins virulents quand, quelques quarts d'heure plus tard Beauchamp les vint trouver à leur séminaire du Wat San Paolo. Ces messieurs, les uns en soutane, les autres en robe de faux bonzes, prenaient le thé.

On traîna dans la boue les missionnaires, et spécialement l'évêque, qui était « responsable de tout », et qui cherchait à chasser de Siam les jésuites, comme il avait obtenu du pape qu'on les chasse du Tonkin. C'est alors qu'un de ces révérends, le plus discret d'entre eux sans doute, tout petit, fort brun, et au front très dégagé déjà par une envahissante calvitie, malgré son jeune âge, prit la parole, d'une voix douce et timide : c'était le père Saint-Martin :

— Monsieur Desfarges est bon et sage, dit-il, il sait bien ce qu'il fait.

— Et vous mon père vous ne savez ce que vous dites, répliqua de Bèze d'un ton cinglant. Le général, en ne montant pas, trahit Sa Majesté Très Chrétienne.

— Il nous perd tous, conclut le Royer.

Malgré sa timidité, Saint-Martin haussa légèrement le ton :

— Je suis confesseur de monsieur et madame Constance et j'en sais plus que vous...

— Ce que vous savez, gardez-le pour vous ! rétorqua de Bèze, vous êtes un sot !

Un autre jésuite portant, lui, une toge jaune, monta à son tour

« au front ». C'était le père de la Breuille qui vivait dans le temple idolâtre Wat Niak, où il étudiait le siamois :

— Le père Tachard, dit-il, mêlant les choses profanes et les choses spirituelles, ne nous a-t-il pas engagés dans une affaire qui... ne relève point de notre ministère ? La fréquentation de la cour et des grands lui aura tourné la tête. L'orgueil l'a aveuglé et...

De Bèze, devant cette impensable mutinerie, frappa violemment la table d'un poing peu sacerdotal, renversant plusieurs tasses de thé.

— Par saint Ignace, mes pères, vous oubliez-vous ? Et oubliez-vous vos vœux : l'obéissance, la soumission, le silence ? Il n'est rien de plus apostolique que le travail du père Tachard en ce pays, même s'il n'en a pas les apparences. Vous ne savez qu'une partie de ces affaires, qui sont des affaires d'État, et ne pouvez donc ni ne devez en juger. Là n'est pas votre rôle d'ailleurs. Aussi taisez-vous !... Ou je référerai de votre attitude au père de la Chaise.

Le nom du révérend de la Chaise, confesseur et âme damnée du Fistulard, plus que la mercuriale de De Bèze, eut sur l'assemblée des bons pères l'effet d'une douche froide. D'un même mouvement ils plongèrent chacun leur pif dans leur tasse de thé. On n'entendait plus voler un maringouin.

Beauchamp, se sentant de trop, s'éclipsa : *Cette chaleur de ces pères,* dirait-il plus tard, *et surtout du père Saint-Martin, me fit croire que le soupçon qu'on avait de monsieur Constance était véritable*[1].

De Bèze, lui emboîtant le pas, courut au palais de Phaulkon. Il expliqua au ministre que la seule façon de faire *monter* le général, c'était de le persuader que le roi de Siam était vivant. Le général ne pouvait désobéir à un ordre du roi, ce serait enfreindre ses Instructions.

Le lendemain au soir, le 2 mai que Dieu fit, on vit s'ouvrir dans le clair de lune les doubles battants écarlates de l'énorme porte ogivale du palais de Lopburi : une cinquantaine de bras-peints, torse nu et brandissant des torches, en sortirent, précédant un éléphant noir de très haute taille, dont les défenses et tout le harnachement étaient incrustrés d'or, d'argent et de pierreries : l'éléphant royal, né le même jour que Sa Majesté de Siam. Une multitude de cavaliers maures, enturbannés de soie verte, cavalcadaient à ses trousses,

1. Beauchamp, *Mémoire sur la Révolution de Siam.*

arborant leurs sabres étincelants, et suivis bientôt par une procession de bonzes, dont les robes orange formaient comme une longue traînée phosphorescente dans l'ombre. Et puis c'étaient des soldats portant boucliers et casques dorés. Maintenue à distance par une haie de gardes, la foule se pressait nombreuse, mais absolument silencieuse, chacun essayant d'entr'apercevoir, dans la cabine d'argent cahotant sur le dos du pachyderme, le visage du monarque. « Ça n'est pas le roi », murmuraient certains. « C'est son sosie », affirmaient d'autres. « C'est le roi, murmurait-on encore, mais il est si maigre, si défait, que c'est à peine si on le peut reconnaître. » « Peut-être est-ce son cadavre momifié, qu'on promène ainsi », alla-t-on jusqu'à envisager.

L'éléphant royal et son énigmatique passager firent le tour du palais de Lopburi, se silhouettant, avec leur cortège, sur les hauts murs blancs, crénelés, que la lune gouachait d'argent, fresque mouvante qui bientôt s'engouffra par la porte d'où elle était sortie. Les battants s'en refermèrent.

Ce fut la dernière apparition publique de Sa Majesté Somdet Phra Naraï, roi de Siam.

Sinon de son spectre.

Un essaim de jésuites s'abattit alors sur Bangkok. Ce fut d'abord, le 6 mai que Dieu fit, le père supérieur Abraham le Royer qui s'en vint s'asseoir au chevet du général, lequel, malade toujours, ou feignant de l'être, portait encore autour du front son turban de Mamammouchi. « Nous avons vu le roi, assura le jésuite, il s'est montré en public. » Le prêtre alla jusqu'à affirmer (mentait-il ?) que le roi l'avait reçu, lui et ses autres collègues, en audience privée, et qu'il avait à nouveau demandé que le général montât. Ce qui commençait à sérieusement *monter* non pas à Lopburi, mais au nez dudit général, c'était la moutarde. Au demeurant il essayait de garder son calme, et inventait tous les prétextes, et sa maladie d'abord, pour ne pas s'exécuter. Les tentatives successives de De Bèze et d'autres, les lettres innombrables, certaines désespérées, de Phaulkon, furent sans effet.

*Les pères jésuites,* écrirait alors dans son journal de bord un officier anonyme [1], *tourmentaient bien inutilement le général. Messieurs les missionnaires et le sieur Véret avaient pris le dessus.*

1. *Abrégé de ce qui s'est passé à Bangkok pendant le siège en 1688.*

Parallèlement à la ronde des jésuites en effet, c'était une véritable noria de missionnaires qui se mit à tourner à Bangkok, les pères Pocquet, le Chevalier, de la Vigne, Martineau, Ferreux, qui sans cesse apportaient des informations nouvelles dont aucune ne pouvait inciter le général à voler au secours du Grec... Phaulkon, assuraient-ils, n'avait plus aucun pouvoir et cela depuis le début du Carême, c'est-à-dire le 3 mars, un mois avant que les jésuites et ce ministre aient demandé à Desfarges de *monter* à Lopburi. La santé du roi avait commencé d'empirer en février. Il avait alors quitté sa résidence de Thalé Chupson pour Lopburi. Sa fille et sa sœur, ennemies du Grec et des Français, l'avaient poussé, afin de ne pas aggraver son état par les soucis du gouvernement, à nommer Opra Pitratcha « régent » du royaume, en attendant que soit choisi le légitime successeur au trône... Phaulkon, dès lors, qui ne tenait son pouvoir que de la faveur du monarque, avait rapidement perdu toute autorité. Ses meilleurs alliés, sentant tourner le vent, l'avaient abandonné. Bientôt il n'eut plus accès qu'à la première cour du palais, réservée aux mandarins de grade inférieur, et ne put plus rencontrer le roi... Pitratcha, cependant, fort habilement, laissait au Grec une apparence de pouvoir, comptant par son moyen manipuler les Français de Siam qui ne savaient rien de ses intrigues, et parvenir ainsi plus aisément *à bout de ses desseins,* comme l'écrirait un témoin anonyme, lequel ajoute : *Monsieur Constance voyait très clairement l'extrême danger où il était, mais, bien loin de le découvrir à ceux qui auraient pu encore l'assister, il le cachait autant qu'il pouvait, disant que tout cela ne serait rien et tâchant de montrer qu'il avait autant de crédit que jamais. En effet il allait tous les jours au palais et, bien qu'il ne vît plus le roi, il racontait cependant les choses aux Français comme s'il le voyait*[1].

La fièvre du général montait. Cette avalanche d'informations nouvelles qui toutes, tout d'un coup, lui tombaient sur la tête, bouleversant complètement le tableau idéal que les jésuites avaient tracé de Siam et du ministre Constance, lui donnaient la migraine. C'est qu'il *réfléchissait,* il réfléchissait encore, il réfléchissait toujours, et même de plus en plus. La nouvelle « grille » que lui offraient les missionnaires lui permettait maintenant d'interpréter fort différemment de multiples épisodes, pour le moins étranges, de son séjour dans le pays : quand Tachard, par exemple, sous prétexte d'éviter « de faire des vagues », l'avait sans cesse harcelé,

1. *Abrégé des révolutions arrivées au royaume de Siam en l'an 1688.*

après le débarquement des troupes, pour qu'il rassurât Céberet sur l'état de la forteresse et la présence de soldats siamois à l'intérieur. Sans parler de l'épisode des mortiers, cédés au roi sur l'instance expresse du Grec ! Les pièces éparses du puzzle se rassemblaient, dans le crâne du général, y formant de bien inquiétantes figures.

— Foutudiou, s'exclamait-il, ce Grec est un pantin. Il est entre les griffes des Siamois ! Et les jésuites veulent encore me faire *monter !* Est-ce ma perte qu'ils cherchent, et celle de mes troupes ?

Vers cette époque un des visiteurs les plus assidus de Desfarges fut le sieur Véret, avec lequel l'officier se trouva soudain de surprenants atomes crochus. Qu'il fît jour, qu'il fît nuit, c'était plusieurs fois par semaine que les mousquetaires de la forteresse surprenaient les deux hommes à chuchoter, collant quasi l'un contre l'autre leurs groins couperosés, comme deux porcs mangeant à la même auge. Le chef du comptoir avait pour ainsi dire colonisé le lit du général, qui continuait de jouer les malades.

— J'ai l'oreille longue, j'ai l'oreille longue ! susurra Véret un beau soir. J'en apprends tous les jours, des vertes et des pas mûres. Les langues se délient, et particulièrement chez les jésuites, car certains de ces pères commencent à ne plus prendre pour parole d'évangile les contes de fées de leur Bon Dieu Phaulkon. Savez-vous ce que m'a dit le révérend Richaud, qui fut naguère confesseur de monsieur de la Loubère, et ne s'est jamais très bien entendu avec Tachard ?

Desfarges se redressa un peu sur son séant. Il faisait sombre dans la pièce. Leurs deux bouilles, suintantes de sueur dans la nuit tiède, n'étaient éclairées que par les flammes d'un chandelier qui les creusaient d'ombres mouvantes.

— Qu'est-ce que vous a dit ce Richaud ?

— Eh bien il m'en a dit une bonne... et même une pas mauvaise.

Véret se rapprocha d'une demi-fesse de l'officier, glissant sur le matelas où il était assis.

— Il m'a dit... tenez-vous bien... il m'a dit que c'est il y a fort longtemps déjà, tout juste après le débarquement de nos troupes, que Pitratcha a proposé à Phaulkon de mettre, si le roi venait à mourir, le nabot Prapy sur le trône et, en cas d'échec, de piller le trésor et s'enfuir avec en... éléphant.

A ce mot « éléphant », Desfarges fit la grimace. Il lui restait encore en travers de la gorge, l'éléphant.

— Ce qui veut dire, général, que ce renard de Pitratcha, qui savait de longue main que Phaulkon et les jésuites voulaient couronner leur homme de paille Prapy, leur a fait, par ruse, cette proposition pour feindre d'entrer dans leur complot, et tenter ainsi d'en apprendre davantage !

— Mais quel est le but de Pitratcha ?

— Ah ah ! Son but ?... Dites plutôt ses buts ! Il y a le but officiel, celui qu'il trompette devant le peuple tout entier : qui est de mettre au pouvoir le frère cadet du roi, Chao Fa Noï. C'est le but aussi que prétend — publiquement toujours — viser Phaulkon, ce dont il vous a assuré vous-même, général... Et puis il y a le but officieux, le but secret que cherchent à atteindre en catimini ces deux Tartuffe : s'emparer pour leur propre compte de la couronne, quitte à la donner d'abord à Prapy qu'ils liquideraient par après. Malheureusement il n'y a qu'une couronne et deux Tartuffe, lesquels, par-devant, se font des mamours, prêts qu'ils sont, par-derrière, à s'entrepoignarder gaillardement...

Desfarges suait à grosses gouttes : ça y est, ça recommençait, une énième cauchemardesque représentation de *Bajazet.* Il n'en sortirait jamais de *Bajazet,* décidément, et de ses foutues intrigues, ses foutues torturantes turqueries, il en avait par-dessus la perruque de *Bajazet.* Ras-le-bol : *Bajazet !*

Il se pencha sur le côté droit de son lit et tira, de dessous le matelas, un flacon de vin.

— Du madère, murmura-t-il, et du bon ! Je suis obligé de le cacher car mes réserves sont d'autant plus vides que mes officiers en sont fort... avides.

Ils trinquèrent.

— Et le roi de Siam, dans cette embrouille ? demanda Desfarges.

— Mort ? moribond ? séquestré ? Allez savoir ! Une chose est sûre c'est qu'on avait besoin qu'il fût mort ou qu'on le crût tel à Siam quand, le 15 avril, on vous demanda, général, de *monter* à Lopburi. Car mon petit doigt me dit (Véret agita en l'air son gras et gros petit doigt) que cela faisait partie du plan de Phaulkon comme de Pitratcha que ce bruit se répandît. La mort du roi étant annoncée, on appelait (premier acte de la tragédie) ses frères, les héritiers légitimes, à Lopburi, soi-disant pour leur offrir la couronne : et, couic, on leur coupe le cou (on coupe le cou par la même occasion au nabot Prapy !). Deuxième acte de la tragédie : restent en piste Phaulkon et Pitratcha. L'un donc doit éliminer l'autre ! C'est alors, monsieur Desfarges, qu'on a besoin de vos services. Car c'est ce rôle, ce vil rôle de nervi, qu'on vous réservait à vous, un maréchal de camp de Sa Majesté, et sans rien vous dire des dessous de l'intrigue que quelques balivernes au sujet du trésor et de je-ne-sais-quelle-fuite-à-dos-d'éléphant ! Vous eussiez été, en quelque sorte, le tueur à gages de ces messieurs les jésuites et de Phaulkon ! Pitratcha liquidé par vos soins, le Siam était au Grec, au roi Phaulkon, c'est-à-dire à la Société de Jésus dont il est la créature... Quel plan stupide quand on y songe, et d'un machiavélisme combien puéril ! Suffit-il de tuer un seul homme, Pitratcha, pour mater tout un pays ? Ça n'est pas à une querelle d'individus que nous avons affaire, mais, plus profondément, à une querelle religieuse. Ce sont les cinquante mille bonzes du royaume qu'il eût fallu égorger !

Il y eut un long silence. Dans le clair-obscur les deux hommes s'entre-regardaient, soufflant et suant comme deux gros phoques.

— Et que faire maintenant ? dit Desfarges, qui se resservit du madère.

— Rester à Bangkok, vous fortifier et attendre. Que ce Pitratcha, qui est plus renard que trois cents Grecs ou jésuites, et dirais-je même que trois cents jésuites grecs, règle son compte à Phaulkon. Nous trouverons bien, par après, avec ce mandarin, des accommodements (j'ai... euh... eu d'ailleurs déjà quelques ouvertures à ce sujet)...

Plus que jamais cependant, Phaulkon régalait nos officiers de somptueux dîners. Plus que jamais, chez lui, le vin coulait à flots et, tard dans la nuit, jusqu'à l'aube parfois, les habitants de Lopburi entendaient retentir dans sa maison des rires, des chants, des entrechoquements de verres et de couverts, et toutes sortes de jurons incompréhensibles beuglés par ces grossiers *Farang*. Phaulkon rassurait nos officiers et les pères jésuites sur l'évolution des « événements ». Il leur racontait par le menu les intrigues de la cour (qu'il inventait sans doute pour les trois quarts) et les confidences mêmes du roi de Siam qu'il prétendait voir régulièrement. Le roi, assurait-il, s'était réconcilié avec son frère cadet, et venait de le faire monter à Lopburi pour le déclarer successeur au trône. Mais le lendemain, sans se soucier de la contradiction de ses dires, il affirmait que le roi s'était en fait décidé à nommer sa propre fille régente. Elle dirigerait le pays jusqu'à ce qu'il mourût, après quoi elle épouserait l'un ou l'autre des frères du roi. Le roi en effet, expliquait Phaulkon, répugnait à couronner lui-même un de ses frères, qui le haïssaient et pour cause (il les avait fait maintes fois torturer), et il craignait par ailleurs que ceux-ci, une fois au pouvoir, ne lui consacrassent pas de dignes funérailles, les Siamois, c'est leur tradition, prêtant peut-être plus d'importance aux honneurs qu'on doit rendre à leur cadavre qu'à leur personne vivante.

Enfin Phaulkon, parlait, parlait, telle Shéhérazade, chaque soir il rapportait du palais du roi le nouveau récit de nouvelles intrigues. Il s'enivrait de paroles, auxquelles, peut-être, il finissait lui-même par croire, dans son désespoir, et il paradait d'autant plus qu'il se savait condamné. Le débarcadère de Bankou, où se trouvaient toutes les galères, était surveillé par les sbires de Pitratcha ; les fortins en rondins de bois clairsemés le long du fleuve, jusqu'à Ayuthya, étaient tenus par les sbires de Pitratcha ; la plupart des portes du palais du roi étaient gardées par des bras-peints gagnés au parti de Pitratcha ; les écuries mêmes du roi, où le Grec avait ses chevaux personnels, étaient entre les mains des fidèles de ce mandarin. Fuir, désormais, était impossible. Pitratcha était le maître de la partie, ou presque, et s'apprêtait à frapper le coup final. Et pourtant quand, dans la première cour du palais, il rencontrait Constance, qui essayait de compter ses derniers alliés, il lui présentait toujours un même visage riant, l'invitant selon son habitude à venir prendre avec lui le bétel à l'ombre fraîche d'un *salah. Ils vivaient ensemble assez bien en apparence pour des gens qui cherchaient à se perdre l'un et l'autre,* écrirait plus tard le père Marcel le Blanc.

Pitratcha, qui feignait de croire que Phaulkon, dont il avait percé le jeu, était toujours son complice, se plaignait que l'honorable général Desfarges, ce si vaillant guerrier, ne fût pas encore *monté :*

— C'est bien dommage, ajoutait-il, car il nous faudra agir sans lui : le temps presse. Nous ne pourrons bénéficier de sa si évidente expérience militaire.

Pitratcha s'asseyait, comme Phaulkon, les jambes en tailleur, sur le plancher du *salah,* et présentait au ministre les feuilles de bétel.

— J'ai tout fait, répondit le Grec, les pères jésuites ont tout fait pour qu'il *monte...* Ce sont ces foutus clérigots, ces missionnaires du diable, qui l'en ont dissuadé. Ils ont tout pouvoir sur lui, désormais. Il ne jure que par eux.

— Oya Witchayen, je vous avais prévenu : vous deviez bien tenir en main ces Français. Ils vous échappent, ils vous échappent à ce point que — vous l'ignorez peut-être — ce monsieur Dé Fa (Desfarges) est allé jusqu'à proposer, quand il était à Ayuthya, ses services aux frères du roi, ces dégénérés, ces infirmes dont personne ne veut ! De quoi se mêle ce barbare ?

— Nous n'avons jamais dit au général nos véritables intentions car... il parle trop... Les Français ne savent pas tenir leur langue ! Nous lui avons raconté que nous voulions couronner les frères du roi...

— Peu importe, Oya Witchayen... Une chose est sûre : c'est que vous avez échoué dans la tâche que moi-même et le roi vous avions confiée. Vous n'avez pas su réparer la faute que vous avez commise en faisant venir ici les troupes barbares et en leur offrant Bangkok !

— Ce sont ces missionnaires qui ont fait venir les troupes... Je n'ai demandé quant à moi que des astronomes jésuites.

— Le mal est fait, Oya Witchayen. L'heure est venue où il vous faudra choisir entre le Siam et la France. Je ne puis plus attendre. Il me faut maintenant frapper... Si vous ne répondez pas à notre appel, comme nous en avons convenu dans nos accords, vous serez considéré comme traître, et traité en conséquence, vous, votre femme, votre fils et tous les vôtres. Si vous vous joignez à nous, vous... redeviendrez notre ami.

Pitratcha décroisa ses jambes musclées, rentra sa boîte à bétel en argent ciselé dans l'écharpe de soie ceignant sa taille, il se leva, salua, puis s'en alla souplement sur ses pieds nus : là-bas, devers la troisième cour du palais, où se dressait le pavillon d'or Suthatsa : demeure du Très Grand Roi de Siam.

Environ ce temps-là, racontera plus tard un témoin anonyme, *Monsieur Constance, ayant eu avec Pitratcha une grande conversation, s'en revint tout joyeux chez lui et dit en présence de plusieurs personnes que jusque-là il s'était défié du Grand Mandarin mais qu'il voyait bien que c'était le meilleur ami qu'il eût. Ce qu'entendant le père Richaud, le plus âgé de tous les jésuites, ne put s'empêcher de s'écrier : « Ah, le bon seigneur, il est perdu de se fier à ce mandarin »*[1].

Advint la pleine lune du sixième mois de l'an 2232, Phi Marong, ou Grand Dragon, qui correspond au 15 mai 1688 de l'ère de Notre Seigneur Jésus-Christ. Ce jour, *Wisakha Bucha,* est pour les idolâtres le jour le plus sacré : il marque l'anniversaire à la fois de la naissance, de la mort et de l'illumination de Somona Codom, dit le Bouddha. Cette nuit-là, on vit les Siamois marcher en infinie procession autour du *bot,* ou sanctuaire principal, de tous les

1. *Abrégé des révolutions arrivées au royaume de Siam en l'an 1688.*

temples du pays : c'est dans le *bot* qu'est placée l'idole. Chaque Siamois à cette occasion tient en main une lanterne de papier, et les temples eux-mêmes en sont décorés en souvenir de l'illumination de leur Dieu (« illumination » qui plongeait le quart de l'humanité dans les « ténèbres »). Quelques-uns de nos mousquetaires et de nos prêtres, que leurs promenades nocturnes conduiraient jusqu'aux abords d'un temple, apercevraient par l'embrasure d'une porte des bonzes en robe orangée lire l'infinie litanie de leurs textes sacrés, tandis que la population apportait des fleurs multicolores arrangées de mille manières différentes au pied de l'idole. On vit aussi (étranges mœurs !) des enfants libérer par centaines dans l'enceinte des temples de petits oiseaux et des tortues. Pour « faire le bien », à ce qu'ils disent.

D'aucuns prétendent que ce fut cette nuit-là, du *Wisakha Bucha,* que se décida « la grande révolution de Siam ».

*Il y a souvent profit à changer le sens d'un texte...*
(Spinoza, *Traité théologico-politique,* 1670.)

A l'aube du 18 mai 1688 que Dieu fit, jour troisième de la lune décroissante du sixième mois de l'an 2232, le père le Blanc venait de se réveiller, dans l'humble case qu'il occupait près du Wat Phrasi Ratana Mahatat, la grande pagode de Lopburi où il étudiait le siamois et le pali. Il fut surpris de ne pas voir, comme tous les matins, les bonzes partir en longue file, leur bol sur le ventre, pour aller quêter dans les rues leur pitance de la journée. C'est que les bonzes, plusieurs centaines d'entre eux même (ils avaient dû rappliquer de tous les coins de la région), se trouvaient réunis non loin, assis, jambes en tailleur et drapés dans leur robe safran, dans un *salah,* à écouter leur Grand Sancrat Phra Viriat les haranguer. Le Grand Sancrat était installé sur une haute estrade sculptée et dorée, juste au pied d'une énorme idole. Il parlait fort, et avec énergie. Que racontait-il ? Le Blanc qui s'était rapproché du *salah* et écoutait le discours n'y comprenait pas grand-chose, n'ayant guère fait de progrès en siamois qui est une langue difficile, « tout juste propre à des esprits obtus ». Il la connaissait assez cependant pour se rendre compte qu'il était beaucoup question, dans les propos du Sancrat : de la *satsana Crit,* la religion chrétienne ; des *Farangset,* des Français ; de Oya Witchayen, de Phaulkon ; lesdits *Farangset* étant venus à Siam à la demande du traître susdit Witchayen pour assassiner leur roi, détruire la famille royale, renverser la *satsana Phut,* la religion bouddhiste, et imposer la *satsana Crit...* Crit ou Phra Crit, le Christ, était un démon, il était une nouvelle incarnation de Tevetat, mauvais disciple du Bouddha qui, pour ses crimes, avait été condamné, l'éternité durant, à demeurer crucifié au fond des enfers (en fait, notons-le ici, ledit Tevetat n'était pas crucifié mais empalé par plusieurs broches, l'une passant à travers ses épaules, l'autre son fondement, selon les Textes sacrés du moins, mais les bonzes, pour jeter l'opprobre sur le menaçant christianisme et le mieux faire haïr du peuple, avaient quelque peu modifié sinon adapté leur religion à des fins polémiques et politiques : ainsi les jésuites déguisaient-ils l'Évangile pour le rendre plus acceptable aux idolâtres. A jésuite, jésuite et demi !). Ce Crit donc était un démon. Le démon Crit et son armée de diables, les *Farangset,* devaient être chassés de Siam. Les *Farangset* et le traître Witchayen voulaient aujourd'hui s'emparer du palais. Il fallait sur-le-champ les en empêcher et voler au secours du roi...

Le Blanc, discrètement planqué derrière un pilier, verrait bientôt le Grand Sancrat monter sur une chaise à porteurs et, suivi par plusieurs centaines de bonzes, sortir de l'enceinte de la Grande Pagode. Le jésuite, à qui personne ne daignait prêter attention, se joignit au mouvement. A l'extérieur — où il rencontra le père Paumard des Missions étrangères — attendait un bon millier d'hommes, torse nu, un bandeau jaune noué au front, et assis tous sur les talons. Effet des plus impressionnants : ils étaient muets, absolument muets. Un silence infini régnait d'ailleurs sur toute la ville. Certains de ces hommes tenaient en main un mousquet, d'autres un sabre, mais la plupart n'étaient armés que de faucilles ou de longs bambous, taillés en pointe à une extrémité durcie à la flamme. Manifestement ce n'étaient là que de pauvres paysans que leurs *naï,* ou maîtres, avaient recrutés à la hâte dans les rizières. Quand apparut le Grand Sancrat, sur sa chaise, tous se levèrent, et comme il dépassait leur groupe avec son cortège de bonzes, ils lui emboîtèrent le pas. Par respect sans doute les paysans-soldats ou soldats-paysans siamois chargèrent la plupart des bonzes sur leurs épaules... Et la procession, lentement, et sans bruit toujours, que le sourd battement des pieds nus dans la poussière, et un vague chuchotement, se dirigea du côté de l'ouest, vers le proche palais royal.

— Avez-vous vu ces misérables, ces canailles ? s'exclama l'œil brillant de rage le révérend le Blanc en s'adressant au père Paumard. Sans doute portent-ils les armes pour la première fois ! Si Desfarges fût monté, il vous les eût balayés en quelques coups d'épée !

Dans son dos, le jésuite entendit soudain retentir une cavalcade. Cinquante cavaliers maures enturbannés, cimeterre au côté, et des Tartares portant arc et flèches dans le dos arrivaient à bride abattue, se mêlant sans ordre à la foule des fantassins et des bonzes.

Une pulvérulence d'or s'élevait des chemins terreux dans la roseur de l'aube. Le Blanc vit s'ouvrir au loin, dans une muraille du palais royal, une petite porte ogivale : où s'engouffrèrent, en silence toujours, le Grand Sancrat sur sa chaise, ses bonzes, et bientôt fantassins et cavaliers.

– Ces traîtres auront des complices à l'intérieur du palais, s'exclama le Blanc. Il faut prévenir monsieur Constance.

Il se hâta vers la demeure du Grec.

Le jésuite eut du mal à s'en faire ouvrir les portes. Elles avaient été barricadées par les mousquetaires anglais. Dans le grand salon du ministre, celui où figurait le portrait de Louis la Fistule en Apollon, régnait une atmosphère pour le moins fébrile. Une cinquantaine de personnes, mousquetaires emplumés, jésuites ensoutanés, mandarins, commerçants européens, Maures, Arméniens, Chinois, Moscovites et autres se trouvaient là assemblés, par groupes, discutant ferme : Saint-Vandrille, Delas, Descaves, Martyrio, Maldonado, Bashpool, de Bèze, Saint-Martin, Dolu, le Royer, l'ingénieur Bressy, Cropley et certain Oya Pipat, « homme de confiance de Phaulkon ». Tous ces gens-là, le dernier carré des fidèles, tournaient autour du ministre qui se trouvait assis jambes croisées, en culotte et justaucorps de satin bleu nuit, sur son espèce de trône de velours, juste en dessous du portrait du Fistulard et du dais qui le surmontait : dais où, récemment, par quelque mouvement d'aveugle orgueil, il avait fait broder en fil d'or sa toute neuve couronne de comte et les trois fleurs de lys que Louis XIV l'avait autorisé de porter dans ses armes. Les yeux plissés, le front soucieux, il écoutait d'une oreille distraite l'un ou l'autre de ses partisans qui, tour à tour, venaient lui parler. Soudain un bipède pour le moins étrange, crâne rasé, rose, tout croûteux de coups de soleil, et drapé dans une robe de bonze, fit irruption devant lui, se taillant un passage dans l'assemblée à coups de coudes héroïques, et poussant à son intention des gloussements désespérés : « Votre Excellence, mon illustre frère », « Votre Excellence, monsieur le comte ». C'était le père le Blanc qui, suant et soufflant comme un sanglier, accourait jusqu'à lui :

– Mon illustre frère, répéta-t-il, le palais du roi est investi. J'ai vu un millier de ces canailles y entrer et...

Une grimace méprisante se dessina sur les lèvres sombres du Grec :

– Taisez-vous, mon père !

– Mais ? bredouilla le Blanc.

Le Grec plissa méchammant les yeux. Le Blanc se tut.

— Je sais ce que vous voulez me dire, poursuivit le ministre. Tout cela n'est rien.

— Rien ?

— Comment pouvez-vous dire « rien », lança alors un homme de haute taille, à la peau mate, moustaché de noir : le sieur Kéchichian, ce riche commerçant arménien ami de Constance. Les partisans de Pitratcha tiennent le palais. Fuyez : s'il est encore temps. C'est il y a un mois que vous eussiez dû quitter le pays, ne vous l'ai-je pas si souvent dit ?

Phaulkon croisa et décroisa ses jambes et, comme pour se donner une contenance, regarda les ongles de sa main droite, longuement, puis suivit le même manège avec sa main gauche tandis que tous les hommes assemblés dans la salle l'observaient, étonnés.

— Nous allons... rétablir l'ordre, dit-il. Voilà bien de l'émotion pour quelques trublions que nous aurons tôt fait de balayer.

Il fit signe en direction de Oya Pipat lequel s'approcha du ministre qui lui glissa à l'oreille :

— Allez faire un tour au palais du roi et revenez me dire ce qui s'y passe.

Le mandarin sortit.

Aussitôt le lieutenant Saint-Vandrille, flanqué de l'enseigne Descaves et de l'ingénieur Bressy, « monta au front ».

— Fortifions-nous dans votre palais, lança le lieutenant dont les dents, noires toujours, scintillaient étrangement. Vos murs sont solides, nous y avons entassé des armes, de la poudre, des canons, des vivres. Avec tous les Européens que nous sommes ici et les cent vingt mousquetaires siamois de ma garde, nous supporterons fort bien un siège, jusqu'à ce que le général Desfarges se décide à monter à notre secours. S'il sait ses officiers en danger, comment ne viendrait-il pas à leur aide ? Au pire, nous vendrons chèrement notre peau !

Un cercle de Français se forma alors autour du trône du Grec, tous semblant approuver la proposition de Saint-Vandrille.

— C'est le plus raisonnable, Votre Excellence, dit Bressy.

Il y eut, à ce sujet, une longue discussion. La peur, l'excitation guerrière aidant, le ton s'échauffa vite.

— Taisez-vous messieurs, trancha soudain Phaulkon agacé, vous n'avez pas en main les éléments qui vous permettent de juger de la situation.

Dans l'entrée on entendit un cliquetis d'armes cognant contre des cuirasses. Un mandarin casqué de cuir, cimeterre au côté, pénétra dans la salle suivi par deux bras-peints et Oya Pipat : ledit Pipat était pâle et semblait des plus troublés.

Le mandarin casqué de cuir, après son entrée martiale, vint se présenter face au trône du Grec qu'il salua en joignant, d'un geste bref et élégant, les mains devant son front. Il lui lança alors, sur un ton sec et hautain qui surprit assez les Français assemblés, une courte harangue en siamois. Le père de Bèze se la fit traduire par le sieur Kéchichian, présent à ses côtés : *Le Très Grand Roi de Siam, maître de la Terre et de la Vie, roi de l'Éléphant blanc, à côté de qui ses sujets ne sont que vile poussière, misérables fétus, ordonne au très grand mandarin Oya Witchayen, Premier ministre, de se rendre sur-le-champ au palais !*

Constance, blême soudain, se leva. De Bèze vit ses lèvres brièvement frémir.

— Suivez-moi, dit le ministre aux mandarins.

Le mandarin au casque de cuir, un certain Si Monchaï comme on l'apprendrait par après, et Oya Pipat passèrent avec lui dans son cabinet de travail. Ils s'assirent autour de la table basse, de part et d'autre de l'échiquier. Ils se turent une longue minute jusqu'à ce que d'une voix émue Phaulkon prît la parole :

— Comment pouvez-vous, Si Monchaï, dit-il au mandarin qui était ou avait été du moins de ses amis, comment, vous que j'ai aidé dans votre carrière et qui en contrepartie m'avez rendu tant de services, pouvez-vous avoir accepté de me porter ce message ? C'est comme si soudain, de la vile plante de vos pieds, vous effaciez ce que votre main a écrit. M'appeler au palais, vous le savez, c'est m'envoyer à la mort.

— Les ordres de Sa Majesté de Siam sont formels et impératifs, dit Si Monchaï, sans répondre à la question.

— Les ordres de Sa Majesté ? répéta interrogativement le Grec.

— Les ordres du Grand Mandarin Opra Pitratcha, régent du royaume au nom de Sa Majesté de Siam, précisa Si Monchaï.

— Vous êtes laconique, dit Phaulkon.

— Il est des temps, dit Si Monchaï, où il faut avoir la langue courte.

Oya Pipat qui, comme bien d'autres, avait senti le vent tourner, se lança alors dans une vaste explication apaisante :

— Vous n'avez d'autre solution, Oya Witchayen, que de vous rendre au palais et de vous en remettre à la clémence d'Opra Pitratcha et du Très Grand Roi de Siam. Opra Pitratcha a... besoin de vous. Tout le royaume est en émoi. De nombreuses provinces se rebellent, qu'il lui faudra mater. On dit que les ennemis laotiens et pégouans commencent à remuer sur les frontières. Voilà bien des problèmes. Les Français à Bangkok et Mergui en posent un autre que vous seul qui savez traiter avec les Européens, Oya Witchayen, pouvez résoudre. Aidez le Grand Mandarin Pitratcha à... rendre inoffensifs les Français, et il saura vous pardonner bien des choses. Mais si vous ne collaborez pas, si vous vous rebellez, votre châtiment et celui des vôtres seront terribles.

(Cet Oya Pipat, expliquerait longtemps plus tard un témoin anonyme [1], s'était vanté auprès de Pitratcha, dans les faveurs duquel il essayait de se mettre *in extremis,* de connaître « les forts et les faibles » du Grec, et de le lui ramener soit par la violence soit par la ruse.)

— Opra Pitratcha me charge de vous faire savoir, ajouta Si Monchaï, qu'on a découvert dans les canalisations du palais les mines que vous y avez traîtreusement placées. Quant aux vaisseaux des interlopes Anglais, mouillant à Ayuthya, et sur lesquels vous devez certainement compter, nous les avons arraisonnés. Tout le fleuve est sous notre contrôle, et jusqu'à l'embouchure : où les Hollandais, qui nous prêtent main-forte, ont posté une frégate. Ni la résistance ni la fuite ne sont plus pour vous une option.

Les mandarins se levèrent :

— Si dans l'heure, conclut Si Monchaï, vous ne vous êtes rendu au palais, vous serez considéré comme rebelle.

Ils sortirent.

— Vous partez aussi, vous m'abandonnez donc, Oya Pipat, s'exclama Phaulkon, d'une voix brisée.

Oya Pipat regarda Phaulkon dans les yeux :

— *Nam Chio, ya ao rua pai kuang* (Ne mets pas ta barque en travers du courant). Vous devez connaître ce proverbe de Siam ?

Les deux mandarins traversèrent à grands pas le salon sous les yeux inquiets et curieux des Européens assemblés là. Un domestique vint aussitôt chercher le père de Bèze et l'amena dans le cabinet de travail du ministre qu'il trouva marchant d'un coin à l'autre de la pièce comme un ours en cage.

— Voici l'heure de vérité, mon père. Le roi me fait appeler au palais.

— Le roi ? demanda de Bèze suspicieux. Êtes-vous bien sûr que c'est le roi... N'est-ce pas un piège ?

1. *Abrégé des révolutions arrivées au royaume de Siam en l'an 1688.*

— C'est bien le roi, lança le Grec d'un ton étrange, théâtral.

Il posa un pied sur un tabouret et, tel un comédien qui s'apprête à réciter son monologue sur le devant de la scène, il déclama ce tissu de bobards :

« Sa Majesté m'a fait savoir par ces deux mandarins qu'elle désire que je me rende expressément au palais avec les officiers français pour arrêter le séditieux Pitratcha et le mettre à mort s'il résiste. L'entreprise est périlleuse car il semble que ce traître ait beaucoup de partisans avec lui, mais puis-je désobéir à un ordre de mon roi, à qui je dois tout, et qui est pour moi plus qu'un père ? Puis-je refuser d'*offrir mon sang* pour son service ? Puis-je refuser — *comme d'autres* — d'*offrir mon sang* pour le service de la chrétienté, dont il est le protecteur et qui, sans lui, sera balayée de Siam ? Puis-je — *comme d'autres* — refuser d'*offrir mon sang* pour le service du roi de France, qui m'a engagé dans cette affaire, par combien de promesses, et pour qui ça n'est pas seulement ma vie que je mets en péril, mais celle des êtres qui me sont les plus chers, mon fils, ma femme... Je n'hésiterai pas un instant — moi ! — à *offrir mon sang*. Du moins ai-je le regret que le valeureux général Desfarges ait choisi d'économiser le sien en cette circonstance !...

— Votre Excellence, mon frère illustre, bredouilla de Bèze.

— Foutez-vous votre « frère » et votre « illustre » où je pense, mon père. J'ai le couteau sur la gorge, moi, mais je ne me ferai pas saigner comme un agneau ! Cela fait des mois que je ruse, que je louvoie. Vous en fûtes témoin, le père Tachard en fut témoin ; des mois, des années même que j'essaie de réparer les irréparables âneries perpétrées jadis par Chaumont, naguère par la Loubère, ensuite par vos officiers qui n'ont cessé de se comporter à Siam, avec leur insupportable arrogance, comme des éléphants dans un magasin de porcelaine ; sans parler de vos soudards, de leur puanteur, de leur grossièreté, des vols et des viols qu'ils commettent à Bangkok, déterminant dans la population qui n'en a trop rien laissé voir encore (car les Siamois sont patients) une implacable haine. Il m'a fallu, chaque soir, comme Pénélope, refaire la tapisserie que vous, Français, déchiriez chaque jour, tandis que d'un autre côté j'essayais de ménager Pitratcha, acceptant pour lui complaire de diviser, d'affaiblir les troupes de Desfarges, mais de façon limitée cependant, comptant sur la fidélité de cet officier, son expérience, et sur votre habileté à vous mon père, pour que le moment venu nous fussions tous unis comme un seul homme pour frapper un grand coup, saisir le pouvoir : et l'offrir au très grand roi de France pour qu'il extirpe à jamais de Siam l'idolâtrie. Et voici que nos bravaches, comme des baudruches, se sont dégonflés. Pfuiiit ! Douce France ! Quel expédient me reste-t-il désormais ? Aucun. Je dois risquer le tout pour le tout, voler au secours de mon roi menacé ; entrer dans le palais, de force si nécessaire, avec quelques hommes résolus ; assassiner Pitratcha. Ce traître abattu, ses fidèles perdront courage. L'audace seule paiera !

Phaulkon ouvrit une grande armoire noir et or, en sortit deux petits pistolets qu'il passa dans sa ceinture, les cachant sous son justaucorps. Puis il prit une liasse de papiers qu'il tendit au jésuite.

— Il y a là, dit-il, mon testament. Je lègue ma fortune au comte Georges, mon fils. S'il échappe à leurs griffes, le malheureux. Il y a là encore une procuration, destinée à la Société de Jésus ma protectrice, pour tous les biens que je possède en Europe : Angleterre, Italie, et les investissements que j'ai faits dans la Compagnie des Indes Orientales françaises. Puissiez-vous, mes pères, faire fructifier cette fortune, et puisse mon unique héritier en bénéficier un jour.

Des larmes coulaient sur les joues du Grec.

— Et maintenant, mon révérend, allez me chercher le major Beauchamp et le lieutenant Saint-Vandrille. Il faut agir. Chaque seconde compte.

Quand de Bèze, dix minutes plus tard, fut de retour dans le cabinet avec les deux officiers, il y trouva un Phaulkon métamorphosé : calme, sûr de lui, il se tenait debout les jambes écartées, les mains sur les hanches, portant, toute scintillante au beau milieu de la poitrine, une énorme croix de Malte au bout d'un ruban bleu qu'il n'avait pas au cou quelques instants auparavant, et qu'il devait avoir passé à la hâte : c'était l'ordre de Saint-Michel.

Immédiatement, les yeux des officiers et du jésuite se fixèrent sur la prestigieuse décoration. Le Grec l'arborait bien évidemment pour renforcer son autorité défaillante avec celle, imposante, sacrée, de Sa Majesté Très Chrétienne qui lui avait fait remettre cette médaille. Il était bon de rappeler aux Français qui commençaient à faiblir qu'il était, lui, Phaulkon, l'homme de Louis XIV à Siam.

— Euh... monsieur le comte, bredouilla Beauchamp, qui n'en menait pas large, vous m'avez fait appeler ?

— Oui major. J'ai ordre du roi de Siam de me rendre au palais et d'arrêter Pitratcha : venez avec moi !

— C'est... euh... vraiment un ordre du roi de Siam ? bafouilla Beauchamp suspicieux.

Le major, comme beaucoup d'autres, et particulièrement depuis la terrible engueulade que lui avait passée Desfarges, ne prenait plus pour argent comptant les propos du Grec.

— Ne serait-il pas plus avisé, reprit-il, comme vous l'a proposé tout à l'heure Saint-Vandrille, de nous replier dans votre demeure, et de nous y fortifier ?

— Très certainement, dit de Bèze.

— Allez donc prier à la chapelle, mon père, lança le Grec agacé, Dieu ne sera pas de trop pour nous aider en cette affaire.

Des lueurs égarées, hallucinées, brillaient dans ses yeux.

*Monsieur Constance me dit alors,* écrirait Beauchamp plus tard, *en répétant ce mot par trois ou quatre fois comme un homme interdit qui cherche une réponse à faire :*

— *Il faut,* monsieur Beauchamp, *il faut... il faut... il faut* que vous fassiez prendre les armes aux mousquetaires siamois que vous avez ramenés de Bangkok, sans que personne s'en aperçoive, et que vous les placiez devant la grande porte du palais, avec ordre de n'en bouger que je ne le leur fasse savoir !

— La chose est possible, rétorqua Beauchamp. Saint-Vandrille les fera s'armer comme d'habitude sous prétexte d'aller à l'exercice.

— Quant à vous, Beauchamp, ajouta le Grec, vous serez mon garde du corps. Vous entrerez avec moi au palais. Si Pitratcha résiste, abattez-le, je vous en charge !... Et pour l'instant, attendez-moi au salon. J'ai... une petite formalité à accomplir.

Beauchamp, vert de trouille (comment se tirer de cette impasse !), sortit. Saint-Vandrille le suivit qui alla, avec Delas et Descaves, chercher les mousquetaires siamois. Phaulkon, lui, monta dans sa chambre à l'étage supérieur.

Il trouva sa femme en prière, à genoux devant un crucifix d'or et d'ébène orné d'une multitude de chaînettes, cadeau du pape. Elle l'avait accroché à un mur, à côté du petit portrait serti de diamant de Louis XIV, cadeau cette fois du Fistulard soi-même, que Tachard avait apporté au Grec. Au dos de ce tableau, on s'en souvient, figurait un message du Roi de France au ministre : *Sois fidèle !* — message qui prenait désormais on ne sait quelle amère saveur d'ironie.

Entendant des pas derrière elle, madame Constance se retourna. Elle avait des larmes aux yeux.

— Je vais au palais, dit Phaulkon.

— Au palais ? hurla-t-elle, emportée par la peur tout autant que la rage.

Elle se leva, brandit un petit poing vers son mari.

« Au palais pour qu'ils t'égorgent !

— Ils n'oseront.

— Ah ah... imbécile. Les officiers t'ont proposé que nous nous fortifiions ici !

Phaulkon à son tour ricana.

— Les murs de cette maison ne tiendraient pas quatre heures sous le feu des mortiers (il songeait aux mortiers que, par ses soins, le roi avait obtenus des Français). Quant à ces officiers, ce sont des planches pourries. Je ne m'y appuierai plus. Il faut que je trouve un accord avec Pitratcha, ou que je l'abatte !

— Imbécile, répéta madame Constance, tu es perdu ! Il fallait fuir, et depuis longtemps ! Tu es perdu, et tu nous perds tous. Et Georges, ton fils, y penses-tu ? Sois assuré que s'il reste quelques morceaux de ton corps, après qu'ils t'auront massacré, je ne me recueillerai pas une seconde dessus, quand ce serait pour y cracher !

— Ils n'oseront, répéta Phaulkon, comme pour s'en persuader lui-même.

Il enleva délicatement de la croix offerte par le pape une petite chaînette où pendait une dent de Sainte Blandine, cadeau encore de sa Sainteté. Il baisa la relique, l'accrocha à son cou, par-dessus l'ordre de Saint-Michel.

Les deux époux se séparèrent sans plus échanger un mot ni un regard.

Redescendu dans le salon, Phaulkon avisa Cropley, le chef de ses gardes, à qui il lança en anglais : « On va au palais, emmène six hommes bien armés ! » Il prit Beauchamp par le bras (un Beauchamp qui semblait fort gêné aux entournures et qui eût bien préféré être ailleurs) et, suivi par les Anglais, sortit dans la rue. Il sauta dans sa chaise à porteurs en argent, criant à ses esclaves : *« Paï ! »* (Allez !) Les huit esclaves se mirent à *trotter*. Et Beauchamp, à droite de la chaise à porteurs, *trotta* de même. Et Cropley, à gauche de la chaise à porteurs, *trotta* tout autant. Et *trottèrent* tout autant les six Anglais traînant leur lourde rapière.

La poussière qui s'élevait sous leurs pas eut vite fait de les recouvrir, de pied en cap, d'une fine couche de duvet argenté uniforme qui leur donna, dans l'air tout vibrant de lumière de Siam, on ne sait quelle spectrale allure. Le Blanc et de Bèze, qui avaient *trotté* à leurs trousses jusqu'au seuil du porche du jardin où prudemment ils s'étaient arrêtés, les regardèrent s'éloigner, là-bas, devers la haute porte ogivale du palais du roi, au bout de la rue.

— Il court à sa mort, dit l'un des jésuites.

— Et il le sait, rétorqua l'autre.

Lequel (c'était le Blanc, qui avait des lettres) conclut en récitant non sans emphase un profane alexandrin :

« *Il se livre en aveugle au destin qui l'entraîne.*

Dans ses Mémoires, monsieur François Martin écrira, longtemps plus tard, et bien moins poétiquement : *Le jugement manqua à Phaulkon dans l'action la plus importante de sa vie (...). Il sortit de son logis (...) mais en homme qui voulait se perdre.*

Une rue d'une centaine de mètres seulement sépare le palais royal du palais de Phaulkon. Elle était déserte, à quelques vieilles commerçantes près qui, drapées dans leur pagne et mastiquant du bétel, assises philosophiquement sur le pas de leur boutique, regardaient d'un œil curieux passer devant elles, rouges, suant, haletant, pestant, ces étranges *Farang* emplumés et bottés. Au bout de la rue soudain, du côté du palais du roi, surgirent deux cavaliers féeriques à panache écarlate, montés sur de hennissants coursiers blancs. On les eût dits chus, tels des dieux, des nuées en carton-pâte d'un Olympe de théâtre. C'étaient, qui galopaient à la rencontre de la chaise à porteurs de Phaulkon, monsieur de Fretteville et le chevalier Desfarges, fils cadet du général. Ils cabrèrent leur animal magnifiquement devant la chaise qui elle-même s'arrêta, mais sans que les esclaves la déposassent à terre. Le Grec, Beauchamp, comme tous les mousquetaires anglais, avaient leurs yeux braqués, stupéfaits, vers ces deux apocalyptiques chevaliers qui sur la croupe de leur monture portaient des gibecières pleines à craquer d'où dépassaient, ici ou là, ailes de faisan, de perdrix et autres petites pattes blanches de lapin.

— Mais d'où, foutudiou, sortez-vous donc, messieurs, s'exclama Beauchamp, qui en oubliait presque la peur lui tenaillant le ventre.

Cambré fièrement sur sa monture, qu'il maintenait difficultueusement à l'arrêt, le jeune Desfarges lança :

— De la chasse, major, la chose est apparente, ne vous en semble, regardez.

Et, se tournant, il tapa de son poing ganté de blanc sur sa gibecière.

— Êtes... êtes-vous écervelés, messieurs ? clama Beauchamp, qui faillit s'étrangler. Au milieu de ces... événements, vous ne trouvez rien de mieux à faire, pour le service du roi, que de tirer le lièvre ?

Phaulkon, avachi sur le dossier de son siège, fixait, avec on ne sait quelle sourde envie peut-être, ou quelle fascination hypnotique ces deux foutus incroyables *Frenchies* qui décidément « l'étonneraient toujours ».

— Et où vous en allez-vous donc ainsi dans ce bel équipage, monsieur le comte, s'enquit le jeune Desfarges, serrant les genoux pour tenter de discipliner son piaffant canasson.

— Au palais, suivez-moi, rétorqua sèchement Constance.

Puis, pris d'une inspiration soudaine qui fit glisser dans ses yeux une lueur de cruelle ironie, le Grec ajouta, emphatique :

— Je m'en vais mourir, chevalier, pour le service des deux rois, de France et de Siam. Venez donc avec nous offrir votre sang généreux.

Desfarges ahuri regarda Fretteville qui, ahuri, regarda Desfarges. Puis, tous deux, ahuris, regardèrent interrogativement Beauchamp lequel, plus verdâtre que jamais, rétorqua :

— Eh bien oui, venez donc, messieurs, mourir avec nous. C'est chose qui ne se refuse point quand on est gentilhomme !

— *Paï !* Allez ! cria sèchement Phaulkon à ses esclaves en éclatant de rire.

D'un signe de la main il ordonna aux deux cavaliers de le suivre, ce que, l'air égaré, ils firent, trottant de droite et de gauche autour de la chaise à porteurs, dans une étrange et belle sarabande, une étonnante fantasia, comme Louis la Fistule, l'Immonde Tyran qui gouverne la France asservie, aime bien en donner dans la cour de son château de Versailles.

Arrivés devant la porte du palais, les *Farang,* descendus de leur chaise à porteurs ou de leurs chevaux, se trouvèrent nez à nez avec une vingtaine de bras-peints qui n'esquissèrent pas un geste pour leur barrer le passage. Phaulkon et ses compagnons, comme un seul homme, franchirent la première enceinte... et se retrouvèrent aussitôt en charmante compagnie : c'était plusieurs centaines de bras-peints cette fois qui, à droite, à gauche, devant et derrière eux, les encerclaient, sabre en main. La porte s'était refermée dans leur dos. Les *Farang* se comptèrent. Ils n'étaient que... quatre : Phaulkon, Beauchamp, Fretteville et le chevalier Desfarges. Les mousquetaires anglais en effet, flairant le piège, et n'étant pas intoxiqués sans doute par la littérature du Tasse, de l'Arioste ou de feu Corneille, avaient préféré se laisser prudemment distancer par leurs compagnons.

Cependant Phaulkon, sans vouloir voir les soudards siamois qui le menaçaient, avançait à grands pas comme un dément, suivi un peu plus loin par les trois officiers qui, tout en trottant vivement, s'entremurmuraient : « Qu'est-ce qu'on fout là, boundiou ; qu'est-ce qu'on fout là ? »

Au fond de la cour apparut alors, vêtu d'un simple pagne et armé de son seul sourire (porter une arme est indigne d'un mandarin), Opra Pitratcha qu'escortaient néanmoins son fils Suraçak et quelques gardes, arborant, eux, mousquets et sabres du Japon.

— Enfin, le voici ! dit Pitratcha, souriant de plus belle.

Phaulkon, serré de trop près pour sortir ses pistolets (au moindre geste, sa tête eût volé sous la lame d'un sabre, il connaissait la rapidité de ces diables) se tourna vers Beauchamp, à trois pas derrière lui, et lui cria, en désignant le grand mandarin :

— Abattez-le !

Mais, la dextre sur la poignée de son épée, le major demeura pétrifié. On eût dit qu'il se fût transmué soudain, comme ses deux compagnons d'ailleurs, en statue de sel. Ils avaient l'air (figés qu'ils étaient dans la même position : prêts à dégainer) de quelque « groupe », bronze ou marbre, symbolisant un haut fait d'armes. « Foutudiou, songeait Beauchamp, si c'est sur ordre du roi qu'il faut liquider ce Pitratcha, où est-il, ce foutu roi ? Tout ça est louche ! » Il réfléchit trop. Plusieurs bras-peints le ceinturèrent par-derrière, lui et les autres officiers. *Si les Français qui avaient leurs armes s'en étaient servi,* écrirait plus tard le valeureux père de Bèze, *ils auraient pu, par la mort de ce seul mandarin, terminer toute cette affaire. Mais on n'a pas toujours la présence d'esprit en ces coups imprévus pour voir ce qu'il y aurait à faire et pour profiter des moments que l'on ne retrouve plus après.*

Pitratcha, sans cesser de sourire, prit Phaulkon par une manche de son habit et lui lança alors :

— Je vous arrête au nom du roi, pour complot contre l'État.

Un bras-peint éleva son sabre au-dessus de la tête du Grec, prêt à l'abattre :

— Ne m'assassinez pas, Opra Pitratcha, bluffa Phaulkon, en tentant dérisoirement de se protéger de sa main. Le palais est cerné par mes hommes, ils ont des mortiers redoutables. La ville va être mise, je vous le jure, à feu et à sang.

Pitratcha sembla faire quelque réflexion, puis dit au Grec, montrant les trois Français qui, quoique ceinturés chacun par un bras-peint herculéen, gardaient sur la poignée de leur épée leur main droite et essayaient vainement, et trop tard, de dégainer, gigotant entre les pattes énormes qui les étreignaient comme des mousses qu'on s'apprête à jeter à la baille pour leur apprendre à nager :

— Ordonnez à ces trois-là de se rendre, et puis... (il resourit) nous pourrons parler plus à loisir.

Phaulkon se tourna vers les officiers :

— Messieurs, vous avez trop attendu. Rendez vos armes... Les choses vont s'arranger. Cela ne sera rien.

Fretteville, Beauchamp et le chevalier Desfarges, se laissèrent alors dépouiller de leur rapière.

Cependant, à l'extérieur du palais, Saint-Vandrille et ses mousquetaires siamois, devant la porte orientale ; et Cropley et ses gardes anglais, devant la porte nord, faisaient le pied de grue : face à quelque six cents bras-peints qui, sortant d'un peu partout, s'étaient alignés au pied des murs crénelés, sabre au poing. Siamois et Européens se regardèrent alors en chiens de faïence pendant deux ou trois heures. Pas un bruit, pas un cri, pas une rumeur ne filtrait hors du palais. On n'entendait, dans les branches des palétuviers qui l'entouraient, que le froissement du vent tiède et, au loin, l'infime tintement des cloches de bronze accrochées aux auvents des temples idolâtres.

On attendit.

Cropley, donc, devant sa porte.

Saint-Vandrille devant la sienne.

Dans la chapelle Notre-Dame-de-Lorette, madame Constance aidée de Clara la pute, sortait de dessous l'autel, sous le regard attentif de plusieurs jésuites, dont le père le Royer, trois coffrets d'acier : pleins de pierreries, de lingots d'or, d'écus, de coupans du Japon, et autres précieux bijoux. Il fallait que les jésuites missent tout cela en sécurité au plus tôt dans le fort de Bangkok, expliquait la jeune femme. Car elle n'était plus libre de ses mouvements. Elle ne pouvait faire un pas en dehors de sa demeure sans que cent espions ne se jettent à ses trousses.

Sur les quatre heures de l'après-midi on vit apparaître derrière les créneaux ogivés de la tour nord-est du palais du roi Son Excellence Opra Pitratcha qui s'y promena quelques instants, en compagnie de Constantin Phaulkon, tous deux semblant s'entretenir de façon amicale. Après quelques minutes, ils disparurent. Le bruit courut alors dans la ville, et ne tarda pas d'arriver aux oreilles de Cropley et Saint-Vandrille, que le Grec avait finalement « trouvé un accord » avec Pitratcha et que tous deux étaient « maîtres du palais ». Quelques instants plus tard, Son Excellence Kosapan, enfarinée d'un beau sourire, vint visiter tour à tour les sieurs Cropley et Saint-Vandrille pour leur ordonner, « Au nom du sieur Constance-Witchayen, qui resterait quelques jours au palais où il avait des affaires à régler », de se retirer au plus tôt dans la maison de ce ministre. Cropley, qui n'en crut pas un mot mais ne demandait qu'à se défiler afin de mettre à l'abri son magot, se retira. Saint-Vandrille, en revanche, protesta haut et fort. Il était là sur ordre de Phaulkon, et n'en partirait que lorsque Phaulkon en personne le lui demanderait. La main sur la poignée de son épée, tout comme ses sous-officiers Descaves et Delas, Saint-Vandrille « fit front », fixant droit dans les yeux les bras-peints gardant le palais. Les mousquetaires siamois aux ordres des Français semblaient peu désireux, eux, d'en découdre, et, quoique interdiction leur en eût été faite, ils allaient, les uns après les autres, régulièrement converser avec les bras-peints. Vers les 22 heures de ce 18 mai que Dieu fit, au troisième jour de la lune décroissante du sixième mois de l'année du Grand Dragon Phi Marong, 2232 de l'ère bouddhiste, on entendit, à l'intérieur du palais, une formidable explosion, et un échange de tirs de mousquets. Comme quoi, contrairement à ce qu'avait raconté ce fourbe de Kosapan, tout ne se passait pas pour le mieux là-dedans. Saint-Vandrille donna l'alarme. Ses mousquetaires aussitôt, profitant de l'obscurité, s'éclipsèrent tous. A l'aube, Saint-Vandrille, Descaves et Delas n'étaient plus que trois pelés face à des centaines de bras-peints qui ne semblaient rêver que de les bouffer tout vifs : ils choisirent de se replier stratégiquement chez madame Constance.

Ce fut ce même 18 mai, que l'*Oriflamme,* apportant les secours de France, fit escale bien loin de là : au Cap.

Son front posé contre le chambranle de la fenêtre de sa chambre, qui donnait juste sur la rue menant au palais du roi, madame Constance regardait au loin la porte ogivée où la veille, « stupidement », son mari et trois Français emplumés s'étaient engouffrés : pour n'en plus ressortir. Sur les huit heures du matin, le 19 mai, les deux battants écarlates cloutés d'or s'ouvrirent. La jeune femme en vit surgir la chaise à porteurs en argent de Constance. La chaise, au trot, courut joyeusement, tout droit, dans la poussière, vers la maison du Grec. Un impossible espoir serra le cœur de l'épouse du ministre : au bas de sa fenêtre la chaise s'arrêta.

Elle était vide.

# Acte V

*Lorsque à la faveur de toutes les vertus morales une âme est montée de degrés en degrés au plus haut point de perfection et que, plus épurée que l'or qui a passé dans le creuset, elle ne se ressent plus en aucune façon du trouble des passions ni des faiblesses de la nature, elle est obligée de renaître pour la dernière fois et de venir dans un corps humain réformer les abus qui se sont glissés dans le monde, enseigner une loi nouvelle (...). Ce nouveau Dieu se fait bientôt connaître par l'éclat que jette sa personne plus brillante vingt fois que le soleil et les étoiles (...). Après avoir passé quelques années à instruire les hommes et à répandre sur eux une infinité de grâces, il disparaît tout à coup et va prendre sa place dans le Nyreupan* (Nirvâna)...

(Nicolas Gervaise,
« De la créance des Siamois »,
dans *Histoire naturelle et politique du royaume de Siam,* 1688.)

*Venez, venez, haine implacable*
*Sortez du gouffre épouvantable...*
(Quinault/Lully, *Armide,* 1686.)

Cependant monsieur Desfarges (écrirait longtemps plus tard Vollant des Verquains) vivait à Bangkok *dans la tranquillité d'un homme qui n'avait rien à craindre.* Certes, le 20 mai, il avait reçu un message quelque peu inquiétant, en provenance d'Ayuthya : le roi était mort, lui affirmait-on, monsieur Constance arrêté, ainsi que tous les officiers français de Lopburi.

Cinq jours plus tard, cependant, une lettre de Pitratcha, portée par deux mandarins, lui assurait tout au contraire que le roi était vivant, qu'il avait fait arrêter Phaulkon pour détournement de fonds, que cela donc ne concernait en rien ni les Français ni les chrétiens avec qui les Siamois tenaient à garder les meilleurs rapports. Pitratcha ajoutait qu'il avait été nommé, par le roi malade, régent du royaume et que désormais on ne devait prendre d'ordres que de lui.

Tout donc était pour le mieux : Phaulkon — ce traître, ce flibustier ! — était à l'ombre, Pitratcha nous écrivait des honnêtetés. Plusieurs missives de Véret, par ailleurs, allaient dans ce sens : *Nous sommes en sécurité comme au milieu de Paris,* assurait-il, *et désormais nous aurons quelque part aux affaires*[1].

Desfarges quitta du coup son lit de malade imaginaire et se débarrassa de son turban de Mamammouchi. Il passa ses troupes en revue, renforça les tours de garde, mais ne chercha pas, cependant, à activer les travaux de fortification : sur conseil des... missionnaires. Ceux-ci, en effet, reprenant quasi mot pour mot le discours

1. Le Père le Blanc, *Histoire de la révolution du royaume de Siam arrivée en 1688 et de l'état présent des Indes.*

des jésuites et de Phaulkon, faisaient savoir au général que mieux valait « ne pas faire de vagues » ni donner inutilement aux Siamois « des soupçons » dans une situation si « chatouilleuse ».

Chatouilleuse, chatouilleuse, il aurait bien voulu savoir, lui Desfarges, ce qu'il en était de cette situation « chatouilleuse » et ce qui se passait *vraiment* à Lopburi, n'ayant jusqu'à présent que des informations bien vaseuses. Quelques jours auparavant, dès les premières nouvelles des troubles, il y avait envoyé son fidèle capitaine Dacieu avec mission de se « faire une idée de la situation », de réclamer le cordon de Saint-Michel (sans doute parce que, mis sous les verrous, Phaulkon en avait démérité) et de revenir au plus tôt à Bangkok faire rapport.

L'ingénieur Vollant des Verquains et le lieutenant Vertesalle, inspectant avec Desfarges les murailles de la forteresse de l'ouest, lui firent remarquer avec doigté et diplomatie que, depuis huit mois maintenant qu'on était à Siam, les travaux n'avaient guère avancé, que leur place avait beaucoup plus l'air d'une « prairie » que d'autre chose et que s'ils subissaient une attaque terrestre sur le flanc est, absolument non protégé (entre les bastions de Vertesalle et Dacieu), il faudrait à tout le moins mobiliser la moitié de la garnison pour le défendre convenablement. Fort heureusement on avait achevé les fossés qui, emplis d'eau, ceignaient tout le fort, mais ne serait-il pas temps de dresser, là où c'était nécessaire, les deux mille palissades en troncs de cocotier qu'on avait confectionnées en secret, et qu'on tenait en réserve ?

« Pas de vagues ! Pas de vagues, patience ! » rétorquait le général qui, quand bien même il s'y fût déterminé, aurait eu bien du mal à en faire, des vagues. La centaine d'ouvriers siamois mis à sa disposition en fichait en effet de moins en moins, et le mandarin qui les dirigeait, prenant de petits airs pincés et narquois qu'il ne s'était jamais permis jusqu'à présent, fit savoir qu'il n'avait pas d'ordre pour faire travailler ces hommes, et que s'ils travaillaient néanmoins, c'était « par bonne amitié », car ils avaient bien d'autres tâches à accomplir, pour eux-mêmes et pour leur *naï*.

« Bonne amitié, bonne amitié ! bougonnait Desfarges, je t'en foutrais de la bonne amitié, moi. Ils se foutent de notre tronche, ces Siamois ! »

Le 28 mai que Dieu fit, on eut enfin des nouvelles. Par le sieur Beauchamp qui débarqua à Bangkok avec un air bien effaré.

Il courut aussitôt chez le général (du moins, se souviendraient plus tard quelques officiers, après avoir fait un bref saut dans sa chambre pour y déposer très discrètement deux énormes paquets, fort lourds et cachetés à la cire écarlate).

Le major paraissait hors de lui. Les poils de sa perruque, quasi, se dressaient sur son crâne. Il agitait ses bras en tous sens, comme de folles ailes de moulin. Assis très posément sur un fauteuil, Desfarges regardait son Beauchamp qui allait et venait, virevoltait, bourdonnait, tel un gros insecte ivre de pollen : ou de trouille bien plutôt. Ses propos étaient décousus, et il était assez difficile de s'y retrouver. « J'ai été arrêté avec Phaulkon, disait-il, on l'a mis à la torture. Moi-même, et tous les officiers français de Lopburi, avons été jetés en prison, ainsi que tous les chrétiens de la ville. » Et puis on l'avait libéré, lui Beauchamp, pour qu'il aille porter des nouvelles à Bangkok. Il était descendu en galère, et sous bonne escorte, avec de Lionne, Kosapan, le second ambassadeur et Véret. Il avait réussi à fausser compagnie à ce beau monde, et à prendre les devants...

— Prenez donc aussi un siège... et un verre, lança Desfarges, qui se piquait, à ses heures, de faire de l'esprit. Et racontez-moi ça dans l'ordre, je n'y comprends rien !

En quelques phrases, fort épiques, et joignant souvent le geste à la parole pour plus d'expressivité, le major expliqua comment, avec Fretteville, le chevalier Desfarges et Phaulkon, il avait été « pris au piège » dans le palais par « vingt mille soudards au moins » sinon « trente mille » qui « jetaient sur nous des regards-étincelants-d'une-sanguinaire-fureur-et-d'une-inassouvissable-haine »... « Nous avons dégainé, n'écoutant-que-notre-courage, et nous eussions fait un carnage de ces barbares, si le comte Phaulkon, que venait d'appréhender Pitratcha (ce Pitratcha que-j'eusse-pu-percer-de-part-en-part-de-mon-fer-vengeur), si le comte Phaulkon donc ne nous eût donné ordre de rendre nos armes, ajoutant même : “ Ça ne sera rien, je vais régler tout ça. En attendant obéissez à tout ce qu'on vous dira. ” (*Ainsi,* conclurait plus tard un auteur anonyme[1], *voulut-il jusqu'au bout s'aveugler lui-même et aveugler les autres.*)

Beauchamp, ses compagnons, tout comme Saint-Vandrille, Descaves, Delas et les mousquetaires anglais, arrêtés eux aussi, furent « transférés » dans le palais de Thalé-Chupson, à deux lieues de Lopburi, où on les retint une semaine. « C'est pour vous arracher au ressentiment de la foule qu'on vous installe ici, leur avait expliqué Kosapan, qui les avait accompagnés, car cette révolution

1. *Abrégé des révolutions arrivées au royaume de Siam en l'an 1688.*

n'est pas contre les Français, mais contre les partisans de Phaulkon. » La ville en effet fut livrée au pillage et nombre de chrétiens siamois, cochinchinois et autres furent arrêtés comme complices du Grec. Vers le 26 mai que Dieu fit, Kosapan et le second-ambassadeur-qui-alla-à-la-France, les lèvres ornées, sous leur moustache, du plus radieux des sourires, s'en revinrent à Thalé-Chupson chercher les officiers pour les ramener à Lopburi : où ils n'avaient plus rien à craindre, les troubles s'étant apaisés. « Tout va pour le mieux, expliqua Kosapan, aidant les Français à monter sur les éléphants destinés à les convoyer. L'amitié entre le Grand Royaume de France et le Grand Royaume de Siam va se raffermir grâce à la chute du brigand grec qui trahissait les deux nations. Il y aura bientôt beaucoup plus d'églises chrétiennes dans le pays et les Français seront tout siamois et les Siamois seront tout français. »

Le major Beauchamp en était là de son récit quand une ordonnance vint annoncer au général Desfarges que Son Excellence Kosapan était arrivé à Bangkok en compagnie du sieur Véret, de De Lionne et du second ambassadeur.

Le général envoya une cinquantaine d'hommes, ceux qui avaient la plus « belle mine », faire la haie au débarcadère, pistolet à la ceinture et mousquet sur l'épaule. On fit battre tambour et sonner les trompettes. Tous les étendards furent déployés. Il fallait que ces Siamois vissent bien que le moral était bon et que nous n'étions pas hommes à nous laisser impressionner. L'état-major au complet fut réuni dans la salle du Conseil, autour d'une table immense, et sous le regard hautain, méprisant et effrayant d'un portrait de Louis la Fistule déguisé en Jupiter-foudre-en-main qui, flanqué d'une carte des Indes et de la Chine sur sa droite, et des Amériques sur sa gauche, semblait symboliquement vouloir dominer de son arrogant Empire le monde tout entier. Des drapeaux, certains brûlés et criblés naguère par les balles hollandaises et espagnoles, ornaient aussi les murs. Qu'imaginaient ces Siamois, impressionner les héros de Maestricht, de Cassel et d'ailleurs ?

Accompagnés d'officiers arborant rapières et pistolets, Kosapan, qui ne portait à la ceinture qu'un symbolique couteau d'apparat et chaussait de pacifiques babouches, traversa la place d'armes de la forteresse, y pataugeant généreusement, car c'était, autant que jamais, et quoique la saison ne fût pas encore à la pluie, un marécage. Il ne sembla pas avoir ses yeux dans sa poche. D'un seul regard il embrassa l'énorme béance, sur le flanc est du fort, où s'ouvrait l'infini des rizières. Il nota aussi le délabrement des casernes et magasins. Il scruta la mine des soldats, reconnut facilement à leur teint hâve, à leurs joues creuses, à la sueur emperlant leur front les symptômes patents du mal de Siam auxquels les *Farang* sont plus sensibles que les autochtones. La citadelle de Bangkok était conforme aux rapports que lui en avaient fait ses espions (et espionnes) et dans un état de pourrissement presque aussi avancé que celle de Mergui, qu'il avait inspectée quelques mois avant, quand il y avait accompagné monsieur de Céberet.

Tout était pour le mieux, donc.

« Le riz est tiède à point », songea-t-il, se rappelant la phrase avec laquelle l'avait accueilli Pitratcha à son retour de France, cela faisait huit mois maintenant :

« Le riz est chaud, attendons qu'il refroidisse. »

Le général Desfarges introduisit le premier et le deuxième ambassadeur siamois, ainsi que leur interprète François Pinheiro, dans la salle du Conseil. Kosapan fut placé au haut bout de la table, entre de Lionne et Véret. Les capitaines *farangset,* cuirassés d'acier, coiffés de feutres emplumés, gantés de cuir, et tout enrubannés, s'installèrent le long de la table, de part et d'autre ; Desfarges, encadré de Vertesalle et Beauchamp en occupèrent le bas bout. Les regards de tous les officiers, quinze regards, étaient braqués comme autant de canons de mousquet en faisceau vers l'ambassadeur Kosapan qui, gardant tout son sang-froid, n'en souriait pas moins.

Il prit la parole d'un ton suave et, traduit par de Lionne, expliqua combien Sa Majesté le Très Grand Roi de Siam, son maître et seigneur (qui était malade encore) avait été fâché de provoquer quelques « désordres » dans le royaume en faisant arrêter le sieur Phaulkon. Au demeurant rien dans les accords entre la France et le Siam, qu'il s'agisse de commerce ou de religion, ne serait remis en question et les Français, prêtres, soldats et marchands, seraient considérés toujours comme des hôtes de marque, et des amis même... « A ce titre (et Kosapan coula vers Desfarges un long regard chaleureux)... à ce titre Sa Majesté de Siam et le Grand Mandarin Pitratcha, qu'elle a nommé régent du royaume, ont décidé d'élever au poste de Premier ministre, à la place du traître Witchayen-Phaulkon, le très honorable général Desfarges. »

Kosapan se tut un instant, guettant quel effet produiraient ses paroles sur le visage du très-honorable-général (« ces *Farangset* sont peu maîtres d'eux-mêmes, on lit à livre ouvert dans leurs yeux »).

Le fait est que le très-honorable-général s'était soudain empourpré de jubilation, son regard s'allumant de fulgurances. Ainsi il n'avait pas franchi le Rubicon, mais la couronne de César lui était néanmoins offerte !

— Sa Majesté de Siam, Grand Roi de l'éléphant blanc, poursuivit toujours aussi onctueusement Kosapan, désire aussi que votre honorable fils, le marquis Desfarges vous succède un jour à ce poste envié. Sa Majesté veut que vous le formiez. C'est pourquoi Sa Majesté a exprimé le désir que vous-même, honorable général, ainsi que votre honorable fils aîné le marquis, ici présent, *montiez* le plus tôt possible à Lopburi pour recevoir, de ses propres mains royales, le titre et les attributs de mandarin de première classe, et pour être investis de la fonction illustre entre toutes de ministre général de ce royaume. Votre demeure, désormais, sera le palais même du traître Phaulkon...

Kosapan, sur le même ton sucré, continuait de discourir, mais depuis quelques secondes Desfarges ne l'écoutait plus, depuis l'instant précisément où le verbe maudit, le verbe cauchemardesque de « *monter* » avec son complément fatal « *à Lopburi* » avait été prononcé par l'ambassadeur. Ainsi ça n'était là encore que siamoiseries : on voulait qu'il *montât !* Un piège ! Et ce *monter*-là, d'un coup, avait fait descendre au quatre-vingt-dixième dessous l'optimisme de l'officier. Son visage vira du rouge au verdâtre. Celui, en revanche, de Kosapan demeurait de bronze, absolument inexpressif : indéchiffrable, illisible. Ce qui n'était pas le cas de la bouille de Véret, lequel, placé en face de Desfarges, était toute jubilation. Véret frétillait sur sa chaise comme un gros chapon, et l'énorme plumet vert de son feutre en frémissait. Il décochait sans cesse vers le général des œillades joyeuses qui se voulaient sans doute complices. Le faciès de De Lionne, par contre, pâle et hautain, dans le cadre de sa longue barbe brune soyeuse, ne respirait pas, c'est le moins qu'on puisse dire, un enthousiasme ravageur. Les reins cambrés, le buste bombé, le regard aiguisé, l'abbé traduisait les paroles de Kosapan avec ce petit air « de ne pas y toucher » qui ne le quittait jamais.

« Que je *monte,* foutudiou, c'est donc bien ça qu'ils veulent tous maintenant, songea Desfarges. C'est une maladie, ça : que je *monte !* Hier c'était Phaulkon et les jésuites qui le désiraient, aujourd'hui c'est Pitratcha. Et ce Véret aussi qui, il y a un mois, me conjurait, à genoux, de ne le point faire. La pièce est la même. Mais les acteurs ont interverti leurs rôles. »

Kosapan, imperturbable, poursuivait son propos : l'honorable général, expliquait-il, et ses honorables fils tireraient les plus grands honneurs, mais aussi les plus grands avantages de cette charge que leur offrait le roi. Ils pouvaient tout espérer. Et espérer même qu'un jour — car c'était le souhait secret de Sa Majesté — un Desfarges s'alliât à la famille royale. Ainsi l'amitié entre les deux grandes nations en sortirait-elle renforcée (Kosapan leva un instant les yeux vers le Portrait de Louis la Fistule en Jupiter-à-la-foudre)...

— Par ailleurs, poursuivit-il sur un ton légèrement plus sec, Sa Majesté de Siam a le déplaisir de devoir annoncer à l'honorable général Desfarges que des accusations très graves ont été portées contre lui et quelques-uns de ses officiers par le traître Witchayen-Phaulkon qu'on a mis à la question. Ces accusations sont pures calomnies, Sa Majesté n'en doute pas, et elle ne doute pas non plus que l'honorable général saura s'en laver, dès qu'il sera *monté* à Lopburi...

« Foutudiou, qu'est-ce que ce bougrediou de Grec n'aura pas chanté sous la torture ? » songea Desfarges.

Et Desfarges, cette fois eut peur, peur comme jusqu'à présent il ne l'avait jamais eue. Et il lut dans les yeux de Kosapan que Kosapan l'avait compris.

— Évidemment, ajouta le mandarin, si l'honorable général Desfarges, par extraordinaire, se refusait à... *monter,* le Roi mon maître pourrait logiquement en conclure que l'ensemble du corps expéditionnaire français est complice des... mauvais desseins du traître Phaulkon. Ce que nous ne voulons croire.

Desfarges, brusquement, se leva, déployant son énorme corps dans la pièce. Il toussota et dit :

— Messieurs... euh... nous parlerons mieux de tout cela devant quelque rafraîchissement...

Il prit Beauchamp par le bras, l'entraînant avec lui, et fit signe à Véret et de Lionne de le suivre.

— Pendant que Son Excellence Kosapan se... rafraîchira avec notre état-major, venez avec moi, messieurs. J'ai quelques mots à vous dire...

Kosapan, sans broncher, mais les yeux pleins d'un acier glacial, regarda les quatre hommes sortir, sinon s'enfuir, de la pièce.

On lui apporta des... rafraîchissements.

Desfarges entraîna ses compagnons sur la muraille du fort, où ouvrait une porte de la salle du conseil. Ils s'en allèrent s'adosser au fût d'un canon à un créneau, juste au-dessus des eaux ocre du Mae Nam Chao Phraya.

— On veut donc que je *monte,* messieurs, c'est une manie ?

— Il faut monter ! rétorqua de Lionne.

— Quand hier il fallait que je descendisse ! s'exclama l'officier qui, regardant l'abbé avec un air stupéfait, s'était posé les mains sur les hanches.

— La situation n'est plus la même, poursuivit l'abbé embarrassé.

— Certes non ! renchérit Véret. Avec vous aux commandes, général, avec vous au poste de Premier ministre, les affaires de la Compagnie rouleront au mieux... et les affaires de Dieu aussi, ajouta-t-il en lorgnant vers de Lionne.

— Peut-on se fier aux paroles d'un Kosapan, qui s'est présenté naguère comme le plus grand ami de Phaulkon, et se retrouve soudain dans le camp de ceux qui l'ont abattu ?

— Phaulkon a été abattu sur... ordre du roi de Siam ! dit de Lionne.

— Le roi ? Le roi vit donc maintenant ! Là... c'est la meilleure, s'exclama Desfarges, qui posa, en éclatant d'un rire plein de désarroi, sa botte énorme et crotteuse dans une embrasure entre deux créneaux. Hier il était mort, et voici que pour les besoins de la cause il ressuscite !

— Nous avons lieu de croire, dit subtilement de Lionne, qu'il n'est pas mort, mais qu'il est au plus mal, et en tout état de cause incapable de régner. Pitratcha gouverne en son nom : lui désobéir, c'est comme désobéir au roi.

— Phaulkon aussi gouvernait au nom du roi ! rétorqua Desfarges. Il a bon dos, le roi de Siam. Il n'a jamais autant parlé, ce pauvre bougre, que depuis qu'il est impossible à quiconque de le voir.

— Phaulkon voulait vous piéger, dit Véret.

— Qui me dit que Pitratcha ne veut pas le faire ? Vous m'affirmiez vous-même que le Grec n'agissait que sur ordre de ce mandarin.

— Phaulkon a été abattu, Prapy, son complice, a été arrêté, Pitratcha, désormais, est maître de la situation, expliqua de Lionne. A-t-il intérêt à pousser les choses au pire et à s'attirer, en vous massacrant, la haine du roi de France, qu'il sait fort puissant ? Il n'est pas de l'usage des gens de ce pays d'aller vers les extrêmes. Choisir la voie médiane cela fait partie de leur culture, de leur nature... et de leur stratégie en tout cas. Ils ont fait appel à la France pour contrebalancer les appétits de la Hollande. Il semble qu'ils se soient maintenant appuyés sur la Hollande pour nous damer le pion. Il est fort possible qu'ils continuent ce petit jeu (d'autant que l'Angleterre est de la partie, avec qui ils sont en guerre) et que pour continuer ils aient besoin de nous comme contrepoids. On peut imaginer aussi que Pitratcha, continuant son travail d'équilibriste, veuille tout de bon vous faire ministre. Qu'en coûte-t-il de tenter l'aventure ?

— Ce qu'il en coûte ? (Desfarges frotta de sa main gantée de cuir son énorme cou gras.) Il m'en peut coûter la vie, ne vous déplaise.

— Et en... *montant,* s'exclama Beauchamp, qui jusque-là s'était tu, ne vous mettez-vous pas justement dans la même situation qui vous fit... euh... *redescendre* quand vous étiez *monté*... euh... jusqu'à Ayuthya et que vous renonçâtes à... *monter* plus haut ? Je veux dire : vous abandonnez votre poste, Bangkok ?

— Mais non, mais non, ne tracez point les choses ainsi en noir, gazouilla Véret qui se mit à marcher en long et en large sur la muraille, sautillant sur ses grosses bottes verdâtres. Tout est pour le mieux, messieurs ! Les Siamois ont réglé leur compte au Grec, qui ratissait leur caisse. Nous allons pouvoir repartir avec eux sur des bases saines. Ne montez pas, général, et c'est à nouveau la bagarre, le sac d'embrouilles et la guerre sans doute (il montra d'un vaste geste de la main la place forte délabrée et ses murs béants). Vous croyez-vous ici en état de résister, même à une armée de babouins ? Tentez le coup, général, le jeu en vaut la chandelle. Vous serez le... le Richelieu de ce pays, son Colbert !

De Lionne, d'un air sombre, regarda l'état désastreux de la forteresse où il ne s'était pas rendu depuis longtemps. Livrant le fond de sa pensée, l'abbé lança alors :

— Quand vous pourriez tenir dans ce fort, ce dont je doute, général, qu'adviendra-t-il de nos chrétiens ? Le conflit a déjà éclaté. Nulle possibilité pour eux, comme je l'espérais naguère, de se réfugier ici. A Lopburi la plupart de nos fidèles, Siamois, Chinois, Cochinchinois et autres, sont déjà en prison. Ailleurs ils doivent être surveillés de près. Fleuves, routes et canaux sont sans doute strictement contrôlés. Pitratcha tient nos ouailles en otages. Et il l'a clairement laissé entendre... Il faut essayer de trouver un accord avec lui...

— Vous me présentez... euh... les choses différemment, dit Desfarges la gorge serrée.

— Comment aussi ne monteriez-vous pas, général, poursuivit de Lionne, comment pourrait-on vous reprocher plus tard de l'avoir fait si, en agissant de la sorte, vous sauvez la vie de nos chrétiens, et empêchez la destruction de la Mission ? Rappelez-vous les persécutions du Japon : c'est à des horreurs de ce type que nous ont voués les plans puérilement machiavéliques de Phaulkon et des jésuites. Il est de votre devoir de *monter,* général. Il en va de votre honneur et de l'honneur de la nation.

— S'il en est ainsi... S'il en est ainsi ! murmura Desforges.

Il regardait au loin, à l'horizon, l'immense damier vert des rizières se mêlant avec le gris d'argent bleuté du ciel.

— Les insinuations de Kosapan, poursuivit de Lionne, sont fort claires : on vous accusera, si vous ne *montez* pas, d'être complice de Constance et l'on en déduira vite que tous les Français et tous les chrétiens même de Siam ont trempé dans la conjuration. Et ce sera le... massacre.

— Je monterai, affirma Desfarges en tapant du pied. D'ailleurs... j'ai mon idée.

« Il *montera* », susurra Beauchamp à l'oreille de son voisin, quand les quatre hommes, revenus dans la salle du conseil, reprirent leur place à la table. Et, de bouche à oreille, tel un mot de passe, le « il montera » de Beauchamp, prononcé de façon quasi inaudible, fit le tour de l'état-major, jusqu'au lieutenant Vertesalle, lequel y adjoignit un bref commentaire, qui lui aussi reprit le même chemin circulaire : « Il est fou. » Et cependant les larbins siamois qu'on avait déguisés en larbins français emperruqués servirent à ces messieurs, car il était midi, un ragoût de porc que Son Excellence Kosapan s'efforça de trouver bon « et digne des cuisines mêmes de Versailles ». On plaisanta fort, comme si de rien n'était, et Kosapan raconta pour la cent millième fois ses impressions de France. On le titilla sur ses amours avec les Parisiennes et, gaillardement (car il s'adaptait bien à nos usages quoique, intérieurement, il ne les approuvât pas tous), il dit combien il regrettait telle blonde Fanchon ou telle rousse Suzon qu'il eût bien voulu emmener avec lui à Siam où elles eussent fait des envieux, et des envieuses. On lui demanda si les vingt femmes qu'on disait qu'il avait eussent accepté de bon cœur ces nouvelles arrivantes. Il rétorqua que les dames siamoises sont souples, conciliantes et partageuses : du moins en donnent-elles les apparences. Cependant, tout en devisant et buvant sec, Kosapan ne perdait des yeux aucun des convives : remarquant bien qu'entre deux lazzis ils s'entrechuchotaient des secrets à l'oreille.

Kosapan rejoignit bientôt sa galère : où Desfarges lui avait promis de le retrouver « dans l'heure qui venait ». C'est que, entre-temps, les Français avaient bien des choses à se dire. Il y avait de l'orage dans l'air, dans la salle du Conseil, où s'était à nouveau réuni l'état-major. Vertesalle était, de nos officiers, le plus emporté :

— Il faut arrêter sur-le-champ ce Kosapan, et les mandarins qui l'accompagnent, hurla-t-il en tapant du poing sur la table, les prendre comme otages et demander qu'en échange on nous rende monsieur Constance et nos officiers prisonniers ! Allons-nous nous laisser dicter notre conduite par ces barbares, ces canailles ? Barrons le fleuve, tirons sur toute embarcation qui s'y aventure, commençons le blocus et menaçons ce Pitratcha de lui porter la guerre à Lopburi. Je me charge, moi, messieurs, avec une compagnie de nos hommes, de semer dans ce pays une telle terreur qu'il faudra bien qu'on nous demande merci. Général, ne *montez* pas !

— Attendez au moins le retour de Dacieu, souffla Beauchamp.

— Dacieu eût dû être de retour depuis trois jours déjà, lança le marquis Desfarges, il lui sera arrivé quelque chose à Lopburi.

Le général ôta son chapeau et, se levant de façon théâtrale, il toisa ses officiers assis devant lui et leur débita un petit discours qu'il avait amoureusement mijoté depuis quelques minutes :

— Je *monterai,* messieurs, dit-il, ma décision est prise. Car il en va de l'intérêt de notre roi, et de celui de nos armes. Est-ce un piège, un piège grossier, que me tendent ces Siamois en me proposant, avec ce poste de Premier ministre, les dépouilles de l'infortuné monsieur Constance, ou est-ce une épreuve qu'ils me veulent faire subir, afin de déterminer si j'ai trempé dans quelque complot ? En *montant,* messieurs, je ne hasarde dans un cas que ma vie, qui m'appartient moins qu'à mon roi ; dans le second cas j'évite que soient ternis pour longtemps le nom et la réputation de la France aux Indes. Puis-je négliger cette occasion de faire la publique démonstration de ma bonne foi, et de l'innocence des Français et des chrétiens, dans cette affaire où le ministre Phaulkon s'est compromis ? Que pèse ma vie, quand c'est l'honneur de la nation qui est en jeu ? Et si mon sang doit abreuver la terre païenne de ce funeste rivage de Siam, mon sang et... celui du marquis mon fils, puisqu'on m'a demandé qu'il soit du voyage (ce disant il posa sa grosse patte gantée sur l'épaule du marquis, qui verdissait de trouille) et si donc le sang des Desfarges doit être versé et que, hôtes de passage de ce monde, nous le quittions tous deux plus tôt que nous l'espérions, sachez que ce ne sera pas en vain, mais pour sauver vos vies à vous tous, peut-être ! Je vous ai dit en effet qu'il en allait des intérêts de nos armes que je monte. Et voici pourquoi : tel Thémistocle qui, après la guerre contre les Mèdes, partit à Sparte en ambassade afin d'y lanterner le plus possible, et de gagner un temps précieux pendant lequel, dans sa patrie d'Athènes, on relevait les fortifications détruites que les Lacédémoniens ne voulaient pas qu'on reconstruisît, ainsi, moi-même et mon fils (il retapa sur l'épaule du verdâtre marquis) *monterons*-nous à Lopburi pour vous donner la possibilité d'améliorer l'état de cette place, de vous y mieux fortifier, d'y amasser de nouveaux vivres, en vue d'un siège qui ne saurait pas ne pas avoir lieu, car j'augure mal de mon voyage, et redoute que n'éclate la guerre. Tous les hommes naissent de la même façon, disait Sénèque, mais mille différentes manières de mourir s'offrent à eux : mourir pour mon roi est sans doute la plus noble d'entre elles, et si je meurs, messieurs, j'espère du moins qu'en vos mémoires ne mourra pas mon souvenir.

Il fit faire un vaste tourbillon à son feutre emplumé de bleu, le remit sur sa tête et, prenant par le gras du bras le jeune marquis Desfarges, qui avait viré du vert au violet, il s'en alla rejoindre sur le fleuve la somptueuse galère or et écarlate où l'attendaient Kosapan ainsi que de Lionne et Véret qui l'y avaient précédé. Il s'installa à leurs côtés sous un vaste parasol rouge. Aussitôt, poussant des « han » et des « hé » barbares, les trente rameurs de l'embarcation plongèrent dans l'eau épaisse et ocre du Mae Nam leurs pagaies. Ils chantèrent, à tue-tête, d'incompréhensibles chants, mais dans la raucité desquels Desfarges crut deviner on ne sait quelle raillerie. De part et d'autre de la galère du général, à quelques mètres de distance tout juste, vinrent se ranger deux autres grandes galères, qui l'accompagnèrent. Et tout au long du fleuve, de nouvelles galères, grandes et petites, s'additionnèrent ainsi à la suite du navire du général, ou à ses côtés, ou devant, formant un fabuleux cortège dont les figures de proue dorées, dragons et garudas, grimaçaient et scintillaient dans le soleil. Le convoi compta bientôt plus d'une centaine d'embarcations dont les milliers de rameurs hurlaient plus que jamais leurs chants sardoniques. C'étaient à ne pas douter des chants de joie, des chants de triomphe : au fond d'une de ces galères le général aperçut, cachés, des lances et des mousquets.

Il était pris au piège.

— Foutudiou, monsieur, demanda-t-il à Kosapan, pourquoi tant de bateaux, pourquoi un si pompeux appareil ?

— C'est pour vous faire *honneur,* dit en souriant le mandarin qui connaissait ses Français. Un homme de votre *caractère,* général, et que notre roi doit élever au rang de ministre, ne pouvait voyager sans une suite digne de lui.

C'est le 31 mai que Dieu fit, que le général quitta Bangkok.

A la hauteur d'Ayuthya, alors qu'ils s'étaient arrêtés à un débarcadère pour « manger un morceau », Desfarges eut vent que sept officiers français dont Dacieu, qui avaient tenté de s'enfuir de Lopburi une semaine auparavant, avaient été rattrapés et maltraités. Cette information cependant était vague.

Mais véridique : à Lopburi en effet, depuis quelque temps, les choses commençaient à tourner au vinaigre. Envoyé en éclaireur dans cette ville par Desfarges, le capitaine Dacieu y avait rencontré, le 26 mai, les sieurs Saint-Vandrille, Fretteville, Delas, Descaves, Bressy et le chevalier Desfarges qu'on venait de libérer de leur prison de Thalé Chupson, mais qui étaient gardés à vue, et se voyaient interdire de quitter la seconde capitale. Ces officiers apprirent à Dacieu que l'intention de Pitratcha était de faire monter le général. Dacieu, qui n'envisageait pas que Desfarges pût monter sans attendre son retour et le rapport qu'il lui devait faire, affirma : « Jamais il ne montera. » La situation, à Lopburi, était en effet catastrophique : toutes les maisons des chrétiens et même la maison de Constance, avaient été pillées, une majorité de chrétiens étaient arrêtés, maltraités. La rumeur publique disait que Phaulkon, sous la torture, avait reconnu avoir monté un parti, avec Prapy, pour prendre le pouvoir et imposer à Siam le catholicisme. Prapy, après avoir été exposé, enchaîné, devant le palais, avait eu la tête tranchée. Pitratcha eût jeté cette tête aux pieds de Phaulkon, en prison, lui criant : « Voilà ton roi ! » D'aucuns assuraient que cette tête coupée, dans la bouche et la gorge de laquelle on avait passé une corde, avait été liée au cou du Grec « à la façon d'une cravate » afin qu'il la portât ainsi, jusqu'au total pourrissement. Entre autres délicatesses, on aurait brûlé les pieds du ministre, pour lui ôter toute envie de fuir. Il aurait avoué encore avoir détourné du trésor du roi pour plus de cinq cent mille écus placés à l'étranger. Ce qu'avaient confirmé ses secrétaires Bashpool et Martyrio que les bourreaux bras-peints dépeçaient petit à petit. Madame Phaulkon, dans ces circonstances critiques, s'était montrée d'un sang-froid étonnant. *(Sa naissance est japonaise,* écrirait d'elle François Martin, *ces peuples sont d'une grande intrépidité pour les coups de malheur. On a plusieurs exemples qu'ils envisagent la mort avec une fermeté qui tient même de l'insensibilité.)* Elle distribua à tour de bras son argent pour obtenir des renseignements sur l'état des forces en présence et sur le sort de son mari. Un de ses laquais l'avait aperçu dans un enclos en troncs de cocotiers, dressé dans une cour du palais en guise de prison. Le laquais avait voulu s'approcher. Le reconnaissant, Phaulkon avait pris un morceau de tissu et s'en était voilé la face... Toutes les horreurs étaient envisageables.

Dans les marchés de la ville, on pouvait acheter pour quelques sous crucifix, images saintes et autres bondieusailles volées ici ou là et dont personne ne voulait plus. Les reliques mêmes de martyrs, dents, cheveux, osselets, portant certificat de garantie imprimé à Rome, étaient dédaignées. Nombre de petites bonnes sœurs cochinchinoises dites amantes de la Croix furent kidnappées. On leur attacha sous chaque pied un crucifix et on les fit ainsi marcher, foulant au sol l'image de Notre Seigneur Jésus-Christ, jusqu'au prochain lupanar où elles seraient désormais employées. Dans des théâtres de fortune des histrions se revêtant de hardes saisies chez les Européens et dans les églises faisaient revivre les tics et vices des officiers emplumés, et des prêtres lubriques ou politicards, réinventant, sans le savoir, les personnages de Tartuffe et Matamore. Le général Dé Fa (Desfarges), les pères Ta Tcha (Tachard) Dé Bé (de Bèze) et Mo Si Né La No (monseigneur Laneau) avaient la vedette. Le père Lé Ban (le Blanc) aussi, représenté dans une scène réaliste, et néanmoins comique, où on le voyait au milieu de jeunes écoliers siamois, en train d'apprendre la langue locale. Se trompant de ton et d'accent, il commettait sans cesse des calembours involontaires, prononçant par exemple, à l'hilarité générale, *Kué* pour *Klué* (quéquette pour banane) et autres joyeusetés. Sans oublier le père Pocket, recteur du séminaire, qu'on surprenait au milieu d'une confession mettant sa patte sur la cuisse blanche et douillette d'un jeune élève et lui posant toutes sortes de questions bizarres que seuls ces prêtres *farang* sont capables d'imaginer : le petit pécheur se caressait-il le *devant?* souvent ? Combien de fois par jour ? une ? deux ? trois ? Quand le petit pécheur se caressait le *devant,* à quoi pensait-il ? Lui arrivait-il de se faire caresser par un autre petit pécheur? quoi? le *devant?* le *derrière?* Lui arrivait-il de se faire lécher par des animaux? le *devant?* le *derrière?* Lui arrivait-il de poser sur son *devant de petits animaux afin d'arriver par ce moyen à une pollution?*

*Amen.*

Dacieu conseilla fermement aux jeunes officiers français de s'enfuir :

— Quand j'aurai fait au général mon rapport sur l'état des affaires, il songera moins à venir à Lopburi qu'à se préparer dans Bangkok à une vigoureuse résistance. Ce sera la guerre. Partez tant qu'il est temps. Je pars moi-même aujourd'hui.

— Fuyons, dit Bressy.

— Toutes les routes doivent être surveillées! lança Fretteville.

— Eh bien, poursuivit Saint-Vandrille, nous passerons sur le ventre de quiconque se mettra en travers de notre course.

— Jetons-nous dans Bangkok avant que le fleuve soit bloqué.

— Nous serons pris, messieurs, dit Fretteville. Mais je vous accompagnerai afin que vous n'ayez pas lieu de me reprocher que je ne suis pas homme de cœur.

Madame Constance, mise au courant par les jésuites, qui avaient leurs oreilles partout, du projet d'escapade des jeunes officiers, convoqua Fretteville, pour qui elle avait plus que de la sympathie. Elle lui confia une grosse bourse de cuir, fort lourde : pleine de diamants. Il y en avait pour plus de cent mille écus. Il devait les mettre en sûreté à Bangkok, où elle tenterait de se réfugier quand la situation s'y prêterait. Il jura sur son honneur de les lui conserver et qu'on ne les lui ôterait qu'on ne lui ôtât la vie.

Bressy, Descaves, Delas, Saint-Vandrille, le chevalier Desfarges et Fretteville, demandèrent aux écuries du roi des chevaux « pour aller chasser ». Ils étaient libres de leurs mouvements dans la journée, quoique suivis, mais ne pouvaient sortir la nuit. Gardés à vue, on ne les chouchoutait pas moins, comme tous les autres Français. Pitratcha, qui attendait la venue de Desfarges à Lopburi, et comptait obtenir de lui bien des choses, était dans l'obligation aussi de ne pas contrarier ses officiers. On leur fournit sans sourciller des montures. Les jeunes gentilshommes trottèrent sur les traces de Dacieu, qui les avait précédés, comptant rejoindre le débarcadère de Bankou, à une dizaine de kilomètres de là. Des cavaliers maures les suivaient de loin. A peine franchie la dernière enceinte de la ville, les Français se mirent au galop, fonçant à bride abattue à travers les chemins, les jungles, les rizières, semant leurs anges gardiens enturbannés, forçant les postes de garde et sabrant sans pitié quiconque s'interposait. La course fut si frénétique que le cheval de Saint-Vandrille en creva. Le jeune officier, jetant son épée, ses bottes, son chapeau, suivit ses compagnons à la course. Jusqu'à Bankou où ils arrivèrent à la nuit tombante, y retrouvant Dacieu. Ils avisèrent une galère, où étaient une dizaine de bonzes et des rameurs, et qui s'apprêtait à partir. Hop, ils l'arraisonnèrent, menaçant ses occupants de leurs rapières ils mirent ces « fainéants » de bonzes à la chiourme, avec les pagayeurs, et descendirent le fleuve avec une rapidité directement proportionnelle à la terreur que leurs pistolets inspiraient à l'équipage. Une jonque, arrivant d'aval à leur rencontre, voulut se mettre en travers de leur route. Saint-Vandrille, Bressy et Fretteville se dressèrent à la proue, brandissant dans l'ombre leurs épées étincelantes et criant « tue, tue, tue », ce qui sembla effrayer les matelots de la jonque qui les laissa passer. Tout au long des berges, sur bâbord et tribord, se pressaient des silhouettes innombrables armées de sabres et de lances. La jungle grouillait de soldats et, de temps à autre, claquaient des coups de mousquets. Quand l'obscurité, bientôt, fut quasi totale, ces « fourbes » de bonzes et de rameurs se jetèrent à l'eau, se sauvant à la nage. La galère s'en allait à la dérive, et c'est en vain que nos officiers, prenant les rames, essayèrent de la manœuvrer. Elle s'échoua à un endroit vaseux, où, la forêt étant extrêmement dense, ne se trouvait pas âme qui vive. Otant leurs bottes, Dacieu, Bressy, Saint-Vandrille, Descaves, Fretteville et le chevalier Desfarges sautèrent dans l'eau boueuse, s'y enfonçant jusqu'à la taille. Ils parvinrent à s'en extraire, non sans difficultés. A peine eurent-ils fait quelques pas qu'ils furent d'un coup comme enveloppés, étreints, par les denses et ténébreuses frondaisons de la jungle : c'était comme s'ils eussent chu dans quelque sépulcre inviolé. Quelque chapelle abandonnée : mais toute bruissante de sourds murmures, d'indéfinissables frémissements, de sifflements, de cisaillements, de ronronnements, immense nocturne symphonie où choses et êtres, végétaux, animaux, minéraux, humains sans doute aussi, confondaient leur secrète respiration, leurs incompréhensibles langages. Des effluves âcres de moisissure s'élevaient d'un sol mol où s'enfonçaient les pieds des officiers épuisés. Ils avaient cavalé souvent déjà dans les forêts, mais c'étaient celles, clairsemées, de la région de Lopburi, jamais la véritable jungle tropicale : où tout bruit, toute ombre semble receler une menace. Ils avançaient ainsi, au hasard, complètement égarés, et affamés bientôt, quand une sorte de ronronnement se fit entendre au-devant d'eux :

« Foutudiou, qu'est-ce que c'est que ça encore ? »

Le ronronnement se rapprocha, se métamorphosant bientôt en une espèce de râle : puis soudain surgit juste au-dessus d'eux une foutudiou de boundiou de nom de Diou d'énorme masse de chair et de poils qui, dans un rugissement effarant, s'en alla derrière eux atterrir dans des fourrés où l'ombre l'absorba : un foutudiou de boundiou de tigre. Pistolets, mousquets partirent tous de concert, ce fut une assourdissante fusillade, une orgie conjuratoire de poudre et de balles. Bien inutile, car le fauve déjà s'était éclipsé.

Mais ces tirs les firent aussitôt repérer par leurs poursuivants. Arrivés dans une espèce de clairière, les sept officiers se trouvèrent encerclés par plusieurs centaines de Siamois brandissant lances et flambeaux. Oh, ils n'avaient guère l'air martial, ces Siamois : leurs boucliers et casques étaient en rotin tressé, leurs piques en bambou, armé à l'extrémité d'une sorte de lame de vingt centimètres de long ; quelques-uns, une dizaine pas plus, avaient de rudimentaires mousquets. La plupart portaient à l'horizontale, sur leurs épaules, une perche, d'où pendaient, à chaque bout, des paniers d'osier contenant sans doute leurs vivres et leur eau. C'était là la piétaille de l'armée siamoise, ces humbles paysans que le mandarin dont dépendait leur village recrutait de force, et qui devaient, à leurs frais, se munir de leurs vivres et de leurs armes. Ces hommes ne semblaient pas inamicaux. Leur mandarin, qui vint parlementer avec les Français, offrit à ceux-ci de l'eau et du riz. Il leur dit que les *Farangset* n'étaient point les ennemis du roi de Siam, que le roi de Siam n'en voulait qu'à Witchayen Phaulkon et à ses partisans, que si les *Farangset* rendaient leurs armes, on les ramènerait sans leur faire de mal à Lopburi. Les *Farangset* de toute façon n'avaient pas le choix. Ils ne faisaient pas le poids, à sept contre mille. Ils remirent leurs épées et leurs pistolets. *Ils n'eurent pas sitôt quitté les armes,* écrirait plus tard le père le Blanc, *que cette lâche et perfide populace se jeta sur eux et les dépouilla, les maltraita et les mena garrottés...* C'est alors que déboula une trentaine de cavaliers maures. Ceux-ci, furieux d'avoir été semés par les Français, s'en emparèrent, les attachèrent à la queue de leurs chevaux, au bout d'une corde. Tout au long du chemin vers Lopburi, où ils les devaient ramener, ils s'amusaient régulièrement à partir au galop, de sorte que leurs prisonniers étaient obligés de courir derrière jusqu'à ce qu'épuisés ils s'affalassent au sol. Les cavaliers revenaient alors sur leurs victimes et, se penchant, leur décochaient des coups de babouche dans le visage, afin de les faire se relever. Et hop, ils repartaient au galop. Et cela pendant plusieurs dizaines de kilomètres. L'ingénieur, monsieur Bressy, en creva.

Quand ils arrivèrent à Lopburi les fiers Français, dépenaillés, hirsutes, blêmes, couverts de sang et de boue, n'avaient plus l'air que de spectres. Cependant leur martyr ne s'arrêta pas là. On les enchaîna, leur mit la cangue au cou et les exposa ainsi devant la grande porte, à l'orient du palais du roi, où ils durent subir pendant trois heures lazzis, crachats et soufflets des badauds.

Les *Farangset* étaient des traîtres, les *Farangset* avaient voulu fuir, ils avaient manqué à leur parole. *Les Siamois perdirent alors toute retenue,* explique un témoin[1]. Ils commencèrent à s'attaquer aux chrétiens européens (seuls les chrétiens asiatiques, jusque-là, ayant été maltraités). Un missionnaire, par dérision de Notre Seigneur Jésus-Christ, fut couronné d'épines. Les Portugais même qui, quoique catholiques, avaient semblé pour la plupart, en haine des Français, se rallier au parti de Pitratcha, furent touchés par la persécution. On enleva leurs filles, pour fournir les sérails des mandarins qui établirent un lucratif commerce en revendant, après chaque rapt, ces demoiselles à leurs parents, pour les kidnapper derechef et les revendre, manège qu'ils renouvelaient plusieurs fois. Certaines mamans portugaises, à cheval sur l'honneur, préférèrent brûler au fer rouge le sexe de leur fille, plutôt que de les laisser polluer par les idolâtres (trait qui longtemps plus tard, dans le martyrologue de Siam, serait cité comme édifiant). Il est à noter que la plupart des filles de Saint-Cyr de madame Constance tournèrent casaque, se rangeant à la loi du Bouddha et à celle du mandarin qui les choisissait. La petite métisse anglo-siamoise blonde, depuis longtemps recherchée par les plus hauts personnages du pays, déclara qu'elle mettait Phra-Put (Bouddha) sur sa tête, et Crit (le Christ) sous ses pieds. Son opportunisme lui valut d'être la favorite du fils même de Pitratcha, Suraçak, fort porté sur le beau sexe, et qui profita de ces événements pour enrichir à peu de frais son harem. De toutes les nations européennes, les Hollandais

1. *Abrégé des révolutions arrivées au royaume de Siam en l'an 1688.*

furent les seuls à échapper à ces vexations. Notons aussi que les pères jésuites, contrairement aux missionnaires, ne furent pas inquiétés non plus...

Quel terrain d'entente avaient-ils trouvé avec le nouveau maître de Siam ?

*Contre le nom chrétien leur rage en vain conspire*
*Ce nom saint durera plus que leur vaste empire...*
(Campistron, *Adrien,* 1690.)

C'est au milieu de cet état de choses, qu'il ignorait complètement, que le général Desfarges le 2 juin 1688 que Dieu fit, arriva avec sa galère au débarcadère de Bankou. On les chargea, lui, son fils le marquis, Véret, de Lionne et Kosapan sur des chaises à porteurs et, illico, on les emmena au palais où le roi, leur dit-on, devait les recevoir en audience. « On va nous arrêter, souffla Desfarges, sans quoi on nous aurait laissé parler auparavant avec les Français de Lopburi. »

Les *Farangset* furent déposés, sinon déversés, à l'entrée principale du palais devant laquelle cinq cents bras-peints à tout le moins montaient la garde. Ils durent, comme de rigueur, se délester de leurs épées. En voyant sa fidèle rapière emportée par un de ces soudards, Desfarges lui murmura un éternel adieu. Il s'était fichu dans un coupe-gorge, pour sûr. Ces Siamois les avaient emberlificotés avec de belles promesses pour les mieux poignarder dans le dos. Ça sentait mauvais! Et il n'était pas le seul à le penser. Il suffisait de regarder la bouille de Véret : il déchantait, le Véret, il avait perdu tout son optimisme, il avait le « pet-au-cul », le Véret. D'ailleurs lui aussi l'avait, le pet-au-cul, le général : moralement tout comme charnellement, la dysenterie lui tordant les tripes. Ils s'avancèrent à pied derrière Kosapan, dans la première cour du palais, au milieu d'une double haie de soldats siamois, assis sur leurs talons, un sabre, lame nue, posé entre leurs cuisses écartées. On leur avait dit donc qu'ils allaient être reçus par le roi lui-même (enfin on allait lui revoir la tronche, à celui-là !). Cependant on ne les amenait pas vers l'ouest, en direction du pavillon d'audience Mahaprasat, mais, à travers la deuxième cour, vers un bâtiment blanc à triple toit écarlate où ils n'avaient jamais mis les pieds : le pavillon Chao Ho.

A la suite de Kosapan, et sous le regard d'un bon millier de soudards patibulaires, ils grimpèrent les marches menant au perron de ce pavillon. Ils étaient essoufflés et plus qu'émus. La porte ouvrait sur une vaste salle dont le sol était constitué d'un parquet rouge en bois précieux, recouvert çà et là de tapis de Perse. Une double enfilade de colonnes écarlates menait au fond de cette immense pièce jusqu'à une idole dorée, haute de près de cinq mètres (« leur Bouddha ! ») au pied de laquelle, sur une estrade, était assis un homme arborant un chapeau blanc pointu, cerclé d'or, et une cuirasse de buffle. Ça n'était pas le roi, non, certes : mais ce fourbe-de-Pitratcha qui, les jambes en tailleur (comme l'idole derrière lui), la main gauche sur son giron et la droite sur son genou droit, les attendait : dans la position *bhumisparsa mudra,* Bouddha terrassant Mara, puissance du Mal.

A droite et à gauche de « ce fourbe », mais un peu en retrait, étaient assis son fils Suraçak (« ce satyre »), et le Grand Sancrat (« ce Tartuffe ») et, en face d'eux, de part et d'autre de l'allée centrale, plusieurs centaines de mandarins se tenaient prosternés, comme s'ils fussent en présence de Sa Majesté de Siam.

— Mais... qu'est-ce que ça signifie ? souffla Desfarges à de Lionne, qui se tenait debout, avec Véret et le marquis, sur le seuil de la porte. N'était-ce pas le roi qui nous devait recevoir ?

Il n'y eut aucune préparation protocolaire ni autres tralalas. Les Français furent poussés dans la salle par les bras-peints qui les suivaient, sabre en main, et ils s'avancèrent, sous le regard de l'énorme idole, dans un total silence. Au bout de l'allée et face à Pitratcha, là où en toute logique ils devraient s'asseoir, il n'y avait rien, rien, mais absolument rien (pas même un de ces petits bancs auxquels avait eu droit la Loubère). Juste un tapis. Or Desfarges, quand le roi lui-même l'avait reçu, s'était vu accorder un siège.

Allait-on le faire s'asseoir le cul par terre comme tous ces culs-terreux ? On le fit asseoir — quand il fut arrivé au bout de l'allée — le cul par terre, avec de Lionne, Véret, le marquis et Kosapan, qui s'installèrent à ses côtés. Et il n'eut guère envie de protester, le général, vu le regard que lui avait envoyé le bras-peint à lui attaché, quand celui-ci l'avait invité, de la pointe de son sabre nu, à prendre place au sol. Des sabres d'ailleurs brillaient un peu partout aux quatre coins de la salle dans les mains de soudards qui, contre la coutume, n'étaient pas prosternés. Quatre sabres du Japon, fort beaux, deux de part et d'autre, étaient posés juste devant Pitratcha, lame nue, comme pour signifier aux barbares *farang* qu'à la première esquisse de protestation de leur part il leur ferait l'honneur de leur trancher le col de sa propre main.

Chaque Français avait derrière lui, debout, sabre en main, un bras-peint.

Tous les yeux étaient tournés vers le Grand Mandarin Opra Pitratcha, général des Éléphants, régent du royaume de Siam. Il jubilait. Il rayonnait comme l'idole dorée dressée derrière lui. N'était-il pas en train de gagner la difficile partie d'échecs commencée huit mois auparavant ? Il avait joué de la division entre catholiques : jésuites contre missionnaires ; Français contre Portugais ; de la division entre chrétiens : protestants contre papistes... Il avait réussi à éliminer ou neutraliser les pièces adverses les plus importantes : Prapy, Phaulkon. Un des frères du roi, le cadet Chao Fa Noï, croyant qu'on l'allait couronner, était venu se mettre dans ses rets, à Lopburi : où on le gardait « au secret ». Et maintenant que Desfarges avait donné dans le piège, n'était-ce pas tout le corps expéditionnaire français qu'avec son général en chef Pitratcha tenait en son pouvoir ? Et cela sans livrer combat ; par ses seuls artifices et, comme il aimait à s'en vanter, par la seule force de son *esprit !*

Sans expliquer pourquoi ça n'était pas le roi qui présidait à cette audience, ce mandarin souhaita, sourire aux lèvres, et non sans humour sans doute, le bienvenue au général et à ses compagnons, et lui dit combien Sa Majesté de Siam l'appréciait car il avait su conquérir l'amitié de ses sujets. Pitratcha posa ensuite à l'officier une série de question, fort sèches, et sur un ton mordant que l'abbé de Lionne en les traduisant tentait au maximum d'adoucir.

— Général Dé Fa (Desfarges), dit Pitratcha, êtes-vous bien le chef de l'ensemble des troupes françaises de Siam ?

— Je le suis, répondit Dé Fa, laconique.

— Cela veut-il dire, poursuivit Pitratcha, qu'à vos ordres doivent impérativement obéir tous vos officiers et soldats sans exception ?

— C'est cela même, dit Dé Fa, qui se demandait, tout comme l'interprète de Lionne, où « ce fourbe » voulait en venir, cependant que Véret et le marquis, prostrés, piquaient du nez vers le tapis.

— Et vous avez ordre, au nom du roi de France, d'obéir aux ordres du roi de Siam, n'est-ce pas ?

Le ton était de plus en plus sec. Manifestement, Pitratcha était en train de faire une démonstration, devant les grands du royaume, de la façon dont il fallait traiter ces arrogants *Farang* qui bafouaient, depuis trop longtemps, les usages et la dignité même des Siamois. *Farangs* que, dans le privé, il avait accoutumé d'appeler *khi Ma :* merde de chien. Le chien *(ma)* étant dans la hiérarchie des êtres, ce qu'on peut trouver de plus vil à Siam, on voit en quelle estime, dans ce royaume idolâtre, on peut tenir la *khi* (merde) desdits *ma.*

Pas un murmure, dans l'audience, mais il y eut comme un silencieux frémissement de satisfaction. Enfin on remettait à leur place ces barbares ! Lesquels barbares, Desfarges, Véret, de Lionne, comme le marquis, n'en menaient pas large. La tête rentrée entre les épaules, transis, ils attendaient que passe l'orage.

— Eh bien, s'exclama alors Pitratcha, le roi de Siam vous a demandé, par la bouche de Son Excellence Kosapan, de monter à Lopburi *avec l'ensemble de vos troupes.* Pourquoi donc avez-vous désobéi, pourquoi n'êtes-vous venu qu'avec votre fils aîné ? Pourquoi ?

Pitratcha fit claquer la paume de sa main sur son genou droit, geste d'impatience peu courant chez les mandarins. Cependant Dé Fa jetait sur sa droite et sa gauche, vers de Lionne et Kosapan, des regards stupéfaits : « Mais foutudiou, murmurait-il entre ses dents, qu'est-ce-ke-c'était-ke-cette-histoire ? » Personne au grand jamais personne ne lui avait demandé de *monter* à Lopburi avec ses troupes. Et quand on lui eût demandé de le faire, bougrediou, il ne s'y serait jamais résolu. Il avait pris le risque de se mettre tout seul dans la gueule du loup, mais il n'y eût jamais enfourné toutes ses troupes !

Desfarges protesta haut et fort : on lui avait ordonné de monter avec son seul fils. De Lionne traduisit. Pitratcha interrogea Kosapan. Kosapan affirma qu'il avait bien demandé au général de monter *avec l'ensemble de ses troupes* mais que le général avait *refusé de le faire.* Le visage de Pitratcha s'assombrit, il se mit à hurler toutes sortes de choses : on avait désobéi aux ordres du très grand roi de Siam, on avait bafoué son autorité !

De Lionne et Desfarges s'entre-regardèrent. Un vague sourire glissa sur les lèvres de De Lionne : c'était ça, c'était bien ça ! Une siamoiserie encore ! Pitratcha et Kosapan, ces deux fourbes, se donnaient évidemment la réplique. Mais pourquoi cette comédie concoctée à l'avance ? On le comprit bientôt.

Pitratcha, massant ses jambes repliées et semblant soudainement et comme par miracle avoir retrouvé tout son calme, dit d'un ton onctueux :

— Je vois, c'est un malentendu, général. L'interprète vous aura mal traduit la demande de Son Excellence Kosapan. Mais le mal peut être réparé. Vous allez sur-le-champ écrire une lettre en deux exemplaires par laquelle vous ordonnerez au lieutenant du Bruant, à Mergui, et à l'officier en charge de la place de Bangkok, de monter ici au plus tôt avec l'ensemble de leurs hommes. Ils vous doivent totale obéissance, m'avez-vous dit. Ils n'hésiteront donc pas à monter. Nous avons besoin de leurs services. L'ennemi lao est en train d'assembler une armée sur les frontières de l'est. Nous allons y dépêcher nos troupes et les vôtres pour les arrêter. Le roi de Siam a décidé de vous nommer, monsieur Dé Fa, compte tenu de votre grande expérience militaire, général en chef de toutes ses armées. Ainsi pourrez-vous, à son service, vous couvrir de gloire !

« Mais, bougrediou, songea Desfarges, pour qui me prend ce macaque ? Croit-il que je puisse gober une seule seconde sa fable et que je m'en vais lui offrir mes hommes sur un plateau, afin qu'il les extermine ? »

Dé-Fa se racla la gorge et, haussant un peu le ton (fort peu car, se retournant, il put constater que le bras-peint, sabre en main, était toujours dans son dos : prêt à le transformer en hachis), haussant donc un tout petit peu le ton Dé-Fa expliqua un point d'importance du règlement militaire des armées de Sa Majesté Très Chrétienne : *il est interdit au général gouverneur d'une place, quand il est hors de cette place, de donner aucun ordre aux officiers de ladite place ; et auxdits officiers d'en recevoir de leur général s'il n'est pas présent dans la place en question.* Donc, conclut Desfarges : « Il est absolument inutile que, par écrit, j'envoie des ordres à Bangkok, car monsieur de Vertesalle, commandant en second, n'y obéira pas ! »

Le visage sec, cordelé de muscles, de Pitratcha vira de l'ocre au noir (ce qui est, à Siam, une façon de rougir). Sa ruse tombait à l'eau ! A Siam tout officier, sous peine de mort, doit obéir à une lettre portant le cachet du roi ou du général. Sans doute songeait-il qu'il en était de même en France et que, tenant Desfarges, il pourrait, en l'obligeant à rédiger des ordres, faire monter à Lopburi les troupes de Bangkok et Mergui. Il était bien évident que si Kosapan, tout de go, quand il était descendu à Bangkok, avait demandé à Desfarges de remonter avec l'ensemble de ses troupes, celui-ci n'aurait pas accepté, et aurait refusé même d'y monter seul !

Pitratcha se mit à hurler dans sa langue qu'il allait écraser tous ces *khi ma* de *Farangset,* ces merdes-de-chien de *Farangset.* Puis interpellant le bras-peint, derrière Desfarges, il cria :

— Arrêtez-le !

Desfarges n'eut pas le temps de se retourner que l'énorme patte gauche du bras-peint se posait sur son épaule, tandis que la droite élevait en l'air un sabre, un sabre de Damoclès, prêt à choir, au premier ordre, sur le crâne concerné.

— Emmenez ce *khi ma* de général au cachot ! hurla encore Pitratcha.

L'atmosphère était électrique. De Lionne, qui s'était bien gardé de traduire à Desfarges le *khi ma* en question et autres insultes, était effaré. Mais il gardait cependant son sang-froid. Il comprenait que si, très vite, il ne trouvait quelque astuce, tout allait virer au drame : et ce serait, sans doute aucun, l'égorgement de l'ensemble des chrétiens de Siam. Il se tourna vers Kosapan, qu'il jugeait habile, diplomate, et moins ennemi de la France que des Français complices de Phaulkon :

— Excellence, lui dit l'abbé, il ne faut surtout pas commettre l'erreur, qui peut être fatale, d'arrêter le général. Dès que le lieutenant Vertesalle, son second, l'aura appris, il poussera tout aux extrêmes, car il ne rêve depuis longtemps que d'en découdre, se moquant de ce qu'il pourra en coûter aussi bien aux chrétiens du pays qu'au reste de la population. C'est la guerre assurée. Et vous ne pouvez vouloir la guerre sans envisager quelles en seront à moyen terme les conséquences. La France est un royaume puissant, vous l'avez pu constater, et son roi, soyez-en sûr, ne manquera pas de tirer la plus terrible vengeance des exactions qui auront pu être commises contre les siens. Vous êtes en guerre déjà avec l'Angleterre...

Kosapan, sans écouter la suite, se leva et s'en alla parler à l'oreille de Pitratcha. Il y eut une brève et secrète discussion entre les deux hommes.

Pitratcha savait — Phaulkon ayant parlé sous la torture — que des renforts français devaient arriver aux alentours de septembre ; il savait aussi que les deux navires du roi, le *Siam* et le *Lopburi,* ne devaient plus tarder de rentrer à Bangkok, avec leurs équipages français. Ces deux vaisseaux, s'ils se rendaient maîtres de la rivière, causeraient bien des problèmes. Les Portugais, par ailleurs, qui avaient été jusque-là de son côté, pourraient changer de camp, surtout à la suite des diverses exactions que la populace, dans sa hargne vis-à-vis des Européens en général, avait commises contre eux. Et puis il y avait le frère aîné du roi, Chao Fa Apaï Tot, qu'il n'avait pu neutraliser encore et qui, à Ayuthya où il vivait, pouvait se rallier aux Français... Ça n'était donc pas le moment de mettre de l'huile sur le feu.

— Le sieur du Bruant, dit Pitratcha à Desfarges, est gouverneur de Mergui et il est à vos ordres. Il est donc en position, étant gouverneur et se trouvant dans sa place, d'ordonner, conformément-à-vos-règlements-militaires, que ses hommes montent à Lopburi, si vous le lui demandez par écrit. Quant à vous, puisque vos hommes ne vous peuvent obéir que si vous êtes dans le fort de Bangkok, vous vous y rendrez... escorté cependant par Son Excellence Kosapan et... quelques-uns de nos régiments. Vous nous abandonnerez la forteresse et remonterez ensuite jusqu'ici avec l'ensemble de vos troupes.

— Euh... je... c'est entendu, dit le général, pour gagner du temps, je m'engage à... remonter avec mes troupes.

Il se retourna, pour constater que le sabre du bras-peint était toujours brandi au-dessus de son énorme perruque bouclée : sous laquelle il n'avait jamais autant sué.

— Votre fils, le marquis, dit Pitratcha (lançant un regard réfrigérant vers ledit marquis, dont le teint hésitait entre le bleuâtre et le safran), votre fils le marquis restera à Lopburi, sous notre bienveillante surveillance, ainsi que votre autre fils le chevalier, qui est déjà notre hôte depuis bien longtemps. Ils constitueront, ainsi que tous les prêtres et chrétiens de la ville, des otages, garantie de votre retour. Désobéissez, et ils seront tous les uns après les autres attachés à la bouche des canons. L'amitié entre le Très Grand Roi de Siam et le Très Grand Roi de France sera alors à jamais brisée, ce que nous ne souhaitons pas.

— Mais... euh... bafouilla Desfarges, je suis venu en ce pays sur ordre du roi mon maître pour offrir mon sang, le sang de mes fils, le sang de mes soldats au service du Très Grand Roi de Siam. Si le Très Grand Roi de Siam a perdu confiance en nous, qu'il nous fournisse des vaisseaux afin que nous repartions en France. Nous sommes prêts à acheter ces vaisseaux...

Pitratcha qui n'avait nulle envie d'offrir aux Français des vaisseaux qu'ils pourraient utiliser, en lieu de partir, à des fins guerrières, laissa à nouveau exploser sa colère :

— Le roi de Siam par ma bouche vous ordonne, général, de *monter* ici avec vos troupes. Monter ici, général, est la seule façon, pour vous, de prouver votre innocence. Sachez que Oya Witchayen Phaulkon a parlé sous la torture. Certains de vos officiers, dont le sieur du Bruant, ont comploté avec lui... et à votre insu... sans doute, en vue de réaliser un... mauvais dessein, tout juste trois mois après votre débarquement. Nous avons percé leurs intentions. C'est alors que le sieur Constance a eu grand-peur et s'est trouvé obligé d'envoyer du Bruant à Mergui, ce qu'il ne désirait pas (« Ainsi songea Desfarges, du Bruant et les jésuites me faisaient des enfants dans le dos. Je comprends pourquoi ils voulaient que du Bruant ne soit pas directement sous mes ordres ! On en apprend tous les jours. »)

« Ces officiers, poursuivit Pitratcha, qui sans doute vous ont trompé, général, doivent venir ici rendre des comptes à notre roi. Quand ils se seront justifiés, vous pourrez alors, avec eux, vous en aller combattre l'ennemi lao à nos frontières, et faire preuve de votre vaillance. Nous envisagerons ensuite de vous laisser repartir en France. En attendant descendez à Bangkok... et *remontez*.

— Je remonterai, dit Desfarges.

Les yeux du marquis et de son père s'entrecroisèrent, s'envoyant des messages désespérés. Le marquis était bien persuadé que le général ne remonterait pas.

— Jurez-le, sur la tête de votre fils, dit Pitratcha.

— Je le jure ! répondit gravement Desfarges.

— Attention, attention, général ! hurla Pitratcha de façon hystérique, seriez-vous mille, seriez-vous dix mille, auriez-vous dix, vingt places fortes, nous saurions bien vous en déloger !... Vous avez désobéi déjà au roi mon maître qui vous a demandé à plusieurs reprises de monter à Lopburi...

(« Ainsi donc, songea Desfarges, ce Pitratcha était bien derrière Phaulkon et les Jésuites qui n'ont cessé de me harceler, “ au nom du roi ”, pour que je monte. »)

— D'ailleurs, je n'ai plus de temps à perdre, poursuivit sèchement Pitratcha, je n'ai pas le temps, ni le goût, d'écouter vos justifications. Son Excellence Kosapan vous ira trouver tantôt, à la résidence des ambassadeurs, dans le palais du ci-devant ministre Constance où vous serez logé. Il vous dictera la lettre destinée à monsieur du Bruant. Et vous vous préparerez à partir pour Bangkok.

La séance (séance de torture) fut levée.

Cette audience, écrirait longtemps plus tard le père de Bèze, *accrédita beaucoup Pitratcha parmi les Siamois qui furent bien aise de voir humiliée par un de leurs mandarins une nation qui leur paraissait si redoutable.*

Quelques heures plus tard, le père de Bèze, accompagné du père supérieur le Royer, franchit le haut porche de la muraille ceignant la résidence de Constance Phaulkon, ci-devant Premier ministre. Elle était gardée par plusieurs centaines de soldats siamois, disposés tout autour sabre en main. Sans cesse, cavaliers maures et tartares galopaient dans ses environs, en poussant des cris sauvages. A l'intérieur de l'enceinte, chaque bâtiment (la demeure du Grec proprement dite, sur la gauche ; la chapelle Notre-Dame de Lorette dont la croix avait été abattue, l'hôtel des ambassadeurs, etc.) était aussi surveillé par des bras-peints, en grand nombre. On disait madame Constance gardée à vue dans une écurie, où on l'avait jetée, avec son fils, comme un animal...

Les deux jésuites grimpèrent au premier étage de l'hôtel des ambassadeurs. Quand ils pénétrèrent dans la chambre, qu'avait occupée naguère monsieur de la Loubère, et qui avait été réservée au général, ils purent contempler un tableau de genre pour le moins pathétique. Desfarges, chemise et pourpoint ouverts, sans perruque, était allongé, prostré plutôt, sur le grand lit à baldaquin en soie bleue occupant le centre de la pièce. A son chevet, comme à celui d'un *pater familias* moribond, se tenaient, effondrés sur des fauteuils recouverts de soie rose ornée-de-cupidons-grassouillets (oubliés là par l'Envoyé extraordinaire dans sa hâte à quitter le pays) l'abbé de Lionne, Véret, les pères jésuites le Blanc et Richaud, ainsi que le capitaine Dacieu.

Dacieu avait obtenu d'être libéré de la prison où il avait été enfermé avec les six officiers qui avaient fui Lopburi. Son cas était différent, en effet. Il n'avait pas cherché à se sauver. C'était muni d'un laisser-passer qu'il avait quitté la ville, pour porter un message à Bangkok. Par sa bouche, le général apprit la mort atroce de l'ingénieur Bressy, et les sévices que son fils le chevalier et ses compagnons avaient subis. Les prêtres, par ailleurs, retrouvant l'inspiration de Lactance et Eusèbe évoquant le martyr des premiers chrétiens, firent une épouvantable description, forçant le trait un peu parfois, du sort des catholiques chinois, cochinchinois, siamois, pégouans et autres, enfermés dans des prisons à ciel ouvert, soumis à toutes les intempéries, et aux intempérances de leurs gardes qui, se saoulant à l'arak, se livraient sur eux aux caprices les plus atroces. Ainsi le père Pocket, des Missions étrangères, devait-il chaque matin, à grands coups de langue, lécher le *derrière* et le *devant* de l'Oncarac, chef des bras-peints...

Le Siam avait fini de sourire.

— Nous avons été trompés, dit le père Richaud, ce Pitratcha nous a trompés, il a trompé monsieur Constance en feignant d'être de son parti. Nous sommes ses dupes depuis le débarquement des troupes !

— Ce sont choses, lança d'un ton tranchant le père de Bèze en faisant un pas dans la pièce, qu'il serait souhaitable que vous ne répétassiez plus, révérend Richaud, car, quand bien même elles seraient vraies, il ne serait pas bon pour nous, ni pour messieurs les officiers, ni pour les missionnaires même, qu'on les connût à Versailles. Si nous avons commis des erreurs, elles ont été commises. Mieux vaut les tenir secrètes et tenter de les réparer en nous unissant tous.

— Mais que faire ? gémit Desfarges du fond de son lit. Vais-je abandonner mes fils à la boucherie ? Ils ont emmené le marquis pour l'enfermer avec son frère et les autres officiers. La forteresse de Bangkok est indéfendable, les vivres y sont insuffisants. Je ne sais s'il ne vaut pas mieux nous confier à la clémence de Pitratcha maintenant que plus tard... c'est-à-dire trop tard.

A cet instant, un domestique annonça l'arrivée de son Excellence Kosapan, lequel fit bientôt son entrée, accompagné du deuxième-ambassadeur-qui-alla-à-la-France et de François Pinheiro, leur interprète siamo-portugais. Tous les Français sortirent de la pièce, sauf Desfarges et de Lionne.

Kosapan tenait à la main une lettre, rédigée en siamois. C'était la lettre dictée par Pitratcha lui-même et qu'on devait envoyer au sieur du Bruant à Mergui après que de Lionne l'aurait transcrite en français. De Lionne eut un bref échange de regard complice avec le général, puis il fit le travail qu'on lui demandait : mais il traduisit mot à mot, ce qui donna un résultat pour le moins bizarre, sinon comique, les formulations asiatiques très imagées se rendant plutôt mal dans la langue de Descartes. Aussi est-ce sans trop de souci que Desfarges apposa sa signature au bas du document, bien certain que du Bruant — à qui on demandait donc de se rendre avec toutes ses troupes à Lopburi — ne pourrait croire un instant que cette lettre eût été rédigée autrement que sous la contrainte.

Satisfait de l'apparente docilité de Desfarges, Kosapan lui offrit, de la part de Pitratcha, deux belles pièces d'étoffe de Chine, il l'assura que toutes les violences qui avaient pu être commises jusqu'ici n'étaient dues qu'aux excès de la populace et des soudards, mais que tout rentrerait dans l'ordre aussitôt que lui-même et monsieur du Bruant seraient remontés à Lopburi avec leurs hommes. La royale amitié entre les deux nations recommencerait, plus forte que jamais.

Le soir, comme il n'arrivait pas à s'endormir, Desfarges mit le nez dans un petit livre qu'avec ses chaises-roses-à-Cupidon la Loubère avait oublié derrière lui. C'était un recueil de poèmes de l'Envoyé extraordinaire soi-même : *Je passais de tranquilles jours* (lut le général qui était peu accoutumé à ce genre de littérature) *auprès d'une jeune bergère / Son cœur était tendre et sincère / Et je croyais l'aimer toujours / Mais en dépit de mon envie / Iris m'a fait quitter Sylvie / D'un nouveau feu je suis épris / Amants qui brûlez pour vos belles / Si vous voulez être fidèles / Gardez-vous des beaux yeux d'Iris...*

« Foutudiou, songea l'officier, comment peut-on écrire pareilles conneries ? Je ne savais, à ce jour, que cela existât ! »

Quarante-huit heures plus tard, le 4 juin que Dieu fit, il quitta Lopburi en galère. Il abandonnait donc ses deux fils, gardés en otages. « Je dois me rendre au plus vite à Bangkok, déclara-t-il, où ma présence est le plus nécessaire pour l'honneur du roi et le bien public. » Descendant le fleuve, leur galère croisa celle de monseigneur de Métellopolis qui le remontait. Pitratcha l'avait convoqué « de toute urgence », et d'une manière qui ne laissait place à aucune dérobade.

Assis à même le sol, dans une sorte d'enclos en troncs de cocotier dressé au milieu de la première cour du palais de Lopburi, messieurs Saint-Vandrille, Delas, Descaves, Fretteville, le chevalier Desfarges et le marquis du même nom qui venait de les rejoindre avaient piètre allure : maigres, en haillons, chaînes aux pieds, aux poignets, et la tête dans un lourd carcan (ce qu'à Siam on appelle « les cinq prisons »). Ils n'en faisaient pas moins de l'esprit. C'était, il est vrai, tout ce qui leur était loisible de faire...

— Ne trouvez-vous point que ces cols (dit Saint-Vandrille en tâtant le bois de son carcan) sont un peu trop amidonnés ?

— Cela vous rappelle les fraises en dentelles de nos grands-parents, rétorqua le chevalier.

— De toute façon cette gêne ne durera pas longtemps... ajouta lugubrement le marquis.

— Comment pensez-vous que ces Siamois vont nous exécuter ?

demanda Descaves. On les dit fort imaginatifs en la matière. Ne parle-t-on pas de plomb fondu qu'on ferait avaler aux suppliciés ?

— Pas du plomb, je proteste, dit le chevalier Desfarges. De l'étain, soyons précis.

— Et les tigres ? suggéra Delas. J'ai échappé à pas mal de tigresses à Versailles, pourquoi ne séduirais-je pas les fauves de Siam ?

— Il paraît qu'on peut se faire rôtir tout vif aussi, dit Descaves.

— Et bouillir, mais c'est plus fade, ajouta le marquis.

— L'empalement ne manque pas de... piquant, laissa entendre le chevalier.

— Mais question élégance, vous repasserez. Je préfère la crucifixion. Cela, hélas, ne se pratiquerait qu'au Japon, regretta Fretteville.

— Mourir ainsi quand la fortune nous souriait ! soupira Saint-Vandrille.

— Il est vrai que nous avons le cul bordé d'or.

— De diamants plutôt, corrigea Fretteville.

Les pierreries confiées audit Fretteville par madame Constance avaient été réparties entre les officiers, au terme de leur fuite, et juste avant qu'ils se fissent arrêter. Pour n'en être pas dépouillés, ils s'en étaient mis chacun une quantité non négligeable dans... l'arrière-train. Où les Siamois, qui les fouillèrent, n'eurent pas l'idée d'aller les chercher, jugeant sans doute que de si fiers gentilshommes ne pouvaient être capables de pareils procédés.

— Mourir si fortunés, dit Fretteville.

— Quelle infortune !

Le 5 juin que Dieu fit, à la tombée du soir, les doubles battants de la porte nord du palais de Lopburi s'ouvrirent. Il en sortit un bien misérable cortège. Des cavaliers maures traînaient dans la poussière, attaché à la croupe d'un de leurs chevaux, un rudimentaire brancard en roseaux où était ligoté un corps maigre et brun, à demi déchiqueté mais vif toujours, portant une chemise blanche couverte de boue et de sang séché. C'était Oya Witchayen Phaulkon, ci-devant Premier ministre de Siam, protégé de Louis XIV, du pape et de la Compagnie de Jésus. Il portait encore, d'ailleurs, le cordon de l'Ordre de Saint Michel... Les badauds, au passage de ce convoi, jetaient un regard mi-effrayé, mi-apitoyé sur celui qu'on appela le Grand *Farang*. Il était monté au plus haut de l'échelle sociale, et puis son mérite s'était épuisé. Le destin l'avait rejeté dans la fange. C'était son *kharma*. On le ramenait chez lui. Il devait montrer un endroit où il avait caché une cassette d'or. Tout le sol du jardin de son palais avait été retourné, la coutume, à Siam, étant d'enterrer ses trésors. Après qu'il eut indiqué sa cache, on le traîna, ultime geste d'humanité, jusqu'à l'écurie située derrière l'hôtel des ambassadeurs. Il y aperçut, allongée dans la paille et le fumier, la forme d'une femme mince, que ses vêtements déchirés laissaient à demi nue. Elle tenait serrée contre sa poitrine un enfant. C'était la fière madame Constance, telle que l'avaient laissée les privautés que s'étaient permises avec elle ses gardes, et une longue séance de fouet. Sous la torture elle avait avoué avoir fait remettre par un père jésuite, le révérend le Royer, trois cassettes pleines d'écus et de joyaux au major Beauchamp qui s'était réfugié à Bangkok (lequel major Beauchamp ne s'en était vanté à personne, comptant bien s'arroger le magot au cas probable où cette fragile dame, persécutée comme elle l'était, viendrait à mourir). Il ne semble pas cependant qu'elle ait parlé des diamants...

Certains témoins affirment que voyant son mari, le superbe Phaulkon, dans l'état misérable où il était, jambes brisées, pieds brûlés, etc., elle s'approcha de lui, l'injuria, lui cracha au visage, l'empêchant même de donner un baiser ultime à son fils Georges :

— Puisse l'enfer te cuire, Hyerakis. Voilà à quoi m'a réduite ton aveugle orgueil : je suis la dernière des putes !

Surpris de la réception de la jeune femme, les gardes maures emportèrent avec eux le Grec, lui épargnant ce dernier supplice...

*L'une des choses à laquelle un général doit le plus s'attacher c'est à se faire aimer de tout le monde et principalement des officiers (...) Un général ne réussit jamais lorsqu'il s'est attiré l'aversion de son armée...*

(Louis de Gaya, *L'Art de la guerre,* 1689.)

Le ciel était bas et sombre ce 6 juin que Dieu fit, jour anniversaire de cette Pentecôte où l'Esprit-Saint descendit sur les apôtres afin qu'ils en vivifiassent le monde tout entier : et jusqu'aux lointaines frontières de l'Asie idolâtre. Vers les dix heures du matin, le convoi de galères dirigé par Son Excellence le premier ambassadeur Kosapan et le second ambassadeur Oluang Kalaya Rajamaïtri arriva à Bangkok avec à son bord le général Desfarges, l'abbé de Lionne, le capitaine Dacieu et Véret qui avait cueilli au passage, à Ayuthya, sa « fifille ». Kosapan n'avait que caresses et paroles d'amitié à la bouche, mais ça ne semblait guère émouvoir Desfarges qui demeurait muet, l'air vaguement stupéfait : Il *ré-flé-chi-ssait !*

Tout au long du fleuve il avait repéré çà et là, mal dissimulés, des Siamois en armes, et il ne doutait pas que les jungles qui entouraient les deux forteresses, et quoique rien n'y bougeât, grouillassent de soudards, et qu'ils devaient y grouiller depuis longtemps, fort longtemps. Depuis le débarquement de nos troupes, sans doute, il y avait huit mois ! Et sans doute était-ce pour cela (soudain Desfarges en fut illuminé) que ce fourbe de Grec à l'époque, lui avait conseillé d'interdire à ses hommes de chasser dans les forêts de la région : à cause des tigres, soi-disant, qui y pullulaient. Tu parles ! Il craignait que nous ne repérassions les sbires que Pitratcha devait commencer d'y cacher... Une multitude de paroles et d'actions du Grec, rétrospectivement, prenaient des allures suspectes. Il eût fallu s'en aviser plus tôt...

Le premier ambassadeur et le général convinrent de la façon dont les Français devraient évacuer la place de Bangkok : Kosapan attendrait, avec sa flotte de jonques et galères, aux abords du fort oriental, et Desfarges, lui, y pénétrerait. Il rassemblerait ses hommes et les ferait sortir, en armes, étendards déployés et tambours battants. Les Siamois ensuite investiraient la citadelle.

Pour gage de l'obéissance des Français, il y avait les fils Desfarges, tenus en otage à Lopburi, comme l'ensemble des chrétiens d'ailleurs. Mais Kosapan se méfiait. Il était difficile de trouver avec ces étranges *Farang* des conciliations. Ils poussaient tout, toujours, aux extrêmes, agissant sur des coups de tête. Ils ne savaient pas s'adapter, biaiser. A Versailles naguère, Kosapan avait raconté à quelques dames faisant cercle autour de lui la parabole de la cithare à trois cordes : une corde, disait le Bouddha, était trop lâche, et ne rendait pas de son quand on la pinçait ; une autre était trop tendue, et craquait sous les doigts du musicien ; seule celle qui était justement accordée rendait un son harmonieux. Madame de Seignelay, épouse du ministre, lui avait alors répondu, au milieu d'un éclat de rire cristallin, que les Français avaient une fable un peu semblable, écrite par certain La Fo Hène (La Fontaine). C'était un dialogue entre un chêne et un roseau. Le chêne se moquant du roseau qui plie à la moindre brise. Jusqu'au jour où un terrible ouragan déracine le chêne sans faire de mal au roseau. Les *Farangset* étaient des chênes. On les abattrait : comme des chênes.

Desfarges, moralement égaré, et physiquement épuisé par la dysenterie et d'incessantes crises de mal de Siam, entra à grands pas sonores et martiaux dans la forteresse. Il put se rendre compte immédiatement que Vertesalle et Beauchamp, qui l'accueillirent, n'avaient pas perdu leur temps. Pendant ses six jours d'absence, ils en avaient fait presque plus, du point de vue du renforcement de la place, que nous n'en avions fait jusque-là en huit mois ! Le flanc oriental du fort qui était auparavant absolument dégarni, se trouvait désormais protégé par plusieurs centaines de palissades que nous avions gardées jusque-là en réserve. Un retranchement en troncs de cocotier, renforcé de briques, avait été élevé au centre même de la place d'armes, constituant, à l'intérieur du fort, comme un second fort, à deux étages : deux batteries de canons d'ailleurs y avaient été installées, cent canons en tout, dont la moitié jusque-là au rancart avait été montée sur des affûts de fortune... Desfarges félicita Vertesalle mais, secrètement, il se mordait les lèvres : « Foutrediou, cela va foutrement déplaire aux Siamois, quand ils s'en aviseront. » Quoiqu'il fût bien décidé à ne pas rendre la forteresse, et encore moins à *remonter* à Lopburi avec ses troupes, il rêvait à on ne sait quelle solution miracle qui lui permît de ne pas commencer les hostilités et de sauver ainsi la vie de ses fils : « *Contre mon propre honneur mon amour s'intéresse* », se récitait-il. Mais *percé jusques au fond du cœur,* il ne voyait que trop que *des deux côtés* (qu'il remontât ou ne remontât point) *son mal* était *infini.* La situation était cornélienne.

Autre idée judicieuse, de Beauchamp cette fois, on avait fait entrer les cent vaches, très maigres il est vrai, offertes naguère par Phaulkon, dans les murs de Bangkok. Elles y pâturaient, les pattes dans la boue, broutant çà et là quelques rares touffes d'herbe. Que mangeraient-elles demain?... Cela avait un effet bizarre, ces vaches, vaquant pacifiquement entre les magasins de poudre, les canons et les faisceaux de mousquets.

Si on avait fait rentrer les vaches, on avait expulsé, en les prenant par surprise, tous les soldats siamois, gardant seulement quelques canonniers métis formés par Beauchamp, et en qui nous avions confiance.

Immédiatement, tous les capitaines furent convoqués dans la salle du Conseil. Autour de la vaste table l'émotion était à son comble : les officiers « apprenaient » en effet, de la bouche du général (qui ne se vanta pas, au demeurant, de l'accueil méprisant que lui avait fait Pitratcha), la mort ignominieuse de l'ingénieur Bressy, et l'humiliation subie par les nôtres. Tous furent unanimes : « *On ne monte pas!* » De toute façon, cela ne sauverait pas les enfants du général. « Ils sont condamnés. »

Le glas sonnait dans le cœur de Desfarges. Tous ces propos (à part les fanfaronnades de Vertesalle qui voulait déjà organiser une expédition contre Lopburi) étaient malheureusement bien justifiés, et il ne pouvait qu'y souscrire.

— Cela signifie donc, messieurs, que c'est la guerre! conclut-il. Nous serons assiégés.

Le commissaire des troupes, monsieur de la Salle, fut prié de donner l'état des provisions. Son rapport fut bref et éloquent : on manquait de poudre, de munitions. Il y avait du riz, mais à demi pourri, un peu de lard, du poisson de caboche, pas de sel et presque pas de poivre. On comptait dans les deux forts deux cent cinquante soldats français en état de porter les armes (il en eût fallu douze cents pour tenir seulement la citadelle orientale!), avec cela quelques canonniers et agents de renseignements métis ou portugais, et cinquante esclaves siamois.

Décision fut prise de capturer Kosapan et d'autres mandarins, qu'on échangerait contre les otages français et Phaulkon ; d'évacuer le fort de l'ouest, dont monsieur de la Cressonnière ferait sauter les murailles ; de piller puis détruire le village voisin du fort de l'est, ses maisons pouvant dissimuler l'avance des assaillants.

Pendant ce temps Kosapan, qui avait fait placer toutes ses embarcations sous les murs du fort afin d'embarquer les Français, commençait à s'impatienter... et à s'inquiéter. Là-haut, derrière les créneaux, on voyait sans cesse surgir des têtes de mousquetaires emplumés, qui allaient, venaient, poussant des jurons et agitant piques et mousquets. C'était louche. Kosapan et Desfarges avaient convenu de déjeuner ensemble, avant l'évacuation (« ces Français, il faut toujours qu'ils déjeunent pour parler de choses sérieuses ! »). Or l'heure du déjeuner était plus que passée. Le premier ambassadeur, qui était à bord d'une galère, donna ordre que toutes les embarcations s'éloignassent de la rive. Juste à temps : car d'un coup surgirent par la porte du fort une vingtaine de cavaliers sabre au clair qui foncèrent jusqu'au fleuve mais, voyant leur proie leur échapper, ne purent que cabrer magnifiquement leur coursier : et regarder, impuissants, s'éloigner la flottille.

Après avoir mis une prudente distance entre sa galère et le fort, Kosapan, à la longue-vue, observa celui-ci. Une bouille turgescente barrée d'une moustache grise surgit là-bas, entre deux créneaux, et au-dessus de cette bouille s'agitait un énorme poing. La bouille (c'était celle du général soi-même) hurla d'une voix rauque :

— Nous ne *monterons* pas ! Qu'on nous rende les otages et nous donne des vaisseaux, et nous quitterons pacifiquement ce pays. Sinon, prenez garde, votre châtiment sera épouvantable !

Il n'y eut bientôt plus un seul créneau derrière lequel ne s'agitât le plumet d'un chapeau, et pas une embrasure où un *Farangset* ne se tînt en position de tir.

Desfarges, Vertesalle et Beauchamp, à l'abri dans un bastion, observaient les événements. Ils aperçurent dans leurs longues-vues, à une demi-lieue en amont, une énorme jonque aux voiles argentées qui, lentement, légèrement inclinée sur bâbord, descendait le fleuve dans leur direction. La jonque était écarlate et or : couleurs du roi de Siam. Ça n'était pas n'importe quelle jonque, mais celle qui, tous les ans, se rendait au Japon pour y porter du sel, du poivre et autres épices, et en ramener des sabres d'acier, des porcelaines et du cuivre.

Le capitaine des Rivières, avec quelques mousquetaires, fut envoyé en chaloupe à sa rencontre pour lui intimer ordre de mouiller devant la forteresse et de céder sa cargaison. Refus du capitaine chinois, il y eut même des jurons échangés. Des Rivières, de retour à la citadelle, en donna avis à Desfarges et Vertesalle. La jonque, proie vulnérable, se présentait déjà presque au niveau des deux forts et sous la gueule béante de leurs canons.

– Bombardons-la, hurla Vertesalle hors de lui. Commençons le blocus. Elle contient du sel, et nous avons besoin de sel.

Sur la muraille, torche en main, une dizaine de canonniers métis, torse nu, observaient, à travers la fente étroite de leurs yeux bridés, le lieutenant échanger des propos fort vifs, qu'ils comprenaient mal, avec son général.

Comme paralysé, Desfarges regardait tour à tour les torches des canonniers ; la jonque maintenant toute proche, somptueuse avec sa coque laquée de vermillon ; et la bouille presque aussi écarlate de Vertesalle qui, les yeux lui sortant des orbites, hurlait : « Réduisons ces foutus Siamois en charpie... » Mais c'était aussi, songeait pour soi-même Desfarges, ses fils, tous les otages, les missionnaires, l'ensemble des chrétiens que les Siamois pouvaient, en représailles, écrabouiller. Cependant allait-on continuer à se faire mener par le bout du nez ?

– Si on tire, dit Desfarges, c'est un fait de guerre... et irréversible.

– Et alors, rétorqua Vertesalle, postillonnant sa rage, ces Siamois du diable ne nous ont-ils pas assez déclaré la guerre en prenant vos fils en otage, en assommant nos officiers, en les promenant à la queue de leurs chevaux ! Commandez le feu, foutudiou, ou cette jonque nous échappe !

Desfarges regarda la jonque encore. Il en distinguait très nettement les matelots, demi-nus, leur front ceint d'un bandeau écarlate. Il eut quelques visions fugitives : le visage de ses fils, les tigres affamés du roi de Siam, les bourreaux bras-peints, quelques phrases de Sénèque aussi, lui revinrent en mémoire : *On ne doit pas acheter la vie à n'importe quel prix.* Il suait de fièvre et d'angoisse. Alors, tout à coup, comme un qui se jette à l'eau, il dégaina sa rapière, la brandit vers le ciel bas et sombre de Siam et, l'abattant devant lui en fixant ses canonniers, il hurla :

– Feu !

Aucun canon ne fit feu.

Héberlué, Desfarges regarda les artilleurs qui demeuraient là, debout, leur torche à la main, observant l'officier de leurs étranges yeux bridés : ils n'avaient pas mis le feu aux poudres.

— Eh bien quoi ? quoi ?... Boundiou... feu, boundiou ! beugla Desfarges en faisant tourbillonner son impuissante rapière.

Beauchamp, qui se trouvait un peu plus loin, au milieu de la courtine, accourut en hurlant :

— Qu'est-ce que c'est ça ? feu, feu !

Les canonniers métis, le visage clos, impassible, demeuraient immobiles, refusant d'obéir. Il y avait donc des traîtres dans ce fort !

Desfarges, hors de lui, fit saisir les récalcitrants par des mousquetaires français venus à la rescousse. On roua de coups les coupables. Interrogés, ils répondirent, glacialement, qu'ils avaient été mis par le Très Grand Roi de Siam au service des Français pour servir le Très Grand Roi de Siam, et point, donc, pour canonner les précieuses jonques du Très Grand Roi de Siam. On n'en tira rien de plus.

Cependant la précieuse jonque en question s'était éloignée d'une centaine de mètres en aval. Beauchamp ordonna le feu à une autre batterie, tenue par des Français et des métis fidèles. Ils pointèrent, tirèrent. Les mâts et les belles voiles de rotin tressé s'écroulèrent, fauchés d'un coup. On vit sauter à l'eau l'équipage. Mais la jonque partit à la dérive, et on ne pourrait la récupérer.

*Ce fut le commencement de la guerre*[1].

On n'y pensait déjà plus, à cette foutue jonque. Il fallait, rugissait Vertesalle, châtier sur-le-champ ces foutus mutins. Si on commençait les hostilités comme ça, avec une mutinerie, c'était foutument mal parti ! Il fallait faire un exemple, un exemple terrifiant, que tous les métis canonniers et autres, et le sieur Kosapan, là-bas, qui nous observait, se le tiennent pour dit ! Et puisque ces barbares n'entendaient que la barbarie, les soldats de Sa Majesté Très Chrétienne allaient leur parler leur langue.

Trois canonniers mutins seraient, chacun, liés à un canon. Un mercenaire exécutant des basses œuvres de la garnison fut, sur ordre de Vertesalle, chargé de les empaler à vif : avec pieu et massue.

Au loin, Kosapan entendrait les cris des siens qu'on torturait. Trois corps percés d'un pal seraient exposés bientôt sur les

1. *Abrégé des révolutions arrivées au royaume de Siam en l'an 1688.*

créneaux. On les avait décapités et on avait fixé leur tête, au bout d'une pique, en haut de la muraille où l'on avait hissé l'étendard fleurdelysé de Sa Majesté Très Chrétienne, descendant simultanément le drapeau écarlate de Siam : l'alliance entre les deux grands rois était rompue... Ah ah, ces Siams du diable nous avaient cherchés, eh bien maintenant ils nous allaient trouver, ces Siams, ils allaient voir de quel bois se chauffaient les Français, ces Siams! (C'est ce jour-là qu'à la façon des soldats, nos officiers commencèrent d'appeler par mépris les Siamois : Siams, supprimant la dernière syllabe du mot.)

— Nous ne *monterons* pas, hurla encore et encore Desfarges, se penchant hors de la muraille telle une vomissante gargouille, et il semblait qu'il éprouvât, à le hurler, ce verbe-là, *monter,* comme par exorcisme, on ne sait quel religieux soulagement.

Le sang des Siams suppliciés, cependant, commençait de dégouliner le long des murs immaculés du fort de Bangkok.

Le ciel était plus bas encore, virant du gris sombre au noir. On eût dit la voûte de quelque caveau qu'on eût suspendue au-dessus des eaux ocre et écarlates, chargées de boue, du Mae Nam, qui semblaient suppurer de la masse compacte et verte, efflorescente, des jungles riveraines. Il y eut bientôt beaucoup de remue-ménage du côté de la « vieille » forteresse, située sur la rive ouest : la Cressonnière et les soixante hommes de sa compagnie, sous l'œil professionnel de l'ingénieur Vollant des Verquains, firent sauter autant qu'ils le purent, avec des mines et des coups de canon, les parapets de ce fort qu'on avait décidé d'abandonner et qui comportait dix-huit canons de bronze et un énorme canon d'acier pesant ses cent douze livres de balle, trop lourds pour être transportés sur des barques. On les remplit de poudre, on en boucha la gueule et réussit ainsi à en faire exploser dix. On encloua les autres qui étaient trop résistants. L'enclouage consiste à river un clou dans la petite ouverture (ou *lumière*) du fût destinée à l'allumage des poudres, le rendant ainsi inutilisable. Mais on n'encloue bien un canon qu'avec des clous d'acier. Or, des clous d'acier, nous n'en avions pas. Nous n'avions d'ailleurs pas de clous du tout et on se servit de divers morceaux de ferraille peu efficaces.

Il fallut huit heures pour réaliser ce travail et transvaser de la citadelle de l'occident à celle de l'orient tout ce qui était utile et transportable : vivres, munitions. L'opération se fit de nuit. Les Siams groupés par milliers, quasi invisibles dans les jungles, n'esquissèrent pas un geste. A l'aube tiède du 7 juin, la Cressonnière et ses soixante mousquetaires, ayant achevé le travail, se replièrent dans le fort de l'est. Aussitôt tous les canons de ce fort bombardèrent le fort de la rive opposée, afin de finir d'en écrouler les murailles. Mais elles tenaient bon. On tira toute la journée. Ce qui n'empêcha pas les Siams d'investir la citadelle ouest, de désenclouer les canons que nous y avions abandonnés, d'en positionner une dizaine d'autres, qu'ils avaient amenés avec eux, et de commencer, par une pluie de boulets, à nous rendre la politesse. Plusieurs milliers de projectiles furent échangés. Une muraille de fumée épaisse, âcre, soufrée, s'éleva au-dessus du fleuve et quoique à cet endroit il n'eût pas plus de deux cents mètres de large, c'était à peine si, d'une citadelle à l'autre, on entrapercevait parfois, à travers une déchirure dans cette masse épaisse de brouillard, le scintillement du fer de quelque pique ou le faciès haineux d'un soldat ennemi.

Cependant Desfarges qui, de l'abri d'un bastion, observait la canonnade, songea que foutudiou il avait eu tort d'abandonner la forteresse de l'ouest sans l'avoir totalement rasée, car ces foutus Siams, avec leurs canons, commençaient déjà à nous faire du mal, et s'ils la remettaient complètement en état, on allait déguster !

Le ciel noir sembla s'abaisser plus encore. On eût dit le ventre de quelque pachyderme énorme, quelque mythique Ganesha qui sur nous venait se reposer : pour nous écraser. Des frémissements électriques chargeaient l'air tiède et humide.

— Il faut... euh... reprendre ce fort, murmura Desfarges, en montrant au major la citadelle de l'ouest, juste en face. J'y compte quinze canons au plus, et une cinquantaine d'hommes. Les murs sont presque totalement ruinés... C'est chose facile encore, pour l'instant. Dans une semaine il sera trop tard.

Beauchamp, muet, observait du coin de l'œil le général (« Il nous fait évacuer un fort, songea-t-il, et le jour même il décide de le reprendre. Il déraille, ça y est, il déraille... Quelle tête il a, d'ailleurs ! »). La mine du général, en effet, n'était guère brillante. Mal rasée, jaunâtre, dévorée de tics, c'était une sorte de champ de bataille bouleversé. Était-ce l'idée de ses fils en otage, qu'on était en train en ce moment peut-être de faire rôtir à petit feu, qui l'accablait, ou la fièvre tout simplement ? La masse de marbre de son front énorme était emperlée de sueurs qui, dégoulinant de dessous sa perruque, traçaient des ruisselets innombrables sur la couche de poussière et de poudre à canon plâtrant la peau de son visage : ou du masque tragique qui lui tenait lieu de visage.

— On va reprendre ce fort ! répéta-t-il, l'air hébété.

Deux jours plus tard, le 9 juin que Dieu fit, le capitaine Dacieu, commandant quinze hommes, et le lieutenant la Dorbelaye, avec quinze autres soldats, reçurent l'absolution des mains du jésuite Comilh, aumônier de la place, puis s'embarquèrent chacun sur une chaloupe, armés jusques aux dents, cuirassés et munis de longues échelles. *En plein midi :* pour attaquer le fort de l'ouest. D'aucuns suggérèrent que l'expédition eût été préférable de nuit, mais le général, halluciné, rétorqua qu'on allait démontrer à ces Siams du diable que les soldats de Sa Majesté les craignaient si peu qu'en plein jour ils les prendraient d'assaut. D'ailleurs il n'y avait que quelques dizaines de ces culs-terreux dans ce fort, à ce qu'il en paraissait.

Dacieu et la Dorbelaye étaient des têtes brûlées qui ne rêvaient que de bouffer du Siam tout cru. Les mousquetaires qui les suivaient semblaient moins enchantés. Dix anciens déserteurs se trouvaient parmi eux. On les avait graciés pour les besoins de la cause, mais il leur fallait faire leurs preuves, sinon en France, à notre retour... si tant est que nous rentrassions!... il leur en cuirait! Et il leur en cuisait déjà : la masse basse des nuages, chauffée par le soleil, agissait comme la voûte de brique d'un four, et ils étouffaient tous, sous le buffle et l'acier. Les uns ramaient, les autres, agenouillés dans la barque tangante, s'efforçaient de tenir en joue les quelques têtes d'ennemis qu'on apercevait là-bas, entre les créneaux. Dacieu et la Dorbelaye, dédaigneux du danger, se dressaient debout, à l'avant de leur chaloupe, telles d'impassibles figures de proue. C'était la première fois qu'un corps à corps allait avoir lieu entre Siams et *Farang*. Les Siams regardaient ces étranges *Farang* emplumés, qu'on disait guerriers redoutables, moins comme des hommes que comme des personnages mythiques : d'ailleurs leurs prêtres, assurait-on dans le peuple, leur donnaient des croix, des médailles et autres reliques qui les rendaient invulnérables. Quand les chaloupes arrivèrent au mitan du fleuve, nos Français soudain virent, non sans effroi, surgir derrière les créneaux du fort ennemi, en lieu des quelques dizaines d'hommes à quoi ils s'attendaient, près de cinq cents Siams qui se mirent à hurler, brandissant lances, arcs, arbalètes, sarbacanes, mousquets et boucliers. Une pluie de balles, de pierres, de flèches tomba sur nos hommes. Autre mauvaise surprise : le courant puissant du fleuve fit dériver loin en aval la barque de Dacieu, de sorte que celle de la Dorbelaye aborda seule à la rive adverse. Problème supplémentaire : la marée était basse, ce qui désenflait le Mae Nam. De ce fait, quand la Dorbelaye, bouillant d'en découdre et hurlant « tue, tue, tue », voulut se jeter à l'assaut sur la terre ferme, il plongea des deux pieds, et de ses deux énormes et encombrantes bottes, dans la vase de la rive, où il s'enfonça jusqu'à la taille. C'était spectacle pathétique que de le voir agiter désespérément en l'air, au-dessus de son plumet jaune d'or, son épée, en criant toujours « tue, tue, tue », cependant que du haut des murs pleuvaient sur lui, sans l'atteindre (ce qui fit accroire aux Siams que les reliques et amulettes chrétiennes étaient très efficaces) des flèches et autres meurtriers projectiles. La Dorbelaye parvint à s'arracher à cette spongieuse glèbe. Suivi de deux hommes munis d'une échelle il courut jusqu'au fort, ils posèrent l'échelle sur la muraille, grimpèrent à l'assaut et, par quel miracle (les amulettes encore ?) parvinrent au sommet. Nouveau Roland furieux, le lieutenant allongea raides, avec son épée, deux mandarins qui furent assez téméraires pour s'opposer à lui. Cependant Dacieu, à son tour, avait réussi à aborder la rive. Il dépêcha quatre de ses hommes derrière le fort pour « couper la retraite à l'ennemi » et monta lui-même à l'assaut avec une échelle. De sorte qu'en tout et pour tout, il y eut deux officiers, et deux soldats, sur la muraille. Voyant cela, certain Oya Wang, qui commandait l'armée siamoise avec Kosapan, rassembla trois cents des siens avec lesquels il eut tôt fait de submerger les Français qui se battaient comme de beaux diables, frappant de taille et d'estoc. Desfarges, de l'autre côté du fleuve, voyant bien la mauvaise posture de ses hommes, fit tirer une fusée, signal de la retraite. On ferrailla encore ferme, sur la muraille. Dacieu reçut un coup de pieu dans la cuisse, et la Dorbelaye fut blessé au poignet gauche par un boulet. Après quelques dernières belles passes d'armes, ils sautèrent dans la boue, au pied de la muraille, et pataugèrent, avec un compréhensible empressement, jusqu'aux chaloupes, dont presque aucun de leurs hommes, craignant sans doute de s'envaser, n'était sorti. Quatre d'entre eux furent tués dans les barques, dix furent blessés, dont quatre périraient par après, et cela sur trente hommes en tout que comptait cette expédition : aventure bien dérisoire et lamentable. Mais nous fûmes moins blessés par les balles de l'ennemi que par le formidable rugissement de triomphe que ces Siams du diable poussèrent, entrechoquant leurs glaives et leurs boucliers à la façon des antiques Germains, quand ils nous virent nous carapater en catastrophe. La première escarmouche de la guerre, nous l'avions perdue !

*On ne saurait dire combien cette action releva le cœur des Siamois* (écrirait plus tard Saint-Vandrille) *ayant avoué jusque-là que les Français étaient des dieux de la guerre.*

En représailles, et comme cela avait été décidé auparavant, vingt-cinq de nos cavaliers, appuyés par une compagnie d'infanterie, firent une sortie de nuit. Il s'agissait de surprendre dans son sommeil ce village qu'on jugeait trop proche du fort. La surprise fut totale. Imaginez ces paysans qui caltaient dans tous les sens, par centaines, qui se jetaient du haut des portes et fenêtres de leurs baraques à pilotis incendiées : car les nôtres, tournant et tournant dans les rues sur leurs coursiers hennissants, faisaient tourbillonner au-dessus de leurs feutres empanachés des flambeaux crépitants, foutant le feu aux foutus toits de feuillage des cases, et rien qui brûle mieux qu'un foutu toit de feuillage ou des foutus murs en bambou. Ça crame en quelques secondes. Et c'était bien souvent des torches vivantes qui surgissaient en hurlant de ces brasiers, donzelles nues aux seins ballottants, les cheveux enflammés, le faciès distordu par l'horreur : et que réceptionnaient un peu plus loin nos rustres de fantassins lesquels, « *brûlés de plus de feux qu'ils n'en allumaient* » (pour reprendre une plaisanterie racinienne que feraient par après nos officiers), s'empressaient d'éteindre les ardeurs dont les charmes incandescents de ces belles garces les consumaient, ah ah ! on se paya une partie de plaisir. On se fût cru en Poitou du temps qu'on cassait le huguenot. « Tue, tue, vive le roi ! » criaient les nôtres. A quoi faisaient écho les cris effarés des Siams mâles et femelles qu'on sabrait ou violait, et les beuglements de leurs bestiaux détalant tous azimuts. Après l'apocalyptique charge des cavaliers, la piétaille des mousquetaires fit le ratissage : dans la grande fête écarlate de l'incendie. On vola tout ce qu'il y avait à voler : ferraille, bois, outils, et l'on rabattit veaux, vaches, cochons, poulets et canards vers la forteresse. En trois heures plus de deux cents baraques siamoises furent réduites en cendre.

Cependant, de jour, de nuit, les canonnades reprirent. Comme nous devions être économes de notre poudre, nous ne pûmes empêcher les Siams, qui avaient à leur service autant d'esclaves qu'ils voulaient (et dont nous faisions un bon carnage !), de relever les murs de leur forteresse et de bâtir même, à l'intérieur de celle-ci, avec des troncs d'arbre et de la terre, un haut *cavalier* sur lequel ils placeraient des batteries qui pourraient bientôt, de cette position élevée, nous canarder en plongée jusqu'à l'intérieur de nos murs. C'est alors que nous commençâmes à souffrir. D'autant que leur arrivèrent des mortiers : ceux « offerts » sans doute au roi naguère par le général Desfarges, et ceux fournis aussi par les Hollandais qui en renards (cela serait prouvé plus tard) soutenaient techniquement, tactiquement et financièrement les Siamois. Ils nous balancèrent des bombes incendiaires. Ce fut une hécatombe dans notre troupeau de vaches, dont ils étripèrent un bon quart : cette carne beuglante explosait en giclements de sang, de pisse et d'excréments : du hachis, et du gâchis, car imbouffable. Nombre des casemates où logeaient les soldats prirent feu et l'hôpital même. Quant aux baraques qui furent épargnées, nous dûmes peu à peu les abattre : pour faire du bois de chauffage, car nous en manquions aux cuisines. Il fallut dormir à la belle étoile.

Nous manquions de tout d'ailleurs : riz moisi, pas de vin, même plus d'arak bientôt, et de la mauvaise bidoche distribuée en infime quantité ; car, ne sachant pas combien de temps allait durer ce foutu siège, on devait être économe des bestiaux, qu'on avait réussi à mettre à l'abri de la mitraille. Les médicaments s'épuisèrent : mais cependant la scie du *frater,* ou chirurgien, ne cessait de fonctionner. Amputant bras et jambes des blessés qui se multipliaient. Ajoutez à cela la dysenterie, le mal de Siam, les fièvres, les maringouins jamais aussi tenaces... et comble du comble, ne voilà-t-il pas que la voûte noire du ciel qui, chaque jour, avait semblé s'abaisser un peu plus (au point qu'on eût dit qu'elle se voulait appuyer sur nos crânes comme sur autant de vivantes cariatides) croula tout à coup. Ce fut comme si un océan, longtemps resté en menaçant suspens dans les nues, eût soudain versé : véritable déluge, masse lourde, épaisse et tiède de cataractante flotte. Tombait la pluie. Pleuvaient les bombes. On pataugeait dans une gadoue sanglante. On se battait dans la boue. On mangeait dans la boue. On montait la garde dans la boue. On dormait dans la boue.

C'était une nouvelle saison qui reprenait. Elle porte un joli nom : la mousson.

Cependant Desfarges, fiévreux qu'il était, et malgré son âge, courait en tous sens, trempé de pluie et de sueur, allant d'un bastion l'autre, inspectant les fossés, les casemates, les échauguettes, faisant dresser où nécessaire des gabions de fortune, filant le long des courtines, grimpant et dévalant les escaliers des murailles, piétinant dans la fange pour s'en aller « donner du cœur » aux sentinelles placées dans des postes isolés et exposés, consolant blessés, moribonds, criant ordres et contrordres : espèce d'énorme moineau enivré du battement de ses propres ailes. Nous étions épuisés, sur les dents : et d'autant que ces foutus Siams du diable, qui nous savaient peu nombreux, ne cessaient, afin de briser nos nerfs, de nous mettre en alerte : suscitant, de jour, de fausses attaques (ils couraient par milliers — on eût dit des fourmis — jusqu'à portée de nos mousquets, puis reculaient) ; et accrochant de nuit des mèches enflammées aux branches des arbres ou le long d'immenses bambous qu'ils agitaient, ce qui déclenchait nos tirs, nous faisant inutilement brûler de la poudre. Un soir que la pluie momentanément s'était interrompue et que le vent s'était levé, on aperçut, au-dessus de nos têtes, une dizaine d'étranges étoiles qui planaient dans le firmament : jusqu'à l'instant où elles nous fondirent dessus. C'étaient des cerfs-volants (énormes !) armés de torches embrasées, qui manquèrent de peu nos magasins de poudre. Sans compter, entre autres nouvelles fourberies, ces esquifs ou *fantômes* hérissés de flambeaux, qu'ils lançaient au fil du fleuve jusqu'à nos murs dans l'obscurité, pour nous faire accroire qu'il s'agissait d'une attaque navale.

Monter sans cesse la garde était éreintant... Sur le flanc oriental du fort, défendu seulement par des casemates et des palissades, on avait placé de cent mètres en cent mètres des sentinelles qui, toutes les quinze minutes, se criaient « bon quart, bon quart » histoire de se tenir éveillées. Dans la nuit grondaient les tigres, dans la journée vautours et corbeaux tourbillonnaient au-dessus de nos murs, à l'affût des corps des nôtres qu'on jetait au fleuve sans leur donner de sépulture.

C'est environ ce temps-là qu'un Siam, profitant d'une trêve dans la canonnade, nous cria de l'autre forteresse qu'un message destiné au général avait été déposé sur notre rive, près d'un four à chaux. Beauchamp et six mousquetaires bien armés (c'était peut-être un piège) furent chargés de l'aller chercher. Ils trouvèrent en effet une lettre placée dans une boîte de bambou, laquelle fut remise à Desfarges qui, tout aussitôt, convoqua solennellement l'état-major dans la salle du Conseil. Il lut alors, non sans émotion et d'une voix retentissante, un message écrit de la main même de ses fils. Il y était dit que si le général ne *montait* pas avec ses troupes à Lopburi, comme il en avait fait serment, le marquis, le chevalier et les autres otages auraient le col tranché. Bien évidemment, conclut Desfarges, cette lettre avait été rédigée sous la contrainte. Arpentant à grands pas furieux la salle du Conseil, sous le regard navré de ses officiers assis autour de la table, il clama emphatiquement, la main sur le cœur et dans une pluie de postillons, que quand bien même non seulement sa famille, fils, filles, femmes, cousins et cousines, mais encore toute sa *généalogie* seraient à Lopburi, il les laisserait sans exception assassiner plutôt que de rien faire qui serait contraire au service de son roi. Il dicta alors (devant ses officiers toujours) à un secrétaire, et non sans s'emmêler dans ses phrases à cause de son émotion extrême, une lettre destinée à ses fils, où il leur déclara qu'il donnerait « sa vie sans hésitation contre la leur » s'il le pouvait, mais qu'il ne le pouvait point étant général en chef d'une armée dont il avait la responsabilité... « Au demeurant, mes fils, est-il mort plus glorieuse, et plus enviable, que de périr dans une aventure qui intéresse l'honneur de Sa Majesté Très Chrétienne et le renom de la Religion ? » (« Religion avec R majuscule », beugla Desfarges qui s'était penché sur l'épaule de son scribe pour voir ce qu'il barbouillait)... et... euh... (il se racla la gorge)... Sachez, sachez mes fils que ça n'est pas impunément qu'on aura versé votre sang car, tant que j'en aurai moi-même dans mes veines je vengerai le vôtre en versant celui... euh... de ceux qui l'ont osé verser... euh... Enfin, dites (dit Desfarges au scribe) qu'ils... que leur mort sera vengée ! »

La lettre fut pliée, cachetée, confiée à un jeune tambour qui, en chaloupe, s'approcha de la rive ennemie où il la jeta de loin avant de se replier en catastrophe, la trouille au ventre.

De part et d'autre, sans pitié, reprirent les canonnades : sous la pluie, la pluie, la pluie qui sans cesse croulait, au point que bientôt l'usage des mousquets fut quasi impossible, les mèches étant trempées, ce qui laissait tout loisir à ces Siams du diable, s'ils en avaient le cœur du moins, de nous assaillir à l'arme blanche et de nous submerger sous leur nombre.

Profitant de cette purée de pois (on n'y voyait pas à trois mètres) et rendus téméraires par la possession de diverses amulettes dont les bonzes leur avaient assuré qu'elles les rendaient invisibles, des Siams régulièrement traversaient à la nage, un sabre entre les dents, les fossés ceinturant le fort et s'attaquaient en traîtres à nos sentinelles qui ne les voyaient pas venir. Ils en égorgèrent ou blessèrent plus d'une. Comme il fallait convaincre ces idolâtres que leurs amulettes étaient pure sornette et leurs bonzes des charlatans, on se mit à l'affût, on en abattit trois au mousquet et on en prit deux vivants : qu'on empala derechef sur nos murs, à la vue du fort ennemi. Ah, ah, œil pour œil, sang pour sang !

Vingt jours s'écoulèrent ainsi. Les vivres commençaient à manquer, particulièrement ceux propres à l'alimentation des blessés et des malades, de plus en plus nombreux. On ne trouvait rien d'autre à leur donner que des potages qu'on confectionnait avec la chair des corbeaux abattus au mousquet. *Quelques soldats qui s'étaient trouvés dans des sièges en Europe disaient n'avoir rien vu de si pénible*[1]. Évidemment, tout le monde n'était pas au même régime. Le haut état-major se réservait les meilleurs morceaux des vaches les plus dodues. Certains même murmuraient que Desfarges avait encore... du vin qu'il dégustait en cachette.

La pluie tombait sans cesse : lavant, lissant, laquant, vernissant le paysage dont s'avivaient les couleurs. Jamais le vert des jungles ne fut plus vert, plus argenté le ciel de Siam, jamais plus rouge la teinte de la terre et du sang.

Le 17 juin que Dieu fit, surgit sur les murailles du fort de l'est, que nous étions en train de canonner, une espèce d'épouvantail en robe noire, aux cheveux blancs et à la barbe toute hérissée. L'épouvantail n'arrêtait pas de hurler, gesticuler. Cependant on avait du mal à l'entendre et à le reconnaître à cause du fracas des tirs et de la muraille de fumée épaisse qu'ils dégageaient. On finit par cesser le feu. On put alors clairement apercevoir monseigneur Laneau, évêque de Métellopolis, que les Siams avaient exposé à nos coups. Il nous cria, de loin, qu'il fallait stopper ces hostilités et demanda à ce que l'abbé de Lionne le vînt trouver. Prudemment de Lionne s'y refusa, jugeant que l'évêque parlait sous la contrainte et que c'était un piège. Il n'avait pas tort. Les sbires de Pitratcha avaient pillé le séminaire Saint-Joseph à Ayuthya ; tout ce qui restait d'amantes de la Croix avait été envoyé dans les harems.

Battu, mis à la cangue, traîné dans les orties, l'évêque avait été emmené jusqu'à Bangkok où on le libéra de ses chaînes pour qu'il pût négocier. Entre les deux forteresses on tendit une corde sur laquelle on fit circuler une petite navette contenant des lettres. Mais cet échange n'eut aucun résultat.

1. *Abrégé des révolutions arrivées au royaume de Siam en l'an 1688.*

Il est à noter que l'abbé de Lionne qui avait sauvé une partie du trésor du séminaire (quarante mille livres emportées à Bangkok avant le pillage) se refusa (au dire du père de Bèze) de payer, comme il l'avait promis à Desfarges, la solde des troupes. Ce qui n'eût pas été inutile car des Chinois *gens déterminés à sacrifier leur liberté et leur vie à l'avidité qu'ils ont pour l'argent, venaient de nuit par la rivière qui n'était pas fermée vendre des vivres*[1]. Inutile de dire que ces vivres n'étaient pas... donnés!

Environ ce temps-là, l'abbé de Lionne, que Véret, sa fifille sous le bras, suivait comme son ombre (au point qu'on les eût dits aussi essentiellement liés l'un à l'autre qu'à Henri V Falstaff; ou à Don Quichotte Sancho), se présenta, le visage badigeonné d'un radieux sourire, dans la salle du Conseil où Desfarges se trouvait en compagnie de Vertesalle et de quelques autres officiers. L'abbé et Véret déclarèrent tout de go qu'ils se proposaient pour « sauver la garnison » de partir chercher du secours à... Bornéo avec la *Solaire,* un petit bateau de la Compagnie des Indes que Véret avait mis à l'abri dans une crique, sous les murs du fort et la protection de ses canons.

— J'ai des amis, beaucoup d'amis à Bornéo, dit Véret. Le rajah de Soccodane nous fournira des vivres, des munitions, des troupes même. Nous paierons avec l'argent de la Compagnie et de la Mission...

Vertesalle mitrailla l'abbé et Véret de deux pupilles noires comme du plomb à mousquet : « Ce sont ces deux jean-foutres, songea-t-il, qui nous ont fichus dans ce bourbier où nous n'eussions jamais été s'ils n'avaient dissuadé Desfarges de sauver Phaulkon et d'écraser Pitratcha, et voici maintenant qu'ils cherchent à se défiler. En emmenant la caisse qui plus est. »

Les officiers de la place étaient divisés : il y avait ceux qui pensaient qu'on eût dû en temps voulu *monter* à Lopburi au secours du Grec, et ceux qui étaient de l'avis contraire; les premiers appartenant au parti pro-jésuites, les seconds au parti pro-missionnaires et pro-Véret donc. Sans cesse revenait sur la table cette poire de discorde qui déclenchait — et déclencherait longtemps encore, à Siam comme à Versailles — de terribles querelles.

Au demeurant, l'idée d'utiliser la *Solaire* pour tenter une sortie avait déjà effleuré l'esprit de l'état-major. Elle était d'autant plus à l'ordre du jour qu'on se voyait cernés, condamnés à crever de faim.

1. Père le Blanc, *Histoire de la révolution du royaume de Siam.*

Nous ne savions rien de ce qui pouvait se passer dans le royaume et à Lopburi. Les chrétiens avaient-ils été massacrés ? Et Phaulkon ? Et le roi, ce roi fantôme, qu'en était-il ? Que se passait-il à Mergui ?

On décida que ça n'était pas à Bornéo qu'on devait se rendre, mais à Mergui d'abord pour tenter de joindre du Bruant. Il fallait aussi partir à la recherche des navires *Siam* et *Lopburi* dont le retour, selon les instructions de Phaulkon à Sainte-Marie et Suhart, commandants de ces vaisseaux, était prévu pour juillet. Avec ces bateaux on pourrait se rendre maîtres de la rivière, de son embouchure, bombarder Ayuthya, se procurer autant de vivres que nécessaire, et attendre ainsi, en position de force, les secours de France, prévus, eux, pour la fin août ou le début septembre.

Les sieurs de Lionne et Véret n'avaient qu'à dormir tranquilles sur leurs coffres pleins d'écus, on ne leur confierait pas cette mission. C'est l'enseigne de marine Saint-Cry qui en fut chargé. Il était jeune et audacieux. Nul autre ne pouvait mieux assumer cette périlleuse aventure où se jouaient à vrai dire tous nos espoirs, nos derniers espoirs. L'enseigne monta à bord de la *Solaire* le 22 juin que Dieu fit, avec neuf soudards, parmi les plus frustes et bestiaux ; un mousquetaire, le sieur la Pierre ; un mousse et le capitaine de la barque, portugais de nation. S'ils réussissaient à échapper aux Siams, Saint-Cry devait tirer trois coups de canon au moment où il atteindrait l'embouchure du fleuve située à huit lieues en aval de Bangkok. Il appareilla à l'aube, après avoir été béni par le jésuite Comilh. A peine fut-il sorti de la crique que les canons du fort de l'ouest le mitraillèrent. Il ne fut que légèrement touché. Une trentaine de galères ennemies aussitôt partirent à sa poursuite. Nous le vîmes au loin, au sud, disparaître derrière des arbres, à un coude du fleuve, avec cette armada à ses trousses. Une demi-heure plus tard on entendit une furieuse canonnade. Puis quelques coups de mousquet, clairsemés.

Puis plus rien.

Pendant de longues heures nous demeurâmes attentifs, scrutant le silence, l'infini silence. Jusqu'au moment où l'on jugea que Saint-Cry eût dû atteindre l'embouchure. Les trois coups de canon, annonce de son succès, ne retentirent pas.

Il avait été pris.

La chose était certaine.

— Et, foutudiou aussi, quelle foutue forteresse que cette forteresse de Bangkok, hurlait Desfarges, debout sur la muraille, tapant du poing, l'air égaré, sur un créneau, comme s'il eût voulu punir

Bangkok d'être Bangkok. Dire qu'à Versailles on appelait ça la *clef du royaume,* le lieu stratégique idéal ! Encore une idée de curé, ça ! Mais foutudiou pourquoi sont-ce les curés qui, en France, décident de notre politique et même des choses militaires ? Qui règne : le père de la Chaise ou Sa Majesté ? Qui décide : Seignelay ou Tachard ? N'est-il pas évident que ce fort est trop loin de la mer, qu'on n'y peut donc recevoir facilement de secours (d'autant que les hauts fonds gênent l'entrée du fleuve !) et que, par ailleurs, c'est une aventure insensée que de tenter de s'en enfuir : nul doute que d'ici à l'embouchure ces foutus Siams ont dû disposer des centaines de galères !

Juste quelques quarts d'heure après le départ de Saint-Cry, on vit sur notre flanc est, côté terre (le côté qui était protégé par des palissades et un fossé), s'approcher en rangs désordonnés plusieurs milliers de Siamois torse nu, brandissant au-devant d'eux de longues lances en bambou, bien peu redoutables à vrai dire, et des mousquets pour quelques-uns d'entre eux seulement. Au demeurant leur multitude était impressionnante. Effrayante même. D'autant qu'ils gardaient le plus complet silence. Sans doute étaient-ils persuadés que tous les Français avaient fui sur la *Solaire,* ne laissant dans la place que les malades, car ils s'avançaient complètement à découvert.

Ce dont se régalait le capitaine Dacieu qui, juste en face d'eux, se dissimulait derrière les palissades du fort avec cinquante de ses hommes armés chacun d'un mousquet, mèche allumée (ils se protégeaient de la pluie incessante avec des bâches imperméables). Sabre en main Dacieu attendait pour commander le feu que « ces fourbes-là » fussent à portée de nos armes : soit quatre cents mètres. Leur premier rang avait pénétré déjà dans la zone dangereuse. « Soufflez sur les mèches », lança Dacieu. Ses soldats soufflèrent sur les mèches, avivant la braise du charbon. Bientôt les premiers ennemis ne furent plus qu'à deux cents mètres de la gueule de nos armes. « En joue », lança Dacieu à voix basse. Le doigt sur la clef ou gâchette de leur mousquet, les soldats mirent en joue. Mais ne voilà-t-il pas qu'au moment où, abaissant son sabre, Dacieu commandait le feu, tous les tambours de la place, stupidement, battirent la générale. De sorte que, comprenant leur erreur, et que les Français étaient toujours dans le fort, les Siams détalèrent sur-le-champ, échappant pour la plupart à nos balles. Trois ou quatre d'entre eux seulement restèrent sur le carreau.

D'aucuns insinueraient plus tard que c'est Desfarges qui, à

escient, avait donné ainsi l'alerte : afin de permettre aux Siamois de fuir. Il n'avait pas voulu engager le combat, ni de ce fait, envenimer la situation. A quoi bon en effet ? N'étions-nous pas foutus ? Point de fuite possible : l'échec de Saint-Cry le prouvait. Presque plus de poudre. Aucune nouvelle de Lopburi... Mais cela n'était rien encore.

Le moral chut au quatre-vingt-dix-millième dessous quand, graissant copieusement la patte aux Chinois qui nous livraient clandestinement des vivres, Desfarges apprit d'eux que, non contents de tenir la rivière jusqu'à la mer avec une flotte impressionnante de galères, ces renards de Siams, profitant de la marée basse, avaient complètement fermé son embouchure partout où elle était navigable, avec une sorte d'estacade : un barrage en troncs d'arbres ne laissant qu'un étroit passage où les navires pouvaient se faufiler : sous la gueule des canons de plusieurs batteries.

Nous étions cuits !

Quand bien même le Fistulard nous enverrait trois cents vaisseaux, comment diable nous porteraient-ils secours et débarqueraient-ils leurs troupes ? Le rivage de Siam n'étant que jungles impénétrables, le fleuve était la seule et unique porte du pays. Et cette porte était close.

Après avoir consulté son état-major, le général décida de « faire un geste ». Il abaissa l'étendard fleurdelysé de Sa Majesté et hissa celui, écarlate, du roi de Siam.

— Après tout, expliqua Desfarges, nous sommes toujours au service de ce roi, soit-il mort ou vif. C'est à sa demande que nous tenons cette place. Arborer ses couleurs n'est pas un déshonneur. Et ça n'engage à rien...

Ce geste amena une trêve dans les canonnades. Mais non dans les travaux que poursuivaient les Siams qui, en sus d'avoir barré la rivière, avaient commencé, en secret et de nuit, à creuser tout un réseau de tranchées en zigzag, dans la meilleure tradition de Vauban, derrière notre fort, du côté non protégé où il s'ouvre sur les rizières. A l'extrémité de ces multiples tranchées, et à portée de canon de nos murs, ils érigèrent bientôt des fortins où ils installèrent des batteries : neuf fortins en tout, chacun arborant un étendard, celui des sultans de Johore, Ligor, Singor, les étendards malais, pegouans, cochinchinois, etc. Toutes les nations de la région semblaient s'être liguées contre nous, et les Portugais même qui mirent deux de leurs vaisseaux au service de Pitratcha. Sans compter bien sûr ces messieurs hollandais qui tiraient par en dessous les ficelles. C'était l'alliance sacrée : papistes-parpaillots-musulmans-bouddhistes !

Les *Farangset,* alias Français, faisaient l'unanimité !

De plus en plus maître de la partie, le joueur d'échecs Pitratcha fit une démarche que les susdits *Farangset* eurent du mal à interpréter. Le 24 juin que Dieu fit, un épouvantail, le même que la fois précédente, se dressa sur les murailles du fort de l'ouest. D'une voix époumonée le fantomatique évêque de Métellopolis hurla qu'il avait une « bonne et belle surprise » pour le général : ses fils étaient vivants, ils se trouvaient même ici, avec lui. Pitratcha les rendait, sains et saufs à leur père, par amitié pour le Grand Roi de France.

Le saint évêque, quoiqu'il n'eût pas l'âme politique, se démenait comme un angélique beau diable pour arranger les choses : et sauver sa mission.

La joie fut à son comble quand le marquis et le chevalier Desfarges passèrent dans notre fort, et quoique ces deux gentilshommes nous apprissent l'exécution de Phaulkon. A ce qu'on leur en avait raconté, les bourreaux bras-peints auraient, le 5 juin que Dieu fit, amené ce ministre dans sa demeure de Lopburi, où sa femme, tenue prisonnière dans une écurie, lui aurait craché à la figure. Ils l'auraient traîné par après, sur un brancard en bambou attaché à un cheval, jusqu'à la porte sud de la ville, Pratu Chaï (porte de la victoire). C'est là que, devant une immense foule assemblée, ils l'eussent obligé à se mettre à genoux dans la boue. Tout enchaîné et affaibli qu'il était par les tortures, il se fût désespérément débattu. En vain. D'un coup de sabre un bourreau l'eût décapité puis, du revers de son arme, comme c'est la coutume à Siam, éventré. Son corps eût été alors jeté à la voirie. Pendant la nuit chiens et vautours se le seraient disputés. De sorte qu'il n'en restât que les os à l'aube. Juste avant que le sabre ne s'abattît sur son col, Phaulkon (selon un témoignage crédible, puisqu'il vient d'un de ses ennemis, un Hollandais) se serait écrié : « Seigneur Jésus souvenez-vous de moi[1] ! »

Puisse Dieu ne pas oublier ce malheureux. Nos Français l'enterrèrent vite fait. Ou le noyèrent plutôt dans force tonneaux d'arak que, faute de vin, les fils Desfarges avaient apportés avec eux. Le

1. *Relation succincte des changements surprenants arrivés dans le royaume de Siam.*

moral revenait au beau fixe. Si Pitratcha avait rendu au général ses enfants, pensions-nous, c'était parce qu'il nous trouvait trop durs à avaler. Il s'était d'ailleurs cassé sur nous plus d'une dent : en particulier, ce que nous avions ignoré jusque-là, avec monsieur Saint-Cry, qui avait tenté cette sortie avec la *Solaire*. Son embarcation, apprîmes-nous, poursuivie par une cinquantaine de galères ennemies, s'était vu barrer la route bientôt, à une lieue en aval de Bangkok, par cinq ou six jonques. Le capitaine portugais et plusieurs de nos hommes (qui n'avaient rien trouvé de mieux à faire que de s'enivrer) sautèrent à l'eau et tentèrent de s'enfuir à la nage. Ils furent massacrés. Ne demeuraient plus avec Saint-Cry que le mousquetaire la Pierre et le jeune mousse français. Leur bateau partit à la dérive et alla s'enliser près d'une berge du fleuve. Saint-Cry et ses compagnons se réfugièrent dans une cabine après avoir semé sur le pont des grenades jointes entre elles par une traînée de poudre. Ils laissèrent les Siams, Malais, Chinois et autres forbans monter à l'abordage. Quand une centaine d'entre eux, hurlant et agitant leur sabre, se fut rassemblée à bord, Saint-Cry lança une poignée de mèches enflammées sur la traînée de poudre. Les grenades explosèrent, faisant danser la gigue aux assaillants dont une bonne moitié mourut. Les autres sautèrent à l'eau. Mais il y eut un second assaut. Saint-Cry décida cette fois de mettre le feu à la sainte-barbe. La Pierre et le mousse quittèrent le vaisseau. Saint-Cry attendit que nombre d'ennemis eussent grimpé à nouveau dans le bateau. Il récita les litanies de la Vierge, alluma la mèche et voulut à son tour s'enfuir. Mais trop tard. Il sauta : avec plus de deux cents idolâtres, lesquels churent tout droit en enfer pour n'avoir pas voulu entendre la voix de Notre Seigneur ; quant à Saint-Cry, emporté par des anges, il s'éleva directement jusqu'en Paradis. La Pierre fut haché menu par les Siams quand il atteignit la rive. Le jeune mousse, après avoir été copieusement battu (on s'amusa entre autres à le couronner avec une demi-noix de coco sur laquelle on cognait avec un crucifix), fut envoyé dans les prisons de Lopburi. C'est là qu'avant de mourir de ses blessures il raconterait l'exploit de Saint-Cry aux fils Desfarges, qui nous le rapporteraient.

Ledit exploit ne rendit pas peu furieux Pitratcha. Il voulut sur-le-champ mettre le marquis et le chevalier Desfarges, ses otages, « à la bouche du canon », devant Bangkok, puis lancer l'assaut final. Mais, selon certains témoins, il en fut dissuadé par les sieurs Keyts et Brouchebourde qui, en ces temps-là, se trouvaient continuellement à ses côtés pour le conseiller.

— Rendez au général ses rejetons, tout au contraire. Vendez-lui aussi de vieux raffiots pourris. Que les Français déguerpissent ! Que vous importent leurs rodomontades ? En graissant la patte à quelques-uns de leurs officiers, vous arriverez avec eux à signer un armistice avantageux. Offrez-leur une porte de sortie à peu près honorable... Ils auront la gloire et nous, Hollandais, nous... garderons le commerce.

Pitratcha sourit.

C'est de ce temps que date un dicton local, assez savoureux, qui définit les Français par la guerre ; les Hollandais par le commerce ; les Chinois par les beaux-arts ; et les Siamois par... l'esprit.

« Les fourbes ! »

D'ailleurs Pitratcha avait d'autres chats à fouetter. Apaisant d'un côté les Français (à qui il promit de les laisser partir bientôt, et fit livrer quelques vivres : au compte-gouttes cependant), il se retourna contre le frère aîné du roi, Chao Fa Apaï Tot qui se trouvait encore en liberté : à Ayuthya. La plupart de ses partisans avaient reçu ordre d'aller se battre contre les barbares *farang* de Bangkok. L'enlever fut aussi un jeu d'enfant, d'autant qu'il était à demi paralytique. On l'envoya, enchaîné, rejoindre son frère cadet Chao Fa Noï dans les prisons de Lopburi. Tout cela fut réalisé, à ce qu'en déclara officiellement Pitratcha, « sur ordre du roi ».

Le 9 juillet que Dieu fit, à l'aube blême, deux éléphants sortirent par la porte orientale du palais. Ils traversèrent les rues de Lopburi, guettés de loin par une populace effrayée. Sur leur dos se trouvaient, dûment ligotés, les princes frères du roi. A quatre kilomètres de là, au lieu-dit Wat Sak (temple du cadavre) proche du palais de Thalé-Chupson, on les fit descendre à terre. On les enferma dans des sacs d'écarlate et, « sur ordre du roi » toujours, on les assomma mortellement à coups de bâton de santal : il ne fallait pas que leur sang royal se répandît sur le sol.

Siam a ses délicatesses.

Phaulkon donc, et Prapy, étaient morts ; Chao Fa Noï et Chao Fa Apaï Tot étaient morts ; les deux princesses (Yotha Tap, fille du roi) et Yotha Tip (sœur du roi) — qui se rendirent compte trop tard que Pitratcha les avait fourbées et doublées — étaient prisonnières de celui-ci. On put alors, très officiellement, le 11 juillet que Dieu fit, proclamer que le Très Grand Roi de Siam, maître de la Terre et de la Vie, roi de l'Éléphant blanc, *venait tout juste de mourir.*

Il est des morts qui tombent à pic.

Le deuil national fut décrété : les Siamois se vêtirent tous de blanc.

Le 31 juillet que Dieu fit, fête anniversaire de saint Ignace de Loyola, fondateur de la compagnie de Jésus, Pitratcha quitta Lopburi en galère, accompagné par un somptueux cortège de près de deux cents embarcations dorées et fleuries. Il emmenait avec lui, dans son triomphe, le corps embaumé de feu Sa Majesté Phra Naraï et mesdames Yotha Tap et Yotha Tip, ses captives. Son fils Suraçak-le-satyre l'accompagnait avec toutes les « filles de Saint-Cyr », devenues ses concubines, ainsi que Clara la pute et madame Phaulkon soi-même, laquelle, ayant eu une fausse couche sept mois auparavant, était déjà enceinte de ses œuvres. La trouvant gironde, il l'avait fait enlever et avait abusé d'elle jusqu'à ce qu'abusant à son tour de l'arrogance naïve de ce benêt la pragmatique épouse de feu Constance l'eût enjôlé et tout embobiné bientôt : elle avait une idée derrière la tête. Idée que lui avaient d'ailleurs soufflée les jésuites qui faisaient eux-mêmes partie du cortège, tout heureux qu'ils étaient d'être entrés, en apparence du moins, dans les grâces du « tyran ». Sans doute s'imaginaient-ils déjà avoir supplanté à Siam les pères des Missions étrangères, lesquels, pour leur part, étaient en proie aux persécutions les plus cruelles.

Il est peu probable que Pitratcha fût la dupe des jésuites. Phaulkon n'avait pas pu ne pas avouer, sous la torture, leur rôle dans le complot. Mais le raisonnement du mandarin était simple : les missionnaires sont les hommes du pape ; les jésuites français les agents de Louis XIV. Le pape n'a ni canons ni vaisseaux. Louis XIV en possède. Ménageons donc les jésuites pour éviter les représailles. Ces pères, le fait est, ne furent pas un instant inquiétés. Bien mieux, Pitratcha leur offrit même de l'argent. *Il est très vrai que les jésuites n'ont pris aucune part aux tourments des autres chrétiens leurs frères,* écrirait Robert Challe, un voyageur qui recevrait les témoignages de nombre d'officiers à Pondichéry, après le drame, *Pitratcha leur a fait des présents très considérables tant à tous en général qu'à chacun d'eux en particulier (...). Les officiers et soldats français n'en ont tiré aucun secours quoique tous en eussent besoin, puisque les deux tiers y sont morts et qu'ils fussent tous à la portée des jésuites qui pouvaient les secourir.* Et Robert Challe de conclure : s'il comptait chasser les uns et les autres de son pays, Pitratcha se trompait fort en donnant aux missionnaires le martyre, et de l'argent aux jésuites, car il leur offrait ainsi ce que respectivement ils étaient venus chercher aux Indes... On doit reconnaître cependant que, en pénitence de leurs péchés, les bons disciples de Loyola s'obligeaient chaque nuit à dormir avec, pesant sur leur poitrine, une croix énorme en lourds madriers.

Le premier août que Dieu fit, au terme d'une somptueuse cérémonie qui réunit tous les grands du pays, Pitratcha se fit couronner roi de Siam. Il prêta serment, comme le veut la tradition, de se faire le protecteur de la Satsana Phut, le bouddhisme. Il régnerait sous le nom de Somdet Phra Maha Burut pendant seize ans. Son fils Suraçak, nommé vice-roi, Maha Uparat, régnerait après lui. Quant à Kosapan, il prendrait la place de Phaulkon comme Premier ministre. Les sieurs Keyts et Daniel Brouchebourde, pour remerciement de leurs services occultes, furent élevés au rang de mandarins de première classe et reçurent des mains du nouveau roi des vestes brodées d'or et de précieuses boîtes de betel, insignes de leur grade. Yotha Tap et Yotha Tip — que, par des « charmes magiques » dit la chronique siamoise, Pitratcha séduisit — devinrent ses heureuses épouses. Tout était pour le mieux donc pour ce-fourbe-de-tyran-idolâtre-que-Dieu-le-damne. Et d'autant mieux d'ailleurs que les vaisseaux le *Siam* et le *Lopburi,* commandés par Suhart et Sainte-Marie, dont il craignait quelque peu le retour, seraient en toute douceur et « à la siamoise » appréhendés. Arrivés à l'embouchure du Mae-Nam Chao-Phraya le 5 août, ils furent abordés par des galères du roi. Suhart et Sainte-Marie ignoraient tout, bien entendu, de ce qui se passait dans le pays. Ils avaient tourné des mois dans le golfe de Siam, trafiquant pour Phaulkon et les jésuites, mais sans cependant s'attaquer, comme ils en avaient ordre, au puissant comptoir anglais de Madras... Kosapan, qui était chargé de l'affaire, monta à bord des vaisseaux avec de ravissantes *puying* aux cheveux couronnés de fleurs ; des flacons du meilleur vin ; des mets somptueux (et même du pain qu'on avait fabriqué pour la circonstance avec on ne sait quelle farine venue d'on ne sait où). Il régala officiers et marins de tous les plaisirs imaginables. Quand ils furent grisés et repus, il leur fit savoir que Oya Witchayen Phaulkon, le très grand ministre de Siam (dont on leur cacha bien sûr la mort) avait donné ordre que les Français débarquassent en chaloupe et se rendissent par ce moyen à Bangkok. Ce qu'ils firent. On devine leur surprise quand ils arrivèrent, quelque peu éméchés, à la forteresse, et l'engueulade qu'ils reçurent du général... Une comédie à peu près équivalente se produisit quand, le 15 août que Dieu fit, se dessina, à l'horizon, noire, sinistre, effrayante, la silhouette d'un formidable vaisseau de guerre jaugeant sept cent cinquante tonneaux et armé de soixante-quatre canons : l'*Oriflamme,* une des plus belles unités de la flotte de Louis la Fistule, qui mouilla dans la rade, face à l'immense estacade en troncs d'arbre barrant l'embouchure du fleuve. Effrayant. Impuissant.

Pitratcha, cependant, avait ce qu'il voulait : le trône, et ne rêvait plus que de voir tous ces Français partir, et « en douceur », « siamoisement ». A Mergui du Bruant et ses troupes, assiégés dans leur place en ruine, s'étaient enfuis déjà en catastrophe sur un navire, laissant nombre de morts sur le terrain. Il ne restait plus qu'à « vider » les Français de Bangkok. Desfarges se savait coincé : l'*Oriflamme,* ne pouvant remonter la rivière, ne lui était d'aucun secours. D'ailleurs ce navire, manquant d'eau et de vivres, ne pourrait longtemps demeurer en place soit pour faire pression, soit pour aider à évacuer les troupes. On devait donc se dépêcher : les négociations avançaient à grands pas.

Il fallait que fussent satisfaits des intérêts divers, sinon opposés. Les missionnaires rêvaient de préserver leur Mission de Siam et désiraient qu'on leur rendît leur trésor pillé. Véret souhaitait filer du pays en « sauvant » une partie, symbolique, des fonds et des stocks de son comptoir, dont il garderait, mais pour sa pomme, une autre partie, non symbolique celle-là. Desfarges, fort ami de Véret, pensait bénéficier de la manne et accaparer par ailleurs les bijoux, diamants et autres de madame Constance qu'il avait confisqués à Beauchamp, aussi bien qu'à ses fils qui en avaient ramené une partie de Lopburi (cachée sans doute dans leur accueillant fondement). A cet égard un conflit fort sordide s'était élevé quand furent libérés, un mois après les enfants de Desfarges, les autres officiers emprisonnés : Saint-Vandrille, Delas, Descaves, Fretteville, qui réclamèrent « leur part » du magot qu'ils avaient « aidé à sauver ». Le général hurla : « Ce procédé est odieux et indigne de gentilshommes. Je garderai ces bijoux... et aviserai par après de ce qu'on en fera. »

Nombre de missionnaires qui, déguisés en Chinois (moustache, longue robe et bonnet rond), avaient réussi à se glisser entre les griffes de leurs persécuteurs, se replièrent dans la place. Ils avaient d'étranges, pathétiques faces de carnaval. Quant aux jésuites, que nul n'inquiétait, ils finirent par s'avouer qu'ils avaient trouvé en Pitratcha plus renard qu'eux et qu'ils n'en obtiendraient rien, malgré toutes les caresses et promesses dont il les couvrait. Ils

« tinrent conseil ». Et jugèrent *inutile* de laisser dans *cette nation rebelle à la lumière depuis tant d'années* une troupe de missionnaires *qui étaient dans la fleur de l'âge* et représentaient *l'espérance de toutes les Indes* (rien de moins !), *pendant que la Chine, le Tonkin, la Cochinchine ouvraient une plus heureuse carrière à leur zèle et leurs travaux apostoliques* (*dixit* le Blanc, qui avait d'ailleurs abandonné sa robe orange avec l'espoir de faire à Siam des prosélytes). C'était une espèce d'« étude de marché » qu'avaient fait ces dynamiques voyageurs de commerce du Bon Dieu, étude au terme de laquelle ils avaient conclu que l'« investissement » ne valait pas le coup. On pouvait laisser ce gâteau peu ragoûtant aux autres ordres, dominicains et Missions étrangères, ceux que les jésuites ont accoutumé d'appeler *les moineaux* parce qu'ils ne picorent que les miettes que dédaigne de ramasser la Sainte Compagnie : le menu fretin. D'ailleurs ces bons pères avaient en tête un projet qui rendait dangereux tout séjour prolongé à Siam : récupérer les fortunes placées par Phaulkon en Europe.

Les négociations, menées d'un côté par l'évêque de Métellopolis, à qui s'était adjoint Véret, et de l'autre par Kosapan, continuaient d'avancer. Pitratcha consentit à prêter aux Français, pour qu'ils puissent se replier à Pondichéry, les vaisseaux *Siam* et *Lopburi* qui vinrent mouiller à Bangkok mais auxquels, prudemment, on retira jusqu'à ce que tout fût conclu canons et ustensiles divers nécessaires à l'appareillage. Enfin on pouvait espérer partir. Desfarges soufflait. Quand...

Le dernier acte de cette tragédie commença.

*Tout l'éclat dont brille la gloire*
*Vaut-il un regard de vos yeux ?*
(Quinault/Lully, *Armide,* 1686.)

Le 4 octobre que Dieu fit, messieurs Vertesalle, d'Alvimar, Beauchamp, Fretteville, Saint-Vandrille, le général Desfarges et ses fils, ainsi que plusieurs officiers de l'*Oriflamme,* que les Siamois avaient autorisés à se rendre à Bangkok, dînaient joyeusement dans la salle à manger de la forteresse. On venait de leur livrer plusieurs vaches (toutes celles qu'on avait dans le fort ayant été depuis longtemps abattues) et ça n'était pas sans plaisir qu'on pouvait remanger enfin de la viande rouge : un superbe rôti, sur un plat de porcelaine de Chine bleu, ornait le centre de la table. Et... et... (cadeau particulier de ce Kosapan qui, tout fourbe et idolâtre qu'il était, n'en avait pas moins de surprenantes délicatesses) nous avions, oui : du vin ! Du Chiraz, il est vrai... On n'avait pas trop voulu chercher à savoir si ces bouteilles n'avaient pas été récupérées dans les caves de l'infortuné Phaulkon : à qui personne ne songeait plus d'ailleurs.

On buvait. On plaisantait. Et rien ne faisait plus s'esbaudir ces messieurs que les confidences que leur voulut bien faire le général Desfarges sur un paragraphe point trop secret des nouvelles instructions que Versailles, par l'*Oriflamme,* lui avait fait parvenir : la volonté du roi était qu'on interdît aux soldats de fréquenter les académies, les berlans (alias tripots), les maisons de vilaines (bordels) et qu'on veillât à ce qu'ils fissent maigre le vendredi. Décidément les bigots, cagots et autres dévots avaient tout de bon le pouvoir en France, foutudiou, quelle époque ! Quelle fin de siècle !

On leva force santés à la mémoire de nos officiers morts dans ce foutu Siam, et les survivants bénirent Dieu de les avoir sauvés des balles, boulets, flèches, de la famine, la dysenterie, la vérole qui avaient emporté, depuis notre débarquement, la moitié de l'état-major et les trois quarts de la garnison.

Le juteux et saignant rôti avait quasi fini de rendre l'âme sous les coups de taille et d'estoc quand fit son apparition, au milieu de ce joyeux repas, le sieur Sainte-Marie que Desfarges avait envoyé en mission à Ayuthya pour acheter les vivres et agrès que nécessitaient le *Siam* et le *Lopburi* (les négociations avançant bon train, Pitratcha avait autorisé qu'on commençât à rééquiper ces navires).

Sainte-Marie, vingt-huit ans, beau garçon, et qui se piquait d'esprit, fut invité à s'asseoir à table et à profiter du vin qui nous avait été offert.

— Mon général, dit-il, interpellant Desfarges après avoir tortillé ses moustaches blondes et effilées, je vous ai ramené d'Ayuthya une... curiosité dont vous serez bien content.

— Ah, ah ! s'exclama Desfarges, dont l'œil, résillé d'incarnat par l'abus de pinard, s'alluma d'une lueur avide, est-ce quelque bouteille de vieux bordeaux, dont j'ai oublié jusqu'au goût, et que ce... (il désigna sur la table un flacon de Chiraz)... ce pipi persan, qui n'est point vraiment mauvais, a tout de même bien du mal à remplacer ?

— Que non pas, rétorqua Sainte-Marie, jouant les sphinx, ça n'est point du vin, c'est bien plus précieux.

— Sera-ce alors, demanda Desfarges, qui se piqua au jeu, quelque rareté de la Chine : une ancienne porcelaine, un vase ?

— La chose est bien plus précieuse encore, quoique tout aussi délicate et fragile...

Les yeux des convives s'enflammèrent. Chacun assaillit Sainte-Marie de mille questions, tâchant de trouver la clef de l'énigme. Était-ce une étoffe de Masulipatan ? Était-ce un paravent en laque du Japon ? Était-ce quelque sculpture d'ivoire ? Etait-ce... Nul ne touchait juste. On supplia bientôt le jeune officier de cesser cette « délicieuse torture » et d'avoir la « générosité », sinon la « magnanimité », de révéler son secret.

Un nuage soudain assombrit le front de Sainte-Marie, qui plissa ses lèvres en cœur en prenant un petit air sérieux.

— Général, dit-il, avec un rien de gravité dans la voix, je vous parlerai de... cela... seul à seul, à la fin du dîner.

— Qu'est-ce donc, rugit Desfarges, roulant en boule sa serviette et martelant la table d'une série de coups de poing. Ça n'est pas une plaisanterie ? Parlez, Sainte-Marie, je vous en donne l'ordre.

— Je ne puis le dire d'abord qu'à vous.

— Foutudieu, venez avec moi, hurla Desfarges qui, dépliant soudain son énorme carcasse, se leva.

Renonçant à finir son repas (signe de grande colère), il sortit tel un ouragan de la pièce, suivi par le blond Sainte-Marie trottant à ses trousses à la façon d'un chiot apeuré et grondé.

Cinq minutes plus tard, dans le cabinet de travail du général, le jeune officier et Desfarges se retrouvaient face à face, sous le regard de bronze du buste de Jules César.

— Alors, Sainte-Marie, accouchez : c'est quoi cette... curiosité ?

— C'est... (il toussota).

— C'est ?

— Madame Constance !

— Madame qui ? Madame quoi ? Madame où ? rugit le général

— Elle est ici.

— Où ici ?

— A Bangkok. Elle a fui d'Ayuthya avec son fils pour... comme vous l'y avez souvent engagée, m'a-t-elle dit, se mettre sous... votre protection. Nous sommes arrivés en galère et je l'ai cachée dans le vaisseau *Siam* à quai devant le fort.

— Triple buse de crétin des Alpes, idiot, quadruple idiot, mais ne vous rendez-vous point compte, Sainte-Marie, dans quelle panade vous me mettez ? Vous nous mettez ! Ni le *Siam* ni le *Lopburi* ne sont encore en état de partir, et croyez-vous que Pitratcha va se laisser sans broncher ravir sous le nez cette dame qui vaut des centaines de milliers d'écus ?

— Des centaines de milliers d'écus ? s'étonna Sainte-Marie.

— Mais bien évidemment, pauvre imbécile Ce sont là des choses que vous ne pouvez comprendre. Mais, ce qui est sûr, c'est que la guerre va recommencer, à cause de vous. Non tant à cause de vous qu'à cause des... (le regard de Desfarges s'assombrit) des pères jésuites vos protecteurs, qui vous ont incité à faire ce coup ! N'est-ce pas, Sainte-Marie, ce sont bien les jésuites qui...

... Desfarges se tut soudain. La gorge serrée, haletant, il regardait le tapis, sous son fauteuil, entre ses deux pieds énormes. Il s'était presque cru rendu déjà à Pondichéry, et à Paris même, et même en Gascogne dans son château en ruine, qu'il comptait faire retaper grâce à... (une nouvelle pensée noire le traversa : c'était entre autres avec les bijoux de madame Constance qu'il avait envisagé de remettre d'aplomb son château, mais si ladite dame partait pour l'Europe, ne serait-il pas aussi obligé de les lui rendre, ces foutus bijoux ? De toute façon, ni elle ni lui n'auraient lieu d'en profiter longtemps. Les Siamois, cette fois, allaient nous régler notre compte : le siège allait reprendre, la famine, les fièvres, les maringouins !... Tout ça parce que ces foutus jésuites...).

Relevant les yeux vers Sainte-Marie, lequel était plus blême et hébété que jamais, Desfarges lança alors :

— Je ne veux pas voir cette dame, ni savoir où elle est, vous m'entendez ! Dites à Vertesalle de la cacher quelque part dans la forteresse. On avisera demain de ce qu'il y a lieu de faire de l'intruse !

Une demi-heure plus tard le général était accoudé, seul, à sa fenêtre. Il dominait, comme d'une loge de théâtre, la vaste scène de la place d'armes où, figurants anonymes, on voyait des silhouettes de mousquetaires groupés çà et là autour de foyers brasillant dans l'obscurité, à côté de pyramides de mousquets disposés en faisceaux. Beaucoup jouaient aux cartes, sur des tambours ou des caisses de bois. Derrière, par-delà les murs blancs de la forteresse, se dressaient les mâtures du *Siam* et du *Lopburi.* Crapauds et criquets grinçaient. L'air était tiède. Et la lune là-dessus coulait sa clarté blême... Sortis d'on ne sait quelles coulisses, trois personnages s'avancèrent au milieu de ce monde de décors, qui semblait magiquement transmué en sa propre représentation. Desfarges reconnut Vertesalle qui tenait galamment par la main une ombre svelte portant un grand feutre noir, une cape et dont la splendide chevelure de jais retombait en deux longs pans sur les côtés de son visage. De son autre main l'ombre serrait la poignée d'une canne. Elle était suivie par une toute petite ombre : un enfant.

C'était madame Constance, déguisée en homme, qui s'en allait passer la nuit avec son fils dans les appartements du commandant en second de la place, lequel, ravi de pouvoir jouer les chevaliers servants, partit coucher au bivouac avec ses mousquetaires.

Avant de la quitter, et tout juste après lui avoir baisé la main (quelle main si fine : de l'ivoire ; quelle peau si douce : de la soie !) Vertesalle lui assura « sur son honneur » et « sur son sang » qu'elle avait trouvé dans la forteresse de Bangkok « un asile inviolable » :

— Quiconque voudra vous en déloger devra passer d'abord par là ! (Et il claqua sa main sur la poignée de son épée.)

Vertesalle fit de beaux rêves.

Desfarges des cauchemars.

Le lendemain, 5 octobre que Dieu fit, rappliquèrent chez le général, le visage tout enfariné d'un beau sourire, les pères de Bèze, le Blanc et le Royer, soit les derniers jésuites qui n'eussent pas encore rejoint Bangkok (de la Breuille excepté, qui avait décidé de rester à Siam). Était-ce un hasard si ces trois pères nous débarquaient dessus juste en même temps que leur protégée madame Constance ? Le hasard n'est pas jésuite.

Desfarges — malade à nouveau — les reçut au lit : et fort brutalement.

— C'est vous, mes pères, qui avez incité cette dame à se réfugier ici, et monsieur de Sainte-Marie à s'en faire l'accompagnateur ! C'est vous...

Ce disant il braquait vers le Blanc, de Bèze et le Royer, venus s'asseoir à son chevet, un index accusateur.

— Et quand ce serait nous, ce que je nie, minauda de Bèze, comment pourriez-vous nous le reprocher, général, et en couvrir d'opprobre le pauvre Sainte-Marie (qui crut bien faire, et à qui tous vos officiers envient cet acte chevaleresque !)... Comment pourriez-vous nous le reprocher puisque c'est vous, général (et de Bèze brandit sous le nez de Desfarges une lettre qu'il venait de sortir de dessous sa soutane), qui par de multiples messages vous êtes engagé auprès de monsieur Phaulkon à lui donner asile à Bangkok, ainsi qu'à toute sa famille, lui assurant qu'« à l'ombre de votre bras » et de « la bannière fleurdelisée » (ce sont vos propres termes) nul n'oserait les importuner ? La parole d'un maréchal de camp de Sa Majesté Très Chrétienne ne serait-elle que du vent ?

Desfarges, les yeux écarquillés, regardait la lettre — *sa* lettre — que de Bèze continuait de lui agiter sous le nez. D'un geste brusque il la lui arracha des mains et la glissa entre ses fesses et le matelas.

— Cette lettre ne vous appartient pas ! rugit-il. Et elle fut écrite en d'autres circonstances !

Un sourire malicieux passa sur les lèvres fines de De Bèze :

— Gardez-la donc, général, mais sachez que nous en avons trois ou quatre encore, écrites de la même encre, et dirais-je même dans un style plus... héroïque.

Desfarges blêmit. Il s'appuya sur ses oreillers et dit d'un ton radouci :

— Je... j'eusse accueilli cette dame sans... sourciller, si elle eût attendu que tout fût prêt pour notre départ. Or les bateaux qui nous doivent emporter n'ont encore ni agrès ni vivres en suffisance. Quand les Siamois vont savoir que... qu'elle est ici, ils vont reprendre le siège, donner l'assaut peut-être : et nous avons tout juste assez de poudre pour tirer deux cents coups de canon...

— Pourquoi, dit de Bèze, ce Pitratcha, dont nous avons mal apprécié l'intelligence politique, relancerait-il les hostilités, au risque de s'attirer la haine et les représailles de notre roi, alors qu'il a ce qu'il veut : le trône et que d'ailleurs un puissant navire, l'*Oriflamme,* peut bloquer l'entrée du fleuve par le feu de ses soixante-quatre canons ? Le jeu en vaut-il la chandelle ? Que peut représenter à ses yeux cette pauvre jeune femme, veuve, ruinée, misérable, humiliée, souillée...

— Misérable ? Vous moquez-vous mes pères ? Pensez-vous que je sois assez naïf pour ne pas savoir qu'elle et son fils valent à tout le moins cinq cent mille écus ? Les cinq cent mille écus placés par Phaulkon en Europe et dont elle est l'héritière. Grâce à elle, vous pourrez les récupérer, sans elle ils sont perdus pour vous. Car elle est votre créature, comme son mari l'était aussi... Je doute que Pitratcha soit assez sot pour se laisser ravir, avec cette donzelle et son rejeton, pareil pécule qui appartient au Siam : car d'où le Grec aurait-il pu le tirer, sinon du trésor du roi Naraï ?... Cette veuve, c'est de l'or en barre, mes pères. C'est de la poudre à canon aussi... et je ne la garderai pas vingt-quatre heures de plus dans ma forteresse. J'ai charge de la vie de mes hommes !

— Vous avez charge aussi de l'*honneur* du roi et de la réputation de la France. Que dira-t-on de nous aux Indes et dans le monde, si le bruit vient à courir que nous avons livré lâchement une chrétienne aux griffes des idolâtres et... à leurs lubricités ? Suraçak la veut mettre dans son sérail.

— Elle est japonaise, et ne relève donc pas de la responsabilité des Français.

— L'*Oriflamme* vient d'apporter des lettres de naturalité faisant de feu monsieur Constance et de sa famille des sujets à part entière de Sa Majesté. Elle est française autant que vous !

Desfarges verdit.

— Mes pères, grogna-t-il, la mesure est comble. Fi de ces billevesées. On sait ce qui vous fait agir, et que la vertu de cette dame vous importe moins que son magot. La perdre, c'est le perdre. C'est pourquoi vous tenez tant à ce que je... la garde...

— Mais la garder, n'est-ce pas pour vous tout perdre ? rétorqua subtilement de Bèze, ce pourquoi vous tenez tant à... la rendre.

Le jésuite saisit soudain le poignet de Desfarges, à la façon du médecin prenant le pouls.

— Vous avez la fièvre, général, ajouta-t-il. Est-ce la fièvre de l'or ?

— Qu'insinuez-vous ? bafouilla l'officier.

— Je n'insinue pas, j'affirme ! J'affirme que vous détenez des lingots, des bijoux, des diamants qu'il vous faudra bien rendre à cette dame, à qui ils appartiennent, si vous ne la rendez pas aux Siamois.

— Ce... Ces bijoux sont caution des quatre cents pistoles que j'ai placées naguère chez monsieur Constance et que j'entends qu'on me rembourse.

— Quatre cents pistoles ? Mais c'est cent fois plus que valent ces pierreries dont illégalement vous vous êtes emparé !

Desfarges s'adossa un peu plus à ses oreillers et, prenant un air menaçant, il dit :

— J'ai placé bien plus que... euh... quatre cents pistoles chez ce Grec, mais... ces choses-là, mes pères, mettons carte sur table, vous feriez mieux de les taire, car il est des choses aussi que je pourrais dire...

— Il en est que nous savons (répliqua de Bèze) et que nous pourrions faire savoir à d'autres : et au plus haut niveau !

Desfarges sentit son cœur s'oppresser. Ces chiens en soutane seraient bien capables de tout mettre en œuvre à Versailles pour lui faire couper le col. « Mais ils ne s'y aventureront pas. Je les tiens autant qu'ils me tiennent ! »

— Il n'est pas de pire crime, mes pères, lança-t-il (poursuivant cette partie de bluff) que... la *trahison* (ce mot fut rugi). Nombre de témoins pourront déclarer qu'à maintes reprises vous voulûtes m'attirer à Lopburi, et que c'était m'attirer... m'attirer *sciemment* dans un piège ! Un piège auquel vous avez donné la main pour complaire à Pitratcha que vous saviez prêt à s'emparer du trône, et dont vous espériez qu'il vous maintienne à Siam, vous jésuites, au détriment des missionnaires. Vous et Phaulkon, pour entrer en grâce auprès de ce mandarin, *vous avez prémédité l'extermination du corps expéditionnaire français !*

— Ce sont là, hurla de Bèze menaçant, des énormités qu'on peut affirmer mais en se mettant en danger de ne pas les affirmer longtemps !

Le Blanc, craignant qu'ils ne finissent tous deux par en venir aux mains, se dressa entre le siège de De Bèze et le lit où s'époumonait Desfarges.

— Messieurs, dit-il, calmez-vous, au nom du Saint Nom de Dieu.

Il leur prit à chacun la main. A ce contact, les deux adversaires semblèrent se figer.

— Messieurs, mon père, mon général... cette querelle est indigne de nous et bien peu... productive. Il nous faut, en cette affaire — qui fera du bruit à Versailles et à Rome —, peser nos intérêts respectifs, les comparer, et voir où sont nos avantages : choisir le moindre mal, et le profit maximal. Nous affronter, c'est perdre nos deux partis, nous entendre, c'est gagner sur tous les plans. Ni la cause de la France ni celle de Dieu ne sortiront grandies de ces discordes. Réfléchissez-y, général. Nous y penserons de notre côté.

Les jésuites se retirèrent.

— C'est tout réfléchi, hurla le général. Je rendrai cette pute. Elle quittera la forteresse.

Monsieur Véret, l'abbé de Lionne et l'évêque de Métellopolis, que ses négociations avaient amené à Bangkok, furent sur-le-champ convoqués par Desfarges. Qui, à peine eurent-ils pris place autour de son lit, leur apprit la nouvelle :

— Madame Constance est à Bangkok.

— Ainsi ils ont osé, dit de Lionne.

— Les fourbes, murmura Véret. Ils mettent en jeu, pour leurs rapines, toutes nos vies, et celle même de cette pauvre femme que nous serons obligés de rendre.

Il y eut un silence.

— Ce sont de cruelles personnes ! dit Desfarges.

— Mais fort influentes... ajouta de Lionne. Il faut tout redouter de ces gens qui ne connaissent pas de mesure, et d'un roi aussi absolu que le nôtre, et qui n'est et ne veut être informé de nos affaires que par leurs bouches !

— J'ai tenté tout à l'heure de les semoncer et les bluffer, dit Desfarges croisant les bras sur son torse dépoitraillé (il était en chemise de nuit), mais ils ne sont pas d'une race qu'on intimide. Que faire ? Et que faire de cette dame ?

— La chose est... dit monseigneur Laneau (il joignit les mains, et ajouta :) ... embarrassante.

— Nous allons, dit de Lionne, réfléchir à tout cela, moi-même et monsieur l'évêque. Je suggère que pendant ce temps vous consultiez, général, l'ensemble de vos capitaines.

— J'y compte bien, dit Desfarges, en se trémoussant bizarrement sur son matelas. Je m'en vais leur demander leur avis et qu'ils me le couchent *par écrit.* Je désire aussi que ce soit *par écrit* que vous me fassiez connaître vos lumières, mes pères. Chacun doit prendre ses responsabilités, et peser ses mots.

Les deux religieux sortirent.

— Cette donzelle rapplique ici comme un zèbre dans un jeu de quilles : dans notre jeu de quilles, général, s'exclama Véret en se penchant sur le lit de Desfarges. Nos affaires allaient bon train. J'ai réalisé (en graissant un peu la patte de Kosapan) la plus grande partie des stocks de mon comptoir en or et pierreries. Vu que tout Siam a été pillé, je puis faire croire à la Compagnie des Indes que mes comptes ont été détruits. Il faut livrer cette pute, cette jésuitesse, cette... flibustière !

Desfarges, tout en chemise de nuit qu'il était, se leva comme un diable et se mit à faire les cent pas entre son lit et Véret assis sur un fauteuil.

— Ah ah, mon pauvre Véret, on voit bien que vous n'êtes jamais sorti de derrière votre comptoir. Les choses ont ici un tour qu'elles n'auront pas à Versailles. Vous ne savez pas ce qu'est une cabale, et comment une armée de courtisans, savamment manœuvrés en sous-main par les jésuites, vous peuvent métamorphoser une aussi sordide affaire, ah ah !... De cette catin, cette geisha lubrique, les libellistes et autres poétereaux stipendiés vont vous faire une blonde Hélène, je dis bien une Hélène... et blonde ! Et avec cette petite crapule corrompue de Sainte-Marie, qui a deux écus d'or à la place des yeux, ils camperont un nouveau Pâris enamouré qui vous aura enlevé sa belle au nez d'ignobles Achéens libidineux, pour l'emmener roucouler non point à Bangkok, non, cette pourriture de Bangkok, mais à Troie !

— Vous n'allez quand même pas la garder ? balbutia Véret.

— Foutre non ! Imaginez un peu cette garce, mignonne comme elle l'est, débarquant à Versailles, et s'en allant pleurer dans les jupes de madame de Maintenon ou la soutane du père de la Chaise... Je la rendrai, mais *dans les formes !*

*La sévère raison et le devoir barbare*
*Sur les héros n'ont que trop de pouvoir*
(Quinault/Lully, *Armide,* 1686.)

Le 9 octobre que Dieu fit, le général réunit l'ensemble de ses capitaines dans la salle du Conseil et sous le regard de Louis la Fistule en Jupiter-à-la-foudre.

— Les choses sont simples, claires et nettes, expliqua Desfarges qui, au bout de la table, scrutait du regard ses officiers, rangés tout au long de celle-ci, par ordre hiérarchique. Nous sommes incapables de soutenir plus longtemps un siège, n'ayant ni vivres ni poudre. Or Pitratcha vient de m'envoyer une lettre par laquelle il menace de reprendre les hostilités et les persécutions si madame Constance ne lui est pas rendue. Il s'apprête à rompre définitivement les négociations qui étaient sur le point d'aboutir. Il n'y a donc pas à balancer : j'attends de vous, messieurs, que vous votiez pour la reddition de ladite dame.

Il y eut un profond silence : au milieu duquel on n'entendait que le grattement de la plume d'oie du greffier qui, dans un coin, sur une écritoire, prenait note de tout ce qui se disait.

Le général, fort de son autorité qu'il croyait solide, s'imaginait la partie gagnée. Aussi ne fut-il pas peu surpris quand il entendit ses officiers, galvanisés par la verve de ce foutu Vertesalle qui se sentait dans la peau sans doute du bouillant Hector, pousser des hauts cris (« mordiou »), protestant qu'on ne pouvait rendre une jeune femme *venue sous le pavillon du roi implorer sa protection.*

— Il en va de l'*honneur* de la nation ! clama l'un.

— Plutôt périr que de nous livrer à pareille *bassesse,* renchérit l'autre.

— Il n'y a pas un seul de nos soldats, aussi malades fussent-ils tous, qui ne préférât reprendre les armes plutôt que de s'exposer à telle infamie ! hurla le troisième.

Et Vertesalle conclut :

— Emmenons-la en France.

Même le chevalier et le marquis Desfarges, malgré les regards furibards dont les mitraillait leur père, se permirent de minauder : qu'allait-on dire de nous à la Cour de France ? Nous allions passer pour des capons !

— Foutrediou, morblou, sacreblou, hurla le général qui se lança dans une série d'invectives et obscénités pour le moins inattendues dans la bouche d'un officier supérieur. Vous êtes des sacs de merde emplumés, des ramassis d'étrons en habits de mousquetaires !

Harangue au terme de laquelle, après force menaces concernant l'« avancement » des uns et des autres, on passa au vote.

Trois mains seulement se levèrent en faveur du général : celles de la Roche-Vigier, un de ses protégés, et de ses deux fils, qui ne pouvaient désavouer leur père (et comptaient sans doute partager avec lui le magot de madame Constance). Cela en tout cas ne faisait pas une majorité. Et, vu la façon dont les choses se présentaient, et la fureur chevaleresque des officiers, Desfarges imaginait mal comment, *dans les formes,* c'est-à-dire en se donnant le beau rôle, il pourrait rendre aux Siams la Nouvelle-Hélène-de-Troie ! (Cette « catin », cette « roulure » ! Cette « jap » ! Cette « jèse » !)

Il rompit le conseil *avec des manières peu séantes à la gravité d'un chef qui doit gouverner avec discrétion,* écrirait plus tard Vollant des Verquains.

Desfarges avait décidé de « reprendre en main ses troupes », soldats et officiers.

Il se mit à courir, des jours durant, d'un bastion l'autre, d'une casemate la suivante, traversant et retraversant, sous la pluie incessante, le marécage de la place d'armes. Au terme de son enquête il lui fallut bien s'avouer que c'était à une véritable mutinerie, à une sédition même qu'il avait à faire. Ces imbéciles d'officiers et même les plus rustres des soudards se prenaient tout de bon pour de fiers Troyens refusant de livrer la catin Hélène... Et qui, en sous-main, qui tirait les ficelles de ces pantins ?... Les jésuites encore, les jésuites toujours ! Qui poursuivaient leur travail de division de notre armée commencé il y avait déjà un an, lors du débarquement à Bangkok, et même avant, durant le voyage de Brest jusqu'à Siam : ne voyez-vous pas qu'ils avaient fait écrire à Hélène-de-Troie plusieurs lettres à-vous-fendre-le-cœur destinées aux plus gradés de nos officiers, et particulièrement à cette cervelle brûlée de Vertesalle, si facilement manipulable, les suppliant de ne pas la « prostituer » aux Siamois, elle, la « vertueuse épouse d'un ministre mort pour la France », et qui les avait « couverts de ses générosités » ?

« Foutudiou, hurlait Desfarges, mais c'est de la trahison, que de vouloir semer ainsi la discorde dans une place assiégée ! Nous veut-on faire égorger par les Siams ? Qui est le gouverneur de ce fort, moi, ou la Compagnie de Jésus ? » Il interdit « à ces bougres d'ensoutanés » de communiquer désormais, et d'aucune manière, avec « la pute ». Il fit d'ailleurs transférer celle-ci des appartements de Vertesalle à un sinistre donjon, situé près de la porte du fort (comme ça on l'expulserait plus aisément) et il chargea Beauchamp, et quelques hommes sûrs, de la tenir sous bonne garde.

— Voici qu'on me fait surveiller comme si j'étais une criminelle, lança-t-elle en larmes au major, au moment où il la fit entrer dans sa cellule. Et comment vous, monsieur Beauchamp, pouvez-vous assumer une tâche si vile, vous qui avez reçu de mon mari plus de dix mille livres !

Séchant ses pleurs de sa jolie menotte elle ajouta, glaciale :

— Immonde petit salaud !

Et s'en alla s'agenouiller, au fond de la geôle humide, au pied d'un crucifix.

Nouvelle catastrophe : de Lionne, écoutant en lui moins la voix du prêtre que celle du grand seigneur, et oubliant le sort des chrétiens de Siam (où il ne songeait pas à faire de vieux os, rêvant de se rendre dans une nation plus vaste, à l'échelle de ses ambitions sinon de son orgueil : la *Chine*), de Lionne donc fit parvenir à Desfarges, qui voulait des *écrits,* une lettre où il affirmait qu'il ne fallait pas rendre cette dame, car c'était une question d'honneur, et que, pour éviter *les embarras et les lenteurs* de ces bureaucrates de Siamois, et leur montrer notre fermeté, on devait *leur déclarer ouvertement que les Français sont tellement déterminés à ne pas la rendre qu'ils n'écouteront rien sur ce point*[1].

1. *Histoire de la mission de Siam.*

Desfarges, suant et tremblant de fièvre, se remit au lit : c'était la déroute, la débâcle, la débandade, la déconfiture !

Fort heureusement, le même jour, une bonne nouvelle lui fut annoncée par le père de la Vigne, des Missions étrangères, qui était porteur d'une lettre de monseigneur Laneau : « Je ne suis pas fondé, écrivait celui-ci, à me prononcer sur des questions d'honneur ou de chevalerie mais seulement sur les questions morales... » L'évêque ajoutait, après ce préambule, qu'il avait longuement refléchi, prié, et que Dieu lui avait inspiré *que ce serait un péché mortel de ne pas rendre cette dame* car on ne pouvait mettre en balance le sort d'un seul individu et celui de milliers de chrétiens menacés d'être « attachés à la bouche du canon », ni préférer une seule femme, aussi noble soit-elle, à l'avenir déjà si compromis du christianisme à Siam.

Desfarges baisa dix fois, vingt fois la lettre de l'évêque et la pressa passionnément contre son cœur : « *péché mortel* », voilà au moins une formule frappante, et qui frapperait l'imagination de Louis XIV et de ses ministres ! C'était un *péché mortel* que de garder madame Constance, c'était un *péché mortel* que de ne pas la rendre ! Ah ah ! Parfait, parfait ! Il rangea la précieuse lettre de l'évêque dans un dossier de cuir cramoisi, incrusté de dorures.

« Avec une dizaine de lettres de ce style, songea-t-il, je puis rentrer en France en toute sécurité et en tout honneur... » « Péché mortel, péché mortel », répétait-il, suçant, savourant ces mots comme s'il se fût agi de quelque bonbon au miel : « péché mortel ».

Nouvelle victoire : quelques heures plus tard, contrit et repentant (sans doute avait-il été sermonné par son évêque), l'abbé de Lionne s'en vint retrouver le général Desfarges, toujours alité, et lui dit, sur un ton fort embarrassé :

— J'ai... euh... quelque scrupule à contribuer à... faire *déterminer la chose* d'une manière contraire à celle que souhaite monseigneur Laneau, mon supérieur. Je vous prie aussi, monsieur Desfarges de... déterminer la chose (l'abbé semblait goûter cet euphémisme) selon que vous le jugerez à propos. Pour moi, tout bien considéré, je ne crois pas en ces circonstances devoir vous donner aucun avis sur... la chose.

— C'est bon, c'est bon ! clama Desfarges qui, le visage radieux, se leva (en chemise de nuit) et s'en alla cueillir sur son bureau voisin une plume d'oie.

Il la tendit à l'abbé et lui indiqua le siège derrière le bureau :

— Veuillez me mettre par écrit cette *chose*-là que vous ne désirez pas voir *déterminer* autrement que votre évêque ne le souhaite.

Nouveau supporter, et point n'importe qui : un jésuite, et le plus âgé d'entre eux, leur théologien, le père Richaud qui, depuis quelques mois déjà, était dévoré par le doute et faisait bande à part. Il fut d'avis, comme l'évêque, que ce serait un « péché mortel » que de garder cette dame.

— Écrivez-moi ça, lui intima Desfarges, écarlate de joie : *pé-ché-mor-tel !*

A peine le prêtre eut-il quitté la pièce, le général se livra à une folle, une frénétique danse de Sioux, il sautait sur ses pieds, frétillait, trépignait, jubilait, exultait. Il ouvrit grande sa fenêtre. Le ciel s'était dégagé : ça n'était plus qu'une immense plaque argentée chauffée à blanc. En contrebas, sur le *Siam* et le *Lopburi* à quai, s'empressait un essaim de matelots malais, chinois, cafres, demi-nus, enturbannés d'ocre ou d'écarlate, qui grimpaient comme autant de ouistitis aux enfléchures, se balançaient au bout des vergues, briquaient, rabotaient, clouaient, rafistolaient, recousaient, calfataient... Nous manquions encore de cordages et de vivres, cependant c'était sûr, oui, cette fois, presque sûr, le général le sentait : nous allions pouvoir partir, très bientôt. Nous ne péririons pas, nous ne pourririons pas à Bangkok ! Et fermant les yeux, il fit à nouveau tourner ces mots dans sa bouche, comme une sainte, savoureuse hostie : pé-ché-mor-tel !

Véret, pendant ce temps, s'était rendu à Ayuthya où il intriguait fort. Il trouva pour le général une échappatoire habile qui lui permettrait, en tout bien tout honneur, de faire « sortir » madame Constance de la forteresse. La mère de celle-ci, la dame Yamada (chaud lapin devant l'Éternel et fort friande de jésuites ainsi qu'il a été dit) avait été emprisonnée, comme toute sa famille. Véret lui fit écrire une lettre pleine de reproches à sa fille qui « par sa fuite » avait aggravé les persécutions contre les chrétiens, auxquelles il fallait qu'elle mît un terme en quittant Bangkok et se rendant à Pitratcha : sinon « l'horreur du martyre de Siam dépassera les atrocités même commises au Japon ».

— Parfait, parfait, murmura Desfarges à Véret en glissant cette nouvelle lettre dans son dossier de cuir cramoisi. C'est là une pièce de choix qui, traduite en termes d'artillerie, vous fera l'effet d'un canon calibre trente.

Se sentant beaucoup plus sûr de lui, Desfarges, le 14 octobre que Dieu fit, convoqua à nouveau le Conseil, comptant bien, par ses menaces et ses cris, imposer son avis à ses capitaines. Mais il se cassa à nouveau le nez. Le chœur des Troyens tenait bon : *Le sentiment de tout ce que nous étions de capitaines* (écrirait un officier anonyme) *fut de ne point la rendre, ce que nous avons tous signé à la réserve de messieurs Desfarges et la Roche-Vigier*[1].

Le général, néanmoins, était inébranlable.

Il la rendrait.

La chose était entendue.

Et implicite dans le traité que l'évêque de Métellopolis et Véret avaient mis au point avec Kosapan. Par ce traité, Pitratcha prêtait aux Français les vaisseaux le *Siam* et le *Lopburi.* Il leur offrait en sus pour une valeur de quarante-cinq mille livres de vivres et autres matériaux nécessaires au voyage. Comme garantie du renvoi de ces vaisseaux et du remboursement de ces avances, l'évêque et Véret resteraient à Siam en otages. Ils seraient caution aussi, ainsi que tous les chrétiens du pays, du remboursement par la Compagnie des Indes des trois cent mille écus que Phaulkon y avait investis.

Ce traité fut signé le 18 octobre 1688, dixième mois de la Lune de l'an 2282, Phi Marong : ou Grand Dragon.

Pas un instant Véret n'avait songé tout de bon à en respecter les clauses et à faire de vieux os à Siam : qu'allait-il peser, lui, misérable petit bonhomme, et ce pauvre évêque maladif, aux yeux de la Compagnie des Indes ? Était-il imaginable que pour sauver leurs pauvres peaux elle remboursât ces sommes énormes, et d'autant qu'elle avait perdu à Siam beaucoup d'argent avec ces troubles ? Non : elle ne cracherait pas un sou ! Et Véret était bien décidé, sa fifille sous un bras et son magot sous l'autre, pfuiiit, à prendre la fuite, à filer d'entre les griffes des Siamois. Il en était tombé d'accord avec Desfarges et tous deux décidèrent d'emporter dans leurs bagages, qu'il le voulût ou pas, ce saint homme de monseigneur Laneau. D'ailleurs si Laneau revenait en France, quel meilleur avocat pour leur cause !

Le père de Bèze fut autorisé à venir trouver madame Constance dans sa geôle. Il l'engagea à faire donation de tous les biens placés

1. *Abrégé de ce qui s'est passé à Bangkok pendant le siège en 1688.*

par son mari en Europe à la Compagnie de Jésus, car il valait mieux qu'ils fussent « entre les mains de l'Église que des idolâtres ». Par ailleurs, quand les choses à Siam se seraient tassées, les jésuites la feraient venir en France avec son fils et lui restitueraient sa fortune, c'était promis, juré ! Qu'avait-elle à perdre ? Elle signa une donation.

Cet argent, il va sans dire, elle n'en verrait jamais la couleur[1].

La cérémonie de son départ fut pour le moins déchirante... et honteuse. A l'officier (Beauchamp) qui, avec quatre gardes armés, lui vint annoncer qu'on-était-au-désespoir-d'être-obligé-de-la-remettre-aux-mains-des-Siamois, elle jeta, comme un crachat :

— Je ne m'attendais pas de votre part, monsieur, à ce que vous me vinssiez faire tel... *compliment,* vous qui, pendant six mois, avez eu table ouverte chez mon époux et à ses frais ! Vous intimidé-je à ce point, moi, malheureuse, qu'il vous ait fallu vous faire accompagner de tant d'hommes en armes pour me venir chercher ?

Beauchamp s'en trouva le caquet coupé. Tout empêtré de ses grosses bottes et de sa rapière, il regardait la jeune femme, qui était assise devant le miroir d'une psyché : elle faisait mine de « donner une dernière touche » à sa toilette.

D'un peigne de nacre elle arrangeait ses somptueux cheveux noirs, haut relevés, « à la Fontanges » (coiffure imitée d'une gravure que naguère lui avait offerte Choisy). Un petit garçon en justaucorps noir et rabat de dentelle se trouvait debout à ses côtés : son fils Georges. A ce spectacle même les quatre soudards français, pistolet dans la ceinture, moustachus et fleurant le bouc, semblaient émus.

A gauche de la jeune femme, par une croisée, filtrait une lumière safranée qui veloutait d'or son visage.

Était-elle belle ?

Elle observait ses grands yeux noirs dans le miroir. Les pommettes étaient saillantes, les oreilles petites, fines. Le nez... oui... il y avait ce nez... N'était-il pas trop court ? Enfant, en cachette, elle tirait dessus pour l'allonger. Elle était belle sans doute. Elle plaisait en tout cas aux Français de Siam. Il suffisait de voir les yeux qu'ils posaient sur elle. Mais eût-elle plu à Versailles ?... Versailles... Elle ne verrait pas Versailles. L'évêque de Métellopolis lui avait dit que, de toute façon elle eût été mal reçue en France. Qu'en savait-il, ce

1. B. Vachet, *Histoire de monsieur Constance Phaulkon, favori du roi de Siam.*

vieil échalas ? Et que connaissait-il des secrètes et innombrables ressources d'une femme ?

Elle se leva.

Elle portait une longue robe de satin bleu nuit, échancrée sur l'ivoire de sa poitrine (« menue, certes, trop menue : les *Farangset* aiment les gros nichons »).

Elle prit son fils Juan par la main. Les trois coups avaient frappé. Elle allait « entrer en scène » : la dernière scène du dernier acte de cette tragédie.

Elle sortit.

Sur la place d'armes le soleil cognait, comme une masse sur une enclume. Entre le donjon où on l'avait enfermée et la porte de la forteresse (où l'attendaient le second ambassadeur et les bras-peints) étaient assemblés, tout enrubannés et perruqués, une multitude de nos officiers qui formaient une sorte de haie : moins d'honneur que de déshonneur. Passant devant eux elle leur dit, d'une voix ferme mais émue, qu'elle savait bien qu'ils n'étaient pas responsables de ce qu'on la livrât, que le coupable était leur chef, le général, duquel on ne pouvait s'être attendu à autre chose, puisqu'il avait déjà condamné à mort son époux, monsieur Constance, à qui il avait refusé d'apporter son aide au moment fatidique... « Hélas, ajoutait-elle, j'avais cependant espéré qu'on aurait traité autrement une femme dont le mari vient de périr pour la gloire de la religion et de la France, et que sous le pavillon fleurdelysé de Sa Majesté Très Chrétienne, si fameux dans tout l'univers, j'eusse trouvé un inviolable asile... »

Arrivée à la hauteur de monsieur de Vertesalle, elle lui dit combien elle se sentait redevable de la courtoisie extrême que, dans cette forteresse, il n'avait cessé de lui témoigner.

Vertesalle avait des larmes plein les yeux.

Elle marcha alors, à grands pas, au milieu de nos rangs, *avec un visage fier sur lequel paraissait moins de crainte de la mort que de mépris pour les Français* [1]. Bientôt elle fut rendue à la porte du fort où l'attendaient les Siamois. Qui l'emmenèrent dans une galère : *vers un éternel esclavage.*

Les officiers français qui, en hommage pour cette dame et malgré le terrifiant soleil, tenaient leur feutre emplumé à la main, demeurèrent longtemps plantés là, muets, consternés. Les Troyens s'étaient dégonflés : ils avaient rendu Hélène.

1. *Abrégé de ce qui s'est passé à Bangkok pendant le siège en 1688.*

*Elle fut quelque temps le sujet des entretiens,* écrirait plus tard le père le Blanc, *après quoi, comme il arrive dans le monde de toutes les choses qui ne frappent plus les yeux, on n'en parla plus.*

C'est le 2 novembre 1688 que Dieu fit (presque un an jour pour jour après notre débarquement), que nos troupes, tambour battant « aux champs », enseignes déployées, mèches des mousquets allumées, sortirent de la place forte de Bangkok-clef-du-royaume, et, sous les yeux des plus grands mandarins du pays assemblés là, montèrent à bord du *Siam,* du *Lopburi,* de la *Vérette* (vaisseau acheté par Véret qui grotesquement lui avait donné son patronyme) et de quelques jonques qui devaient transborder des hommes jusqu'à l'*Oriflamme* mouillé toujours devant l'embouchure du Mae-Nam Chao-Phraya. Notons ici une anecdote tragique : le sieur Fretteville, lors de cet embarquement, glissa d'une passerelle, et se noya. Ce fut la dernière victime de cette guerre. Frappé d'une crise de remords (sans doute pour s'être compromis dans le vol des bijoux de madame Constance et autres affaires louches), il avait décidé de se rendre de l'Inde jusqu'en France à pied, et de se faire capucin à son arrivée...

Nous descendîmes les huit ou dix lieues menant jusqu'à l'embouchure. Et pûmes alors constater l'étonnant travail qu'avaient réalisé les Siamois en érigeant à l'entrée du Mae-Nam un immense barrage de troncs. C'est une fois passé ce barrage qu'eut lieu une confusion extrême. Malgré la surveillance des Siamois qui nous accompagnaient dans leurs galères, le sieur Véret, qui eût dû rester leur otage, prit la fuite et rejoignit l'*Oriflamme.* Abandonnant l'évêque de Métellopolis sur qui immédiatement Kosapan, qui dirigeait les opérations, fit mettre la main. Cependant, Desfarges avait fait enlever trois mandarins (le second ambassadeur, Oluang Kalaya Rajamaïtri, le gouverneur de Bangkok et leur interprète François Pinheiro, alias Oluang Vornaty). Il fit savoir qu'il les rendrait si les Siamois lui livraient l'évêque. Refus des Siamois. Il y eut quelques pourparlers sans résultats. Ainsi, emmenant ses trois otages, la flotte française mettrait à la voile.

Le traité avait été bafoué.

L'évêque, ses missionnaires, les officiers et soldats abandonnés dans la confusion (dont le sieur Delas), comme tous les chrétiens de Siam, en furent les premières victimes. On les rassembla, la cangue au cou, dans de vastes camps de prisonniers à ciel ouvert.

*Ainsi s'acheva le siège de Bangkok, le plus beau que les Indes aient jamais vu par les actions de valeur qui s'y sont faites,* selon ce qu'en écrirait Beauchamp. Selon Véret : *nous quittâmes Siam le pet* au cul[1] *!*

1. Véret, lettre du 3 mars 1689.

*... Les Français (...) perdirent tout en un jour : honneur et réputation en Asie ; dépenses excessives faites en Europe...*

(Deslandes-Boureau,
*Histoire de M. Constance.*)

On sait peut-être ce qu'est Pondichéry : une immense, une infinie plage de sable gris allongée au bord du golfe du Bengale, sans une crique, sans une digue où les vaisseaux se puissent abriter. Tout au long de cette plage, une barrière de jungle verte, à l'infini, et au milieu de cette barrière de jungle, un fort de brique quadrangulaire à demi construit et qu'entourent des cactus, des aloès et autres plantes à épines, destinées moins sans doute à décourager d'éventuels assaillants que les essaims d'enfants miséreux qui essaient de se glisser dans la place pour voler une saucisse ou une miche de pain. Autour du fort, les bâtisses en dur de la « ville blanche », plus loin, les innombrables baraques de la « ville noire » où vivent les autochtones, beaucoup plus sombres de teint que les Siamois. C'est là que, le 31 janvier et le 7 février 1689, arrivèrent respectivement le *Siam* et le *Lopburi* d'une part, et de l'autre l'*Oriflamme* et la *Vérette.* C'est là aussi qu'en attente d'être rapatriés en France pour les uns, ou envoyés à la Chine pour les autres, s'entredéchirèrent les ultimes membres de notre corps expéditionnaire : maigres, fiévreux, dysentériques et scorbutiques. Les rescapés (une dizaine d'hommes éreintés) des trois compagnies de monsieur du Bruant les rejoignirent le 7 février, après leur fuite de Mergui et une tragique odyssée dans le golfe du Bengale où ils furent arraisonnés par les Anglais.

Le chef du comptoir de Pondichéry, monsieur François Martin, homme posé, non dénué d'ironie, et fort apprécié en France pour la sagesse et la pertinence de ses rapports, dut alors pendant des jours, à sa somptueuse table d'hôte (il vivait dans un palais digne des maharadjas), se faire l'arbitre des incessants conflits divisant les nôtres. *Nous sommes ici quatre sortes de Français qui nous regardons les uns les autres comme des ennemis et ceux qui se font le plus d'honnêtetés sont ceux qui se veulent le plus de mal*[1], écrivait Véret. Ces quatre sortes de Français étaient les officiers, les marchands, les jésuites et les missionnaires, regroupés en deux grands partis qui s'opposaient sur deux questions essentielles : eût-il fallu, le 15 avril 1688, que Desfarges montât ou ne montât pas au secours de Phaulkon à Lopburi; et eût-il fallu garder ou ne point garder madame Constance venue se réfugier à Bangkok ? Ceux qui eussent souhaité qu'on la gardât (les pro-jésuites) étant à peu près les mêmes que ceux qui eussent souhaité que Desfarges montât. Quelques individualités cependant conservèrent le cul entre deux chaises : comme le jésuite Richaud, partisan qu'on rendît madame Constance, et le missionnaire de Lionne, qui souhaita qu'on ne la rendît point.

Sur la première question, la plus essentielle, car c'est le point nodal à partir duquel se joua le sort de la présence française à Siam, une personne pouvait donner une réponse nette et tranchée, qui eût mis tout le monde d'accord : c'était un des Siamois que Desfarges avait emmenés en otage, le sieur Oluang Kalaya Rajamaïtri, dit le vieil ambassadeur, ou le second-ambassadeur-qui-alla-à-la-France. Voici ce qu'il répondit à l'interrogatoire que lui firent passer nos officiers, du moins à ce qu'en rapporte le major Beauchamp.

— Monsieur Constance a été exécuté parce qu'il a voulu livrer le royaume de Siam aux Français... Dès l'arrivée des Français à Bangkok, Pitratcha lui a dit : « Si tu ne les livres pas au roi de Siam, tu ne mourras jamais d'une autre main que de la mienne ». Phaulkon, n'ayant pu les livrer, a été assassiné. Cela faisait longtemps qu'il n'était plus dans la faveur du roi. Dès l'arrivée des Français, Pitratcha « faisait tout dans le royaume ». Phaulkon savait les « méchantes intentions » de la Cour de Siam : Pitratcha avait fait poster huit mille hommes entre Ayuthya et Lopburi, dans des pagodes, pour enlever le général avec ses troupes qui devaient monter. Il ne s'agissait pas de tuer mais simplement de « séparer » les Français. Pendant que cela se serait fait, les travailleurs siamois de Bangkok qui étaient tous du parti de Pitratcha auraient laissé entrer dans la place six mille hommes, qui se tenaient cachés dans un bois proche de celle-ci.

1. Véret, trois lettres.., février 1689.

Le second ambassadeur concluait par :

— Je pense que le roi de Siam était partie prenante de tout parce que tous les Grands de l'État et les officiers de sa maison étaient dans le parti de Pitratcha[1].

Mais peut-on se fier à ce procès-verbal d'un Beauchamp qui, tout à la dévotion de Desfarges, a pu déformer sinon trahir complètement le témoignage du second ambassadeur ? Qui croire ? A qui se fier ? A Pondichéry, les esprits s'échauffaient, et cela n'avait aucun rapport avec la canicule des Indes. Les haines, les rancœurs s'aigrissaient. Chacun de son côté décida de rédiger *sa* version des faits : de Lionne écrivit la sienne, Beauchamp écrivit la sienne, le Blanc, de Bèze, Saint-Vandrille, Vollant des Verquains, etc. Et monsieur François Martin, à l'écoute de tous ces discours, fit lui-même une petite synthèse... Chacun, à se relire, fut sans doute effrayé par l'énormité des accusations qu'il portait. On s'entreconsulta donc, on décida qu'il y avait « des choses qu'il fallait taire ». On se fit de mutuelles concessions. Au demeurant, l'ensemble de ces papiers n'en constituait pas moins un véritable et redoutable baril de poudre. Et c'est ce baril-là qu'embarquèrent à leur bord, en même temps que les sieurs Beauchamp, Saint-Vandrille, Sainte-Marie, Vollant des Verquains, le Blanc et quelques autres, le *Coche* et la *Normande,* deux vaisseaux de la Compagnie des Indes venus commercer dans la région. Ils mirent à la voile le 17 février 1689 que Dieu fit, à destination du royaume de France.

Cependant les quelque deux cents soldats survivants de notre corps expéditionnaire, bouffés par la dysenterie et le scorbut, s'intéressaient peu à ces intrigues. Cela faisait près d'un an qu'ils n'avaient pas été payés, et ils n'avaient d'autre espoir que de crever. Une dizaine d'entre eux, bombardiers et mousquetaires, se laissèrent convaincre par des agents hollandais de déserter encore une fois pour le service du Grand Moghol. Ils s'enfuirent le 27 février 1689, mais furent rattrapés par leurs officiers. Dans leur groupe, le soldat et nouveau converti Tulippe : pour se défendre il avait mis en joue le capitaine du Halgouet qui, tirant plus vite, l'avait blessé. Desfarges le fit pendre haut et court devant toute la garnison.

C'est le produit de la vente des hardes du condamné qui paya l'exécuteur et la messe pour le repos de son âme.

1. Major Beauchamp, *Mémoire sur la révolution de Siam.*

Entre-temps l'*Oiseau,* avec à son bord Céberet et Forbin, puis le *Gaillard,* emportant le couple infernal Tachard/la Loubère, étaient arrivés à Brest, l'un vers le 20 juillet 1688, l'autre le 26 juillet, soit à une semaine d'intervalle.

Bien sûr, aucun de ces messieurs (il eût fallu qu'un ange volant à la vitesse de la lumière calculée en 1673 par monsieur Roemer les en eût avertis) n'était au courant de la tragédie qui s'était déroulée à Siam pendant le temps de leur traversée.

Une traversée qui n'avait pas été de tout repos : particulièrement sur le *Gaillard.* Ce furent d'abord, entre la Loubère et Tachard, de petites querelles d'étiquette, premières escarmouches, hors-d'œuvre avant les affrontements définitifs. Le jésuite par exemple, essayant d'arrondir les angles, avait rendu au départ visite à l'Envoyé : qui l'avait fait poireauter des heures durant dans son antichambre avant de lui faire savoir qu'étant fatigué il ne le pouvait recevoir. Bagatelles, bagatelles ! Cela allait empirer...

D'abord chacun des deux hommes, qui avaient des chambres à cloison mitoyenne, se rendait compte que son voisin passait des heures enfermé : à écrire, à écrire, à écrire, ou bien à dicter, à dicter, à dicter, à l'un ou l'autre de leurs secrétaires : c'était André Cardinal ou Morisset pour Tachard ; Terrasson ou Joyeux pour la Loubère. Qu'est-ce qu'il pouvait bien écrire, hein, l'*autre ?* Qu'est-ce qu'il pouvait bien dicter, hein, l'antagoniste ? Qu'est-ce qu'il pouvait bien barbouiller, hein, l'*alter ego ?* Qu'est-ce qu'il intriguait, le rival ? Quels traquenards élaborait-il, l'ennemi ? Quel dossier ficelait-il ? Quelle future offensive concoctait-il ?

Le meilleur moyen d'en « savoir plus » sur ce que l'*autre* fricotait, n'était-ce pas d'acheter son ou ses secrétaires ? Ainsi la Loubère ordonna-t-il à Joyeux et Terrasson de corrompre Morisset et André Cardinal lesquels, inversement, avaient reçu mission de Tachard d'acheter Terrasson et Joyeux.

Chacun fut bientôt mis au parfum des fourbes manœuvres de son fourbe d'adversaire. Ce fut d'abord la Loubère auquel un domestique révéla que son secrétaire Terrasson — ce petit hypocrite ! — était d'« intelligence » avec Tachard : cela depuis fort longtemps, et lors même que nous étions à Siam ! Ah ah ! Il en est ainsi ! On m'espionne ? Eh bien, monsieur Tachard vous allez voir de quel bois je me chauffe. Je m'en vais publiquement faire un éclat !... C'est le 4 février 1688 que le Diable fit qu'advinrent ces événements. Le *Gaillard* venait de sortir du détroit de la Sonde.

Ce soir-là, autour de l'amiral de Vaudricourt, capitaine du vaisseau, une dizaine de convives étaient assemblés, assis à la table de la salle à manger. Parmi eux, Tachard et les trois mandarins siamois emmenés dans sa suite, Ocun Chamnan, Ocun Pipit et Ocun Vicet, qui parlaient portugais mais point français, l'abbé Desfarges, troisième fils du général, et plusieurs officiers de marine. Le dîner était servi mais personne n'y avait encore touché, car on attendait monsieur de la Loubère qui avait déjà presque un quart d'heure de retard. Il arriva enfin, théâtralement vêtu d'un justaucorps de satin crème et coiffé d'un feutre à panache rouge (« même à bord il faut qu'il fasse son *numéro* », songea Tachard). L'Envoyé s'assit à table, avec un air pincé, méprisant, et débita aussitôt ce petit discours manifestement *prémédité :*

— Messieurs, vous me voyez dans le dernier regret de ce retard mais... (silence)... figurez-vous que j'étais au beau milieu de la lecture d'un dialogue de Platon et que l'histoire qui s'y trouvait narrée m'a tant passionné que je n'ai pu reposer mon livre avant de l'avoir finie. Il était question d'un esclave que son maître, spartiate de nation, traitait très durement. Le voisin de ce maître, d'origine athénienne, dit un jour à l'esclave : « Mettez-vous donc à mon service, vous serez chez moi bien plus à l'aise. » L'esclave, séduit, changea de patron. Et s'en trouva fort mal. Il fut plus souvent battu encore. De rage il assassina le second maître, l'Athénien et, pour ce crime, fut écartelé...

A ces mots, croisant les bras et prenant un « air entendu » (un insupportable « air entendu »), la Loubère scruta des yeux ses auditeurs : les trois mandarins, qui n'avaient rien, mais rien compris à ce qu'il chantait, ne frémirent pas d'un poil, non plus que Vaudricourt (celui-ci, pendant ses multiples voyages, en avait vu de toutes les couleurs, question « nature humaine », et il ne s'étonnait plus de rien. Il piocha philosophiquement dans le rôti de porc trônant sur la table, au milieu d'un lit de fayots). En revanche Tachard et l'abbé Desfarges, beaucoup moins blasés, posaient sur l'Envoyé de gros yeux écarquillés : où-voulait-il-en-venir-avec-son-histoire-de-Spartiate-d'Athénien-de-maître-et-d'esclave-à-la-gomme ?

Se trémoussant sur sa chaise et tapotant le pied de son verre avec le couteau qu'il tenait en main, comme pour « rappeler à l'ordre » la partie du public qui ne lui prêtait pas assez attention, et particulièrement ce rustre d'amiral, la Loubère lança à l'intention de celui-ci :

— Je raconte cette histoire, monsieur de Vaudricourt, parce que, à votre bord, il s'en passe une toute semblable ! *On...* (la Loubère fusilla des yeux Tachard)... *On* a essayé en effet de me débaucher un de mes serviteurs, mon secrétaire Terrasson, afin, par son biais, de savoir ce que je pouvais écrire, et de me dérober même certains papiers d'importance !... Je me permets aussi de déclarer ici — et devant témoins ! — aux personnes qui se livrent à ces viles manœuvres, qu'il pourrait bien leur en coûter plus cher encore qu'au maître athénien de l'histoire de Platon...

Plissant les yeux méchamment, la Loubère regarda avec plus d'intensité encore le père Tachard qui, mis sur le gril, fut bien obligé de contre-attaquer :

— Est-ce à moi, monsieur, que ce discours s'adresse ? Tout le monde le pourrait croire à la façon dont vous me fixez.

— Vous l'avez dit ! rétorqua l'Envoyé aussi sec. Je sais de source sûre que vous avez eu des entretiens secrets et répétés avec Terrasson que vous soudoyez. Prenez garde !

— Prenez garde aussi, rétorqua le jésuite (qui passa un coup de serviette rageur sur ses lèvres encore humides du jus d'un rôti qu'elles n'avaient qu'à peine effleuré), prenez garde ! Car il peut vous en coûter tout autant d'accuser de telles bassesses d'honnêtes gens, et en public qui pis est ! Il y a une justice en France, et des tribunaux pour traiter des crimes de calomnie ! Je... j'en référerai au père de la Chaise !

— Ah ah ! (La Loubère explosa d'un rire hystérique.) Ah ah, de la Chaise par-ci, de la Chaise par-là, vous n'avez que ce mot, de la Chaise, à la bouche, et il faut que sans cesse, même pour les plus futiles bagatelles, vous vous en fassiez un bouclier.

Tachard, tressaillant sous ce mauvais coup, prit un ton doucereux :

— Je me garderai bien, monsieur, de me faire un bouclier de quiconque, et en particulier du confesseur du roi, dont je connais trop le sens extrême de l'équité pour ne pas redouter le courroux qu'il en concevrait...

— Vous avez peut-être le père de la Chaise à votre dévotion, lança la Loubère qui poursuivait sur sa lancée, mais sachez que je ne manque pas non plus d'appuis à la cour : messieurs de Gourville, de Bonrepos, pour ne point parler de monsieur de Pontchartrain, et quand bien même la Compagnie de Jésus mettrait toute sa meute à mes trousses, elle ne m'empêchera de dire à qui de droit ce que j'ai à dire : qu'il m'a fallu à Siam la contrecarrer ; car je doute qu'elle y ait servi Sa Majesté Très Chrétienne et loin de là ! Sachez, mon père, que vous vous êtes enfoncé dans un labyrinthe sans fin... et que vous ne vous en sortirez pas en chargeant Terrasson de me voler je ne sais quel document !

— C'est vous, monsieur, qui vous êtes égaré dans un inextricable dédale, et je suis fort aise que, devant témoins (Tachard regarda le visage de bronze, inexpressif, des mandarins et de l'amiral lequel, comme sourd à ce qui se passait, continuait de manger)... devant témoins (il regarda l'abbé Desfarges qui acquiesça)... devant témoin donc vous veniez de déclarer — en ce 4 novembre 1688, je note ! — que vous avez tenté, dans l'affaire de Siam, de me créer des difficultés... Je n'ai pu vous le dire alors, monsieur (car à quoi ne se pouvait-on attendre de vos folles humeurs ?) mais sachez que vos absurdes exigences ont cent fois mis la garnison de Bangkok en danger d'être chassée ou bloquée dans la place, sans vivres ni rafraîchissements, et exterminée peut-être même : *par ordre du roi de Siam !*

La Loubère regarda le jésuite, le souffle coupé. Il venait de lui livrer là, d'un coup, une information toute nouvelle et qui ne pouvait qu'accroître l'inquiétude où il était d'avoir laissé nos soldats, à Bangkok, dans une position si incertaine...

— Le roi de Siam, mon père, était donc alors dans un état d'esprit où il eût pu envisager de commettre pareil crime contre nos troupes ? Vous n'avez jamais rien laissé entendre de semblable, ni à moi ni à monsieur de Céberet, et si c'est véridique, comment puis-je juger de vos dissimulations qui nous ont empêchés de prendre pleine mesure de l'état des affaires et de la gravité du péril ? C'est de la trahison ! Est-il un autre mot pour définir votre attitude ? Est-ce cela que la Compagnie de Jésus appelle servir son roi ?

— Les intérêts du roi sont ceux de l'Église, et servir Sa Majesté c'est servir Dieu, marmonna Tachard qui plongea soudain le nez dans son assiette, se rendant compte que son foutu emportement (et les fièvres aussi sans doute) l'avaient fait encore une fois trop parler.

On en resta là.

Jusqu'à la fin du dîner un lourd silence, entrecoupé seulement de quelques vaseuses banalités, s'appesantit sur la table.

Quelques heures plus tard monsieur de la Loubère, accoudé à la rambarde arrière du *Gaillard,* regardait la voûte infinie du ciel où, dans la nuit profonde, brillaient les constellations de l'hémisphère sud. Le bruit des vagues, le calme du soir, la beauté de la mer infinie... Il songeait à son inspiratrice, Mlle de Tourville (cette garce : avec qui en ce moment devait-elle le cocufier ?) et, mentalement, s'essayait à composer quelques vers à la gloire de son « teint de lys » et des « pétales de rose » de ses paupières, quand il entendit derrière lui un *trottement :*

— Votre Excellence, murmura dans son dos la voix de Tachard, il fallait que je vous expliquasse... euh... en privé.

Le jésuite s'autorisa à s'accouder près de l'Envoyé, sur la rambarde, offensant les narines de celui-ci par la forte odeur rance s'exhalant de sa soutane. Il ajouta :

« La situation à Siam est... périlleuse . et Dieu sait ce qui, en ce moment même, peut s'y passer... je... je ne pouvais vous en faire part lorsque nous nous trouvions là-bas (vous étiez trop emporté... et sujet à trop parler !). Je ne pouvais vous dire non plus ce que monsieur Constance a mis lui-même bien du temps à m'avouer. A notre arrivée, sa position politique était loin d'être aussi aussi brillante qu'en 1686 quand monsieur de Chaumont le quitta. Entre les deux ambassades des intrigues se sont nouées, des rumeurs antifrançaises ont proliféré... Le roi de Siam malade, manipulé par sa famille et surtout sa fille qui nous hait, a renoncé alors à nommer comme successeur au trône celui que nous espérions, son fils adoptif Prapy, et songé à céder la couronne à Chao Fa Noï son frère cadet. Or les Français et les chrétiens n'ont rien à attendre de bon de ce Chao Fa Noï... Nous avons aussi décidé (parce qu'entre deux maux on doit choisir le moindre) d'appuyer les ambitions d'un autre mandarin, Opra Pitratcha, qui nous a fait quelques avances... Il fallait tout risquer, comprenez-vous, pour empêcher que ce pays tombât sous la coupe d'un prince qui fût hostile à notre Église, et ce Chao Fa Noï l'était ! Il fallait tout risquer... pour soutenir la position fragilisée de notre fidèle représentant, que dis-je, de notre apôtre en ce royaume : monsieur Constance ! Car... (le ton de Tachard vibrait d'une emphase sacrée) c'est *ici un temps critique* et qui doit décider de bien des choses de la dernière conséquence. Il ne s'agit pas en effet de la perte simplement d'une province ou d'un royaume mais de plusieurs grands empires où il y a une infinité d'âmes qui périssent faute d'ouvriers capables de les secourir : le Tonkin, la Cochinchine, le Champa, le Pégou, le Cambodge, l'Empire du Moghol, que dis-je, la Chine... l'immense Chine ! Prenons Siam, monsieur la Loubère, par la force s'il le faut, et, tirant sur ce fil-là, c'est toute la tapisserie de l'Asie qui viendra à nous : forçons ces nations à devenir françaises, et nous les forcerons en même temps à entrer dans l'Église : *compelle intrare, compelle intrare !* Souvenez-vous des paroles de Christ : force-les d'entrer ! Car comment ces nations connaîtraient-elles le péché où elles vivent, si la *Loi,* qu'elles ignorent, ne leur est imposée ? Et comment leur serait-elle imposée, si les princes païens qui les gouvernent empêchent qu'elle ne soit édictée ? Qu'ils sont beaux, monsieur de la Loubère, les pieds des missionnaires portant aux idolâtres la Bonne Parole, qu'elles sont belles les bottes des mousquetaires venant les forcer de l'entendre !... Quand de la terre entière sera éradiqué le paganisme, quand on aura éliminé l'hérésie, exterminé l'Islam, quand l'univers sera soumis à une même Loi et une même Foi, alors viendra le temps où on forcera d'entrer les juifs dans l'Église, et leur réintégration sera la réconciliation du monde !

Parlant, parlant, postillonnant, Tachard secouait frénétiquement par un bras la Loubère qui, hypnotisé, regardait les yeux du jésuite comme transmués — par toutes les étoiles du ciel qui semblaient s'y refléter — en deux espèces de planisphères extatiques.

— Et c'est nous, Votre Excellence, c'est vous, monsieur de la Loubère, si vous m'y aidez, qui réaliserons sur cette terre, et pour les siècles des siècles, le Royaume de Dieu ! N'entendez-vous pas, à chaque instant, à chaque seconde (Tachard enfonçait ses ongles dans le bras de l'Envoyé) n'entendez-vous pas les cris, les hurlements déchirants de ces âmes idolâtres et hérétiques qui, *par notre faute,* à cause de notre faiblesse, notre incapacité à les *convaincre* ou les *vaincre* tombent dans l'Enfer et ses brasiers pour une éternelle damnation, le chœur de ces voix, monsieur de la Loubère, ne vous trouble-t-il point ? Se peut-il que vous fussiez indifférent à l'infini malheur auquel sont voués nos frères en Jésus-Christ : Chinois, Mexicains, Cafres d'Afrique, Japonais, huguenots ! Au nom de Dieu, monsieur de la Loubère, au nom de...

D'un doigt comminatoire Tachard désigna au loin, à l'horizon nocturne, un groupe de quatre étoiles.

— Au nom de ce *signe* que le Tout-Puissant, pour notre enseignement, a tracé sur la voûte des cieux, ce signe de la Croix, je vous conjure de ne pas vous opposer à toutes les démarches que j'aurai à faire à Versailles. Il me faut au plus tôt rassembler une escadre, des troupes nombreuses, il faut agir vite, vite, car je n'ai nulle confiance, non plus que monsieur Constance, en cet Opra

Pitratcha qui n'a esquissé avec nous qu'une alliance toute transitoire... Seule la *force* désormais peut être efficace, et il n'est plus d'autre solution que de confier le Siam au *gouvernement direct de Sa Majesté Très Chrétienne...*

Cependant la Loubère, qui ne prêtait qu'une oreille inattentive aux discours enflammés de Tachard, continuait de regarder à l'horizon les quatre étoiles de la Croix du Sud que le jésuite lui avait désignées. Il s'en fallait de beaucoup qu'elles formassent une croix : ou c'était une croix pour le moins, « tordue » et irrégulière. L'une des étoiles en effet était très éloignée des trois autres... Il est vrai que sur les cartes du ciel qu'avait dressées le père Pardies on avait corrigé cette « erreur de la nature » : l'étoile vagabonde, l'étoile baladeuse, l'étoile nomade, l'étoile pécheresse ayant été, « sur le papier », remise à sa « juste place », à équidistance de ses deux voisines. Il fallait aussi « forcer d'entrer » la nature dans l'image que l'homme blanc occidental s'en faisait : *compelle intrare !*

Le lendemain, en se réveillant, Tachard eut l'impression d'avoir la gueule de bois. Il avait parlé, parlé, parlé. Mais Dieu l'avait mal inspiré, et ce la Loubère (ce suppôt de Descartes !) n'avait pas été convaincu ! Nul doute qu'à Versailles cet emplumé allait s'opposer à ses plans. D'ailleurs n'intriguait-il pas dans ce sens à bord même du *Gaillard ?* Tachard venait d'être prévenu par un matelot que l'Envoyé essayait, en vain, de soudoyer Morisset, son secrétaire : il cherchait des informations sur le Grand Dessein, la chose était assurée. Ou quasi assurée. On en aurait la preuve : le 18 mars que Dieu fit, très précisément. Ce soir-là, rentrant de dîner avec l'abbé Desfarges, le jésuite remarqua, en poussant la porte de sa chambre plongée dans l'obscurité, un « jour », produit par un « trou » (« un trou à mettre le bout du doigt ! »), situé juste au-dessus du lit du prêtre, et dans la cloison séparant sa cabine de celle de la Loubère. *Ce trou,* noterait-il dans son journal, *était si bien pratiqué que monsieur de la Loubère ou son secrétaire pouvaient lire commodément tous les papiers que je pouvais consulter dans ma chambre et jusque sur ma table, et l'on pouvait savoir tout ce qui se passait dans cette pièce.* Tout, ah ah, tout, grâce à ce foutu « trou », ce « trou » espionnique, ce *judas.* Ah ah ! Mais de ce « trou » monsieur de la Loubère allait entendre parler, et ce soir même ! Ah ah. Tachard allait lui rembourser le scandale du précédent dîner, avec ce « trou ». Mais auparavant il fallait que le « trou » fût officiellement constaté. Et qui constaterait jamais mieux ce « trou » que l'amiral de Vaudricourt soi-même que, sur-le-champ, Tachard et l'abbé Desfarges s'en allèrent trouver. Lequel amiral les accueillit avec une mine de six pieds de long (« Ça va finir quand, ce cirque ? » songeait-il). Il fallut bien cependant que, flanqué d'un greffier, il suivît le jésuite dans sa chambre pour faire un constat. Et dresser procès-verbal : du « trou ». Mais ne voilà-t-il pas, ah ah, que le « trou », quand ils entrèrent dans la cabine, avait dis-pa-ru ! Où foutudiou était-il passé, ce trou ? Tachard promena son mufle le long de la cloison et remarqua une cheville, ah, ah ! une cheville en bois : dont on avait bouché le « trou » de sorte qu'il était quasi invisible. Triomphant, le jésuite appuya du bout du doigt sur la traîtresse cheville qui s'en alla choir dans la chambre voisine, révélant dans toute son évidence sa flagrante culpabilité : le « trou ».

— Pour un trou, c'est un trou, convint l'amiral de Vaudricourt.

— Et croyez bien, amiral, lança Tachard, que de ce « trou-là », je vais causer. Et ce soir même : à dîner !

Tachard attendit le dessert : pour savourer sa revanche. La Loubère, qui n'imaginait pas l'avalanche qui allait lui crouler sur le crâne, mangeait innocemment une tranche de gâteau à la vanille (« il avait une sotte insupportable prédilection pour le gâteau à la vanille ! ») : quand fut lancée l'offensive tachardienne ! Dans toute son obscénité crue fut présenté, aux convives pris à témoins, le scandale : du « trou » !

— Songez-vous, monsieur l'Envoyé, à l'insanité de ce stratagème ? Songez-vous que dans ma chambre nombre de personnes se viennent confesser et que l'on peut envisager que vous avez pris connaissance de ce qu'elles m'auront confié sous le sceau secret de ce saint sacrement ? Faites-vous réflexion de toutes les interprétations mauvaises qu'on peut donner à cette invention ? Et des conséquences qu'on en pourrait tirer ? Est-ce d'un homme de votre qualité que de percer ainsi des... « trous » ? Mais croyez bien que de ce « trou »-là, monsieur, on n'a pas fini d'entendre parler, qu'on en parlera en haut lieu, et même au plus haut lieu que vous imaginez : de ce « trou ». Et que dans ce « trou », monsieur, malgré toutes vos protections, vos Gourville et autres Pontchartrain, il se pourrait bien que ce fussent votre carrière et votre réputation qui soient à jamais enterrées !

Monsieur de la Loubère parut furieusement embarrassé. Il ne dit mot. Mais tout juste après, pour se tirer de ce mauvais pas, il fit fouetter rudement son laquais Joyeux, l'accusant d'avoir, de son chef, percé ce « trou » ! La ruse ne trompa personne. Le trou n'était pas tout ! Tachard apprendrait bientôt que, depuis plusieurs mois, l'Emplumé avait réussi à séduire le tout-mignon-petit-abbé-musicien André Cardinal, en lui offrant toutes sortes de sucreries (le petit abbé, pour sa mauvaise conduite à Siam, avait été mis au pain et à l'eau par le jésuite). On disait que l'Envoyé passait dans sa cabine des journées entières enfermé avec ce jeune morveux : à faire quoi, hein? à ourdir quoi, hein? quels complots? quels tripotages? Ah, comme Tachard eût voulu alors que le « trou » (par ordre de Vaudricourt) n'eût pas été rebouché ! L'oreille collée à la cloison, il essayait d'écouter, de deviner : ce qu'ils fricotaient tous les deux, ces fourbes, de... *l'autre côté !*

Mais à vrai dire le jésuite oublia presque totalement ce « nouveau scandale » quand le *Gaillard* arriva, le 24 avril 1688 que Dieu fit, à l'escale du cap de Bonne-Espérance. Car c'est un « scandale plus scandaleux encore » qu'il y découvrirait. Figurez-vous que le vaisseau du roi, l'*Oiseau,* en provenance de Pondichéry et qui, ce qu'ils ignoraient, les précédait, venait tout juste (deux jours auparavant) de quitter le comptoir hollandais... Et qui voyageait à bord de cet *Oiseau* de malheur ? Céberet : l'autre Emplumé, et le chevalier de Forbin, rien que ça !... M'avez-vous vu ce Tartuffe de Céberet ? Il en avait fait, des pieds et des mains à Siam, pour partir à l'avance : soi-disant parce qu'il avait d'« importantes affaires » à régler en Inde, et qu'il devrait se rendre même à la Cour du Grand Moghol ! Balivernes ! Si ce Céberet du diable s'était montré si pressé, c'était pour la seule et unique raison qu'il comptait précéder Tachard à Versailles afin de lui couper l'herbe sous les pieds ! D'organiser une cabale anti-Phaulkon, et saper ainsi les fondations du Grand Dessein ! Et quel soutien inespéré n'allait-il pas trouver dans cette grande gueule de Forbin qui — contrairement à ces menus fretins d'Envoyés extraordinaires — avec ses titres, l'ancienneté de son nom, et l'étendue de ses relations, pourrait obtenir une audience du roi et se faire entendre de lui *directement :* sans que personne, aucun intermédiaire, pas le moindre de la Chaise fût là pour passer au crible ses propos. Il fallait faire vite, vite, vite, rattraper l'*Oiseau,* le doubler, devancer ces traîtres à Versailles, se jeter aux pieds du roi : et le persuader d'envoyer des secours vite, vite, vite au malheureux Constance notre apôtre de Siam, qui était chaque jour en danger de se faire égorger ! Vite ! Il fallait rassembler une flotte, y embarquer des soldats, des milliers de soldats, des mousquets, des missels, des bombes, des chapelets, des pertuisanes, des reliques, des poignards, de la poudre, des absolutions, des indulgences, des boulets, des canons, des mortiers, des crucifix, des médailles de la Vierge, des... Tachard prit d'assaut la maison où Vaudricourt se reposait, au Cap. « Partons, partons ! » lui répétait-il. Mais Vaudricourt lambinait, assurait qu'il fallait « faire de l'eau », « charger des vivres », et que les hommes se refissent « une santé ». Prétexte, prétexte ! Nul doute que, de l'autre côté, en douce, la Loubère, pour gagner du temps, lui persuadait de nous en faire perdre ! Ah ah, afin que Céberet et le forban Forbin coulassent Phaulkon à Versailles, ah ah ! Cependant, le premier mai 1688 que Dieu fit, on finit bien par mettre à la voile. Tachard passa tout son temps à bord à guetter l'horizon : posté sur le gaillard d'avant ou perché même jusque sur les vergues vertigineuses du petit cacatois du mât de misaine. Plus d'une fois il crut deviner, à quelques lieues en avant de nous, l'ombre évanescente d'un vaisseau fantôme : c'était l'*Oiseau,* pour sûr, c'était l'*Oiseau !* Tachard trépignait. Il fallait rattraper ces fourbes de Forbin et Céberet. Il eût presque soufflé dans les voiles pour ajouter à la force du vent.

C'est le 26 juillet 1688, une semaine après l'*Oiseau,* que le *Gaillard* fit son entrée dans le port de Brest. Le jour même la Loubère, hop, sauta dans une chaise de poste. Aussitôt suivi par Tachard qui, rehop, sauta dans une chaise de poste : direction *Versailles.* Forbin et Céberet s'y trouvaient déjà.

*La Cour de France est turque : et non chrétienne dans ses maximes.*

(Anonyme attribué à Michel le Vassor,
*Soupirs de la France esclave qui aspire après sa liberté,* 1689.)

Cependant Louis la Fistule, âgé de cinquante ans, pourrissait sur pied : gonorrhéeux, frappé de continuelles diarrhées, rongé de fièvres, les jambes enflées de goutte, les dents toutes cariées, le palais crevé d'ulcères (ce qui faisait que sa nourriture souvent lui ressortait par le nez), il régnait, tel un autre Grand Turc, sur la France-captive-soupirant-après-sa-liberté, la France écrasée par l'impôt, la France égorgée par les intendants, la France frappée par les famines, la France persécutée par les dragonnades. Quatre cent mille huguenots fuiraient, avec leurs biens, notre royaume mué en antichambre de l'Enfer. Cependant la Fistule, entouré de caniches de garde, prêtres et académiciens, ministres et poètes, Bossuet, Boileau et autres pérorants Perrault, s'enivrait de leurs louanges, éthylisé qu'il était d'un autre côté par de continuelles rasades de vin cuit au quinquina, supposées efficaces contre les fièvres, que lui prescrivaient ses médecins.

En France, donc, on ne rigolait pas. D'autant qu'une nouvelle guerre européenne s'annonçait : la Fistule s'apprêtant à envahir le Palatinat. Sur nos théâtres régnait le grotesque Jean Galbert de Campistron, émule de Racine. Même le charmant Quinault, librettiste de feu Lully, avait cassé sa pipe. La moindre plaisanterie dirigée contre le pouvoir était sans pitié, et de la façon la plus brutale, réprimée. Une poignée de libertins, voulant tourner en dérision l'ineffable statue équestre dressée sur la place des Victoires par le maréchal des larbins la Feuillade à la gloire de Louis l'Infâme *viro immortali* (statue entourée de quatre esclaves enchaînés représentant les puissances européennes qu'il prétendait avoir vaincues), une poignée de libertins donc s'amusa à faire imprimer une gravure où, en lieu de ces nations enchaînées, c'étaient mesdames de Montespan, Maintenon, la Vallière et Fontanges qui tenaient chacune en laisse leur amant et tyran adultérin. Cette bande de jeunes outrecuidants fut envoyée sans autre forme de procès crever dans les galères de Marseille en compagnie des Turcs et huguenots. Néanmoins cela n'empêchait pas une multitude de pamphlets antifistulards de paraître, signés par messieurs Jurieu, le Vassor, Bayle, Arnauld, et autres exilés protestants, jansénistes ou libres penseurs. La plupart, il est vrai, étaient imprimés en Hollande, l'édition française se trouvant étroitement surveillée par le lieutenant de police monsieur la Reynie.

Le Porc-qui-tel-un-autre-Sardanapale-règne-sur-la-France-asservie n'en bâfrait pas moins comme un verrat. Ce cadavre vivant en effet, jusqu'à ses derniers jours, eut un appétit d'ogre.

C'est à un de ses obscènes déjeuners d'ailleurs que — plusieurs mois après l'arrivée de l'*Oiseau* et du *Gaillard* à Brest — il reçut en audience le chevalier de Forbin. On sait que ce Goinfre-assoiffé-du-sang-de-son-peuple apprécie fort de se vautrer seul au haut bout d'une immense table, dans son hideux palais de Versailles, face à quelques bouteilles de champagne, force rôtis, poulardes, pâtés en croûte et vertigineuses pyramides de fruits et confiseries, tandis que tel ou tel de ses thuriféraires, debout, feutre en main, s'en vient lui débiter son compliment, sans avoir droit pour sûr à une miette du festin.

La salle à manger, ce 4 octobre 1688 que Dieu fit, était comble de courtisans qui, à une distance respectueuse de plusieurs mètres, faisaient cercle autour de la table de l'Antéchrist-Louis-le-goutteux : dont le grotesque visage boursouflé et couperosé était encadré par une moutonnante perruque noire, ridiculement haute et bouclée. Derrière lui, perchés dans une sorte de loge, une cantatrice et un orchestre de violes, violons et théorbes, entonnaient l'ode, mitonnée naguère par le roquet Perrault, dite *Aux nouveaux convertis* (les parpaillots papisés à coups de schlague par les dragons) : *Enfin de vos âmes rebelles / La Grâce a dessillé les yeux / Et rejoints au corps des fidèles / Vous rentrez au chemin des Cieux*... (l'un des violons de cet orchestre n'était autre que l'ex-petit-abbé André Cardinal qui, jetant sa soutane aux orties, avait déjà fait son chemin à la Cour : sans doute grâce à l'amitié très *particulière* que lui portait la Loubère depuis leur voyage de retour). La Loubère d'ailleurs, tout comme Céberet et Tachard, se trouvait dans cet amas de mouches-à-merde-courtisanes se pressant en bourdonnant essaim autour de Sa-Majesté-Très-Païenne qui bouffait son soûl. Les Envoyés et Tachard se demandaient chacun, non sans fébrilité, si Forbin, cette tête brûlée, *oserait :* oserait vider ce qu'il avait — et depuis plusieurs années — dans son sac, et qui jusque-là lui était resté sur l'estomac.

Resplendissant dans son habit argenté et du pas vif et souple de ses trente-deux printemps, ledit Forbin entra soudain dans la salle, fit quelques pas martiaux sur le plancher craquant et, sous l'œil vitreux du sultan-qui-nous-sert-de-roi, esquissa une fort belle révérence dans un tourbillonnement de son chapeau empanaché d'écarlate. « Il-osera-pas, il-osera-pas », murmurait entre ses dents jaunâtres Tachard, en décochant, sur sa gauche des regards acérés vers Céberet et la Loubère, lequel la Loubère lui rendait la pareille, en se répétant : « Il-osera, il-osera ». Et cependant la cantatrice, haut perchée dans sa loge, continuait d'entonner : *Ce Roi (ô mon Dieu) qu'aux autres rois tu donnes pour modèle / N'employa jamais sa puissance / Qu'à ramener les tiens au pied de tes autels...*

— Eh bien, monsieur Forbin ! lança la Fistule, toisant le chevalier du regard après avoir vidé cul sec une coupe de champagne qu'un larbin galonné d'or lui remplit aussitôt, eh bien, parlez-moi donc de Siam !

« Hi, hi ! ricana pour soi la Loubère, on entre tout de suite dans le vif du sujet, hi hi, ça va barder. » Et comme, tout excité, il agitait frénétiquement ses coudes, à la façon d'un insecte ses élytres, il en heurta violemment Tachard, sur sa droite, lequel Tachard, par représailles, lui balança en toute discrétion un vicieux petit coup de pied dans les chevilles.

« Le Siam est-il riche ? ajouta la Fistule, précisant son propos.

— Ce royaume ne produit rien et ne consomme rien ! rétorqua le chevalier du tac au tac, d'une voix retentissante.

Tachard verdit. La Loubère, rose de plaisir, trépignait comme un enfant aux marionnettes.

— C'est beaucoup dire en peu de mots ! lança en souriant malignement le Tyran sanguinaire qui, pas peu fier de son trait d'esprit, mordit à belles gencives (il n'avait plus d'incisives) dans un cuissot dodu et juteux de canard caramélisé qu'il mâcha avec les dernières molaires cariées qui lui restaient. Son morceau dégluti, cet infect-dictateur-que-Dieu-le-maudisse ajouta :

« Et d'où donc le roi de Siam a-t-il tiré les somptueux cadeaux qu'il m'envoya ?

— Sire, rétorqua Forbin, pour vous faire ces présents son ministre monsieur Constance a épuisé le trésor de ce prince et toute l'épargne du pays, dépenses qu'il leur sera fort difficile de réparer.

Tachard et la Loubère, mais aussi l'ensemble des courtisans qui étaient divisés en deux partis, les pro et antijésuites, assistaient à ce dialogue comme à un duel, comptant les coups, et se demandant si Forbin finirait par l'emporter. Se pressaient dans cette foule le jeune Saint-Simon (treize ans) ; l'abbé de Choisy, de l'Académie française (quarante-quatre ans) ; La Fontaine, de l'Académie française (soixante-sept ans) ; Charles Perrault, de l'Académie française (soixante ans) ; Boileau, de l'Académie française (cinquante-deux ans) ; Bossuet, de l'Académie française (soixante et un ans) et autres débris qui la plupart ne tarderaient pas à crever avec cette fin de siècle. Et cependant, perchée dans sa loge la cantatrice persistait : *De ce monarque magnanime / Bénis les glorieux projets / Et ce tendre amour qui l'anime / Pour le bonheur de ses sujets...*

Le Tartare-qui-nous-sert-de-prince s'enfila coupe sur coupe un demi-litre de pétillant champagne avant de poursuivre :

— Parlons religion, maintenant.

Tachard pressa de façon angoissée la main de l'abbé de Choisy, à sa gauche, qui souriait ironiquement :

« Le roi de Siam songe-t-il vraiment à se faire chrétien ? ajouta le Bâtard-fils-de-larbin-notre-monarque.

— Il n'y a jamais pensé ! lança d'une voix claire et tranchante comme un sabre d'abordage le sieur Forbin. Et nul mortel ne serait assez hardi pour lui en faire la proposition. Il est vrai que dans sa harangue monsieur de Chaumont y a fait allusion à plusieurs reprises, mais monsieur Constance, qui servait d'interprète, n'en a rien traduit à son roi, et l'évêque de Métellopolis, présent à cette audience, n'osa pas le dire, craignant de s'attirer les foudres de ce ministre !

Le grotesque-fistuleux-Louis-le-bâtard avait écouté, l'air pour le moins surpris, les fracassantes déclarations du chevalier.

— Les princes sont bien malheureux, soupira-t-il, d'être obligés de s'en rapporter à des interprètes qui souvent ne sont pas fidèles... Mais pourquoi le ministre Constance a-t-il cherché l'alliance des Français ?

— Non pas, comme il l'a dit, pour contrecarrer la Hollande qui n'a que faire du Siam qui est trop pauvre, mais pour s'imposer, par notre force, aux Siamois eux-mêmes qui le haïssent et ne rêvent que de l'égorger.

Et cependant, du haut de sa loge, la cantatrice vomissait : *Vois tes nouveaux enfants* (les parpaillots convertis) / *Couvre-les de ton aile / Conserve et réchauffe le zèle / De leur naissante piété, ô mon roi...*

Ledit roi rota, ce qui était une façon de congédier le chevalier : après une révérence, ce dernier s'éclipsa.

Ses courageuses déclarations, comme celles, toutes semblables mais plus circonstanciées, qu'il fit à Seignelay et au père de la Chaise, n'eurent absolument aucun effet, non plus que les rapports transmis par la Loubère et Céberet. Tachard et de la Chaise firent barrage : le Fistulard ne croyait pas si bien dire quand il plaignait les princes qui doivent s'en remettre à de mauvais interprètes. Et quel interprète que ce cul-terreux lubrique de De la Chaise ! D'aucuns le prétendent habile et fin politique. A cet égard, moi qui l'ai quelque peu connu, je me permettrai d'affirmer, avec mon ami Fénelon, que c'est un esprit *court, grossier,* qui cependant *ne laisse pas d'avoir son artifice.* Un rustre rusé pour tout dire, *qui ne se connaît point en hommes non plus qu'en autre chose,* qui est *dupe de tous ceux qui le flattent et lui font de petits présents,* qui ne *doute ni n'hésite sur aucune question difficile,* qui *va toujours hardiment sans crainte*[1] de s'égarer et d'égarer son roi. Et voilà l'homme dont le Fistulard a fait son *ministre d'État,* et dont il prend conseil en toutes choses : et sur l'affaire de Siam entre autres ! *C'est un aveugle qui en conduit un autre !* concluait mon ami Fénelon. Je parlerais, en ce qui concerne le sujet qui nous intéresse, d'un aveugle-qui-en-conduit-un-deuxième-qui-en-conduit-un-troisième car le Fistulard, perdu dans ses vaseuses lubies, s'il s'informait de De la Chaise, s'informait en fait de Tachard par de la Chaise, c'est-à-dire de Phaulkon via Tachard, via de la Chaise ! Phaulkon, en vertigineux Scapin enturlupinant le roi de France d'un côté et tentant d'enturlupiner de l'autre le roi de Siam.

Le fait est que Tachard (qui désamorça tous les pétards de la Loubère et Céberet) triompha : une nouvelle expédition fut prévue pour Siam. Certes, on était loin des milliers d'hommes et de l'escadre énorme qu'eût espérés le jésuite pour « soumettre les Indes » : la guerre menaçait en Europe, et la Fistule, qui avait d'autres chats à fouetter que les chats siamois, devait être économe de ses écus et ses soldats. Mais on prévit quand même quatre puissants navires : l'*Oiseau,* le *Gaillard,* les *Jeux,* et l'*Écueil* avec,

1. Fénelon, *Lettre à Louis XIV.*

en sus de leur équipage, deux cent cinquante hommes de troupe commandés par le sieur d'Éragny : dont les instructions avaient l'avantage, sur celles données à Desfarges, d'être cyniquement claires. Il y était dit, sans aucune nuance, qu'en cas de mort du roi de Siam on mettrait, avec la complicité de Phaulkon, un prétendant bidon sur le trône : prétendant *qui conviendra le mieux pour l'exécution des desseins de Sa Majesté,* ou — plus fort encore — on placerait ce royaume sous l'administration directe du Fistulard qui en ferait sa colonie : sa première colonie, avant une mainmise complète sur l'Indochine et les Indes tout entières.

Tout cela tomba à l'eau. Alors que Tachard venait de partir à bride abattue pour Rome (où il couvrit de boue l'évêque de Métellopolis et les missionnaires qui contrecarraient ses desseins, les traitant d'ignares et de paillards) on apprit à Versailles qu'à l'appel de la nation anglaise hérétique, le Hollandais Guillaume d'Orange avait débarqué avec ses armées dans la perfide Albion, qu'il en avait chassé Jacques II le papiste (qui s'en alla en France se réfugier et pleurer dans les bras de son maître le Fistulard) et que ledit Guillaume d'Orange avait été élu roi d'Angleterre : la monarchie de droit divin étant abolie et la monarchie constitutionnelle établie ainsi que l'*habeas corpus.* Chose intolérable pour un absolu despote comme le Porc-qui-nous-sert-de-roi. La guerre fut déclarée le 15 novembre 1688 que le Diable fit. La Fistule envoya le nabot Jacques II (cette sorte de Prapy britannique), sur les navires préalablement destinés à l'expédition de Siam, guerroyer en Irlande contre Guillaume d'Orange, qui comptait d'ailleurs dans ses troupes nombre de huguenots français. Jacques II-le-Prapy reçut une fessée, et s'en retourna chialer dans le giron du Fistulard. Cette fois, enfin ! — Tachard de retour de Rome était soulagé — on allait pouvoir « voler au secours » du Grec. En automne 1689 tout était au point, et les navires prêts à appareiller. Mais... mais le 6 novembre 1689 précisément, parvinrent de Hollande d'étranges lettres annonçant d'étranges nouvelles concernant le royaume de Siam. Ces lettres étaient écrites par des officiers et jésuites français faits prisonniers au printemps 1689. Leurs bateaux, le *Coche* et *la Normande,* en provenance de Pondichéry, ignorant que la guerre avait éclaté entre la Hollande et la Fistule, s'étaient carrément jetés dans la gueule du loup à l'escale du cap de Bonne-Espérance où les marchands de harengs, le 26 avril et le 4 mai respectivement, les cueillirent comme des fleurs puis les envoyèrent croupir dans les geôles humides de Middlebourg, Provinces-Unies.

Une révolution avait eu lieu à Siam, expliquaient ces lettres ; monsieur Constance avait été exécuté, les frères du roi exécutés, le roi était mort, un certain Opra Pitratcha était monté sur le trône et tous les soldats français avaient quitté le royaume livré aux persécutions. Les signataires de ces lettres avaient nom messieurs de Saint-Vandrille, Vollant des Verquains, Beauchamp et le père le Blanc. Ils suppliaient Sa Majesté fistulante de les bien vouloir tirer du cachot immonde où ils pourrissaient.

*La plus grande marque de la servitude des Siamois est qu'ils n'osent presque ouvrir la bouche sur quoi que ce soit de leur pays.*

(Simon de la Loubère,
*Du royaume de Siam,* 1691.)

A Siam aussi se répandaient d'étranges nouvelles · l'Europe, disait-on, était en guerre, à feu et à sang. La Fistule, aux abois, venait d'être détrôné par son propre fils le Dauphin, qui avait rappelé tous les huguenots exilés et déclaré que désormais serait instaurée en France la liberté de conscience. Ces rumeurs furent bientôt démenties : la Fistule tenait bon ! C'était là encore une désinformation dirigée par le renégat Daniel Brouchebourde et le Hollandais Keyts. Voilà du moins qui réconforterait un peu les missionnaires français qui, enchaînés, la cangue au cou, marinaient depuis plus d'un an maintenant sous la pluie, le soleil et les lazzis de leurs gardes dans des camps de prisonniers. « Pourquoi vous plaignez-vous, leur disait en riant l'*oncarac,* une brute qui était chef des geôliers, votre Dieu, Crit, n'aime-t-il pas souffrir ? Sans doute aura-t-il voulu s'incarner dans vos corps afin de bénéficier des coups que nous vous donnons ! » L'évêque de Métellopolis dirait du sort des chrétiens qu'il était pire encore que celui des huguenots et Turcs des galères de Louis l'immonde. Ce qui à la vérité est scandaleux... En fait Pitratcha, roi de Siam, ne détenait encore en prison ces pauvres bougres désormais inoffensifs que parce qu'il craignait une intervention militaire de Louis la Fistule. Il les gardait en otage en quelque sorte. En août 1689 en effet, après le départ du *Coche* et de la *Normande,* le général Desfarges (histoire sans doute de racheter sa déroute de Bangkok par quelque victoire) avait lancé, de Pondichéry, avec l'*Oriflamme* une catastrophique et comique expédition contre Jongcelang (Phuket) sur la côte sud-ouest de

Siam et le golfe du Bengale. Il comptait capturer ce port. Mais le port en question, ses pilotes ne le trouvèrent pas. On mouilla près d'une côte paradisiaque, on piqua des têtes dans l'eau au milieu d'un somptueux décor de falaises, de plages de sable d'or ombragées de cocotiers, on pêcha, on troussa la Siamoise. Pas un coup de mousquet ne fut tiré, sauf sur le gibier. Au demeurant, apprenant bientôt que cette quichottesque intervention avait réactivé les persécutions à Siam, Desfarges rendit les trois mandarins qu'il avait capturés : le gouverneur de Bangkok, Ocun Kalaya Rajamaïtri, second-ambassadeur-qui-alla-à-la-France, et François Pinheiro, alias Oluang Vornaty. Le sort des chrétiens et Français du pays fut alors adouci. On libérerait l'évêque qui serait autorisé à rester à Siam, on lui rendrait même, sans rancune, son église.

Cependant, à Ayuthya la capitale, après plus d'un an de préparatifs, tout était fin prêt pour la célébration des funérailles du Grand Roi défunt Phra Naraï et l'incinération de son corps momifié. On avait construit, sur une vaste place pavée de briques située devant le palais, d'immenses pyramides toutes recouvertes de feuilles d'or. C'est dans la plus haute, faite de madriers de bois précieux que, le 19 février 1690, année du Cheval, jour propice choisi par les astrologues, un somptueux cortège déposerait les restes du monarque enfermés dans un triple cercueil : de bois, de cuivre et d'or. Ce cortège avait à sa tête une chaise à dix porteurs où était assis, protégé par un parasol jaune, le Grand Sancrat Phra Viriat qui lisait à voix sonore les textes sacrés du Bouddha. Suivait la chaise à porteurs de la fille du roi défunt (et épouse du roi actuel), Yotha Tap, puis une troisième, sur laquelle était posé le cercueil de Phra Naraï. Un fil d'argent s'étirait de la main droite du Sancrat à celle de Yotha Tap et jusqu'au cercueil. Ainsi les mots sacrés prononcés par le Sancrat (ce sont là créances d'idolâtres) couraient-ils le long de ce fil jusqu'au corps vivant de la fille, puis jusqu'au corps du père mort. Dans un char à buffles, que précédait la dépouille du roi, était entassée une montagne de fagots de bois de santal destinés au bûcher. Ensuite s'allongeait l'infinie théorie des bonzes, des brahmines et des mandarins à chapeau pointu et pagne blanc : couleur de deuil. On compta dix mille bonzes en tout, de quoi donner des cauchemars au père Tachard. Dans le cortège figuraient aussi des chariots sculptés et dorés, emplis de fleurs multicolores ou de riz décortiqué immaculé que, par poignées, des jeunes filles couronnées d'orchidées jetaient tout au long du chemin sur la foule qui, dans le plus impressionnant silence, les regardait passer. Il y avait encore des éléphants et des chevaux caparaçonnés d'or, et d'innombrables orchestres d'instruments à cordes et à vent : des trompes, des conques de nacre aux résonances étranges et, tout à la fin de la procession, d'immenses tambours de bronze, tractés sur roues, qui faisaient retentir leurs accents funèbres. A l'intérieur de la haute pyramide dorée, et en son centre, fut disposé le bûcher sur lequel, après l'avoir retiré des cercueils d'or et de cuivre, on plaça le cercueil en bois du roi Naraï. Mais avant qu'on y mette le feu, il y aurait sept jours de réjouissances, car pour ces malheureux idolâtres, les funérailles sont occasion de se divertir. Feux d'artifice, combats de cerfs-volants, boxe, théâtre d'ombres, *khon, ramakien,* chants, jongleurs, acrobates, danses, magiciens, fakirs, partout ce seraient petits garçons et petites filles demi-nus courant, riant, faisant exploser des pétards...

Une des extrémités du ruban, d'argent, noué par son milieu au cercueil, fut accrochée à la poutre est de la pyramide, l'autre extrémité étant liée à la poutre ouest, ce qui symbolise la marche inchangée du soleil, du levant vers le couchant, et celle, immuable de la vie, de la naissance jusqu'à la mort. Tout autour du haut bûcher du roi Naraï furent disposés des bouquets de fleurs mauves, jaunes, rouges, bleues et les objets que dans sa vie il aima : meubles, vases, livres, figurations en papier multicolore de ses animaux préférés : chevaux, éléphants, perroquets. On plaça aussi, au milieu de ce bizarre bric-à-brac — et certains crurent voir là un ultime trait d'ironie siamoise — des tableaux et statues ravis dans les églises, représentant Notre Seigneur Jésus-Christ crucifié, la Vierge, saint Paul, saint Pierre et, Saint du Saint : un portrait de Louis la Fistule en Hercule-terrassant-l'hydre-de-l'idolâtrie-et-de-l'hérésie, œuvre inestimable (inspirée du larbin le Brun) qui avait été apportée à Siam par monsieur de la Loubère... Au septième jour des réjouissances, le grand roi Pitratcha, alias Somdet Phra Maha Burut, vêtu de somptueux habits brodés de pierreries et assis sur un haut trône doré, face au bûcher, agita par trois fois l'éventail en plumes de paon qu'il tenait en main. Conques et tambours retentirent. Une cymbale claqua : on mit le feu au bûcher. Ainsi fut-ce sous le regard même de Louis-la-Fistule-en-Hercule-terrassant-l'hydre-de-l'idolâtrie que le cadavre du Grand Roi Naraï s'envola pour jamais en fumée, réduisant en cendres simultanément les rêves d'évangélisation asiatique du Tyran-sanguinaire-qui-règne sur la France-asservie. Les os calcinés de Somdet Phra Naraï furent exposés à l'adoration de la foule, puis enfermés dans une urne qu'on transporterait en grand procession jusqu'au temple Prasi Sahrapet Dahrham où on la conserverait.

La France cependant, écrasée par l'impôt et déchirée par les dragonnades, serait bientôt réduite à la famine par les plus épouvantables hivers que Dieu pût inventer pour nous punir de nos péchés. A la Cour et à l'Académie pourtant, les caniches de garde de notre intelligentsia ne se passionnaient que pour la *Querelle des Anciens et des Modernes,* querelle pourtant déjà... *ancienne* puisqu'elle avait été allumée bien des années auparavant, en 1687 (alors que les vaisseaux de la Loubère s'apprêtaient à partir pour Siam), par le larbin Charles Perrault (encore lui!) lorsqu'il déclama à l'Académie son *Siècle de Louis XIV,* poème grotesque où, pour bassement flatter le tyran, il prétendait que son règne égalait ceux de Périclès et d'Auguste, et que Quinault, Campistron, Pradon et autres Voiture et Pellisson enfonçaient Homère ou Sophocle. Une multitude de pamphlets et contre-pamphlets pro-anciens et antimodernes ou anti-anciens et pro... modernes furent alors publiés, sans que le lieutenant de police monsieur de la Reynie, chargé de la moralité de l'édition, y trouvât à redire. Fontenelle y alla de son *Esquisse sur les Anciens et les Modernes* et de son *Discours sur la nature de l'églogue* (promoderne) ; Boileau, Racine, pro-anciens, protestèrent véhémentement ; Perrault renchérit en publiant aussitôt un *Parallèle sur les Anciens et les Modernes* (anti-ancien) ; La Bruyère et La Fontaine (antimodernes) firent des déclarations pro-anciennes fracassantes... Y a-t-il un *progrès* dans l'art ?

L'idéologie cartésianiste dominante affirmait qu'il y a du *progrès* dans tout.

Monsieur de la Loubère, débarquant au milieu de cette querelle, se sentait pour le moins « à côté de la plaque ». Dans les hôtels particuliers des riches messieurs de Gourville et Pontchartrain, où on l'invitait à dîner, il assistait à ces homériques engueulades (où La Bruyère, Boileau et Fénelon même s'entrepostillonnaient leurs arguments à la figure) avec on ne sait quel sentiment de distanciation, d'étrangeté. Monsieur de La Bruyère, son ami, à qui il fit part de son malaise, lui déclara, en lui balançant une tape paternaliste sur l'épaule : « Tu t'en remettras. C'est que les voyages corrompent. Ils relativisent toutes choses et vident le monde de son sens. Il faudrait interdire les voyages ! » Et il est vrai que monsieur de la Loubère ne se sentait plus « au monde ». Il avait plutôt l'impression d'être au théâtre et que ses amis et compagnons ne fussent plus qu'acteurs récitant un rôle. « Sera-ce, se disait-il, que Siam m'eût changé, me rendant étranger à moi-même ? Qu'il eût, à mon insu, transmué mon être ? Et que l'*être* donc ne soit pas réductible-au-pauvre-sujet-qui-prétend-l'être-parce-qu'il-le-pense-être... euh... » (s'embrouillait-il). Ce sur quoi il concluait : « Descartes avec son *cogito* n'est qu'un charlatan ! »

L'ex-Envoyé extraordinaire préféra désormais s'enfermer dans ses appartements. Et, à partir de ses innombrables notes, particulièrement des intéressants renseignements qu'il avait soutirés, à son voyage de retour, du mandarin Ocun Chamnan, il commença de rédiger son Fameux-Futur-Ouvrage-d'anthropologie : *Du royaume de Siam :* qui, à sa parution, lui vaudrait des articles élogieux dans *Le Journal des sçavans* et *Le Mercure galant.* Ah ah ! Les portes de l'Académie s'entrouvraient pour lui. Tous les espoirs étaient permis. D'autant qu'entre-temps son ami Pontchartrain était devenu ministre...

Comme les jésuites multipliaient leurs relations de la révolution de Siam (des tissus de mensonges visant à occulter leurs erreurs sinon leurs trahisons), il songea lui-même à écrire quelque chose là-dessus. Il interrogea nombre de témoins de l'affaire, dont les officiers libérés par les Hollandais des geôles de Middlebourg. Le major Beauchamp entre autres, qu'il rencontra brièvement à Paris, avant que le malheureux ne fût exilé dans la glaciale place forte de Dunkerque où il pourrait rêver du soleil, des cocotiers et des courtisanes de Siam. Après nombre de très cartésiens raisonnements, la Loubère crut avoir découvert la clef de l'énigme, le secret du roi défunt Phra Naraï : celui-ci, qui se flattait d'*avoir toujours été plus fin que les princes avec qui il avait eu affaire,* nous avait roulés. Il s'était rendu compte qu'en nous appelant au secours afin de se protéger des Hollandais, il avait « échappé aux dents du tigre » pour, comme dit un savoureux proverbe siamois, « se jeter dans la gueule du crocodile ». Malade, il avait alors demandé à Pitratcha de prendre en main les choses. C'est la théorie d'ailleurs qu'exposait Véret dans une lettre envoyée de Pondichéry aux directeurs de la Compagnie des Indes : *Le roi de Siam,* expliquait-il, *a donné le commandement de son royaume à Pitratcha parce qu'il ne voulait pas paraître avoir de participation dans la trahison qu'il nous voulait faire (...). Je veux bien croire qu'il y a été contraint, pressé, sollicité par sa famille...*

Échappant au « tigre » et au « crocodile », le roi cependant, tout fin qu'il était, serait tombé dans les serres d'un « vautour » : Pitratcha qui, profitant de sa maladie, aurait saisi la couronne (ce que confirme la chronique siamoise *Pohngsa Vadan*).

Ça n'était pas sans impatience aussi que la Loubère attendait le retour en France du sieur Véret (contre lequel avait été lancé d'ailleurs un mandat d'arrêt, les jésuites l'accusant d'avoir été de connivence avec Pitratcha) ; mais bien plus encore du général Desfarges qui, après sa désastreuse entreprise militaire contre Jongcelang-Phuket avait trouvé, à Pondichéry où il s'était replié, un courrier de Versailles le « sommant » de venir « rendre des comptes ». Ça allait chauffer ! Au mois de mars 1690 que Dieu fit, il s'était embarqué pour la France sur l'*Oriflamme* avec les derniers débris dysentériques et paludéens de son armée : dont ses deux fils, du Bruant, Vertesalle, le jésuite aumônier Thionville, Véret et... la fifille d'icelui. La traversée fut un véritable cauchemar : tempête, cours de ventre, scorbut. Les vivres étaient faisandés, l'eau malsaine. La moitié des passagers creva avant le cap de Bonne-Espérance. Desfarges fut de ce nombre. Après quelques semaines de voyage, terrassé par les fièvres qui depuis Siam le minaient, il ne restait plus rien de son énorme carcasse qu'un gémissant squelette : allongé sur son grabat, la tête posée sur un coffret scellé (où, entre autres, étaient enfermés les bijoux de madame Constance) et sa main droite crispée sur la poignée de sa fidèle épée, il attendait : la mort, la Camarde, tandis que les flots furieux secouaient la coque du navire. « Ces fumiers de jésuites » l'avaient sali à Versailles, mais il leur ferait la peau, il « laverait » son « honneur », il... Mais il sentait bien qu'il n'arriverait jamais au port. C'est ainsi que le 26 avril 1690 que Dieu fit, brandissant au milieu de son délire sa rapière impuissante et hurlant contre l'armée d'ombres ensoutanées qui l'assaillaient pour l'entraîner aux enfers, il rendit l'âme. Ses derniers mots furent ceux mêmes de son maître Scipion l'Africain, mort en exil : *Ingrate Patrie, tu n'auras pas mes os.* Véret creva, du Bruant creva, le père Thionville creva. Comme on savait que la guerre avait éclaté, on ne fit bien sûr pas escale, pour se ravitailler, au comptoir du Cap, ce qui aggrava à bord l'hécatombe. Parvenus dans l'Atlantique sud on toucha des vents qui nous amenèrent... jusqu'aux Antilles ! A la Martinique ! C'est là que creva le capitaine de l'*Oriflamme,* monsieur de l'Estrille. C'est là aussi que les fils Desfarges, le marquis et le chevalier qui se portaient, eux, comme de frais gardons, firent une fête à tout casser : avec une courtisane de mes amis, certaine Fanchon, qui me rapporta tout cela. Ils gaspillèrent en quelques semaines plus de cinquante mille écus chacun ! C'est que ces deux forbans, profitant de l'indiscipline régnant sur l'*Oriflamme* à cause de la maladie qui y sévissait, avaient raflé les trésors de leur défunt père et de Véret, avant qu'on ne mît les scellés à la porte de leurs cabines. Dans les tavernes de Fort-Royal où ils payaient des tournées à larigot à toutes les gueuses et à tous les flibustiers, ils n'avaient pas de mots assez vils, quand le vin leur montait à la tête, pour conspuer leur géniteur : « Ce lâche, ce capon, qui a abandonné monsieur Constance ! Il est préférable qu'il ait crevé avant que d'arriver en France, car il y eût été pendu haut et court pour trahison ! » Le marquis affirmait à qui voulait l'entendre qu'il avait séduit, oui, la fille du roi Naraï, Yotha Tap (elle était folle de lui, cette croquante petite idolâtre !) et qu'il la devait épouser ! Sans la couardise de son porc de père, il eût décroché la couronne de Siam ! « Oui, j'eusse été roi, moi ! »

L'or coulait à flots de la bourse des Desfarges-fils.

L'or de madame Constance.

Toutes les guitares, les *marimbas,* tous les tam-tams de la Martinique crépitaient. Jamais on n'y vit pareille fête.

Dieu pardonne à ces malheureux leurs beuveries, leurs fornications insanes, leurs vantardises. L'*Oriflamme,* sur lequel ils se rembarqueraient bientôt, serait emporté par la plus épouvantable tempête alors même qu'ils touchaient au terme de leur Fameuse Aventure : là, juste en face des côtes de Bretagne où ils périraient corps et biens, le 27 février 1691.

Le père Tachard, fort de cette puissance hallucinatoire qui était la sienne, qui lui permettait de confondre ses désirs avec la réalité, ne fut pas découragé le moins du monde par cette succession de catastrophes. A peine eut-il appris les nouvelles de la révolution de Siam qu'il décida d'y repartir : pour « convertir Pitratcha, ou son fils ». Il s'embarqua. Mais ne trouva à Siam que portes closes. Il décida alors de s'affronter à un plus gros morceau : l'Inde, le Grand Moghol ! Mais c'est en vain qu'il s'agitait, rageait, s'épuisait. Ces barbares étaient sourds à la parole de Dieu. Un soir, à Pondichéry, éreinté, désespéré, il était entré dans un temple hindouiste, une de ces demeures de Satan où toutes sortes d'idoles hideuses représentant des animaux, des femmes en positions lubriques, sont exposées à la vue de chacun et même des enfants. Il eut le sentiment, le très clair sentiment qu'une de ces idoles : un éléphant énorme, un Ganesha, le regardait en se moquant de lui. Devant les fidèles scandalisés, il voulut se jeter sur l'idole, arracher les fleurs qui l'ornaient et surtout briser sa trompe, sa trompe qui... le défiait. Son infâme trompe !... Il faillit être étripé par la foule. Monsieur François Martin, directeur de la Compagnie des Indes à Pondichéry, écrivit alors une lettre à Versailles suppliant qu'on calmât les excès de zèle du saint père : lequel mourrait au Bengale en 1712. C'est là que mourut aussi le père de Bèze, en 1694 ; c'est là que mourut le père du Chat en 1693, ainsi que le père de la Breuille. Le père le Blanc, libéré des geôles de Middlebourg, repartit aux missions. Il mourut en Mozambique, en 1693. Le père le Royer mourut au Tonkin. L'évêque de Métellopolis mourut à Siam, en 1697. Le père d'Espagnac au Pégou, vers 1690 : sans doute dévoré par les tigres. Il s'était enfui dans la jungle, accusé qu'il était par les autochtones de « complot contre l'État » (encore !). *La mort de ceux qui meurent dans le Seigneur,* écrirait le père Tachard, *est heureuse de quelque manière ou en quelque lieu qu'elle arrive, surtout quand on s'y expose, quand on l'accepte et quand on la souffre pour l'amour de lui*[1]...

Opra Wisutra Sunthon, alias le premier-ambassadeur-qui-alla-à-la-France, alias Kosapan, ne mourut pas (cet idolâtre infâme) « dans le Seigneur ». Pitratcha, qu'il avait aidé par ses zélés services à monter sur le trône, le trouvant sans doute trop intelligent, c'est-à-dire trop dangereux, le ferait bientôt supplicier, ainsi que nombre d'autres mandarins. Kosapan reçut le fouet, et eut le nez coupé, sa famille y passa aussi, et fut entièrement ruinée. Il choisit, avant l'année 1700, de se suicider : à la façon des Japonais, il se planta une épée dans le ventre. Sans doute avait-il gardé quelque nostalgie non tant du Fistulard que du « grand bon » royaume de France, car un voyageur hollandais raconte qu'il vit chez lui, après la révolution, entre quelques toiles d'araignées, nombre de portraits de belles dames *farangset* de la Cour.

Monsieur de la Loubère, sur le conseil de plusieurs de ses amis, dont le chancelier Pontchartrain, renoncerait finalement à écrire sa « version » des « événements de Siam » : elle risquait en effet de mettre trop en évidence le rôle désastreux que jouèrent les jésuites, et de lui mettre à dos aussi le tout-puissant de la Chaise, sans l'aval de qui il était impossible de rien obtenir, et surtout pas un siège à l'Académie. Il songea quelque temps — avec le jeune-charmant-

1. *Relation du Voyage dans l'Inde.*

mignon musicien André Cardinal — à composer un opéra sur le sujet, chose politiquement peu compromettante ; puis il envisagea d'en tirer une tragédie, ce à quoi l'encouragea Campistron. Il jeta sur le papier quelques alexandrins. Il n'était pas peu fier de la scène où, à Lopburi, juste avant son arrestation, Constance dit adieu à sa femme, avant de « voler », dit-il, au secours de son roi :

*Comment, madame, n'écouter pas mon courage,*
*Et, après vous avoir rendu tous mes hommages,*
*Ne m'aller pas jeter dans les murs du palais,*
*Sauver mon roi... ou mourir à ses pieds !*

... Pas mal, pas mal... Ouaih... c'était à retravailler peut-être encore ? Mais à quoi bon... Racine, avec *Bajazet,* n'avait-il pas fait ce qu'on peut espérer de mieux en matière de turqueries... Fallait-il à cela ajouter une siamoiserie ?... Comment exprimer de façon plus neuve, plus... *moderne* (puisque c'est un mot à la mode !) cette ténébreuse affaire ? Comment parvenir à évoquer, dans une œuvre artistiquement valable, les rivalités économiques et politiques de la France, de la Hollande, de l'Angleterre, du Portugal ? Comment pouvoir camper sur nos scènes un personnage comme le bouffon et complexe Véret ? L'art grossier de ce Shakespeare y est peut-être naguère parvenu ? Mais cela serait-il possible en France ? Notre littérature, en cette fin de siècle, ne s'est-elle pas enfermée dans un formalisme de plus en plus étroit et rigide : et si stérile. Laissons pérorer les Campistron : la forme, la forme, la forme. Qu'ont-ils d'autre à se mettre sous la dent que « la forme » ? Mais leur souci de « la forme » n'est-il pas le masque du vide qui y résonne ; et ce vide l'expression vulgaire de notre lâcheté à n'oser plus rien dire ?

Réfléchissant à tout cela, monsieur de la Loubère, drapé dans sa robe de chambre écarlate en soie de Chine (offerte par le subtil Kosapan), s'était accoudé à une fenêtre de sa demeure parisienne de Saint-Louis-en-l'île. Il faisait nuit. Mais à la lueur incendiée des lanternes tout un peuple grouillant, bruyant, coloré, se pressait dans la rue en contrebas : charrois de légumes, de fruits, de carne saignante ou de scintillants poissons ; gueuses aguicheuses retroussant leurs jupons pour sauter d'un pavé à l'autre par-dessus les flaques ; truands et prostituées, marchands et mousquetaires : feutres emplumés, calottes de curés, coiffes, bonnets multicolores, c'était un fleuve de couvre-chefs qui, lentement, coulait entre les façades des maisons nobiliaires. Une odeur de boue, de pourriture, âcre, s'élevait de cette masse humaine chaleureuse et tout un sourd concert de cris joyeux, entrecoupés de jappements. La Loubère alla s'allonger au fond de sa chambre, sur son lit. La perspective du monde se renversa. L'embrasure de la fenêtre, perçue de ce nouveau point de vue, n'encadrait plus qu'un grand pan de ciel, obscur, un grand carré noir découpé dans la matière abstraite d'un firmament sans étoiles. Et l'on eût dit soudain que c'était tout le spectacle flamboyant de la rue qui de longs moments s'était encadré là, avec son infinie procession, qui se fût effacé, résorbé, dans la mate densité des ténèbres : quadrilatère de nuit où rien ne se représentait plus... Mais comment pouvoir figurer cela, ce fourmillement des rues de Paris, sans tomber dans l'art romanesque médiocre et bas des Furetière et des Scarron ? Le monde était là : mais les formes dont le transcrire semblaient absentes. Allez mettre l'expression « botte de poireaux » ou « cinquante pour cent d'intérêts » dans un alexandrin ! Ne fallait-il pas laisser ce siècle totalement s'achever, et mourir ses Campistron ? D'autres, plus tard, sauraient peut-être, sur le rectangle blanc de la page, écrire le monde — ce monde de plus en plus complexe, multiple : argent, pouvoir, intrigues, bassesse, chair, lubricité, vérole, dysenterie, sublimité, sainteté, immondices : monde de moins en moins simplifiable.

Monde vivant.

Et la vie même du monde ne ferait-elle pas exploser les vieux cadres dédorés, les tristes et sombres embrasures de ces mots codifiés, grammatifiés, rhétorisés, orthographiés, policés : policiers ? A d'autres l'aventure. Monsieur de la Loubère, du haut de ses quarante-six ans, se sentait déjà trop vieux, quoiqu'il n'eût pas encore, et loin de là, l'âge de son siècle finissant. L'Académie, l'Académie ! C'était le seul refuge, la dernière auberge !

Et, s'endormant, il roulait déjà dans sa tête les phrases du Fameux Discours de réception que, bientôt, très bientôt, sous les dorures des plafonds du Louvre, et devant un parterre d'insignes Immortels, comme ces messieurs La Fontaine, Bossuet, Racine, Dangeau, Bussy-Rabutin, Perrault, Boileau, il clamerait, un 25 août de l'an 1693 que Dieu fit, d'une voix sonore et hautaine : *Louerai-je, messieurs, en Louis XIV le roi, le capitaine, l'honnête homme, l'homme religieux ou ce tout ensemble qui fait le grand homme ? Témoin du bruit de son nom jusqu'à l'autre extrémité de la terre, dirai-je la haute opinion que les nations les plus éloignées (...) ont de sa puissance et de ses vertus ?...*

Achevé de rédiger en exil :
Amsterdam, 8 octobre 1714.

# Bibliographie

Ci-après une liste très sélective des principaux témoignages d'époque qui ont inspiré ce récit : ils y apparaissent, çà et là, dans la bouche même de leurs auteurs, par le biais des dialogues des différents personnages mis en scène ; ou sous forme de citations, avec guillemets donc. Comme si (écrivait G. Genette) « un peintre hollandais du XVIIe siècle, dans une anticipation de certains procédés modernes, avait placé au milieu d'une nature morte, non la peinture d'une coquille d'huître, mais une coquille d'huître véritable ».

## I. LES JÉSUITES


BÈZE, père Claude de, *Mémoire du père de Bèze sur la vie de Constance Phaulkon, Premier ministre du roi de Siam, Phra Naraï, et sa triste fin,* Tokyo, presses Salésiennes, 1947 (1re édition).

FONTANEY, père, lettre chiffrée au père Verjus, de Siam le 18/11/86, Paris, Manuscrits français de la Bibliothèque nationale, pièces sur les missions des Indes orientales, 15746.

LE BLANC, père Marcel, *Histoire de la révolution du royaume de Siam arrivée en 1688 et de l'état présent des Indes,* Lyon, H. Molin, 1692.

ORLÉANS, père Joseph d', *Histoire de M. Constance Premier ministre du roi de Siam et de la dernière révolution de cet état,* à Tours, chez Philibert Masson, 1690.

TACHARD, père Guy, extraits des lettres du père Tachard, de Brest le 21/11/1689, Paris, Archives nationales, C1 25 (69-71).

TACHARD, père Guy, journal manuscrit du second voyage à Siam, Paris, Archives nationales, C1 24 (172-211).

TACHARD, père Guy, lettre au père Verjus du 26/7/88 ; Paris, Manuscrits français de la Bibliothèque nationale, pièces sur les Missions des Indes orientales, 15746.

TACHARD, père Guy, *Relation du voyage dans l'Inde* (troisième voyage), Paris, Manuscrits français de la Bibliothèque nationale, FR 19030.

TACHARD, père Guy, *Second Voyage du père Tachard et des Jésuites envoyés par le roi au royaume de Siam,* Paris, Horthemels, 1689.

TACHARD, père Guy, *Voyage de Siam des pères jésuites envoyés par le roi aux Indes et à la Chine,* Paris, Seneuze-Horthemels, 1686.

## II. LES PÈRES DES MISSIONS ÉTRANGÈRES

*Abrégé des révolutions arrivées au royaume de Siam en l'an 1688;* Paris, Archives des Missions étrangères, vol. 854.

LANEAU, Mgr Louis, *Salut des infidèles et baptême;* Documents inter-Églises, 1988.

LAUNAY, Adrien, de la Société des Missions étrangères, *Histoire de la Mission de Siam;* Paris, Documents historiques, 1920.

*Mémoire en forme de lettre d'un Anglais catholique au père d'Orléans jésuite sur l'histoire de monsieur Constance et de la révolution arrivée à Siam en 1688 écrite par ce père;* Paris, Archives des Missions étrangères, vol. 854 (887 à 942).

*Mémoire venu de Siam;* Paris, Archives nationales, C1 25 (129-133).

VACHET, père B., *Histoire de monsieur Constance Phaulkon, favori du roi de Siam;* Paris, Archives des Missions étrangères, vol. 868.

(Ces trois derniers documents, particulièrement le deuxième, tentent de démonter la fiction créée par les Jésuites à partir de l'affaire de Siam.)

*Extraits de plusieurs lettres venues de Siam* (déposition du sieur Rival) ; Paris, Archives nationales, C1 25 (58-59).

GERVAISE, Nicolas, *Histoire naturelle et politique du royaume de Siam,* Paris, Claude Barbin, 1688.

MÉTELLOPOLIS, Mgr de (Mgr LANEAU), *Dialogue d'un chrétien et d'un talapoin sur la fausseté de la religion siamoise,* manuscrits siamois de la Bibliothèque nationale (n° 13 du catalogue). Avec mes remerciements à K. Chansang, université Silpakorn, Nakhon Pathom, qui, amicalement, m'a traduit ce document.

Pour ce qui est des « confessions » telles qu'elles étaient pratiquées au Siam par les Missionnaires, nous nous sommes inspirés d'un document fort... équivoque, sinon comique, datant il est vrai du XIX^e^ siècle : *Grand Examen de conscience en langue siamoise;* Manuscrits siamois de la Bibliothèque nationale, n° 10 du catalogue.

## III. LES OFFICIERS FRANÇAIS

ANONYME, *Relation de ce qui s'est passé à Louvo (...) avec un Abrégé de ce qui s'est passé à Bangkok pendant le siège en 1688;* Paris, Archives nationales, C1 24 (140-171).

BEAUCHAMP, lettre écrite des prisons de Middlebourg le 17/9/1689; Paris, Archives nationales, C1 25 (73-82).

BEAUCHAMP, *Mémoire sur la révolution de Siam,* Cabinet historique, t. 7, 1861. Ce texte est souvent attribué de façon erronée au général Desfarges. Le manuscrit est à la Bibliothèque nationale, Paris, Pinsonneau, FR 8210 : *Relation originale de la révolution de Siam et de la disgrâce de M. Constance.*

DESFARGES, lettre de Bangkok du 27/12/1687 ; Paris, Archives nationales, C1 23 (217-19).

DESFARGES, lettre du 27/2/1689 ; Archives nationales, Paris, C1 25 (50-51).

DESFARGES, *Relation des révolutions arrivées à Siam dans l'année 1688,* à Amsterdam chez Pierre Brunel, 1691 ; La Haye, Algemeen Rijksarchief, VOC. 4863.

FORBIN (Claude, comte de), *Mémoires du comte de Forbin, chef d'escadre, chevalier de l'ordre militaire de Saint-Louis,* Amsterdam, Girardi, 1729.

*Instructions au général Desfarges,* Versailles le 25/1/1687 ; Archives nationales, Paris, C1 27 (15-20).

*Instructions au marquis d'Éragny,* 10/3/1689 ; Paris, Archives nationales, C1 27 (91-98).

*Instructions pour le sieur Desfarges,* Versailles le 10/3/1689 ; Paris, Archives nationales, C1 27 (85-91).

SAINT-VANDRILLE, lettre écrite des prisons de Middlebourg le 30/12/1689 ; Paris, Archives nationales, C1 25 (106-117).

VOLLANT DES VERQUAINS, *Histoire de la révolution de Siam arrivée en l'année 1688,* à Lille chez Jean Chrysostome Malte, 1691. (Le manuscrit, beaucoup plus critique à l'égard de Desfarges, est à la Bibliothèque nationale, Paris, FR 6105 : *Relation des principales circonstances qui sont arrivées dans les révolutions de Siam en l'année 1688.*)

VOLLANT DES VERQUAINS, lettre écrite des prisons de Middlebourg le 17/11/89 ; Paris, Archives nationales, C1 25 (84-90).

## IV. LA COMPAGNIE DES INDES

DESLANDES-BOUREAU, André-François, *Histoire de monsieur Constance, Premier ministre du roi de Siam,* Amsterdam-Paris, Duchesne, 1756 ; Paris, Bibliothèque nationale, recueil Fontanieu (texte rédigé en 1699).

MARTIN, François, correspondance ; La Haye, Algemeen Rijksarchief, VOC. 4025 I, 4026.

MARTIN, François, *Mémoires de François Martin, fondateur de Pondichéry* (1665-1696) ; Paris, Société de l'histoire des colonies françaises, 1931-1932.

*Mémoire pour servir à l'information que le roi a ordonné être faite (...) contre le Sr Véret ;* Paris, Archives nationales, C1 27 (134-136).

VÉRET, lettre aux directeurs de la Compagnie, décembre 1685 ; Paris, Archives nationales, C1 22 (151-164).

VÉRET, lettre de Siam du 5/11/86 aux directeurs de la Compagnie ; Paris, Archives nationales, C1 23 (78-95).

VÉRET, lettre de Siam du 23/12/1687 ; Paris, Archives nationales, C1 23 (202-204).

VÉRET, lettre du 3 mars 1689 à M. Deslandes, in revue *Toung Pao,* vol. XXXI, 1931.

VÉRET, trois lettres à Céberet, aux directeurs de la Compagnie des Indes et à Seignelay, écrites en février 1689 à Pondichéry ; La Haye, Algemeen Rijksarchief, VOC. 4025 I et 4026 (papiers saisis par les Hollandais lors de la prise de la *Normande* et du *Coche* au Cap le 26 avril et le 4 mai 1689).

## V. LES DIPLOMATES

CÉBERET, Claude de, journal manuscrit du voyage de Siam ; Paris, Archives nationales, C1 24 (4-88).
On peut attribuer à Céberet et la Loubère le *Mémoire touchant le royaume de Siam par rapport à la France ;* Paris, Archives nationales, C1 24 (296-297).
CHAUMONT, Alexandre de, *Mémoire donné par M. le Chevalier de Chaumont de ce qui s'est passé pendant son ambassade à Siam ;* Paris, Archives nationales, C1 22 (94-116).
CHAUMONT, Alexandre de, *Relation de l'ambassade de monsieur le chevalier de Chaumont à la cour du roi de Siam,* Paris, Seneuze et Horthemels, 1686.
CHOISY, François Timoléon, abbé de, *Journal du voyage de Siam fait en 1685 et 1686,* Paris, Sébastien Marbre-Cramoisy, 1687.
CHOISY, François Timoléon, abbé de, *Mémoire de l'abbé de Choisy (résumé de l'ambassade Chaumont) ;* in *Histoire de la Mission de Siam* de A. Launay (voir ci-dessous, II), p. 162.
*Instructions données au père Tachard par les Envoyés de France ;* Paris, Archives nationales, C1 23 (166-171).
*Instructions du roi pour messieurs la Loubère et Céberet ;* Paris, Archives nationales, C1 27 (6-15).
LA LOUBÈRE, Simon de, *Du royaume de Siam,* édition critique de Michel Jacq-Hergoualc'h, Paris, éditions Recherches sur les civilisations, 1987.

## VI. LES LIBRES PENSEURS

ANONYME, *Histoire du Père de la Chaise,* Cologne, Pierre Marteau, 1693.
ANONYME, *Le Jésuite démasqué, ou Entretien entre le très saint père de la Chaise, confesseur de Sa Majesté Très Chrétienne, le très chaste père Peters, confesseur de Sa Majesté britannique, et le très pieux père Tachard, ambassadeur de Sa Majesté siamoise, dans lequel on découvre les principaux moyens dont les révérends pères prétendent se servir pour la conversion des hérétiques d'Angleterre et des idolâtres de Siam, suivant la copie de Paris,* 1688, Bibliothèque de l'Université de Gand.
BAYLE Pierre, *Ce que c'est que la France toute catholique sous le règne de Louis le Grand ;* librairie Vrin, 1973.
CHALLE Robert, *Journal d'un voyage fait aux Indes orientales (août 1690-août 1691),* Paris, Mercure de France, 1983.
LE VASSOR, *Soupirs de la France esclave qui aspire après sa liberté,* 1689 ; Paris, Bibliothèque nationale.

## VII. CONSTANTIN PHAULKON

*Mémoire de Phaulkon pour le père Tachard, 18 décembre 1685.* Il s'agit du « plan » de Phaulkon pour la prise de pouvoir au Siam. Le manuscrit original en portugais est aux archives nationales de Paris : C1 22 (183-184) ; sa traduction : C1 22 (177-178) ; sa traduction avec commentaire de

Tachard : K 1334, n 2 ; une autre traduction dans Launay, *Histoire de la Mission du Siam, op. cit.*, p. 179.
La confirmation de ce « plan » se trouve dans une lettre postérieure de Phaulkon au père de la Chaise, du 20/11/1686 (en appendice au livre du père de Bèze).
*Mémoire de Phaulkon sur la difficulté d'obtenir la conversion du roi de Siam,* 1685 ; Paris, Archives nationales, C1 22 (117-126).
*Mémoire que monsieur Constance a écrit au roi au sujet de la religion,* du 2/1/1688 ; Paris, Archives nationales, C1 24 (110-125).

## VIII. LES SIAMOIS

Chronique siamoise, *Ponhgsa Vadan, règne de Somdet-Phra-Rama-Thibodi III* (Phra Naraï). Traduction par L. Bazangeon, extrait du *Bulletin de la société de géographie de Rochefort,* année 1890-1891.
Chronique siamoise, *Reign of H. M. Somdetch P'ra P'etarahcha who reigned during the years 1682 and 1698 A. D., translated by Samuel J. Smith,* Bangkok, S. J. Smith office, 1880.
Journal de Kosapan, texte en siamois ancien avec siamois moderne en regard, in revue *Sinlapakorn,* n° 6, 28th 1685.
(Avec mes remerciements à K. Chansang, université Sinlapakorn, Nakhon-Pathom qui a bien voulu me traduire amicalement des extraits de ce document.)
*Lettres des ambassadeurs de Siam* (où sont les notes sur l'entrevue Seignelay/Kosapan) ; Paris, Archives nationales, C1 23 (58-73).
*Lettre de Kosapan à M. de Brisacier* du 27/12/1693 ; in A. Launay, *Histoire de la Mission de Siam, op. cit.,* p. 283 à 285.
Pour la traduction du poème de Siprat, voir Gilles Delouche : *Contribution à une hypothèse de datation d'un poème thaï : le « Kamsuan Siprat »,* université de la Sorbonne-Nouvelle-Paris III, Institut national des langues et civilisations orientales, thèse, 1982.

## IX. LES AUTRES EUROPÉENS (ANGLAIS, HOLLANDAIS, PORTUGAIS)

ANDERSON, John, *English Intercourse with Siam in the XVIIth Century,* Londres, 1890.
HUTCHINSON, E. W., « Aventuriers au Siam », *Bulletin de la Société d'études indochinoises,* t. 22, 1er et 2e semestre, 1947, Saigon.
KAEMPFER, Engelbert, *Histoire naturelle, civile et ecclésiastique de l'empire du Japon,* La Haye, 1729 (première partie sur le Siam).
*Records of the relation between Siam and foreign countries in the 17th century,* Bangkok, Vajiranana National Library, 1915-1921.
*Relation succincte des changements surprenants arrivés dans le royaume de Siam ;* Paris, Archives nationales, C1 24 (130-139).

## X. LES PERSANS

AUBIN, J., *Les Persans au Siam sous le règne de Phra-Naraï (1656-1688),* in *Mare luso-indicum,* IV, 1980.

IBN MUHAMAD, Ibrahim, *The Ship of Sulaiman* (traduit par John O'Kane), in *Persian Heritage series,* n° 11, 1972.

# Table

IMPRIMERIE S.E.P.C. À SAINT-AMAND (CHER)
DÉPÔT LÉGAL : AVRIL 1993. N° 19667 (903)